判例百选系列

数字法学判例百选

胡铭　高艳东　陆青　魏立舟　主编

法律出版社
LAW PRESS·CHINA
北京

图书在版编目(CIP)数据

数字法学判例百选 / 胡铭等主编. -- 北京 : 法律出版社, 2024

ISBN 978 -7 -5197 -9091 -2

Ⅰ. ①数… Ⅱ. ①胡… Ⅲ. ①科技法学-判例-世界 Ⅳ. ①D912.175

中国国家版本馆 CIP 数据核字(2024)第 086346 号

数字法学判例百选
SHUZI FAXUE PANLI BAIXUAN

胡 铭 高艳东 陆 青 魏立舟 主编

责任编辑 郑怡萍 吴 昉
装帧设计 汪奇峰

出版发行 法律出版社
编辑统筹 法律教育出版分社
责任校对 杨锦华
责任印制 刘晓伟
经　　销 新华书店

开本 787 毫米×1092 毫米 1/16
印张 35.5 **字数** 772 千
版本 2024 年 5 月第 1 版
印次 2024 年 5 月第 1 次印刷
印刷 三河市兴达印务有限公司

地址:北京市丰台区莲花池西里 7 号(100073)
网址:www.lawpress.com.cn
投稿邮箱:info@lawpress.com.cn
举报盗版邮箱:jbwq@lawpress.com.cn
销售电话:010-83938349
客服电话:010-83938350
咨询电话:010-63939796

书号:ISBN 978-7-5197-9091-2 **定价**:86.00 元

凡购买本社图书,如有印装错误,我社负责退换。电话:010-83938349

主编简介

胡　铭

浙江大学求是特聘教授、博士生导师，现任浙江大学光华法学院院长，兼任国家“2011 计划”浙江大学司法文明协同创新中心主任、浙江大学数字法治研究院执行院长、浙江大学国家制度研究院特聘研究员、最高人民检察院浙江大学检察理论研究基地研究员。入选第九届全国杰出青年法学家、国家万人计划哲学社会科学领军人才、教育部青年长江学者、国家重点研发项目首席专家、国家社科基金重大项目首席专家、宝钢优秀教师奖。兼任全国法律专业学位研究生教育指导委员会委员，中国刑事诉讼法学研究会副会长、刑辩委主任，浙江省法学会副会长。

高艳东

浙江大学数字法治研究院副院长，浙江省数字法治研究会副会长，中国刑法学会副秘书长，公安部网络安全法律咨询委员会委员，“互联网法律大会”创办人之一。在《中外法学》《人民日报》等发表文章 100 余篇，出版《极限正义：刑案之道》（首届“高铭暄学术奖”二等奖）、《金融诈骗罪研究》等著作；主编《数字法治：数字时代的法律思维》《从技术到规则：数字文明的法治进路》《网络空间的秩序与责任》等“数字法学”丛书 4 部。十余项研究成果分获浙江省政府、民政部、中国法学会等的奖励。教学成果“法律脱口秀：用历史和影视讲刑法”获得浙江大学教学成果一等奖。

陆　青

浙江大学光华法学院教授、博士生导师，现任浙江大学光华法学院副院长（双专计划），兼任浙江大学民商法研究所副所长、浙江大学光华法学院互联网法律研究中心主任、浙江省案例法研究会副会长、浙江省民法学研究会副会长兼秘书长。入选浙江省之江青年学者、浙江大学求是青年学者、浙江省“五个一批”青年英才。在国内外法学类刊物发表论文 40 余篇，其中 CSSCI 来源期刊集刊 19 篇，人大复印报刊资料全文转载 5 篇。代表性论著有：《合同解除论》《合同解除效果的意思自治研究：以意大利法为背景的考察》《数字时代的身份构建及其法律保障：以个人信息保护为中心的思考》《离婚协议中的“赠与子女财产”条款研究》《以房抵债协议的法理基础》等。

魏立舟

浙江大学光华法学院助理教授、硕士生导师，现任浙江大学知识产权与竞争法研究所秘书长及经济法所副所长。本科毕业于中国政法大学民商经济法学院，后于德国慕尼黑大学先后获得法学硕士及博士学位。研究领域为知识产权法和反不正当竞争法，偏重知识产权比较法研究以及知识产权法与其他法学二级学科的交叉研究。用中、英、德三种语言在国内外学术刊物发表论文十余篇，曾获得浙江大学青年教师教学基本功大赛校一等奖（2022年，文科组第一名）、光华法学院2023年“吾爱吾师”专项奖等荣誉。

序

新科技革命日新月异，社会的数字化变革带来新的法律挑战，ChatGPT 的横空出世再一次把法律人的目光聚焦到人工智能引发的信息泄露、数据安全风险、侵犯知识产权、虚假信息传播等问题上来。数字社会使人们逐渐从物理世界进入数字世界，也使原有的生产关系、社会秩序、思想观念、个体行为等发生了潜移默化的改变。网络平台、数字产品、跨界交易等新事物开始成为数字经济发展的引擎，但同时也带来了平台侵权、个人信息泄露、不正当竞争、经济垄断等问题。这些具体问题的背后，是法律上主体的再界定、权利内涵与外延的重构、法律责任的重新分配，甚至是法律秩序和法律关系的重塑。我国也出现了新型网络犯罪、侵犯公民隐私权、危害企业数据安全、垄断与不正当竞争等现象，人民法院也已针对各类新型违法或犯罪行为作出了判决，形成了具有很高研究价值的判例数据。浙江大学光华法学院在推进数字法学研究和数字法学课程建设的过程中，愈加认识到典型判例收集和研究的重要性。无论是法学学术界还是法律实务界，都迫切地需要一个集成数字法学相关典型案例的资源，以便能够更加全面地了解社会数字化进程中出现的各种新型法律问题和挑战，为司法实务提供案例参考和指引，从而提高数字法学的理论研究和实践应用水平。正是在这样的背景下，我们邀请了近百位学者共同编写了这样一部判例百选集。

《数字法学判例百选》（以下简称《百选》）是中国数字法学研究“摸着石头过河”的一次尝试，我们编写《百选》的初衷既希望以典型判例反映当下中国数字化进程中面临的法律问题和挑战，也期待以不同学者的学术视角来展示中国数字法学判例研究的最新成果，更期待本书收集的典型判例能够为一线法律实务工作者提供判例指引。《百选》所选择的判例既包括数字时代背景下新技术所引发的新型案件，也包括以互联网形态出现的网络犯罪。本书共汇集了 100 个典型案例，覆盖了网络犯罪、平台责任、个人信息保护、企业数据保护、知识产权与反不正当竞争法、反垄断和跨境电商及知识产权合规等主题。在每个判例中，“事实概要”“裁判要旨”“评析”等板块简述案情和判决，分析案件的争议焦点和法律适用，探讨判例的参考意义和未来延伸等。判例研究既注重通过与部门法的结合来进行学理分析，也突出阐释案件的审判机理与法律适用的逻辑，通过梳理相似案例中的裁判观点来加强裁判的说理和论证。本书还将对判例的学理分析转化为学术观点的争论与前瞻问题的探讨，旨在推动数字法学研究的深入发展。

应当说，《百选》是在数字法学蓬勃发展的背景下编写的，其与数字法学研究的前途命运息息相关。数字法学不仅是数字化科技和法学的深度融合，还被认为是跨文理学科的新研究范式和新法治实践的全面整合。中共中央办公厅、国务院办公厅印发的《关于加强新时代法学教育和法学理论研究的意见》明确将数字法学列为需要加快发展的五大新兴学科之一。数字法学天然地拥有新文科的基因,其直面数字化技术给法治进程带来的新挑战,聚焦数字时代法治建设的重大理论命题,肩负推动传统法学理论体系数字化升级的重任。判例研究是检验数字法学研究成果的“试金石”,其检验标准在于法学研究如何回应数字时代出现的新型案件,解决方案是否有推广和参考的价值。《百选》中的判例解析展示的正是当下数字法学研究的最新理论成果,其回应的正是数字化时代背景下的民事与刑事责任确认、隐私和产权保护、信息安全利用等法律问题,探讨相关主体的权利、义务和责任,研究责任追溯机制和问责制度等。这不仅为数字法学的研究提供了实践案例,也为数字法治实践提供了指导和借鉴。可以说,这些判例解析不仅代表着数字法学的最新成果,也为数字法学领域的未来发展指明了方向。

我们看到,《百选》的案例剖析既有部门法的适用,也有学理和法理的分析。数字法学判例的理论分析汇集形成了数字法学独有的理论体系,这种理论体系背后体现的是“数字法理”。“数字法理”承载着真理和正义的双重内涵,其追求一种由数字化技术驱动的“数字正义”。“数字法理”不只包含“数字正义”,还涵盖“数字公民”“数字民主”“数字伦理”“数字人权”等多个维度。数字法学的思维体系融合了数字思维、逻辑思维、系统思维和辩证思维等多种思维方式,形成了一个多维和交叉的分析框架。这种综合的思维方式使数字法学能够从多角度审视和解析法律问题,特别是涉及复杂数字技术的情境。数字思维强调数据驱动和算法逻辑的应用,逻辑思维注重严密的推理和论证,系统思维侧重于理解法律问题在更广泛社会和技术系统中的位置和作用,辩证思维则使法学能够在变化和矛盾中寻找到平衡。这些思维模式的结合,为数字法学提供了一种全面、深入和灵活的研究思路。因而,数字法学是以数字法理为理论基础,在多种思维方式的融合下,分析和解决由数字技术所引发或催生的新型法律问题的法学门类。数字法学判例研究就是通过判例来阐释典型问题,运用法教义学方法进行法律规范解释,又从中凝练新的理论命题并由此构建适应数字法治的新法律规范体系,以应对数字法治进程中不断演进的挑战和需求。

我们还看到,数字法学的判例研习依赖“数字法律”的创造和适用,主要包括以下六个方面:(1)数字法治的规范与法律。以数字化技术引发的新法律问题为研究对象,涉及民事主体地位和民事责任、著作权、刑事责任、算法“黑箱”和算法偏见等问题,形成相对独立的法学交叉研究领域,并从法理学、民法学、刑法学、商法学、宪法学和行政法学等学科进行探讨。(2)智能化系统的法律规制。探讨自动驾驶汽车、机器人、智能无人机、智能医疗、智能语音和智能家居等智能化系统的法律规制,研究机器人的侵权责任认定方法和刑事责任分配问题。(3)平台经济的法律规制和风险。探讨包括反垄断问题和大数据杀熟等问题,研究平台规则、平台的责任和监管。(4)算法的规制和治理。探讨算法的偏见、歧视、不可解释性以及不合理应用等问题,研究算法备案和审查制度。(5)数据安全和隐私保护。探讨生物信息识别的法律风险、数据跨境流动问题等,研究《民法典》《数据安全法》《个人信息保护法》等法律法规对数据安全和个人隐私保护的规定。(6)网络犯罪的法律规制。探讨包括网络诈骗、网络侵权、网络恐怖主义等问题，研究网络犯罪的定性和定罪标准、证据保全等问题。

本书的判例分专题编排，为更好地展现判例收集和编排的基本思路，概要式呈现中国数字法治进程中的典型案件，下面对所有的判例作一个摘要。

《百选》的第一部分为网络犯罪专题，介绍了有关虚假发货、刷单炒信、虚拟货币、积分套现等犯罪行为的法律定性问题，一共包括26个案例。《"空包网案"的刑法治理路径与思路》介绍了对发布虚假物流信息来为网店卖家"刷单炒信"行为的法律定性与治理思路。《组织刷单炒信的行为定性》通过对李某某非法经营案的解读，分析了对新型"组织刷单"的流量造假行为的法律评价。《以比特币为中介买卖外汇的行为定性》评析了赵甲、赵乙非法经营案中的判决漏洞，指出了该判决留给将来的课题。《为无证配资者提供软件服务的行为定性》对无共谋的技术帮助行为进行了研讨，提出向无证配资者提供软件服务不宜评价为共犯。《网络空间诽谤案的自诉原则与公诉例外》分析了诽谤罪自诉的法理机制与公诉的例外情形，研究了杭州女子取快递被诽谤案判决的一般意义。《"积分套现"行为的刑事应对路径》分析了"积分套现"行为被定性为诈骗罪的原因，讨论了网络复杂共同犯罪中被告人刑事责任的划分方式。《全链条打击特大钓鱼软件诈骗案》研究了周某、王某、张某等传授犯罪方法、诈骗案二审判决的主要争议点，指出了该案的警示意义与后续尚待解决的问题。《网络薅羊毛行为的刑法规制》分析了网络"薅羊毛"行为的刑法规制界限，梳理了网络犯罪中盗骗交织行为的处理规则与计算机犯罪与侵财犯罪的裁判规则。《区块链司法存证的审查判断规则》研究了区块链司法存证的技术、规范及学理，指出要警惕刑事司法过度技术化的风险。《利用虚假区块链项目销售商品的行为定性》对潘某诈骗案的判决要点进行了评析，讨论了网络上利用虚假营销方式进行销售行为的法律定性。《通过信息网络传播未经授权影视作品的行为定性》指出了强化网络领域著作权保护的政策导向，研究了《刑法修正案(十一)》出台后侵犯著作权罪的适用问题。《网络索财案件的刑法分析》讨论了陶某、吴某敲诈勒索案的判决争议点与参考意义。《反向刷单的定性分析》研究了将反向刷单炒信行为认定为破坏生产经营罪的深层法理。《微信"清粉"案的刑法分析》分析了通过"吸粉"程序获取用户微信群二维码，添加关注公众号等行为的非法性。《预置"广告SDK"非法控制手机案的刑法分析》研究了欧某、陈某等非法控制计算机信息系统案中相关行为的刑法定性。《利用人工智能侵犯公民个人信息案的刑法分析》讨论了李甲、杨某等提供侵入计算机信息系统程序、工具案，侵犯公民个人信息案涉及的刑法争议问题，梳理了侵犯个人信息犯罪的处理现状。《使用抢购软件的刑法评价》研究了全国首例黄牛抢购软件案的裁判逻辑与指导意义。《提供技术支持行为的刑法定性》对提供侵入、非法控制计算机的信息系统程序、工具罪的构成要件进行了系统解读。《"压力测试"DDoS攻击案的刑法分析》研究了DDoS作为网络攻击程序的特性与提供DDoS技术服务的行为定性。《恶意批量注册的行为定性》提出恶意批量注册可以解释为一种破坏生产经营的行为，并进行了系统解读。《利用信息网络发布制毒、售毒违法信息的行为认定》讨论了将大麻交流网站以"非法利用信息网络罪"定罪处罚的原因与意义。《以预防性刑法巩固网络社会治理的前端防范模式》

分析了利用变异黑话发布违法信息行为的刑法定罪,提出新型网络犯罪的治理模式亟待从事后回应转向前端防范。《首例“微信解封”入罪案的刑法分析》讨论了帮助信息网络犯罪活动罪的立法创新与处罚限定。《代办营业执照中介帮助信息网络犯罪活动案评析》解读了帮助信息网络犯罪活动罪的构成要件与条件认定。《利用网络侵害英雄烈士名誉、荣誉的刑法定性》分析了侵害英雄烈士名誉、荣誉罪的保护法益与成立要件。《网络空间不作为型传播淫秽物品牟利罪的认定》指出了某播案判决中的不合理之处,对传播淫秽物品牟利罪的要件进行了解读。

《百选》的第二部分为平台责任专题,讨论了各类网络平台的法律责任与义务,一共包括10个案例。《网络侵权中合格通知和必要措施的认定》解读了网络侵权中的两个关键问题:合格通知的判断和必要措施的认定。《电子商务经营者的告知义务与欺诈认定》分析了平台告知义务的规范及学理。《网络游戏虚拟财产限制交易格式条款效力的判定》研究了网络游戏虚拟财产限制交易格式条款效力判定的规范、学理以及既往的司法实践。《平台服务协议单方变更权》探讨了消费领域中平台单方变更服务协议是否有效的问题。《平台个性化定价的法律评价》研究了平台个性化定价在何种情况下会构成欺诈行为。《电商平台“惩罚性”违约金条款的效力》研究了电商平台中违约金条款的有效性问题。《平台用工致第三人损害的责任分配》讨论了如何判定平台用工中的职务行为,以确定侵权责任承担的主体。《新型网络平台服务提供者责任的认定》分析了如何认定新型网络服务提供者的法律责任以及确定新型网络服务提供者合理必要措施的范围。《网约车交通事故中的平台经营者责任》探讨了因网约车交通事故造成他人人身及财产损害时,关于网约车司机与网约车运营平台之间应如何承担责任的问题。《网络直播平台经营者的安全保障义务及其侵权责任》梳理了直播平台安全保障义务及其侵权责任的规范及学理。

《百选》的第三部分为个人信息保护专题,研究了网络环境中个人信息处理、使用、共享等方面的法律规制,一共包括26个案例。《个人信息主体同意的法律性质》讨论了用户在使用网络服务时所作出同意的法律性质。《个人信息处理中的正当利益规则》分析了个人信息处理过程中正当利益规则的构造以及司法适用中的步骤。《个人信息合理使用范围的界定》梳理了个人信息合理使用范围的学界争议与司法实践。《合法公开的个人信息的处理与限制》研究了对合法公开的个人信息的界定以及处理该类信息的法律限制。《个人信息与隐私权的界分》通过黄某诉T科技(深圳)有限公司等隐私权、个人信息权益网络侵权责任纠纷案解读了《民法典》视野下个人信息与隐私权的区分。《肖像权保护规则和个人信息保护法之冲突》讨论了肖像权保护规则和《个人信息保护法》规则的潜在冲突与化解机制。《信息网络传播环境下名誉权侵权的认定规则及名誉恢复方式》讨论了网络用户侵犯名誉权的认定条件及相应的法律责任。《虚拟名誉的法律保护》分析了虚拟名誉法律保护与现实名誉法律保护之间的衔接问题。《定向广告中的个人信息保护》解读了搜索引擎服务提供商的个性化推荐行为是否侵犯用户的隐私权。《平台基于自动化推荐算法承担的注意义务》针对网络服务提供者基于算法推荐进行侵权内容传播的行为进行了法律评价,分析了平台基于算法推荐承担民事责任的规范及学理。《自动化决策过程中的用户权利》集中梳理了自动化决策的规范及学理。《人脸识别信息的特别保护》讨论了保护人脸识别信息的必要性和可行路径。《个人征信法益的私法定位和侵权法保护》研究了个人征信信息之上的法益保护及既往的司法实践。《未成年人的个人信息保护》解读了网络环境中未成年人个人信息保护的边界。《劳动者个人信息处理中的“同意规则”与“必需规则”》提示了劳动者个人信息保护中“同意规则”与“必需规则”的适用困境。《医疗健康数据权属界分及其反思》研究了病历资料数据归属的相关规范及既往的司法实践状况。《历史车况信息的法律性质认定》梳理了历史车况信息法律性质认定的相关规范与学理讨论。《个人信息查阅复制权的法律性质及实现方式》分析了乔某与某信息技术有限公司网络服务合同纠纷案判决的缺漏之处,分析了查阅复制个人信息的正当性。《人格权中个人信息的被遗忘权》系统展示了被遗忘权的制度溯源、学理争议、本土发展与规范适用。《网络虚拟财产的继承规则》研究了网络虚拟财产的性质及继承该类财产的学理争议与司法实践。《私密信息侵权的证明责任》讨论了网络环境中个人私密信息的侵权责任保护与举证责任问题。《人工智能产品侵权的责任认定》研究了人工智能产品侵权责任的相关规范、学说及司法实践。《个人信息侵权损害赔偿范围认定规则》讨论了侵犯个人信息权益时的损害赔偿范围、数额以及相关的司法实践。《大规模非法买卖个人信息侵害人格权和社会公共利益》分析了非法买卖个人信息的法律定性与责任承担问题。《公共数据合法使用的基本原则》研究了互联网公司使用公共数据的合法原则,为鼓励征信领域公共数据开发利用提供了规范指引。《行政机关公开个人信息的界限》分析了行政机关是否有未经信息主体同意向特定第三方提供个人信息的义务与权力。

《百选》的第四部分为企业数据保护专题,分析了互联网企业经营过程中数据抓取、内容生成、数据迁移、衍生产品等行为的法律性质,一共包括 11 个案例。《公开数据抓取的反不正当竞争法评价》研究了互联网公司抓取并使用网络公开信息的行为是否构成不正当竞争。《设置 Robots 协议限制数据抓取的行为认定》讨论了设置 Robots 协议限制数据抓取的行为是否属于反不正当竞争行为。《爬虫抓取数据行为正当性认定规则》展示了爬虫抓取正当与否的认定规范与学理。《公交车实时位置数据的保护》讨论了企业数据保护的规范及学理。《数据抓取中的 Open API 授权机制与三重授权原则》研究了数据抓取行为正当性判断的规范及学理。《用户生成内容中个人信息权益与企业数据利益的博弈》分析了对企业 UGC 数据保护的规范及学理。《数据抓取不正当竞争的认定》聚焦于如何适用反不正当竞争法一般条款判定数据抓取不正当竞争。《迁移用户数据的不正当竞争认定》梳理了迁移用户数据规制的规范及学理。《微信数据权益的认定与归属》讨论了用户同意的范围及效力与数据资源的划分及归属。《衍生数据产品的法律属性及权益保护》研究了企业数据产权保护的法律空白与未来完善数据产权制度的宏观思路。《数据作为商业秘密保护的权利归属认定》分析了现行法律框架下商业秘密“权利人”的认定规则。

《百选》的第五部分为知识产权与反不正当竞争法专题,解读了网络经营活动中知识产权侵权行为以及不正当竞争行为的认定,一共包括 14 个案例。《购买 VIP 账号后向用户提供分时出租服务的纠纷性质》讨论了出租视频网站会员的行为是否构成新型网络不正当竞争。《NFT数字作品交易的著作权问题》分析了NFT数字作品交易的定性、NFT交易平台的责任与NFT交易平台著作权注意义务的认定。《游戏作品著作权保护模式的认定》探讨了司法上首次对游戏作品独创性表达的完整阐述，研究了游戏成为独立作品类型的可能性。《视频去标行为的商标侵权认定》聚焦于视频去标行为的商标法和反不正当竞争法评价，梳理了商标抹除行为与商标侵权行为的法律适用。《关键词广告中的商标侵权及不正当竞争认定》研究了关键词广告中商标侵权和不正当竞争行为认定的规则与学说。《提供包含图形用户界面的软件行为的侵权认定》讨论了提供包含图形用户界面的软件行为是否侵犯专利权以及如何认定侵权的问题。《比特币的法律性质》阐述了我国法律对比特币的定性、归属和保护。《主播跳槽的反不正当竞争法适用问题》研究了网络平台上主播跳槽是否构成不正当竞争的问题。《提供软件外挂构成不正当竞争的认定》探讨了软件外挂提供行为的反不正当竞争法规制边界。《广告屏蔽构成不正当竞争的认定》分析了认定广告屏蔽行为构成不正当竞争行为的标准与规范。《恶意差评与平台数据真实性的法律保护》梳理了恶意差评下平台数据真实性保护的规范及学理。《网络刷量构成不正当竞争的认定》解读了网络“刷单”或“刷流量”行为构成不正当竞争的认定标准。《强制目标跳转类网络不正当竞争行为的认定》讨论了强制目标跳转类网络不正当竞争行为认定的重点。《平台企业诉平台内经营者不正当竞争行为的认定》研究了网络平台与平台内经营者之间的法律关系及通过竞争法保护路径促进平台治理的可能性。

《百选》的第六部分为反垄断专题，探讨了数字经济活动中垄断行为的构成要件，一共包括9个案例。《滥用市场支配地位案件中的相关市场界定》分析了奇虎诉腾讯滥用市场支配地位案判决的说理瑕疵，梳理了滥用市场支配地位的规制及学理。《网络游戏领域滥用市场支配地位的认定规则》研究了华多公司诉网易公司滥用市场支配地位案的主要争议点，探讨了网络游戏领域中相关市场界定、市场支配地位认定以及滥用行为认定的规则。《平台封禁行为的垄断违法性判定》讨论了平台的封禁账号行为是否构成垄断行为。《平台拒绝交易行为的反垄断法分析规则》研究了互联网领域相关市场的界定思路，阐述了拒绝交易行为的规制原则和分析框架。《平台企业滥用市场支配地位限定交易的反垄断分析》研究了平台企业的限定交易行为是否构成反垄断法意义上的滥用市场地位。《数字平台“二选一”垄断行为》探讨了数字平台“二选一”行为的性质与反竞争效果。《低价倾销的违法性分析方法》研究了网络平台经营者低价倾销行为的法律性质。《数字音乐独家版权模式的反垄断法限制》分析了网络音乐播放平台集中后相关市场集中度的变化及对市场竞争的影响，探讨了相应的法律规制。《平台经济领域经营者集中反垄断审查规则的适用》系统梳理了平台经济领域经营者集中审查的竞争政策和反垄断法适用规则。

《百选》的第七部分为跨境电商及知识产权合规专题，研究了跨境电商销售与跨境知识产权许可实践中的重点争议问题，一共包括4个案例。《伪报跨境电商零售进口行为的定性分析》对利用跨境贸易低报价格来走私普通货物的行为进行了法律评价。《跨境电商销售者责任的认定》讨论了保健食品监管问题，进口食品的溯源问题以及职业打假人身份及是否支持适用惩罚性赔偿的问题。《保税跨境电商进出口代理合同的效力认定》分析了“保税电商”形式下偷逃关税合同无效的原因。《跨境知识产权许可及侵权认定》研讨了跨境知识产权许可中权利来源、许可范围与条件、许可对价等关键法律问题。

从《百选》中不难发现，判例分析多数适用了具体的部门法，这意味着数字法学的判例分析与传统法学有紧密的联系，甚至说判例分析的思路、方法和依据都没有脱离法理学、民法学、刑法学、经济法学、行政法学的范畴。数字法学与法学理论的关联体现在对数字法理的阐释，包括数字正义、数字人权、数字民主等理论法学的议题。数字正义既是对法理学的某些研究领域特别是法的创制问题的具体化和深入化，又是对法理学问题的实践检验。数字法学与民法学在研究对象上有重叠，《民法典》对个人信息、数据和虚拟财产的法律保护有明确的规定，数字时代的人身、财产属性和关系仍然属于民法学的研究范畴。数字法学更加关注虚拟财产、数据权益等具备数字化特征的新问题，破解这些问题仍然需要根植于传统民法学理论。数字法学同样不能脱离刑法学来应对新型犯罪，传统物理空间的犯罪转移到网络空间，寻衅滋事、敲诈勒索、个人信息和数据权益侵犯等网络犯罪层出不穷，数字法学的应对依赖于刑法学关于法益、危害行为、罪过、主体等要素的界定。因而，脱离传统法学的数字法学将无法立足，尽管数字法学面向的是新问题，但其仍然属于传统法学基础上的继承、改造和创新。

《百选》中的判例分析还在现有法学知识体系上形成了鲜明的知识特征，为构建我国数字法学的自主知识体系奠定了基础。应当说，判例研究是构建数字法学理论体系的必由之路。判例为数字法学研究提供了丰富的实证材料，揭示了数字法治过程中出现的紧迫问题，判例研究为数字时代下的司法判决提供类案参考和理论指导。构建数字法学的自主知识体系应当将传统法学研究与数字化技术的知识相融合，解决数字时代面临的新法律问题，使现代法律体系适应数字化技术的发展。我们期待未来的数字法学研究从判例研究出发，展现中国数字法治的智慧，提炼数字法学的理论内核，推动我国数字法学自主知识体系的形成与完善。

浙江大学光华法学院教授　胡　铭
浙江大学光华法学院研究员　魏　斌
2024 年 4 月 16 日

法律人的热血与彷徨
（代序）

“时代抛弃你的时候，连声招呼都不会打。”这个时代指的就是快速迭代的数字时代。不仅抛弃你的时候不会打招呼，就是在它闯进你生活的时候，也同样没有say“嗨”。一切都是那么突如其来，一切又是那么顺乎自然。当人工智能迅猛发展，特别是ChatGPT横空出世的时候，不少法律人也难免心中一惊，低头看了下手中的饭碗。

马斯克在接受采访时说，随着人工智能的不断发展，科学正将人类推向一个奇点，这个奇点的出现意味着人类将会经历一场浩劫。这场劫难并不是指人类死亡，而是以另一种方式存在，到那时人类的文明将会发生革命性的改变。理查德·萨斯坎德在《法律人的明天会怎样》一书中写道：“很多其他职业正在经历大范围剧变，法律职业也不会例外。现在律师主要提供面对面的咨询式专业服务，由律师与客户在光鲜或是阴暗的办公室里见面，提供量身定制的顾问服务。未来，为满足客户需要，我们需要扬弃现在手工业的服务形式，另起炉灶。”

“不是我不明白，这世界变化快。”崔健这句经典的歌词来自面世于1998年2月的专辑《新长征路上的摇滚》。2022年4月，再听老崔“继续撒点野”线上演唱会，和4600万人一起向这个快速变化的世界表达对自由与狂野的向往：现实像块石头，精神像个蛋，石头虽然坚硬，可蛋才是生命。所有未曾击败我们的东西，一定会让我们变得更强。对未来的好奇是保持童心和进取心的关键，快速变化的世界满足了我的期待，虽然有点晕，但速度还可以再快。人的生命有限，尽可能去享受无限的未知吧，这或许就是一种乐观的人生态度。法律人是捍卫公平正义的使者，唯有乐观，才能让冰冷的法律在实施的同时释放温暖，这也正是法律从来不会拒绝情与理的哲学意味。

一

尘埃如我，向风而歌。中国法律人从来没有停止过学习，向书本学、向实践学、向经验学、向教训学。无论是西行东渐，抑或是东风浩荡，中华法系的复兴之光一直指引着方向，承载着法律人心中的终极梦想。

中国有五千年的文明发展历史，从来不缺法律思想家、法律教育家，但历朝历代的兴衰成败似乎都与法治无关。中华民族的法治建设留下了太多的猜想，中国的法律人需要用智慧去破解这种猜想，努力建构一个海晏河清的法治中国。

前途永远光明，道路却总曲折。这是历史发展规律，当然也离不开经济社会基础、人民法治素养、法律体系完善、司法执法水平等诸多因素的影响。客观地说,当今法律人乃至今后几代法律人,都将继续承担法治建设拓荒牛的角色,这是历史责任,也是时代担当。

数字时代为法治建设带来新契机。互联网思维、平台经济与共享经济的新成果,正在改变并持续推动传统社会治理模式变革。数据显示,我国主力用户群体行为模式已经全面互联网化,截至2022年12月,网民规模达10.67亿,较2021年12月增长3549万,互联网普及率达75.6%。“90后”网络原住民规模在2020年7月就已达到3.62亿,且平均单日上网时长达7.5小时。社会生活已经呈现线上线下交互融合的状态。每一年各大商业平台的大促活动,无论是“6·18”还是“11·11”,都让全民经受一次又一次数字商业的洗礼,一次又一次感受数字支付的便捷与安全。在这样常态化、规模化的背景之下,农村网民达到了3.08亿,50岁及以上网民占比提升至30.8%。截至2021年年底,我国网络支付用户规模达9.04亿。经济基础决定上层建筑,人民对经济社会生活的参与方式,决定了对社会治理方式的新需求、新期待。

能不能像网络购物一样快速满足日常法律需求?能不能在诉讼案件的办理过程中得到专业人员像“电商小二”那样的即时快速答复?人民对美好生活的向往就是我们的奋斗目标。智慧法院、智慧检务等一系列在传统执法司法领域难得一见的基于科技创新和人工智能技术的改革举措屡见不鲜。但也无庸讳言,自2018年以来司法机关的官方报告中连续6年反复提及司法理念、司法能力、工作机制与新时代形势发展和人民群众需求相比存在差距,司法水平不高、司法作风不正、案多人少、人案矛盾突出等体制性、机制性问题依然存在。一方面司法改革高歌猛进,另一方面体制性、机制性顽疾难除,个中原因需要从数字化转型这个根源上找。

数字化转型的逻辑起点是需求巨变。数字化不仅武装了供给端,也武装了需求端,今天的消费者需要的是一种个性化、实时化、场景化、内容化、互动化的消费和服务体验。换句话说,数字化让消费者有了更多的表达权、话语权、参与权、选择权。消费者主权崛起是不争的事实,但供给端并没有为这场变革做好充分的准备。就法律服务而言,缺乏的不是客户,而是与客户互动。客户的需求已经不是碎片化,而是粉尘化了。碎片化是看得见的需求掉在地上变成碎片,而粉尘化是看不见的需求变得颗粒化。当法律人感到人工智能来势汹汹的时候,不难得出结论:固有的、传统的、模块化的知识体系和服务能力,在人工智能细颗粒度、个性化、定制化的知识储备以及智慧服务面前变得不堪一击。

麦肯锡发布的一份报告显示,中国企业数字化转型的成功率仅为20%,归结的原因之一是把数字化转型当成项目而非战略目标。信息化不等于数字化,常态化的低频决策机制无法适应突发事件中的高频决策需求,造成了虽有转型之举但难求转型之实的局面。构建一个高频率、多中心、短链路的决策机制,是一个组织从工业时代向数字时代切换的必由之路。法律领域的具体改革措施虽然单个拿出来成绩斐然,法律科技的某项投资硕果显赫,但作为一个整体来看,离人民群众的期待依然有较大差距,组织演进这一核心步骤成为短板。数字化转型没有先例可以借鉴遵循,唯有坚持解放思想、实事求是的思想法则摸着石头过河。时代的洪流滚滚而过,我们都不过是时光长河中的一只蝼蚁,但是渺小的我们也可以留下自己的痕迹,只是这需要脚踏实地努力。

二

未来已来,过去未去。2022年11月,首次在北半球冬季举行的卡塔尔世界杯,点燃了人们被新冠疫情压抑了三年的激情。正式投入使用的半自动越位识别系统,更是助燃了绿茵法官的铁面无私。在这项技术的支持下,视频助理裁判用于检查越位的平均时间从70秒缩短到了25秒。阿根廷队在同沙特队的比赛上半场就被吹了7次越位,超过了他们在上一届世界杯整个赛事中6次越位的总数。其中,有3次进球因越位被判无效,这场比赛也成为最终夺冠的阿根廷队的唯一败绩。已来的未来,让人们目睹了技术发展对于实现公正判罚的巨大力量,人们有更多理由相信,在现实的定分止争中,人工智能和科技手段能够让寻求公平正义的人们无限接近客观真实、找到真相。

法律人从未停止过对真相的追求,无时无刻不在拼尽全力缩短法律真实与客观真实之间的距离。工业互联网的本质就是从单机智能到系统智能演变的过程,实现从机械控制到数字控制的演进。将人工智能引入到司法裁判中,不能仅仅停留在让机器代替裁判者的表面理解上,而应当真正实现数据、算法和裁判者的经验及法律规则发生耦合反应,推动法律真实更加接近客观真实,以此提高裁判者认定事实和适用法律的水平,最大限度地实现司法公正。

人类社会认识客观世界的方法论经历了四个阶段,从理论推理、实验验证,到数字空间模拟择优,目前进入大数据驱动的技术发现的新阶段。进入新阶段,并不意味着解决了老问题,当下数字化转型的主要挑战在于数字技术的供给能力的不足。物联网、大数据、云计算、人工智能、元宇宙等概念漫天飞舞,给人带来一种错觉,似乎数字技术供给无处不在、无所不能。事实上,今天的痛点和需求恰恰是数字技术和解决方案供给能力的不足。未去的过去,往往导致人们低估传统认知惯性对创新的束缚。前奥迪研发主管Peter Mertens在《终将血流成河——我们都睡着了》一文中写道:"为了应对挑战者,旧巨头们转过头去询问他们最依赖的供应链,是否能开发与特斯拉类似的产品?供应链的回答是肯定的,然而到了2020年,世界上最强大的车企研发部门才造出可以媲美特斯拉2012年作品的汽车。"

在法律领域,数字技术和解决方案供给能力不足的问题更加突出,原因在于对数据资源的认识还没有真正放在数字时代的大背景下去思考和理解。现有的法律服务产品根据供给端的能力设定了路径,典型的以不变应万变的提供服务模式,在受众不懂法的情况下,很多需求实际上是提不出来的,这也正是国家不断加大普法力度的根本原因。相信人民、依靠人民、为了人民的宗旨和理念,在数字时代的法治实践中正在得以验证。但是,多年以来的普法成效相比于日新月异的商业实践带给人民群众的体感而言是滞后的。只有把人民群众对法治的需求培育起来、挖掘出来并及时予以满足,才能够打牢法治中国的群众基础。法律服务的数字化转型可以借鉴成功的商业模式,搭建一个科技、商业、法律三位一体的新型法律服务市场,从需求端撬动,把受众现实中的各种法律需求标品化,后续对接服务,让需求变简单,让供给更快捷,用数据重构法律服务场景,逐步完善培育需求、引导需求、满足需求、协调供给的模式,充分发挥数据要素在法律服务市场中的作用。

三

星河滚烫,无畏希望。建设法治国家,关键在于减少人为干预,靠规则重塑权力运行,前提是让法治成为根植于全民内心的信仰。2014 年 12 月 4 日,首个国家宪法宣传日当天,蒙冤受屈 10 年之久的张辉、张高平叔侄二人走进最高人民法院,参加“让法治成为信仰”的主题活动。张辉、张高平在服刑期间从未放弃申诉,张高平在狱中接受记者采访时说:“我始终相信总有一天法律会还我一个清白。”信仰的力量支撑着叔侄二人沉冤得雪。采访张氏叔侄的记者感慨:他们蒙受了 10 年冤屈还始终相信法律有一天会还给他们清白,我们有什么理由因为一时的不幸而丧失对法律的信心?司法工作者包括媒体工作者能做些什么去维护、去守住他们这份朴素却又非常坚贞的法律信仰?灵魂之问,值得所有人深思。

法治的权威源自人民的内心拥护和真诚信仰,人民对法治的信仰事关全面深化改革和全面推进依法治国的大局,是国家治理现代化的基础工程和前提条件。人工智能一定比人有智慧,但它无法成为人,因为它无法拥有人类最宝贵的感情,特别是爱。2011 年 12 月 4 日,北京市东城区东交民巷小学的部分学生走进最高人民法院参加公众开放日活动,一名男同学在体验了法槌敲击的庄严之后当众宣布长大了要当一名法官,在场的每一位听众都心潮澎湃。10 多年过去了,不知道这个男孩是否兑现了他的誓言,但我相信,久久为功,法治从娃娃抓起一定能够取得成效。

变革才刚刚开始,一切都还没有做好准备。人工智能该不该有道德观?无人驾驶的汽车失控必须选择撞向一边,左边是老人,右边是孩子,作何选择该由算法决定吗?我们在多大程度上可以利用大数据和大算力做决策,在一秒钟之内能摸象腿数百万次,就一定能避免盲人摸象吗?法律大数据可以防止冤错案件发生吗?张氏叔侄、呼格吉勒图的悲剧能够避免重演吗?法律大数据可以防止司法腐败吗?算法能够加强对法律人的职业素养和业务能力的监管吗?越来越多的难题呈现在我们面前。

当数据真正广泛应用到社会场景中时,必将改变我们看待世界的方法。数字化在法律领域的使用,正在重新定义法治的新需求:让找法、用法不再难。它要做的就是把用户数据、法律服务数据和场景数据进行数据融合创新,解决法律需求侧与供给侧信息不对称、不平衡的问题。

数字技术不是要扩大鸿沟,而是让世界变平,数字时代的法治一定是法律与技术交互融合的治理体系。对数据要素的认识不足导致数据要素市场的依法培育和法治保障面临挑战;现行治理体系面临数字化转型带来的治理模式、治理能力、治理逻辑以及治理人才等方面的巨大压力;作为数字法治的核心动能与基础设施,信息技术的发展和实践应用面临着诸多已知和未知的难题。解决这些问题,既需要理论研究,也需要实践探索;既需要顶层设计,也需要留足容错试错的空间。

汽车诞生于欧洲,但汽车商用的黄金时代却在美国。为了防止安装了蒸汽引擎的机动车“危及公共安全”,英国议会于 1865 年专门通过了一项机动车法案,规定凡是在公路上行驶的机动车必须配备一名专职旗手,步行于车辆前方,手持一面红旗警告周围的行人和马车:汽车来了!这部法案被称为“红旗法案”。这项专门针对特定技术(机械动力车辆)的限制性法令,大大遏制了英国汽车工业的发展。直到1896年,“红旗法案”才渐渐通过例外规定的方式被废弃。与此同时,汽车工业在美国迅速崛起。

德国哲学家黑格尔说过,人类唯一能从历史中吸取的教训就是,人类从来都不会从历史中吸取教训。历史总是惊人的相似,但又不会简单地重复,关键是不能让今天的想象力束缚我们的未来。数字化转型是一场增量革命,法律人需要形成特有的跨物种的进化能力。无论是否启动数字化转型,无论以多大力度、速度推动数字化变革都面临风险和不确定性。对于法律领域而言,数字化转型不是因为喜欢变化,而是不得不变化。很多时候,不转型的风险是确定的,转型的收益却是不确定的。

“每当我找不到存在的意义,每当我迷失在黑夜里”,那就扪心自问吧。当我们第一次走进课堂捧起书本学习法律知识的时候,目的是什么?当我们告别校园走进社会开始法律职业生涯的时候,目的又是什么?作为法律人,共同的欣慰是当我们用法律帮助人们获得公平正义,重新获得自由开心幸福的时候;共同的痛处是当面对寻找公平正义的人无能为力的时候。在大多数法律人心中,法律职业不仅仅是谋生的工具,而是为这个社会谋求美好未来的重要途径和手段。就业环境、经济压力、疫情考验、技术迭代等,对于生活于尘世凡间的法律人来说,也都不能置身其外。但是捍卫公平正义的责任让我们既要考虑自己的碎银几两、三餐有汤,也要心怀天下考虑普罗大众的万千广厦、福寿安康。只有这样,才可能朝着法治理想近些、再近些。

快速迭代的数字时代,整个社会都面临越来越多的不确定性,每个人都努力地在不确定性中寻找确定性,就像用一块红布蒙住了双眼也蒙住了天,嘴里说着看见了幸福。

“这是最好的时代,也是最坏的时代。”不知道狄更斯是否还会如此评价。好与坏留给历史去书写吧,当法律人选择公平正义作为理想追求的时候,心中早已有了答案:

纵年寿难永,无愧一生所求,

此去踏关山千重,将前尘挥袖。

浙江大学光华法学院研究员　孙军工

2024年3月10日

目　录

网络犯罪

平台责任

个人信息保护

企业数据保护

知识产权与反不正当竞争法

反垄断

跨境电商及知识产权合规

001 “空包网案”的刑法治理路径与思路

郭甲、郭乙等非法经营案 ｜ 上海市奉贤区人民法院(2019)沪0120刑初404号刑事判决书

刘仁文 中国社会科学院法学研究所

■ 事实概要

2016年5月至2017年4月,被告人郭甲伙同郭乙共同经营“空包”销售网站“某某网”,从被告人潘甲等人处购进空快递单号后出售给“某某网”上注册会员的网店卖家宁某等人,并将网店卖家提供的虚假物流信息交由潘甲等人后进行发布,销售金额共计人民币120余万元。2017年4月至2018年5月,郭甲退出“某某网”的经营,郭乙继续经营,经营数额共计70余万元。2017年11月至2018年6月,被告人郭甲又单独从被告人潘甲处购进空快递单号后出售给他人,并将卖家提供的虚假物流信息交由潘甲等人后进行发布,销售金额共计600余万元。2016年至2018年6月,被告人潘甲、黄某、倪某、潘乙结伙经营“空包”业务,从被告人唐某处购进空快递单号后出售给被告人郭甲、郭乙等人,并将郭甲等人提供的虚假物流信息交由唐某后进行发布,销售金额共计1100余万元。2016年至2018年8月,被告人唐某将空快递单号销售给被告人潘甲等人,后将潘甲等人收集的虚假物流信息交由他人在快递公司官网上进行发布,销售“空包”业务金额共计1200余万元。

被告人郭甲、郭乙、潘甲、黄某、倪某、潘乙、唐某等人以营利为目的,单独或者结伙通过购进空快递单号,层层销售给电商网络平台的网店卖家,并将网店卖家用于“刷单”的快递单号上虚假的发、收货信息再层层收集、整理、传递,由他人在快递公司官网上发布相应虚假物流信息,躲避某宝等电商网络平台系统稽查的方式,经营网络“空包”业务,从而为网店卖家“刷单炒信”提供服务,最终使网店卖家在电商网络平台上呈现虚假的销售记录,进而提升网店卖家的销量、信誉、排名,欺骗网店买家。

■ 裁判要旨

上海市奉贤区人民法院审理上海市奉贤区人民检察院指控被告人郭甲、郭乙、潘甲、黄某、倪某、潘乙、唐某犯非法经营罪一案,于2020年4月2日作出(2019)沪0120刑初404号刑事判决。法院认为,各被告人单独或者结伙违反国家规定,以营利为目的,明知是虚假信息仍通过信息网络有偿提供发布信息等服务,扰乱市场秩序,情节特别严重,其行为均构成非法经营罪,部分属共同犯罪。

行为人以营利为目的,通过购进空快递单号,后层层销售给网店卖家,并将网店卖家制造的虚假发、收货信息层层收集、传递,由他人在快递公司官网上发布相应虚假物流信息,躲避某宝等电商网络平台系统稽查的方式,经营网络“空包”业务,为网店卖家“刷单”提供服务,最终形成网店的虚假销售记录,达到使网店信誉增加、排名靠前的目的。上述行为属于最高人民法院、最高人民检察院《关于办理利用信息网络实施诽谤等刑事案件适用法律若干问题的解释》第7条规定的“违反国家规定,以营利为目的,通过信息网络有偿提供删除信息服务,或者明知是虚假信息,通过信息网络有偿提供发布信息等服务,扰乱市场秩序”的行为,非法经营数额或者违法所得数额达到法定标准的,应当依照《刑法》第225条第4项的规定,以非法经营罪定罪处罚。

■ 评　析

Ⅰ 本案焦点

1.关于本案中被告人的行为认定

被告人郭甲、郭乙、潘甲、黄某、倪某、潘乙、唐某以营利为目的,将事先购买的空快递单号层层转售,并由郭甲、郭乙销售给电商平台的网店卖家,随后郭甲、郭乙又将网店卖家在快递单号上编造的虚假信息再层层收集、整理,通过潘甲、黄某、倪某、潘乙传递给唐某,最后由他人在快递公司官网上发布相对应单号的虚假物流信息,躲避某宝等电商网络平台系统的稽查,最终使网店卖家在电商网络平台上呈现虚假的销售记录。“空包网案”的事实结构可以归纳为:行为人以营利为目的,单独或结伙将事先购买的空快递单号,层层销售给电商网络平台的网店卖家,并将网店卖家用于“刷单”的快递单号上虚假的发、收货信息再层层收集、整理、传递,由他人在快递公司官网上发布相对应单号的虚假物流信息,躲避某宝等电商网络平台系统的稽查。

虽然我国刑法对“刷单炒信”行为没有直接设置罪名,但对于专业从事虚假交易的炒信平台,其行为情节严重的,可从司法解释的维度切入,将其纳入非法经营罪予以规制。根据最高人民法院、最高人民检察院《关于办理利用信息网络实施诽谤等刑事案件适用法律若干问题的解释》第7条第1款的规定:“违反国家规定,以营利为目的,通过信息网络有偿提供删除信息服务,或者明知是虚假信息,通过信息网络有偿提供发布信息等服务,扰乱市场秩序,具有下列情形之一的,属于非法经营行为‘情节严重’,依照刑法第二百二十五条第(四)项的规定,以非法经营罪定罪处罚:(一)个人非法经营数额在五万元以上,或者违法所得数额在二万元以上的;(二)单位非法经营数额在十五万元以上,或者违法所得数额在五万元以上的。”本案中,各被告人明知其行为是帮助网店卖家“刷单炒信”,主观上具有在快递公司网站、电商平台网上发布虚假信息的故意,客观上实施了层层转售、层层传递的服务行为,最终亦完成了虚假信息的发布,各被告人的行为足以被认定为以营利为目的,对明知的虚假信息,通过信息网络有偿提供发布信息等服务。上述行为之间系完整的、不可割裂的整体,各被告人在各自环节层层抽成,各自牟利,为网店卖家的虚假物流信息在快递公司网站上的发布和虚假销售记录在电商网络平台上的发布搭建渠道、提供服务。分析各被告人的行为,从非法性来看,各行为人的经营行为无疑是非法的;从经营性来看,行为人组织实施虚构交易行为并以此牟利,是一种经营行为;从危害性来看,行为人的行为无疑有损互联网交易公开透明的诚信体系,侵害了正当竞争的交易秩序。

我国《刑法》第 225 条规定的非法经营罪是指违反国家规定,扰乱市场秩序,情节严重的非法经营行为。在刑法条文中,通过列举的方法明确指出了三种非法经营行为的表现方式,并且设置了兜底条款,也即"其他严重扰乱市场秩序的非法经营行为"。开放性的条文设置是为了应对各种不同的非法经营行为。在互联网领域,行为人利用网站、通讯群组组织虚构交易的行为,属于非法经营罪规定的第四种情形。本案各被告人违反国家规定,以营利为目的,通过信息网络有偿提供发布信息服务,是严重扰乱市场秩序的非法经营行为,符合非法经营罪的构成要件。

2. 关于本案的行为定性

通过"空包网"帮助电商"刷单炒信"的行为,不仅具有"应受刑罚处罚"的必要性,从法条规范角度,也符合非法经营罪的犯罪构成。根据《刑法》第 225 条,构成非法经营罪的第一个要件是"违反国家规定"。非法经营罪是典型的空白罪状,违反国家规定是构成非法经营罪的前提。根据《刑法》第 96 条,违反国家规定是指"违反全国人民代表大会及其常务委员会制定的法律和决定,国务院制定的行政法规、规定的行政措施、发布的决定和命令"。

根据全国人民代表大会常务委员会《关于维护互联网安全的决定》第 3 条的规定,为了维护社会主义市场经济秩序和社会管理秩序,对利用互联网对商品、服务作虚假宣传,构成犯罪的行为,依照刑法有关规定追究刑事责任。国务院公布的《互联网信息服务管理办法》第 13 条规定,"互联网信息服务提供者应当向上网用户提供良好的服务,并保证所提供的信息内容合法"。上述规定,依法均属于《刑法》第 96 条规定的"国家规定"的范畴。本案中,各被告人利用空快递单号刷单形式对店家的销量、信誉等附随情况造假,展示店铺、商品等不真实的信息,符合全国人民代表大会常务委员会《关于维护互联网安全的决定》第 3 条规定的"虚假宣传"的内涵。因此,对于本案被告人的行为应当依照刑法的有关规定追究刑事责任。此外,根据《互联网信息服务管理办法》的规定,从事经营性互联网信息服务,必须取得互联网信息服务增值电信业务经营许可证。由于"空单网"平台一般均是在未取得合法许可的情况下,从事"刷单炒信"行为的组织活动的,因此属于对合法经营的违反而形成的非法经营,可以适用非法经营罪予以规制。

综上,本案被告人"违反国家规定",明知发布的是虚假信息,依然通过信息网络有偿提供发布信息等服务,扰乱市场秩序,情节严重。该案行为既违反国家规定,又属于以营利为目的,通过信息网络有偿提供发布信息等服务的其他严重扰乱市场秩序的非法经营行为,符合非法经营罪的构成要件。虽然被告人利用网络有偿发布了不实信息,但实质上侵害的是市场经济秩序,而未侵害网络秩序和社会管理秩序,因此不构成非法利用信息网络罪或帮助信息网络犯罪活动罪。

Ⅱ 本案意义

伴随电子商务和物流业的空前发展，催生出了一种全新的灰色产业——空包网，即一种专门代发空包裹、提供虚假物流服务的网站。通过空包网，购买者只需提供收发货地址等，即可形成完整的物流信息，经营者无须寄出真实物品，也不存在快递流转和签收。网店卖家所支付的钱款不仅包含空快递单号的费用，也包括经整理、流转最终在快递公司官网上发布相对应单号的虚假物流信息的费用。经营者的逐利性以及信用评价体系的不健全，给空包网站提供了野蛮生长的空间。随着电商行业的快速发展，市场竞争日益激烈，有的不良商家为了获取竞争优势，不惜采取“刷单炒信”的方式虚构交易信息。当前网店卖家“刷单炒信”乱象呈现规模化、产业化趋势，背后隐藏着包括刷手、刷单公司、交易平台、商家、快递公司等上下游在内的一条灰色地下产业链，严重危及电商业的健康发展。早期网店商家主要依靠亲戚朋友帮忙刷单，后来网购平台通过监控快递信息就可以判断交易的真假，于是就出现了“空包快递”，其主要目的在于获得一个具有投递、运输记录的快递号。空包网被广泛用于“刷单炒信”、诈骗、跨境赌博洗钱等网络违法犯罪，没有任何正当的用途，并已形成黑灰产业链，对网络空间的秩序和安全造成了严重威胁。

“空包网案”作为网络交易场景下滋生的新型违法犯罪问题，也因此案进一步进入刑法学者的视野。本案的判决对“空包买卖”行为进行了刑法规制，对打击此类行为的罪名适用具有指导性意义。“空包网案”的宣判，首次对经营“空包快递”的行为从司法上进行了明确定性，给形形色色的帮助“刷单炒信”的行为敲响了警钟。从不法本质上看，“刷单炒信”是指通过虚假交易和虚构评价的方式虚构商家信誉，以间接影响消费者的购买选择或使平台作出补贴或处罚等回应的行为。“刷单炒信”及“助纣为虐”者严重扰乱市场经济秩序，对网购市场参与主体造成实质性损害的行为，应当受到刑法制裁。一方面，“刷单炒信”行为造成销量数据和评价失真，对消费者的购物选择造成误导；另一方面，刷单商家通过“刷单炒信”行为获取了不公平的竞争优势，损害了其他经营者公平参与市场竞争的权利，破坏了诚信、公平等基本的市场原则，导致“劣币驱逐良币”。当然，司法实践中关于帮助“刷单炒信”行为的定性仍有争议，即使在同意构成犯罪的这一认识下，也有不同罪名的主张。例如，在福建省莆田市荔城区人民法院（2020）闽0304刑初95号刑事判决书中，被告人张某为某宝商家“刷单炒信”的行为就被法院认定为虚假广告罪。可见，对此类新型违法犯罪行为，还需加强研究。无论如何，诞生在我国本土的真实案例，应当引起法学研究工作者的高度重视，成为中国法学研究的活水源头。

“空包快递”“刷单炒信”是互联网时代的新生事物，因此类网络交易信用炒作行为本身就属于造假行为，且在很大程度上也为各种网络违法犯罪行为提供了条件，具有严重的社会危害性，将其纳入刑法规制势在必行。尽管互联网无边界，但法律的底线必须坚守。任何僭越法律底线的行为，都将受到法律的惩处。销量的虚假繁荣总归是泡沫，迟早会被戳破。本案作为全国首例打击“空包快递”的刑事案件，对于电商行业“刷单炒信”的乱象及其背后的产业链将起到积极的震慑作用，对净化电商行业、营造风清气正的网络购物环境也具有重要的现实意义。

□ 参考文献

刘仁文、杨学文:《用刑法规制电子商务失范行为》,载《检察日报》2015 年 8 月 26 日。
胡勇、陈开腾、吴为:《空包网的特点及治理路径》,载《人民检察》2020 年第 16 期。
高艳东:《信息时代非法经营罪的重生——组织刷单案评析》,载《中国法律评论》2018 年第 2 期。
叶良芳:《刷单炒信行为的规范分析及其治理路径》,载《法学》2018 年第 3 期。
马永强:《正向刷单炒信行为的刑法定性与行刑衔接》,载《法律适用》2020 年第 24 期。
周立波:《网络交易信用炒作行为的刑法规制》,载《天津法学》2016 年第 4 期。

002 组织刷单炒信的行为定性

李某某非法经营案 ｜ 浙江省杭州市余杭区人民法院(2016)浙0110刑初726号刑事判决书

高艳东。浙江大学光华法学院

■ 事实概要

2013年,被告人李某某创建某某网商联盟网站,利用YY语音聊天工具建立刷单炒信平台,吸纳某宝卖家注册账户成为会员,并收取300元至500元不等的保证金和40元至50元的平台管理维护费及体验费。李某某在网站平台上制定了刷单炒信规则与流程,组织会员通过该平台发布或接受刷单炒信任务。会员缴纳会费承接任务后,通过与发布任务的会员在某宝网上进行虚假交易并给予虚假好评的方式赚取任务点,使自己能够采用悬赏任务点的方式吸引其他会员为自己刷单炒信,进而提升自己某宝店铺的销量和信誉,欺骗某宝买家。2013年2月至2014年6月,被告人李某某共获取平台管理维护费、体验费及任务点销售收入至少人民币30万元,另收取保证金共计人民币50余万元。

■ 裁判要旨

杭州市余杭区人民法院认为,被告人李某某违反国家规定,以营利为目的,明知是虚假的信息仍通过网络有偿提供发布信息等服务,扰乱市场秩序,情节特别严重,其行为已构成非法经营罪。法院以非法经营罪判处李某某有期徒刑5年6个月,以侵犯公民个人信息罪判处李某某有期徒刑9个月,两罪并罚,决定执行有期徒刑5年9个月,并处罚金92万元。

第一,《全国人民代表大会常务委员会关于维护互联网安全的决定》(以下简称《网安维护决定》)系全国人民代表大会常务委员会制定的决定,《互联网信息服务管理办法》(以下简称《网信管理办法》)系行政法规,依法均属于《刑法》第96条规定的"国家规定"的范畴。

第二,被告人李某某创建并经营的"某某网商联盟"(前身为"某爆军团")以收取平台管理维护费、体验费,销售任务点等方式牟利,属于提供经营性互联网信息服务,根据《网信管理办法》的相关规定,应当取得互联网信息服务增值电信业务经营许可证。

第三,被告人李某某创建炒信平台,为炒信双方搭建联系渠道,并组织某宝卖家通过该平台发布、传播炒信信息,引导部分某宝卖家在某宝网上对商品、服务作虚假宣传,并以此牟利,其主观上显具在某宝网上发布虚假信息的故意,且系犯意的提出、引发者,客观上由平台会员即某宝卖家实施完成,其行为符合《网安维护决定》第3条中规定的"利用互联网销售伪劣产品或者对商品、服务作虚假宣传”，并应依照《刑法》有关规定追究刑事责任。

第四，最高人民法院、最高人民检察院《关于办理利用信息网络实施诽谤等刑事案件适用法律若干问题的解释》（以下简称《网络诽谤解释》）第7条规定，违反国家规定，以营利为目的，通过信息网络有偿提供删除信息服务，或者明知是虚假信息，通过信息网络有偿提供发布信息等服务，扰乱市场秩序，达到相应数额标准的，以非法经营罪定罪处罚。被告人李某某的行为既违反国家规定，又系以营利为目的，通过信息网络有偿提供发布虚假信息等服务的其他严重扰乱市场秩序的非法经营行为，其行为符合《刑法》关于非法经营罪的构成要件。

■ 评　析

Ⅰ 本案焦点

组织刷单是否构成非法经营罪，关键是判断组织刷单是否“违反国家规定”。根据《刑法》第225条，成立非法经营罪的关键构成要件是“违反国家规定”。《刑法》第96条规定：“本法所称违反国家规定，是指违反全国人民代表大会及其常务委员会制定的法律和决定，国务院制定的行政法规、规定的行政措施、发布的决定和命令。”换言之，认为组织刷单成立非法经营罪，首先应有全国人大或全国人大常委会、国务院出台的相关规定作为依据。法院认为，被告人李某某的行为违反全国人民代表大会常务委员会颁布的《网安维护决定》和国务院颁布的《网信管理办法》。入罪所依据的法律效力位阶不存在争议，关键是内容的理解。

第一，刷单是虚假宣传，违反《网安维护决定》。《网安维护决定》第3条规定，有“利用互联网销售伪劣产品或者对商品、服务作虚假宣传”的行为，构成犯罪的“依照刑法有关规定追究刑事责任”。有观点认为，此处的“虚假宣传”特指利用互联网为伪劣产品作虚假宣传，而刷单不在第3条的规范范围之内。但是，法院未采纳这种观点，具体而言：

一是认为虚假宣传的对象仅限于“伪劣产品”，不符合语言逻辑。从字面含义来看，《网安维护决定》第3条第1项规定的是“利用互联网销售伪劣产品或者对商品、服务作虚假宣传”，显然，立法者严格区分了“伪劣产品”与“商品”，前半句特指“伪劣产品”，而后半句则没有“伪劣”这一定语。如果“虚假宣传”的对象只能是“伪劣产品”，立法者应当表述为：“利用互联网宣传、销售伪劣产品……”换言之，应当认为虚假宣传的对象除了“伪劣产品”外，还包括正常商品和服务。刷单对店家的销量、信誉等附随情况造假，展示店铺、商品等不真实的信息，符合“虚假宣传”的内涵。

二是从其他法律的表述来看，可推论刷单属于对商品的“虚假宣传”。例如，《反不正当竞争法》第8条规定：“经营者不得对其商品的性能、功能、质量、销售状况、用户评价、曾获荣誉等作虚假或者引人误解的商业宣传，欺骗、误导消费者。经营者不得通过组织虚假交易等方式，帮助其他经营者进行虚假或者引人误解的商业宣传。”根据该条规定，“销售状况（销量）”“用户评价”可以构成“对商品的虚假宣传”；而刷单行为制造了虚假的销量状况（销量）和用户评价，符合第8条规定的情形，属于“虚假商业宣传”。据此，《网安维护决定》第3条第1项所说的“虚假宣传”的内容，应当包括“销售状况（销量）”和“用户评价”。因此，应当认为刷单属于“虚假宣传”的范围。

三是应当区分法律规定的抽象性与行为的具体性。不能以《网安维护决定》没有对刷单行为作出直接规定为由，否认刷单“违反国家规定”。按照判决书的逻辑，虽然《网安维护决定》第3条未写明“刷单”，但刷单是一种具体行为方式，而立法表述是一种抽象原则，解释者就是要探讨具体行为是否符合原则规定。类似的逻辑是，法律条文禁止非法持有“枪支”，而行为人持有的是“机关炮”，解释者只要把机关炮解释为枪支即可，因为立法者不可能列举、穷尽枪支的种类。如果以立法没有禁止刷单这一具体行为为由，否认刷单的可罚性，就会陷入“白马非马”的诡辩之中。刷单的核心是虚构商品的销量和用户评价，只要把刷单解释为“对商品销量、评价的虚假宣传”，便可将《网安维护决定》第3条适用于组织刷单的情形。

第二，组织刷单违反许可制度，违反《网信管理办法》。在论证了组织刷单“违反国家规定”之后，还要进一步讨论组织刷单是否违反特许经营、市场准入制度，即是否违反了《网信管理办法》第4条的规定，即“国家对经营性互联网信息服务实行许可制度；对非经营性互联网信息服务实行备案制度。未取得许可或者未履行备案手续的，不得从事互联网信息服务”。

法院认为，被告人李某某创建并经营的某某网商联盟以收取平台管理维护费、体验费，销售任务点等方式牟利，属于提供经营性互联网信息服务，根据《网信管理办法》的相关规定，应当取得互联网信息服务增值电信业务经营许可证，无证经营则构成非法经营罪。

反对的观点认为，刷单行为本身为《反不正当竞争法》所禁止，不可能申请取得经营许可证，因此便不存在违反《网信管理办法》第4条关于经营许可规定的问题。然而，以没有经营许可证为由而否认刷单违反许可证制度的观点，是把法律原则与具体行为，把经营资格与经营内容混淆了，与墨家“杀盗非杀人”的诡辩命题如出一辙。例如，开设收费网站宣扬封建迷信（邪教），当然违反了《网信管理办法》第4条“国家对经营性互联网信息服务实行许可制度”的规定，可以构成非法经营罪。不能认为，行政部门不会颁发合法的宣传封建迷信许可证，所以开设宣传封建迷信（邪教）的网站不存在违反行政许可的问题。换言之，正确的论证逻辑是：首先要将“宣传封建迷信网站”抽象为“信息服务”，再进行推论：“信息服务”需要许可证，而网站开设者没有许可证，因而构成非法经营罪。同理，开设刷单平台是一种有偿的信息服务，经营性互联网信息服务需要有许可证，而行为人没有许可证，因此构成非法经营罪。

Ⅱ 本案意义

本判决的意义在于，将新型的“组织刷单”这类流量造假行为，评价为“其他严重扰乱市场秩序的非法经营行为”。根据《刑法》第225条的规定，非法经营罪包括四种行为方式，即“（一）未经许可经营法律、行政法规规定的专营、专卖物品或者其他限制买卖的物品的；（二）买卖进出口许可证、进出口原产地证明以及其他法律、行政法规规定的经营许可证或者批准文件的；（三）未经国家有关主管部门批准非法经营证券、期货、保险业务的，或者非法从事资金支付结算业务的；（四）其他严重扰乱市场秩序的非法经营行为”。组织刷单明显不属于前3种，只可能属于第4项“（四）其他严重扰乱市场秩序的非法经营行为”。

那么,“其他严重扰乱市场秩序的非法经营行为”的范围如何界定?事实上,理论界多有学者批判非法经营罪是口袋罪,原因便在于“其他严重扰乱市场秩序的非法经营行为”缺乏明确范围。在司法实务中,该兜底条款因界定不清,多遭遇行政化、地方化等扩张性适用,违背了罪刑法定原则。针对该问题,最高人民法院出台的《关于准确理解和适用刑法中“国家规定”的有关问题的通知》规定:“对被告人的行为是否属于刑法第二百二十五条第(四)规定的‘其它严重扰乱市场秩序的非法经营行为’,有关司法解释未作明确规定的,应当作为法律适用问题,逐级向最高人民法院请示。”由此可见,最高人民法院通过规定“其他严重扰乱市场秩序的非法经营行为”认定权的归属,来对非法经营罪的兜底条款予以严格限制。换言之,如果司法解释已有规定的,受理法院可以直接根据司法解释判决。

杭州市余杭区人民法院认为,组织刷单行为符合《网络诽谤解释》第 7 条的规定,即“违反国家规定,以营利为目的,通过信息网络有偿提供删除信息服务,或者明知是虚假信息,通过信息网络有偿提供发布信息等服务,扰乱市场秩序,具有下列情形之一的……以非法经营罪定罪处罚……”然而,该司法解释并未就“虚假信息”“扰乱市场秩序”进行具体界定,因此理论界对该解释的适用多有质疑。换言之,判断组织刷单是否符合“明知是虚假信息,通过信息网络有偿提供发布信息等服务,扰乱市场秩序”,关键在于准确理解“虚假信息”和“扰乱市场秩序”。

第一,刷单必然产生“虚假信息”。事实上,“刷单”与“虚假信息”之间的必然关系很容易理解:刷单者通过虚假交易增加商品销量,并为网店撰写好评,而这种虚假的店铺销量、商品的好评信息缺乏真实的交易基础,本身便是一种影响顾客判断的“虚假信息”。组织刷单是在电商平台上批量发布虚假信息,具有组织化、专业化的行为特性,较单个刷单者而言危害更加严重。

需要指出,“虚假信息”既包括“虚假社会信息”,也包括“虚假经济信息”。2014 年北京市朝阳区人民法院公开宣判被告人杨某(网名“立二拆四”)等网络推手涉嫌非法经营罪一案,是《网络诽谤解释》出台后适用的第一案。受其影响,很多学者将《网络诽谤解释》中的“虚假信息”等同于“虚假社会信息”(如新闻、事件、明星资讯)。笔者认为,这是对“虚假信息”的狭隘理解。刷单者在电商平台上发布的虚假好评,形成的虚假销量和虚假物流信息,当然也属于“虚假信息”。简言之,“虚假信息”应当包括“虚假经济信息”,这是简单的平义解释。

第二,刷单的结果是“扰乱市场秩序”。相比网络推手发布虚假的社会新闻,刷单发布了虚假的经济信息,更明显地扰乱了市场秩序。显然,刷单是虚假交易,其本身就是市场交易的一部分。有观点认为,刷单只是侵犯了电商的私人利益、私企平台的秩序而非“(公共)市场秩序”。这是对电商平台的误解,今天,一些电商已经有近数亿的注册用户,日活跃用户过亿,超过绝大多数国家的人口总量。如果这么大规模的交易市场,都不能构成“(公共)市场秩序”,那还有什么样的市场、平台,可以成为“(公共)市场秩序”?退一步讲,如果网络推手在注册用户只有几百万的网站上发布虚假社会新闻,都属于“扰乱市场秩序”,则在拥有数亿用户的网站上发布虚假交易、评论信息,更是“扰乱市场秩序”。

Ⅲ 本判决留给将来的课题

刑法必须直面造假问题：在工业时代，市场迟迟走不出制售假货的困境；在数字经济时代，造假更是屡见不鲜，改头换面为更具隐蔽性的刷单炒信。但是，换汤不换药，刷单行为的实质就是数据造假与诈骗。对于组织刷单是否构成犯罪的争论，从表面看是理论界及司法实践中关于形式解释论与实质解释论的冲突，但实质上是工业时代刑法观与信息时代刑法观的交锋。

组织刷单如何入罪、当入何罪，是互联网时代如何解释传统罪名的一个缩影。非法经营罪源于1979年《刑法》所规定的投机倒把罪，1997年《刑法》取消了投机倒把罪，并将其分解为了非法经营罪。由此可见，这是一个拖着计划经济"辫子"的罪名，在市场经济时代广受诟病。刑法界通说认为，非法经营罪是一个口袋罪，应对其适用范围进行严格限制。再看司法实践，非法经营罪的适用范围不断扩大，按常理或法理不属于犯罪的违法行为或违规行为，只要不符合文件规定的，都能以非法经营罪入罪。例如，非法从事高利贷业务、违法建房并出售、自办网站推荐股票、买卖人体器官等，都曾按照非法经营罪定罪处罚。

在笔者看来，这一罪名的适用在互联网时代应该有所改变。一方面，在传统经济领域应限缩非法经营罪的适用范围。"法不禁止即自由"是市场经济的必然要求，为了确保自由交易，许可证、专营专卖应限于涉及公共安全的领域（如枪支、精神药品等），否则将导致国家对市场干预过度、垄断经济利益的现象出现。例如，倒卖粮食、违法建房并出售等仅属于违法行为或违规行为，因为没有危及公共安全，未达到科处刑罚的程度，不应作为非法经营罪处理。因此，在判断行为人是否符合违反国家规定、违反专营专卖、扰乱市场秩序等法定条件之外，还必须判断行为是否具有实质危害性。只有当行为损害了他人利益和公共安全时，才能以非法经营罪入罪。另一方面，在互联网领域，非法经营罪的适用应当适度扩张，为网络空间设立行为法则。互联网的高速发展，大大超过了立法速度，面对激增的新型网络犯罪，法律不能无所作为。中国互联网的现状，是繁荣与乱象并存，创业与投机共生。例如，电信诈骗泛滥成灾，地下产业恣意蔓延，据《法治周末》报道，目前我国网络黑色产业链从业人员已超过150万，市场规模更是达到了千亿级别。在网络世界高速发展的背景之下，刑法应当扩张干预的程度，这是社会的需要，也是刑法的责任。

只有将刑法置于人类历史、社会发展的宏大视野中，才能得出负责的结论。在波澜壮阔的变革大时代，刑法理论必须有所突破，方能在互联网领域赋予传统法条新活力。这既是我们这一代法学人的历史使命，也是网络治理的中国智慧。

□ 参考文献

陈兴良：《刑法阶层理论：三阶层与四要件的对比性考察》，载《清华法学》2017年第5期。

朱新力、余伟民主编：《互联网违法犯罪的法律规制》，浙江大学出版社2018年版。

高艳东：《信息时代非法经营罪的重生——组织刷单案评析》，载《中国法律评论》2018年第2期。

周立波：《网络交易信用炒作行为的刑法规制》，载《天津法学》2016年第4期。

003 以比特币为中介买卖外汇的行为定性

赵甲、赵乙非法经营案 | 浙江省杭州市西湖区人民法院(2021)浙0106刑初169号刑事判决书

高艳东 浙江大学光华法学院

■ 事实概要

2019年3月至4月间,被告人赵甲、赵乙前往阿联酋迪拜考察后,在被告人赵甲的安排下,被告人赵乙、李某(另处)等人,以虚拟货币(比特币)为媒介,由李某在迪拜向他人收取阿联酋法定货币迪拉姆,再用迪拉姆购入虚拟货币,并通过在国内出售虚拟货币的方式,将人民币转入对方指定的国内收款账户,上述收款方均为外贸商户,相关账户涉及杭州、义乌等地,以此实现迪拉姆和人民币的跨境兑付。被告人赵甲等人均未经批准,非法从事资金跨国境兑付的变相买卖外汇行为,兑付金额共计人民币43853968元,从中获取至少2%的收益,获利金额共计人民币877079.36元。

■ 裁判要旨

2022年3月,杭州市西湖区人民法院以非法经营罪判处赵甲有期徒刑7年(量刑结果出于对两个罪行的综合考虑,另一个罪行是赵甲与跑分平台交易虚拟币)。赵甲上诉后,杭州市中级人民法院二审裁定驳回上诉,维持原判。

第一,被告人实际上是在境外购买虚拟币,并将虚拟币在境内进行出售以获利,相关行为实质为买卖外汇套利。被告人赵甲等人虽然在形式上进行的不是人民币和外汇之间的直接买卖,但实质上采取的是以外汇偿还人民币或者以人民币偿还外汇的方式,最终以外汇和人民币的互换实现货币价值转换。

第二,外汇及人民币资金在境内外实行单向循环,表面上没有发生物理流动,但实质上赵甲等人以虚拟币作为工具,实现了账目上的“两地平衡”,应认定为变相买卖外汇。被告人赵甲等人的行为客观上绕开了国家的外汇管理制度,给社会金融秩序的有序运行带来了极大危害及潜在的巨大风险,行为符合变相买卖外汇型非法经营罪的构成要件,应依法认定为非法经营罪。

■ 评　析

1 “变相买卖外汇”的主体是地下钱庄而非客户

判决混淆了行政法和《刑法》对买卖外汇的定性,直接按照人民银行的规定即行政法的

标准来判断《刑法》中的非法买卖外汇。按照人民银行的规定,绕过银行换汇都是非法或变相买卖外汇。但是,绕过银行换汇是行政法的界定,解决的是行政处罚问题而非定罪问题。按照最高人民法院、最高人民检察院《关于办理非法从事资金支付结算业务、非法买卖外汇刑事案件适用法律若干问题的解释》(以下简称《非法买卖外汇解释》)的释义,“变相买卖外汇”有明确的含义——“地下钱庄以境内外‘对敲’方式进行资金跨国(境)兑付”,赵甲是“私下换汇自用”而非“经营对敲业务”。

第一,最高司法机关明确了“变相买卖外汇”的含义。刑法要恪守罪刑法定原则,对“变相买卖外汇”中的“变相”不能无限扩张、随意解释,根据最高司法机关的观点,“变相买卖外汇”仅指“地下钱庄的对敲业务”。在2019年《非法买卖外汇解释》发布后,《最高人民法院刑三庭、最高人民检察院法律政策研究室负责人就涉地下钱庄刑事案件司法解释答记者问》(以下简称《两高答记者问》)界定了“变相买卖外汇”的内涵是“对敲”,主体是“地下钱庄”。

在《两高答记者问》中,最高人民法院、最高人民检察院部门负责人介绍:“实践中,地下钱庄非法买卖外汇主要有较为传统的以境内直接交易形式实施的倒买倒卖外汇行为和当前常见的以境内外‘对敲’方式进行资金跨国(境)兑付的变相买卖外汇行为……资金跨国(境)兑付是一种典型的变相买卖外汇行为。跨国(境)兑付型地下钱庄,不法分子与境外人员、企业、机构相勾结,或利用开立在境外的银行账户,协助他人进行跨境汇款、转移资金活动。这类地下钱庄又被称为‘对敲型’地下钱庄,即资金在境内外实行单向循环,没有发生物理流动,通常以对账的形式来实现‘两地平衡’。现在多数地下钱庄的主要业务是资金跨国(境)兑付,导致巨额资本外流,社会危害性巨大,属重点打击对象……”

根据《两高答记者问》,“变相买卖外汇”是将跨国(境)兑付型地下钱庄(“对敲型”地下钱庄,即资金在境内外实行单向循环,没有发生物理流动,通常以对账的形式来实现“两地平衡”)作为典型手段和主体,明确了这类地下钱庄具有“协助他人进行跨境汇款、转移资金活动”的功能。相反,“对敲型”地下钱庄的“客户”不是“变相买卖外汇”的主体。

第二,实践中“对敲型”地下钱庄“客户”极少被追究刑事责任。在2019年《非法买卖外汇解释》公布后,国家外汇局连续公布了大量(其中2022年就有40起)通过地下钱庄非法买卖外汇的案件,涉案个人和企业均通过地下钱庄非法买卖外汇(金额巨大),属于非法买卖外汇行为,但最终均仅受到行政处罚。国家外汇局严格区分了地下钱庄及其“交易对手(客户)”,明确了对地下钱庄客户只进行行政处罚的立场。在2019年《非法买卖外汇解释》公布后,对非法买卖外汇,我国的基本立场是,由公安机关对地下钱庄进行刑事打击,由外汇局对地下钱庄的交易对手(客户)进行行政处罚。在2019年《两高答记者问》发布之后,我国对到地下钱庄换汇的客户都仅进行行政处罚,而鲜有定罪的判例。

第三,“黄光裕案”发生在2019年《非法买卖外汇解释》生效之前,没有参考价值。黄光裕于2007年9月至11月间,违反国家规定,采用人民币结算在境内、港币结算在境外的非法外汇交易方式,将人民币8亿元直接或通过北京恒益祥商业咨询有限公司转入深圳市盛丰源实业有限公司等单位,通过郑某微等人私自兑购并在中国香港得到8.22亿余港元(折合1.05亿余美元)。2010年5月18日,北京市第二中级人民法院作出一审判决,认为黄光裕的行为构成非法经营罪,属于非法买卖外汇。

2019年《非法买卖外汇解释》生效之后,地下钱庄的客户不再受到刑事追究。如果"黄光裕案"是参考判例,2019年后大量地下钱庄客户都应被定罪。近年来,我国一些人通过地下钱庄换汇转移资产或购买海外房产,很多电商或代购者通过地下钱庄换汇购买海外产品(如奶粉、名牌包、手表、化妆品)在国内销售,都涉嫌非法经营罪中的"变相买卖外汇"。但事实恰恰相反,在2019年《非法买卖外汇解释》公布之后,我国鲜见对地下钱庄客户进行刑事处罚的判例。

需要指出,"黄光裕案"有特殊性、偶然性。在"黄光裕案"之后的"刘某非法经营案"中,湖北省高级人民法院就认为通过地下钱庄换汇不属于非法经营罪。2001年12月至2010年6月,被告人刘某为归还境外赌债,通过汉龙集团及其控制的相关公司,将资金转入另案处理的范某控制的公司账户,后范某通过地下钱庄将5亿多元人民币兑换成港币为刘某还债。一审法院认定刘某构成非法经营罪。被告人刘某提出上诉,湖北省高级人民法院审理后认为,上诉人刘某为偿还境外赌债的兑换外币行为因不具有营利目的,不属于经营行为,不构成非法经营罪,故二审改判无罪。

Ⅱ 比特币是虚拟商品而不是货币,不能成为"变相买卖外汇"的媒介

判决书错误地把比特币当成了货币,将其作为买卖外汇的"媒介"。赵甲的交易逻辑是"人民币→迪拉姆→比特币→(部分)人民币",外汇买卖是不同货币之间的交易(兑换),而非以商品为中介的买卖。赵甲等人用人民币兑换迪拉姆,再购买比特币等虚拟商品,即使再出售部分虚拟商品,也超出了"变相买卖外汇"的内涵。

第一,用人民币购买迪拉姆再换成比特币,不能评价为"变相买卖外汇"。"变相买卖外汇"是不同货币之间的兑换(对敲),但在我国比特币没有货币属性,赵甲用迪拉姆买比特币的行为,不能评价为"变相买卖外汇"。在一些国家,比特币、泰达币等虚拟货币具有货币属性甚至属于法定货币,截至2019年,全球有99个国家对比特币的货币属性持肯定性态度,如美国、德国、日本、澳大利亚等国家。但是,我国不承认比特币、泰达币的货币属性。与美国等国不同,我国法律直接否定了比特币等虚拟货币的货币属性。2017年9月4日,中国人民银行、中央网信办工业和信息化部、工商总局、银监会、证监会、保监会共同发布的《关于防范代币发行融资风险的公告》中明确指出:"代币发行融资是指融资主体通过代币的违规发售、流通,向投资者筹集比特币、以太币等所谓'虚拟货币',本质上是一种未经批准非法公开融资的行为……代币发行融资中使用的代币或'虚拟货币'不由货币当局发行,不具有法偿性与强制性等货币属性,不具有与货币等同的法律地位,不能也不应作为货币在市场上流通使用……本公告发布之日起,各类代币发行融资活动应当立即停止。"2021年9月15日,中国人民银行等部门发布的《关于进一步防范和处置虚拟货币交易炒作风险的通知》规定:"比特币、以太币、泰达币等虚拟货币具有非货币当局发行、使用加密技术及分布式账户或类似技术、以数字化形式存在等主要特点,不具有法偿性,不应且不能作为货币在市场

上流通使用。”可见,比特币、泰达币等虚拟货币在我国不具有法定货币地位,不可以作为货币流通。

总之,在承认比特币货币属性的国家,迪拉姆与比特币之间的交易属于不同货币之间的兑换,可能被评价为“变相买卖外汇”的组成部分;但在中国,由于比特币没有货币属性,迪拉姆与比特币之间的交易不是不同货币之间的交易,缺乏被评价为“变相买卖外汇”的前提。

第二,在案发时比特币是“虚拟商品”,赵甲的行为属于“商品买卖行为”。以商品为中介的买卖,即使涉及不同币种,也不是(变相)买卖外汇行为。否则,利用不同币种的汇率差进行盈利的走私行为,都将属于(变相)买卖外汇。

一方面,我国法律将比特币等虚拟货币界定为“虚拟商品”。2013 年 12 月 3 日,中国人民银行等发布的《关于防范比特币风险的通知》指出:“虽然比特币被称为‘货币’,但由于其不是由货币当局发行,不具有法偿性与强制性等货币属性,并不是真正意义的货币。从性质上看,比特币应当是一种特定的虚拟商品……”但是,比特币交易是一种互联网上的商品买卖行为,普通民众在自担风险的前提下拥有参与的自由。换言之,赵甲用人民币私自兑换迪拉姆后购买比特币,属于“换汇进行商品买卖”。

另一方面,我国的一些判例否定了比特币的货币属性,但肯定了其财产属性,认为比特币属于“虚拟财产”。

在“闫向东等与李圣艳等财产损害赔偿纠纷案”中,上海市第一中级人民法院认为:“比特币的物理形态为成串复杂数字代码。要获得比特币,既需要投入物质资本用于购置与维护具有相当算力的专用机器设备,支付机器运算损耗电力能源的相应对价,也需要耗费相当的时间成本,该过程及劳动产品的获得凝结了人类抽象的劳动力,同时比特币可以通过金钱作为对价进行转让,并产生经济收益。因比特币具有价值性、稀缺性、可支配性等特点,故其具备了权利客体的特征,符合虚拟财产的构成要件。中国人民银行等曾发布《关于防范比特币风险的通知》(2013 年)、《关于防范代币发行融资风险的公告》(2017 年)等文件,虽然否定了此类‘虚拟货币’作为货币的法律地位,但上述规定并未对其作为商品的财产属性予以否认,我国法律、行政法规亦并未禁止比特币的持有。”

同样,在上海市第一中级人民法院(2020)沪 01 民终 12524 号“劳动报酬支付案”中,法院认为,“案涉的 USDT(泰达币)属于网络虚拟财产,受法律保护”,进而认可了双方达成的《和解协议》中确认的“泰达币”与人民币的折价标准;此外,在江西省赣州市章贡区人民法院(2020)赣 0702 民初 2353 号“买卖‘泰达币’纠纷案”中,法院认为:“USDT(泰达币)作为虚拟货币的一种,具备财产的价值性、稀缺性、可支配性,即符合虚拟财产的构成要件,虽不具备货币的合法性,但其作为虚拟财产及其对应产生的财产权应受法律保护。”进而确认委托购买“泰达币”的合同有效,收取用于购买“泰达币”的人民币有法律上的依据,不构成不当得利。可见,在案发时,我国法院肯定了虚拟货币的财产属性,并给予了法律保护。

由于比特币在我国属于虚拟商品,赵甲的行为在本质上就是跨境商品买卖,其行为类似“换汇型代购”。例如,A 因迪拜劳力士手表便宜,就按照代购者的指示,将 20 万元人民币打入代购者指定的北京账户,代购者在迪拜取出 11 万迪拉姆(1 迪拉姆≈1.8 元人民币)后,购买了劳力士,将其夹杂在普通包裹中邮寄给 A,即使 A 收到手表后将其加价转卖给朋友,并反复实施以此营利,也只涉及走私问题。虽然 A 的行为涉及人民币与迪拉姆之间的转换,但该行为的基础法律关系是商品交易而不是“变相买卖外汇”。A 的行为过程与赵甲购买比特币的流程相似,而且,比特币作为互联网产品,不存在关税和走私问题。

Ⅲ 本判决留给将来的课题

第一,比特币等虚拟币天然具有跨币种、跨国境交易的属性,不能简单地将私下跨境买卖比特币认定为非法买卖外汇。由于网络空间的无国界性,比特币等虚拟币经常会出现在不同币种之间的交易中,例如,在炒币者中常见的在中国用人民币购买比特币、在美国以美元卖出,也实现了人民币与美元之间的兑换,是否属于行政违法或洗钱可以讨论,但如果一律认定为“变相买卖外汇”的非法经营罪,那么,虚拟币领域的跨币种交易都可以直接认定为非法经营罪,这显然违背国际惯例。

第二,客户通过地下钱庄换汇的危害性应通过行政处罚解决。绝大多数国家,都没有把地下钱庄客户的换汇行为作为犯罪打击。用刑罚打击地下钱庄客户的换汇行为,也违背刑法谦抑性原则。近年来,利用地下钱庄换汇转移资产的现象不在少数,要想解决这一问题,应刑事打击地下钱庄,对客户进行行政处罚。

□ 参考文献

陈兴良:《非法买卖外汇行为的刑法评价——黄光裕案与刘汉案的对比分析》,载《刑事法判解》2015 年第 1 期。

高艳东主编:《互联网法律资料汇编·刑事篇》,浙江大学出版社 2018 年版。

高艳东、何子涵:《数字资产视野下虚拟财产刑法保护困境之破解》,载《浙江大学学报(人文社会科学版)》2022 年第 12 期。

汤涛:《非法买卖外汇罪中“买卖”含义辨析》,载《检察日报》2010 年 12 月 13 日,第 3 版。

004 为无证配资者提供软件服务的行为定性

徐某非法经营案 ｜ 浙江省杭州市拱墅区人民法院(2022)浙0105刑初282号刑事判决书

高艳东 浙江大学光华法学院

■ 事实概要

2019年4月至2021年6月,被告人徐某担任杭州某某信息科技有限公司实际控制人期间,开发和经营证券交易虚拟分仓软件“某新财经”。被告人在明知从事证券业务需要相关资质的情况下,将软件提供给没有资质的浙江某成联合有限公司(以下简称某成公司)使用,并按每笔交易额的万分之零点八不等收取费用。被告人主要负责的软件的运行维护,有直接操作股票账户的经营行为2019年4月至2021年6月,黄某(另案处理)担任某成公司实际控制人,在没有从事证券业务相关资质的情况下,使用被告人提供的“某新财经”软件,从事配资、开立虚拟二级子账户、委托交易、查询、结算等证券业务,从中非法获利,并向被告人支付软件使用费等120万余元。被告人徐某专门开发、销售、经营的证券虚拟分仓软件具有打开某达信、关闭某达信、查询各种交易数据、下单委托交易证券、撤销委托、交易账户登录、交易账户销户等经营证券业务功能。该软件能开设子账户,一个子账户可对应多个母账户或一个母账户对应多个子账户。所涉证券交易通过调用未经授权的某达信TdApiX文件实现。该软件还具有融资等栏目,可实现母账户、虚拟配资后的子账户上的股票买卖、平仓等操作及监测。

■ 裁判要旨

2022年6月,杭州市拱墅区人民法院以非法经营罪判处徐某有期徒刑2年6个月(徐某有自首、从犯、认罪认罚、退赃等从轻情节)。

第一,被告人明知从事证券及配资业务需要相关资质。从被告人的履历看,其一直从事相关证券软件的研发,也曾从事配资业务,对证券行业的从业要求应该明知。被告人是软件设计者之一,前期“W盘1”有配资相关功能,后期“W盘2”(本案中的“某新财经”)虽然删除了客户端的配资功能,但仍保留融资等栏目,因此被告人对业务单位将软件用于或可能用于配资炒股是心知肚明的,这也正是软件的卖点之一。事实上,如果软件是提供给有资质的券商的,则根本无须删除客户端的配资功能。将一个功能完整的软件修改成能够实施和监控配资炒股的软件,其目的正是规避法律风险。

第二,被告人开发的软件存在未经授权接入某达信公司计算机信息系统来获取数据的情况。作为一个资深的证券软件研发人员,其开发的软件却采用非正规手段来获取证券交易数据,更加印证了其主观明知。

第三,被告人有追求经济利益默许配资炒股的原始驱动。被告人及公司员工在软件的运行维护过程中,是能够看到客户配资金额及交易情况的。配资会放大交易额,交易额又直接涉及被告人的收益,称不知情不关注并不符合常理。

第四,被告人及公司员工有具体参与非法经营的直接行为。一般而言,销售并仅限于提供软件故障修复的多用途的"某新财经"软件并不一定构成非法经营罪的共犯。但本案被告人及公司员工存在具体参与非法经营的直接行为,即除了提供软件外还存在直接在母账户进行买卖,在子账户调整股票名称、数量或经被告人同意后赔偿客户损失等操作。

第五,"某新财经"软件除用于证券子账户的开立、交易、查询、结算等业务外,还能用于配资业务,上述业务均属于《证券法》规定的经营证券业务,相关业务均需获得国务院证券监督管理机构的批准方可实施,被告人还按一定比例获取了非法经营的部分收益。

第六,被告人的软件提供的虚拟账户等功能还违反了《证券法》的多项规定。一个母账户对应多个子账户及一个子账户对应多个母账户、多个子账户在一个母账户或一个子账户在多个母账户下单(在子母账户不同名的情况下)均违反《证券法》的规定,具有行政违法性和刑事危害性,存在规避主管部门监管、操纵证券市场的可能。

第七,被告人与黄某的公司之间并不仅仅是提供软件及修复软件故障的简单合作关系。被告人作为黄某公司的技术运维部门存在,较深层次地介入了黄某公司的运营,是整个非法经营不可缺少的环节,所以构成了非法经营罪的共犯。另外,考虑到软件虽有融资等栏目,但实际上并不能直接完成配资业务,相关实际配资仍需黄某公司人员线下操作,被告人在非法经营总金额、子账户开立数量等方面的掌控度一般,被告人在本案中可认定为从犯。

■ 评　析

Ⅰ 对无共谋的技术帮助行为应评价为帮信罪

判决书采用了片面共犯的理论——"(被告人)对业务单位将软件用于或可能用于配资炒股是心知肚明的",以"心知肚明"为由将软件提供者认定为共犯。徐某为无证配资者提供技术帮助,如果双方不存在共谋,在"帮助信息网络犯罪活动罪"(以下简称帮信罪)出台后,更宜评价为帮信罪,而不是认定为非法经营罪的共犯。

第一,无共犯意思联络时,只存在讨论片面共犯的余地。在软件提供者与使用者之间无共犯意思联络时,双方之间就不属于典型的共同犯罪。行为人之间无意思联络时,最多只能成立片面共犯。在帮信罪出台后,对无共谋的技术帮助者,只宜评价为帮信罪。具体而言:一是片面共犯只是理论概念,《刑法》第 25 条明确规定"二人以上共同故意犯罪"才是共同犯罪,并未规定片面共犯(明知他人在犯罪而单方面提供帮助)成立共同犯罪。司法实践中,只有在故意杀人罪等严重暴力犯罪中,才会偶尔地肯定片面共犯属于共同犯罪。换言之,对法定犯、行政犯,不宜滥用片面共犯理论。二是片面共犯对帮助者的故意强度要求高,需要对实行犯的行为过程有具体、明确的认知,而不是一般性的抽象、概括认识,至少需要达到直接故意的程度(如看到仇人被追杀而暗中帮助杀人犯)。换言之,对间接故意型片面共犯不宜按照共犯处理。三是网络空间的片面共犯只能成立帮信罪。2015 年《刑法修正案(九)》增设的“帮信罪”就解决了网络空间片面帮助、一对多帮助等共犯意思联络证明难题。如提供“两卡”(手机卡、银行卡)的人,其和诈骗犯没有意思联络,但又明知是在为他人诈骗提供帮助,就属于帮信罪。软件服务提供者属于“一对多”帮助,这种技术帮助是最典型的帮信罪。本案被告人属于通过软件实现“一对多”的帮助者(还有其他人购买该软件服务),只宜认定为帮信罪。

第二,对多功能软件,开发者没有特别注意义务。徐某开发的软件不是单一功能的专门配资软件,而是一种可以用于多场景的资产管理软件,不是需要履行特别注意义务的软件。“某新财经”是用途广泛的资产管理软件,可以用于股票、私募、国债等多个行业;主要功能是通过分仓实现量化交易,而不是配资。“某新财经”还具备打新、国债逆回购等功能,这些功能都是为机构和资深散户服务的,而非为配资服务的。此外,“某新财经”还在交易客户端上提供了算法交易、多窗口交易等高级交易服务。该软件中的“融资金额”选项只能手动记录(由黄某后台填写)配资金额,股民无法在该软件上直接操作、完成配资。退一步讲,即使开发专门配资软件,也不需要特别批准,因为在我国“配资”是一个中性词,场内配资是合法的,只有场外配资才是违法的。

即使使用软件者从事的是特许行业,只要特许经营行为没有公共危险性,提供软件服务的帮助者就无须审查经营者的资质。例如,虽然烟草是专营专卖,但是,如果房东把商铺租给售卖香烟的超市,无须审查经营者的烟草经营资质。同样,软件工程师为超市开发收费或管理系统,系统中有“软中华”“云烟”等香烟选项,即使超市无香烟经营许可证,软件提供者也不是共犯。总之,向资产管理公司提供资产管理软件时,没有任何法律规定提供者要履行特别注意和审核义务,徐某无“应当知道”的注意义务,连过失都不存在,更遑论明知的故意。

第三,软件开发者按照交易量收取服务费,也不宜评价为参与黄某非法经营的共犯行为。徐某提供软件服务与黄某的非法经营,有明显的物理、空间和管理隔离。除了提供软件外,徐某没有参与黄某公司的任何经营行为,在提供软件服务过程中,徐某的员工只是通过微信群解决黄某遇到的技术问题,未参与黄某公司的会议、人事、财务等任何经营。徐某收取的软件使用费,也只是提供中立技术的市场收费,而非参与配资利息等赃款分配。

徐某作为 saas 软件(通过网络提供软件服务)的开发者,按照交易流水收取软件使用费,只是一种方便销售的市场推广行为。在实践中,一些软件为了推广、便于用户接受,也采用按照交易流水比例的收费方式,例如,电商领域经常使用的“聚水潭系统”,大量企业办公用的“亿方云管理系统”等,都采用了按照流量收费的模式。早期电信、移动公司,也采用了按照流量收费的模式;证券交易所也采用按照交易量比例收费的模式。按照交易流水比例收费的依据在于:交易量大则服务成本高。因为券商服务器总是不停升级,所以对应的接口程序也需要进行不断地改动和替换,人员维护成本比较高,而且交易量大对服务器性能也会造成压力,所以按照交易量比例收费实质上是按照服务成本收费。就多数小公司开发的软件来说,其稳定性、便捷性有待客户检验,在第一次使用软件时,用户很难接受(如)每月5000元的固定收费模式,更愿意采用按照交易量比例收费的模式。

总之,徐某向黄某提供“某新财经”,犹如卖菜刀。黄某可以利用“某新财经”从事私募基金、股票代持等合法业务,也可能将其用于股票配资。如果徐某明知黄某只有杀人用途,才有讨论共犯的可能性(但会受到“中立帮助行为无罪”理论的抵制)。但是,如果黄某买刀后有多种用途,就不能再认定徐某为共犯。否则,租房给黄某的房东、为其提供会计或审计服务的会计师事务所、为其发布广告的网站等,都是共犯。

Ⅱ 向无证配资者提供软件服务不宜评价为共犯

对无证配资的帮助者,不宜采用“放任即明知”的标准按照间接故意将其评价为共犯。在一般人眼里配资就是借钱炒股,多数人对其无违法性认识。

第一,证券股票属于专业领域,如果不是特别研究,普通人对于平仓、配资等很多概念并不了解,很难认识到“配资需要资质”的法律要求。在一般人眼里,“配资”就是向他人借钱炒股,和民间借贷并无实质区别。徐某并非证券、法律领域的专业人员,其长期从事计算机工作,很难了解配资的相关法律规定。

徐某提供软件服务的时间,跨越了国家对场外配资定性转变前后,即便其曾经从事过配资业务,也不能期待徐某及时认识到配资的违法性。在2015年股灾之前,场外配资大量存在且无违法性。在2015年股灾之后,2015年7月证监会出台了《关于清理整顿违法从事证券业务活动的意见》,但主要强调的是实名制,而未确认场外配资的违法性。2019年9月通过的《全国法院民商事审判工作会议纪要》(可简称《九民纪要》)认定场外配资合同无效,但此时场外配资尚不构成“非法经营证券业务”的非法经营罪。2020年3月施行的《证券法》第120条才正式规定“证券融资融券”需要“取得经营证券业务许可证”,自此才明确了场外配资成立非法经营罪的“专营许可性”。徐某提供软件服务的时间为2019年4月至2021年6月。换言之,在徐某提供软件服务的最初,场外配资不是典型的非法经营罪的情形。

第二,场外配资并非一律非法,“个人借贷型”配资就是合法的。“个人借贷型”配资即资方将钱直接借给股民,股民再用自己的账号炒股,这种配资只是普通的民间借贷,不违法,法院也会将其认定为普通的民间借贷。实践中配资经常被作为民事纠纷处理,如在2020年4月的“王某某诉赵某某场外股票配资合同纠纷案”中,郑州市中级人民法院认为,“《证券法》中对于自然人之间借钱炒股并未作出禁止性规定,而《证券登记结算管理办法》《证券公司监督管理条例》《关于清理整顿违法从事证券业务活动的意见》属于行政法规或部门规章,其规定并不具有否定合同有效性的效力,故该《股票合作协议》不违反原《合同法》第52条关于合同无效事由的规定,系当事人真实意思表示,应认定有效。”即使被告人徐某认识到了黄某在从事配资业务，也很难认识到其配资方式，如果黄某只是撮合个人借贷型配资，只是民间借贷的中间人，即使收取中介费也不违法（但可能承担担保人责任）。

Ⅲ 本判决留给将来的课题

在涉嫌法定犯、行政犯时，法律不能要求软件提供者承担过高的注意义务。非法经营罪的特殊性在于，"非法（经营）"是规定在法条中的构成要素，技术帮助者要成立共犯，需要对"非法（经营）"这一构罪要素有明确认识。在黄某没有配资资质（无证）时，不能简单地根据许某的软件服务情况而推断其认识到了经营者的"非法（经营）"性。在我国，技术人员开发恶意、流氓、攻击等软件（如间谍软件、木马程序、撞库软件等）的，需要履行特别注意义务，应询问需求方的用途与相关资质，以防止软件被用于犯罪。但是，在技术人员开发一般性交易软件时，无须任何政府部门的审批，无须履行特别注意义务。在数字经济高速发展的当下，法律应当为技术发展留出足够的空间。

□ 参考文献

胡铭：《数字法学：定位、范畴与方法——兼论面向数智未来的法学教育》，载《政法论坛》2022 年第 3 期。

马荣春：《论新型犯罪对刑法理论的影响：以网络犯罪为中心》，载《学术界》2022 年第 4 期。

高艳东、连斌主编：《从技术到规则：数字文明的法治进路》，浙江大学出版社 2021 年版。

高艳东、王莹主编：《数字法治：数字经济时代的法律思维》，人民法院出版社 2021 年版。

005 网络空间诽谤案的自诉原则与公诉例外

杭州女子取快递被诽谤案 | 浙江省杭州市余杭区人民法院(2021)浙0110刑初180号刑事判决书

车 浩 北京大学法学院

■ 事实概要

2020年7月7日18时许,被告人郎某在杭州市余杭区良渚街道某快递驿站内,使用手机偷拍正在等待取快递的被害人谷某并将视频发布在某微信群。被告人何某使用自己的微信小号冒充谷某与自己聊天,后伙同郎某分别使用各自微信号冒充谷某和快递员,捏造谷某结识快递员并多次发生不正当性关系的微信聊天记录。为增强聊天记录的可信度,郎某、何某还捏造"赴约途中""约会现场"等视频、图片。同月7日至16日间,郎某将上述捏造的微信聊天记录截图数十张及视频、图片陆续发布在该微信群,引发群内大量低俗、淫秽评论。之后,上述偷拍的视频以及捏造的微信聊天记录截图被他人合并转发,并相继扩散到110余个微信群(群成员总数2万余人),引发大量低俗评论,多个微信公众号、网站等对上述聊天记录合辑转载推文(总阅读数2万余次),影响了谷某的正常工作生活。谷某向公安机关报案后,郎某、何某主动到公安机关接受调查,承认前述事实。检察院以诽谤罪对二被告人提起公诉。

■ 裁判要旨

法院经审理认定二被告人的行为均已构成诽谤罪,分别以诽谤罪判处被告人郎某、何某有期徒刑1年,缓刑2年。

被告人郎某、何某出于寻求刺激、博取关注等目的,捏造损害他人名誉的事实,在信息网络上散布,造成该信息被大量阅读、转发,严重侵害了被害人谷某的人格权,影响了其正常工作生活,使其遭受一定经济损失,社会评价也受到一定贬损,属于捏造事实通过信息网络诽谤他人且情节严重,二被告人的行为均已构成诽谤罪,公诉机关指控的罪名成立。鉴于二被告人的犯罪行为并非仅仅对被害人谷某造成影响,其对象选择的随机性,造成了不特定公众的恐慌和社会安全感、秩序感的下降;诽谤信息在网络上大范围流传,引发大量淫秽、低俗评论,虽经公安机关辟谣,仍对网络公共秩序造成很大冲击,严重危害社会秩序,公诉机关以诽谤罪对二被告人提起公诉,符合法律规定。

■ 评 析

Ⅰ 诽谤罪自诉的法理机制

依照《刑法》第246条的规定,侮辱罪、诽谤罪作为侵犯个人名誉法益的犯罪,属于“告诉的才处理”的自诉型犯罪。从经济分析的视角来看,诽谤罪“原则自诉而例外公诉”的制度安排,是一种实现宪法上的基本权利最优化配置的刑事立法方案。

一方面,在诽谤案的场合,公诉机制的确权成本过高。证明行为人表达是否属实(为真)是诽谤罪诉讼中的关键问题。但这一点也是整个诉讼中最耗费成本的环节。一种可能出现的情形是,行为人所说“坏话”的内容属实,即并不无辜的当事人确实做了“坏事”,即使坏事被曝光后客观上有损于当事人的名声,但是在法律上也不应当支持当事人对这部分损失主张权利。真相恰恰说明当事人本来也并不配得到那部分名誉。更重要的是,一个不利于某人外部名声的“坏话”或“丑闻”的出现,对社会未必就是坏事。当它为真时,反而增加了社会沟通中的有效信息,保护了其他人的知情权,提高了其他人的沟通交往能力。只有当“坏话”为假时,才需要通过法律进行遏制。因此,确权的关键不在于是否有“坏话”导致某个人的外部名声受损,而在于让某个人名声受损的“坏话”是否属实。但是,如果把追查这一事实的任务交予司法机关,由其主动介入,启动公诉,则不仅会消耗大量的时间和其他成本,而且很有可能这种消耗最终因为查明“坏话”属实而变得无意义。

因此,最明智的做法就是通过自诉机制,把防止这种可能无意义的资源损失的任务交给当事人。因为他处在那个能够防止这种无谓损失的最佳位置。对于诽谤事实的真实性,被诽谤的当事人是最清楚事实真相从而也最容易避免调查成本无意义消耗的人,他会作出最有利于自身利益的权衡。当“坏话”为真时,当事人提起自诉的胜算很小,而且诉诸法庭闹得众人皆知,反而进一步广而告之地让丑闻传播,加剧名声受损。因此,最优策略就是不提起自诉,祈求事件尽快平息止损。此时,行为人的“坏话”增加了社会真实信息的总量,而且不会为此启动任何不当的司法程序,不会产生无意义的资源浪费。在避免司法资源损失这一点上,当事人就是经济学上所谓的“最小成本防范者”,自诉机制就是一个避免无谓损失的最小成本防范机制。

另一方面,自诉机制作为一种“财产规则”而非“禁止交易规则”,可以给双方留出回旋和解的余地。按照经济学上的“卡—梅”分析框架,公诉机制属于一种在是否追诉的程序上禁止双方交易的规则,而自诉机制则是一种行为人可以向当事人付出对价购买“不起诉”的“财产规则”。一旦进入公诉程序,就是开弓没有回头箭,即使认罪认罚或刑事和解,行为人也很难从刑事犯罪记录上全身而退,被害人与行为人之间难以全面化解恩怨,且此过程必须要由司法机关主导并投入大量成本。相反,如果允许自诉,行为人与被害人可以反复地沟通谈判,被害人在得到足够补偿的情况下,可以选择不起诉(相当于将起诉权出售)。甚至在法院审理过程中也可以适用调解,被害人在法院判决前可以同行为人自行和解,也可以撤回起诉。为此,行为人可以付出诚意公开道歉,挽回被害人的名声损失,或者进行了金钱赔偿后免予刑事追究和犯罪记录,双方能够形成一个满意的结果,而这个过程并不需要消耗额外的司法成本。

因此,从经济学的角度来看,诽谤罪的自诉机制,是一种在程序方面配置名誉权与表达自由冲突的精巧设计。这种设计能够实现权利配置的最优化,因此得到世界各国刑事立法和司法实践的认可。

Ⅱ 诽谤罪公诉的例外情形

我国《刑法》第246条第2款规定:“前款罪,告诉的才处理,但是严重危害社会秩序和国家利益的除外。”这里的“除外”规定,是在诽谤罪自诉原则的基础上,规定了一个公诉的例外机制。

从犯罪学特点和刑事政策层面的统计数据来看,诽谤罪多数发生在熟人(不是指关系好而是指相识)的特定关系之间,基于特定原因指向特定个体,没有溢出效应,处在“陌生人社会”中的公众,可能会唏嘘甚至愤怒,但不会因此恐慌,安全感不会受到威胁,因此诽谤罪在《刑法》中的位置处于第四章,属于侵犯个人法益的犯罪,通常情况下与社会秩序或国家利益无关。但是,在某些特殊的案件中,行为人的诽谤对象是陌生人社会中的不特定个体,此时行为性质和危害程度就会发生改变。以杭州郎某、何某诽谤案为例,可以很清楚地看出这一点。

第一,在这起案件中,被害人谷某与郎某、何某之间没有任何特定关系,不存在任何熟人社会中的因果纠缠,而是陌生人社会中素不相识的个体。郎某、何某对谷某的名誉进行了侵害,就是一个完全独立的无端事件。对此的判断和取证,均不存在任何困难。

第二,被害人谷某被偷拍后又被造谣出轨,造谣信息在网络上扩散,不仅使谷某的正常生活出现极大震荡,谷某也被诊断有“抑郁状态”。从谷某的遭遇以及其提起自诉的状态来看,她本人显然认为自己的名誉遭受了巨大贬损,内在的(主观的)名誉情感难以接受。同时,从社会公众和媒体舆论的反应来看,几乎是众口一词地谴责和声讨郎某、何某,都高度地同情无端受害的谷某,普遍认可谷某的外部的(客观的)社会名誉遭受损害。从规范性和功能性的名誉概念来看,谷某在这起案件中不仅人格尊严没有得到尊重,成为物化和消费的工具,而且被认为是遭遇“社交性死亡”,作为沟通能力的名誉增量受到较大损害。无论对名誉概念采取何种理解,本案中的法益损害都是确定无疑的。在本案受到万众瞩目的情况下,司法机关在对真实性和损害程度进行取证时,也不必担心成本浪费的问题。

第三,也是最重要的一点,本案的犯罪对象具有不特定性,诽谤行为针对的是毫无关系和因果纠葛的陌生人,这意味着社会中的每一个公民都可能成为潜在的侵害目标。针对不特定个体的威胁,就是对由无数个体组成的社会秩序的威胁。由此产生的溢出效应和扩散风险是,公众在人格权和隐私权方面的安全感下降,因为会感觉到“被偷拍、被诽谤”是防不胜防的,这种恐慌情绪甚至可能引发社交自由的萎缩。对社会治理而言,这已经构成典型的“严重危害社会秩序和国家利益”。

值得探讨的是,杭州诽谤案对于诽谤案形成公诉例外的一般规则的意义。2013年最高人民法院、最高人民检察院《关于办理利用信息网络实施诽谤等刑事案件适用法律若干问题的解释》(以下简称《关于网络诽谤司法解释》)第 3 条规定了“严重危害社会秩序和国家利益”的七种情形,包括:引发群体性事件的;引发公共秩序混乱的;引发民族、宗教冲突的;诽谤多人,造成恶劣社会影响的;损害国家形象,严重危害国家利益的;造成恶劣国际影响的;以及“其他严重危害社会秩序和国家利益的情形”。从杭州诽谤案的情况来看,其显然不属于司法解释明示列举的前六种情形,那么,能否归入“其他严重危害社会秩序和国家利益的情形”之中?归入的理由和根据又是什么?

笔者认为,司法解释规定的前六种情形均属于诽谤行为造成了严重危害社会秩序的结果,而杭州案的诽谤行为指向陌生人社会中没有因果恩怨的不特定对象,属于行为本身具有“严重危害社会秩序”的性质和风险,因此也应当成为公诉对象。对此,可以从以往的司法文件和实务传统中得到支持和证实。

例如,关于杀人罪的死刑适用,1999 年《全国法院维护农村稳定刑事审判工作座谈会纪要》中明确指出,“对于因婚姻家庭、邻里纠纷等民间矛盾激化引发的故意杀人犯罪,适用死刑一定要十分慎重,应当与发生在社会上的严重危害社会治安的其他故意杀人犯罪案件有所区别”。为什么要有区别?因为人们或许会对熟人之间的杀人行为感到震惊,但由于自己脱离于犯罪人与被害人之间的特定关系之外,因此不会感到恐慌和不安。在这种情形下,刑罚的目的主要是惩罚犯罪人(特殊预防或报应),而不是对社会中的其他人产生规训效果(积极的一般预防)或威慑效应(消极的一般预防)。相反,“发生在社会上的”针对不特定对象的杀人行为,会给社会公众带来强烈的不安全感和恐慌感,严重威胁社会治安,因此,在死刑政策上从重处罚,显然是由于后者比前者更有一般预防的必要性和意义。

又如,2013 年最高人民法院、最高人民检察院《关于办理寻衅滋事刑事案件适用法律若干问题的解释》规定,“行为人因婚恋、家庭、邻里、债务等纠纷,实施殴打、辱骂、恐吓他人或者损毁、占用他人财物等行为的,一般不认定为‘寻衅滋事’”。为什么不认定?因为寻衅滋事罪是妨害社会管理秩序、扰乱公共秩序的犯罪,所谓社会秩序或公共秩序,都是由不特定个体的社会生活构成的,但是婚恋、家庭、邻里、债务这一类纠纷,只能发生在拥有特定关系的特定个体之间,由此引发的殴打、辱骂、恐吓、毁财等行为,虽然在形式上符合寻衅滋事罪的构成要件,但是仅仅是对特定个体的人身或财产的威胁,而对于寻衅滋事罪所要保护的社会秩序这一法益而言,却不具有直接的危害性,因此要区别于典型的寻衅滋事罪,将这类行为从该罪的范围中剔除出来。

同理,对于原则上需要提起自诉的诽谤罪,当结果的危害程度或者行为本身的危害性已经超出了特定的个别被害人承受的场合时,其就不再仅仅是对个人法益的侵害,而成为一种危害社会秩序的犯罪,对此当然也就与其他绝大多数犯罪一样适用公诉机制。2013 年《关于网络诽谤司法解释》第 3 条规定的“严重危害社会秩序和国家利益”的前六种情形的共同特征是对诽谤行为已经对社会秩序和国家利益造成的严重后果进行了描述。需要注意的是,造成这些严重后果的诽谤行为本身,可能并不具有危害社会秩序的性质,只是发生在熟人社会中针对特定个体的诽谤行为,但也可能因为引发危害社会秩序的严重后果,就进入了公诉的领域。除了从“结果”角度来评价是否“危害社会秩序”之外,当“行为”本身具有“危害社会秩序”的性质和风险时，也可以被归入该条的兜底性规定“其他严重危害社会秩序和国家利益的情形”之中，成为公诉的对象。

Ⅲ 本案意义

杭州诽谤案的公诉和判决说明，自诉原则是可以被打破的，那就是法律希望人们在面对某些边际行为的时候能够作出替换。当一个人把诽谤中伤的目标，没有特定因缘地、无差别地指向每一个不特定的个体时，名誉受损的风险由此溢出到由无数不特定个体组成的社会中，使得社会公众在名誉安全感方面人人自危。此时，侵害行为已经超出了被害人个人法益的边界，上升成对社会秩序的严重冲击，当然也就不能够再由被害人自我决定行使或放弃诉权。在这个点上，将自诉原则转换为公诉例外，就是给打算实施此类行为的人施以更大的压力，即其一旦实施该类行为，就不再由被诽谤者个人提起自诉，而是由国家机关对此进行追诉，他将面临比自诉更加确定的被惩罚概率和更严重的被惩罚后果。这和法律给一些被严格禁止的行为设定严格责任是一个道理。通过这种方式，法律希望人们改变他们的行为选择。以诽谤罪对行为人提起公诉，是司法机关应当履行的责任，有利于实现有效的一般预防，保护所有公民的名誉权不受威胁和社会秩序的稳定。

□ 参考文献

车浩：《诽谤罪的法益构造与诉讼机制》，载《中国刑事法杂志》2021 年第 1 期。

陈兴良：《判例刑法学》，中国人民大学出版社 2009 年版。

张明楷：《网络诽谤的争议问题探究》，载《中国法学》2015 年第 3 期。

王锴：《基本权利保护范围的界定》，载《法学研究》2020 年第 5 期。

梁迎修：《权利冲突的司法化解》，载《法学研究》2014 年第 2 期。

006 “积分套现”行为的刑事应对路径

陆某、朱某等诈骗案 | 江苏省南通市中级人民法院(2017)苏06刑终140号刑事判决书

刘仁文 中国社会科学院法学研究所

■ 事实概要

浙江某猫技术有限公司(以下简称某猫公司)推出某猫双倍积分卡活动,其规则是:某猫生日会员在生日周内向某猫平台的电商购买商品时除获赠电商赠送的某猫积分外,某猫公司会赠送等额的某猫积分奖励,5000积分为上限,该积分在买家购买商品并确认收货后即发至买家的积分账户(发生退货也不收回)。当买家再次向某猫平台的电商购买商品时,可以用该积分以100积分等于人民币1元的比例抵扣。

2015年10月下旬,本案被告人陆某、朱某、潘某、项某、颜某、邱某、叶某、魏某8人经预谋,先后在某猫商城上购买了南通、天津、上海、温州等地的6家某猫商城专营店铺,制作了不同的虚拟商品链接,并在网上购买大量新注册的某宝买家账号,行内称“白号”,通过在上述店铺内进行虚假交易的方式,套取某猫商城的奖励积分,之后再通过上述店铺,使用套取的某猫积分抵款购物,将积分变现。为了诈骗活动的顺利进行,陆某等人研发了两款软件用于诈骗活动,软件的功能包括自动拍下商品、自动付款、自动发货、自动确认收货、自动维权退货、自动同意退货退款、自动用积分购物等。各被告人利用上述方式,冒充10多万名某猫商城会员,虚假交易额高达14亿余元,获取某猫商城7亿多积分,实际骗取人民币671万余元。

■ 裁判要旨

江苏省南通市崇川区人民法院审理南通市崇川区人民检察院指控原审被告人陆某、朱某、潘某、项某、颜某、邱某、叶某、魏某犯诈骗罪一案,于2017年4月1日作出(2016)苏0602刑初641号刑事判决,认定被告人利用某猫公司积分活动规则,骗取某猫公司资金,数额特别巨大,其行为均已构成诈骗罪。本案系共同犯罪。原审各被告人不服,分别以本案系民事纠纷、量刑偏重、犯罪数额认定有误、主犯认定有误、主观上无犯罪的动机和目的、某猫公司双倍积分程序设置存在漏洞为由提出上诉。江苏省南通市中级人民法院经审理作出二审判决,认定原判决认定事实清楚,证据确实、充分,定性正确,量刑适当,审判程序合法。原审被告人以非法占有为目的,采用虚构事实、隐瞒真相的方法,骗取他人财物,数额特别

巨大,其行为均已构成诈骗罪。本案系共同犯罪,但是结合原审被告人的退赃和悔改表现,根据新的证据和新的事实,依照宽严相济的刑事政策,结合酌定从轻处罚的量刑情节,南通市中级人民法院对原判决的量刑进行了调整并进行了改判。

随着网络购物和电子支付的兴起,"积分套现"案件出现在司法实践中。行为人以非法占有为目的,利用所控制的网络店铺,制作不同的虚拟商品链接,并在网上购买大量新注册的某宝买家账号,恶意利用积分规则实施虚构会员身份、生日信息、商品信息、交易过程等大量的隐瞒真相的行为,通过在上述店铺内进行频繁的虚假交易骗取积分,再通过上述店铺,使用骗取的积分抵款购物,将积分变现。行为人主观上具有非法占有的目的,客观上采取了虚构事实、隐瞒真相的方法,其行为触犯了《刑法》第266条的规定,构成诈骗罪。

■ 评 析

Ⅰ 本案焦点

本案涉及人数众多,分工方式复杂,积分套现数额特别巨大,存在如下理论焦点。

1. 关于本案的行为定性

在本案行为性质的认定上,被告人及其辩护人提出了"积分套现"行为属于民法上的不当得利的主张,而法院认为,各被告人利用自己控制的某猫店铺,明知获得某猫公司双倍积分营销活动规则的前提是进行真实的商品交易,却分别结伙或交叉结伙并组织、雇佣员工,使用恶意软件在互联网某猫平台反复地盗刷,批量地进行虚假的商品交易,致使被害单位某猫公司产生某猫客户进行真实商品交易的错误认识而赠与双倍积分,各行为人将所骗得的积分再通过虚假的商品交易进行套现,从而骗取某猫公司的资金,主观上具有非法占有的目的,客观上采取了虚构事实、隐瞒真相的方法,该行为具有主动性、掠夺性,与不当得利系没有法律依据或合同根据而被动地获得他人利益的特征不符,各被告人均已构成诈骗罪。

关于本案的行为定性的这一争议反映了对不当得利与财产犯罪的刑民关系的探讨从网下延伸至网上。就本案所成立的诈骗罪而言,诈骗罪是指以非法占有为目的,使用欺骗方法,骗取数额较大的公私财物的行为。诈骗罪的基本构造为:行为人实施欺骗行为——对方(受骗人)产生或继续维持错误认识——对方基于错误认识处分财产——行为人或第三者取得财产——被害人遭受财产损害。民法上的不当得利是指没有合法根据使他人受到损失而自己获得利益的行为引起的一种事实状态,只要行为人没有合法根据,并获得了财产利益,对方遭受了财产损失,获得利益与对方损失之间具有因果关系,即成立民法上的不当得利。但是,不当得利与财产犯罪之间并非对立关系,而是交叉关系。民法上的不当得利,也可能构成刑法上的诈骗、侵占等财产犯罪。一方面,不当得利也可能是侵权行为,而犯罪行为与侵权行为是特别关系或者交叉关系;另一方面,按照民法上的不当得利的成立条件进行衡量时,刑法上的诈骗、抢劫、抢夺也都是民法上的不当得利。

因此,民法上的不当得利,完全能够成立刑法上的财产犯罪。当不当得利的行为符合刑法中特定犯罪的犯罪构成时，对该行为就从民法评价上升为刑法评价，不当得利的行为也就“出民而入刑”。刑法并没有规定不当得利罪，所以，民法上的不当得利不可能一概成为刑法上的犯罪行为。

2. 某猫公司是否存在过错

本案提出的某猫公司设置规则存在的漏洞和电商行业中的“积分套现”现象，旨在反映被害人存在的过错，而被害人是否存在过错需要全面考察双倍积分规则的初衷和“积分套现”行为的性质。该案中某猫公司的双倍积分规则属于营销活动，通过该规则，消费者能够以100积分抵扣人民币1元，活动本身是促进和鼓励消费的手段，制定的规则能够对交易双方的切身利益起到保障作用，也是私人财产免受侵犯的防范措施，只有交易双方恪守规则，才能确保交易的公平性和公正性。某猫积分奖励规则设置的初衷是鼓励交易、促进消费，但必须以真实有效的交易为前提。

随着电子支付的发展，电商平台为鼓励再消费给予消费者的积分作为一种支付手段被人们慢慢接受，在实践中利用消费积分兑换商品或者抵扣购物款已是常见现象。若苛求某猫公司在规则设置、程序设计上像防贼一样设置“防盗窗”，否则就应自食其果，甚至被扣上“引诱他人犯罪”具有过错的帽子，并不符合公平正义社会治理的要求与法律规范的宗旨。认为某猫公司在双倍积分的程序设置上存有漏洞，并且没有尽到管理、补漏责任，从而要求某猫公司对扩大的损失承担责任的观点，既违背生活常理，也没有法律依据。

本案之所以形成了“漏洞”，是因为本案各被告人实施了购买店铺、使用“先锋”“锵锵”等恶意软件反复盗刷等犯罪行为。若非采取以上虚假交易、软件盗刷等违法方式，双倍积分规则可以有效地激励用户进行真实消费。因此，某猫公司的双倍积分规则本身并不存在引诱他人犯罪的设定，也不存在合法操作情形下的“漏洞”，某猫公司对本案损失的扩大不存有过错，无须对此承担责任。

3. 网络共同犯罪出现复杂共同犯罪时，被告人的刑事责任如何划分

本案系复杂共同犯罪而非简单共同犯罪。复杂的共同犯罪是指各共同犯罪人之间存在不同分工，处于不同地位，是按共同犯罪行为的分工划分的一种共同犯罪形式。在本案中，众多被告人彼此之间两两或多人分别结伙，或交叉结伙，相互配合、分工合作，共同实施完成犯罪，各共同实施的行为形成一个互相配合的统一犯罪活动整体。个人该如何依据法律规定对于各自参与的共同犯罪承担相应的刑事责任就成为一个值得研究的问题。

同时，本案是以网络空间为背景的，作为共同犯罪的一种特殊形式而形成的网络共同犯罪，是行为人基于共同故意实施的以计算机网络为犯罪工具的共同犯罪形式。在网络共同犯罪活动中，各被告人事先共谋，通过互联网寻找共同实施犯罪的同伙、共同实施或分工合作，以网络作为犯罪工具，滥用信息网络达到共同的犯罪目的，不同的犯罪行为人实施犯罪，表现出来的是各种不同的侵犯性指令或程序。在现实社会和网络空间中进一步相互配合而实施共同犯罪的现象大量出现，共同犯罪可以在短时间内轻易纠集大量人员进行，导致共同犯罪的数量增加。

共同犯罪与网络因素的叠加及其衍生出的共同犯罪的网络异化现实，毫无疑问地给传

统的共同犯罪理论造成了很大的冲击。传统刑法理论认为,成立共同犯罪必须具备三个条件:第一,共同犯罪的主体,必须是两个以上达到刑事责任年龄、具有刑事责任能力的自然人或者单位;第二,构成共同犯罪必须二人以上具有共同的犯罪行为,各行为人所实施的行为,必须是犯罪行为,否则不可能构成共同犯罪;第三,构成共同犯罪必须二人以上具有共同的犯罪故意。发生在网络空间的共同犯罪与传统的普通共同犯罪呈现出了不同的特点:在主观上,网络共同犯罪的犯意联络往往通过网络形成,相对于传统普通共同犯罪来说具有隐蔽性、模糊性、不确定性等特点;在客观上,网络共同犯罪的合作方式和组织结构呈现出“点对点”“组对组”的特征,配合形式更加多元,分工方式更加细致。因此在此类案件中,各被告人均应依据法律规定对各自参与的共同犯罪承担相应的刑事责任,法院应以其在共同犯罪中所起的实质作用为重点,结合具体的组织形式,考察各被告人应承担的责任范围。

Ⅱ 本案意义

在网络购物越来越普及的时代背景下,网店商户雇佣职业刷手代刷销量、信誉好评是目前客观存在的违法现象,俗称“刷单”,产生的结果是吸引了顾客至网店购物,其中顾客购物的意思表示虽因网店发布的虚假信誉存有瑕疵,但在网店与顾客即买卖双方之间仍发生了真实的商品交易行为。本案中的各被告人扮演顾客的角色,以其控制的某猫店铺为平台,身兼买卖双方的双重角色,用虚假的商品交易先骗取某猫公司赠与的奖励积分,俗称“刷积分”,然后再通过虚假的商品交易将该奖励积分套现。“刷积分”的目的就是套现,在这二重买卖过程中均没有真实的商品交易行为。因此,“刷单”行为与本案的“积分套现”行为有着本质区别,前者一般是帮网店刷销量、刷信誉,使网络购物中消费者与商家信息不对等的情形加剧,侵犯了消费者的知情权。后者是为了获取电商平台发放的积分或者红包。这类行为往往利用电商平台的活动规则,通过虚构交易获取数额较大的积分或者红包,再利用所获取的积分或者红包套取现金。

网络购物与移动支付的发展使虚构交易获取某猫积分抵扣现金一案引起了社会的广泛关注。本案中,各被告人的行为不是为了提高店铺的商业信誉,而是为了获取因虚构交易产生的某猫积分,再利用所获积分套现,该案不仅反映出网民与司法界对积分兑换现金行为的态度,也折射出传统刑法理论与规定在网络时代的适用问题。在互联网时代,社会“网络化”带来的网络“社会化”使网络空间不再是法外之地。然而,在0和1构造的网络空间里,各种新型违法犯罪行为层出不穷,在罪与非罪、此罪与彼罪的界限方面存在较大的争议。传统刑法理论和当前司法部门正面对着网络时代提出的各种挑战。为有效应对这些挑战,除了借助国家立法部门的法律更新和最高司法机关的司法解释之外,发挥地方司法部门的司法智慧也应成为一种可资借鉴的解决方案。在案例指导制度建设持续开展的今天,法院的经典判例势必会影响司法系统对之后同类案件的处理,也将为网络产业和社会群体树立新的行业准则和行为规范。展望未来社会,以我国新型网络犯罪案例为基点,我国刑法理论应当在民事违法和刑事犯罪之间建立一座由罪刑法定原则搭建的桥梁,善用刑法教义学、刑事政策学等诸多智识资源,努力破解越轨行为的应对难题,全力推动当代刑事法学理论与实践的接地气转型和创新性发展,在打击犯罪和保障人权、刑法积极参与社会治理和维护自身尊严之间取得一种动态的平衡。

□ 参考文献

陈兴良:《网络犯罪的刑法应对》,载《中国法律评论》2020 年第 1 期。

张明楷:《不当得利与财产犯罪的关系》,载《人民检察》2008 年第 13 期。

李兰英:《"以刑制罪"在网络经济犯罪认定中的适用》,载《厦门大学学报(哲学社会科学版)》2020 年第 4 期。

刘亚:《7 亿天猫积分背后的诈骗案》,载《方圆》2017 年第 9 期。

古林:《骗取天猫积分套现 671 万　8 名被告人分获有期徒刑》,载《人民法院报》2017 年 4 月 20 日,第 3 版。

何龙:《刷单骗取积分、优惠券并套现行为的刑法性质认定——以结果本位刑法观为视角》,载《法律适用》2017 年第 10 期。

黄晓亮、黄伯青:《论网络共同犯罪》,载《犯罪研究》2007 年第 4 期。

007 全链条打击特大钓鱼软件诈骗案

周某、王某、张某等传授犯罪方法、诈骗案 | 浙江省绍兴市中级人民法院(2017)浙06刑终454号刑事裁定书

刘仁文 中国社会科学院法学研究所

■ 事实概要

由于本案同案犯众多,下文仅选取具有代表性的人物及事例。

网店店主李某为了提升店铺信誉,找到职业刷单手张某,被张某用钓鱼软件骗走千余元。后警方查获了背后价值近千万元的诈骗产业链。该钓鱼软件由周某开发,其为非法获利,破解了具有变更支付指向和支付金额功能的“支付宝超强助手”等钓鱼软件,后在网上以每个软件卡密每月200~300元的价格公开销售,供他人在远程刷单诈骗中使用,并以QQ聊天、远程演示、转发视频教程等方式教授购买者使用钓鱼软件进行刷单诈骗,累计非法获利8万余元。

2015年3月至2016年7月,被告人王某事先在自己的电脑上安装具有变更支付指向和支付金额功能的“小武助手”“黑蘑菇助手”等钓鱼软件,后以刷单为名,诱骗被害人远程操作该电脑使用银行卡支付刷单商品,骗取7万余元。

2015年1月至2016年5月,被告人张某事先在自己的电脑上安装具有变更支付指向和支付金额功能的“全能老板键”“龙组”等钓鱼软件,后以刷单为名,诱骗被害人远程操作该电脑使用银行卡支付刷单商品,骗取10万余元。

■ 裁判要旨

原审依据相关法律,判决:(1)被告人周某犯传授犯罪方法罪,判处有期徒刑3年6个月;(2)被告人王某犯诈骗罪,判处有期徒刑3年4个月,并处罚金人民币40000元;(3)被告人张某犯诈骗罪,判处有期徒刑3年5个月,并处罚金人民币40000元。

原审被告人周某上诉,其辩护人提出,被告人周某认罪、悔罪态度好,主观恶性小,已全额退赃且患有慢性疾病,请求二审从轻处罚;原审被告人王某上诉提出,本案的犯罪数额不应适用最高人民法院、最高人民检察院、公安部《关于办理电信网络诈骗等刑事案件适用法律若干问题的意见》(以下简称《电信网络诈骗适用意见》)的规定,依据从旧兼从轻的原则,被告人王某的诈骗数额应认定为数额较大;原审被告人张某上诉,其辩护人提出,张某有自首、立功情节,可以从轻、减轻处罚。

具体判决如下:其一,根据最高人民法院、最高人民检察院《关于办理诈骗刑事案件具体应用法律若干问题的解释》(以下简称《诈骗解释》)的规定,“诈骗公私财物价值三千元至一万元以上、三万元至十万元以上、五十万元以上的,应当分别认定为刑法第二百六十六条规定的‘数额较大’、‘数额巨大’、‘数额特别巨大’”。《电信网络诈骗适用意见》中对电信网络诈骗犯罪数额的规定与《诈骗解释》规定的范围相符,且案发后出台的《电信网络诈骗适用意见》不具有独立的溯及力。原判依据《电信网络诈骗适用意见》的相应规定认定的诈骗刑档正确。上诉人及其辩护人提出的诈骗数额刑档应按浙江省高级人民法院规定的意见,二审不予采纳。其二,根据张某的供述及诸暨市公安局出具的关于张某的归案经过,张某到案的情形并不符合“主动投案”的要求,其当时去派出所系陪同其妻子录笔录,在派出所等候期间并未主动投案,依法不应认定为自首。

■ 评 析

Ⅰ 本案焦点

本案的二审判决主要围绕两大问题展开:一是司法解释及同类性质文件的溯及力问题;二是自首的认定问题。

针对第一个问题,上诉人王某实施的电信网络诈骗行为获利 7 万余元,根据浙江省高级人民法院规定的 6000 元、10 万元、50 万元为数额较大、数额巨大、数额特别巨大标准的起点的意见,其行为仅能认定为诈骗数额较大。如果按照案发后出台的《电信网络诈骗适用意见》的相应规定认定诈骗刑档,7 万余元属于数额巨大,由此便产生了一个规范依据的选择之争。二审裁判的逻辑在于,强调案发后出台的《电信网络诈骗适用意见》与《诈骗解释》的相关规定并不冲突,适用前者关于诈骗罪犯罪数额的规定就是在贯彻 2011 年出台的《诈骗解释》的相关规定,且为了避免陷入司法解释溯及力的争论,明确提出《电信网络诈骗适用意见》不具有独立的溯及力,巧妙地避开了可能存在的争论,仅从规范之间的逻辑关系层面就解决了案件的规范适用问题。本文赞同其裁判依据的选择结论,即应当适用《电信网络诈骗适用意见》规定的诈骗刑档。原因在于:

首先,浙江省高级人民法院出台的诈骗罪定罪量刑标准是根据《诈骗解释》的规定,并结合该省经济社会发展和治安状况确定的。该标准只是前述解释在具体实践中的操作规则,不能代替前述解释,而且该标准仅仅着眼于该省内部的经济社会发展情况和治安状况,其对于发生在网络中的、跨地区性的诈骗犯罪不具有指导意义,更不具有强制适用的效力,因此在本案中不宜适用浙江省高级人民法院出台的诈骗罪定罪量刑标准。其次,本文认为,根据最高人民法院、最高人民检察院《关于适用刑事司法解释时间效力问题的规定》(以下简称《刑事解释时间效力规定》),也可得出应适用《电信网络诈骗适用意见》的结论。《刑事解释时间效力规定》在第 1 条明确了刑事司法解释溯及力的基本原则,之后分别在第 2 条和第 3 条中规定了不同情况下的司法解释溯及力的具体原则。其中第 2 条规定,“对于司法解释实施前发生的行为,行为时没有相关司法解释,司法解释施行后尚未处理或者正在处理的案件,依照司法解释的规定办理”,即从新原则;第 3 条规定,“对于新的司法解释实施前发生的行为,行为时已有相关司法解释,依照行为时的司法解释办理,但适用新的司法解释对犯罪嫌疑人、被告人有利的,适用新的司法解释”,即从旧兼从轻原则。结合前文的论述,在《电信网络诈骗适用意见》出台之前,除了 2011 年出台的针对一般情况的《诈骗解释》之外,并没有其他针对电信网络领域诈骗行为的定罪量刑标准,且《电信网络诈骗适用意见》所确定的定罪量刑标准也完全符合《诈骗解释》所规定的范围,因此可以依据《刑事解释时间效力规定》第 2 条的规定,适用《电信网络诈骗适用意见》第 2 条第 1 款的规定。

针对第二个问题,上诉人张某主张其具有自首情节。经查,根据张某的供述及诸暨市公安局出具的关于张某的归案经过,张某当时去永春县桃城派出所系因其妻子林某被传唤至该派出所,张某是陪同而去的,且张某逗留在派出所期间,未主动向该公安机关投案。公安机关民警在审讯林某的过程中得知张某有作案嫌疑,然后在该派出所门口对张某进行传唤审问,张某并非因投案到派出所的,到派出所后亦未主动向公安机关投案,依法不应认定为自首。本文认同二审裁判的逻辑。这里涉及对于自首的认定问题。一般自首,是指犯罪以后主动投案,如实供述自己的罪行的行为。自动投案,一般是指犯罪事实或者犯罪嫌疑人未被公安、检察、审判等办案机关发觉,或者虽被发觉,但犯罪嫌疑人尚未受到办案机关的调查谈话、讯问,或者未被宣布采取调查措施或者强制措施、未被群众扭送时,犯罪嫌疑人主动将自己置于办案机关的合法控制之下,接受审查与裁判的行为。根据最高人民法院《关于处理自首和立功具体应用法律若干问题的解释》的规定,犯罪嫌疑人具有以下情形之一的,应当视为自动投案:(1)犯罪后主动报案,虽未表明自己是作案人,但是没有逃离现场,在司法机关询问情况时交代自己罪行的;(2)明知他人报案而在现场等待,抓捕时无拒捕行为,供认犯罪事实的;(3)在司法机关未确定犯罪嫌疑人,尚在一般性排查询问时主动交代自己罪行的;(4)因特定违法行为被采取行政拘留等强制措施期间,主动向执行机关交代尚未被掌握的犯罪行为的;(5)其他符合自首的立法宗旨,应当视为自动投案的情形。

本案中,上诉人张某是在陪同其妻子做笔录时到达派出所的,在派出所期间,其仍抱着侥幸心理,未主动交代犯罪事实。之后,在讯问其妻子期间,派出所民警掌握了上诉人张某的作案嫌疑,其犯罪事实已经被办案机关发觉,在对其进行传唤审问期间,张某才主动交代,不符合立法和司法解释关于主动投案的要求,只能认定为坦白。因此,应当认为二审裁判在上诉人张某是否具有自首情节的问题上,说理充分、结论妥当。

Ⅱ 本案意义

钓鱼软件作为电信诈骗的重要工具之一,围绕其已经形成了开发、销售、使用、洗钱等一系列环节,一个庞大而完整的黑灰产业链已经形成,参与人数和产业规模都急剧增加,触目惊心。本案涉及钓鱼软件诈骗的整个链条,出现了多阶段多样态的犯罪行为,涉案人数十名,被害人近千人,涉案金额近千万元。

案件的源起是互联网销售平台催生的一个不合理现象——炒信刷单,这本就是市场竞争下商家意图在短时间内提高店铺信誉和知名度而采取的不正当竞争手段,又被不法分子找到了漏洞而加以利用。本案中被告人利用钓鱼软件在支付环节将原本应当进入商家账户的款项转入自己的账户。从本案行为来看，被害人是相信了钱款进入自己店铺账户的这一虚假事实，而"自愿"作出了处分其财物的行为，符合诈骗罪的基本构成链条：行为人实施欺骗行为（应聘做刷单手实施远程刷单行为，利用钓鱼软件形成付款假象）——受害人产生错误认识——基于错误认识处分财产——行为人取得财产。司法机关对这一黑灰产业链从上到下全方位的查处，不仅有利于打击和威慑钓鱼软件诈骗链上的行为人，遏制此类犯罪的高发趋势，还能够对采用炒信刷单的不正当竞争手段的电商平台用户予以警示。

近年来，伴随着网络金融和电子科技的快速发展，电信诈骗行为频频发生，已经成为信息社会背景下的新型犯罪典型样态，成为侵害公民财产安全和网络金融业健康有序发展的恶害之源。网络的传播性、远程性和非接触性使得远程犯意联系和团队操作更为容易，所以涉网案件往往犯罪行为人众多，容易形成多地域、多链条式犯罪，其中涉及复杂的共同犯罪、犯罪金额的认定等问题。

《电信网络诈骗适用意见》明确了司法实践中电信诈骗的相关难题，是对预防和惩治电信诈骗的刑法规范的有力补充。《电信网络诈骗适用意见》第2条规定了"数额较大""数额巨大""数额特别巨大"的具体金额范围，这样就解决了过去各地电信诈骗数额标准认定不统一的问题，也符合网络犯罪跨地域的特征，本案中对犯罪嫌疑人的犯罪数额的认定就是依据《电信网络诈骗适用意见》的规定划分的等级，避免了由于地域不同适用当地数额标准出现同罪不同判的情况。根据《电信网络诈骗适用意见》的相关规定，明知他人实施电信网络诈骗犯罪，制作、销售、提供"木马"程序和"钓鱼软件"等恶意程序的，以共同犯罪论处，所以提供犯罪工具的行为人和下游实施刷单诈骗的行为人会构成诈骗罪的共同犯罪。此外，《电信网络诈骗适用意见》第2条第2款还规定了利用"钓鱼网站"链接、"木马"程序链接、网络渗透等隐蔽技术手段实施诈骗的要酌情从重处罚。本案的查处，是对《电信网络诈骗适用意见》和《刑法》有机衔接的落实，相信会对加强打击和防范电信诈骗犯罪起到良好的示范作用。

Ⅲ 本案遗留的问题

本案中，相关的传授犯罪方法的行为和诈骗行为自2015年3月开始实施，直至2017年案发，期间经历了《刑法修正案（九）》的出台和实施。由于新设的帮助信息网络犯罪活动罪等罪名的表述较为模糊，其在当时缺少相应的解释性规则，因此当时的司法实践中鲜有适用该罪名的案例，本案的司法裁判也并未联想到要适用该罪的思路。然而，根据帮助信息网络犯罪活动罪的罪状表述并参考2019年最高人民法院、最高人民检察院《关于办理非法利用信息网络、帮助信息网络犯罪活动等刑事案件使用法律若干问题的解释》的有关规定可知，其实本案中的行为在本质上可以被评价为：行为人明知他人利用信息网络实施犯罪，为他人提供专门用于违法犯罪的程序和工具的行为，且在本案中行为人为多人（3人以上）实施诈骗犯罪提供技术支持，违法所得8万余元，完全可以评价为情节严重，可以认为本罪中的行为人同时构成帮助信息网络犯罪活动罪与传授犯罪方法罪的想象竞合犯，由于传授犯罪方法罪处罚更重,故而应认定为构成传授犯罪方法罪。由此引申出来的问题在于,如何区分帮助信息网络犯罪活动罪与传授犯罪方法罪?提供网络接入、服务器托管等帮助与传授犯罪方法之间有何差异?如果不能有效解决此问题,则在相关的案件中恐怕会因传授犯罪方法罪处罚更重而架空帮助信息网络犯罪活动罪。

□ 参考文献

张明楷:《刑法学》(第6版),法律出版社2021年版。

黄京平:《论刑事司法解释的溯及力——以朱某等非法买卖枪支案为视角》,载《中国刑事法杂志》2010年第5期。

张军:《试论刑事司法解释的时间效力》,载《中国法学》1992年第2期。

莫洪宪:《论自首和立功》,载《法学评论》1996年第2期。

罗翔:《刑法学讲义》,云南人民出版社2020年版。

008 网络薅羊毛行为的刑法规制

徐某、丁某等诈骗、传授犯罪方法案 | 上海市第一中级人民法院
(2020)沪01刑终1247号刑事裁定书

金泽刚 同济大学法学院

■ 事实概要

2018年4月,被告人徐某购买了某胜公司旗下品牌K记的套餐兑换券,在使用的过程中发现当通过多个客户端登录同一账号进行消费时,不同客户端之间的数据交换存在时间差(在手机或电脑网页等不同客户端操作同一账户进行支付、消费、退单等行为时,相关操作的数据在不同的客户端之间存在信息延迟)。徐某遂使用多个客户端同时登录相同的账号,然后,先利用其中一个客户端使用兑换券点餐并进入待支付状态,然后再使用另一客户端对同一兑换券申请退款,同时取消原来的待支付订单以获取兑换券返券;或者使用另一客户端申请兑换券退款的同时,确认并支付原来的订单取得取餐码后低价转卖给其他人(他人持取餐码可直接在实体店取餐)。徐某通过上述方式恶意造成了取消订单后保有原兑换券的同时,又获得兑换券等价退款,或者在消费兑换券后仍获得兑换券的等价退款,进而从中牟取非法利益。

不仅如此,徐某在获悉上述犯罪方法后,又当面或通过网络将该方法传授给了被告人丁某、翟某等人,后丁某将该方法制作成视频通过网络贩卖给钟某(已判决)等人牟利。

经鉴定,被告人徐某使某胜公司损失5.8万余元。被告人丁某使某胜公司损失4.3万余元。被告人翟某使某胜公司损失4.7万余元。钟某使某胜公司损失2.2万余元。

被告人徐某、丁某、翟某均经通知,在明知民警在场的情况下自行投案,并供述以上涉嫌犯罪的事实。

■ 裁判要旨

一审法院经审理后认为,被告人徐某以非法占有为目的,诈骗单位财物,数额巨大,并传授他人犯罪方法,其行为分别构成诈骗罪、传授犯罪方法罪。被告人丁某以非法占有为目的,诈骗单位财物,数额较大,并传授他人犯罪方法,其行为分别构成诈骗罪、传授犯罪方法罪。被告人翟某以非法占有为目的,诈骗单位财物,数额较大,其行为已构成诈骗罪。遂根据各被告人的犯罪性质和自首等情节作出判决:徐某犯诈骗罪,判处有期徒刑2年,并处罚金人民币6000元;犯传授犯罪方法罪,判处有期徒刑10个月,决定执行有期徒刑2年6

个月，并处罚金人民币6000元。丁某犯诈骗罪，判处有期徒刑1年9个月，并处罚金人民币3000元；犯传授犯罪方法罪，判处有期徒刑6个月，决定执行有期徒刑2年，并处罚金人民币3000元。翟某犯诈骗罪，判处有期徒刑1年10个月，并处罚金人民币4000元。判决后，翟某以量刑过重为由提起上诉，检察机关以原审定性错误为由提出抗诉，二审审理期间翟某撤回上诉、检察机关也撤回抗诉，一审判决遂生效。

本案的主要争议焦点在于行为人利用不同客户端的信息不同步，对相关单位同时进行退单返券和消费优惠券获利的行为如何定性。生效判决认为，本案中的各被告人利用某胜公司旗下品牌K记的App客户端和K记的微信客户端之间的数据的不同步，先在其中一个客户端用套餐兑换券下单并进入待支付状态，与此同时，又使用另一个客户端对该兑换券申请退款，再将之前客户端的订单取消并重新获取兑换券；或者先在其中一个客户端用套餐兑换券下单并进入待支付状态，同时使用另一个客户端对该兑换券申请退款，再将之前客户端的订单确认提交后获得取餐码。无论哪种方法，被告人均是利用了K记平台网络交易系统数据的不同步，存在的时间差来实施犯罪，而不是利用系统本身发生的机械故障或者存在的技术缺陷。故而，其行为存在欺骗性，其欺骗某胜公司，隐瞒已下单或者取消订单的事实，从而取得退款；抑或对某胜公司隐瞒已退款的事实，通过取消订单获得返券，或者通过确认交易获得取餐码并转卖他人。因此，本案中各被告人通过发起虚假交易获取退券退款的行为，体现的是K记的App客户端和K记的微信客户端自助点餐系统这一“机器”背后的工作人员基于数据不同步而发生了错误认识，并在错误认识的基础上，通过网上操作而自愿处分财产，最终造成被害单位的财产损失，因此，各被告人的行为符合“骗取财物”这一诈骗罪的核心特征，应被认定为诈骗罪而非盗窃罪。

■ 评　析

Ⅰ 本案焦点

1. 网络薅羊毛行为的刑法规制界限

网络薅羊毛通常是指，行为人利用电商平台或电子商家推出的营销活动的交易规则漏洞或网络交易技术漏洞等，采用网络技术手段或其他手段，进行虚假注册、虚假交易以骗取商家营销资金的行为。随着网络通信基础设施的全面普及，互联网经济的发展进入深水区。网络使我们的生活变得更加便捷高效，但也极大改变了人与人、人与物之间的关系，衍生出诸多不确定的安全隐患。类似本案这种薅羊毛的行为就是一种网络违法犯罪新形态。

该类案件涉及的首要争点就是，刑法是应秉持固有的谦抑谨慎精神，还是应采取主动介入、积极保护的态度。笔者认为二者并不矛盾。无论是主张对网络经济进行充分保护，还是进行适度保护，都要坚守罪刑法定原则，要将传统犯罪的认定方法结合网络特征进行科学阐释。事实上，网络违法犯罪不仅有迹可循，而且最终总会在现实世界中暴露出本质。就网络薅羊毛行为同样应当根据行为人的主观恶意、行为手段以及危害后果等区别对待。如果行为人的主观恶性较小，且其行为系网络交易中技术漏洞引发的非法牟利行为，给权利人造成的损失不大，一般不应作为刑事犯罪处理，否则，相关电商平台欠缺完善技术和修补漏洞的动力。对于行为人的主观恶性较大，利用恶意软件或手段突破既有交易规则或交易技术非法牟利，即使未给他人造成重大损害，原则上也不排除刑法规制的可能。正如房屋门窗不牢绝不是宽恕盗窃犯的理由。

在本案中，参与牟利者较多，作为犯罪处理的，系主动传播犯罪方法、多次恶意牟利且犯罪数额较大的行为人。对于偶尔非法牟利，所得数额较小的行为并未作犯罪处理。推而广之，对网络薅羊毛行为进行规制时应当坚持以下原则：一是要合理平衡网络平台权益和网络用户权益。利用法律保护网络经济秩序时，需要逐步压实网络平台的自我管理责任，通过法律责任的均衡分配倒逼相关平台在技术革新的基础上主动填补技术上的不足，从技术上预防网络违法犯罪滋生。二是要坚持轻轻重重和宽严相济的刑事政策。对网络薅羊毛案件的处理应当坚持区分打击重点，根据不同犯罪参与方的主观恶性、参与程度、与危害结果之间的因果作用力大小等，综合平衡不同主体、不同层级的刑事责任。对于积极参与犯罪和传播犯罪方法，在犯罪中起到较大作用的造意者、主要实行犯等，应当从严打击。对于偶尔参与，与主要犯罪行为人之间未形成常态化、业务性联系的参与人，其行为获利也不大的，可以不作为犯罪处理。

2. 网络诈骗与网络盗窃的界分标准

实施网络薅羊毛行为通常伴随着对网络客户端、网络支付工具的使用，在讨论该类工具时通常将其表述为“机器”，它们在形式上也是网络与人的媒介。由此引发第二类争议，即该类行为应当构成盗窃罪还是诈骗罪，争议的焦点在于这类新类型的“机器”能否被骗。有的观点认为，对该类案件中的行为人应当以盗窃罪定罪处罚。立论依据是这类案件中的网络客户端、网络支付工具等与传统的银行ATM并无不同，均可以归属于机器的范畴。该类机器并不具有处分意思和处分能力，行为人利用客户端之间信息交互的时间差，利用不同客户端在同一优惠券的处置上存在的差异，谋取非法利益的行为，本质是在他人不知情的情况下秘密窃取他人财物。即在该类犯罪中，无论是退单退款行为，还是发放取餐码的行为，均是系统的机械应答，不存在刑法意义的自愿交付行为。另一种观点则主张应当以诈骗罪论处。主要依据在于，机器虽然不可以被骗，但操作机器的人可以成为受骗对象。即认为，盗窃罪与诈骗罪的关键差异在于是否存在被害人的财产交付行为，如果可以认定被害人系基于错误认识处分了财产，就可以认定诈骗罪成立。

本案采用了后一种观点，即认为上述网络工具系在人的指令下运行的，这类工具在网络经济中是作为交易主体的人与人之间的媒介，讨论的关键不在于该媒介是否能够被骗，而在于对机器实施交互行为的若干主体之间是否存在行骗与被骗。通常情况下，在认定网络薅羊毛行为构成诈骗罪时，应当满足以下条件：一是相关网络工具具有代特定交易主体处分财物的权限和功能。本案中某胜公司研发的K记订餐系统，是为满足交易双方所要求的便利、省时而设计的。对这种交易秩序理应予以保护。交易软件（客户端）在行为人下单并成功支付后出示订餐码的行为，能够体现其背后的K记进行交易的真实意思。这类交易软件（客户端）也具有代其背后主体处分餐品的权限和功能。因此可以认为，在符合系统规范的操作下，交易软件（客户端）的行为代表了某胜公司的自愿真实处分的意思。二是交易财物的工具处于正常运行的状态。上述交易软件（客户端）实质上是在间接执行预设的体现其背后交易主体意思的处分行为，这种处分意思和处分行为只有在交易工具处于正常状态时才有效。如果交易软件（客户端）出现机械、程序或其他故障，就违背了设计者的目的，丧失了处分权限和功能。换言之，如果行为人系利用交易软件（客户端）的机械、程序或其他故障，就不存在自愿交付行为，则可能涉嫌盗窃罪，而非诈骗罪。三是行为人虚构事实，使交易工具作出违背交易主体意思的处分行为。即如果交易软件（或客户端）正常运行，行为人利用相关信息延迟或技术漏洞（但未对软件或客户端功能造成影响），通过虚构事实或隐瞒真相的方式让不满足预设条件的行为在表面上满足预设条件，进而欺瞒、诱导交易软件（或客户端）作出处分的，应当构成诈骗罪。

尽管我们已处在网络和人工智能时代，但当前机器与人还是有本质区别的。在各类平台经济中，本质上还是人在操作机器，机器仍然只是工具和媒介而已。机器人还没有发达到能够具备刑事责任能力、承担刑事责任和接受刑事处罚的程度。某胜公司旗下品牌 K 记的 App 客户端和 K 记的微信客户端归根结底是为某胜公司提供食品交易服务的。网络薅羊毛行为的确是在电脑或手机系统上进行的，表面上骗的是机器，实际上骗的还是人（代表利益所属单位）。我们尚未处于颠覆传统法律思维的机器人替人类承担责任的时代。

Ⅱ 本案意义

1. 网络犯罪中盗骗交织行为的处理规则

网络世界一般都以“静悄悄”的形态而存在，在各式各样的网络违法行为中，骗未必需要有声响的对话，盗也未必需要秘密为之。网络薅羊毛行为，通常存在盗骗交织的表现形式，盗窃中可能有欺诈，诈骗中可能也有窃取的成分，在判定是诈骗罪还是盗窃罪时，关键在于判断行为人实施非法占有财物行为时起主要作用的手段，如果起主要作用的手段是平和的窃取，就应认定为盗窃，如果起主要作用的手段是实施诈术让被害人陷入错误认识并“自愿”地处分其财物，就应认定为诈骗。具体在处理时需要注意以下几点：一是找准受损法益，准确认定被害人。只有明确受损法益和所属主体，才能判断该主体是否在相关犯罪中受到欺骗或对财物进行了处分。网络薅羊毛行为侵害的法益往往是他人的财产权益，对行为定性的评价，取决于造成财产损失的主要行为的性质。二是厘清造成法益损害的主要行为的性质，进而判断案件的性质。区别盗窃与诈骗的关键在于被害人有无处分行为。本案中各被告人利用不同客户端的信息延迟，采用多头操作，实现先支付后撤单，使某胜公司误以为已支付而发放可以直接提取餐品的取餐码。被告人是利用被害单位设计的 App 系统数据的不同步，来实施非法占有财物的目的的，其行为具有欺骗性，即均对某胜公司隐瞒了虚假交易的事实，某胜公司被骗的主要原因在于交易系统（客户端）这一“机器”背后的“人”基于数据不同步而产生错误认识，并在错误认识的基础上“自愿”处分财产，进而造成财产损失，所以，被告人的行为符合诈骗罪的构成要件。

2. 计算机犯罪与侵财犯罪的裁判规则

网络薅羊毛案件中，还存在恶意利用各类黑灰产工具或其他工具进行非法牟利的情形。例如，近期较为多发的利用小白改机软件修改手机串码后，骗取电商平台首单优惠的案件。在这类案件中，行为人的行为同时侵害了计算机信息系统和他人的财产权益。在定性评价时，需要抓住危害行为的本质，选择能够对案件进行完整、充分评价的罪名予以规制。

移动互联网的发展，使智能手机、平板电脑等具有了独立的操作系统和运行空间，可以进行数据存储、运算等工作，亦可以作为网络接入的终端，符合司法解释所规定的计算机系统的特征。利用小白改机软件等黑灰产工具从事网络薅羊毛行为的，在规制时还需综合考虑是否构成侵犯计算机信息系统类犯罪。如果相关软件可以通过用户主动运行实现侵入、拦截并篡改传输中数据的功能，则可能构成侵犯数据型破坏计算机信息系统罪；如果非法获取数据或控制计算机系统，则可能构成非法获取计算机信息系统数据罪或非法控制计算机信息系统罪。在同时构成盗窃罪或诈骗罪等侵财类犯罪时，属于想象竞合犯，可以根据择一重的处断原则处理。但在这种“数罪”的情形中，被“忽略”的罪要在量刑时作为从重处罚情节加以考量。

3. 关于网络薅羊毛行为中犯罪数额的认定方法和证据标准

在处理本案时，辩护人对犯罪数额提出了异议，即认为本案采用以退券金额认定涉案金额的方法未排除退券成功但订单未提交成功等情形，因此申请对犯罪数额进行重新计算。但判决认为，被害单位的损失计算是以相关电子数据和微信、支付宝账户发生的交易订单为基础，通过交易号与购买上述兑换券的交易订单进行比对，购买上述兑换券的订单均已退款成功且鉴定程序合法有据的，计算在损失之内。

的确，在网络犯罪案件中，由于证据材料种类庞杂、数量巨大，因此对犯罪数额的认定也存在较大争议。有的观点认为，对于客观上无法一一查证的数额，可以适度放宽事实清楚、证据确实充分的证明标准。笔者认为，不能因客观不能而降低刑事证明标准，应根据案件的具体情况确定合理的数额认定方法：

一是坚守证据确实充分的刑事证明标准。在认定犯罪数额时，应对客观上可以查证的与数额认定相关的事实证据进行具体查证，确保每笔犯罪数额都与在案证据保持充分、明确的对应关系。

二是在待证事实特别庞大时可进行抽样或底线认定。当客观上因为证据种类特别庞杂而无法逐一查证时，可以探索抽样查证、底线查证等证明方式。在实践中，也需要进一步探索科学的抽样和底线查证方法，比如设定科学的抽样比例、保证合法的抽样程序等以确保抽样样品的代表性，进一步完善底线认定案件的量刑规则等。

三是充分保障被告人的各项诉讼权利。由于抽样或底线认定的方法并非一一印证，而是对待证事实进行的合理推定，因此应当允许被告人对认定数额提出反证，如果其能证明相关交易数额系正常交易数额，则应将存疑数额予以扣除。

□ 参考文献

王肃之:《网络犯罪原理》,人民法院出版社 2019 年版。

敬力嘉:《信息网络犯罪规制的预防转向与限度》,社会科学文献出版社 2019 年版。

何家弘:《司法证明方法与推定规则》,法律出版社 2018 年版。

王作富主编:《刑法分则实务研究》(第 2 版),中国方正出版社 2003 年版。

董文辉、程汀:《网络交易"薅羊毛"行为的刑法分析》,载《中国检察官》2019 年第 6 期。

蔡桂生:《新型支付方式下诈骗与盗窃的界限》,载《法学》2018 年第 1 期。

刘品新:《网络犯罪证明简化论》,载《中国刑事法杂志》2017 年第 6 期。

009 区块链司法存证的审查判断规则

浙江省绍兴市王某小额多笔转账诈骗案 | 浙江省绍兴市上虞区人民法院(2019)浙0604刑初486号刑事判决书

胡　铭 浙江大学光华法学院

■ 事实概要

2017年1月至2019年3月13日之间，被告人王某在江苏省、浙江省、江西省多地以“小额多笔”的方式实施诈骗行为。被告人王某虚构“找不到老乡、钱包丢失”等理由，以“借款”方式骗取他人财物，每次通常骗取被害人人民币几十元。其中，通过微信转账的方式作案125起，通过支付宝转账的方式作案50起，通过给付现金的方式作案1起。被告人总计作案176起，骗得人民币9993元。

被告人王某于2019年3月13日被公安机关抓获，到案后自愿如实供述自己的罪行，并于2019年6月10日向公安机关退缴人民币12000元。另查明，公安机关从被告人王某处扣押手表两块、游戏币一袋、手机两部、人民币135元。支付宝公司出具的光盘内储存内容的哈希值与“法证链”(电子证据存证网站)区块链上存放的哈希值一致。

■ 裁判要旨

根据被告人供述、旅馆住宿信息、铁路乘客信息、微信号和支付宝账号信息、刑事搜查笔录、扣押决定书、扣押清单、提取笔录及照片、微信支付账单明细列表、支付宝收支明细列表、询问笔录、辨认笔录、调取证据通知书、调取证据清单、支付宝公司出具的光盘及情况说明、被害人户籍及自述材料、支付截图、抓获经过以及被告人王某的人员档案等证据，认定被告人王某以非法占有为目的，虚构事实，骗取他人财物，数额较大，其行为已构成诈骗罪。被告人王某已退赃，可酌情从轻处罚；被告人王某自愿认罪，亦可酌情从轻处罚。公诉机关提出的量刑建议适当，予以采纳。判处被告人有期徒刑1年2个月，并处罚金人民币4000元。

■ 评　析

Ⅰ 本案意义

早在2018年6月，我国就已在民事司法实践中确认了区块链司法存证的效力，并通过区块链技术对网页进行固定，据此认定了被告的侵权事实。随后，在2019年，我国司法机关才在刑事案件中逐渐使用区块链司法存证。2021年8月，《人民法院在线诉讼规则》（以下简称《在线诉讼规则》）开始施行，首次明确规定了区块链存证的效力范围和审查规则。在这一过程中，我们可以看到近年来各地司法机关对区块链存证平台和区块链司法运用的实践冲动。

就本案而言，被告人王某采取了“小额多笔”这一近年来常见的诈骗手段。由于此类案件中的被害人通常分散于各地、诈骗金额小但总量大，导致取证困难，对大量案件难以进行有效侦查与追诉。就该案件而言，由于被告人王某大量使用微信和支付宝转账进行诈骗，使得公诉机关与审判机关得以有效运用区块链技术存证，并且在和其他证据如被告人供述相互印证的基础上，法院认定被告人的犯罪事实。在本案中，法院借由哈希值校验实现了对区块链证据完整性的审查，认可了区块链存证方式。无疑，区块链司法存证能够减少在电子数据真实性问题上的争议，更多地聚焦于电子数据的关联性、合法性问题。在此种背景下，构建科学合理的区块链司法存证的审查判断规则，对进一步深化电子数据在刑事诉讼中的规范运用具有重要意义。

Ⅱ 区块链司法存证的技术、规范及学理

1. 以去中心化、集体维护和安全可信为特征的区块链技术

区块链是以比特币为代表的数字加密货币体系的核心支撑技术。简言之，区块链技术借由分布式计算等信息技术的发展，通过将需要巨大算力的问题划分为若干小问题，分配给互联的计算机系统协同处理，借此实现资源共享和负载平衡。鉴于去中心化的特征，分布式数据库将会记录验证所有的区块链交易行为。以比特币为例，没有人可以通过修改、复制数据的操作获取比特币，想要获取未被他人获取的比特币，只能解决数学难题，即“挖矿”。为获得不可预知的哈希值，加入“挖矿”的计算机的数量爆炸式增长，解决数学问题也愈发困难，“挖矿”成为算力的比拼。由于每个区块的数值相互关联，如此之多的分布式计算机的加入使得区块信息难以伪造，尚未有任何超级计算机能够达到其算力要求。因此，在区块链共识机制的强力约束下，所有的增删改行为都需要得到各个节点的同意并被记录。也就是说，任何单一组织或机构都无法单独对电子数据进行增删改，这就使得相关主体可以做到分别提取、统一保管电子数据。

在去中心化、集体维护和安全可信的技术前提下，区块链司法存证使法庭减少了在电子数据真实性问题上的争议，而更多地聚焦电子数据的关联性、合法性问题。一般而言，对于需要取证、固证的电子数据，如网页截图、网页源码、转账记录等，通过相关插件生成操作日志、调用时间以及处理内容等数据信息之后，将其打包并计算哈希值，并将其同步上传至区块链后，该电子数据的取证固证便已完成。此后，根据区块链查询交易哈希值，便可获取相关电子数据在区块链中的存放高度、上链时间等关键信息。基于此种司法存证技术，便可得出送检文件以及庭审中出示的电子数据是否在保全后被修改的结论。

2. 区块链司法存证审查判断规则的立法规范

2018 年 9 月 7 日施行的最高人民法院《关于互联网法院审理案件若干问题的规定》(以下简称《互联网法院审理规定》)就已对区块链等证据的真实性审查作出了初步规定。《互联网法院审理规定》第 11 条第 2 款规定:当事人提交的电子数据,通过电子签名、可信时间戳、哈希值校验、区块链等证据收集、固定和防篡改的技术手段或者通过电子取证存证平台认证,能够证明其真实性的,互联网法院应当确认。2021 年 8 月 1 日通过的《在线诉讼规则》,首次明确规定了区块链存证的效力范围,并确立了区块链技术存储的数据上链后推定未经篡改的效力。《在线诉讼规则》第 16 条规定了区块链的推定真实性,即当事人作为证据提交的电子数据系通过区块链技术存储,并经技术核验一致的,人民法院可以认定该电子数据上链后未经篡改,但有相反证据足以推翻的除外。第 17 条规定了区块链存证上链后的审查判断规则。当事人对区块链技术存储的电子数据上链后的真实性提出异议,并有合理理由的,人民法院应当结合下列因素作出判断:(1)存证平台是否符合国家有关部门关于提供区块链存证服务的相关规定;(2)当事人与存证平台是否存在利害关系,并利用技术手段不当干预取证、存证过程;(3)存证平台的信息系统是否符合清洁性、安全性、可靠性、可用性的国家标准或者行业标准;(4)存证技术和过程是否符合相关国家标准或者行业标准中关于系统环境、技术安全、加密方式、数据传输、信息验证等方面的要求。

具体而言,《在线诉讼规则》在推定真实性与有限真实性两个层面强调区块链司法存证的效力问题:第一个层面是推定真实,即上链存储数据的真实性问题,如果没有相反证据则可以推定其真实,也就是说,若要推翻就应由提出异议方而非存证方举证证明;第二个层面是有限真实,即推定真实规则仅限于认可“上链后”的真实性,也就是说,认可上链后不能篡改,但无法保证上链前存储的电子数据的真实性。除此之外,我国《电子签名法》第 8 条同样规定了数据电文作为证据的真实性审查判断因素:(1)生成、储存或者传递数据电文方法的可靠性;(2)保持内容完整性方法的可靠性;(3)用以鉴别发件人方法的可靠性;(4)其他相关因素。

3. 区块链司法存证的学理解读

区块链存证的真实性并非绝对的,对其本身的审查判断亦需要一套规则。一般而言,法院多从存证平台的资质审查、取证技术手段可信性审查与区块链司法存证保存完整性审查三个方面认定区块链司法存证的效力,其中,保存完整性审查是重点,既需要审查电子数据是否真实上传,又需要审查是否为诉争的电子数据。换言之,电子数据保存完整性审查的重点在于审查区块链存证的关联性与真实性。关联性审查本质上仍是“求真”,取证主体的资质审查等合法性审查亦主要为了保障真实性。

在实践中,司法机关通常以哈希值校验实现对区块链证据的完整性审查。法院认为,应当秉承开放、中立的态度进行个案分析认定。就区块链司法存证而言,鉴于技术手段的可信性,利用取证固证阶段形成的哈希值所获取的区块高度后与举证质证阶段进行校验的区块节点的哈希值一致,且区块链中的截图、源码信息、调用时间、操作日志等电子数据之间相互印证,可清晰反映数据的来源、生成及传递路径,此区块链证据便具有可靠性。

但是,区块链证据作为一种体现了数字时代"破坏式创新"的证据种类,在应用中势必与传统的证据法则如传闻证据规则、最佳证据规则以及非法证据排除规则等产生冲突。因此,在数字时代就面临对传统证据法则再解释的问题。例如,区块链证据能否落入最佳证据规则、传闻证据规则的规制范围有待研究。如最佳证据规则自确立以来,其规制的范围重心在于文书、录音和照片等文书证据,在我国的司法实践中也包括侦查实验笔录、勘验笔录等。然而,区块链证据能否属于文书证据,如何区分区块链证据的"原件"与"复印件"、二者在推定的真实性程度上有无区别以及在何种情况下可以出示所谓的作为"复印件"的区块链证据等问题均未得到解决。又如,区块链证据是否属于传闻证据,原则上是否需要排除也存在争议。传闻证据规则要求证人证言须在法庭上接受控辩双方交叉询问的检验,这种交叉询问被认为是保障被追诉人质证权的基本要求,也就是说,只有在符合法定例外情形时才允许采信庭外陈述,这便要求在庭审中原则上排除传闻证据的适用。但是,传统理论认为传闻证据规则所规制的对象是人的陈述而不是动物或者机器,就机器而言,即便是将其带到法庭,亦无法就其进行交叉询问。就区块链证据而言,其形成过程无疑具有人为因素,但能否将其作为传闻证据规则的规制对象,是否需要对区块链证据的形成过程、完整性问题设置交叉质询程序,仍有待实践摸索与理论探讨。此外,区块链存证的电子化材料和电子数据的收集、存储、提取等过程同样存在合法性风险,为了保障数字时代公民的基本权利,在《个人信息保护法》《数据安全法》等法律法规搭建的数据权利体系下,如何使用非法证据排除规则、确立排除的范围以及排除模式的选择等成为亟须解决的问题。

在证据法则之外,伴随区块链司法存证发展的迅猛趋势,其影响远不止于法庭对证据效力的审查判断问题。一方面,区块链存证对刑事辩护的传统模式与运行逻辑产生冲击。除了对辩护律师的技术知识、专业能力提出了更高的要求外,辩护律师同样难以运用传统的质证手段和常规的语言逻辑来质疑控方的区块链存证。这使刑事辩护在面对区块链技术时,越来越充满着不确定性的风险。另一方面,区块链存证本身的专业性要求我国快速发展完善专家辅助人和司法鉴定制度。与此同时,又要避免司法审判对鉴定意见的过度依赖,防止出现法庭胜负取决于鉴定意见之争的怪异现象。

Ⅲ 本案遗留的问题

纵使我国在规范层面确立了区块链存证的推定真实性,但仍要警惕刑事司法过度技术化的风险。区块链作为一种技术,其本质难以逃脱工具价值。倘若司法者对其产生过高的期待,过度依赖区块链证据,可能存在免除控方证明责任、降低证明标准以及不当剥夺被告人辩护权的问题。此外,如何限制区块链司法存证的运用范围,对于部分涉案证据等不宜长久保存的证据,如何避免取证行为带来的对被害人二次伤害的风险,仍有待研究。最后,区块链证据依赖极高的专业知识,而我国的裁判文书往往过于简略,对区块链证据的效力判断往往一笔带过。如何强化法官的释明义务、细化裁判文书的说理,既要从法律规范层面进行规定,也要加强法律人才队伍的建设,提升专业水平。

□ 参考文献

胡铭:《电子数据在刑事证据体系中的定位与审查判断规则——基于网络假货犯罪案件裁判文书的分析》,载《法学研究》2019年第2期。

易延友:《证据法学:原则 规则 案例》,法律出版社2017年版。

张玉洁:《区块链技术的司法适用、体系难题与证据法革新》,载《东方法学》2019年第3期。

褚福民:《电子证据真实性的三个层面——以刑事诉讼为例的分析》,载《法学研究》2018年第4期。

010 利用虚假区块链项目销售商品的行为定性

潘某诈骗案 | 江苏省苏州市虎丘区人民法院(2021)苏0505刑初493号刑事判决书

高艳东 浙江大学光华法学院

■ 事实概要

2018年6月以来,被告人潘某通过其开发的“某球币”平台发布虚假的“某球币”项目信息,谎称“某球币”是中国香港某球公司布局的区块链项目之一,即将上市交易,可升值获利,隐瞒“某球币”不具有经济价值的真相,欺骗社会不特定人员参与该项目,并以推荐返现方式诱使他人帮助其在线上、线下宣传“某球币”项目,扩大影响。被害人要想获取更多“某球币”,需要在“某球币”平台支付约198元升级为“某球币”VIP3会员,在此基础上再支付约1980元或发展10名VIP3会员,即可升级为“某球币”VIP5会员,同时获赠相应会员礼包。“某球币”平台服务器数据显示,VIP3会员数共计87万余名,VIP5会员数共计5万余名,其中60岁以上会员达23万余名。仅2020年,支付费用升级为VIP3会员的共77万余人次,支付费用升级为VIP5会员的共4000余人次,涉案金额共计1.6亿余元。

另查明:被害人升级账户的流程为,被害人通过社交媒体或亲朋好友获知“某球币”相关信息后下载“某球币”App,注册并通过“个人中心—点击升级—选择升级礼包—跳转支付宝付款—获得‘某球币’及物品”的方式进行付费升级,升级后获得相对应的“某球币”、某球矿机及实物,实物中包括大米、橄榄油、乳胶枕等物(被害人任选其一),上述实物的批发单价为41元至60元不等。其中,升级为“某球币”VIP3会员可获得实物1份,升级为“某球币”VIP5会员可获得实物10份,经统计,被告人潘某购进上述实物支付人民币4288万余元(其中升级为VIP3会员的实物赠品成本为4000万余元,升级为VIP5会员的实物赠品成本为281万余元),支付“某球币”App推荐人返现金额共计人民币5448万余元。

■ 裁判要旨

法院认为,被告人潘某以非法占有为目的,利用网络技术手段对不特定多数人实施诈骗,数额特别巨大,其行为已构成诈骗罪,判处其有期徒刑13年6个月。

第一,本案的焦点在于被告人与被害人一方的核心交易标的物是商品还是“某球币”。公诉机关认为本案的核心交易标的物系“某球币”;被告人及其辩护人认为本案的核心交易标的物系商品,“某球币”仅是附赠品,进而认为被告人的行为不构成犯罪。法院认为,被告人潘某虚构“某球币”可以上市交易的信息，后向被害人隐瞒“某球币”不会上市交易、不具有相应财产价值的真相，欺骗被害人花钱升级会员获取“某球币”，导致被害人基于“某球币”能上市交易的错误认识，进而处分财产从而造成损失，符合诈骗罪的构成要件。

第二，关于付费升级会员赠送的油、米等物品，从被害人付费交易的目的来看，被害人处分财产的目的是获取“某球币”，并非为了购买上述物品，从被告人的主观目的来看，其是为了取得被害人升级会员的付费款，而非购买物品的货款；从付费流程来看，被害人基于被告人的欺骗决定升级会员，再点击升级，才弹出选择赠品界面，不管选择何种物品，其付费金额的多少是以会员等级来确定的，与选择哪种物品无关，事先被害人也没有就购买物品与被告人进行协商、议价，不符合商品交易的特征。相关赠送物品仅是被告人付出的犯罪成本，其本人也表示是看涉案金额太大，怕查出来责任大，为掩盖罪行，才赠送物品，被害人付款的目的是升级会员获取“某球币”。

第三，被告人潘某确实另外设置了“某球微商城”，用于出售商品，根据证人证言，该商城利润合计为60万元至80万元，而本案“某球币”项目会员升级费用超过1.6亿元，相差如此悬殊，被告人潘某辩解“某球币”项目是为了买卖油米等商品，这不符合实际情况，也并不符合一般社会公众的认知。

■ 评　析

Ⅰ 虚构交易背景刺激他人购买不是诈骗罪中的“虚构事实”

按照判决书的逻辑，部分用户购买油、米等商品的原因，是“（被告人）谎称‘某球币’是中国香港某球公司布局的区块链项目之一，即将上市交易，可升值获利，隐瞒‘某球币’不具有经济价值的真相”。但是，虚构交易背景不是诈骗罪中的“虚构事实”，“隐瞒‘某球币’不具有经济价值”不一定是诈骗行为。

第一，行为人对平台、公司、项目等交易背景的虚假宣传，不宜直接认定为对交易标的物“虚构事实”。判决书认定“虚构事实”的原因在于，潘某虚构了上市、区块链项目等交易背景。在商业社会中，很多商家都会进行一些虚假宣传，但虚假宣传可能是民事欺诈，也可能是行政违法，一般性的虚假宣传不是诈骗罪中的“虚构事实”。虚构交易背景与虚构标的物的性质截然不同。不能简单地认为，虚构交易背景就是诈骗罪中的“虚构事实”。

一般而言，虚构交易背景可以评价为虚假广告罪或集资诈骗罪的实行行为。例如，行为人虚构项目状况、公司实力等交易背景，进而使他人交付资金，可以成立集资诈骗罪等罪名。但是，在交易型诈骗中，定罪的核心是判断是否存在交易对价关系，虚构交易背景与财产损失没有直接关系。例如，网红在直播间里虚构手机制造商在中国香港上市、获得国际发明奖、销量全球领先等交易背景，让消费者大量购买某款手机，这种虚假宣传行为应由民法调整。最高人民法院《关于审理网络消费纠纷案件适用法律若干问题的规定（一）》［以下简称《网络消费纠纷适用规定（一）》］第11条规定：“平台内经营者开设网络直播间销售商品，其工作人员在网络直播中因虚假宣传等给消费者造成损害，消费者主张平台内经营者承担赔偿责任的,人民法院应予支持。"因此,只要商品是合格产品,虚假宣传交易背景也只是民事纠纷,而不是诈骗罪中的"虚构事实"。

第二,虚构赠品价值、虚设交易附随奖励是一种销售方法,不能直接评价为诈骗罪中的"虚构事实、隐瞒真相"。商家虚构赠品、奖品的相关情况,也只是刺激消费动机,可能属于违反《消费者权益保护法》等法律的欺诈型销售,但不能将其直接评价为诈骗罪中的"虚构事实、隐瞒真相"。例如,网店为增加销量,虚假宣传"购买电视赠送饮水机",实际赠品只属于价值几元的模型或者根本没有奖品。但是,只要交易标的物"电视"是合格产品,虚构赠品属性或价值等行为,只属于刺激消费动机的欺诈型销售。

《网络消费纠纷适用规定(一)》第 8 条规定:"电子商务经营者在促销活动中提供的奖品、赠品或者消费者换购的商品给消费者造成损害,消费者主张电子商务经营者承担赔偿责任,电子商务经营者以奖品、赠品属于免费提供或者商品属于换购为由主张免责的,人民法院不予支持。"即使潘某虚构赠品"某球币"的价值,该行为也只属于行政违法行为或民事纠纷,而不能直接将其认定为诈骗罪中的"虚构事实"。

第三,在难以判断何为赠品时,判断交易型诈骗的核心是有无对价交易,即用户支付货款后是否获得财物。本案的赠品是油米还是"某球币",控辩双方存在争议,此时应按照"存疑时有利于被告人"的原则处理。在何为赠品不明时,要判断是否属于对价交易。因此,判断本案是否成立诈骗罪的核心是:"用户支付 198 元获得大米、橄榄油、乳胶枕等商品"是否缺乏交易对价关系?显然,本案中真实存在实物对价交易。即使潘某虚构了上市、区块链项目等情况,也只是虚构交易背景,类似于做虚假广告,而不是诈骗罪中的对交易标的物的"虚构事实"。

Ⅱ "赚取中间差价"不宜评价为诈骗行为

本案中的大米、橄榄油、乳胶枕等物(被害人任选其一)的批发单价为 41 元至 60 元不等(为便于论述,本文取中间值 50 元)。潘某将其以 198 元转卖给用户,并支付给"某球币"App 推荐人一定推广费用,自己赚取差价。低买高卖、赚取中间差价是正常的商业行为,潘某通过低价进货、高价卖出的方式赚取的中间差价,不能被评价为对用户造成的"财产损失"。

第一,大米、橄榄油、乳胶枕等生活用品属于市场调节价商品,潘某可以自行定价。我国《价格法》第 3 条规定:"国家实行并逐步完善宏观经济调控下主要由市场形成价格的机制。价格的制定应当符合价值规律,大多数商品和服务价格实行市场调节价,极少数商品和服务价格实行政府指导价或者政府定价。市场调节价,是指由经营者自主制定,通过市场竞争形成的价格……"

根据《价格法》,本案中的大米、橄榄油、乳胶枕等生活用品,都不属于政府定价范围。《价格法》第 18 条规定:"下列商品和服务价格,政府在必要时可以实行政府指导价或者政府定价:(一)与国民经济发展和人民生活关系重大的极少数商品价格;(二)资源稀缺的少数商品价格;(三)自然垄断经营的商品价格;(四)重要的公用事业价格;(五)重要的公益性服务价格。”本案中的大米、橄榄油、乳胶枕等商品，都是普通消费品，不属于实行政府指导价的特殊商品。换言之，潘某可以自由决定大米、橄榄油、乳胶枕等商品的销售价格，其将批发价为50元的商品以198元售出，没有进行刑法评价的意义。

第二，不同城市、时间、渠道购买同样商品的价格不同，这属于市场允许的价格差。例如，同样一个包，微商和天猫平台上的价格可能差几千元；即使在天猫平台上，不同店铺的价格可能差几百元；即使是同一店铺，“双十一”的售价也比平时低数百元。在本案中，利用其他渠道（如超市）购买同样的大米、橄榄油、乳胶枕等，价格完全可能产生巨大波动。这种价格的浮动甚至更大的价差，都属于市场交易中的正常波动。换言之，对同样的大米、橄榄油、乳胶枕等产品，即便潘某的售价比其他平台的售价高数十元，也不宜将潘某所售差价评价为诈骗数额。

第三，不宜将批发价为50元的生活消费品评价为潘某骗取198元的犯罪工具。判决书认为“相关赠送物品，仅是被告人付出的犯罪成本”，这与市场规律不符。本案中，在支付了一定推广费后，潘某将批发价为50元的商品以198元卖出，成本与售价相差并不悬殊，属于正常的市场交易行为。“低成本高售价”的高溢价销售行为，不属于诈骗行为。在互联网时代，因“网红效应”或饥饿营销等，一些商品的价格可以炒到成本价的数百倍，如成本几元的剪纸可以卖到数百元。在市场经济下，多少倍溢价是合理的，完全取决于供需双方的合意。高溢价销售可能会受到行政处罚，例如，据《北京商报》报道，韩国某集团的羽绒服的成本价只有75元/件，但标价1598元/件，溢价高达20倍，后被北京市市场监督管理局处罚。但是，单纯高溢价销售不是诈骗行为，只有当高溢价销售伴随销售假货、将无价值物品以高价售卖、虚构产品功能（如虚构口服液可治疗癌症）等情形时，才可能成立诈骗罪。但是，如果产品本身是合格产品，仅仅因售价远高于成本价，则相关行为将很难被认定为诈骗罪。

第四，在投机倒把罪被废除之后，“中间商赚差价”不再属于犯罪行为。不能将高于市场平均价格的金额，认定为诈骗罪中的“财产损失”。在认定抢劫罪、盗窃罪时，可以根据“市场平均价格”评估、认定财产损失。但是，在存在真实商品交易时，不能将高于“市场平均价格”的金额认定为诈骗数额。否则，会带来法律困境：一是这可能导致重返计划经济时代，国家需要为每一种商品制定、计算出“市场平均价”；二是如果高于市场平均价的销售金额属于诈骗数额，则大量店铺都将构成诈骗罪。我国实行社会主义市场经济体制，1997年《刑法》废除了投机倒把罪，当前，倒卖商品赚差价的行为不再是犯罪。在互联网时代，各种加价倒卖行为司空见惯。例如，一双耐克篮球鞋的出厂价可能只有600元，在店铺售价1200元，但在一些二手交易平台上可以倒卖到2万元。潘某的行为也属于“转手倒卖赚差价”，只要其没有销售假货，倒卖普通商品赚差价不涉及刑法问题。

当然，潘某“低买高卖”的行为可能属于“显失公平”。最高人民法院《关于适用〈中华人民共和国合同法〉若干问题的解释（二）》（已失效）第19条第2款规定：“转让价格达不到交易时交易地的指导价或者市场交易价百分之七十的，一般可以视为明显不合理的低价；对转让价格高于当地指导价或者市场交易价百分之三十的，一般可以视为明显不合理的高价。”对此，应按照民法原理进行判断。

Ⅲ 本判决留给将来的课题

本案的核心问题是，潘某利用一些虚假宣传手段，将批发价为50元的生活用品以198元卖出的行为，是属于对价交易还是诈骗行为？互联网平台上存在大量的虚假营销方式，即“套路销售”。一般而言，只要用户支付货款后获得了真实商品，就没有刑法意义上的“财产损失”。按照“整体财产减少说”，用户是误解了赠品价值而购买了原本不需要的商品，不存在财产损失。我国《刑法》在诈骗罪的认定上采用的是“整体财产减少说”而非“个别财产减少说”，用户对商品功能、赠品价值等产生错误认识从而购买了不需要的商品，不存在“财产损失”。例如，在疫情期间，药店虚构了某中药制剂对新冠病毒的预防功能，或者为了促销防毒面具进行虚假抽奖（但中奖者均为假扮顾客的员工），导致顾客疯抢大量其并不需要的中药制剂、防毒面具。但是，只要中药制剂、防毒面具是合格产品，按照“整体财产减少说”，顾客在支付货款的同时获得了同样价值的药品、防毒面具，即便该中药制剂、防毒面具并无防疫功效，但顾客的整体财产并未减少，商家不成立诈骗罪。同理，本案中，用户为了获取“某球币”，而购买了不需要的大米、橄榄油、乳胶枕等商品，无论“某球币”是否属于赠品，只要存在对价交易，就不宜认定用户存在刑法意义上的财产损失。

□ 参考文献

何荣功：《非法占有目的与诈骗案件的刑民界分》，载《中国刑事法杂志》2020年第3期。
劳东燕：《网络时代刑法体系的功能化走向》，载《中国法律评论》2020年第2期。
李邦友、高艳东：《金融诈骗罪研究》，人民法院出版社2003年版。
高艳东：《诈骗罪与集资诈骗罪的规范超越：吴英案的罪与罚》，载《中外法学》2012年第2期。

011 通过信息网络传播未经授权影视作品的行为定性

某人影视字幕组侵犯著作权案 | 上海市第三中级人民法院(2021)沪03刑初101号刑事判决书

吴贻森 中国社会科学院大学法学院 林 维 西南政法大学

■ 事实概要

自2018年起,被告人梁某先后成立武汉某世界科技有限公司、武汉某译星科技有限公司,指使王甲(另案处理)雇佣万某、徐某、熊某、姜某、田某、温某、文某、王乙、胡某、阳某(上述人员均另案处理)等人作为技术、运营人员,开发"某人影视字幕组"网站及Android、IOS、Windows、MacOSX、TV等客户端,由谢某(另案处理)等人组织翻译人员,从境外网站下载未经授权的影视作品,翻译、制作、上传至相关服务器,通过所经营的"某人影视字幕组"网站及相关客户端向用户提供在线观看和下载服务。

经审计及鉴定,自2018年1月至案发,"某人影视字幕组"网站及相关客户端内共有未授权的影视作品32824部,会员数量共计约683万,其间,被告人梁某以接受"捐赠"的名义通过涉案网站及客户端收取会员费;指使谢某(另案处理)以广西某县某某云科技有限公司等公司的名义,对外招揽广告并收取广告费用;指使丛某(另案处理)对外销售拷贝有未授权影视作品的移动硬盘,总计非法经营数额共1200余万元。2021年1月6日,被告人梁某在其居住地被公安人员抓获,到案后其如实供述了犯罪事实。

■ 裁判要旨

法院经审理认为,被告人梁某以营利为目的,未经著作权人许可,复制发行他人作品,属于有其他特别严重情节,其行为已构成侵犯著作权罪,依法应予惩处。在共同犯罪中,被告人梁某起主要作用,系主犯,应按照其所参与的或者组织、指挥的全部犯罪处罚。被告人梁某到案后如实供述自己的罪行,系坦白,可以从轻处罚。被告人梁某到案后自愿认罪认罚,并预缴了部分罚金,可以从宽处理。据此,依照《刑法》和相关司法解释,以侵犯著作权罪判处被告人梁某有期徒刑3年6个月,并处罚金人民币150万元;违法所得予以追缴,扣押在案的供犯罪所用的本人财物等予以没收。

本案中,被告人梁某在未经授权传播他人作品的过程中,以收取会员费、广告费,销售拷贝有未授权影视作品的移动硬盘等形式,直接或者间接获得收益,属于《刑法》第217条规定的“以营利为目的”；被告人未经著作权人许可组织翻译他人作品并复制发行、通过信息网络向公众传播其作品的行为，超出了《著作权法》第24条规定的对作品合理使用的界限，既侵犯了《著作权法》第10条赋予权利人的复制权、发行权、信息网络传播权、翻译权等权利，也违反了《刑法》第217条第1项的规定；被告人未经授权传播影视作品32824部，非法经营数额共计1200余万元，属于“有其他特别严重情节”；被告人的行为已构成侵犯著作权罪，依法应予惩处，由于犯罪时间在《刑法修正案（十一）》生效之前，因此对于本案依照《刑法修正案（十一）》生效前的《刑法》的相关规定进行裁判。

■ 评 析

Ⅰ 强化网络领域著作权保护的政策导向

近年来，我国司法机关陆续办理了HDstar案［北京市海淀区人民法院（2014）海刑初字第526号刑事判决书］、第一弹App案［上海市普陀区人民法院（2021）沪0107刑初字第27号刑事判决书］等一系列以资源分享形式通过网络传播未经授权的影视作品的刑事案件，某人影视字幕组案虽不是此类型犯罪的第一案，但也可以说是这系列案件中最具影响力的案件。

网络领域的著作权保护问题一直是我国法律领域重点关注的问题。早在全国人民代表大会常务委员会《关于维护互联网安全的决定》中就提出，为了维护社会主义市场经济秩序和社会管理秩序，对于利用互联网侵犯他人知识产权构成犯罪的行为，应当依照《刑法》有关规定追究刑事责任。2019年中共中央办公厅、国务院办公厅印发的《关于强化知识产权保护的意见》也要求强化制度约束，确立知识产权严保护政策导向，加强刑事司法保护，加大刑事打击力度。2021年国务院《“十四五”国家知识产权保护和运用规划》强调，要加强知识产权司法保护、行政保护、协同保护和源头保护。基于相关政策的精神与司法实践的现状，2021年3月1日起生效的《刑法修正案（十一）》对于《刑法》第217条侵犯著作权罪进行了修改，增设了通过信息网络向公众传播和避开或者破坏技术保护措施两类行为要件，并提高了本罪的法定刑上限和下限，以加大对于通过信息网络侵犯著作权的犯罪行为的打击力度，强化对网络领域著作权的刑法保护。

某人影视字幕组作为国内知名度较高、受众群体较为庞大、所涉影视作品的传播范围广以及受到社会公众较高关注的字幕翻译和影视资源分享团体，近年来围绕侵权事件争议不断，在经历了举报、封禁、改名、重组等事件后，终以本案的刑事制裁收尾。该案判决有益于提醒公众建立正确的知识产权保护的法治观念，也向社会传递了国家加强对网络领域知识产权的保护力度的政策导向，实现了法律效果与社会效果的有机统一。

Ⅱ 《刑法修正案（十一）》生效后侵犯著作权罪的适用问题

1. 从“复制发行”到“通过信息网络向公众传播”的行为要件迁移

尽管某人影视字幕组案的裁判时间在《刑法修正案（十一）》的生效时间之后，但某人影视字幕组案却发生在《刑法修正案（十一）》生效之前，因此需要适用《刑法修正案（十一）》

生效前的《刑法》的规定，以“复制发行”要件为本案被告人的行为进行定性。

在《刑法修正案（十一）》生效之前，由于侵犯著作权罪第1款第1项中对于一般作品侵权行为的构罪仅设置了“复制发行”这一种行为类型，因此为了确保在网络领域对于著作权进行必要的刑法保护，“复制发行”的概念被扩大解释。根据2004年最高人民法院、最高人民检察院《关于办理侵犯知识产权刑事案件具体应用法律若干问题的解释》（以下简称《04年两高司法解释》）第11条第3款的规定，“通过信息网络向公众传播”他人作品的行为被视为侵犯著作权罪中的“复制发行”。2011年最高人民法院、最高人民检察院、公安部《关于办理侵犯知识产权刑事案件适用法律若干问题的意见》（以下简称《知产刑事案件适用意见》）第12条的规定也肯定了此立场。因此，对于某人影视字幕组案以及其他犯罪行为整体发生在《刑法修正案（十一）》生效前的阶段的案件而言，其虽然是以“通过信息网络向公众传播”的手段侵犯著作权的，但仍然要以“复制发行”要件入罪。

“复制发行”是否能够包含“通过信息网络向公众传播”行为，这一问题一直以来在理论研究中都存在较大争议，《04年两高司法解释》的合理性也备受质疑。反对者认为应当依据《著作权法》中的著作权的分类体系区分复制权、发行权和信息网络传播权所对应的不同类型行为，若“复制发行”中包含“通过信息网络向公众传播”则会将两种权利的行使行为混淆（王迁：《论著作权意义上的“发行”——兼评两高对〈刑法〉“复制发行”的两次司法解释》，载《知识产权》2008年第1期；林清红、周舟华：《深度链接行为入罪应保持克制》，载《法学》2013年第9期；刘杨东、侯婉颖：《论信息网络传播权的刑事保护路径》，载《法学》2013年第7期；雷山漫：《网络环境下著作权刑法保护研究》，载《法学评论》2010年第6期；陈志刚、李山河：《P2P下载的刑法考量与应对》，载《中国刑事法杂志》2014年第4期；仝其宪：《网络著作权犯罪刑事立法的反思与完善》，载《西安电子科技大学学报（社会科学版）》2016年第2期等）。支持者则主张刑法的用语具有相对性，前置法与保障法之间也完全可能存在相同术语不同理解的现象，以“复制发行”囊括“通过信息网络向公众传播”并不存在体系不协调的问题[李旭：《信息网络传播权考略》，载张平主编：《网络法律评论》（第10卷），北京大学出版社2009年版；王冠：《深度链接行为入罪化问题的最终解决》，载《法学》2013年第9期；李小文、杨永勤：《网络环境下复制发行的刑法新解读》，载《中国检察官》2013年第6期；徐松林：《视频搜索网站深度链接行为的刑法规制》，载《知识产权》2014年第11期；刘科：《网络链接行为的刑法规制》，中国人民公安大学出版社2021年版，第113页等]。还有更为激进的观点提出，《刑法》上的“复制发行”包括《著作权法》规定的所有法定形式（贾学胜：《著作权刑法保护视阈下“复制发行”的法教义学解读》，载《知识产权》2019年第6期）。

在《刑法修正案（十一）》生效之后所作出的本案判决，再次重申和坚持了《04年两高司法解释》的立场，由此案也可说明《刑法修正案（十一）》对于侵犯著作权罪“通过信息网络向公众传播”要件的增设，是对《04年两高司法解释》立场的继承和发展。《04年两高司法解释》在处理《刑法修正案（十一）》以前的案件时依然有效，不能以《刑法修正案（十一）》增设了信息网络传播要件就推论《刑法修正案（十一）》生效前通过信息网络传播侵犯著作权的行为不构成犯罪，进而否定《04年两高司法解释》的合理性。

对于犯罪行为开始于《刑法修正案（十一）》生效前但结束于《刑法修正案（十一）》生效

后的案件,则存在跨法犯的问题。参考最高人民检察院《关于对跨越修订刑法施行日期的继续犯罪、连续犯罪以及其他同种数罪应如何具体适用刑法问题的批复》的立场,对于跨越《刑法修正案(十一)》生效时间点的继续犯罪,应当适用修正后的《刑法》,以"通过信息网络向公众传播"要件认定。对于跨越《刑法修正案(十一)》生效时间点的连续犯罪,应当适用《刑法修正案(十一)》修正后的《刑法》以"通过信息网络向公众传播"要件认定,但考虑到《刑法修正案(十一)》加重了侵犯著作权罪的法定刑,为保护公民的信赖利益,在量刑上应当酌情从轻处理,但应注意不能轻于适用《刑法修正案(十一)》以前情形下的刑罚程度。

2. 侵权认定的"实质呈现标准"提倡

从2001年《著作权法》修正增加了"信息网络传播权",到2020年《刑法修正案(十一)》在侵犯著作权罪中增设"通过信息网络向公众传播"的行为要件,如何认定信息网络传播行为达到侵权标准,长期以来都是备受争议的问题。

从某人影视字幕组案的判决说理中不难发现,本案法院以适用范围最广的"服务器标准"作为认定行为违法的侵权标准。"服务器标准"以将作品置于服务器的初始提供行为作为行为的侵权认定标准。"某人影视字幕组"网站及相关客户端将未经授权的影视作品上传至相关服务器以供用户在线观看和下载的行为,符合"服务器标准",侵犯了影视作品权利人的信息网络传播权。在过去的民事司法实践中,从2004年的世纪悦博与华纳唱片公司著作权纠纷案[北京市第一中级人民法院(2003)一中民初字第12189号民事判决书],到2016年的易联伟达与腾讯著作权纠纷案[北京知识产权法院(2016)京73民终143号民事判决书],"服务器标准"一直被广泛地适用。

但随着网络技术和产业模式的发展变化,单纯的"服务器标准"已显落后,在应对P2P传输、深度链接、账号出租等明显属于著作权侵权的行为类型时,按照"服务器标准"都不能准确地进行认定。这些新类型侵权行为绕开了中心服务器,借助用户自身或者是第三方的网络资源完成作品的网络传播,由于没有"上传到网络服务器"的行为,因此按照"服务器标准"不能准确地认定行为的侵权性质。在快播案中,在民事和行政责任领域都有侵犯著作权的相关判罚[上海市卢湾区人民法院(2010)卢民三(知)初字第61号民事判决书;上海市第一中级人民法院(2011)沪一中民五(知)终字第141号民事裁定书;广东省高级人民法院(2016)粤行终492号行政裁定书],但在刑事领域却无法追究其侵犯著作权罪的责任,只能按传播淫秽物品牟利罪判罚[北京市海淀区人民法院(2015)海刑初字第512号刑事判决书],这或许与刑事案件在行为侵权标准的认定上受到"服务器标准"的影响有关。例如,在1000ys案[上海市普陀区人民法院(2013)普刑(知)初字第11号刑事判决书]、2345热播案[北京市海淀区人民法院(2014)海刑初字第83号刑事判决书]等案件中,司法机关也意识到了适用"服务器标准"的局限性,因此放弃了单一的"服务器标准",准确打击了一系列网络侵犯著作权的犯罪行为。

2012年最高人民法院《关于审理侵害信息网络传播权民事纠纷案件适用法律若干问题的规定》拓宽了对于信息网络传播行为的认定范围,其第3条第2款规定:"通过上传到网络服务器、设置共享文件或者利用文件分享软件等方式,将作品、表演、录音录像制品置于信息网络中,使公众能够在个人选定的时间和地点以下载、浏览或者其他方式获得的,人民法院应当认定其实施了前款规定的提供行为。”(2020年修正后的此条款未改变,一般认为该规定反映了“法律标准”的思路)不过在该规定中,如何廓清“等方式”的范围以应对更新型的网络侵犯著作权犯罪,依然需要规则化的侵权标准来回答。

为应对“服务器标准”的弊端,理论研究与司法实务还提出和适用了“用户标准”“实质替代标准”“实质呈现标准”“后续提供标准”等一系列新标准。不过,从当前的某人影视字幕组案来看,采取“实质替代标准”“后续提供标准”等基于行为人权利状态的结果性标准反而难以准确评价“服务器标准”下理所当然应当认定为侵权的行为。“实质替代标准”以侵权行为人替代权利人获取作品的传播利益为侵权标准(石必胜:《论链接不替代原则——以下载链接的经济分析为进路》,载《科技与法律》2008年第5期),“后续提供标准”以行为人侵害权利人对于作品的网络传播控制权为侵权标准(王艳芳:《论侵害信息网络传播权行为的认定标准》,载《中外法学》2017年第2期),但对于本身未正式引入国内的作品而言,在受到权利侵犯的试点上其并不存在国内市场上作品的网络传播控制权和传播利益问题,进而在犯罪定性上也存在障碍。

对于主观性过强的“用户感知标准”和存在循环论证嫌疑的“法律标准”而言,本文更建议采取客观性更强的“实质呈现标准”作为判断“通过信息网络向公众传播”的民刑统一标准,即只要一个未经授权的行为能够向公众实质呈现作品,该行为就可以被认定为侵权(崔国斌:《得形忘意的服务器标准》,载《知识产权》2016年第8期)。作为一个更为开放和实质的标准,“实质呈现标准”能够更有效地打击目前出现的各类新型网络侵犯著作权犯罪,也能够面向未来多变的侵权模式进行前瞻性预防与应对,以回应当前加强网络领域著作权保护的政策导向。

3.“以营利为目的”的扩张适用

本案中,某人影视字幕组采取了收取会员费、广告费等多种形式获取收益,这类营利模式在司法实践中并不新奇。在2008年的珊瑚虫QQ案[广东省深圳市中级人民法院(2008)深中法刑二终字第415号刑事裁定书]和2009年的番茄花园案[江苏省苏州市虎丘区人民法院(2009)虎知刑初字第0001号刑事判决书]中,行为人没有直接售卖侵权计算机软件,而是选择免费提供侵权计算机软件,并采取在侵权计算机软件中挂载收费广告、捆绑安装其他软件或者利用下载网站刊登收费广告的形式牟利。在2014年的HDstar案[北京市海淀区人民法院(2014)海刑初字第526号刑事判决书]中,行为人采取以邀请码注册论坛会员的形式分享未经授权的高清视频资源,并在电商平台售卖邀请码以获取非法利益。

此类行为是否属于“以营利为目的”,在当时引起了争议。虽然《04年两高司法解释》第11条第1款规定:“以刊登收费广告等方式直接或者间接收取费用的情形,属于刑法第二百一十七条规定的‘以营利为目的’。”但此规定中关于“间接收取费用”的具体判断标准并不明确。2011年《知产刑事案件适用意见》第10条明确列举:“除销售外,具有下列情形之一的,可以认定为‘以营利为目的’:(一)以在他人作品中刊登收费广告、捆绑第三方作品等方式直接或者间接收取费用的;(二)通过信息网络传播他人作品,或者利用他人上传的侵权作品,在网站或者网页上提供刊登收费广告服务,直接或者间接收取费用的;(三)以会员制方式通过信息网络传播他人作品,收取会员注册费或者其他费用的;(四)其他利用他人作品牟利的情形。”该规定对于营利目的做了进一步具体化,基本上覆盖了绝大多数网络侵犯著作权的营利模式,在打击网络领域侵犯著作权犯罪上起到了重要作用。某人影视字幕组通过这些直接或间接收取费用的行为进行牟利,无疑都落入了 2011 年《知产刑事案件适用意见》第 10 条的规制范围内,可以认定被告人具有“营利目的”。

伴随着网络的普及化,互联网资源共享与盗版亚文化的盛行,单纯基于分享目的或者开玩笑、作恶作剧等目的在网上免费扩散未经授权的作品的行为屡见不鲜。借助网络的扩散能力,这种非营利目的的网络传播行为对于著作权人的权利的侵害,往往远远超过线下以营利为目的的侵权行为造成的侵害。营利目的要件的存在阻止了刑法发动的早期化,限制了对于网络侵害著作权行为的刑事打击范围。对于单纯在其网站上免费提供作品供他人观赏或下载、不追求任何经济利益的行为,无法认定其营利目的,即便其行为严重侵害了权利人的著作权,也无法通过刑事手段对其进行处罚,只能依照《著作权法》第 52 条、第 53 条追究其民事或行政责任。

因此,对于侵犯著作权罪是否需要移除“以营利为目的”的主观要件,理论研究中出现了保留论与废除论的分歧。保留论者肯定了营利目的要件在限制处罚范围上的积极意义,并强调以解释填补漏洞[卢建平:《在宽严和轻重之间寻求平衡——我国侵犯著作权犯罪刑事立法完善的方向》,载《深圳大学学报(人文社会科学版)》2006 年第 5 期],进一步有观点建议应针对网络领域犯罪增设不以营利目的为要件的新罪状或新罪名[王肃之:《网络社会著作权刑法保护的挑战与回应》,载《华北电力大学学报(社会科学版)》2016 年第 2 期;杨加明:《“以营利为目的”存废论下网络著作权的刑法保护》,载《海峡法学》2017 年第 1 期]。废除论者认为本罪中的营利目的与法益保护目的无关联,与《著作权法》中的刑事罚则不一致,无法规制单纯基于恶意而严重损害他人著作权的行为(柏浪涛:《侵犯著作权罪疑难问题研究》,载《河南省政法管理干部学院学报》2007 年第 5 期)。废除论者提出的解决路径除了直接取消营利目的要件[裴显鼎:《刑法应当取消著作权犯罪的“营利目的”要件》,载《深圳大学学报(人文社会科学版)》2006 年第 5 期;莫洪宪、胡骞:《技术变革背景下从数据价值保护迈向数据版权保护——以侵犯著作权罪的构成要件补足为进路》,载《出版广角》2018 年第 15 期]外,还有相对折中的区分线上线下不同场景、对于网络领域侵犯著作权不要求营利目的的区分论[贺志军、袁艳霞:《我国侵犯著作权犯罪“营利目的”要件研究——TRIPS 协定和因特网条约的视角》,载《成都理工大学学报(社会科学版)》2011 年第 3 期;马勇、梁木生:《再论侵犯著作权罪中营利目的要件的存废改——基于实践整体性的视角》,载《中国出版》2017 年第 13 期],以及将营利目的作为本罪法定刑升格条件的加重情节论(田宏杰:《论我国知识产权的刑事法律保护》,载《中国法学》2003 年第 3 期;刘科、朱鲁豫:《侵犯著作权犯罪中“以营利为目的”要素的规范阐释与完善方向》,载《中国刑事法杂志》2012 年第 9 期)等解决路径。

此争论虽由来已久,但直到《刑法修正案(十一)》施行前,立法者都未对侵犯著作权罪作过调整。《刑法修正案(十一)》中仅调整了侵犯著作权罪的客观要件和法定刑幅度,说明立法者倾向于保留论的立场。且立法者直接在侵犯著作权罪“以营利为目的”之下增加“通过信息网络向公众传播”要件,而非另增排除营利目的的新罪状或新罪名以处理网络侵犯著作权犯罪,也进一步表明立法者依然选择以主观要件限制网络领域中侵犯著作权罪的适用范围。

营利目的的保留显示出立法者认为该要件仍有其时代价值。自某人影视字幕组案发生后,舆情显示一般公众对于"用爱发电"的字幕组普遍抱有一定程度的同情心理,并不排斥早期互联网文件分享和盗版亚文化,更有甚者将此类行为积极地评价为"盗火者""网络时代的知识布道者",但对于商业化后贩卖未经授权的影视资源牟利的影视剧网站的评价则多为否定的,其他字幕组团体也将某人影视字幕组这种利用未授权的境外影视剧营利的行为视为对于行业默契的破坏(罗亦丹:《人人影视字幕组被查——版权背后的灰色地带》,载《企业观察家》2021年第2期)。目前营利目的要件的存在,也有利于在类案中区分网站经营者与一般翻译者的不同层级的法律责任。对于参与网站营利性运营活动的翻译者,可以追究其共同正犯责任。对于单纯提供境外影视资源字幕翻译服务的兼职劳务人员,可根据其是否取得收益、是否明知翻译作品侵权及是否明知网站经营者获利来判断是否追究其帮助犯之责任。因此,将"营利目的"作为区分民事侵权与刑事犯罪的界限,对于完全不营利单纯基于爱好而分享资源的侵害著作权行为,只追究其民事和行政责任,不追究其刑事责任,目前仍然是较为符合一般公众正义感和刑法谦抑性的做法,也体现了刑事保护的严厉性和最后性。

在无法期待短期内立法者会对侵犯著作权罪作连续改动的情况下,要加强网络领域著作权保护,还是应当致力于解释论研究,可以通过适当的解释扩大对于营利目的的认定范围。

应当认识到网络领域侵犯著作权犯罪的营利模式较之传统领域更加多样化,对于营利目的的判断就更需要根据行为人的具体行为表现、实际意图等因素进行多要素综合判断。

一方面,侵犯著作权罪中的"以营利为目的"的"营利"不仅包括直接收益也包括间接收益。除了2011年《知产刑事案件适用意见》第10条列举的几种情形外,在免费提供侵权作品的同时向用户提供相关的有偿服务,或者免费提供侵权作品为其他收费服务引流,或者利用侵权作品销售实体商品或虚拟商品等行为都可以从获取间接收益的角度认定行为人具有营利目的。例如,在餐厅中放映未经授权的影视作品以招揽生意;在网络直播中未经授权演唱他人歌曲或使用他人音乐吸引流量和博取打赏;在视频平台上传播盗版视频并通过视频下的网络橱窗带货;在自行架设的游戏私服中出售虚拟游戏装备、武器或游戏点卡;等等。此类侵权行为虽然没有通过复制发行或销售未经授权作品获取直接收益,但其间接的收益行为与侵权行为之间明显存在因果关系,可以认定行为人实施侵权行为具有营利目的。

另一方面,要准确认识"以营利为目的"作为主观超过要素的特点,如果行为人的侵权行为是为了远期利益,即便当前没有营利的客观事实,也不妨碍营利目的的认定。有的网站为提高知名度、增加点击、吸引流量,在创设初期免费提供未经著作权人授权的作品给公众观赏和下载,打算在知名度提高后再利用刊登广告的方式或会员制收费;有的行为人计划初期以免费形式提供未经授权的作品以积累产品的用户量,在达到一定规模后将网站或App整体打包出售以获取利益。实施此类侵权行为的目的是追求未来的经济利益,即便在当下没有实际营利,甚至还付出了大量前期成本,也可以认定为“以营利为目的”,进而可以按侵犯著作权罪予以处罚。

除了高调营利的某人影视字幕组外,其他低调发展的字幕组和资源共享团体未必不具有营利目的。对于当前已成规模进行影视剧资源分享的字幕组,即便其翻译和制作相关字幕的行为不收取费用,单纯“用爱发电”,但也都或多或少地通过广告和捐赠获取利益,以用于网站或 App 的运营维护。此类免费资源网站所宣称的“不盈利”“免费分享”“所有支付的费用仅用于本站服务器域名购买、网站维护和网站其他杂费支出”等说法,并不能作为不具有营利目的的判断依据,还是需要针对个案具体地考虑其侵权行为背后可能存在的间接收益和远期利益。因此,在不废除营利目的要件的背景下,扩大营利目的的认定范围,也能有效地压缩大规模严重侵权行为的出罪空间。

Ⅲ 本案意义

随着以网络化、数字化为代表的新技术的高速发展和应用,侵权著作权犯罪也正在面临一系列新情况和新问题。《中国法院知识产权司法保护状况(2021 年)》显示,网络成为知识产权侵权违法行为的最主要发生地之一,网络环境下的知识产权保护日益成为知识产权审判的重点,互联网案件数量逐年增长,涉及越来越多的新型、复杂、疑难法律问题,加强网络空间的法治治理,保护互联网领域创新创造,是当前知识产权司法保护工作面临的重要课题。

某人影视字幕组案中,被告人未经著作权人授权和国家审查许可,擅自引入境外影视剧作品进行翻译活动,并在对影视资源进行网络传播的过程中通过收取会员费、广告费和对外销售拷贝有未授权影视作品的移动硬盘等方式牟利,此方式属于当前网络领域侵犯著作权犯罪中常见的黑灰产业模式。该案件的办理具有典型性,可以为司法机关处理网络领域其他侵犯著作权案件提供重要参考,有助于在司法实践中进一步打击和预防同类犯罪,彰显了我国在网络领域中加强保护知识产权、严厉打击侵权盗版、平等保护境外版权、营造良好智慧产业环境、增强民众知识产权保护意识的坚定决心和不懈努力。本案的判决同时也对其他字幕组、资源共享网等团体利用未经授权作品牟利的犯罪行为形成较为直接的威慑,显示出我国知识产权侵权成本的进一步提高,从而为在网络领域中保护知识产权、推进创新发展保驾护航。

□ 参考文献

王艳芳:《论侵害信息网络传播权行为的认定标准》,载《中外法学》2017 年第 2 期。

卢建平:《在宽严和轻重之间寻求平衡——我国侵犯著作权犯罪刑事立法完善的方向》,载《深圳大学学报(人文社会科学版)》2006 年第 5 期。

田宏杰:《论我国知识产权的刑事法律保护》,载《中国法学》2003 年第 3 期。

崔国斌:《得形忘意的服务器标准》,载《知识产权》2016 年第 8 期。

012 网络索财案件的刑法分析

陶某、吴某敲诈勒索案 | 浙江省嘉兴市南湖区人民法院(2019)浙0402刑初167号刑事判决书

李世阳 浙江大学光华法学院

■ 事实概要

2015年前后,被告人陶某、吴某共同在为他人运营某宝店铺期间,在某宝网上搜索商品描述中使用了“最”“第一”“完美”等“极限词”的某宝店铺,并将店铺信息提供给他人,以此获利,后二人辞职。2017年前后,被告人陶某在经营自己的某宝店铺时,被他人以商品描述中存在“极限词”为由勒索钱款。其发现可以此获利,遂向该人学习了敲诈勒索钱款的犯罪方法。2017年下半年,被告人陶某购买了部分某宝账号,并纠集被告人吴某共同在某宝网上从事敲诈勒索犯罪活动。二人共同在某宝上搜索商品描述中含“极限词”的店铺,后由陶某负责购买商品、申请退款,由吴某负责向某宝投诉,并向被害人发送已向杭州市市场监督管理局投诉的图片(系其PS)及QQ联系方式。待商家主动添加QQ后,由陶某与商家聊天,威胁对方支付一定的费用才能撤销投诉,部分商家因害怕被市场监督管理部门处罚、影响店铺投诉率而被迫支付钱款,合计20万余元。

■ 裁判要旨

法院认为,被告人陶某、吴某以非法占有为目的,共同利用互联网敲诈勒索他人财物,其行为均已构成敲诈勒索罪。

本案被告人为谋取不法利益,在网络上通过虚构向市场监督管理部门、网络平台投诉的手段威胁被害人,使其产生恐惧而形成心理强制,以此违背被害人意志多次强行索取公私财物,数额巨大,符合敲诈勒索罪的构成要件,应以敲诈勒索罪定性。

■ 评 析

Ⅰ 本案焦点

1. 不以购买商品为目的的行为人是否具备消费者的身份

预先就以退货并退款为目的而实施购买行为的被告人是否具备消费者的身份成为必须直面的问题。本文认为,明知必然会退货仍然购买的行为人当然是消费者。首先,从购买

到退货退款完全在规则允许的范围之内；其次，在电子商务高度发达的今天，购买者往往会购买两件以上的商品进行对比之后，只留下一件，甚至全部退货，但这当然不影响其在购买每一件商品时都是消费者的事实。至于以消费者的身份进行投诉，并以撤诉为砝码向商家索取钱财的行为，应与购买并退货退款的行为进行分断处理。

2. 以极限词描述商品是否违反《广告法》及《消费者权益保护法》等法律法规

不能将广告与产品的说明相等同，否则只需要有产品说明书即可，完全不需要广告。在广告中不可避免地会出现对产品或服务的夸张说明或文学比喻，这样便于广告信息的传播。因此，即便在广告中使用了极限词，也不能简单地将其认定为欺诈行为。在互联网快速发展的今天，伴随着电子商务的迅速发展与自媒体的广泛普及，消费者与经营者之间的界限已经被完全打破，借助自媒体宣传自己网店的商品或服务已经成为一种常态，如果对所有在广告中使用了极限词进行描述的广告发布者均追究法律责任的话，几乎波及每一个网店经营者。虽然，在广告中使用极限词或绝对化用语的行为直接触犯了《广告法》第 9 条第 3 项的规定，侵犯了禁止使用极限用语做广告这一行为规范，但在互联网时代，将这一行为规范的违反放置于整体法秩序中进行衡量时，其违法程度正在显著降低，甚至可以说绝大部分的情形都已经不足以发动《广告法》第 57 条所规定的罚则。

3. 如果行为人制作虚假的投诉照片据此索要财物，在刑法上应认定为诈骗罪还是敲诈勒索罪

由于诈骗罪与敲诈勒索罪都是因行为人实施的某一行为而使被害人基于有瑕疵的同意作出财产处分行为，并由此导致财产至少在整体上受损的交付型财产犯罪，因此这两个犯罪在犯罪构造上具有相似性。在当前的刑法学界，不少观点认为这两个犯罪之间的区分取决于被害人主观上的心理感受。具体而言，当被害人陷入认识错误时则符合诈骗罪的构造，当被害人陷入恐惧状态时则符合敲诈勒索罪的构造。然而，当行为人所实施的欺诈行为使被害人陷入一种被强制的状态时，如何在刑法上评价行为人的行为，必然成为难题。在理论上，围绕诈骗罪与敲诈勒索罪之间的关系，大致形成了“一罪说”与“竞合说”之间的对立，一罪说认为在这种情形下只能根据实际案情具体认定更符合诈骗罪的构成要件还是更符合敲诈勒索罪的构成要件；与此相对，竞合说认为在这种情形下不必过分纠结于构成要件层面上的辨认，从追求结论的妥当性出发可进行模糊化处理，即根据具体情形适用想象竞合或法条竞合法理进行处理，甚至有学者认为没有必要区分法条竞合与想象竞合，一概遵循从一重罪处罚的大竞合论即可。由此可见，一罪说侧重于诈骗罪与敲诈勒索罪在构成要件层面上的区分，哪怕可以将这两个构成要件视为一对“双胞胎”，都试图找出其中的个体差异；与此相反，竞合说基本放弃了在构成要件层面上进行区隔的努力，转而追求所谓的结论妥当性，但实际上就是重罚主义。虽然所谓的“量刑反制定罪”这一命题在诸如想象竞合犯中具有适用余地，但诚如车浩教授所担心的：不加限制地适用想象竞合，只会助长司法人员的思维惰性，为个别司法人员不研究法律规定、不探求规范法理的不当做法大开绿灯。既然此罪与彼罪没有任何界限，研究规范意旨自无必要，倒不如直接从一重罪处断来得省事，这样的做法，将会进一步刺激法官的自由裁量空间，助长司法裁判的恣意性。在这

一意义上,本文认为罪与罪之间的区分归根结底还是取决于构成要件,应当在解释论上建构起区分诈骗罪与敲诈勒索罪的规则。不少学者已经围绕这一问题展开了富有见地的研究,例如,徐成认为,是否缺乏消极自由是诈骗罪与敲诈勒索罪在罪质层面上的根本差异,而消极自由的缺乏又对应了心理强制状态的存在,因此可以依据被害人是否陷入心理强制状态认定索财行为的性质,如果被害人受到强制,则行为人的索财行为可能成立敲诈勒索罪,反之则成立诈骗罪。详言之,当行为人编造的财产处分根据,原本就会使被害人遭受其本应面临的害恶时,行为人便在表达害恶要挟的同时向被害人提供了更多可能的选项,非但没有限缩被害人的消极自由,反而拓展了其自主意志,因此被害人的意志自由并未陷入被强制的状态,但由于行为人虚构了财产给付根据,导致交付财物之目的落空,因此符合诈骗罪的基本构造。与此相对,当行为人编造的财产处分根据所言非虚,被害人如果不作出相应的财产处分行为,将会使自己遭受本来不应遭受的害恶时,则可以说其财产处分行为是在其意志被强制的状态下作出的,因此符合敲诈勒索罪的构成要件。

这一观点以行为人所告知的害恶内容是增大还是缩小被害人的选择自由为基本判断标准,并综合行为人所告知的害恶内容是否为真实来区分敲诈勒索罪与诈骗罪,思路清晰透彻,然而,该观点显然是立足于裁判当时,从法官的视角出发,以行为人告知了害恶内容之后的事实及其因果流程作为判断素材进行的事后判断,基本上断绝了对于行为人所实施的行为本身的行为规范违反性的事前判断。根据事前判断与事后判断的对应原则,事前判断设定了基本的判断框架,而事后判断不得超越事前判断的范围。这样的话,首先应考察行为人所告知的害恶内容及其性质对包括行为人在内的平行社会一般人的意志自由造成的障碍程度,在此基础上进一步考察被害人据此作出的财产处分行为是否在该障碍程度的限度范围内。据此,当行为人所告知的害恶内容直接关系到被害人及其家属的重大人身安危时,无论告知的内容经事后查明是真是假,在行为当时都会使被害人陷入一种被强制的紧急状态中,在这种心理状态下所实施的财产处分行为以及所造成的财产损失,就在该紧急状态所辐射的射程范围内,因此符合敲诈勒索罪的构成要件;反之,当该害恶的内容本身尚不足以对包括被害人在内的平行社会一般人造成强制的紧急状态,被害人对于是否作出财产处分行为仍然有衡量的余地时,如果被害人基于错误认识而作出错误抉择最终导致财产损失,则该处分行为及其造成的财产损失后果就可以归属于行为人所编造的足以导致被害人陷入认识错误的虚假事由上,从而符合诈骗罪的基本构造。

这样的话,在本案中,行为人吴某向被害人发送经过 PS 的投诉照片这一行为本身显然不足以使被害人陷入只能任由行为人摆布的紧急状态中,因为被害人有充足的时间、有足够多的信息获取渠道去了解行为人告知的害恶内容的真假及其性质,因此其后续的交付行为显然是建立在错误认识的基础上的。据此,本文认为,法院对本案中的被告人的行为直接定性为敲诈勒索罪存在疑问,以诈骗罪定罪处罚更具有合理性和说服力。

4. 行为人针对不同的被害人实施了同一类型的行为,在罪数以及犯罪数额上应如何认定

在罪数判断中,(1)应当把行为人所实施的在刑法上值得评价的行为作为判断基底,当行为人基于同一行为意思,在时空密切连接的条件下实施了多个侵犯同一法益的行为时,

则可将其视为一体化的行为，否则应当将其做分断处理；(2)具体判断被筛选出来的行为可能符合《刑法》分则所规定的哪个犯罪的构成要件；(3)当行为符合两个以上构成要件时，则进一步考察不同构成要件之间是否存在法条竞合关系；(4)考察不存在法条竞合关系的构成要件之间是否可能存在想象竞合关系或牵连关系，或者从科刑的角度而言应当将其作为一罪处理的情形；(5)当经过上述逐层考察仍然无法得出一罪结论时，则数罪并罚。

据此，对于行为人反复实施同一类型的行为这种情形而言，由于该行为可能符合的构成要件具有同一性，因此，如果要得出不数罪并罚的结论，那么只能在第(1)个步骤中论证客观存在的复数行为可以被视为一体化的行为，而不做分断评价。在是否可以将复数行为做一体化处理的这一问题上，除了考虑行为与行为之间在时空上的密切连接关系外，还必须考虑行为所侵犯的法益是否能够被叠加处理，而在这一问题上，不得不考虑法益本身的属性与法益归属主体之间的关系。具言之，对于个人法益而言，当法益的人身专属程度越高，就越不能被做叠加处理，只有当法益脱离了人身专属性，才具备叠加处理的可能性；对于社会法益以及国家法益而言，原则上不能做叠加处理。这样的话，即便行为人同时或接连杀害或强奸多人，也应根据被害人的人数，对行为人所实施的相应行为进行数罪并罚，因为诸如生命、性自主决定权等法益具有强烈的人身专属性，不具有任何可替代性，因此不能将这些法益简单地叠加并抽象成一个概括的生命或性自主决定权法益。正如张明楷教授所主张的，“一罪一刑”的罪刑关系、行为责任论、量刑情节的差异性等原理与事实，决定了对判决宣告以前的同种数罪，原则上应当实行并罚。劳东燕教授也指出：就同种数罪而言，之所以通常不并罚，是因为我国立法规定或者司法解释中经常存在累积性计算的规定，据此就已经把相应的不法行为评价进去了。但这不意味着，同种数罪在规范上就不能并罚。如果有一个行为人分别捅伤十个人，每个人都达到轻伤的程度，在这种情形之下，只有通过实行并罚，才能得出合理的量刑结论。这意味着，在实施同种数行为的情形下，如果不并罚无法实现罪刑相适应，就应当考虑对同种数罪实行并罚。

Ⅱ 本案意义

1. 正当权利行使与权利滥用之间的界限

本判决所围绕的核心问题是权利行使与敲诈勒索之间的关系，放置于三阶层犯罪论体系之下，从形式上而言，涉及权利行使应放在构成要件该当性阶段还是放在违法性阶段进行讨论；从实质上而言，归根结底是应当如何判断正当权利行使与权利滥用之间的界限。当超越了法律上赋予其权利的规范目的时，应认定为权利滥用。

2. 敲诈勒索罪与诈骗罪的关系

被害人是否缺乏消极自由是诈骗罪与敲诈勒索罪在罪质层面上的根本差异。

Ⅲ 本判决留给将来的课题

在固守罪刑法定原则的前提下，无论是利用什么新型技术手段实施的行为，都必须将其放置于现行《刑法》的框架下确定其可能符合的构成要件。在这个意义上，利用网络媒介实施违法犯罪行为的现象给《刑法》带来的挑战主要表现于建立在农业与工业时代基础上的传统刑法解释学。然而,网络犯罪区别于传统犯罪的最大特征在于网络的虚拟空间性以及犯罪行为的链条性。当前网络黑灰产业链之所以呈现"疯长"状态,与我国当前的法律体系未能充分认识到信息与信用在网络虚拟空间中的重要作用有密切关系。

□ 参考文献

劳东燕:《刑法基本原则的实现机理:立足于技术和方法的视角》,载《中国检察官》2019 年第 13 期。

徐成:《刘某等敲诈勒索罪案　欺骗与胁迫并存的索财行为定性》,载《中国检察官》2016 年第 18 期。

王作富主编:《刑法分则实务研究(中)》(第 5 版),中国方正出版社 2013 年版。

013 反向刷单的定性分析

谢某、董某破坏生产经营案 | 江苏省南京市雨花台区人民法院(2015)雨刑二初字第29号刑事判决书

李世阳 浙江大学光华法学院

■ 事实概要

2013年9月,北京某齿数汇科技有限公司通过北京某方数据股份有限公司获得某方数据知识资源系统V1.0的使用权,后于2013年11月在某宝网注册成立名称为“Pa. P. 论文通行证”的网上店铺,主要经营论文相似度检测业务,由该公司南京分公司即某齿科技南京公司具体负责运营。2014年4月,在某宝网经营论文相似度检测业务的被告人董某为谋取市场竞争优势,雇佣并指使被告人谢某,多次以同一账号恶意大量购买某齿科技南京公司某宝网店铺的商品,其中,4月18日凌晨指使被告人谢某使用同一账号,恶意购买120单商品;4月22日凌晨指使被告人谢某使用同一账号,恶意购买385单商品;4月23日凌晨指使被告人谢某使用同一账号,恶意购买1000单商品。2014年4月23日,浙江某宝网络有限公司认定某齿科技南京公司某宝网店铺从事虚假交易,并对该店铺作出商品搜索降权的处罚,后经某齿科技南京公司线下申诉,于4月28日恢复该店铺商品的搜索排名。被处罚期间,因消费者在数日内无法通过某宝网搜索栏搜索到某齿科技南京公司某宝网店铺的商品,严重影响该公司正常经营。经审计,某齿科技南京公司因其某宝网店铺被给予商品搜索降权处罚而产生的订单交易额损失为人民币10万余元。

■ 裁判要旨

针对上述案件事实,两名被告人的行为是否构成犯罪,以及构成什么犯罪成为核心问题。围绕这一问题,南京市雨花台区人民法院认为:被告人董某、谢某出于打击竞争对手的目的,以其他方法破坏生产经营,二被告人的行为均已构成破坏生产经营罪。被告人董某、谢某共同故意实施破坏生产经营的犯罪行为,系共同犯罪。关于董某的辩护人提出的“董某不构成犯罪”的辩护意见,经审查认为,被告人董某为打击竞争对手,雇佣并指使被告人谢某多次以同一账号恶意大量购买某齿科技南京公司某宝网店铺的商品,从而导致浙江某宝网络有限公司错误判定该店铺在从事虚假交易,并对其作出商品搜索降权的处罚,严重影响了某齿科技南京公司某宝网店铺的正常经营活动,且给该公司造成了较大的经济损失,其行为属于以其他方法破坏企业的生产经营,已符合破坏生产经营罪的构成要件,应以破坏生产经营罪定罪处罚。

■ 评　析

Ⅰ 本案焦点

本案中，一审法院与二审法院均将两名被告人所实施的反向刷单炒信行为认定为破坏生产经营罪，但就二审法院所给出的判决理由来看，很难说从正面回应了辩护人所提出的上诉理由。归根结底是因为没有从解释论的角度去解释破坏生产经营罪的构成要件要素，例如本罪所侵犯的法益是什么，是针对个人财产的犯罪还是针对整体财产的犯罪，罪质是什么，如何把握实行行为，本罪是否是目的犯或倾向犯，如何理解生产经营，如何认定法条所规定的“其他方法”等。

1. 破坏生产经营罪是针对整体财产的犯罪

如果将破坏生产经营罪理解为针对个别财产的犯罪，那么，就只能将破坏生产经营罪的财产损害理解为毁坏机器设备或残害耕畜等方式本身所带来的损害，这样的话，必然导致破坏生产经营罪被完全消解于故意毁坏财物罪之中，从而丧失了单独存在的必要性。但既然《刑法》以两个条文分别规定了这两个罪名，应当认为破坏生产经营罪有其自身的存在理由，而且从其构成要件的表述来看，其实行行为在于破坏生产经营而非毁坏机器设备或残害耕畜等。这样的话，破坏生产经营罪中的财产损失就体现为因生产资料被破坏而导致生产经营活动无法继续进行所造成的损失。由此可见，其他类型的财产犯罪是对权利人现时即可享受的某种法律上的特定利益，即既得权的侵害，而破坏生产经营罪是对期待权的侵害，这种期待权是对未来取得完整权利的一种期望，因取得权利之部分要件而受到法律的保护，从而具有权利性质。据此，当因损害这种期待权而导致被害人的整体财产法益受损时，即成立破坏生产经营罪；反之，如果整体财产法益并未受损，期待权并未落空，就不成立破坏生产经营罪，当破坏生产资料的行为符合故意毁坏财物罪的构成要件时，仅在此限度内承担罪责。

这样的话，当考察破坏生产经营罪中所要求具备的财产损害时，不能局限于静态意义上的生产资料，而应着眼于动态意义上的生产经营活动所产生的经济价值。在上述的反向炒信案件中，被告人董某指使谢某用同一账号大量购买作为竞争对手的某齿科技南京公司某宝网店铺的商品，导致浙江某宝网络有限公司错误地认定某齿科技南京公司某宝网店铺从事虚假交易，并于2014年4月23日对该店铺采取了商品搜索降权的市场管控措施，在被降权期间，消费者在数日内无法通过某宝网搜索栏搜索到某齿科技南京公司某宝网店铺的商品，该公司某宝网店铺正常生产经营遭到破坏，整体财产受损10万余元。显然可以将其认定为因生产经营被破坏而产生的财产损害。

2. 可以将生产经营的范围扩大解释为“业务”

如果继续将“生产经营”的含义束缚在农耕时代、机器工业时代，这一法条一方面将逐渐丧失适用的空间，另一方面会导致对于大量的破坏新兴产业尤其是互联网产业的行为视而不见，形成立法资源的浪费。因此，有必要赋予“生产经营”新的含义，以重新激活这一法条。因此有必要对“生产经营”做扩大解释，但不能超出语义的最大范围，否则就成为类推适用,而不再是解释。《日本刑法》第233条中规定了妨害业务罪,其判例与通说已经在"业务"的解释上达成了共识,即所谓的"业务"是指,自然人、法人及其他团体基于其职业或者其他社会生活上的地位而继续、反复从事的,被法律所保护的事务[[日]前田雅英:《刑法各论讲义》(第6版),东京大学出版会2015年版,第135页以下]。这样的话,就可以通过社会性、继续性、要保护性这三个方面对"业务"的范围进行限制,防止其范围无限扩大。本文认为,可以参考日本刑法学界与司法实务中关于"业务"的解释来弥补我国刑法中对"生产经营"的机械理解所产生的缺陷。

3. 被告人利用某宝规则的行为成立间接正犯

根据《淘宝规则》第57条第3款的规定,某宝网对涉嫌虚假交易的商品,给予30日的单个商品搜索降权的处罚。在本案中,被告人使用同一账号在短时间内大量购买竞争对手的商品,使某宝公司后台直接将被害网店认定为涉嫌虚假交易,并根据该条款作出商品搜索降权的处罚,正是由于该处罚导致被害网店的生产经营活动无法进行。然而,从本案的案情来看,降权行为的实施及其所导致的破坏生产经营的结果只能由被告人承担,因为被告人将某宝公司作为自己犯罪的工具,成立间接正犯。在判断背后者是否成立间接正犯时,所采取的应是一种消极判断规则,即如果介入者所实施的行为基于自律性决定,也就是说结果处于其支配领域之内,那么,背后者就不成立间接正犯。在本案中,对因果流程处于优势支配地位的显然是被告人,该结果的发生并不在某宝公司的支配领域内,因为某宝公司所作出的降权处罚并不是一种自律性决定,而是在不可避免地陷入错误认识的状态下作出的。据此,被告人成立破坏生产经营罪的间接正犯。

4. 泄愤报复等个人目的是一种消极动机

在破坏生产经营罪的解释上,可以借鉴上述的"消极的动机说"。具体而言,只要行为人客观上实施了破坏生产经营的行为,即可推定其主观上具备对于该行为及其所造成的构成要件结果的认识,即具有构成要件中的故意,除此之外,行为人并不需要具备所谓的"泄愤报复或者其他个人目的"这种情绪性因素。这种情绪性因素仅仅在作为消极的动机这一点上是有意义的,即当行为人并不是基于"个人目的"而实施破坏生产经营的行为时,例外地成为本罪的刑罚阻却事由。"非个人目的"主要限定于以下情形:第一,行为人专门为了增加被害人的财产利益而实施某些行为,但客观上却对被害人的生产经营造成破坏;第二,行为人专门为了公共利益而实施破坏他人生产经营的行为。在本案中,被告人的行为显然不是为了增加被害人的财产利益或者公共利益而实施的,因此可以说是一种基于个人目的的行为。

5. 对以其他方法破坏生产经营的解释

如果认为这里的"其他方法"必须具备损毁的性质以及所损毁的必须是生产资料,必然不当地缩小了本罪的实行行为的涵射范围。决定破坏生产经营罪中"其他方法"外延的,不是前面的"毁坏机器设备、残害耕畜",而是"其他方法"之后的"破坏",只要是对生产经营的破坏行为并损害他人的整体财产法益,就是"其他方法",不一定是对物的暴力。这样的话,在本案中,即使被告人所实施的行为并未像毁坏机器设备或者残害耕畜那样从物理形态上损毁他人的生产资料,但被告人所实施的行为导致被害人的网店被降权处罚,经营活动遭受严重阻碍,整体财产法益受损。在这个意义上,将反向刷单炒信的行为纳入破坏生产经营罪的"其他方法"中,属于符合法益保护目的之客观解释,并未超出语义的最大范围边界,因此不违反罪刑法定原则。

Ⅱ 本案意义

刑法必须得到解释后才能适用,例如,在故意杀人罪中,如果不对"人"的出生时间与死亡时间进行解释,则连这一看起来清晰、纯粹的事实概念都无法适用。在解释过程中,通过行为规范的设置所要实现的保护法益之目的是基本的指导原理,因此,从罪刑法定原则出发,在语义所允许的最大限度范围之内,做符合法益保护的目的解释,是刑法解释的基本方法。破坏生产经营罪从破坏经济秩序型的犯罪到侵犯财产型的犯罪的转变,意味着通过该构成要件的设置所要实现的法益保护目的也相应地从保护秩序转变为保护财产。然而,在解释破坏生产经营罪时,当前刑法学界通说的观点将本罪理解为侵犯个别财产法益的犯罪,因此以静态的眼光看待本罪的财产损失;并且将本罪所规定的"由于泄愤报复或者其他个人目的"理解为一种积极的动机,将"破坏"仅仅理解为对生产资料的破坏。可以说,这是停留在农耕时代与机器工业时代语境下对本法条的解释水平,在互联网时代背景下,如果继续停留在以上的解释层面,一方面,将使破坏生产经营罪逐渐丧失适用余地,将该法条束之高阁;另一方面,将导致大量通过互联网破坏他人生产经营的行为得不到应有的规制。

Ⅲ 本判决留给将来的课题

伴随互联网的迅猛发展,互联网犯罪也不断升级演化,呈现出新型化、精细化、专业化、组织化等特点。除了利用互联网实施传统犯罪,危害网络和信息安全行为越来越公开化、规模化,形成了各类黑灰产业链,成为寄生于整个互联网的"毒瘤",尤以恶意注册、虚假认证、虚假交易三大黑灰产为甚。在背后不断支撑这些犯罪和黑灰产行为的是互联网技术黑灰产。各种恶意硬件软件开发买卖,非法信息、数据买卖,恶意聊天群组和平台网站运营是各类犯罪和黑灰产行为滋生的土壤,伪基站,恶意注册,盗号软件,炒信平台,身份证、手机卡、银行卡买卖,各类恶意聊天群组肆意活动和发展。很显然,仅打击表面的犯罪行为治标不治本,无法根治互联网不安全的"毒瘤"。

当新型的违法犯罪现象出现时,刑法不可能也没有必要对每一种行为犯罪化,而首先应当是根据上述的解释方法对现行《刑法》的条文所规定的构成要件进行解释。事实上,毫不夸张地说,破坏生产经营罪是《刑法》应对互联网犯罪的有力条款,但当穷尽解释学上的努力时,只能通过立法加以规制。

□ 参考文献

梁根林:《传统犯罪网络化:归责障碍、刑法应对与教义限缩》,载《法学》2017 年第 2 期。

高艳东:《破坏生产经营罪包括妨害业务行为——批量恶意注册账号的处理》,载《预防青少年犯罪研究》2016 年第 2 期。

014 微信“清粉”案的刑法分析

张甲、何某等非法获取计算机信息系统数据、非法控制计算机信息系统案 | 江苏省南通市通州区人民法院(2020)苏 0612 刑初 870 号刑事判决书

付玉明 西北政法大学刑事法学院

■ 事实概要

自 2020 年 1 月以来,被告人张甲、何某等人为谋取利益,在未获得某讯公司授权的情况下,商定依托微信系统开发能够控制用户微信账号,批量获取微信数据,并对数据进行添加、修改等操作的应用程序。该程序控制用户微信账号后,可以向用户微信好友群发信息,获取用户微信群二维码,添加关注公众号等。张甲等人通过出售该程序获取的用户微信群二维码,控制用户微信账号关注指定的微信公众号(为公众号增加“粉丝”,俗称“吸粉”)谋利。被告人张乙、李甲、李乙明知张甲等人实施前述犯罪活动,仍为其提供资金或者帮助收取、转移违法所得。张甲等人通过前述方式共计获利 2649659.8 元。

■ 裁判要旨

江苏省南通市通州区人民法院经审理认为,被告人张甲、何某等人采用技术手段获取计算机信息系统数据,并对计算机信息系统实施非法控制,情节特别严重,各被告人的行为均已构成非法获取计算机信息系统数据、非法控制计算机信息系统罪,系共同犯罪。

通过“吸粉”程序获取用户微信群二维码,添加关注公众号等行为的非法性。本案中的辩护人提出微信群二维码不是《刑法》规定的客观存在于系统中存储、处理、传输的数据。但《数据安全法》第 3 条第 1 款规定,“本法所称数据,是指任何以电子或者其他方式对信息的记录”。微信群二维码由微信程序生成,通过一定规律的图形分布记载特定聊天群信息,属于计算机信息系统数据。被告人通过使用涉案程序控制微信而非法获取聊天群二维码信息并加以利用,便是非法获取计算机信息系统数据的体现。

本案中的被告人张甲、何某最初试图开发能够为用户识别已经单方面将自己删除的微信好友的应用程序(“清理僵尸粉”软件,以下简称“清粉”软件)。但在开发“清粉”软件的过程中,隐秘设置了获取用户微信群二维码,并控制用户微信账号添加关注指定的微信公众号、自动群发信息等功能。被告人利用该“清粉”软件的本质是获取用户的二维码信息以及强制用户关注公众号,其以“清粉”程序为名,在有限程度上获得用户的默许,但实际并未明示

其获取信息、操控用户微信系统的根本目的,用户对于被告人的实际非法目的并不知情。《数据安全法》第 32 条第 1 款规定:“任何组织、个人收集数据,应当采取合法、正当的方式,不得窃取或者以其他非法方式获取数据。”被告人的行为已然违反国家规定,其采用技术手段,获取计算机信息系统中存储、处理、传输的数据,对该计算机信息系统实施非法控制具有非法性。

非法获取计算机信息系统数据、非法控制计算机信息系统罪所保护的法益是社会公共管理秩序中的计算机网络安全管理秩序,其社会危害性相较其他常见犯罪并不直观。本案中,各被告人为谋取非法利益,利用技术手段获取他人微信群信息,严重侵犯了网络用户使用微信程序的私密性。并且,其后续的控制他人微信号强制关注公众号等行为,还会进一步造成用户被强制推送广告,或公众号的日常流量计算失真等后果,破坏了网络正常秩序。

■ 评　析

Ⅰ 本案意义

本案为全国首例利用微信“清粉”软件非法获取微信用户信息的案件。表面上是简单的“清粉”程序,背后实则隐藏着从非法程序开发与植入、非法信息获取、非法信息出售及利用,最后到赃款的提取与转移等一整条完整的网络黑灰产业链。本案中的被告人组成了上中下游分工配合的共同犯罪团伙,犯罪手段明显体现出互联网犯罪的隐蔽性、数据信息侵害性、流量逐利性等特征。被告人利用软件程序非法获取计算机信息系统数据、非法控制计算机信息系统的犯罪行为,既具有典型性,又与计算机互联网犯罪中的破坏计算机信息系统罪、帮助信息网络犯罪活动罪以及侵犯公民个人信息罪等具有可比性。在该案的审理过程中,审判人员准确识别了行为人开发、植入程序并非法获取信息、控制计算机信息系统行为的违法性,并且对分工协作参与网络犯罪链条的不同阶段的行为进行了整体把握。最终审判人员将该案中具有紧密联系的网络犯罪上中下游参与人认定为非法获取计算机信息系统数据、非法控制计算机信息系统罪的共同犯,而非分别各自成立非法获取计算机信息系统数据罪、非法控制计算机信息系统罪以及掩饰、隐瞒犯罪所得罪等,案件事实定性准确,法理诠释逻辑清晰,适用法律规范统一,裁判结果也符合公众期待。在移动互联时代,“微信清粉案”具有典型的类型特征,本案的裁量模式为此后处理同类案件提供了有益参考,也有助于司法实践中具体打击和预防同类犯罪,坚持法律效果与社会效果相统一,维护司法公信,维护社会公平正义。

Ⅱ 非法获取计算机信息系统数据罪与相关犯罪的联系与区别

当下是一个网络世界几乎可与现实世界平行而论的时代,计算机网络犯罪成为沟通现实与网络的特殊不法桥梁。在《刑法》第 6 章第 1 节规定的数条计算机网络犯罪中,非法获取计算机信息系统数据罪又基本成为网络产业链犯罪的中间连接点。该罪表现为:违反国家规定,侵入非法侵入计算机信息系统罪所规定的国家事务、国防建设、尖端科学技术领域的计算机信息系统以外的计算机信息系统,或者采用其他技术手段,获取该计算机信息系统中存储、处理或者传输的数据。一方面,该罪以非法侵入计算机信息系统(罪)为必要的手段行为,其直接目的通常指向非法获取计算机中存储的各类信息,因此该罪通常与网络黑灰产业链上游的侵犯公民个人信息罪等存在联结。另一方面,该罪自身又可能作为下游犯罪的手段行为,即单纯的信息获取并非犯罪分子的最终目的。实践中行为人多是通过对非法获取的信息数据进行倒卖,或对计算机信息系统中的电子数据进行修改而谋利,这通常又可以连接到网络犯罪产业链下游的诈骗等财产犯罪或其他妨害社会管理秩序犯罪。总之,该罪与其他罪名联系的紧密性、覆盖法益的广泛性使其近年来甚至呈现出口袋化倾向。

因此,实践中在适用该条罪名时应着重把握其核心特征——数据的非法获取性,即类似于通过本案中行为人设置程序的方式,或者通过"木马"病毒侵入等方式,未经权利人同意而窃取计算机信息系统中存储、处理、传输的数据。至于行为人在获取数据后是否进一步使用该数据,并不影响本罪的成立。同时应注意区分单纯地"获取"数据行为以及"增加、修改、删除"数据的行为,后者如果对计算机系统的正常运行造成损害,则触犯破坏计算机信息系统罪。因此,造成系统的非正常运行是破坏计算机信息系统罪的核心特征,该罪的行为方式即包括"对计算机信息系统功能进行删除、修改、增加、干扰,造成计算机信息系统不能正常运行"的行为,也包括"对计算机信息系统中存储、处理或者传输的数据和应用程序进行删除、修改、增加的操作",以及"故意制作、传播计算机病毒等破坏性程序,影响计算机系统正常运行"的行为。例如,实践中通过侵入计算机系统进行代码修改而抢号的"黄牛"行为,已经造成了计算机程序功能的非正常运行,破坏了正常的互联网经营秩序,应被认定为破坏计算机信息系统罪。本案中的行为人通过程序获取他人的微信群二维码等信息是非法获取数据的体现,不会因此造成微信程序的运行失灵。此外,强行控制他人微信号关注公众号的"吸粉"行为,也并未直接造成微信程序本身的运行紊乱,关注公众号所换取的流量在形式上是正常的增加数量,只不过是通过非法手段强行控制他人账号而实现的,因此该行为同时构成非法控制计算机信息系统罪,但不构成破坏计算机信息系统罪。

Ⅲ 网络共同犯罪的行为定性与范围

计算机网络犯罪相比于传统的犯罪而言不仅更具有隐蔽性,还多具备了犯罪人员众多、上下游分工配合明显等特点。通常涉及网络黑灰产业链的犯罪行为都是由一个完整的犯罪团伙或不同的犯罪团伙合作实施的。本案中,程序的开发、推广,微信群(非法获取的数据)的倒卖,控制微信号"吸粉",以及赃款的代为转移、提取均有专人负责。对于这类共同故意明确、分工配合紧密的网络犯罪团伙实施的行为应认定为共同犯罪,而非对单个"业务"主体分别认定为非法获取计算机信息系统数据罪、非法控制计算机信息系统罪以及掩饰、隐瞒犯罪所得罪。最高人民法院、最高人民检察院《关于办理危害计算机信息系统安全刑事案件应用法律若干问题的解释》第 9 条对计算机网络共同犯罪的范围作出了进一步明确,行为人明知他人实施《刑法》第285条、第286条规定的行为,仍为其提供用于破坏计算机信息系统功能、数据或者应用程序的程序、工具,违法所得5000元以上或者提供10人次以上的,或为其提供互联网接入、服务器托管、网络存储空间、通讯传输通道、费用结算、交易服务、广告服务、技术培训、技术支持等帮助,违法所得5000元以上的,或通过委托推广软件、投放广告等方式向其提供资金5000元以上的,均应当认定为共同犯罪。本案中的被告人张乙明知被告人谭某等人正在开发的"清粉"软件可以非法控制用户微信权限,控制账号添加关注公众号,仍向谭某支付订金用于购买微信公众号"粉丝"。后其陆续向谭某支付1449659.8元,批量购买被控制的微信账号关注其运营的公众号,用于广告宣传、流量变现等,至案发时共计获利80万余元。其行为特征和目的与单纯地以转移、收购、代为销售等方法掩饰、隐瞒非法获取的计算机信息系统数据或控制权而谋取一定报酬的行为有着本质的区别。

此外,对于网络共同犯罪案件,实践中还应区分成立具体计算机犯罪的共同犯罪与成立帮助信息网络犯罪活动罪之间的关系。对于类似本案的共同故意明确、分工配合紧密的网络犯罪团伙实施的行为通常可以直接认定为具体犯罪的共同犯罪。但对于虽存在上下游分工,但欠缺共同故意的多个犯罪个体或组织,不宜概括地认定为共同犯罪。例如,若行为人只是单纯地"明知"他人利用信息网络实施犯罪,并为其犯罪提供互联网接入、服务器托管、网络存储、通讯传输等技术支持,或者提供广告推广、支付结算等帮助,而未实际加入他人利用信息网络实施的犯罪行为或者与他人具有事前、事中共谋,则应单独成立帮助信息网络犯罪活动罪。当然,理论上不论认为帮助信息网络犯罪活动罪的立法模式是"帮助行为的正犯化"还是"帮助犯的量刑规则",都不影响该罪在维护计算机信息系统安全保护制度中所起到的"兜底"作用。因此成立该罪并不绝对排斥同时成立其他具体计算机犯罪的共同犯罪,二者存在竞合的可能,此时依照处罚较重的规定定罪处罚。

Ⅳ 本判决留给将来的课题

网络共同犯罪并非简单的技术犯罪,其所侵害的法益往往也并非单纯的网络管理秩序法益。网络黑灰产业链所体现的逐利性才是行为人实施网络犯罪的真正动因,因此网络犯罪所内含的逐利性特征应成为今后采取具有针对性的刑事预防和治理、打击此类不法行为所考虑的重点。以本案中的侵入计算机信息系统并非法获取数据为例,如果该非法获取的数据同样受到刑法的保护(如公民个人信息、国家秘密等),则以非法获取计算机信息系统数据罪论处还是应当按照数据的性质以其他保护数据的犯罪论处,成为需要司法权衡的重点。在这种情况下,尽管最终可以想象竞合择一重罪处断,但不同罪名所发挥的行为指引作用并不完全相同。又如,若行为人非法获取的计算机信息系统数据具有财产价值,是否可能构成财产犯罪,这时,会涉及对虚拟财产的刑法保护路径选择问题。在数据流量逐利的网络时代,如何通过刑事司法回应新旧犯罪交织的计算机网络犯罪已经成为理论界与实务界共同关注的重大课题。

□ 参考文献

张明楷:《刑法学》(第6版),法律出版社2021年版。
陈兴良:《网络犯罪的类型及其司法认定》,载《法治研究》2021年第3期。
刘宪权、石雄:《网络数据犯罪刑法规制体系的构建》,载《法治研究》2021年第6期。
郭旨龙:《非法获取计算机信息系统数据罪的规范结构与罪名功能——基于案例与比较法的反思》,载《政治与法律》2021年第1期。
刘宪权:《网络黑产链犯罪中帮助行为的刑法评价》,载《法学》2022年第1期。

015 预置“广告 SDK”非法控制手机案的刑法分析

欧某、陈某等非法控制计算机信息系统案 | 浙江省平湖市人民法院(2018)浙 0482 刑初 574 号刑事判决书

劳东燕 清华大学法学院

■ 事实概要

2019 年 1 月,浙江省平湖市人民法院对预置“广告 SDK”非法控制手机案作出一审判决。根据法院认定的事实,由欧某等 28 名被告人所组成的团伙,利用商业经营的形式,与手机方案商、中间商、生产商相勾结,在所销售的智能手机内预置“广告 SDK”(软件开发工具包),并使“广告 SDK”获得系统权限。通过前述工具包,被告人在未告知用户也未征得其同意的情况下,向用户推送大量商业广告信息;同时,被告人利用预置的“广告 SDK”在用户手机中静默下载“一键达 apk”(安卓应用程序包),模拟用户操作而关注特定的微信公众号。通过前述行为,被告人共计非法控制用户手机数千万台,违法所得 3000 余万元。

平湖市人民法院认为,“广告 SDK”以及“一键达 apk”的安装、运行构成非法控制计算机信息系统。

■ 裁判要旨

据此,欧某等 28 名被告人被认定均构成非法控制计算机信息系统罪,分别被判处 10 个月至 4 年 6 个月不等的有期徒刑,并被处人民币 1 万元至 30 万元不等的罚金。

非法控制计算机信息系统罪中,非法性是指违反国家规定。未经用户授权安装与运行“广告 SDK”及“一键达 apk”,违反了《计算机信息系统安全保护条例》及全国人民代表大会常务委员会《关于加强网络信息保护的决定》的相关规定,属于违反国家规定。

非法控制计算机信息系统罪中,控制行为的本质是非用户本人操作,后果是使计算机信息系统执行特定操作。控制行为不限于行为人直接行使控制权,也可以是通过计算机程序等媒介而行使控制权;控制行为不必然具有排他性,既包括完全控制,也包括部分控制。

计算机信息系统是指具备自动处理数据功能的系统,包括计算机、网络设备、通信设备、自动化控制设备等,指的是设备整体,并非仅指其中的操作系统。

■ 评　析

Ⅰ 本案意义

本案系计算机领域出现的新型案件，法院的判决明确了以预装方式对手机系统进行非法控制行为的刑法定性，对非法弹送广告、静默下载等互联网黑灰产业链进行了打击。法院在判决理由中，对非法控制计算机信息系统罪的相关构成要件作了明确，无论是对“非法”的理解还是对“控制”的解读，抑或对“计算机信息系统”的界定，均有其合理之处。本案对今后类似案件的处理具有较大的指导意义，有助于促进相应行业的整改，发挥刑法规范作为行为规范的指导效果。当然，一审判决否定本案成立单位行为，并对共犯成立要件（包括帮助行为与帮助故意）认定得较为宽泛，相应的认定合理与否还值得斟酌。

Ⅱ 非法控制计算机信息系统罪的保护法益

本案涉及通过预置的应用程序，未经用户同意而向用户手机推送商业广告的行为，在刑法上如何定性的问题。应当说，单是未经同意而向他人手机推送商业广告的行为，根据现有的《刑法》规定一般难以认定为犯罪。但是，如果推送广告的行为是通过非法控制他人的手机而实施的，则可能涉嫌非法控制计算机信息系统罪。因而，就本案而言，问题的关键在于，利用预置的“广告 SDK”与静默下载的“一键达 apk”推送广告与自动关注微信公众号的行为，是否构成对计算机信息系统的非法控制。

非法控制计算机信息系统罪保护的是双重法益，即国家对计算机信息系统安全的管理秩序与计算机信息系统的安全。前者意味着构成本罪要求违反前置性的行政规定，后者意味着只有进一步危及计算机信息系统安全的行为，才能按本罪来论处。就内在关系而言，国家对计算机信息系统安全的管理秩序与计算机信息系统的安全之间，类似于形式与实质的关系。前者指向形式规范的违反，而后者指向作为实质法益的信息系统安全，二者之间构成相互的制约。立足于所保护的法益，本罪要处罚的不法类型仅限于，冲破计算机信息系统安全的相关规范，进而对计算机信息系统的安全构成侵害的行为。

因此，要准确勾勒非法控制计算机信息系统罪所针对的不法类型，首要的问题是对计算机信息系统的安全作出界定。根据《计算机信息系统安全保护条例》第 3 条的规定，计算机信息系统的安全保护，包括保障计算机及其相关的和配套的设备、设施（含网络）的安全，运行环境的安全，保障信息的安全，保障计算机功能的正常发挥。由此可知，计算机信息系统的安全，既包括硬件层面的安全，也包括软件层面的安全；既包括系统本身的安全，也包括运行环境的安全；既包括系统功能的安全，也包括信息的安全。

由于不法的类型不仅取决于所保护的法益，也取决于相关立法条文对罪状的描述，故而，若想准确勾勒非法控制计算机信息系统罪所针对的不法类型，势必需要在结合其保护法益的基础上，尊重立法的文义表述与相应的体系性制约，对相应的构成要件作出限定。据此，一方面，对构成要件的解释应当在法益的指导之下进行；另一方面，法益的实质性指导受《刑法》条文的表述与体系融贯性要求的反制。

Ⅲ 本案相应行为的刑法定性分析

《刑法》第 285 条第 2 款对非法控制计算机信息系统罪的罪状规定得相当简单，立足于文义上的解读，就“违反国家规定”是否属于本罪的构成要件要素这一问题，可能会存在一定的争议。也即，“违反国家规定”究竟只是非法获取计算机信息系统数据罪的成立要件，还是作为两罪的共同成立要件而存在，单从立法的文义表述来看，难以得出确定的结论。然而，如果承认本罪保护的法益中包含国家对计算机信息系统安全的管理秩序，则应当认为，将“违反国家规定”也视为非法控制计算机信息系统罪的成立要件，比较合乎体系逻辑的要求。

如此一来，本案被告人是否构成非法控制计算机信息系统罪，取决于：(1)手机的操作系统是否属于计算机信息系统；(2)被告人的行为是否“违反国家规定”；(3)被告人的行为是否属于“非法控制”；(4)被告人的行为是否达到“情节严重”的程度。下文将对这四个问题分别展开探讨：

第一，手机的操作系统是否属于计算机信息系统。根据 2011 年最高人民法院、最高人民检察院《关于办理危害计算机信息系统安全刑事案件应用法律若干问题的解释》第 11 条的规定，计算机信息系统是指具备自动处理数据功能的系统，包括计算机、网络设备、通信设备、自动化控制设备等。据此，手机的操作系统应属于计算机信息系统。前述司法解释以自动处理数据功能作为实质标准，对计算机信息系统的概念进行了扩张性的解释。考虑到现实的复杂性及相应的需求，这样的扩张有其合理的一面，并没有明显超出相应概念的文义范围。当然，由于不同的数据功能系统在刑法上需要的保护程度并不相同，故实务处理中不宜采用统一的情节标准来认定相应的行为是否达到值得刑罚惩罚的程度。

第二，被告人的行为是否“违反国家规定”。一般认为，所谓的“国家规定”只限于全国人大及人大常委会与国务院所颁行的法律、法规，而不包括地方性法规与部门规章等规范性文件。从相关规定来看，就非法控制计算机信息系统罪而言，其中的“国家规定”主要涉及的是告知与同意方面的内容。

本案被告人的行为可能涉嫌违反如下规定：一是《网络安全法》第 22 条第 3 款的规定，即网络产品、服务具有收集用户信息功能的，其提供者应当向用户明示并取得同意；涉及用户个人信息的，还应当遵守本法和有关法律、行政法规关于个人信息保护的规定。该规定前半款中的“用户信息”，显然不限于公民个人信息。本案被告人所使用的线上服务器数据库中有大量手机号、imsi 号与 imei 号，即便不具有可识别性，仍属于“用户信息”，故需在知情告知时征得用户的同意。二是全国人民代表大会常务委员会《关于加强网络信息保护的决定》第 7 条的规定，即任何组织和个人未经电子信息接收者同意或者请求，或者电子信息接收者明确表示拒绝的，不得向其固定电话、移动电话或者个人电子邮箱发送商业性电子信息。三是《计算机信息系统安全保护条例》第 7 条的规定，即任何组织或者个人，不得利用计算机信息系统从事危害国家利益、集体利益和公民合法利益的活动，不得危害计算机信息系统的安全。

本案被告人在销售的手机内预置“广告 SDK”的行为,虽然获得了手机方案商与生产商的同意,但并未明示告知手机用户并征得其同意。根据前述相关规定,被告人告知与征得同意的义务对象应当是手机用户。如果相关证据能够证明手机用户并不知情且未同意,则认定被告人的行为属于“违反国家规定”应无问题。

第三,被告人的行为是否属于“非法控制”。“非法控制”中的“非法”与前述“违反国家规定”具有内在的逻辑关联,但二者之间是否是同位关系,即“非法”是否指的就是“违反国家规定”本身,还需要做进一步的研究。一般认为,非法控制是指未经授权或者超越授权控制计算机信息系统执行特定操作。其实质在于,非基于用户或有权操作者的自由意思,而对系统的运作进行支配。其中的“控制”,既包括直接控制,也包括间接控制。也即,它不限于行为人直接使用控制权,也可以是通过计算机程序等媒介使用控制权。控制的表现形式可能多种多样,支配的程度也可以各不相同,并不要求达到完全控制而使系统无法运行或功能受到严重妨碍的程度。从实务案件来看,控制他人计算机信息系统多是为了谋利。本案也属于这样的情形。但需要指出的是,主观上的谋利目的并非本罪的构成要件,谋利只是作为酌定的量刑情节而存在。

本案被告人通过预置的“广告 SDK”,使相应的广告非基于手机用户的真实意思而获得推送;同时,利用“广告 SDK”,非基于手机用户的真实意思而静默下载“一键达 apk”,并模拟用户操作而关注特定的微信公众号。相应的行为对手机的信息系统虽未达到完全支配的程度,但具有部分支配的效果,虽未对系统的安全本身造成侵害,但对计算机功能的正常发挥与运行的环境具有消极的影响。若在案证据能够证明相应行为均系未获得用户的授权而实施,可在性质上认定为“非法控制”。当然,在量刑时,需要考虑控制程度并不严重的问题。

第四,被告人的行为是否达到“情节严重”的程度。根据现有的司法解释,情节严重与否,主要根据是否涉及金融服务的身份认证信息,身份认证信息的数量,涉及的计算机信息系统的数量,以及违法所得或经济损失等方面的因素来判断。无论是根据涉及的计算机信息系统的数量标准,还是违法所得的标准,被告人的行为均已达到“情节严重”的程度。值得指出的是,司法解释对情节要件进行了统一的规定,在实务处理中,有必要依据计算机信息系统的类型与非法控制的程度等,对情节标准作相对灵活的把握。这主要是因为,不同的计算机信息系统所涉法益的重要性程度有差别,且控制程度也会影响行为本身的不法程度,机械适用所规定的情节标准,可能出现罪刑不相适应的情况。

综上,被告人的行为可构成非法控制计算机信息系统罪;其利用“广告 SDK”静默下载“一键达 apk”的行为,如果能认定为“后果严重”,可能同时触犯《刑法》第 286 条第 2 款而构成破坏计算机信息系统罪,成立想象竞合。此外,由于内网服务品中含有大量用户的个人信息,包括微信号及昵称、名字、生日、好友数量与用户手机号等,被告人的行为还涉嫌触犯侵犯公民个人信息罪。若手机方案商与生产商对被告人的行为是明知的,便属于明知是他人非法控制的计算机信息系统而对该系统的控制权加以利用的情形,也有成立非法控制计算机信息系统罪的余地。

□ 参考文献

谢望原、赫兴旺主编:《刑法分论》(第3版),中国人民大学出版社2016年版。

喻海松:《网络犯罪二十讲》,法律出版社2018年版。

喻海松:《〈关于办理危害计算机信息系统安全刑事案件应用法律若干问题的解释〉的理解与适用》,载《人民检察》2011年第19期。

陈国庆、韩耀元、吴峤滨:《〈关于办理危害计算机信息系统安全刑事案件应用法律若干问题的解释〉理解与适用》,载《人民检察》2011年第20期。

孙道萃:《移动智能终端网络安全的刑法应对——从个案样本切入》,载《政治与法律》2015年第11期。

016 利用人工智能侵犯公民个人信息案的刑法分析

李甲、杨某等提供侵入计算机信息系统程序、工具案，侵犯公民个人信息案 ｜ 浙江省绍兴市越城区人民法院(2018)浙0602刑初101号刑事判决书

劳东燕 清华大学法学院

■ 事实概要

2015年年初，被告人李甲在网上创立"某啊答题"平台，后与被告人杨某合作，由杨某提供图像识别客户端，有偿为介入平台的软件提供批量识别验证码服务。被告人张甲、林某、陈某等众多软件开发作者在编译出具有批量登录腾讯QQ账号功能的软件后，将软件介入被告人李甲提供的"某啊答题"平台的对外接口。软件通过平台接入的图文验证码识别技术，能快速、批量实现对某讯公司服务器下发的图文验证码的识别，从而顺利完成腾讯QQ账号密码的验证及账号的登录。后众多软件用户以向"某啊答题"平台充值的形式有偿使用前述程序工具，并通过运行前述程序工具侵入某讯公司的服务器，批量验证腾讯QQ账号密码的一致性以及登录账号以获取账号内信息。

2016年至2017年间，被告人李乙通过网络购买等方式获取大量QQ账号密码形式的数据，后加价出售给被告人郑某、曾某等人获利，被告人郑某、曾某利用软件再次对数据进行账号密码匹配后用于网络推广。在此期间，被告人张乙、胡某等人通过网络购买等方式获取大量QQ账号密码形式的数据，并利用软件批量进行账号密码匹配并出售获利。

法院认为，本案的争议焦点在于：(1)提供侵入计算机信息系统程序、工具罪所保护的对象的问题；(2)验证码是否属于计算机信息系统安全保护措施的问题；(3)涉案程序、软件的功能属性问题；(4)QQ账号密码是否属于公民个人信息的问题。

在判决理由中，首先，法院肯定了一般的计算机信息系统及其数据的安全也是提供侵入计算机信息系统程序、工具罪的保护对象；其次，认为某讯公司服务器通过下发验证码的方式延缓登录速度、阻止通过程序软件替代人工批量访问服务器，客观上保护了其公司计算机信息系统的安全，因此验证码属于安全保护措施；再次，综合被告人杨某在开发该技术后的广告推广用语等事实，认为足以认定该程序具有侵入腾讯服务器的现实专用性，相应程序、软件均应当认定为"具有避开计算机信息系统安全保护措施，未经授权或超越授权获取计算机信息系统数据功能"的专门用于侵入计算机信息系统的程序、工具；最后，认为QQ账号密码数据本身不

具有个人信息的特征，但QQ账号密码数据的价值不在于数字本身，而在于获取匹配的QQ账号密码等同于掌握与账号关联的注册认证信息、好友资料、空间动态等信息，而上述信息能够直接与特定自然人关联，反映特定自然人的活动情况、财产状况等。

■ 裁判要旨

被告人李甲、杨某、张甲、林某、陈某等犯提供侵入计算机信息系统程序、工具罪，分别被判处3年至4年2个月不等的有期徒刑、3万元至70万元人民币的罚金；被告人曾某、郑某、张乙、胡某、李乙等犯侵犯公民个人信息罪，分别被判处3年6个月至4年6个月不等的有期徒刑、2万元至6万元人民币的罚金。

提供侵入计算机信息系统程序、工具罪所保护的对象不限于《刑法》第285条第1款规定的“国家事务、国防建设、尖端科学技术领域的计算机信息系统”，上述领域以外的计算机信息系统及其数据的安全亦属于该罪的保护对象。

由于验证码起到了延缓登录速度、阻止通过程序软件替代人工批量访问服务器的作用，客观上保护了计算机信息系统的安全，故应肯定验证码具有安全保护的属性。

技术本身具有中立特征，认定技术的利害导向关键不在于技术本身，而在于技术开发人员及其使用人的主观意图。如果相应程序、软件具有现实专用性，能够快速、批量实现对验证码的识别，由此顺利完成账号密码的验证与账号的登录，即可认定为“具有避开计算机信息系统安全保护措施，未经授权或超越授权获取计算机信息系统数据功能”，此类程序、软件属于专门用于侵入计算机信息系统的程序、工具。

QQ账号密码的数据本身不属于个人信息，但获取经过匹配的QQ账号密码等同于掌握与账号关联的注册认证信息、好友资料、空间动态等信息，后续信息直接与特定自然人相关联，属于个人信息。

■ 评　析

Ⅰ 本案意义

进入互联网时代，侵犯公民个人信息方面的犯罪呈现井喷的状态。面对网络时代的这种犯罪态势，如何有效保护公民个人信息安全这一问题显得日益严峻与紧迫。公民个人信息的大量泄露，不仅使人们在日常生活中受到各式的骚扰，还易于为别有用心的不法分子所利用，借此大肆实施诈骗、盗窃等违法犯罪活动。这意味着，公民个人信息的泄露不只涉及侵犯隐私权的问题，还直接威胁公民的财产安全与人身安全。因此，保护公民的个人信息，其意义不仅在于保障隐私权，也在于为个人的财产安全乃至人身安全构筑屏障。

本案涉及众多被告人，有提供平台的，有开发与提供验证码识别技术的，也有通过软件批量获取匹配的QQ账户密码的，而这些非法获取的QQ账户密码，又造成众多个人信息的泄露，进而导致一系列盗窃、诈骗等犯罪。法院判决认定提供平台与开发、提供识别验证码技术的被告人构成提供侵入计算机信息系统程序、工具罪，而通过网络购买等方式获取大量 QQ 账号密码形式的数据，进而利用软件批量进行账号密码匹配并出售获利的被告人，构成侵犯公民个人信息罪。在涉个人信息犯罪的问题上，显然不能只打击利用个人信息进行盗窃、诈骗等犯罪的行为，而需要进行全链条打击。本案判决为强化对个人信息的刑法保护提供了标杆，对于处理类似案件具有积极的指导作用。

Ⅱ 相关犯罪的手法与特征

本案中，不法分子通过运用人工智能机器深度学习技术，让机器如 AlphaGo 一样自主操作识别，有效识别图片验证码，轻松绕过互联网公司设置的账户登录安全策略。案中所涉平台为网络诈骗、黑客攻击等网络黑产提供了技术工具。在此平台被查处的前 3 个月，该平台已经提供验证码识别服务 259 亿次。这是全国首例利用人工智能侵犯公民个人信息的大案。

利用网络非法获取公民个人信息的作案过程一般是：先由黑客侵入目标网站进行“脱库”，即利用网络技术侵入目标网站后台，批量下载网站后台的公民信息数据；之后再对数据进行“洗库”，即将批量下载所得的信息进行梳理与归类，剔除无效、重复的数据；最后利用打码平台进行“撞库”，即通过收集的信息生成对应的字典表，尝试批量登录其他网站后，得到可以登录的用户信息。

此类案件的典型特征是，各个环节的犯罪分子存在明确的技术分工，各方通力合作，配合默契，整个过程如工厂里的流水线一般，运作流畅而高效。与其他同类案件相比，本案的最大不同之处在于，“撞库”环节的打码工作不是由不法分子雇用大批人员进行手工操作的，而是借助人工智能来完成的，也就是让机器自主操作并识别图片、字母、数字等验证码，从而绕过互联网公司设置的账户登录安全策略。与手工操作相比，通过人工智能打码，“撞库”环节的效率大大提高，相应地，行为的危害性也成倍地增长。可以预见的是，人工智能的不断发展，会给黑客技术带来可乘之机，从而刺激网络犯罪的激增。

Ⅲ 侵犯公民个人信息犯罪的处理现状

为应对保护公民个人信息的需要，2009 年《刑法修正案（七）》增设了第 253 条之一出售、非法提供公民个人信息罪（2023 年《刑法》为侵犯公民个人信息罪）。2015 年的《刑法修正案（九）》进一步将该罪由特殊主体的犯罪改为一般主体的犯罪，增设从重处罚的规定，并将该罪的法定刑由 3 年有期徒刑提高到 7 年有期徒刑。立法上的调整为处罚侵犯公民个人信息的犯罪提供了基本的框架。2017 年出台的最高人民法院、最高人民检察院《关于办理侵犯公民个人信息刑事案件适用法律若干问题的解释》则进一步明确了“个人信息”的内涵与外延，对侵犯公民个人信息的处罚范围与定罪量刑标准进行了初步界定。

不过，从司法实务来看，对侵犯公民个人信息的犯罪的打击基本上处于不力的状态。这一方面是由于实务中往往采取的是传统的局部打击策略，较少根据网络犯罪的特点，对黑色链条进行全方位、整体的打击。另一方面，打击侵犯公民个人信息类犯罪在侦查、起诉与审判的环节面临重重的挑战。首先，现有的侦查能力跟不上犯罪技术的发展，导致此类案件在实践中很难被侦破。其次，由于在举证与证明责任上采取传统的立场，使得很多侵犯公民个人信息的行为无法被认定与处罚。最后，对侵犯公民个人信息罪的构成要件，在理解上存在一些偏差。突出的问题表现为两点：一是由于前置性规定的缺乏，对第 253 条之一中的“违反国家有关规定”未进行明确的界定。二是对其中的“个人信息”限定得过于严格。《网络安全法》与最高人民法院、最高人民检察院《关于办理侵犯公民个人信息刑事案件适用法律若干问题的解释》，都对个人信息作了严格的限定，将其限于能够识别特定自然人身份或者反映特定自然人活动情况的各种信息。这种限定的进路，明显是围绕隐私权来展开的。如果对个人信息的保护仅着眼于隐私权，势必会弱化该罪对于个人财产安全乃至人身安全的保障作用。基于前述种种因素，尽管当前侵犯公民个人信息的现象甚为猖獗，但只有少量案件得以进入刑事诉讼领域。

总体来说，对于公民个人信息领域的犯罪高发态势，当前司法实务与刑法理论还存在反思与改进的巨大空间。如何有效保护公民个人信息的安全，并对由此而产生的下游犯罪进行预防，已然成为网络时代急需解决的重大课题。

Ⅳ 本案涉及的刑法争议问题

本案涉及两个重要的罪名，即《刑法》第 285 条第 3 款规定的提供侵入、非法控制计算机信息系统程序、工具罪与第 253 条之一规定的侵犯公民个人信息罪。

就前一个罪名的认定而言，面临的争议主要在于：一是被告人李甲所提供的平台与杨某等人所开发或利用的技术软件，都并非专门用于侵入或非法控制计算机信息系统的程序、工具，且就相应技术单独来说，难以实现对计算机信息系统的侵入或非法控制，故而提供相关平台与软件是否可归入提供侵入计算机信息系统程序、工具罪的行为类型存在争议。二是提供侵入计算机信息系统程序、工具罪中的“计算机信息系统”，是否仅限于《刑法》第 285 条第 1 款所规定的“国家事务、国防建设、尖端科学技术领域的计算机信息系统”，即相应的程序、工具是否必须专门用于侵入此类系统，或者实际被用于侵入此类系统，才能成立该罪。三是如果对第二个问题的回答是否定的，那么在提供平台的李甲、提供图像识别客户端的杨某与编译出具有批量登录腾讯 QQ 账号功能的软件的众多被告人之间，如何认定前两者与后者存在犯意联络，从而认定成立提供侵入计算机信息系统程序、工具罪的共同犯罪。反之，如果对第二个问题的回答是肯定的，则涉及对前述三类行为能否以其他罪名进行处罚的问题。

首先来看第一个争议问题。从《刑法》第 285 条第 3 款的规定来看，提供侵入、非法控制计算机信息系统程序、工具罪处罚两种行为类型：第一种是提供专门用于侵入、非法控制计算机信息系统的程序、工具。此种行为类型并不要求相应程序、工具实际用于侵入、非法控制计算机信息系统，但要求具有专门性。第二种是明知他人实施侵入、非法控制计算机信息系统的违法犯罪行为而为其提供程序、工具。该种行为类型并不要求相应程序、工具具有专门性，但要求实际被用于侵入、非法控制计算机信息系统，且行为人主观上对此具备明知。就本案的事实来看，由于案中所涉平台与可用于验证码识别及批量登录 QQ 号的程序、工具，并非专门用于侵入计算机信息系统的程序、工具，如果涉嫌构成提供侵入计算机信息系统程序、工具罪，则应属于第二种行为类型。不能仅仅基于相关程序、工具在现实中用于侵入计算机信息系统，就认定相关程序、工具属于专门用于侵入计算机信息系统的程序、工具。

其次来探讨第二个争议问题。《刑法》第 285 条第 1 款规定的是非法侵入计算机信息系统罪，该罪的行为对象仅限于“国家事务、国防建设、尖端科学技术领域的计算机信息系统”，就该条第 1 款与第 3 款的关系，一般的理解是，第 1 款处罚的是侵入的正犯行为，而第 3 款处罚的是为侵入行为提供技术帮助的共犯行为。如果按照此种理解，则对第 3 款规定中的“计算机信息系统”应当限定解释为“国家事务、国防建设、尖端科学技术领域的计算机信息系统”。笔者倾向于持该观点。

最后来审视第三个争议问题。鉴于对第二个问题的回答是肯定的，即提供侵入计算机信息系统程序、工具罪中的“计算机信息系统”限定于特定的系统，故无论是提供平台的李甲，还是提供图像识别客户端而为介入平台的软件提供批量识别验证码服务的杨某，抑或编译出具有批量登录腾讯 QQ 账号功能的软件的众多被告人，均难以构成提供侵入计算机信息系统程序、工具罪。不过，前述三类行为有成立帮助信息网络犯罪活动罪的余地，前提是相关被告人对后续非法获取与出售公民个人信息的犯罪在主观上是明知的。

就第二个罪名来说，存在的争议主要在于，经过匹配的 QQ 账号密码是否属于侵犯公民个人信息罪中的“个人信息”。法院在判决理由中认为，由于获取匹配的 QQ 账号密码等同于掌握与账号关联的注册认证信息、好友资料、空间动态等信息，而上述信息能够直接与特定自然人关联，反映特定自然人的活动情况、财产状况等，故可将经过匹配的 QQ 账号密码认定为“个人信息”。笔者认为，这样的理解是合理的。侵犯公民个人信息罪的保护法益不宜界定为公民个人的信息自决权，因为信息是在社会沟通中产生的，并不专属于相关的个人。有必要认为该罪的保护法益具有一体两面性，即在个体权利层面，要保障具体个人与匿名性存在相关的权益；在社会权利层面，旨在维护匿名性所代表的将私域与公域相区分的政治社会秩序安排。与前述保护法益相对应，侵犯公民个人信息罪中的“个人信息”的判断标准不是私密性而是可识别性。也即，只要单独或结合其他信息能识别到特定的自然人，就应将其认定为“个人信息”。由于具有匹配性的 QQ 账号密码及其账户内的信息、活动记录，与特定的自然人相关，故将其认定为“个人信息”具有妥当性。

□ 参考文献

劳东燕：《个人信息法律保护体系的基本目标与归责机制》，载《政法论坛》2021 年第 6 期。

冀洋：《法益自决权与侵犯公民个人信息罪的司法边界》，载《中国法学》2019 年第 4 期。

皮勇：《全国首例撞库打码案的法律适用分析》，载《中国检察官》2019 年第 6 期。

胡江：《侵犯公民个人信息罪中“违反国家有关规定”的限缩解释——兼对侵犯个人信息刑事案件法律适用司法解释第 2 条之质疑》，载《政治与法律》2017 年第 11 期。

周加海、邹涛、喻海松：《〈关于办理侵犯公民个人信息刑事案件适用法律若干问题的解释〉的理解与适用》，载《人民司法（应用）》2017 年第 19 期。

喻海松：《侵犯公民个人信息罪的司法适用态势与争议焦点探析》，载《法律适用》2018 年第 7 期。

017 使用抢购软件的刑法评价

全国首例黄牛抢购软件案 ｜ 山西省太原市杏花岭区人民法院(2020)晋0107刑初387号刑事判决书

孙道萃 中国政法大学国家法律援助研究院

■ 事实概要

2017年至2019年11月,被告人上官某制作用于在网购平台秒杀商品的抢购软件,并通过网络提供给被告人李某使用,收取购买费、使用费5.3万元。经司法鉴定机构鉴定,该软件具有绕过平台设置的安全防控机制,使用批量服务器IP和批量账号进行批量下单的功能。2017年至2019年11月,被告人李某使用该软件在电商网站上通过“抢购”“秒杀”等方式抢购限量版篮球鞋等商品,后将抢购的商品加价销售给他人,从中非法获利约20万元。

山西省太原市杏花岭区人民法院依法审理山西省太原市杏花岭区人民检察院指控被告人上官某犯提供侵入、非法控制计算机信息系统程序、工具罪,被告人李某犯非法获取计算机信息系统数据罪一案,于2020年11月11日作出(2020)晋0107刑初387号刑事判决,并认为,被告人上官某的行为已构成提供侵入、非法控制计算机信息系统程序、工具罪,被告人李某的行为已构成非法获取计算机信息系统数据罪。

■ 裁判要旨

2021年3月,太原市中级人民法院对全国首例黄牛抢购软件使用者入刑案作出终审裁定,裁定维持太原市杏花岭区人民法院的一审判决,黄牛抢购软件制作者上官某犯提供侵入、非法控制计算机信息系统程序、工具罪,被判处有期徒刑3年;黄牛抢购软件使用者李某犯非法获取计算机信息系统数据罪,被判处有期徒刑3年,缓刑3年。

上诉人(原审被告人)上官某以牟利为目的,提供专门用于侵入、非法控制计算机信息系统的程序、工具,情节特别严重,其行为构成提供侵入、非法控制计算机信息系统程序、工具罪;原审被告人李某违反国家规定,侵入计算机信息系统,获取该计算机信息系统中存储、处理或传输的数据,情节特别严重,构成非法获取计算机信息系统数据罪。原公诉机关指控罪名成立。另外,关于网络犯罪案件在认罪认罚情况下的量刑问题,经查,原审对被告人的相关坦白、自愿认罪认罚等情节均予以了认定,并在量刑时予以了考量,故原判已综合考虑了上诉人在本案中的犯罪事实、性质、情节和对社会的危害程度等,量刑适当,故不再重复评价。

■ 评 析

Ⅰ 本案意义

本案为非法获取计算机信息系统数据罪的法律适用提供了精细解构的样本；也澄清了非法获取计算机信息系统数据罪与提供侵入、非法控制计算机信息系统程序、工具罪之间的特殊“上下游”关系与定性的合理逻辑；还对非法获取计算机信息系统数据罪与破坏计算机信息系统罪的区分问题作了适法说明。基于此，该案针对互联网经济下恶意“秒杀”行为的处置，精准地凝练了典型的适法规则。

而且，在本案中，依法对利用计算机技术实施犯罪行为的上游犯罪进行了打击。这种“追根溯源”的做法，对彻底斩断网络“黑灰产”利益链条和勾连方式具有积极意义，从源头上加强了科学治理计算机犯罪的效果和力度。特别是在互联网经济时代，网络刷单现象尤为突出，强化源头治理的意义尤为突出。故本案很好地展示了科学治理网络犯罪的“上下游”问题，提供了丰富的犯罪治理方略。

Ⅱ 遵从技术参照与规范评价的高度融合逻辑，准确认定网购平台秒杀商品的抢购软件属于“专门用于侵入、非法控制计算机信息系统的程序、工具”

在本案中，经司法鉴定中心鉴定，网购平台秒杀商品的抢购软件具有软件登录时检测软件的使用权限；定时检测中控系统与服务器总控制系统的连接情况；在软件上通过扫码或账号密码登录的方式登录手机某宝；定时下单；绕过某宝接口 sign 签名算法校验；绕过某宝防刷风控措施；使用批量服务器 IP 和批量某宝账号进行批量下单，从而绕过某宝防同一 IP 批量下单的风控措施等功能。

在上述列明的功能下，涉案网购平台秒杀商品的抢购软件可以避开或者突破计算机信息系统安全保护措施，并非法控制信息系统以及从中获取数据。据此，被告人上官某制作并用于在网购平台秒杀商品的抢购软件，其具体的操作过程为：可以越过公司系统的保护措施，使上千个账户同时发起下单请求；请求的相关数据包是恶意修改生成的，对公司计算机系统进行侵入控制，造成公司无法接收到正常用户的下单请求；恶意数据包下单成功后，公司系统不能及时进行拦截；大量的数据请求导致公司的服务器崩溃，只能事后进行排查和修复系统。

根据最高人民法院、最高人民检察院《关于办理危害计算机信息系统安全刑事案件应用法律若干问题的解释》（法释〔2011〕19 号，以下简称《计算机信息系统安全解释》）第 2 条的规定：“具有下列情形之一的程序、工具，应当认定为刑法第二百八十五条第三款规定的‘专门用于侵入、非法控制计算机信息系统的程序、工具’：（一）具有避开或者突破计算机信息系统安全保护措施，未经授权或者超越授权获取计算机信息系统数据的功能的；（二）具有避开或者突破计算机信息系统安全保护措施，未经授权或者超越授权对计算机信息系统实施控制的功能的；（三）其他专门设计用于侵入、非法控制计算机信息系统、非法获取计算机信息系统数据的程序、工具。”显然，被告人上官某制作并用于在网购平台秒杀商品的抢购软件,符合《计算机信息系统安全解释》第2条第1项、第2项规定的情形,应依法予以认定。

Ⅲ 严格遵照主客观相统一原则,以实施危害行为的实质构成为基础,结合犯罪的主观要素,依法作出综合的实质判断,妥善处置行为竞合问题

在本案中,虽然网购平台秒杀商品的抢购软件有非法控制和破坏计算机信息系统的功能,但被告人使用该系统的直接和主要目的是非法获取某宝平台数据,以实现"自动批量秒杀下单成功",并最终非法从中获利。这是对使用网购平台秒杀商品的抢购软件的行为进行定性的核心事实,应以此设定定性的基本规则。

1. 网购平台秒杀商品的抢购软件的"技术优势"是非法获取某宝平台数据,非法控制系统和造成系统崩溃是实行行为的技术前提和一般性后果。

按照某宝平台的规则,在正常抢购的情形下,一般是使用一个账户,抢购一件商品。在抢购过程中,还需要手动点击立即购买和确认下单。

但是,使用网购平台秒杀商品的抢购软件的基本流程为:一是使用抢购软件,可以登录大量的某宝账户密码,共同实施抢购;二是在软件上输入抢购商品的链接,自动设定启动时间提前50毫秒,自动抢购,省略了抢购步骤;三是软件和某宝的时间是完全一致的,通过某宝账户抢购成功后商品的数据会自动显示到软件上,软件会自动确认代付,软件输入地址可以自动设置多个附近地址,便于发货。由此可见,网购平台秒杀商品的抢购软件的"技术优势"就是超越既定的平台规则,以"不守规矩"的方式,通过控制平台系统、获取平台数据,以实现"自动批量抢单"。这种"不合规"的抢购行为,肯定会导致数据平台运行瘫痪。

但是,在使用网购平台秒杀商品的抢购软件所引发的各种结果中,"抢购成功"的关键因素是获取了平台数据,从而达到"自动抢单"的目的。根据被害单位出具的情况说明:sign值加签算法本身是一个服务器验证请求合法的协议,是某宝平台的安全保护措施,破解sign值的目的就是在非经授权的情况下批量发起下单请求,获取某宝平台数据。而且,针对秒杀软件类批量下单行为,在符合同一时间同一IP大量访问情形,某宝会采取对该IP封停的安全措施。这一情况说明,更直接体现了"非经授权可以批量发起下单请求,获取某宝平台数据"的核心问题。这应当成为对本案中实行行为进行定性的关键要素,也是界分此罪与彼罪的重要事实基础。

2. 网购平台秒杀商品的抢购软件最主要的危害结果不是破坏某宝平台的服务器致使其崩溃,而是使某宝平台无法按照既定流程和数据请求接受正常用户下单,并导致平台的正常经营活动陷入无序状态。

由于服务器同一时间批量处理下单请求,其中伪造的submitref字段耗费服务器大量资源,使其对无解的方程进行解密运算,导致系统出现故障,这才直接导致案发。据此,可以认为,网购平台秒杀商品的抢购软件的使用者,采用了违法的技术手段,非法侵入被害单位的"统一接入服务线上系统",引发了系统机器崩溃的结果。同时,经被害单位出具的情况说明也显示:李某、李甲使用软件下单时,正常客户无法下单;该软件最终导致服务器崩溃,干

扰某宝平台计算机信息系统的正常运行;软件具有批量和自动化抢购功能,大大提高抢购成功的概率。

但是,透过现象看本质,虽然网购平台秒杀商品的抢购软件可以避开或者突破计算机信息系统安全保护措施,能够非法控制信息系统,也会导致系统崩溃无法正常运行。但是,使用者的真实目的是获取订单数据,从而实现批量抢单。正常用户完成一个下单的请求需要5~10秒。该时间差是由某宝平台自行设置和实现的,其目的就是确保抢单的时间更加“公平”。但是,经过网购平台秒杀商品的抢购软件修改参数后,使用者可以在毫秒内完成下单请求,直接剥夺了其他消费者的“消费平均正义”。此外,该软件也会对公司计算机系统进行间接控制,造成公司无法接受正常用户下单,系统只能被动接受恶意数据包的下单。

经过“穿透式”的分析可以发现,网购平台秒杀商品的抢购软件通过非法的方式,控制某宝平台的信息系统,实乃前提条件;利用前述“技术优势”,获取某宝平台的数据实现“批量秒杀下单”才是重点,以剥夺其他用户正常下单的可能性。在此之余,引发了某宝数据平台运行的附随结果。对于某宝数据平台而言,数据才是最关键的要素,一旦数据被非法控制、获取与使用,将会丧失系统的最主要功能。这是对网购平台秒杀商品的抢购软件的使用者的行为性质加以实质判断的主要事实根据。按照《刑法》第285条第2款之规定,系非法获取计算机信息系统数据的行为。

此外,需要说明的是,对于使用者而言,在其秒单过程中,某宝计算机系统会通过技术手段对异常请求进行识别并防控机器批量下单,如对抢单账号进行封号。这足以认定李某等人知道其利用了抢单软件的特殊功能及其行为的违法性。

故此,对使用者应依法以非法获取计算机信息系统数据罪论处。

Ⅳ 使用网购平台秒杀商品的抢购软件是为了非法获利而非破坏计算机信息系统,遵此对关联犯罪竞合的处置有利于实现罪责刑相称

在互联网经济时代,网络刷单行为复杂多变,不必然都按照同一行为类型以及罪名予以处罚。在实践中,要根据刷单行为的基本构成及其方式,综合考虑行为目的等其他构成要素,遵循主客观相统一的原则,依法进行综合定性判断。

2017年至2019年11月,被告人李某向上官某购买抢购软件,并使用该软件在某宝网站上通过“抢购”“秒杀”等方式抢购限量版篮球鞋等商品,后将抢购的商品加价销售给他人,被告人李某从中非法获利约20万元。这框定了使用网购平台秒杀商品的抢购软件行为的基本结构:一是从上游购买,并非法使用;二是该软件会对被害单位的信息系统进行非法侵入、非法控制以及造成系统崩溃等结果,但其直接目的和主要诉求是非法获取数据以实现批量抢购成功并事后获利。

在本案中,虽然李某使用网购平台秒杀商品的抢购软件,会引发某宝平台统一接入服务线上系统的崩溃。但是,从该软件实现“批量秒杀抢单”的具体操作方式,以及实施上述行为的目的看,其并不是为了单纯地非法控制某宝平台统一接入服务线上系统并使其崩溃、无法运行,而是为了将抢购的商品高价转卖以获得非法利益。实际上,被告人李某从中

非法获利约20万元,其犯罪目的已经达到了。根据《刑法》第285条第2款、第286条以及《计算机信息系统安全解释》第1条、第4条之规定,按照非法获取计算机信息系统数据罪论处,能够确保罪责刑之间的相称。

本案对非法获取计算机信息系统数据罪的法律适用进行了个案式的说理与论证,确立了科学合理的适法规则与判断方法,澄清了其与关联计算机犯罪的界分逻辑,供给了基本的判断规则,即一是遵从主客观相统一原则,不宜仅片面地根据实施计算机犯罪行为的技术手段或方式,而直接对行为的性质作出判断,要进行综合判断,锁定实行行为背后的"技术"要素及其刑法性质。二是在实施计算机犯罪行为时,可能会同时引发不同的危害结果,对此,要结合犯罪的主观方面进行"印证"式判断,防止出现"唯结果论"的情况出现。特别是要防止对《刑法》第286条规定的"后果"作扩大理解,应结合个案与行为实质,进行必要的限制认定。三是严格根据已有司法解释的规定,破除司法便宜主义的干扰,对利用计算机技术实施犯罪的行为,原则上应当适用计算机犯罪规定予以特殊规制,而非转向财产犯罪规定等一般规则,以增强专门规制的效果。

□ 参考文献

喻海松:《网络犯罪二十讲》,法律出版社2018年版。

孙道萃:《网络刑法学初论》,中国政法大学出版社2020年版。

刘艳红:《网络犯罪的法教义学研究》,中国人民大学出版社2021年版。

江溯主编:《中国网络犯罪综合报告》,北京大学出版社2021年版。

陈兴良:《网络犯罪的类型及其司法认定》,载《法治研究》2021年第3期。

张明楷:《刑法学》(第6版),法律出版社2021年版。

高铭暄、马克昌主编:《刑法学》(第10版),北京大学出版社、高等教育出版社2022年版。

018 提供技术支持行为的刑法定性

蔡某提供侵入、非法控制计算机信息系统程序、工具案 | 北京市丰台区人民法院(2019)京0106刑初1813号刑事判决书

劳东燕 清华大学法学院

■ 事实概要

2018年1月至2019年3月间,被告人蔡某未获得北京某网络技术有限公司授权而自行开发“某援”App,有偿为他人提供不需要登录某浪微博客户端即可转发微博博文及自动批量转发微博博文的服务。后大量用户以向“某援”App充值的形式有偿使用该软件,并通过运行上述软件侵入某浪微博服务器。经鉴定,“某援”App截取了某浪微博服务器中对应账号的相关数据,后使用与其截取数据相同的网络数据格式向该服务器提交数据并完成与该服务器的交互,以实现不登录某浪微博客户端即可转发微博博文的功能以及自动批量转发微博博文的功能。经统计,至案发时已有用户使用该软件19万余个控制端微博账号登录,上述控制端账号绑定微博账号×××余万个,被告人蔡某获取违法所得人民币6253752.86元。

对于本案被告人的行为,检察机关以构成提供侵入、非法控制计算机信息系统程序、工具罪提起公诉。辩护人认为被告人不能成立提供侵入、非法控制计算机信息系统程序、工具罪。主要理由在于:一是难以认定“某援”App系专门用于侵入、非法控制计算机信息系统的程序。现有证据无法证实“某援”App具有避开或者突破某浪微博服务器安全保护措施的功能;“某援”App与某浪微博服务器发生交互具有授权,二者之间属于通信协议的交互行为,不是侵入行为。二是使用“某援”App的用户不属于犯罪行为,对被告人定罪将违背共犯理论。三是刑法具有谦抑性,对于本案应谨慎入罪。被害单位的诉讼代理人则认为,被告人的行为应以破坏计算机信息系统罪论处。主要理由在于:本案与李骏杰等破坏计算机信息系统案(检例第34号)高度类似,应参照适用。“某援”App属于破坏性程序,破坏了微博明星势力榜信息系统的排序功能;直接使用“某援”App的明星粉丝,实际上也涉嫌破坏计算机信息系统;“某援”App对社会危害性极大,严重妨碍了社会管理秩序。

■ 裁判要旨

一审法院经审理后认定,被告人蔡某犯提供侵入计算机信息系统程序罪,判处其有期徒刑5年,并处罚金人民币10万元。

开发具有自动批量转发博文功能的软件,营造虚假数据流量,对网络空间的公共秩序、

实名制用户的账户安全以及被害单位的服务器稳定等多方面均造成严重影响的行为,不应以破坏计算机信息系统罪论处,而构成提供侵入计算机信息系统程序罪。

在认定侵入计算机信息系统的程序时,需要审查相关程序是否具备侵入性、专门性与避开计算机信息系统安全保护措施的特征。侵入的本质在于未经授权或超越授权,如果特定程序具备未经同意与授权即可接入相应平台并实现平台客户端的功能的特征,可认定为具备侵入性;专门性一般体现为功能用途上的单一性;通过获取与调用密钥和特定算法,特定程序得以伪装成正常客户端和被害单位服务器进行数据交互,并绕过服务器对同一客户端连续请求的限制措施,还能够让用户采取人工关闭方式避开登录保护的措施,应认定相应程序具备避开计算机信息系统安全保护措施的特征。

■ 评 析

Ⅰ 本案意义

在本案的处理过程中,对被告人行为的定性存在较大的意见分歧。辩护人主张被告人的行为不构成犯罪,而被害方认为被告人的行为构成破坏计算机信息系统罪,一审法院的判决支持了公诉机关的观点,认定被告人的行为构成提供侵入计算机信息系统程序罪。从判决理由来看,一审法院认定被告人开发与提供的"某援"App 具备侵入性、专门性与避开计算机信息系统安全保护措施的特征,属于《刑法》第 285 条第 3 款规定的专门用于侵入计算机信息系统的程序,故相应行为构成提供侵入计算机信息系统程序罪。本案判决对何谓专门用于侵入计算机信息系统的程序,进行了较为深入的论证与说理,为司法实务准确认定提供侵入、非法控制计算机信息系统程序、工具罪提供了有益的指导。

Ⅱ 个罪解读框架的确立

《刑法》第 285 条第 3 款规定的提供侵入、非法控制计算机信息系统程序、工具罪由 2009 年《刑法修正案(七)》所增设。要合理界定该罪的构成要件,需要先弄清该罪在涉计算机信息系统犯罪中所处的位置。

在我国,涉计算机信息系统的犯罪由《刑法》第 285 条与第 286 条所规定。从罪状表述来看,第 285 条针对的是非法侵入、控制计算机信息系统与非法获取数据的行为,而第 286 条规定的是破坏计算机信息系统与破坏数据的行为。就第 285 条前三款的内在关系而言,第 1 款规定的是非法侵入计算机信息系统罪,针对的是非法侵入特定领域的计算机信息系统的行为,第 2 款处罚的是非法获取计算机信息系统数据、非法控制计算机信息系统的行为,第 3 款则是将为侵入或非法控制计算机信息系统提供相关程序、工具的行为专门予以入罪化。第 3 款规定的提供侵入、非法控制计算机信息系统程序、工具罪,包含两种行为类型:一是提供专门用于侵入、非法控制计算机信息系统的程序、工具;二是明知他人实施侵入、非法控制计算机信息系统的违法犯罪行为而为其提供程序、工具。

《刑法》第 285 条第 3 款是将形式上的帮助行为当作独立的实行行为予以规定,对于此种立法现象,刑法理论上一般称之为帮助行为正犯化或共犯行为正犯化。与单纯地适用有关共同犯罪的规定相比,通过独立的分则条文将在形式上看起来具有帮助性质的行为作为独立的罪名进行规定,产生了三个方面的重要不同。其一,此类帮助行为全部被实行犯化,均作为正犯来处理,不再适用有关从犯可以从宽处罚的规定。反之,如果是依据有关共同犯罪的规定,则需要对帮助行为的作用进行实质性的评估,审查相应行为在整个犯罪过程中是否达到支配性作用,如果只是起到次要作用,仍有成立帮助性从犯的空间。其二,所帮助行为是否构成犯罪或者是否有证据予以证明,对于此类帮助行为的入罪没有影响。反之,根据共犯从属性的原理,正犯行为本身不构成犯罪或没有证据来证明的,便难以追究帮助行为的刑事责任。其三,不需要再处理此类帮助行为与其所帮助的正犯行为的因果关系问题,也即,并不要求前者在客观上促进了后者的发生或对后者起到了现实的帮助效果。这意味着,此类帮助行为正犯化的条款,不能简单地被解读为量刑规则(张明楷:《论帮助信息网络犯罪活动罪》,载《政治与法律》2016 年第 2 期),其不是只作为总则有关共犯规定的注意性条款而存在。

相应地,对提供侵入、非法控制计算机信息系统程序、工具罪来说,首先,只要是提供了相应的程序、工具,均构成本罪而不是作为前两款犯罪的共犯或正犯来处理。其次,本罪的适用不以所帮助的侵入或非法控制计算机信息系统的行为构成犯罪为必要,更不需要以相应正犯被追究刑事责任为前提。最后,只要所提供的程序、工具在客观上具有专门的侵入性或非法控制性,或者行为人主观上明知他人实施侵入或非法控制的行为而为其提供程序、工具,即可独立构成本罪,不要求提供行为对侵入、非法控制的行为有现实的促进作用。

具体就两种行为类型而言,其在对共同犯罪成立要件的放松上有所不同。前一行为类型(提供专门用于侵入、非法控制计算机信息系统的程序、工具),完全不要求行为人与所帮助的主体之间具有犯意方面的联络,也不要求提供程序、工具的行为客观上促进了他人实施相应的侵入、非法控制行为。后一行为类型(明知他人实施侵入、非法控制计算机信息系统的违法犯罪行为而为其提供程序、工具),要求行为人与所帮助的主体之间具有松散的犯意联络,不需要双向的犯意沟通,只要单方的明知即可满足;同时并不要求相应的程序、工具客观上有助于侵入、非法控制计算机信息系统,更不要求提供行为现实地促进了侵入、非法控制行为的实施。据此,如果行为人明知他人实施侵入、非法控制计算机信息系统的违法犯罪行为而为其提供程序、工具,即便相应的程序、工具实际上难以起到帮助的效果,也应当认定相应行为构成本罪,而不应援引共犯原理中有关未遂帮助的准则,不作为犯罪处理。当然,如果相关行为本身没有达到情节严重的程度,也可能存在去罪化的空间。

本案被告人蔡某提供了专门用于侵入计算机信息系统的程序,依据共犯从属性原理,由于使用"某援"App 的用户没有被追究刑事责任,即正犯的行为未被认定为构成犯罪,因此认定被告人的行为构成犯罪似乎于理不合。在诉讼过程中,辩护人就提出,使用"某援"App 的用户不构成犯罪,故对被告人蔡某定罪将违背共犯理论。一审判决书对此的回应是,"在刑法已经将提供侵入、非法控制计算机信息系统程序、工具的行为单独规定为犯罪的情况下,使用者是否构罪以及是否被追诉并不影响对提供者的行为评价,故对被告人蔡某进行定罪处罚不违背共犯理论"。应当说,法院的前述解读是正确的,在立法将共犯行为作为正犯予以规定的情况下，不宜再按一般的共犯理论来解读，不然，相应的立法规定就完全失去了其存在的意义。

Ⅲ 本罪行为对象的认定

从《刑法》第285条第3款的罪状表述来看，本罪的行为对象需要具备两个特性：一是专门性；二是功能性，即具有可侵入或非法控制计算机信息系统的功能。

就提供专门程序、工具型的行为类型而言，一方面，行为对象必须同时具备前述两个特性。所谓专门性，是指此类程序、工具专门用于违法犯罪目的，“专门”是对程序、工具本身用途的非法性的限定，是通过程序、工具本身的用途予以体现的；而程序、工具本身的用途又是由其功能所决定的，如果某款程序、工具在功能设计上就只能用来违法地实施控制、获取数据的行为，则可以称之为“专门工具、程序”。所谓功能性，是指相应的程序、工具能够避开或突破计算机信息系统安全保护措施，且在设计上具有并可实现未经授权或超越授权获取计算机信息系统数据的功能或是对计算机信息系统实施控制的功能（喻海松：《〈关于办理危害计算机信息系统安全刑事案件应用法律若干问题的解释〉的理解与适用》，载《人民司法》2011年第19期）。另一方面，成立犯罪并不要求此类程序、工具实际上被用于侵入或非法控制计算机信息系统，即并不要求存在下游犯罪或者查实下游犯罪。

对于明知型提供的行为类型来说，行为对象只需具备后一特性即可，但以他人实施侵入、非法控制计算机信息系统的违法犯罪行为为必要，即必须存在下游犯罪并予以查实。此处的“实施”包括着手实施与已经实施这两种情形，但不应将准备实施的情形也纳入其中。与此同时，明知型提供行为的入罪，不以相应程序或工具实际用于违法犯罪行为为前提。有观点认为，对于非专门的中性程序，只有收集到足够的证据证实其被提供者实际使用，且用于违法犯罪行为，才能认定提供者构成本罪，否则很难判定提供行为具有严重的社会危害性（易琦、梁燕宏：《提供侵入、非法控制计算机信息系统程序、工具罪的司法认定》，载《中国检察官》2018年第4期）。这种观点不当限缩了本罪的处罚范围。对于明知型提供行为的入罪，合理限定处罚范围的重点在于对明知要件作严格把握，要求行为人主观上具备确定性的明知，或者认识上至少达到高度盖然性的程度，即确定或高度盖然地认识或预见到他人实施侵入、非法控制计算机信息系统的违法犯罪行为。这是因为，如果行为人提供的是既可用于合法途径也可用于违法犯罪的中性程序或工具，相应行为是否成立刑事不法，便主要取决于主观不法因素。就像帮助信息网络犯罪活动罪那样，由于归责依据在于对所传输涉罪信息的特殊认知，因此主观不法便成为归责的唯一依据与构成本罪的重点，故而应对行为人的主观方面采取限制解释，以缓和因客观方面限制的缺乏而带来的责任过度扩张问题（王莹：《网络信息犯罪归责模式研究》，载《中外法学》2018年第5期）。

围绕本案中被告人的行为，争论焦点在于，蔡某所开发的“某援”App是否属于“专门用于侵入、非法控制计算机信息系统的程序、工具”。依据2011年最高人民法院、最高人民检察院《关于办理危害计算机信息系统安全刑事案件应用法律若干问题的解释》（以下简称《计算机信息系统安全解释》）的相关规定，具有避开或突破计算机信息系统安全保护措施，未经授权或超越授权获取计算机信息系统数据的功能的；具有避开或者突破计算机信息系统安全保护措施,未经授权或者超越授权对计算机信息系统实施控制的功能的,即可认定为“专门用于侵入、非法控制计算机信息系统的程序、工具”。从前述司法解释的规定来看,成立侵入性,需要同时满足未经授权或超越授权和避开或突破计算机信息系统安全保护措施这两个要件。这意味着,对本案行为对象的认定,关键在于被告人提供的“某援”App是否具备前述两个要件。

一审法院对此作了较为详细的论证。首先,由于在案证据能够证实被害单位既未授权被告人设计开发相关软件,又未同意将“某援”App接入微博平台,也未同意用户可以绕过微博客户端而通过未经授权的软件登录并实现微博客户端的功能,因此被告人提供“某援”App的行为符合未经授权的要件。其次,在案事实可以认定“某援”App符合避开安全保护措施的要件。具体而言,其一,被告人通过反编译等手段获取源代码,并从源代码中获取密钥和特定算法,而“某援”App在运行过程中通过调取前述密钥及特定算法生成微博服务器所需的数据格式,使其得以伪装成正常的客户端和被害单位服务器进行数据交互。其二,“某援”App在转发微博博文时会随机生成不同的硬件设备信息,由此避开微博服务器对同一客户端连续请求的限制措施。其三,“某援”App在登录账号说明中明确提到“账号登录需要关闭微博保护”,并载明了在微博客户端关闭登录保护的具体操作步骤,让用户采取人工关闭方式,使得对微博账号安全起保障作用的登录保护措施被避开。最后,一审判决对前述司法解释未予提及的专门性要件也作出了解读,认为专门性的体现在于软件功能用途的单一性。就“某援”App来说,无论是从其设计之初的目的来看还是从其最终实现的功能来看,该软件都只针对某浪微博,具有自动批量转发微博博文的功能,日常被用于在某浪微博中刷赞、刷榜、刷转发等,制造虚假的数据流量。

应当说,一审判决的认定是正确的,在论证上也可圈可点。其结合个案事实,针对何谓未经授权、何谓避开或突破计算机信息系统安全保护措施所进行的细致分析,对于此类案件在实务中的正确处理具有积极的指导意义。不过,值得进一步思考的是,对于“未经授权或者超越授权”与“避开或者突破计算机信息系统安全保护措施”的认定,如果完全从民商事或技术协议的角度来理解的话,似有过于扩张处罚范围之嫌,并且难以对民事违约与刑事犯罪作出合理的界分。尤其是,很多平台推出的协议与作出的技术设置,本质上都属于单方的约定或设定,如果任何违反都可能构成“侵入”,则有违刑法谦抑性原则。就此而言,有必要像对网络爬虫的刑法规制那样,进一步考虑数据本身的访问权限和开放程度(杨志琼:《数据时代网络爬虫的刑法规制》,载《比较法研究》2020年第4期)。如果相应程序或工具主要用于抓取开放性的数据,则提供相应程序或工具的行为人不应构成提供侵入、非法控制计算机信息系统程序、工具罪。

Ⅳ 本罪与相关犯罪的关系

基于提供侵入、非法控制计算机信息系统程序、工具罪在涉计算机系统犯罪中的位置,以及立法对形式上的技术帮助行为一律正犯化的特殊处理,本罪可能会与其他涉计算机系统犯罪以及帮助信息网络犯罪活动罪产生竞合,从而产生如何界分的问题。

1. 可以确定的是,提供用于侵入或非法控制计算机信息系统的程序、工具的行为,不再按非法侵入计算机信息系统罪或非法控制计算机信息系统罪的共犯来处罚,而一律构成本罪。问题在于,提供用于非法获取数据的程序、工具的行为,是按本罪来处理还是认定为非法获取计算机信息系统数据罪的共犯(或正犯)?

《刑法》第 285 条第 3 款的罪状表述中,并没有将提供用于非法获取数据的程序、工具的行为纳入提供侵入、非法控制计算机信息系统程序、工具罪的处罚范围。如果认为这是立法者有意为之,则提供专门用于非法获取计算机信息系统数据的程序、工具,或者明知他人实施非法获取计算机信息系统数据的行为而为其提供程序、工具的,便不能适用第 285 条第 3 款的规定,而应当援引总则有关共犯的规定,按第 285 条第 2 款所规定的非法获取计算机信息系统数据罪的共犯来处罚。应当说,考虑到数据安全本身的重要性与刑法上独立的值得保护性,认为第 285 条第 3 款的规定在立法上是有意将提供用于非法获取数据的程序、工具的行为排除在处罚范围之外,并无实质上的正当根据。同时,将提供用于非法获取数据的程序、工具的行为予以区别性的对待时,按非法获取计算机信息系统数据罪的共犯(或正犯)来处罚,也存在背离体系性要求的问题,而这样的区别对待缺乏合理性。

由于非法获取数据要么是借助侵入计算机信息系统的手段,要么是通过非法控制计算机信息系统的途径,也即用于非法获取数据的程序、工具本身必然具备侵入或非法控制的特性,故而提供此类工具的行为仍应认定为提供侵入、非法控制计算机信息系统程序、工具的行为,而不能按非法获取计算机信息系统数据罪的共犯(或正犯)来处罚。从 2011 年《计算机信息系统安全解释》的相关规定来看,提供用于非法获取数据的程序、工具的行为也被纳入了《刑法》第 285 条第 3 款的处罚范围。前述解释将提供能够用于非法获取支付结算、证券交易、期货交易等网络金融服务身份认证信息的专门性程序、工具 5 人次以上的,以及明知他人实施非法获取支付结算、证券交易、期货交易等网络金融服务身份认证信息的违法犯罪行为而为其提供程序、工具 5 人次以上的,均认定为《刑法》第 258 条第 3 款规定的"情节严重"。对此,实务人员在解读前述解释时明确指出,从刑法规范的逻辑角度而言,第 285 条第 3 款应当是前两款的工具犯,换言之,通过侵入计算机信息系统而非法获取数据的专门性程序、工具也应当被纳入"专门用于侵入计算机信息系统的程序、工具"的范畴,这并未超越刑法用语的规范含义(喻海松:《〈关于办理危害计算机信息系统安全刑事案件应用法律若干问题的解释〉的理解与适用》,载《人民司法》2011 年第 19 期)。

2. 为他人提供侵入、非法控制计算机信息系统的程序、工具的,如果所帮助的他人对数据、应用程序进行删除、修改、增加,则相应行为是按本罪来处理还是认定为破坏计算机信息系统罪的共犯(或正犯)?

破坏计算机信息系统罪背后包含着对数据与应用程序的保护,在司法实务中,数据与应用程序在刑法中的独立的受保护性已获得明确的承认。在张竣杰等非法控制计算机信息系统案中,裁判将影响计算机信息系统功能或正常运行的数据与本身有价值的数据均归入了本罪的保护对象范围[张竣杰等非法控制计算机信息系统案,最高人民法院指导案例 145 号(2020 年)]。如果行为人实施提供侵入、非法控制计算机信息系统的程序、工具的行为,而其所帮助的他人对影响计算机信息系统功能或正常运行的数据、应用程序或有价值的数据、应用程序进行删除、修改、增加,便会面临究竟是构成提供侵入、非法控制计算机信息系统程序、工具罪还是破坏计算机信息系统罪的共犯(或正犯)的问题。本案的情形便是如此,大量用户利用被告人开发的“某援”App,实施了控制微博账户登录与批量转发博文的行为。对此,被害方援引了李骏杰等破坏计算机信息系统案(检例第34号),主张“某援”App属于破坏性程序,破坏了微博明星势力榜信息系统的排序功能,故被告人的行为应成立破坏计算机信息系统罪,而直接使用“某援”App的明星粉丝,实际上也涉嫌破坏计算机信息系统罪。

应当说,被害方的主张有其合理之处。在李骏杰等破坏计算机信息系统案中,冒用购物网站买家身份进入网站内部评价系统删改购物评价的行为,被认为属于对计算机信息系统内存储数据进行修改操作,应认定为破坏计算机信息系统的行为。理由在于,侵入评价系统删改购物评价,实质是对计算机信息系统内存储的数据进行删除、修改,这种行为危害到了计算机信息系统数据采集和流量分配体系的运行,使网站注册商户及其商品、服务的搜索受到影响,导致网站商品、服务评价功能无法正常运作,侵害购物网站所属公司的信息系统安全和消费者的知情权。如果肯定明星势力榜信息系统与网站的购物评价系统一样值得刑法的保护,那么使用“某援”App的明星粉丝破坏了微博明星势力榜信息系统的排序功能的行为导致的后果严重,的确可能涉嫌破坏计算机信息系统罪。需要指出的是,除类似行为之外,很多恶意刷量行为由于并未直接破坏计算机信息系统的程序或功能,也没有影响平台的系统安全或数据安全,而只属于系统规则内的一种作弊行为,也即不具有“侵入”或“破坏”的性质,故难以对其适用破坏计算机信息系统罪[高艳东、李莹:《数据信用的刑法保护——以“流量黑灰产”为例》,载《浙江大学学报(人文社会科学版)》2020年第3期]。

不过,仅此充其量只能认为,被告人提供“某援”App的行为客观上帮助他人实施了破坏计算机信息系统的行为,同时被告人主观上对此有明知。但是,这尚不足以认定被告人的行为构成破坏计算机信息系统罪的共犯(或正犯)。这是因为,共同犯罪的成立在主观上要求双方之间存在犯意联络,对于共犯而言,需要存在除知情之外的进一步的沟通与联络,提供技术支持的行为人必须对他人的犯罪计划与内容有比较确定的了解,或者对相应的犯罪享有直接性的利益。简言之,就技术支持行为而言,要成立其他犯罪的共同犯罪,不仅要求行为人客观上实施了违反注意规范的技术支持行为并创设了法不容许的风险,且所提供的技术支持必须现实地促进了他人所实施的犯罪(存在客观上的因果性贡献),而且要求行为人主观上必须与他人存在明确的犯意联系;至于是成立正犯还是共犯,需要进一步考察行为人所提供的技术支持在整个犯罪中是否起到支配性作用。

单纯的明知难以满足共同犯罪中的犯意联络要求,故对本案被告人的行为,不应认定为破坏计算机信息系统罪。如果认为单纯的明知即可满足共同犯罪的犯意联络要求,那么在提供技术性程序、工具的场合,便难以对提供侵入、非法控制计算机信息系统程序、工具罪与破坏计算机信息系统罪的共犯(或正犯)进行合理的界分。正如一审法院回应被害方的意见时指出的,本案被告人的行为主要系设计开发“某援”App并将该软件有偿提供给他人下载使用,其行为模式与李骏杰等破坏计算机信息系统案并不相似,且本案尚无充分证据证实“某援”App属于破坏性程序。因此,援引李骏杰等破坏计算机信息系统案而主张被告人的行为构成破坏计算机信息系统罪的理由并不成立,一审判决的定性是正确的。

3. 提供具有侵入、非法控制计算机信息系统功能的程序、工具的行为,可能同时符合提供侵入、非法控制计算机信息系统程序、工具罪与帮助信息网络犯罪活动罪的构成要件,对该两罪之间的关系如何处理?

从《刑法》第 287 条之二规定的罪状来看,帮助信息网络犯罪活动罪中的提供技术支持,在规范内涵上包含提供具有侵入、非法控制计算机信息系统功能的程序、工具的行为类型。显然立法者认为,提供相应的程序、工具的行为相较于其他类型的技术支持,具有更高程度的不法,故将此类行为独立规定,配置更高的法定刑。有必要认为,提供侵入、非法控制计算机信息系统程序、工具罪与帮助信息网络犯罪活动罪之间是特别法条与一般法条的关系。因而,对于提供具有侵入、非法控制计算机信息系统功能的程序、工具的行为,应当依照特别法条即提供侵入、非法控制计算机信息系统程序、工具罪来处罚。

有观点认为,对于网络帮助行为的入罪处理,应依其危害性和独立性来分类,并按照对下游犯罪实行行为的促进作用程度进行区别处理。在相应的帮助行为涉及提供侵入、非法控制计算机信息系统的程序、工具的场合,如果相关行为对下游犯罪实行行为有极大促进作用或部分促进作用,应认定构成提供侵入、非法控制计算机信息系统程序、工具罪;反之,如果相关行为仅具有帮助下游犯罪前后期的功能,则成立帮助信息网络犯罪活动罪(邓矜婷:《网络空间中犯罪帮助行为的类型化——来自司法判决的启发》,载《法学研究》2019 年第 5 期)。此种观点存在不合理之处。理由在于:一是将提供侵入、非法控制计算机信息系统程序、工具罪与帮助信息网络犯罪活动罪理解为对立关系或排斥关系,使得提供侵入、非法控制计算机信息系统程序、工具的行为,自始就被排除在帮助信息网络犯罪活动罪中的"技术支持"之外;这样的理解过于限缩了"技术支持"概念的外延,可能会影响该罪作为网络帮助行为兜底性罪名的功能的发挥。二是从当然解释的原理来说,对下游犯罪的前后期起帮助作用的技术支持都可以构成帮助信息网络犯罪活动罪的实行行为,那么对下游犯罪实行行为起促进作用的技术支持,更应该能够满足该罪实行行为的成立要求。

□ 参考文献

杨志琼:《数据时代网络爬虫的刑法规制》,载《比较法研究》2020 年第 4 期。

邓矜婷:《网络空间中犯罪帮助行为的类型化——来自司法判决的启发》,载《法学研究》2019 年第 5 期。

王莹:《网络信息犯罪归责模式研究》,载《中外法学》2018 年第 5 期。

张明楷:《论帮助信息网络犯罪活动罪》,载《政治与法律》2016 年第 2 期。

喻海松:《〈关于办理危害计算机信息系统安全刑事案件应用法律若干问题的解释〉的理解与适用》,载《人民司法》2011 年第 19 期。

高艳东、李莹:《数据信用的刑法保护——以"流量黑灰产"为例》,载《浙江大学学报(人文社会科学版)》2020 年第 3 期。

易琦、梁燕宏:《提供侵入、非法控制计算机信息系统程序、工具罪的司法认定》,载《中国检察官》2018 年第 4 期。

019 “压力测试”DDoS 攻击案的刑法分析

李甲、唐某破坏计算机信息系统案/蔚某提供侵入、非法控制计算机信息系统程序、工具案 ｜ 浙江省苍南县人民法院(2018)浙0327刑初644号刑事判决书/浙江省苍南县人民法院(2018)浙0327刑初184号刑事判决书

劳东燕 清华大学法学院

■ 事实概要

Ⅰ 李甲、唐某破坏计算机信息系统案

2017年3月至7月,被告人李甲因与被害人李乙存在经济纠纷而心生不满,遂通过网络联系被告人唐某,并指使被告人唐某使用DDoS攻击工具对李乙所经营的“某蓓商城”“某匀天下”购物网站实施流量攻击,累计攻击33次,累计攻击时长2560分钟,致使前述网站不能正常运行,造成经济损失人民币14194.56元。

Ⅱ 蔚某提供侵入、非法控制计算机信息系统程序、工具案

自2015年10月开始,被告人蔚某在明知DDoS为网络攻击程序的情况下,通过为他人代购国外DDoS网页端攻击服务、出售DDoS发包软件服务器、出售“奇袭”CC发包软件给他人用于攻击计算机信息系统,从中非法获利,并造成对方计算机信息系统不能正常运行和经济损失。作案期间,被告人蔚某通过出售上述DDoS攻击软件,利用支付宝从杨某(已判刑)、全某、张某、邸某、吴某(均另案处理)等人处收取违法所得289笔,共计人民币119790.88元。

被告人蔚某辩称,自己是帮助别人侵入计算机信息系统,只倒卖两种服务器,没有卖过“奇袭”CC软件,又上传到QQ群,以任何人都可以下载,并对指控的违法所得数额存在异议。被告人蔚某的辩护人提出,计算违法所得应当扣除成本,被告人蔚某庭前供述获利3万元,当庭供述获利1万元,应以当庭供述为准;289笔违法所得中有48笔没有对应关系,涉及金额2万余元;被告人蔚某系倒卖服务器,可认定为从犯,且其无前科劣迹,请求从轻处罚。

苍南县人民法院认为,关于定性和犯罪地位问题,提供侵入、非法控制计算机信息系统程序、工具罪是指提供专门用于侵入、非法控制计算机信息系统的程序、工具,或者明知他人实施侵入、非法控制计算机信息系统的违法犯罪行为而为其提供程序、工具,该罪所规制的行为与非法侵入、非法控制计算机信息系统犯罪行为存在密切关联。对照本案,被告人

蔚某的行为符合该罪的构成要件，虽然客观上起到了帮助作用，但因刑法将该帮助行为拟制为独立罪名，故在处断上不能再以帮助犯论处，当然也不属于从犯。关于犯罪数额问题，我国《刑法》规定的违法所得一般是指犯罪分子因实施违法犯罪活动而取得的全部财产。最高人民法院、最高人民检察院《关于办理危害计算机信息系统安全刑事案件应用法律若干问题的解释》的有关规定未区分违法所得和非法经营、非法买卖数额，是考虑到危害计算机信息系统安全的行为均为法律所明文禁止，行为人不可能获得相应资质进行合法经营，因此不存在合法经营和非法经营混同的情况，违法所得不应扣除成本。否则，极有可能出现社会危害性大，但因实际获利少或没有获利，反而不用负刑事责任、罚不当罪的情形。

据此，法院认定，被告人蔚某违反国家规定，提供专门用于侵入、非法控制计算机信息系统的程序、工具，情节特别严重，已构成提供侵入、非法控制计算机信息系统程序、工具罪，判处其有期徒刑 3 年，并处罚金 15000 元。

■ 裁判要旨

在“李甲、唐某破坏计算机信息系统案”中，苍南县人民法院认为，被告人李甲、唐某违反国家规定，结伙对他人计算机信息系统功能进行干扰，致使计算机信息系统不能正常运行，后果严重，其行为均已构成破坏计算机信息系统罪。最终，法院的判决认定被告人李甲与被告人唐某犯破坏计算机信息系统罪，判处其有期徒刑 11 个月。

在“蔚某提供侵入、非法控制计算机信息系统程序、工具案”中，法院认定，被告人蔚某违反国家规定，提供专门用于侵入、非法控制计算机信息系统的程序、工具，情节特别严重，已构成提供侵入、非法控制计算机信息系统程序、工具罪，判处其有期徒刑 3 年，并处罚金 15000 元。

使用 DDoS 攻击工具对他人经营的购物网站实施流量攻击，致使网站不能正常运行，造成经济损失 1 万元以上的，构成破坏计算机信息系统罪。

为他人代购国外 DDoS 网页端攻击服务并出售 DDoS 发包软件服务器等，让后者用于攻击计算机信息系统，造成计算机信息系统不能正常运行和经济损失的，构成提供侵入、非法控制计算机信息系统程序、工具罪。

■ 评　析

1 本案意义

李甲、唐某破坏计算机信息系统案与蔚某提供侵入、非法控制计算机信息系统程序、工具案，涉及的都是利用 DDoS 程序，对他人的计算机信息系统发动攻击，致使相关网站在特定的时段之内无法正常运行。在前案中，被告人李甲指使被告人唐某使用 DDoS 攻击工具，对被害人的购物网站多次进行流量攻击，导致网站不能正常访问，由此造成经济损失。在后案中，被告人蔚某经营提供 DDoS 攻击服务与出售 DDoS 发包软件等业务，先后多次将 DDoS 软件出售给他人，共计交易 289 笔，违法所得共计人民币近 12 万元。对于前案，法院认定两被告人构成破坏计算机信息系统罪；对于后案，法院以提供侵入、非法控制计算机信息系统程序、工具罪对被告人进行定罪。苍南县人民法院就两案所作出的判决，对于今后此类行为的处理无疑具有重要的参考意义。

蔚某提供侵入、非法控制计算机信息系统程序、工具案系国内首例利用境外“压力测试”平台破坏计算机信息系统的案件。被告人蔚某在境外平台注册账号购买“压力测试”服务后，只需简单输入攻击目标的 IP 地址、攻击类型和攻击端口，就可发起 DDoS 攻击，相较于传统攻击方式，其成本更低，力度更强，危害更大。苍南县人民法院以提供侵入、非法控制计算机信息系统程序、工具罪对提供 DDoS 攻击软件的人员判处刑罚，对有效打击网络攻击犯罪，构筑全面网络安全体系具有指导意义。该案曾被公安部评为 2017 年打击网络违法犯罪 10 起典型案例之一。

Ⅱ DDoS 作为网络攻击程序的特性

在当前我国实务中，对计算机信息系统实施破坏与侵害的方式之一，是利用 DDoS（Distributed Denial of Service）对目标系统发动攻击。DDoS 一般称为分布式拒绝服务，其攻击策略侧重于通过“僵尸主机”（被攻击者入侵过或可间接利用的主机），向受害主机发送大量看似合法的网络包，造成网络阻塞或服务器资源耗尽，从而导致合法用户无法正常访问服务器的网络资源。相比于一般的破坏方式，这种方式的技术含量更高，相应地，对计算机信息系统安全运行的威胁也越大。尤其是，随着网络黑灰产业的发展，此种技术工具越来越易于获得。因而，如何从源头上对此类行为进行有效打击，为计算机信息系统的运行筑起一道安全的屏障，是刑事司法实务面临的重大命题。

利用 DDoS 软件对相应网站发动攻击，致使网站无法正常运营的行为，显然属于对计算机信息系统功能进行干扰的行为，相应行为构成破坏计算机信息系统罪，对此，刑法理论与司法实务中一般不存在争议。值得注意的是，在蔚某案中，对于为他人代购国外 DDoS 网页端攻击服务并出售 DDoS 发包软件服务器，让他人用于攻击计算机信息系统的行为，法院并未认定为破坏计算机信息系统罪的共同犯罪，而认定构成提供侵入、非法控制计算机信息系统程序、工具罪。应当说，只要被告人对 DDoS 作为网络攻击程序的性质具有认知，考虑到该软件具有专用性，系专门用于对计算机信息系统的功能进行干扰的软件，提供此类专门的破坏性程序的行为，与直接利用 DDoS 程序干扰计算机信息系统功能的行为，就有成立破坏计算机信息系统罪的共同犯罪的余地。法院在判决中对此未予提及，可以说是论证说理中的一个不足之处。当然，不能由此径直得出结论认为，判决对蔚某的定性存在问题。

Ⅲ 提供 DDoS 技术服务的行为定性

鉴于刑法立法上并未将提供破坏计算机信息系统的程序、工具的行为设立为单独的罪名，为他人代购国外 DDoS 网页端攻击服务与出售 DDoS 发包软件服务器的行为在刑法上定性的关键在于，相应行为在构成破坏计算机信息系统罪的共犯的同时，是否也构成非法控制计算机信息系统罪？对这一问题的回答，将直接影响为他人破坏计算机信息系统而提供 DDoS 技术服务的行为能否构成提供侵入、非法控制计算机信息系统程序、工具罪的认定。

如果认为《刑法》第 286 条中的“破坏”与第 285 条中的“非法控制”之间构成排斥关系或独立关系,则在明知 DDoS 软件属于网络攻击程序的情况下,仍将软件予以出售的行为,只能构成破坏计算机信息系统罪的共犯。反之,如果认为“破坏”(至少是特定类型的破坏行为)也可实质性地评价为“非法控制”,则出售 DDoS 软件的行为,应属于破坏计算机信息系统罪的帮助犯与提供侵入、非法控制计算机信息系统程序、工具罪的正犯的想象竞合。在此种情况下,究竟是按破坏计算机信息系统罪的共犯,还是按提供侵入、非法控制计算机信息系统程序、工具罪的正犯来处罚,取决于按何者认定处罚更重。

一般认为,《刑法》第 285 条第 3 款规定的提供侵入、非法控制计算机信息系统程序、工具罪,属于帮助行为正犯化的现象。由于立法将提供侵入、非法控制计算机信息系统的程序、工具的行为单独定罪,此类帮助行为便不能再以第 285 条第 1 款的非法侵入计算机信息系统罪与第 285 条第 2 款的非法控制计算机信息系统罪来处理,而应当认定为提供侵入、非法控制计算机信息系统程序、工具罪的正犯。

问题在于,从提供侵入、非法控制计算机信息系统程序、工具罪的立法表述与条文所处的具体位置来看,显然不能认为该罪同时将提供破坏计算机信息系统的程序、工具的帮助行为也予以了正犯化。如此一来,便会产生这样的疑问:提供破坏计算机信息系统的程序、工具的行为,能否直接适用第 285 条第 3 款的规定?

在蔚某案中,苍南县人民法院以帮助行为正犯化为由,认定被告人构成提供侵入、非法控制计算机信息系统程序、工具罪。言下之意是,运用 DDoS 对他人网站进行攻击的行为,也属于非法控制计算机信息系统的行为。在李甲、唐某案中,该法院又认为,运用 DDoS 对他人网站进行攻击的行为,属于破坏计算机信息系统的行为。若要使两案的处理结论合乎刑法的法理逻辑,便需对如下问题进行论证,即此类攻击行为能否同时评价为非法控制计算机信息系统的行为。遗憾的是,法院在两案的判决中并未论及这一问题。

应当说,以攻击的方式导致网站无法运行时,由于受被告人帮助的相关行为人在特定时段内取得对网站的事实性控制,排除了权利人对相应计算机信息系统的合法支配,在此种意义上,将这样的破坏方式实质性地评价为“非法控制”并无不可。这意味着,第 285 条中的“非法控制”与第 286 条中的“破坏”,并非排斥关系或独立关系,而成立包容关系或是交叉关系。不难发现,利用 DDoS 对他人的计算机信息系统功能进行干扰的行为,同时具有破坏计算机信息系统与非法控制计算机信息系统的特性。准确地说,是通过非法控制他人的计算机信息系统来实现对系统功能的破坏的。接下来要思考的是,对于蔚某代购 DDoS 网页端攻击服务并出售 DDoS 程序的行为,究竟是以破坏计算机信息系统罪的帮助犯(视其提供 DDoS 技术服务的重要程度,相应行为也可能构成共同正犯)来处罚,还是以提供侵入、非法控制计算机信息系统程序、工具罪来处罚更为合适。

不难发现,蔚某提供 DDoS 技术服务的行为同时触犯破坏计算机信息系统罪与提供侵入、非法控制计算机信息系统程序、工具罪,成立两罪的想象竞合。如果认定蔚某提供

DDoS 技术服务的行为与利用相应技术对他人的计算机信息系统功能实施干扰的行为构成破坏计算机信息系统罪的共同正犯，则与提供侵入、非法控制计算机信息系统程序、工具罪相比，破坏计算机信息系统罪应属其中的重罪，故对蔚某的行为以破坏计算机信息系统罪进行处罚更为合理。与之相对，若是将蔚某的行为认定为破坏计算机信息系统罪的帮助犯，则究竟是以破坏计算机信息系统罪的帮助犯处罚更重，还是以提供侵入、非法控制计算机信息系统程序、工具罪的正犯处罚更重，尚需进行进一步的考量。笔者认为，虽说帮助犯在经验层面经常被认为是从犯，从而需要适用“应当从轻、减轻处罚或者免除处罚”的法定情节，但从刑法立法的规定来看，帮助犯在规范层面也完全有被认定为主犯的余地。如此一来，破坏计算机信息系统罪便属其中处罚较重的条款，因该罪基本犯与加重犯的法定刑都高于提供侵入、非法控制计算机信息系统程序、工具罪的法定刑，故从理论上来说，对蔚某的行为宜认定为破坏计算机信息系统罪。

当然，如果坚守共犯从属性的原理，在蔚某案中，法院认定被告人构成提供侵入、非法控制计算机信息系统程序、工具罪，也有一定的合理性。该案中，由于实施破坏行为的正犯未能达到罪量情节的要求，从而符合破坏计算机信息系统罪的构成要件，故回避共同犯罪认定的难题而以提供侵入、非法控制计算机信息系统程序、工具罪来定罪，也不失为合乎实践理性的选择。

□ 参考文献

张明楷：《刑法学》（第 6 版），法律出版社 2021 年版。

陈兴良：《共犯行为的正犯化：以帮助信息网络犯罪活动罪为视角》，载《比较法研究》2022 年第 2 期。

陈兴良：《网络犯罪的刑法应对》，载《中国法律评论》2020 年第 1 期。

于冲：《帮助行为正犯化的类型研究与入罪化思路》，载《政法论坛》2016 年第 4 期。

孙长华、刘斌：《分布式拒绝服务攻击研究新进展综述》，载《电子学报》2009 年第 7 期。

020 恶意批量注册的行为定性

汤某利用破坏性程序自动注册游戏账号案 | 浙江省兰溪市人民法院(2018)浙0781刑初300号刑事判决书

高艳东 浙江大学光华法学院

■ 事实概要

2015年年初，被告人汤某在网上购买了注册机及E语言源代码并将其改写成“某游注册机.exe”软件。被告人汤某开发并维护注册机，同时在程序中写入开发者参数，在网上出售予以获利。通过设置相应配置，该“某游注册机.exe”软件能自动产生注册信息并通过第三方平台获取手机号，后将注册信息及获取的手机号通过数据包方式发送给某游注册平台服务器，并借助第三方平台自动将获取的手机验证码发送回某游注册平台完成批量注册。该软件会对某游注册平台的正常操作流程和正常运行方式造成干扰，属于破坏性程序。

自2015年10月开始，被告人张甲、张乙通过邱某(另案处理)搭建域名为www.tianma168.com的某码平台后，被告人汤某将“某游注册机.exe”主动接入www.tianma168.com的API接口，并在程序中写入开发者获得10%利润分成的参数。被告人张甲、张乙为该注册机的开发者即被告人汤某等人提供互联网接入、通讯传输通道、费用结算等帮助。被告人张甲、张乙在明知被告人汤某使用注册机非法批量注册某游账号的情况下，将该程序分享给注册机的不特定使用人，并以使用人向某码平台充值获得批量注册游戏账号的方式进行获利，并与邱某、汤某、卡商达成平台30%(被告人张甲、张乙各12.5%，邱某5%)、被告人汤某(开发者)10%、卡商60%的分成机制。经查，浙江省兰溪市琚某(另案处理)的打金工作室为能批量注册某游账号，持续向某码平台(www.tianma168.com)充值，被告人汤某、张甲、张乙从中非法获利13010元。

■ 裁判要旨

法院以提供侵入、非法控制计算机信息系统程序、工具罪对三被告人判处有期徒刑10个月不等。

第一，刑法意义上的“明知”，包括知道和应当知道。被告人张甲、张乙作为某码平台的管理者，明知“某游注册机.exe”软件的作用系在某游注册平台完成批量注册，且该软件并未获取北京畅游公司的授权，仍为其提供互联网接入、通讯传输通道、费用结算等帮助，应当视为其在主观上“明知”，对其行为以提供侵入、非法控制计算机信息系统程序、工具罪定罪处罚。

第二,被告人汤某提供专门用于侵入、非法控制计算机信息系统的程序、工具;被告人张甲、张乙明知被告人汤某提供的系专门用于侵入、非法控制计算机信息系统的程序、工具,仍为其提供互联网接入、通讯传输通道、费用结算等帮助,情节严重,其行为均构成提供侵入、非法控制计算机信息系统程序、工具罪。

■ 评　析

Ⅰ 本案焦点

1. 批量自动注册账号的程序是否属于"专门用于侵入、非法控制计算机信息系统的程序",存在疑问。具体而言:一是该程序未被用于侵入、非法控制计算机信息系统,也未被用于非法获取计算机信息系统数据。批量注册账号的行为仅违反了用户协议,账号注册过程遵循了某游平台的要求,类似于员工违反公司规定将账号提供给家人登录公司系统,在技术上未突破计算机安全防护系统。二是该程序不具有侵入功能,其以数据包的形式将注册信息发送给某游注册平台服务器,属于违规传输数据,未突破某游注册平台服务器的安全防护系统,传输注册信息也未超越用户权限。三是批量注册虽违反了平台正常的操作流程和运作方式,但也仅是在用户协议意义上的违反,是一种私法意义上的合同违约行为,而某游平台的运作流程完全正常,也未造成系统无法正常运行。四是该软件的特征符合《反电信网络诈骗法》第 12 条中的"批量账号、网络地址自动切换系统"的定义,未来应出台新的司法解释或设立新的计算机罪名进行规制。五是张甲一直认为注册机的作用系变手动注册为自动注册,并不知道是破坏性程序,将"破坏性程序"等同于"专门用于侵入、非法控制计算机信息系统的程序、工具"是错误的,因为"破坏"和"侵入"是完全不同的概念。

2. 对恶意批量注册行为能否认定为破坏生产经营罪?互联网违法犯罪的主要源头,是使用虚假个人信息恶意注册账号。在网络世界从事交易、接受服务,都需要一个身份——账号。对于正常的网络活动来说,一个或几个账号足以满足网民的需要,但是,一些不法分子需要大量账号非法牟利,如进行抢票、诈骗或者刷单炒信等。这一需求催生了批量恶意注册行为,把原本免费注册的账号变成了谋利的黑灰产业。如何处理批量恶意注册行为,是互联网时代的法律难题。以破坏生产经营罪处理批量恶意注册行为更合理,但需要解决以下理论难题:

一是对破坏生产经营罪的"其他方法"进行扩张解释。破坏生产经营罪的罪状行为是"毁坏机器设备、残害耕畜或者以其他方法",恶意注册明显不属于"毁坏机器设备、残害耕畜",在这种情况下,能否属于"其他方法"就成为定罪的关键。破坏生产经营罪的"其他方法"可以与"毁坏机器设备、残害耕畜"不同,包括"欺骗行为"。

二是重新界定破坏生产经营罪中"破坏"的外延。如前所述,通说把破坏生产经营罪理解为故意毁坏财物罪的特殊条款,把"破坏"等同于故意毁坏财物罪中的"毁坏","破坏"就是"毁坏生产工具、生产资料"。恶意注册行为很难归类为"毁坏",无法按照破坏生产经营罪论处。但是,《刑法》中的“破坏”在外延上比“毁坏”宽泛得多;把“破坏”解释为“毁坏”,是不当缩小了破坏生产经营罪的处罚范围。“破坏”包括物理毁坏,也包括干扰秩序,亦包括妨害业务。恶意注册是干扰经营秩序和妨害业务的行为,属于“破坏”。

三是要用互联网思维解释“经营”。破坏生产经营罪是从1979年《刑法》的“破坏集体生产罪”演变而来的,后者主要是针对第一产业的犯罪,1997年《刑法》在“生产”后增加了“经营”一项。如果把“生产经营”理解成“生产性经营”,则类似于微博的一些社交网站,不属于第一产业,没有生产性质,那么,在这些网站上恶意注册就不可能构成破坏生产经营罪。但是,“生产经营”应当理解为“生产+经营”,同时,在互联网时代,“经营”的核心是组织、管理和运营,而不是生产、营利。在这种情况下,“免费发放账号”也属于“经营”的范围。

Ⅱ 本案引发的思考

恶意批量注册行为可以解释为一种破坏生产经营的行为。

第一,破坏生产经营罪中的“其他方法”包括机器作弊型欺骗。“其他方法”不一定是对物的暴力,决定“其他方法”外延的,不是前面的“毁坏机器设备、残害耕畜”,而是“其他方法”之后的“破坏”,对生产经营有破坏性的机器作弊行为,就可以被解释为“其他方法”。

一方面,我国《刑法》肯定了“欺骗”属于“破坏”的一种方式的观点。“破坏选举罪”(《刑法》第256条)规定:“……以暴力、威胁、欺骗、贿赂、伪造选举文件、虚报选举票数等手段破坏选举或者妨害选民和代表自由行使选举权和被选举权……”根据该法条,欺骗、伪造、虚报等方法属于“破坏”的方式之一,据此,把“欺骗方法”解释为破坏生产经营的一种方式,符合《刑法》的文理解释。另一方面,在刑法上,欺骗与暴力属于同类行为。我国《刑法》的“强奸罪”(第236条第1款)规定:“以暴力、胁迫或者其他手段强奸妇女的……”“其他手段”自然要遵循同类解释规则。可以肯定,游医假借治病通精之由与病人发生性关系、孪生弟弟冒充哥哥身份与嫂子发生性关系,都是违背妇女意志的强奸行为。游医与弟弟没有采用暴力、胁迫,而采用了欺骗手段。换言之,“其他手段”包括“欺骗”,因此,欺骗与暴力属于同类行为。如果“欺骗”属于强奸罪的“其他手段”并与“暴力”相并列的结论符合同类解释规则;那么,把破坏生产经营罪的“其他方法”解释为包括“欺骗”并与“对物的暴力”相并列,同样符合同类解释规则。

本案中,使用机器作弊、违反注册规则输入虚假信息,都是欺骗手段。互联网平台实行“后台实名、前台自愿”的原则,注册账号主要依赖手机卡实名制保证后台实名制。恶意注册,就是使用虚假信息从而规避真实身份(实名手机号码)被记录。恶意注册者输入的收购来的黑卡手机号码,既不是注册者的实名制手机卡号码,也不是他人正在使用中的实名制手机卡号码,属于“输入虚假信息”。

第二,恶意批量注册也是对平台的“破坏”行为。如果把“破坏”理解为毁坏的程度——使生产经营瘫痪或崩溃,那么,恶意注册很难构成破坏生产经营罪。我国《刑法》中大量出现“破坏”一词,大致上可以归为几类:一是物理损坏(如破坏交通工具罪),二是扰乱活动(如破坏游行罪),三是改变状态(如破坏监管秩序罪),四是改变关系(如破坏军婚罪),五是无实质意义的强调(如破坏国家统一)。显然,“破坏”是一个多义词,不能对其进行简单定义。其上限为对事物的物理毁灭(如破坏交通工具罪),其中间含义是对事物的任何改变(如破坏社会秩序),其下限则是没有客观意义(如破坏国家统一)。《刑法》中“破坏”的含义广泛、弹性极大,不必把“破坏生产经营”理解为必须达到使生产经营停顿、无法正常进行的程度。

一方面,对“破坏生产经营”应该按照秩序型犯罪进行解释。在《刑法》中,“破坏”的对象大概包括三类:一是实物,如破坏火车、汽车;二是活动,如破坏选举;三是秩序,如破坏公共秩序。如果“生产经营”属于实物,则可以把毁坏作为解释“破坏”的基准,但明显不是。在词义上,“生产经营”兼具活动和秩序的性质,“破坏生产经营”就应当以破坏活动和秩序犯罪为解释基准。作为破坏活动的犯罪,破坏集会、游行、示威罪中的破坏行为,《刑法》规定为“扰乱、冲击”;而“破坏社会秩序”,如前所述,就是改变、影响。因此,“破坏”(生产经营)就是扰乱、影响或者改变。在互联网领域,“破坏生产经营”应当界定为“干扰、影响生产经营”。这是参照了破坏计算机信息系统罪的立法表述——“对计算机信息系统功能进行删除、修改、增加、干扰……”换言之,在计算机领域,“干扰”也是“破坏”的行为方式。

另一方面,界定“干扰、影响”的具体标准,应以平台是否需要作出应对作为判断基础。如果平台无须理会恶意注册的账号,则应当认定为“生产经营”没有被干扰、影响,也就是没有被破坏;反之,如果平台需要理会、处理恶意注册的账号,则应当认定为“生产经营”受到了干扰、影响,并被“破坏”。在互联网违法犯罪日益增多的情况下,法官对恶意差评、买空后退货等妨害业务行为不敢适用破坏生产经营罪,就是因为“破坏”太重、“妨害”太轻,两者相差太远。事实上,破坏生产经营罪中的“破坏”,应当解释为干扰、影响,与“妨害”是同义词。尤其是不能把“破坏”理解为有形损害,我国立法亦认可“破坏”与“妨害”的同义性。如“破坏选举罪”规定:“……以暴力、威胁、欺骗、贿赂、伪造选举文件、虚报选举票数等手段破坏选举或者妨害选民和代表自由行使选举权和被选举权……根据法条,“妨害选民和代表自由行使选举权和被选举权”也构成“破坏选举罪”,可见“妨害”等于“破坏”。因此,把“破坏”生产经营罪解释为“妨害”生产经营罪,符合立法者的用词规律。

第三,1997 年《刑法》规定的“破坏生产经营罪”,不同于 1979 年《刑法》的“破坏集体生产罪”。立法者在“生产”后面增加了“经营”,使本罪的保护范围指数级扩张。生产和经营是独立的两个社会活动,“生产”的范围较窄,无法涵盖非生产性“业务”;而“经营”的外延极广,完全可以涵盖“免费业务”的内容。

一方面,按照《现代汉语词典》,“经营”是指“筹划并管理;泛指计划和组织”。换言之,组织、管理和筹划工作都是“经营”,从这个意义上讲,慈善事业也是一种管理工作,其虽然不属于“生产”,但属于“经营”。认为“经营”无法包括妨害业务行为中的文化、宗教、慈善活动的,是把“经营”理解为了营利性经济活动。但是,在汉语中,经营经常与经济、商业无关,如人们经常说的“经营爱情、婚姻”。因而,文化、宗教、慈善活动,都是一种组织管理意义上的经营活动,受到破坏生产经营罪的保护。

另一方面,“经营”不等于“营利”,平台允许免费注册账号也是经营活动。互联网改变了游戏规则,对某一项业务,企业长期亏钱经营、不求营利,如打车软件或者支付宝,企业往往倒贴消费者以积攒人气、培养消费习惯。在互联网时代,"利"不仅包括"钱",还包括影响力、市场占有率、社会认可度等,未来更重要的是大数据——获取消费者的信息就是某项经营的目的。例如,经营收费的电子邮箱是经营行为;经营永远免费的电子邮箱,也是经营行为。经营需要支付月租的账号,是企业的经营行为;经营永远免费的账号(如 QQ)、注册赠送代金券的账号也是经营行为。报社收费订阅报纸,是经营行为;微信公众号免费订阅,甚至送红包求关注,也是经营行为,报纸和公众号有着同样的功能,但经营的模式和理念截然不同。在传统商业社会,免费赠品是"羊毛出在羊身上",最终由消费者埋单;但是,在互联网时代,出现了"羊毛出在猪身上"的怪象,如滴滴曾宣布每周一为乘客买单两次,相应成本并没有转嫁给消费者。这些经营模式导致"经营"的经济性越来越弱,甚至完全没有营利色彩。刑法应当考虑社会发展趋势,合时宜地把非营利性的文化、慈善业务,都解释为"经营"。

Ⅲ 本判决留给将来的课题

在司法实践中,破坏生产经营罪成为奄奄一息的罪名,法官不敢把一个写有"耕畜"的条文,牵引到互联网领域。没有见过互联网的立法者,是否会同意能动主义司法?人类要用前人的工具,让今天的生活更美好;法官要用前人的制度,让今日的生活更有秩序。司法者有责任与时俱进地对诞生于农业时代、充满刀耕火种色彩的"破坏生产经营罪"进行客观解释,既打击小农生产中的妨害业务行为,也打击互联网时代的妨害业务行为。用工业时代的刑法理论判断,发生在中国的很多新型网络犯罪都是无罪的。但是,刑法理论必须往前看,应以这些新型案例为起点,推动工业时代的刑法向信息时代的刑法转型,中国定能领导世界刑法的发展趋势。如果恪守工业时代的德日刑法理论,既解决不了中国独有的新型网络犯罪问题,也会葬送中国刑法学创新的历史机遇。

□ 参考文献

陈兴良:《刑法阶层理论:三阶层与四要件的对比性考察》,载《清华法学》2017 年第 5 期。

朱新力、余伟民主编:《互联网违法犯罪的法律规制:首届互联网法律大会论文集》,浙江大学出版社 2018 年版。

高艳东:《信息时代非法经营罪的重生——组织刷单案评析》,载《中国法律评论》2018 年第 2 期。

周立波:《网络交易信用炒作行为的刑法规制》,载《天津法学》2016 年第 4 期。

021 利用信息网络发布制毒、售毒违法信息的行为认定

曹某、王某、黑某等非法利用信息网络案 | 浙江省绍兴市中级人民法院(2019)浙06刑终633号刑事裁定书

刘仁文 中国社会科学院法学研究所

■ 事实概要

该案的“某丁丁”论坛是一个大麻种植经验交流,大麻种子、种植设备肥料、吸食用具及大麻成品买卖等非法活动的网络论坛。通过成员在论坛中发帖、回帖、进行站内信息交流等,已形成交流大麻种植知识、大麻种子买卖、大麻种植设备及肥料买卖、大麻吸食用具买卖、成品大麻买卖的一条龙黑色产业链,该网站还传授站内人员反侦查手段以逃避法律责任。被告人曹某、王某、黑某等自2015年注册账号后加入该论坛,后成为论坛版主,管理该论坛社区,多次发布、回复有关种植大麻技术知识的主题帖。

一审判决宣告后,被告人曹某、黑某等提出上诉,认为从发帖数量、帖子的性质及加入该论坛的时间来看,上诉人的情形不属于情节严重。经查,该论坛须通过邀请码加入,共有会员1585人,成员结构自上而下为站长、超级管理员(超级版主)、版主、会员,其中超级管理员、版主负责维持秩序,具有禁言、删帖等权限。上诉人曹某系该论坛版主,共发布大麻种植教程、种植设备等主题帖48个,回帖交流大麻种植技术358次;上诉人黑某系该论坛超级版主,共发布有关大麻知识的主题帖3个,回帖交流大麻种植、大麻品种等178次。

■ 裁判要旨

2019年8月,浙江省诸暨市人民法院一审判决认为,被告人曹某、王某、黑某等利用信息网络,发布有关制作或者销售毒品的违法犯罪信息,情节严重,其行为均已构成非法利用信息网络罪。

在非法利用信息网络罪中,对于情节严重的认定,应当根据发布信息的具体内容、数量、扩散范围、获取非法利益的数额、造成的社会影响等综合判断。本案中,“某丁丁”论坛共有会员1500多人,会员数量较多,且通过长期的经营,已经形成从大麻种植经验交流到大麻种植设备买卖,大麻种子、成品交易及如何逃避法律打击的黑色产业链,社会影响恶劣。上诉人黑某、曹某均系论坛超级版主或版主,活跃度较高,所起作用较大,社会危害性较大,据此均应认定为情节严重。

■ 评 析

Ⅰ 既往司法实践状况

本案系国内将大麻交流网站以非法利用信息网络罪定罪处罚的第一案，为打击无法查实贩毒事实但利用互联网发布涉毒信息的行为提供了解决方案。

非法利用信息网络罪是2015年《刑法修正案（九）》增设的系列信息网络犯罪新罪名中的一个，由于《刑法》中新增相关信息网络犯罪的定罪量刑标准较为原则，加上法官在一些法律适用的具体问题上存在认识分歧，因此与当时立法的积极作为相比，司法实践中反倒很少出现这方面的判例。从这个意义上来说，2019年10月，浙江省绍兴市中级人民法院二审裁定的被告人曹某等利用信息网络发布有关制作或者销售毒品的违法犯罪信息构成非法利用信息网络罪一案，是推动相关法条从书本走入现实的有益探索。

Ⅱ 本案意义

根据《刑法》第287条之一的规定，非法利用信息网络罪包括三种行为类型：一是设立用于实施诈骗、传授犯罪方法、制作或者销售违禁物品、管制物品等违法犯罪活动的网站、通讯群组；二是发布有关制作或者销售毒品、枪支、淫秽物品等违禁物品、管制物品或者其他违法犯罪信息；三是为实施诈骗等违法犯罪活动发布信息。第一种行为类型中的"用于实施违法犯罪活动的网站、通讯群组"，指的是该网站、通讯群组客观上主要用于实施犯罪活动或传授犯罪方法，或者行为人设立该网站、通讯群组的目的是实施犯罪活动。成立第二种行为类型的犯罪，要求行为人故意发布违法犯罪信息，且达到情节严重的程度。

本案的具体案情为大麻交流论坛的版主多次发布、回复有关大麻种植技术的主题帖，对此法院主要从两个方面来认定其行为成立非法利用信息网络罪。首先，上诉人黑某、曹某均系论坛超级版主或版主，他们在专门用于从事大麻种植经验交流，大麻种子、种植设备肥料、吸食用具及大麻成品买卖等非法活动的网络论坛上发布、回复有关大麻种植技术主题帖，其行为已然属于制作、销售毒品信息，属于《刑法》第287条之一第1款第2项所列情形；其次，该论坛具有会员1500多人且各版主活跃度较高，围绕该论坛已形成交流大麻种植知识、大麻种子买卖、大麻种植设备及肥料买卖、大麻吸食用具买卖、大麻成品买卖的一条龙黑色产业链，该网站还传授站内人员反侦查手段以逃避法律责任。被告人曹某共发布大麻种植教程、种植设备等主题帖48个，回帖交流大麻种植技术358次；被告人黑某共发布有关大麻知识的主题帖3个，回帖交流大麻种植、大麻品种等178次；被告人王某共发布有关大麻种植技术知识的主题帖13个，回复帖子679次。尽管在一审判决以及二审审理期间，相关的司法解释尚未公布，但是本案一审法院和二审法院的法官能够结合全案的事实和证据，根据发布信息的具体内容、数量、扩散范围、获取非法利益的数额、造成的社会影响等因素，综合判断是否属于情节严重，体现了司法裁判人员过硬的职业素养。

本案的判决至少有三方面的意义：一是从个案层面的罪名适用来看，有利于明确非法利用信息网络罪的适用标准，为后续审理类似案件提供可以借鉴的思路；二是从宏观层面的刑法机能来看，本案较为准确地传达了立法者的意图，使得刑法能够提前介入并规制网络犯罪，实现刑法对法益的提前保护；三是从社会层面的治理效果来看，处罚发布大麻种植技术等违法犯罪信息的行为，可以对其他类似的违法犯罪行为起到威慑作用，有利于改善网络空间环境。

1. 司法实务主动有所作为

在相关司法解释出台之前，非法利用信息网络罪的适用标准并不明确，尤其是在如何判断"情节严重"方面缺乏具体的规定。本案法院在认定"情节严重"时考虑了多方面的因素，从行为人和行为人所处的网络环境两个角度进行综合分析。具言之，一方面考察行为人发布信息的具体内容、数量以及行为人获取违法所得的数额；另一方面还考虑了行为人所处网络空间的规模，依据违法犯罪信息的传播环境来判断其危害性。本案法院所选取的这两个判断维度与后来出台的司法解释的思路基本一致，这也从侧面体现了法院判断思路的合理性。其后出台的最高人民法院、最高人民检察院《关于办理非法利用信息网络、帮助信息网络犯罪活动等刑事案件适用法律若干问题的解释》的第 10 条第 4 项列举了四种发布违法犯罪信息"情节严重"的情形：(1)在网站上发布有关信息 100 条以上的；(2)向 2000 个以上用户账号发送有关信息的；(3)向群组成员数累计达到 3000 以上的通讯群组发送有关信息的；(4)利用关注人员账号数累计达到 30000 以上的社交网络传播有关信息的。不难发现，这四种情形也是从两个角度来判断"情节严重"的，前两种情形侧重于从行为人角度出发分析发布违法犯罪信息的数量，后两种情形则从行为人所处的网络环境出发分析违法犯罪信息的实际影响范围。

2. 立法目的通过个案判决来实现

传统刑法思路是对已经产生危害后果的行为进行事后处罚，在网络时代的风险刑法语境下，刑法的法益保护性因此受到质疑——如果只是在法益受到损害后才发动刑罚，那么很难说刑法实际上发挥了保护法益免受不法侵害的作用，此时刑法的功能更多在于对实施犯罪的行为人进行惩罚。于是，在进入信息与风险社会后，刑法越来越被要求对突出的社会风险进行回应和控制，风险刑法(预防刑法)据此应运而生。依据非法利用信息网络罪对发布制作大麻的违法犯罪信息的行为进行处罚，正是司法实践对于风险刑法制度的贯彻落实，强化了预防刑法的理念。在非法利用信息网络罪得到适用之前，对于涉及销售和制作毒品的行为只能依据《刑法》第 347 条"走私、贩卖、运输、制造毒品罪"进行规制，行为人只有实际制造或者销售毒品才会受到处罚。依据非法利用信息网络罪的规定，可以将处罚的时点前移到制造或者贩卖毒品的准备阶段，例如本案处罚了发布大麻种植技术等违法犯罪信息的行为，在潜在的信息接受者学习如何种植大麻之前就阻止了进一步犯罪行为的发生。刑法的功能从注重事后惩罚转变为兼顾事后惩罚与事先预防，是当前中外刑法演变的一个重要特征，尽管对预防性刑法究竟应走多远学界还有不同看法，但本案至少从案例的角度为我们思考这一问题提供了素材。

3. 中国之治呼唤网络环境的净化

大麻交流论坛版主处罚案激活了非法利用信息网络罪的适用，对于净化网络环境具有警示作用。虽然“网络不是法外之地”已成共识,但是发布违法信息内容的行为仍然很常见。这一方面由于某些违法信息内容处于灰色地带难以对相关行为进行处罚,另一方面也是因为网络的虚拟性削弱了行为人的犯罪感。非法利用信息网络罪规定了两大类违法犯罪信息,即制作或者销售违禁物品、管制物品类违法犯罪信息和为实施诈骗而发布的违法犯罪信息,为直接惩罚发布违法犯罪信息的行为提供了法律依据。本案的判决使社会公众更加清晰地认识到了发布违法犯罪类信息的可罚性,特别是那些曾经或者可能会在网络中发布违法犯罪信息的行为人更应意识到实施这类行为的严重后果。最高人民法院、最高人民检察院《关于办理非法利用信息网络、帮助信息网络犯罪活动等刑事案件适用法律若干问题的解释》已于2019年11月1日起施行,相信在立法、司法解释和司法者的互动过程中,刑法的预防效果一定会得到更好的彰显,为信息网络领域的中国之治探索出更多更好的经验。

Ⅲ 本裁定引发的思考

司法解释以及司法解释性文件在我国对司法机关具有普遍的约束力,是审理相关案件的依据,对统一法律的适用、弥补刑法的滞后性、加强规范的社会适应性具有积极作用。然而,由于我国的刑事立法一般采取定性加定量的立法模式,违法行为只有达到一定的社会危害程度才能够被认定为犯罪,且在相关罪名的立法中往往并不直接对“定量要素”予以明确,因此只能依靠司法解释或司法解释性文件对其补充说明。这也就导致部分罪名在相关司法解释出台之前的司法适用率极低,甚至处于“无人敢用”之境地,非法利用信息网络罪、帮助信息网络犯罪活动罪以及拒不履行信息网络安全管理义务罪都存在这一问题。由此需要我们反思的是,我国的刑事立法模式是否存在可以改进的空间?对于“情节严重”等较为常见的罪量要素,是否存在一般意义上的解释规则与方法?在相关的司法解释未出台的前提下,如何使相关罪名的司法适用摆脱对司法解释的过分依赖?前述问题仍有待被进一步澄清。

此外,必须注意的是,非法利用信息网络罪有“兜底性罪名”的趋向。非法利用信息网络罪之所以成为兜底性罪名的典型代表,不是基于兜底条款的存在,而是具体条款中充斥着兜底性规定。非法利用信息网络罪的兜底性规定,不仅涉及兜底性行为内容,也包括兜底性行为对象。兜底性行为内容体现为除列举性行为内容以外设立网站、通讯群组或发布信息所涉及的违法犯罪(活动),具体分三种情形:一是设立的网站、通讯群组以其他违法犯罪活动为内容,条文表述为“等违法犯罪活动”;二是发布的信息以其他违法犯罪为内容,条文表述为“其他违法犯罪”;三是以其他违法犯罪活动为内容发布信息,条文表述为“等违法犯罪活动”。兜底性行为对象体现为《刑法》并未明确第287条之一第1款第1项、第2项规定的除毒品、枪支、淫秽物品以外的其他违禁物品、管制物品的范围。

非法利用信息网络罪是应对网络和信息技术发展带来的负面影响所作的积极回应,尽管该罪兜底性规定的设立有其客观的理由与依据,但面对兜底性规定冲击罪刑规范的明确性、处罚边界扩张的问题,为了贯彻罪刑法定原则,有必要限缩兜底性规定。同类解释规则,作为兜底性罪名的通行解释规则，却在非法利用信息网络罪中因不符“性质相同、手段相似、后果相当”而面临失效。目的解释在方法论上具有相对意义上的优位性，主张目的性限缩是解释该罪兜底性规定的理性选择。进一步而言，应在厘定非法利用信息网络罪法益、考虑兜底性行为内容关联因素的条件下确立目的性限缩标准。兜底性行为内容是除列举性行为内容以外的构成要件层面的犯罪，兜底性行为对象仅限于刑法调整范围内除毒品、枪支、淫秽物品以外国家规定禁止或限制制作、销售、持有的物品。

□ 参考文献

张明楷:《刑法学》(第6版)，法律出版社2021年版。

周光权:《刑法总论》(第4版)，中国人民大学出版社2021年版。

刘仁文等:《立体刑法学》，中国社会科学出版社2018年版。

陈兴良:《教义刑法学》(第3版)，中国人民大学出版社2017年版。

张明楷:《刑法分则的解释原理》(第2版)，中国人民大学出版社2011年版。

《刑法学》编写组:《刑法学(下册·各论)》，高等教育出版社2019年版。

皮勇:《论新型网络犯罪立法及其适用》，载《中国社会科学》2018年第10期。

汪恭政:《非法利用信息网络罪的兜底性规定及其教义学限缩》，载《西南政法大学学报》2020年第2期。

022 以预防性刑法巩固网络社会治理的前端防范模式

利用变异黑话发布违法信息案 ｜ 浙江省杭州市余杭区人民法院(2021)浙0110刑初533号刑事判决书

单　勇 南京大学法学院

■ 事实概要

2019年6~9月,被告人柯某在网上出售某网购平台商家子账号给他人用于发布引流信息,并提供引流信息"代发布"服务。其间,被告人柯某以拆分、模糊违禁词等方式避开某网购平台的信息内容排查机制,利用该网购平台竞价排名系统帮助他人发布包含"查个人定位、查电话定位、查聊天记录、棋牌透视控制"等违法犯罪内容的信息400余条,造成上述信息在该网购平台上被展示80余万次,被点击3万次。同时,被告人柯某先后向他人出售用于发布违法犯罪信息的某网购平台商家子账号200余个,非法获利人民币7万余元。

■ 裁判要旨

法院审理认为,被告人柯某利用信息网络发布违法犯罪信息,情节严重,其行为已构成非法利用信息网络罪。公诉机关指控的罪名成立。关于辩护人所提被告人不构成犯罪的意见,经审理认为,被告人柯某利用信息网络发布了违法犯罪信息,该违法犯罪信息并不仅限于有关制作或者销售毒品、枪支、淫秽物品等违禁物品、管制物品的信息,还包括了犯罪行为和属于《刑法》分则规定的犯罪行为类型但尚未构成犯罪的违法行为。故对辩护人的相应意见不予采纳。

被告人柯某到案后能如实供述犯罪事实,自愿认罪认罚,依法予以从宽处罚。其能退缴违法所得,酌情予以从轻处罚。公诉机关量刑建议适当,应予采纳。根据《刑法》第287条之一第1款第2项、第67条第2款、第52条、第53条、第64条以及最高人民法院、最高人民检察院《关于办理非法利用信息网络、帮助信息网络犯罪活动等刑事案件适用法律若干问题的解释》(以下简称《非法利用信息网络、帮助信息网络犯罪活动等解释》)第7条、第10条之规定,被告人柯某犯非法利用信息网络罪,判处其有期徒刑1年,并处罚金人民币1万元;对被告人柯某退缴的违法所得人民币70777元予以没收,上缴国库。

第一,本案关于非法利用信息网络罪的定性准确。被告人柯某在网上发布违法犯罪信息的行为属于《刑法》第287条之一第1款第2项的"发布其他违法犯罪信息的",该罪虽是打击网络犯罪的兜底性罪名，但受罪刑法定原则之明确性的要求，该罪的规制空间有其特定范围。《非法利用信息网络、帮助信息网络犯罪活动等解释》第 7 条将非法利用信息网络罪中的“违法犯罪”限缩解释为“属于刑法分则规定的行为类型但尚未构成犯罪的违法行为”。也就是说，只有当被告人柯某发布违法犯罪内容信息属于为其他不法分子实施《刑法》分则规定的其他罪名而引流时，才能构成本罪。所发布的信息是否有关违法犯罪，则需根据具体的信息内容、是否使用虚假身份、是否规避监管等情况进行综合判断。本案中，被告人所引流之可能罪名包括侵犯公民个人信息罪，非法获取计算机信息系统数据、非法控制计算机信息系统罪，提供侵入、非法控制计算机信息系统程序、工具罪，诈骗罪等，故而其行为系非法利用信息网络的不法行为。同时，该不法行为还满足了司法解释关于该罪之情节或数额的规定。《非法利用信息网络、帮助信息网络犯罪活动等解释》第 10 条规定发布有关违法犯罪的信息具有“在网站上发布有关信息一百条以上的”“违法所得一万元以上的”等情节条件之一的即构成本罪。可见，被告人的违法行为已达到本罪之情节严重的程度，应处 3 年以下有期徒刑或者拘役。

第二，本案的量刑体现了宽严相济的刑事政策。一方面，本案被告人于 2016 年 8 月因犯诈骗罪被判处有期徒刑 10 个月，缓刑 1 年，对于其为何没有构成累犯，法院的认定是准确的。被告人前罪的刑罚为有期徒刑 10 个月且缓刑 1 年。所谓缓刑，乃是刑罚附条件的不执行。被告人前罪的刑罚实际没有被执行，如果认定其为累犯，则不符合累犯条件，即新罪发生于“刑罚执行完毕五年内”。被告人虽不属于累犯，但系有犯罪前科的再犯，且再犯的时间间隔较短。前罪缓刑考验期于 2017 年 8 月结束，两年后又再犯新罪，故作出此判决。另一方面，因被告人到案后如实供述犯罪事实，自愿认罪认罚且有退赃情节，故可以依法从轻处罚。被告人认罪认罚发生于侦查阶段，故可以较大幅度地减少基准刑。基于此，法院采纳了公诉机关提出的 1 年有期徒刑的量刑建议，体现了对于轻罪的宽缓化司法处遇。非法利用信息网络罪在基本犯阶段属于轻罪，对于自愿认罪认罚的被告人予以宽缓化处遇有利于其复归社会和节约司法资源、提高司法效率，并更好地体现了刑法的谦抑精神。

■ 评　析

Ⅰ 本案的判决彰显了预防性刑法的犯罪治理效果

当前，传统犯罪与网络犯罪此消彼长，各类新型网络犯罪滋生于网络黑灰产业链条之中。传统的事后回应模式能够合理应对发生于现实空间的街面犯罪挑战，但对网络犯罪的治理应对乏力。为此，《刑法修正案（九）》专门增设了非法利用信息网络罪、拒不履行信息网络安全管理义务罪、帮助信息网络犯罪活动罪三个全新罪名，发展了数字化时代的网络刑法。从本质上看，网络刑法是一种预防性刑法。设立非法利用信息网络罪，将发布违法犯罪信息的行为独立入罪，实际是将某些网络犯罪的预备犯予以正犯化，体现了对网络犯罪打早打小的刑事政策。非法利用信息网络罪规制了三类非法利用信息网络的行为，既包括设立用于实施诈骗、传授犯罪方法、制作或者销售违禁物品、管制物品等违法犯罪活动的网站、通讯群组的;也包括发布有关制作或者销售毒品、枪支、淫秽物品等违禁物品、管制物品或者其他违法犯罪信息的;还包括为实施诈骗等违法犯罪活动发布信息的。第一类行为聚焦于为实施违法犯罪设立网站和通讯群组;而第二类和第三类行为指向在网络空间中发布违法犯罪信息,这些信息包括文字、图片、视频等多种形式。此外,提供信息的链接、截屏、二维码、访问账号密码及其他指引访问服务的,亦属于"发布信息"。

Ⅱ 新型网络犯罪的治理模式亟待从事后回应转向前端防范

在风险识别及公安侦查环节中,被告人使用家人账号(接近于自己的账号)发布违法犯罪信息并出售子账号,为逃避平台监管使用变异黑话,即对所发布的违法犯罪信息在表述上进行一定处理。相关网购平台很容易通过技术手段监测到相关违法信息,并顺藤摸瓜找到该商家账号的真正使用者,从而将案件线索移送公安机关。在司法处遇环节中,主要问题聚焦于对变异黑话反映的违法信息的认定,本案从该黑话的实质内涵角度将其认定为"违法信息",这具有一定的开创意义。在实践中,在虚假注册账号和养号黑产的滋养下,大量的网络犯罪往往使用查证难度大的非本人账号,并以 IP 池掩饰真实的网络地址,犯罪的匿名性极强。

一方面,一个完整的网络黑灰产业链条由上游、中游、下游多个环节组成。在黑灰产上游,黑灰产通过批量注册、虚假认证等提供账号环节为不法分子提供隐藏真实身份的账号,不法分子通过隐名账号从事网络违法活动;木马程序、刷库软件、群控软件等在提供工具环节为不法分子实施违法行为提供技术工具,使网络违法具有极强的扩散效应和规模效应;各类用于犯罪的网站和通讯群组为不法分子提供差异交往、交易的平台;黑灰产通过验证、推广犯罪信息、免杀服务等技术辅助环节为不法分子实施犯罪提供技术支持。黑灰产中游主要表现为网络诈骗、网络售假、侵犯公民信息、网络赌博、网络色情等各类违法犯罪活动的实施。黑灰产下游聚焦于通过第四方支付、分拆转账、点卡回收等多种方式实现赃款的在线转移。

另一方面,从黑灰产从业者的犯罪圈层看,黑灰产地下经济的从业者呈现鲜明的圈层分布状态。处于核心圈层的组织者(金主)和专业黑客是黑灰产经济的塑造者,他们在网上组织犯罪模式、挖掘黑灰产情报,这些组织者隐藏极深且很多居住于境外,如网络赌博的组织者。这些群体无疑是打击的重点,也是打击的难点。处于职业圈层的黑灰产工作室在核心圈层的领导下从事黑灰产技术服务提供、个人信息贩卖、黑灰产基础工具研发、卡号贩卖、洗钱服务提供等违法活动,黑灰产工作室的存在使网络违法犯罪的实施更具职业化和技术化。以研发黑灰产基础工具为例,这一环节广泛囊括研发犯罪效率更高的群控软件、更新 AI 打码平台、设置接码平台、提供 VPN 代理和 ADSL 拨号服务、提供 VPS 服务器、提供猫池和卡池等。处于边缘圈层的黑灰产底层下线是黑灰产工作室的神经末梢和黑产业务的具体执行者,底层执行者往往在黑灰产工作室上线的指挥下以人海战术的形式在网络空间使用各种账号或黑灰产工具从事发布违法犯罪的引流信息、代下载、代下单、协助提现、积分兑换、黄牛倒卖、刷单刷粉刷榜等具体违法活动。从犯罪圈层看,大量的底层黑灰产任务执行者具有较强的可替代性，一旦被查处，其执行的黑产任务很快就由替代者跟进。必须承认，推广犯罪信息等处于黑灰产末梢的违法犯罪滋生于整个黑灰产土壤之中，仅打击某个底层犯罪人员如同割韭菜一样无法治本。

基于上述两点原因，我们不得不承认基于刑法的事后回应模式具有较大的局限性。从各地公安机关的破案率看，网络犯罪的破案率远低于公安机关各类刑事案件的平均破案率，网络犯罪无疑存在较大的犯罪黑数。预防性刑法也仅能对纳入司法处遇视野的已侦破案件进行事后回应与刑罚威慑。必须承认，对于网络犯罪的治理，刑法的作用是有限的，基于刑法的事后回应模式亟待向前端防范模式转型。

Ⅲ 新型网络犯罪的前端防范离不开互联网公司等市场主体对协助执法与内容审核义务的全面履行

犯罪治理模式转向前端防范，离不开互联网公司等市场主体参与的源头治理。《反电信网络诈骗法》强调电信业务经营者、银行业金融机构、非银行支付机构、互联网服务提供者的安全主体责任，要求上述市场主体建立起防范电信网络诈骗（以下简称电诈）犯罪的内部风险防控机制和安全责任制度，以实现对电诈犯罪的信息链、资金链、人员链、技术链等环节的源头治理和系统治理。从治理结构上看，传统治理模式是公安机关等执法部门直接针对不法个体进行事后司法处遇；而《反电信网络诈骗法》的前端防范模式则构筑起“政府—市场主体—用户”的双层治理结构。《反电信网络诈骗法》既明确了地方各级人民政府对反电诈工作的责任，也赋予了公安部门对反电诈工作的组织协调责任，还要求金融、通信、互联网等行业主管部门对反电诈工作的行业监管主体责任。政府、公安部门及行业主管部门的反电诈职责主要聚焦于对前述市场主体对安全主体责任的履行的引导、支持和监督；而市场主体之安全责任的履行主要表现为对用户的监管。市场主体对用户的监管聚焦于协助执法和内容审核两个方面：

一方面，市场主体应履行对电诈等网络犯罪的协助执法义务。2017 年施行的《网络安全法》第 28 条规定，“网络运营者应当为公安机关、国家安全机关依法维护国家安全和侦查犯罪的活动提供技术支持和协助”。2021 年 9 月施行的《数据安全法》第 35 条规定，“公安机关、国家安全机关因依法维护国家安全或者侦查犯罪的需要调取数据，应当按照国家有关规定，经过严格的批准手续，依法进行，有关组织、个人应当予以配合”。《反电信网络诈骗法》再次肯定了市场主体对执法部门的协助执法义务。基于上述法律规范，市场主体对其用户实施的网络违法犯罪的识别与监测成为前端防范的基本支撑。

另一方面，市场主体应履行对电诈等网络犯罪的内容审核义务。在网络空间中，不法分子之间的犯罪协作、不法分子与潜在被害人之间的网络差异交往，主要表现为违法犯罪内容的信息交互；而对这些信息的识别、预警与干预就成为前端防范的第一道防线。资料显示，2020 年哔哩哔哩的内容筛选团队约有 2400 名员工；小红书审核员工有 1000 多人；字节跳动的内容审核员更是超过 2 万人。对于内容审核义务，《网络安全法》第 47 条规定，“网络运营者应当加强对其用户发布的信息的管理，发现法律、行政法规禁止发布或者传输的信息的，应当立即停止传输该信息，采取消除等处置措施，防止信息扩散，保存有关记录，并向有关主管部门报告”。2020 年修订的《未成年人保护法》第 80 条第 2 款规定，“网络服务提供者发现用户发布、传播含有危害未成年人身心健康内容的信息的，应当立即停止传输相关信息，采取删除、屏蔽、断开链接等处置措施，保存有关记录，并向网信、公安等部门报告”。《反电信网络诈骗法》第 22 条明确要求“互联网服务提供者应当建立监测防范制度”，第 25 条明确要求，对“提供内容分发、广告推广、引流推广、搜索引擎等网络推广服务”等六类网络违法帮助行为进行监测、拦截和处置。《反电信网络诈骗法》更是在电信治理、金融治理、互联网治理三个章节中对市场主体的各项治理职责予以明确规定。需要指出的是，市场主体的犯罪控制义务应有其合理且清晰的标准，就内容审核而言，有时互联网公司穷尽现有的模型规则和技术手段，也无法完全消除违法犯罪内容。因此，在设定环节应明确犯罪控制义务履行的程度。

可见，网络犯罪的综合治理是一项集系统观念和法治思维于一体的系统工程，既需要刑法及时跟进，以事后回应的方式依法处遇个案；更离不开互联网公司等市场主体对协助执法义务和内容审核义务的勤勉尽责履行，并呼唤犯罪治理模式从事后回应转向前端防范。

☐ 参考文献

周加海、喻海松：《〈关于办理非法利用信息网络、帮助信息网络犯罪活动等刑事案件适用法律若干问题的解释〉的理解与适用》，载《人民司法》2019 年第 31 期。

汪恭政：《非法利用信息网络罪的兜底性规定及其教义学限缩》，载《西南政法大学学报》2020 年第 2 期。

姜金良：《法益解释论下非法利用信息网络罪的司法适用——基于〈刑法修正案（九）〉以来裁判文书样本的分析》，载《法律适用》2019 年第 15 期。

023 首例“微信解封”入罪案的刑法分析

高某、张某帮助信息网络犯罪活动案 | 浙江省杭州市江干区人民法院(2020)浙0104刑初413号刑事判决书

劳东燕 清华大学法学院

事实概要

2019年11月25日至2020年4月8日,被告人高某、张某在山西省大同市恒安新区设立“s. p. 工作室”,雇佣安某、徐某(均另案处理)等人共同经营“帮助微信解封”业务,通过微信自助解封功能帮助他人解封微信账号兼职赚钱。被告人高某、张某在明知他人利用微信进行诈骗等犯罪活动的情况下,仍指使工作室成员以“预加好友”和“人脸解封”的方式,先后多次为“哈啰小姐”(微信名)等诈骗犯罪嫌疑人提供微信账号解封帮助。截至2020年4月,工作室相继解封3315个涉嫌诈骗的微信账号,这些微信号涉及诈骗案件300多个。其中已立案的12起诈骗案件,被骗总金额达96万余元,被告人高某、张某获取违法所得至少人民币50万元。

裁判要旨

法院认为,被告人高某、张某明知他人利用信息网络实施犯罪,仍为其犯罪提供帮助,情节严重,其行为已构成帮助信息网络犯罪活动罪,对高某判处有期徒刑1年6个月,罚金人民币15000元,对张某判处有期徒刑1年2个月,罚金人民币10000元。

在明知他人利用微信进行诈骗等犯罪活动的情况下,仍为其提供微信账号解封方面的帮助,相应行为成立帮助信息网络犯罪活动罪。

评　析

I 本案意义

本案事实并不复杂,在定性上可能也争议不大。不过,将微信解封的行为予以入罪,在全国范围内属于首例,折射出了网络犯罪治理发展方面的新态势。随着网络犯罪的异化和演变,网络犯罪帮助行为隐蔽性强且查处难度高。将前述案件中的行为以帮助信息网络犯罪活动罪来定性,能够弥补传统共同犯罪原理在打击网络犯罪方面的不足,使得打击为网络犯罪提供技术帮助的行为成为可能。本案作为国内“微信解封”入罪第一案,无论是对于

网络科技公司与技术人员，还是对于一般网络从业人员，都有着相当的警示意义。可以说，在打击网络犯罪的帮助行为方面，帮助信息网络犯罪活动罪正日益成为整治网络黑灰产的有效武器。当然，如何避免该罪处罚范围的不当扩大，也是司法实务中需要加以注意的问题。

Ⅱ 传统共同犯罪原理的缺憾之处

帮助信息网络犯罪活动罪是《刑法修正案（九）》新增的罪名，旨在处罚为利用信息网络实施犯罪提供帮助的行为。根据《刑法》第 287 条之二的规定，此类帮助行为分为两种类型：一是提供技术支持，包括提供互联网接入、服务器托管、网络存储、通讯传输等；二是提供广告推广、支付结算等帮助。立法上设立专门条文对利用信息网络犯罪的帮助行为作出规定，主要是由于，将现有的共犯原理照搬适用于网络犯罪的场景中，存在明显的短板问题。

按照刑法理论上的共犯从属性原理，共犯行为的违法性取决于正犯行为的违法性。也即，对共犯行为的处罚，要以正犯实施了符合构成要件的、违法的行为为前提。只有这样，相应的教唆或帮助行为才能因作用于最终的法益侵害而被处理。据此，帮助犯的成立，除了客观上对正犯的行为具有因果贡献或促进作用之外，还要求行为人主观上具备双重故意，即不仅需要与特定正犯之间存在犯意联络，还需要其具有或者至少认识到正犯所实施特定犯罪的故意。

然而，就网络犯罪而言，提供帮助的共犯与实施构成要件的正犯之间，往往无法建立起线下共同犯罪那样确定的犯意联络与犯罪故意；与此同时，具体实施特定犯罪的正犯可能难以到案，或者由于达不到入罪标准而难以启动刑事追诉。因此，将共犯的一般原理在网络犯罪领域予以推行，会面临诸多问题，导致大量的处罚漏洞。一是网络空间的匿名化特性，使得提供帮助的行为人可能根本不认识正犯，甚至对于正犯想要具体实施何种或哪些犯罪，行为人也往往没有明确的认知。二是网络空间中联结的多节点特性，导致共犯与正犯之间可能形成一对多或多对多的局面；且所谓的“多”不是几个或十几个，而可能是成百上千甚至不计其数。多节点的特性，使得帮助犯与正犯之间的关系变得多元化与复杂化。三是网络中的违法犯罪本身可能具有产业性或多链条的特性，在某一环节提供帮助的行为人，对其上下环节或链条上的其他行为人可能缺乏认知。

Ⅲ 帮助信息网络犯罪活动罪的立法创新

本案较为典型地表现出了网络犯罪的前述三个特点。按照传统的共犯原理，不一定能认定高某、张某与实施诈骗犯罪的正犯之间形成了就诈骗罪的犯意联络，从而成立诈骗罪的共犯。这是因为，高某与张某对正犯具体实施诈骗行为的情况往往并不知情，包括了实施多少次诈骗、如何实施诈骗、对哪些被害人下手以及诈骗金额是多少等，均缺乏相应的认知。

就此而言，一方面，若按诈骗犯实施的所有诈骗行为与所有骗取的金额，来认定高某与张某作为诈骗罪之共犯的刑事责任，未免过重；另一方面，高某与张某在明知解封的某些账号会被用于诈骗的情况下，只是单纯提供微信解封的帮助行为，与一般的诈骗罪共犯所要求的犯意联络程度相比，还是无法相比拟。

此外，本案的共同犯罪类似于轮式结构，属于一对多的关系，高某与张某跟各正犯之间存在较为松散的犯意联络，而各正犯彼此之间却可能是独立的，并不构成共同正犯的关系。如此一来，如果以诈骗罪共犯对高某与张某的行为进行追诉，则如何计算诈骗数额在理论上也会遇到较大的障碍。

可见，基于共犯从属性的原理而将高某与张某的行为认定为诈骗罪的共犯，存在一定的障碍，也并不合理。反之，如果对两被告人作出无罪处理，任由此类行为在网上滋生与发展，必然严重危及网络空间的秩序与他人的合法财产权益，很难对网络犯罪展开有效的打击。

考虑到在有关共犯处罚根据的问题上，存在共犯从属性原理与共犯独立性原理之争，那么，是否可以通过调整共犯从属性原理，甚或一头倒向共犯独立性原理，来解决本案中高某与张某的帮助行为的可罚性问题呢？不难发现，目前刑法理论上支持共犯从属性说的阵营中，出现了不断放宽从属性要求的倾向，转而支持共犯独立性说的人也日渐增多。

然而，整体性地调整共犯处罚根据，一方面固然有助于合理地解决处理网络共同犯罪时所面临的某些问题，另一方面也未免会过于扩张线下或其他共同犯罪的处罚范围。换言之，在共犯的处罚根据上从从属性原理转向独立性原理，由于需要在所有的共同犯罪中一体予以适用，因此它在部分地解决网络犯罪处罚范围合理性问题的同时，也必然会带来线下或其他领域中不当扩张共犯处罚范围的问题。

直面网络时代的犯罪特性，我们显然不能局限于原有的理论框架中来思考问题，只在要么坚持共犯从属性要么支持共犯独立性之间摇摆。在维持共犯从属性基本立场的基础上，在立法层面设立专门的法条，就网络领域常见犯罪的帮助行为作出例外的禁止性规定，可谓是另辟蹊径的第三条道路。这在国外立法中（如英国）也有相应的先例。这种例外性的规定，实质上往往遵循的是共犯独立性说的立场。它有助于摆脱从属性原理的约束，对网络领域的帮助犯行为进行有效的打击与预防；同时，也避免了因整体上放松共犯从属性的要求或倒向共犯独立性，而过于扩张处罚范围的弊端。

在此种意义上，《刑法修正案（九）》增设帮助信息网络犯罪活动罪称得上重大创新之举，既维持了作为共犯一般原理的从属性要求，确保其在一般的共同犯罪中予以适用，又能有效地解决网络共同犯罪中出现的新问题。这意味着，硬要套用共犯从属性原理来解读《刑法》第 287 条之二，认为该条属于量刑规则，并未改变共犯一般原理的适用，多少存在旧瓶装新酒的嫌疑。这样的观点，既无视了网络犯罪的特性，也难以合乎社会治理的客观需要。

Ⅳ 帮助信息网络犯罪活动罪的处罚限定

当然，这并不意味着量刑规则说没有任何合理之处，其担忧共犯处罚范围扩张有其现实意义。帮助信息网络犯罪活动罪在有效实现对网络犯罪帮助犯的打击的同时，也容易引发不当扩张适用范围的问题。为确保本罪处罚范围的合理,有必要从主客观两个层面来进行限定。

从客观层面而言,一是要求客观上所帮助的对象是必须达到犯罪程度的行为;二是行为人所提供的帮助还必须违反相关行为规范,即创设的是不容许的风险。这两方面的要求缺一不可。从主观层面来说,一是虽然不需要提供帮助的行为人对于正犯所实施的特定犯罪有准确的认知,但其主观上必须对正犯所实施的行为构成刑法上的犯罪具有认知;二是提供帮助的行为人必须对正犯在实施犯罪的事实达到确定或至少是高度盖然性的程度,不能认为只要其对正犯实施犯罪的事实达到或然可能的程度即可。

这是因为,在网络时代无论是提供技术支持,还是广告推广、支付结算等帮助,几乎不可避免地会被犯罪分子所利用。例如,无论是像淘宝、京东这样的购物平台,还是像微信那样的社交平台,抑或支付宝之类的网络支付工具,都必然会存在为违法犯罪分子滥用的可能。倘若帮助信息网络犯罪活动罪的认定,只要求客观上为他人实施犯罪提供了帮助,主观上明知自己的行为可能在帮助他人的犯罪,则几乎所有的网络科技企业及其技术人员,甚至所有的网络从业人员,都有可能构成帮助信息网络犯罪活动罪。这样来理解本罪的成立要件,无疑对网络从业人员与相关单位施加了过重的注意义务。由此,司法实务中的选择性执法现象也必然难以避免。

就本案而言,高某与张某的行为客观上帮助他人实施了诈骗犯罪没有疑问,而且,其以提供技术支持的方式帮助他人“微信解封”,在违反注意规范方面也无问题。微信的账号一旦被平台查封,账号的控制人或权利人理应通过正当的手段去申请解封。本案中的高某与张某在对此有所知情的情况下,违规动用技术手段解封遭到封禁的微信账号,且收取高额费用,显然也违反了相应的注意规范,其行为客观上制造了法所不容许的风险。

高某与张某的行为是否入罪,还取决于其主观上是否确定地或者是高度盖然地明知,经其帮助而解封的微信账号是否将要或正在被用于实施包括诈骗在内的犯罪活动。本案的一审判决书对故意的问题只是一提而过,没有进行必要的展开,可能是基于两名被告人都已认罪认罚的缘故。如果高某与张某的认罪认罚完全出于自愿,则应当说,本案中主观故意的认定并无问题,二被告人的确构成帮助信息网络犯罪活动罪。同时,考虑到本案中的高某与张某均为在校大学生,再加上有认罪认罚情形,一审判决通过合理运用与把握宽严相济的刑事政策,对其作出了从宽处罚。

值得指出的是,本案可能还存在是否成立帮助信息网络犯罪活动罪与诈骗罪共犯的想象竞合的争议。这涉及如何界分二者的问题。本文初步认为,在明知会被用于诈骗犯罪的情况下,客观上仍为他人的诈骗行为提供相应技术支持的,是否进一步成立诈骗罪的共犯,主要取决于行为人主观上犯意联络的程度,包括对诈骗犯罪计划的知情程度等。应当根据共同犯罪的一般原理,要求行为人具备双重的故意,不仅要对特定正犯与相应诈骗犯罪的内容有实质性的了解,而且与实施诈骗的正犯之间的意思联络应达到较为密切的程度。如本案中高某与张某对诈骗的松散参与程度,不应认为其同时构成诈骗罪的共犯。

□ 参考文献

张明楷:《刑法学》(第6版),法律出版社2021年版。

张明楷:《论帮助信息网络犯罪活动罪》,载《政治与法律》2016年第2期。

刘艳红:《网络犯罪帮助行为正犯化之批判》,载《法商研究》2016年第3期。

王华伟:《网络语境中帮助行为正犯化的批判解读》,载《法学评论》2019年第4期。

王昭武:《共犯最小从属性说之再提倡——兼论帮助信息网络犯罪活动罪的性质》,载《政法论坛》2021年第2期。

024 代办营业执照中介帮助信息网络犯罪活动案评析

某甲帮助信息网络犯罪活动案 | 上海市浦东新区人民法院(2021)沪0115刑初3554号刑事判决书

江　溯　北京大学法学院

■ 事实概要

被告人某甲系秦皇岛A有限公司的法定代表人,该公司的主办业务是代办公司注册、代理记账。被告人某乙在该公司中负责代办营业执照、代理开设账户等具体事务。2019年10月至12月期间,被告人某甲为非法牟利,明知其为他人代为办理注册的空壳公司及在银行办理的对公账户可能从事信息网络犯罪活动,仍伙同被告人某乙组织、带领、帮助经由秦某(已判决)纠集专程赶赴秦皇岛市的常某1(已判决)等人,注册成立秦皇岛B有限公司等多家空壳公司并至中国农业银行秦皇岛长城支行等多家银行办理了对公账户,嗣后将代办的公司营业执照、对公账户等材料收集并邮寄给上家秦某,按照约定收取代办费用。2020年1月7日,上海C有限公司的出纳周某被诈骗分子骗取该公司人民币980万元。嗣后,该笔诈骗款项随即通过常某1等人名下的公司对公账户及个人银行账户进行流转,经查,常某1名下的秦皇岛B有限公司的对公账户流转人民币690余万元。

■ 裁判要旨

法院审理认为,被告人某甲、某乙明知他人利用信息网络实施犯罪,仍为其犯罪提供帮助,情节严重,其行为均已构成帮助信息网络犯罪活动罪,依法分别应处3年以下有期徒刑,并处罚金。根据《刑法》第287条之二第1款,第25条第1款,第67条第3款,第72条第1款、第3款,第73条第2款、第3款,第64条的规定,判决被告人某甲犯帮助信息网络犯罪活动罪,判处其有期徒刑9个月,缓刑1年,罚金人民币5000元;被告人某乙犯帮助信息网络犯罪活动罪,判处其有期徒刑8个月,缓刑1年,罚金人民币3000元。此外,退赔在案的钱款予以发还,并继续追缴两名被告人的犯罪所得。

根据《刑法》第287条之二第1款的规定,明知他人利用信息网络实施犯罪,为其犯罪提供互联网接入、服务器托管、网络存储、通讯传输等技术支持,或者提供广告推广、支付结算等帮助,情节严重的,构成帮助信息网络犯罪活动罪。从本案事实来看,某甲和某乙的行为符合帮助信息网络犯罪活动罪的构成要件:(1)某甲和某乙在主观上明知其为他人代办的公司营业执照、对公账户等材料可能被他人所利用,成为实施网络犯罪的工具;(2)他人在事实上利用上述营业执照、对公账户实施了诈骗犯罪行为,并且给被害人造成了严重的经济损失;(3)代办营业执照、对公账户的行为属于《刑法》规定的提供支付结算帮助的行为;(4)某甲和某乙的行为符合最高人民法院、最高人民检察院《关于办理非法利用信息网络、帮助信息网络犯罪活动等刑事案件适用法律若干问题的解释》(以下简称《新型网络犯罪解释》)规定的"情节严重"中的"被帮助对象实施的犯罪造成严重后果"这一具体标准,按照相关会议纪要精神,在电信网络诈骗犯罪中,如果涉案的信用卡或者对公账户内流水金额超过 30 万元,且其中至少 3000 元经查证属诈骗资金,就可以认定帮助信息网络犯罪活动行为属于"情节严重"。因此,法院判处某甲和某乙构成帮助信息网络犯罪活动罪,完全符合我国《刑法》的规定。

■ 评 析

近年来,我国网络犯罪增长速度惊人,不仅在所有犯罪中占据 1/3 的比例,而且呈现出显著的产业化、链条化的特征。网络犯罪的这种状况,与网络空间中大量的帮助行为不无关系。在一定程度上,可以说网络帮助行为的大量存在,为网络犯罪的泛滥提供了温床。与传统物理空间中作为共犯行为的帮助行为不同,网络空间的帮助行为具有如下特征:第一,在客观上,网络帮助行为很少出现"一对一"的情形,而更多体现为"一对多""多对多",一个帮助行为可能为众多网络犯罪行为提供帮助;第二,在主观上,与传统共同犯罪不同,网络犯罪上下游之间往往缺乏明确的犯罪意思联络,彼此甚至是完全陌生的人;第三,在危害性上,由于网络帮助行为往往涉及众多网络犯罪行为,因此其危害性凸显,远远超过传统共犯帮助行为的危害性。考虑到网络帮助行为的这些特征,运用传统共同犯罪的原理就显得捉襟见肘。因此,《刑法修正案(九)》增设了帮助信息网络犯罪活动罪(以下简称帮信罪),以便有效地打击网络帮助行为。

从 2015 年增设帮信罪直到 2019 年,全国法院认定帮信罪的案件年均不足 100 件。然而,2020 年,全国法院认定帮信罪的案件激增到 2607 件,2021 年再次激增到 7245 件。根据检察机关的相关数据,在 2021 年检察机关起诉的刑事犯罪中,共有 129297 人被指控为帮信罪,在起诉人数排名上仅次于危险驾驶罪和盗窃罪。根据相关研究,帮信罪激增的原因主要有三个:首先,近两年加大了对网络犯罪的侦办力度,尤其是自 2020 年 10 月 10 日起在全国范围内开展的多轮"断卡行动"抓获了大批"两卡"犯罪分子,最高人民法院也专门下发通知,要求全国法院对"两卡"犯罪分子依法从严从快打击。其次,定罪更加简便。《新型网络犯罪解释》为帮信罪设置了较低的入罪门槛,降低了取证难度。2021 年 6 月出台的最高人民法院、最高人民检察院、公安部《关于办理电信网络诈骗等刑事案件适用法律若干问题的意见(二)》[以下简称《电诈意见(二)》]也对帮信罪的适用范围作出了进一步的完善。最后,审判更加迅速。帮信罪的法定最高刑为 3 年,属于轻罪,认罪认罚从宽制度极大提高了处理这类案件的效率。

帮信罪的大量适用,对于营造风清气正的网络空间的确发挥了重要的作用。因此,在某种程度上,帮信罪的大量适用乃是网络生态环境优化过程中的一个必然环节,因此,对于帮信罪的激增,不应过度恐慌,甚至表现出帮信罪可能沦为“口袋罪”的忧虑。但另一方面,必须承认的是,在司法实践中,的确存在由于未能严格适用刑法而导致的司法扩张现象。对此,正确理解刑法和司法解释中关于帮信罪的规定,通过刑法理论对帮信罪的适用加以限缩显得尤为必要。

Ⅰ 关于“明知”的认定

在司法实践中,对于帮信罪的主观“明知”的认定存在一定的模糊认识。对于有充分证据证明行为人“确切知道”他人利用帮助行为实施网络犯罪的情形,通常不存在争议。但是,对于如何认定“应当知道”即推定明知,则存在一定的争议。对此,司法实务中应当严格按照《新型网络犯罪解释》和《电诈意见(二)》等规范文件的规定认定“明知”。除此以外,对于行为人“可能知道”他人利用帮助行为实施网络犯罪的情形,必须严格区分“可能知道”所表征的是间接故意还是疏忽大意的过失,如果是前者,则当然可以认定为“明知”,但如果是后者,按照罪刑法定原则,就不能认定行为人具有帮信罪的“明知”。在上述“代办营业执照中介帮助信息网络犯罪活动案”中,行为人明知其为他人代为办理注册的空壳公司及在银行办理的对公账户可能被他人用于信息网络犯罪活动,应当属于一种间接故意,即明知自己的行为可能产生危害社会的结果,但放任该结果的发生。

Ⅱ 对“他人利用信息网络实施犯罪”的理解

关于帮信罪中的“他人利用信息网络实施犯罪”,在理论和实践中均存在一些争议。首先,从实体角度上看,既然刑法明文规定了“犯罪”,那么应当要求他人实施的犯罪达到追诉标准。虽然《新型网络犯罪解释》第 12 条第 2 款规定:“实施前款规定的行为,确因客观条件限制无法查证被帮助对象是否达到犯罪的程度,但相关数额总计达到前款第二项至第四项规定标准五倍以上,或者造成特别严重后果的,应当以帮助信息网络犯罪活动罪追究行为人的刑事责任。”换言之,在特殊情况下,即使无法证明他人实施的行为已经达到犯罪的程度,但仍然可以采取“积量构罪”的方式认定帮信罪。应当指出的是,这一规定属于例外规定,其适用的前提是“确因客观条件限制无法查证”。在司法实践中,对于那些可以查证属实的案件,不得适用这一例外规定。在上述“代办营业执照中介帮助信息网络犯罪活动案”中,在案证据证明,在行为人的帮助之下,诈骗分子实施了数额巨大的诈骗犯罪(被害公司被骗人民币 980 万元),因此完全符合帮信罪的“他人利用信息网络实施犯罪”要件。其次,从程序角度上看,《新型网络犯罪解释》第 13 条规定:“被帮助对象实施的犯罪行为可以确认,但尚未到案、尚未依法裁判或者因未达到刑事责任年龄等原因依法未予追究刑事责任的,不影响帮助信息网络犯罪活动罪的认定。”这一规定的含义是被帮助对象实施的犯罪行为在程序上尚未确认的,不影响帮信罪的成立。然而,《刑事诉讼法》第 12 条规定:“未经人民法院依法判决,对任何人都不得确定有罪。”因此,在未经司法程序确认的情况下认定被帮助对象实施了“犯罪行为”,可能存在法理上的障碍。综上,在司法实践中,对于这一规定,应当予以严格适用。在上述"代办营业执照中介帮助信息网络犯罪活动案"中,被帮助对象实施的诈骗犯罪行为已经司法程序确认,因此符合犯罪认定的程序要求。

Ⅲ 关于"帮助行为"的范围

根据《刑法》关于帮信罪的规定,帮助行为主要包括技术支持、广告推广和支付结算三种类型,这是立法机关基于网络帮助行为的现实特征所作的类型化规定。在上述三种类型的帮信行为中,"支付结算"型帮信行为的危害性近年来备受关注,其也是"断卡"行动的主要打击对象。关于"支付结算"的含义,中国人民银行《支付结算办法》第 3 条规定,支付结算是指单位、个人在社会经济活动中使用票据、信用卡和汇兑、托收承付、委托收款等结算方式进行货币给付及其资金清算的行为。2017 年最高人民检察院《关于办理涉互联网金融犯罪案件有关问题座谈会纪要》规定,支付结算业务(也称支付业务)是商业银行或者支付机构在收付款人之间提供的货币资金转移服务。对于支付结算的含义,不能作过于形式的理解,而是应该采取实质解释,即凡是行为人提供支付手段或者渠道(包括信用卡、对公账户、新型支付方式等),用于转账、套现、取现等资金流转,本质上为他人利用信息网络犯罪活动提供帮助的,均可以认定为支付结算型帮信行为。在上述"代办营业执照中介帮助信息网络犯罪活动案"中,行为人通过为他人代办营业执照和对公账户,为他人实施诈骗犯罪提供资金流转渠道,属于支付结算型帮信行为。

Ⅳ 关于帮信罪与下游犯罪共犯的关系

从帮信罪的立法背景来看,其主要针对的是那些网络空间中的新型帮助行为,即按照传统共同犯罪理论无法认定为帮助犯的行为。但是,从帮信罪的罪状描述来看,其并未将传统共同犯罪中的帮助行为排斥在适用范围之外。这意味着,帮信罪包括两种类型:一是无法构成传统共同犯罪中的帮助犯的新型帮助行为;二是可以构成传统共同犯罪中的帮助犯的帮助行为。对于第二种类型,按照《刑法》第 287 条之二第 3 款的规定从一重罪论处即可。对于第一种类型,区分帮信罪与下游犯罪的共犯尤其重要,因为在诸如帮助电信网络诈骗犯罪这样的案件中,帮信罪的刑罚会明显低于诈骗罪的共犯,因而认定为帮信罪或是诈骗罪共犯,对行为人的影响是巨大的。在司法实践中,区分帮信罪与下游犯罪的共犯应当把握两个标准:一是主观方面,下游犯罪的共犯要求行为人与该犯罪的行为人之间存在共同的犯罪故意包括意思联络,而帮信罪的行为人与下游犯罪的行为人之间则不存在这种主观上的密切关联性,这是区分两者的根本标准。二是客观方面,区分下游犯罪的共犯与帮信罪的一个客观依据是犯罪收益的分配,虽然这一标准并非区分下游犯罪共犯与帮信罪的实质标准,但是可以作为区分两者的参考。通常在认定为帮信罪的情况下,行为人所获取的犯罪收益是间接性的,而且相比整个下游犯罪的收益而言比较小,例如仅限于手续费等;而在认定为下游犯罪共犯的情况下,帮助犯获取的利益往往更为直接而且数额较大。在上述"代办营业执照中介帮助信息网络犯罪活动案"中,行为人与下游犯罪的行为人之间的主观意思联络比较薄弱,在犯罪收益的分配上,行为人的收益也属于间接性的小额收益,因此将其行为认定为帮信罪更为适当。

□ 参考文献

喻海松:《网络犯罪二十讲》,法律出版社 2018 年版。

江溯:《帮助信息网络犯罪活动罪的解释方向》,载《中国刑事法杂志》2020 年第 5 期。

江溯主编:《网络刑法原理》,北京大学出版社 2022 年版。

黎宏:《论“帮助信息网络犯罪活动罪”的性质及其适用》,载《法律适用》2017 年第 21 期。

张明楷:《论帮助信息网络犯罪活动罪》,载《政治与法律》2016 年第 2 期。

025 利用网络侵害英雄烈士名誉、荣誉的刑法定性

仇某侵害英雄烈士名誉、荣誉案 | 最高人民检察院检例第136号(2022年)

王　钢 清华大学法学院

■ 事实概要

2021年2月19日上午，被告人仇某在卫国戍边官兵誓死捍卫国土的英雄事迹报道后，为博取眼球，获得更多关注，在其住处使用其某浪微博账户“某笔小球”(粉丝数250余万)先后于10时29分、10时46分发布2条微博，歪曲卫国戍边官兵的英雄精神，侵害英雄烈士的名誉、荣誉。上述微博在网络上迅速扩散，引发公众强烈愤慨，造成了恶劣的社会影响。

2月20日，仇某被公安机关依法刑事拘留，南京市建邺区人民检察院依法提前介入侦查。2月25日，公安机关以仇某涉嫌寻衅滋事罪提请检察机关批准逮捕。3月1日，《刑法修正案(十一)》施行，南京市建邺区人民检察院依法以涉嫌侵害英雄烈士名誉、荣誉罪对仇某批准逮捕。同时，在军事检察机关的支持配合下，南京检察机关决定公益诉讼立案并开展调查。

4月26日，南京市建邺区人民检察院依法对仇某提起公诉，并提起刑事附带民事公益诉讼，请求以涉嫌侵害英雄烈士名誉、荣誉罪追究其刑事责任，并使其承担民事侵权责任。仇某认罪认罚，检察机关依法提出确定刑量刑建议。

■ 裁判要旨

5月31日下午，江苏省南京市建邺区人民法院依法公开开庭审理被告人仇某(某浪微博名“某笔小球”)侵害英雄烈士名誉、荣誉一案。法院认为，公诉机关指控仇某犯侵害英雄烈士名誉、荣誉罪的事实清楚，证据确实、充分，指控罪名成立。仇某归案后如实供述自己的罪行，且认罪认罚，当庭表示绝不再犯。据此，辩护人请求从轻处罚的辩护意见属实，公诉机关所提有期徒刑8个月的量刑建议适当，均予采纳。

南京市建邺区人民法院根据案件事实、证据，综合庭审中控辩双方意见，依法当庭宣判，认定被告人仇某犯侵害英雄烈士名誉、荣誉罪，判处其有期徒刑8个月；并责令其自判决生效之日起10日内通过国内主要门户网站及全国性媒体公开赔礼道歉，消除影响。

■ 评　析

Ⅰ 侵害英雄烈士名誉、荣誉罪的保护法益

我国《刑法修正案(十一)》在《刑法》中增设第299条之一侵害英雄烈士名誉、荣誉罪:“侮辱、诽谤或者以其他方式侵害英雄烈士的名誉、荣誉,损害社会公共利益,情节严重的,处三年以下有期徒刑、拘役、管制或者剥夺政治权利。”作为《刑法》中的新增罪名,须首先明确其保护的法益,再以此为指引对其成立要件(特别是客观要件)进行合理解释,如此方能实现对该罪的妥当适用。

本文认为,侵害英雄烈士名誉、荣誉罪保护的是双重法益,即英雄烈士本人的名誉(荣誉本也属于名誉)以及社会公众对英雄烈士的公共情感。在对名誉的刑法保护方面,刑法学界历来就“名誉”的定义存在极大的争议,对于是否应当承认以及如何理解“死者的名誉”就更是众说纷纭。依据规范的名誉说,“名誉”是从人的尊严中引申出来的、任何人都具有且应当受到社会承认的人格价值,是人的尊严所要求的、奠定人格独立性的、与他人之间的相互承认关系,是人与人之间的彼此受到尊重的请求权。基于该说,以刑法保护已过世的英雄烈士的名誉并无不当。因为,既然名誉是基于人的尊严和人格的独立性而产生的价值,而宪法对人的尊严和人格价值的保障并不因权利人的死亡而结束,法秩序就应当在权利人过世之后仍然承担保障其名誉的宪法义务。另外,英雄烈士是享有特殊称号的死者,其往往是社会共同价值观念的象征和社会集体情感的符号,故对其名誉和荣誉的维护也有社会利益的面向。社会学研究已经证实了符号体系对于克服个体主义、建构社会秩序的重要意义。我国《英雄烈士保护法》第3条第1款也明确指出,“英雄烈士事迹和精神是中华民族的共同历史记忆和社会主义核心价值观的重要体现。”因此,《刑法》增设侵害英雄烈士名誉、荣誉罪对英雄烈士的名誉加以保护,同时也是在维护英雄烈士于其英勇奉献的壮举和鼓舞人心的精神中所体现的、对于维系社会共同体不可或缺的文化价值观念。

Ⅱ 侵害英雄烈士名誉、荣誉罪的成立要件

侵害英雄烈士名誉、荣誉罪属于故意犯罪,其成立以行为人具有相应的犯罪故意为前提,对此鲜有争议。但是,本罪在客观要件方面却存在着诸多问题,下文分别从保护对象、实行行为、入罪情节三个方面略加阐释。

1. 保护对象

当前,我国理论界和实务界在侵害英雄烈士名誉、荣誉罪的理解与适用上的分歧主要体现在本罪的保护对象方面。其中的主要问题是,应当如何理解该条字面意义上的“英雄”:

首先,本罪的保护对象是限于已经过世的英雄烈士,还是也包括仍然在世的英雄人物?对此,立法材料指出,“本条保护的英雄烈士与《英雄烈士保护法》的保护范围是一致的,都是已经牺牲、逝世的英雄烈士”(王爱立主编:《中华人民共和国刑法:条文说明、立法理由及相关规定》,北京大学出版社2021年版,第1183页)。相反,也有见解认为,“无论对已牺牲的英雄,还是

未牺牲的英雄，都可以适用此条予以保护”［孙谦：《刑法修正案（十一）的理解与适用》，载《人民检察》2021年第8期］。虽然法秩序统一性原则并不要求相同的概念在不同部门法中必然具有完全相同的含义，但是，不同部门法作为一个整体法秩序的组成部分，在其规范目的相似的场合，对相同概念还是应当尽可能维持相同的解释。如此才更有利于国民便捷地领会法秩序的价值决断，自觉依行为规范行事。侵害英雄烈士名誉、荣誉罪与《英雄烈士保护法》都旨在保护英雄烈士名誉、维护社会公共利益，故原则上应当认为两者对英雄烈士的界定范围是一致的，即均限于已经过世的英雄烈士。如此限定也不至于造成刑法的处罚漏洞。对仍然在世的英雄称号获得者进行侮辱或诽谤的，以侮辱罪、诽谤罪论处即可。因此，将尚未去世的英雄称号获得者作为本罪的保护对象，在刑法体系中也缺乏必要性。

其次，究竟哪些英雄烈士应当被纳入本罪的保护范围？我国《烈士褒扬条例》第8条、第9条、第10条和《军人抚恤优待条例》第8条均对认定烈士的实质和程序标准进行了规定，故大体上可以认为侵害英雄烈士名誉、荣誉罪中的“烈士”概念是较为明确的。相反，我国法律体系对于“英雄”概念和“英雄”称号的授予程序却都缺乏明确的规定。在实务中，多级政府部门都可能授予各类英雄称号，若认为所有的英雄称号获得者均属于侵害英雄烈士名誉、荣誉罪的保护对象，就必然导致该罪的规定漫无边际，违反明确性原则。根据刑法同类解释的基本原理，对侵害英雄烈士名誉、荣誉罪中的“英雄”应当在与“烈士”相似的意义上予以把握。从形式上来看，根据我国当前行政法律规范的规定，对“烈士”的认定基本上由省部级政府部门和军队相关部门审查评定，因此，对侵害英雄烈士名誉、荣誉罪中的“英雄”也可以采用相同的认定标准：被省部级政府部门或者军队相关部门授予英雄称号的过世者，属于侵害英雄烈士名誉、荣誉罪意义上的“英雄”。但是，仅仅从形式上来考察仍然有所不足。因为仍然有相当一部分英雄人物，甚至诸多开国元勋都没有从形式上获得过英雄（或烈士）称号。因此，对“英雄”概念的内涵还应当结合侵害英雄烈士名誉、荣誉罪的保护法益，从实质的侧面予以填充。对于那些为中国人民的解放事业和新中国的建设事业作出了突出贡献，在全国人民中已经赢得了普遍的认同并且也已经过世的英雄人物而言，即便其从未在形式上获得过英雄称号，对其的侮辱或诽谤同样会动摇社会的共同价值，激起民众的公愤，从而间接危及社会利益。将这些已经过世的英雄人物纳入侵害英雄烈士名誉、荣誉罪的保护范围，完全符合侵害英雄烈士名誉、荣誉罪的规范目的。同时，由于这些英雄人物的功绩已经获得了全国人民的普遍认同，甚至已经成为社会共同体成员的基础常识，因此将其列入该罪的保护范围也不会超出国民的预料，从而不至于违反罪刑法定原则。

2. 实行行为与入罪情节

鉴于侵害英雄烈士名誉、荣誉罪客观上形成了对公民言论自由和艺术自由的限制，而公民的言论自由和艺术自由又在宪法基本权利体系中居于重要地位，故应当对本罪的实行行为和入罪情节加以严格把握。

首先，只能将明确对英雄烈士的名誉、荣誉具有侵害性质的言论和艺术表达认定为本罪意义上的实行行为。若行为人的言论或艺术表达在形式上就已经构成对英雄烈士名誉、荣誉的贬损（如使用了社会公认的侮辱性语词），或者虽然其未使用明确的侮辱性语词，但其表达仍然能够被公众普遍理解为对英雄烈士名誉、荣誉的侵害，自然应当肯定其实施了本罪的实行行为。相反，若行为人的言论或艺术表达根据相应情境和语境存在多种被合理解读的可能，且其中至少部分解读并不具有对英雄烈士的名誉、荣誉的侵害性，便应当遵循“存疑有利于自由”的原则，认为此时行为人的行为不符合侵害英雄烈士名誉、荣誉罪的构成要件。特别是，在涉及本身就具有争议的公共事务时，公民的言论和表达是形成公共意见必不可少的环节，此时，即便行为人在其主观偏见或冲动情绪的支配下进行了不当的言论表达，也不能轻易认定相应的言论和意见表达具有侵犯英雄烈士名誉和荣誉的性质，而应原则上维护行为人的言论和艺术自由。

其次，侵害英雄烈士名誉、荣誉罪的成立以相应行为“损害社会公共利益”且“情节严重”为前提。为了确保侵害英雄烈士名誉、荣誉罪不至于过度干预公民的基本权利，应当对该罪意义上的“损害社会公共利益，情节严重”进行严格解释，认定其仅包括类似《刑法》第246条第2款“严重危害社会秩序和国家利益”的情形。结合最高人民法院、最高人民检察院《关于办理利用信息网络实施诽谤等刑事案件适用法律若干问题的解释》（法释〔2013〕21号）第3条的规定，只有当行为人侵害英雄烈士的名誉和荣誉的行为同时具有“引发群体性事件”，“引发公共秩序混乱”，“引发民族、宗教冲突”，“诽谤多人，造成恶劣社会影响”，“损害国家形象，严重危害国家利益”或者“造成恶劣国际影响”等情节时，才能认定其行为符合侵害英雄烈士名誉、荣誉罪的构成要件。

Ⅲ “某笔小球”案的认定

2020年6月，外军公然违背与我方达成的共识，悍然越线挑衅。按照处理边境事件的惯例和双方之前达成的约定，团长祁发宝本着谈判解决问题的诚意，仅带几名官兵前出交涉，却遭对方蓄谋暴力攻击。祁发宝组织官兵与数倍于己的外军展开殊死搏斗，取得最终的胜利。在前出交涉和激烈斗争中，团长祁发宝身先士卒，身负重伤；营长陈红军，战士陈祥榕、肖思远、王焯冉在战斗中英勇牺牲。同月，陈红军、陈祥榕、肖思远、王焯冉被评定为烈士。2021年2月，中央军委授予祁发宝“卫国戍边英雄团长”荣誉称号，追授陈红军“卫国戍边英雄”荣誉称号，给陈祥榕、肖思远、王焯冉追记一等功。

然而，就在全国人民为烈士们的牺牲痛心不已、向守护在祖国边疆的英雄们致敬之时，仇某却在其个人微博上蔑称团长祁发宝的个性是“飞将、脱兔、神机、血路、强运”，以游戏《三国志14》中的技能名称污蔑祁发宝贪生怕死、牺牲下属、临阵脱逃，反讽称“反正，我们赢了”，否认戍边英雄烈士们付出巨大的努力和牺牲取得的胜利成果，并在微博评论区留言质疑我国公布的真实牺牲人数，捏造事实称“阵亡的不仅仅只有四人”。其行为明显逾越了言论自由的边界，严重侵害了祁发宝等英雄烈士们的名誉。其虽未使用明确的侮辱性语词，而是使用了游戏中的技能称谓，但在本案语境之下，这些貌似中性的语词无疑带有强烈的价值贬损意味。作为拥有上百万粉丝的微博博主，仇某诋毁戍边英雄烈士的言论半日之内就在互联网上被点击阅读20余万次，并在一定范围内被转发，引起了公众的强烈愤慨，其言论侵犯了多位英雄烈士的名誉，属于诽谤多人、造成恶劣社会影响的情形。因此，应当认定本案中仇某的行为构成侵害英雄烈士名誉、荣誉罪的实行行为，也达到了入罪情节的要求。

本案中的一个特殊问题是，仇某的言论在形式上主要指向祁发宝，而祁发宝在边境冲突中并未牺牲。那么，能否据此认为仇某的行为并非针对侵害英雄烈士名誉、荣誉罪的保护对象而实施的？如前所述，我国学界与实务界对于侵害英雄烈士名誉、荣誉罪的保护对象确实存在见解分歧，但在本文看来，这种争议并不影响仇某在本案中构成侵害英雄烈士名誉、荣誉罪的认定：若认为该罪的保护对象也包括在世的英雄称号获得者，则仇某的行为已经符合了本罪的成立要件，理当认定其构成侵害英雄烈士名誉、荣誉罪。即便认为侵害英雄烈士名誉、荣誉罪的保护对象仅包括已经去世的英雄烈士，结论也并无不同。因为，仇某的网络言论其实并非仅针对祁发宝的，其捏造事实否定戍边英雄烈士们的胜利成果，同样也对"卫国戍边英雄"陈红军以及陈祥榕、肖思远、王焯冉等烈士的荣誉造成了损害，故其构成侵害英雄烈士名誉、荣誉罪。当然，若同时还肯定仇某对祁发宝构成诽谤罪，则其对祁发宝的犯罪行为与其所触犯的侵害英雄烈士名誉、荣誉罪构成想象竞合。考虑到侮辱罪、诽谤罪原则上为自诉犯罪，而侵害英雄烈士名誉、荣誉罪为公诉犯罪，后者相对而言属于重罪，且本案中仇某侵害英雄烈士名誉的行为涉及多达四位已牺牲的英雄烈士，其不法程度相较于对祁发宝一人的诽谤行为更高，故仍然可以根据从一重罪处罚的原则对仇某以侵害英雄烈士名誉、荣誉罪论处。

Ⅳ 本案意义

崇尚英雄，保护英雄烈士的名誉、荣誉，是中华民族优良传统的传承，是社会主义核心价值观的重要内容。仇某侵害英雄烈士名誉、荣誉案是本罪适用的第一案，向社会公众确证了"英烈不容诋毁"的行为规范，对社会法治意识无疑具有显著的引领作用。就侵害英雄烈士名誉、荣誉罪本身而言，该罪的设立具有充分的正当性，但在对其的理解和适用方面仍然存在一些有待进一步研究的难题。特别是，对本罪的具体保护对象还须再予明确。从长远来看，为保证司法实务对侵害英雄烈士名誉、荣誉罪适用的统一性，可能还是需要退役军人事务部等国家相关部门出具具有权威性的英雄烈士名册，从而彻底明确该罪的适用范围。

□ 参考文献

张明楷：《刑法学》（第 6 版），法律出版社 2021 年版。

周光权：《刑法各论》（第 4 版），中国人民大学出版社 2021 年版。

刘艳红：《法秩序统一原理下侵害英雄烈士名誉、荣誉罪的保护对象研究》，载《法律科学》2021 年第 5 期。

王钢：《刑法新增罪名的合宪性审查——以侵害英雄烈士名誉、荣誉罪为例》，载《比较法研究》2021 年第 4 期。

026 网络空间不作为型传播淫秽物品牟利罪的认定

某播案 | 北京市海淀区人民法院(2015)海刑初字第512号刑事判决书

高艳东 浙江大学光华法学院

■ 事实概要

北京市海淀区人民法院认定:(1)某播公司明知某播网络系统内大量存在淫秽视频并介入了淫秽视频传播活动。"站长"的发布、用户的搜索、用户点对点的文件传输、某播缓存与加速服务,这些关键环节离开某播公司的调度服务器都不可能实现。(2)某播公司放任其缓存服务器存储淫秽视频使公众可以观看并随时得到加速服务的方式,属于通过互联网陈列等方式提供淫秽物品的传播行为。(3)缓存服务器介入视频传播中,某播公司在主观上并没有对视频内容进行选择,而只是根据视频热度提供加速服务。缓存服务器介入传播何种内容的视频,不是某播公司主观意志选择的结果,而是对他人传播行为的放任,属于间接故意。(4)本案不适用"技术中立"的责任豁免。某播公司绝不单纯是技术的提供者,其构建的P2P网络平台和提供的缓存加速服务都让其成为技术的使用者,同时也是网络视频信息服务的提供者。

■ 裁判要旨

2016年9月13日,法院一审认定某播公司及公司CEO王某等四人构成传播淫秽物品牟利罪,对王某判处3年6个月有期徒刑,对该公司处1000万元罚金。王某上诉后,北京市第一中级人民法院二审裁定:驳回上诉,维持原判。

法官认定王某等构成传播淫秽物品牟利罪的主要理由包括:一是某播公司负有网络视频信息服务提供者应当承担的网络安全管理义务;二是某播公司具备承担网络安全管理义务的现实可能,但拒不履行网络安全管理义务。判决书论证了王某没有充分履行管理义务,如果据此认定其构成不作为犯罪——拒不履行信息网络安全管理义务罪(最高3年),理由充足;不过,该罪是2015年才确立的罪名,根据"法不溯及既往"的原则,不能适用于某播案。但是,判决书把拒不履行管理义务的行为认定为传播淫秽物品牟利罪(最高无期),把传播淫秽物品牟利罪理解为不纯正不作为犯,将王某拒不履行管理义务的不作为,评价为传统的作为犯。这一论证思路,存在法理障碍。判决书的立场,也反映了目前刑法学界对不纯正不作为犯的共同态度：只要可以由作为构成的犯罪，原则上就可以由不作为构成，在网络空间亦然。

■ 评　析

1 判决背后的法理争议

在网络空间，法官不能简单地按照不纯正不作为犯的理论，认为网络服务提供者的“不作为”与“作为”等值，更不能按照处理传统犯罪的思路处理平台的不作为。网络空间有特殊性，平台的用户数量、交易频次都是海量的，网络服务提供者对用户的管理程度，和商场对商户的管理有很大不同。

第一，某播案的背后，是司法机关放宽了不纯正不作为犯的边界，在网络空间脱离实行行为而只根据法益保护需要定罪。“不履行管理义务＝传播”的判决逻辑可以惩治王某，但同样会把不履行管理义务的官员，按照作为型实行犯重处。简单地讲，有可能会把（消极怠工的）警察等同于（积极制毒的）毒贩。王某不履行网站管理义务，与广电局领导不履行行政管理义务的本质是一样的。判决书的论述逻辑，会引发系列困境：上至领导干部，中至企业经理，下至平民百姓，只要被认为违反了某种管理义务，司法机关就可以绕开玩忽职守罪、拒不履行信息网络安全管理义务罪、拒绝提供恐怖主义犯罪证据罪等法定义务犯、不作为犯等轻罪，而直接适用故意杀人罪、传播淫秽物品牟利罪、参加恐怖组织罪等重罪。简单地说，在存在管理义务的前提下，不杀人的也可能被定为故意杀人罪，不制毒的也可能被定为制造毒品罪。

如果判决逻辑成立的话，以下结论同样成立：小偷入屋准备盗窃但摔伤，屋主任其流血而死，成立不作为故意杀人罪；一对大学生情侣酒后要求搭乘老师的汽车回宿舍，路上男孩强奸了女孩，老师也构成强奸罪；如家酒店知道天天有人送小卡片卖淫，睁一只眼闭一只眼，店主也是组织卖淫罪；两男相约到卖淫女家嫖娼，因为谁先上的问题发生打斗，均倒地流血不止，卖淫女逃走后两男死亡，卖淫女也成立故意杀人罪。

第二，司法机关简单地把网络服务提供者未履行管理义务的行为，按照“不作为与作为等值”的理论，认定为了犯罪。平台管理义务太宽泛了，很多时候，不纯正不作为犯中的义务内容只是一种抽象观念。纯正不作为犯（如拒绝提供间谍犯罪证据罪）中的义务，有法律规定，标准明确、内容具体，要求民众遵守，属于命令规范、行为规范。但是，多数网络空间不纯正不作为犯中的义务，范围模糊、标准随意，民众无所适从，无法成为命令规范、行为规范。对于作为犯，民众可以控制行为，守法自律，嫌疑人可以证明缺席现场，自证清白。然而，对于不纯正不作为犯，被告人要赢得诉讼，必须变成哲学家，熟谙自然正义、社会公德，和法学家辩论。由于缺乏行为规范的性质，不纯正不作为犯就像网络空间的“幽灵”，可以轻易跳出刑罚权的藩篱，以莫须有的义务，侵入其他罪名无力到达的角落。笔者反对网络空间立法增设纯正不作为犯、在司法中滥用不纯正不作为犯，如果无法避免不作为犯的处罚需要，应当推动将不作为犯单独立法——网络空间义务违反制裁法。

第三,对网络服务提供者定罪时,应当坚持“重罪只能由作为构成”的规则。笔者认为,在网络空间,法益保护要求扩张不纯正不作为犯,人权保障则要求否定不纯正不作为犯,当下的解决之道只能是折中路线。应当通过“以刑制罪”的思路,来限定犯罪的行为方式,对设有无期徒刑、死刑的重罪确立“重罪只能由作为构成”的规则,有条件地允许轻罪成立不纯正不作为犯,以防止在网络空间滥用不纯正不作为犯。理由如下:一是我国立法只是对重罪采取了以行为危险性为核心的立法模式,对于过失犯、行政犯等轻罪,多采取了法益保护的立法模式。法益保护模式的立法,可以包容不纯正不作为犯,而行为危险型立法模式,不能包容不纯正不作为犯。二是对于重罪应当遵循严格的罪刑法定原则,对于轻罪可以宽松化。罪刑法定原则的核心是保障人权,而重罪伴随重刑,对国民自由影响最大。对于故意杀人罪等重罪,在解释上当然要慎之又慎,否则会出现灾难性后果;而对帮助信息网络犯罪活动罪等轻罪,即便出现解释上的宽松,其危害后果也相对轻缓。

第四,司法机关应当限缩解释传播淫秽物品牟利罪以克服其天然缺陷。传播淫秽物品牟利罪是可判无期徒刑的重罪,这一重刑与时代相悖,必须严格限制其行为方式,否定网络空间的不纯正不作为犯。对淫秽物品的严刑峻法不合时宜,传播淫秽物品牟利罪设立于“文革”结束后,立法者对所有淫秽物品持绝对禁止态度,而不区别传播的对象(成人还是少年)、传播的方式(秘密还是公开),有强烈的道德禁欲主义倾向,与现代刑法“无危害无责任”的犯罪化原理冲突明显。很多国家虽然在立法上禁止淫秽物品,但是在实践中经常网开一面,例如,在欧美等多数发达国家,如果色情问题没有影响到未成年人或产生其他社会危害,警察多数采用“睁一只眼闭一只眼”的宽松执法政策。在全球范围内,淫秽物品的立法,逐渐从重罪转为轻罪,从轻罪转为象征性立法。在绝大多数国家,淫秽物品的主要危害是未成年人观看或公开展示。在对淫秽物品容忍度逐渐升高的全球背景之下,我国对传播淫秽物品牟利罪设置了远高于故意重伤的无期徒刑,明显过重。在立法修改前,必须限制本罪在网络空间的行为方式,缩小其适用范围,在网络空间中只有作为才能构成本罪。

Ⅱ 准确理解《淫秽信息解释(二)》

2010年最高人民法院、最高人民检察院《关于办理利用互联网、移动通讯终端、声讯台制作、复制、出版、贩卖、传播淫秽电子信息刑事案件具体应用法律若干问题的解释(二)》[以下简称《淫秽信息解释(二)》]第4条规定,以牟利为目的,网站建立者、直接负责的管理者明知他人制作、复制、出版、贩卖、传播的是淫秽电子信息,允许或者放任他人在自己所有、管理的网站或者网页上发布的,依照《刑法》第363条第1款的规定,以传播淫秽物品牟利罪定罪处罚。这一司法解释被法官解读为,传播淫秽物品牟利罪可以由不作为构成。但是,在网络空间中应当对《淫秽信息解释(二)》进行限缩性解读。

第一,解读《淫秽信息解释(二)》必须考虑互联网发展的时代背景。如果肯定网络服务提供者明知有淫秽信息,不履行管理义务,都是不作为的传播。那么,几乎所有的网站都构成不作为犯罪:百度明知有淫秽照片而不履行管理责任,是不作为的传播淫秽物品罪;腾讯明知微信群有人以发红包方式赌博而放任不管,构成不作为的开设赌场罪;电商平台明知有假货而放任销售,构成不作为的销售伪劣产品罪。事实上,销售假货、开设赌场,只能由作为构成,当然排除了不作为。对网络服务提供者简单适用不纯正不作为犯,会导致“网站越大,罪责越重”。任何大型网站都有海量的不法内容,如 Google 一年曾被要求删除 10 亿多条“盗版”搜索结果。如果认为网站明知有不法而放任,就是不作为犯罪,则结论只有一个:关闭网站。

第二,《淫秽信息解释(二)》中的“明知……是”不等于“明知……会”。“明知他人制作、复制、出版、贩卖、传播的是淫秽电子信息”中的“明知……是”,是“明知必然是”,明知必然是而放任是直接故意;这不同于《刑法》第 14 条中的“明知……会”(明知可能会)而放任的间接故意。由于“明知必然”就不存在“放任”,因而,该司法解释中的“放任”,在语义上是“放纵”。而且,这里的“明知他人制作……的是”是一种包含对象的具体认识(直接故意),不是笼统地知道网站上可能有淫秽物品的抽象认识(间接故意)。

网站管理者如何“明知”具体电子信息的淫秽性?有三个途径:淫秽信息所有人告知、网站管理人亲自看过、其他网民告知管理人。在淫秽信息“发布”之前,管理者就明知的,可以排除网民告知的情形,只剩下“淫秽信息所有人告知”“网站管理人亲自看过”。在这两种情况下,发布者必然要先把淫秽信息交给管理者,双方构成共同犯罪。

第三,“允许或者放任”的是“发布”,而不是“存在”。如果管理员放任淫秽信息“存在”,则可以认为,《淫秽信息解释(二)》肯定了传播淫秽物品牟利罪的不作为方式——明知存在而不删除。但是,在《淫秽信息解释(二)》中,允许或者放任的行为是“发布”。这说明,在“发布”之前,网站就要明知是淫秽信息,不可能源于网民告知。可以断定,“允许发布”时“明知”是因为淫秽信息所有人明确告知(发布者告知是淫秽信息,双方是共谋故意);“放任发布”时“明知”是因为网站管理人亲自看过(发布者没有告知是淫秽信息,但管理者先看过后,自己发现是淫秽信息,再同意发布)。

换言之,“明知是淫秽视频而放任发布”,是网站管理员先看过淫秽视频,再放纵、纵容(同意)他人发布,这是共同犯罪。“允许”与“放任”都是经过了管理员同意的发布,只不过“允许”是共谋发布,是共谋的共同犯罪;而“放任”是同意发布,是普通的共同犯罪。在这两种情形下的网站管理者的行为方式都是作为。

第四,其他司法解释对“传播”进行解释的立场也是“重罪只能由作为构成”。2003 年最高人民法院、最高人民检察院《关于办理妨害预防、控制突发传染病疫情等灾害的刑事案件具体应用法律若干问题的解释》规定,患有突发传染病或疑似突发传染病而拒绝接受检疫、强制隔离或者治疗,过失造成传染病传播,情节严重,危害公共安全的,属于过失以危险方法危害公共安全罪。在行为方式上,“拒绝接受检疫、强制隔离或者治疗”属于不作为,造成后果时,如果患者对结果持间接故意,应该构成(故意)以危险方法危害公共安全罪。但该解释明确将这种不作为传播方式,降格处理为轻罪——过失以危险方法危害公共安全罪。这实际就是一种“以刑制罪”的思路,把重罪严格限定为作为,禁止不纯正不作为犯的滥用;而对轻罪,则肯定了不纯正不作为犯。

第五,以点击量确定传播者的量刑有结果责任之嫌。一方面,互联网犯罪是非接触性犯罪,这会降低行为人的违法意识。相对于线下传播,网上传播由于受到的违法性压力较少,所反映出行为人的反规范意识也较弱,可谴责性较弱。另一方面,网民点击量会超出行为人的控制,据此定罪可能造成客观归罪。根据《淫秽信息解释(二)》,1 个淫秽文件点击量超过 1 万次,即构成以传播淫秽物品牟利罪;而达到 25 倍,即点击量超过 25 万次,就属于可判处 10 年以上乃至无期徒刑的"情节特别严重"的情形。在互联网时代,很容易出现点击数过 25 万的情形,在这种情形下对传播者处 10 年以上有期徒刑,过于苛刻。不止一个法官向我表达困惑,根据点击量下判,基本都要判 10 年以上。而且,把他人的违法、违规点击行为,作为对行为人的定罪依据,正当性上存疑;点击量是他人的行为结果,不是行为人可以控制的因素。以点击量作为量刑标准,有结果责任的倾向,这也需要我们在网络空间中限制传播淫秽物品牟利罪的适用。

Ⅲ 本案遗留的问题

不纯正不作为犯的最大危险,是扯着法益保护的大旗,绕开实行行为,以社会危害性定罪,跟着感觉走,脚步越来越大、越来越随意,完全脱离了"无行为无责任"的刑法公理。突破"义务犯需法律明文规定"的底线,任由不纯正不作为犯野蛮生长,将出现刑罚权滥用、罪刑法定原则瓦解等危险。

某播案背后的深层原因,是德日刑法教义学在处理中国案例上的无力。中国的立法模式不同于德日,总则没有设立处罚不作为的拟制规定,重罪法条以行为危险为核心。因而,以法益保护为由在中国处罚不纯正不作为犯,违反罪刑法定原则。考虑到中国文化给定了一些重罪的作为形象,立法者也预设了重罪的作为性质,因此在网络空间应当否认重罪存在不纯正不作为犯,进而把一些需要处罚的不纯正不作为犯解释为轻罪的作为犯或过失犯。如果某播案发生在德国,按照不纯正不作为犯处理可能是正确的。但是,中国不纯正不作为犯的立法模式与德日有根本差别,传播淫秽物品牟利罪的立法正当性存在重大缺陷。在这些背景之下,一味用德日刑法理论解决中国问题,只会南橘北枳。

□ 参考文献

[意]杜里奥·帕多瓦尼:《意大利刑法学原理》,陈忠林译,法律出版社 1998 年版。

陈兴良:《在技术与法律之间:评快播案一审判决》,载《人民法院报》2016 年 9 月 14 日,第 3 版。

张明楷:《快播案定罪量刑的简要分析》,载《人民法院报》2016 年 9 月 14 日,第 3 版。

高艳东:《不纯正不作为犯的中国命运:从快播案说起》,载《中外法学》2017 年第 1 期。

Andrew Ashworth, *Positive Obligation in Criminal Law*, Hart Publishing, 2015.

027 网络侵权中合格通知和必要措施的认定

威海某公司诉永康市某公司、浙江某网络有限公司侵害发明专利权纠纷案 | 最高人民法院指导案例83号

徐 伟 上海政法学院

■ 事实概要

原告威海某公司系名称为“红外线加热烹调装置”的发明专利权利人。2015年1月29日,其在公证处的监督下在某电商网的名为“益心康旗舰店”的店铺购买了一个烧烤炉,于2月4日收到货。2月10日,原告向该网站的知识产权保护平台上传了包含专利侵权分析报告和技术特征比对表在内的投诉材料,但最终没有被审核通过。回复中表明审核不通过的原因是:“烦请在实用新型、发明的侵权分析对比表表二中详细填写被投诉商品落入贵方提供的专利权利要求的技术点,建议采用图文结合的方式一一指出(需注意,对比的对象为卖家发布的商品信息上的图片、文字),并提供购买订单编号或双方会员名。”4月7日,原告基于专利侵权和平台责任向浙江省金华市中级人民法院起诉网店店铺永康市某公司和浙江某网络公司,要求二者承担连带赔偿责任等。

■ 裁判要旨

网络用户利用网络服务实施侵权行为,被侵权人依据原《侵权责任法》向网络服务提供者所发出的要求其采取必要措施的通知,包含被侵权人身份情况、权属凭证、侵权人网络地址、侵权事实初步证据等内容的,即属有效通知。网络服务提供者自行设定的投诉规则,不得影响权利人依法维护其自身合法权利。

原《侵权责任法》第36条第2款(该款经修改后,成为《民法典》第1195条第1款和第2款的内容;同时,《民法典》在第1195条第3款和第1196条中分别增加了错误通知的责任和反通知规则)所规定的网络服务提供者接到通知后所应采取的必要措施包括但并不限于删除、屏蔽、断开链接。对“必要措施”应遵循审慎、合理的原则,根据所侵害权利的性质、侵权的具体情形和技术条件等来加以综合确定。

■ 评 析

1 本判决的思路和意义

一审法院判决被告永康市某公司侵犯专利权,被告浙江某网络公司对损害扩大的部分

与永康市某公司承担连带责任。关于浙江某网络公司的责任,法院认为,原告提交的投诉材料符合浙江某网络公司的格式要求,但被告浙江某网络公司仍对该投诉材料作出审核不通过的处理。被告浙江某网络公司未尽到合理的审查义务,也未采取必要的措施防止损害扩大。

一审判决后,浙江某网络公司提起上诉。二审法院作出了“驳回上诉,维持原判”的判决。关于其是否应承担连带责任,法院认为,通知内容应当包括权利人身份情况、权属凭证、证明侵权事实的初步证据以及指向明确的被诉侵权人的网络地址等材料。符合上述条件的,即应视为有效通知。投诉方是否提供侵权分析比对表、订单编号或双方会员名并不影响投诉行为的有效性。此外,并不必然要求浙江某网络公司在接受投诉后对被投诉商品立即采取删除和屏蔽措施,但将有效的投诉通知材料转达被投诉人并通知被投诉人申辩当属浙江某网络公司应当采取的必要措施之一。

可见,本案涉及了网络侵权中的两个关键问题:合格通知的判断和必要措施的认定,即权利人向网络服务提供者投诉时,需提供哪些材料?网络服务提供者收到合格通知后,采取什么样的措施才满足“必要措施”的要求?对这两个问题的回答,直接关系到我国网络侵权的治理成效。故本案对指导权利人和电商平台的实践操作,具有重要意义。

Ⅱ 合格通知要件的规范、学理以及司法实践

我国法律中多处对合格通知要件作出了规定,包括《信息网络传播权保护条例》第 14 条、《电子商务法》第 42 条第 1 款、《民法典》第 1195 条第 1 款、最高人民法院《关于审理涉电子商务平台知识产权民事案件的指导意见》第 5 条第 1 款等。总体而言,这些条款采用的都是正面规定合格通知要件的方式,主要规定了权利人的真实身份信息、构成侵权的初步证据等要件,且规定并不完全一致。由于这些要件的模糊性,本案中的法院试图从反面澄清,哪些材料不能作为合格通知的要件,即电商平台设定的两类材料不影响通知的效力:一是专利侵权分析报告和技术特征比对表(以下简称侵权比对表),二是订单编号和会员名(以下简称订单编号)。但法院的这一观点有待商榷。

1. 侵权比对表可作为合格通知的要求之一

本案法院认为,侵权比对表不应影响通知效力,因为该材料是浙江某网络公司在法定合格通知要件之外提出的额外要求。但这一观点已被最高人民法院修正。2020 年 9 月发布的最高人民法院《关于审理涉电子商务平台知识产权民事案件的指导意见》第 5 条第 2 款规定:“通知涉及专利权的,电子商务平台经营者可以要求知识产权权利人提交技术特征或者设计特征对比的说明、实用新型或者外观设计专利权评价报告等材料。”事实上,在本案发布后仅一个多月,福建省高级人民法院发布了“2016 年福建法院知识产权司法保护十大案例”,其中的“衡艺案”便明确支持了侵权比对表应作为投诉材料之一,并据此否定了权利人通知的效力。

这一转变值得肯定。从规范目的来看,初步证据要件系为了避免投诉人滥用通知制度。通知制度得以达到预期规范效果的前提之一是,被投诉内容在多数情况下确系侵权,

否则该制度将造成严重的副作用,即合法的内容因错误乃至恶意投诉而被删除等。显然,“初步证据”这一要件的存在正是为了避免该制度潜在的副作用。据此,如果对该要件采较低的证明标准,即只要投诉人声称侵权即可,无疑无法起到避免通知制度被滥用的规范目的。鉴于发明专利本身的技术性和复杂性,以及部分专利权属的不稳定性,单纯依靠“权利人身份情况、权属凭证、证明侵权事实的初步证据以及指向明确的被诉侵权人的网络地址等材料”或许无法有效实现避免权利被滥用的规范目的。

因此,应允许网络服务提供者将侵权比对表作为投诉必备材料之一。当然,这并不意味着侵权比对表必须作为投诉材料。如果网络服务提供者在自设的投诉规则中并未提出此要求,则法律并无介入的必要。毕竟,侵权比对表只是初步证明侵权成立的材料之一。

2. 订单编号可作为合格通知的要求之一

将订单编号作为通知的要求之一,既没有在本案中得到法院的认可,也没有在实践中被广为接受。法院否定订单编号的理由在于:浙江某网络公司所确定的投诉规则并不对权利人维权产生法律约束力,订单编号不在法律规定的合格通知的要件之内。

浙江某网络公司为何要求投诉人提供订单编号呢?这是为了“确认投诉方在比对表中用于比对侵权的对象实际为从涉案店铺购买的商品”。这一目的具有合理性。详言之,投诉人为了初步证明被投诉人侵害了专利权,在证据链上需证明三个环节:投诉人系专利权人(权属证明)、被投诉商品侵害了其专利(侵权比对表)以及被投诉商品来自被投诉店铺。

那么,提供哪些证据可用于证明商品来源?无疑,确认侵权商品的方式并非只有提供订单编号这一种途径。但法院据此得出提供订单编号的要求不合理的结论,则过于仓促,理由如下:其一,证明侵权商品来源的方式固然有多种,但面临海量投诉的浙江某网络公司,通过“格式化”的订单编号来确认侵权商品来源这一事实,是降低当事人间沟通成本,提升投诉处理效率的一种自治安排。其二,实践中恶意投诉、错误投诉的情形多有发生(浙江省高级人民法院联合课题组:《关于电商领域知识产权法律责任的调研报告》,载《人民司法》2020 年第 7 期)。其三,订单编号并不会给权利人造成过重的举证负担。事实上,要求提供订单编号是电商领域常见的做法。比如,根据美国亚马逊规则,侵权投诉需包含“为判断侵权而测试性购买的亚马逊订单号”[Tre Milano v. Amazon, 2012 WL 3594380, at ∗4 (2012)]。

综上,法律上不必否定电商平台将订单编号作为通知要求的做法。法院真正应处理的是,投诉人未提供订单编号,但提供了其他确实可证明侵权商品来源的证据(而非仅仅是投诉人的声明),或电商平台已通过投诉人以外的其他途径确认了商品来源这一事实,而电商平台却仍以投诉人未提供订单编号而拒绝投诉的情形。

Ⅲ 必要措施范围的规范、学理以及司法实践

判断网络服务提供者的侵权责任,除了考虑通知是否合格外,尚需考虑收到合格通知的网络服务提供者是否采取了必要措施。关于“必要措施”,我国早期立法(如《信息网络传播权保护条例》第 15 条)和司法实践中多仅限于删除、屏蔽、断开链接等能清除相关内容的措施。原《侵权责任法》第 36 条第 2 款虽创造性地规定了“必要措施”,从而将我国传统的

"通知—删除"制度发展为了"通知—必要措施"制度。但在解释上,往往仍将必要措施解释为能直接避免损害扩大的措施,如此才能与通知制度旨在快速消除侵权的制度初衷相符。这一观念在司法裁判中逐渐被打破,法院越来越多地根据具体案情来决定网络服务提供者应采取何种措施。《民法典》第1195条第2款规定,应根据构成侵权的初步证据和服务类型来决定网络服务提供者应采取何种必要措施。这是我国法律中首次对必要措施的判断因素作出规定。最高人民法院《关于审理涉电子商务平台知识产权民事案件的指导意见》第3条则进一步细化了必要措施的判断因素,增加了权利的性质、侵权的具体情形和技术条件等。

本案中,法院也对必要措施采取了多样化理解,不局限于删除等传统措施。二审法院认为,浙江某网络公司之所以负有责任,并非主要在于其未采取删除措施,而在于其未将投诉转通知被投诉人。法院的理由是:基于浙江某网络公司对于发明专利侵权判断的主观能力、侵权投诉胜诉概率以及利益平衡等因素的考量,并不必然要求其在接受投诉后对被投诉商品立即采取删除和屏蔽措施,以免损害被投诉人的合法权益。但浙江某网络公司应将投诉转通知被投诉人,否则权利人投诉行为将失去意义,权利人的维权行为也将难以实现。可见,法院将转通知纳入"必要措施",系为了保护权利人的权益。

据此,我国法上将出现两种规范目的完全不同的"转通知义务":第一种转通知义务,系为了保护网络用户,避免其受错误通知影响。网络服务提供者将投诉转通知给网络用户,从而便于网络用户判断投诉是否成立,是否要发送反通知等。第二种转通知,系为了保护权利人。此时的转通知,属于必要措施之一。"转通知体现了网络服务提供者'警示'侵权人的意图,从而在一定程度上有利于防止损害后果扩大。"[北京某科技有限公司与某计算有限公司侵害作品信息网络传播权纠纷案,北京知识产权法院(2017)京73民终1194号民事判决书]因此,在解释《民法典》第1195条第2款时,需注意本款中包含了两种规范目的截然相反的转通知义务。一种是该款明确提及的"将该通知转送相关网络用户"的义务,另一种是包含于"必要措施"含义下的转通知义务。如此理解,能有效扩大必要措施的范围,避免网络服务提供者在实务中只能采取对当事人而言"全有或全无"的措施,为网络服务提供者根据情况而采取弹性的措施提供了更大的选择空间。对这两种义务,应予分辨(徐伟:《〈民法典〉中网络侵权制度的新发展》,载《法治研究》2020年第4期)。

Ⅳ 本判决的参考意义及将来的课题

本指导案例发布后,基于对指导案例的尊重,鲜有学者质疑本案裁判理由本身的合理性,以及由此提出的裁判要点的准确含义。本评论表明,本案的裁判理由略显不足为训,对本案裁判要点的理解应与裁判理由相脱离。对本案所体现的规则本身的反思,应是准确运用本案的前提。

综观本案的裁判逻辑,可看到法院的观点背后其实隐含着对通知制度这一重要问题的回答:传统的发端于信息网络传播权领域的通知制度,在将其适用于专利权领域时,应如何作出调整和改造?

事实上,无论学界抑或实务界,都早已意识到通知制度在专利权和著作权领域的重要差别:前者侵权与否的判断难度高于后者。在意识到专利侵权判断困难后,本案法院采取的思路并不是提高合格通知的要求以应对潜在的错误通知。相反,是将合格通知的标准维持在与著作权相似的水平上,同时降低必要措施的"剧烈程度",即从著作权领域通常应采取的删除、屏蔽、断开链接措施,转变为可以只采取转通知措施(何琼、吕璐:《"通知—删除"规则在专利领域的适用困境——兼论〈侵权责任法〉第36条的弥补与完善》,载《电子知识产权》2016年第5期)。

但从商业实践来看,浙江某网络公司采取了不同的思路,即提高专利投诉中合格通知的要求,并维持合格通知下应采取的措施的"剧烈程度"。浙江某网络公司要求投诉人提供侵权比对表和订单编号,同时对合格通知所涉商品采取下架措施,便是该思路的反映。

显然,两种方案各有优劣。第一种方案维持了合格通知标准在不同权利领域的相对一致,但代价是必要措施变得多样化。相反,第二种方案保持了必要措施的相对明确,但代价是合格通知标准在不同权利领域会有所不同。尽管本案判决采取了第一种方案,但究竟采何种方案更佳,仍存在探讨的余地。

□ 参考文献

徐伟:《〈民法典〉中网络侵权制度的新发展》,载《法治研究》2020年第4期。

浙江省高级人民法院联合课题组:《关于电商领域知识产权法律责任的调研报告》,载《人民司法》2020年第7期。

何琼、吕璐:《"通知—删除"规则在专利领域的适用困境——兼论〈侵权责任法〉第36条的弥补与完善》,载《电子知识产权》2016年第5期。

Tre Milano v. Amazon,2012 WL 3594380 (2012).

028 电子商务经营者的告知义务与欺诈认定

郜某、上海某信息技术有限公司侵权责任纠纷案 | 浙江省宁波市中级人民法院(2019)浙02民终5206号民事判决书

刘 颖 同济大学法学院

■ 事实概要

郑某在上海某信息技术有限公司经营的P平台开设了“七匹狼卓朗精品店”(店铺后更名为“群头领卓朗精品店”)。该店铺发布标题为:“七匹狼无头皮带男士真皮自动扣无扣头不带头纯牛皮裤带条腰带”的商品销售信息。2019年3月8日,郜某通过本人手机号139 **** 6167加验证码方式登录P平台,在该店铺以“单独购买”方式购买上述商品一件,商品售价94.60元,实付款94.60元(免运费)。郜某提供的收货信息为:高先生139 **** 6167,浙江省宁波市海曙区X路Y号Z室。下单前,郜某发现商品标题位置发布有“全网总售502件”信息,店铺位置发布有“商品数量184 总售18416件”信息。下单后,店铺中“全网总售”数据变为“503件”,“总售”数据仍为18416件。2019年3月8日,郑某通过案外人顾某在某猫商城的“七匹狼卓朗精品店”购买“七匹狼无头皮带男士真皮自动扣无扣头不带头纯牛皮裤带条腰带”一件,成交金额85元,提供的收货信息为“高先生139 **** 6167,浙江省宁波市海曙区X路Y号Z室”。该件于3月11日送达浙江省宁波市海曙区X路Y号Z室所在的宁波市某公证处,由该处工作人员代郜某收件,内有郜某购买的“七匹狼无头皮带男士真皮自动扣无扣头不带头纯牛皮裤带条腰带”一条。郑某开设的上述店铺系个人经营,店铺首页未公示经营者信息。郑某与上海某信息技术有限公司签订有《P平台合作协议》。协议约定:上海某信息技术有限公司仅负责P平台的日常维护和技术支持,商家在P平台设立店铺后直接对外销售,店铺内的商品信息均由商家自行制作、编辑、发布及维护,商品的进货、仓储、配送、销售、售后服务等也由商家自行负责等。另外,法院查明,所谓“总售/全网总售”是由商家在全网多个平台(含P平台及第三方平台)上销售同款商品的累计销量,此数据由商家自主向消费者提供,作为该款商品的购物消费参考,或判断商家店铺在全网受欢迎程度时的决策参考。郜某向法院起诉,请求判令上海某信息技术有限公司和郑某停止虚假、引人误解的宣传和欺诈、误导消费者及非法使用消费者个人信息的行为,并删除所备案的相关个人信息,同时要求两被告向其赔偿经济损失94.60元,并赔礼道歉。

■ 裁判要旨

从平台及店铺经营者发布的信息看,包含出售商品的信息和销售数量等其他信息,并未对郜某决定购买涉案商品产生实质性影响,郑某在接到订单后通过案外人在某猫商城购买商品并由该商家通过物流公司将商品发送至郜某指定的收货地址,期间使用了郜某提供的个人信息未超出合同履行的合理范围。

■ 评　析

Ⅰ 本判决的思路和意义

本案的争议焦点之一是上海某信息技术有限公司(P平台)、郑某(平台内经营者)的行为是否构成对消费者郜某的欺诈,并应承担相应的法律责任。具体来说,上海某信息技术有限公司未在店铺首页公示经营者信息,发布的“全网总售”“总售”数据误导消费者,商品售价高于某猫商城,是否侵害了郜某的知情权和选择权?法院认为,郜某是通过网络平台购物的消费者,判断其知情权和选择权是否受到侵害,应审查平台内经营者的相关行为是否对郜某作出购买决定“产生实质性影响”,而平台内经营者的经营者信息、商品销售数量(店铺发布的“全网总售”“总售”数据)对消费者的购买决定并无实质性影响。因此,平台经营者和平台内经营者发布的信息均未侵害消费者的知情权、选择权、个人信息受保护权和隐私权,也不构成欺诈。

本案明确了平台经营者和平台内经营者告知义务的规范要求,同时强调了认定欺诈应审查平台内经营者发布的信息是否对消费者的购买决定产生实质性影响。

Ⅱ 平台告知义务规范及学理

经营者告知义务与消费者知情权是《消费者权益保护法》中保护消费者的主要机制之一,目的是应对消费者在购买商品或服务中的信息不对称问题。《消费者权益保护法》第8条和第20条分别规定了消费者知情权、经营者告知义务,且分别规定了消费者知情权的范围和经营者告知义务的范围。具体而言,根据该法第8条第2款的规定,消费者知情权的范围包括“商品的价格、产地、生产者、用途、性能、规格、等级、主要成分、生产日期、有效期限、检验合格证明、使用方法说明书、售后服务,或者服务的内容、规格、费用等有关情况”;根据该法第20条的规定,经营者告知义务的范围是“商品或者服务的质量、性能、用途、有效期限等信息”。总之,《消费者权益保护法》规定的消费者知情权和经营者告知义务的范围限于“商品或服务本身”的信息,并不包括商品或服务之外的信息。《民法典》第500条规定合同当事人在缔约过程中的告知义务,即不得“故意隐瞒与订立合同有关的重要事实或者提供虚假情况”。可见,在《民法典》合同编体系中的告知义务程度较为一般,可通过考察合同性质、目的和交易习惯等因素解读诚实信用原则下的告知义务程度(陆青:《论消费者保护法上的告知义务——兼评最高人民法院第17号指导性案例》,载《清华法学》2014年第4期)。

需要注意的是,本案中,法院认为侵害消费者知情权应符合侵权责任的构成要件,本案案由也为“侵权责任纠纷案”。但从学理上看,经营者侵害消费者知情权不属于侵权责任,而应是经营者违反告知义务承担合同法中的损害赔偿责任。因为知情权不属于我国侵权法中的权利保护范畴,该权利是基于经营者和消费者之间的合同所形成的一种相对权(刘颖:《经营者沉默欺诈认定的矫正与回归——基于裁制分歧的分析与展开》,载《华东政法大学学报》2020年第5期)。根据经营者违反告知义务的不同情形,其可能承担缔约过失损害赔偿责任、瑕疵担保责任以及惩罚性赔偿责任等损害赔偿责任。

此外,电子商务经营者违反告知义务和一般经营者违反告知义务的认定是否相同?《电子商务法》第17条第1句规定,“电子商务经营者应当全面、真实、准确、及时地披露商品或者服务信息,保障消费者的知情权和选择权”。与《消费者权益保护法》第20条规定的一般经营者的告知义务应“真实、全面”相比,《电子商务法》第17条增加了“准确、及时”的要求,但均限于披露商品或者服务信息。《电子商务法》第17条第2句规定,“电子商务经营者不得以虚构交易、编造用户评价等方式进行虚假或者引人误解的商业宣传,欺骗、误导消费者”,似乎注意到了电子商务中的特殊性,即强调不得以“虚构交易、编造用户评价等方式”进行虚假或引人误解的宣传,从而欺骗、误导消费者。关键的问题在于,虚构交易、编造用户评价等方式具体包括哪些类型或范围。对此,《网络交易监督管理办法》第14条第2款规定了网络交易经营者的四种虚假或者引人误解的商业宣传方式:(1)虚构交易、编造用户评价;(2)采用误导性展示等方式,将好评前置、差评后置,或者不显著区分不同商品或者服务的评价等;(3)采用谎称现货、虚构预订、虚假抢购等方式进行虚假营销;(4)虚构点击量、关注度等流量数据,以及虚构点赞、打赏等交易互动数据。从解释上而言,《网络交易监督管理办法》所列举的“虚构交易、编造用户评价”之外的三种方式可以解释为《电子商务法》中的“虚构交易、编造用户评价等方式”中的“等”的范围。其中,虚构流量数据和交易互动数据属于禁止范围之内。本案中当事人所争议的“全网总售”“总售”等销售数据是否为“流量数据和交易互动数据”呢?法院认为,“全网总售”的数量会随着订单成立而增加,也在一定程度上印证了上海某信息技术有限公司、郑某主张的“全网总售”数据的真实性,对部某的购买决定并无实质性影响,故而并不侵害消费者的知情权。但值得注意的是,数字经济时代中的平台经营者与传统互联网消费平台经营者有着显著不同,他们依托平台的生态实现自组织、自运营的数字化发展,甚至在平台生态内形成“算法权力”,同时他们在算法驱动下能够精准预测或塑造消费者偏好(刘颖:《数字社会中算法消费者的个人信息保护体系构建》,载《广东社会科学》2022年第1期)。在上述背景下,笔者倾向于认为,电子商务经营者的告知义务不应局限于一般经营者告知义务中规定的“商品或服务本身”的信息范围,还需要考虑经营者和消费者在缔约过程中或提供商品或服务过程中的特殊性来认定电子商务经营者的告知义务范围,如隐瞒或模糊运费、满减门槛等附加条件等。因此,在《电子商务法》的规范语境下,本案中关于商品的“全网总售”等信息应被纳入告知义务的范围。当然,违反告知义务是否构成欺诈,仍应按照欺诈构成要件进行认定。换言之,只有当经营者并未告知或者并未准确告知那些对消费者意思表示的作出具有决定性影响的信息时,方可认定其具有欺诈行为(刘颖:《经营者沉默欺诈认定的矫正与回归——基于裁判分歧的分析与展开》,载

《华东政法大学学报》2020年第5期）。

最后，电子商务平台经营者与平台内经营者的告知义务范围是否需要一致？对此，有观点认为，需要结合电子商务平台的交易模式进行具体分析。在平台自营模式下，电子商务平台有“经营者”和“平台”的双重身份；在非自营模式下，电子商务平台仅为交易双方或多方提供网络经营、交易撮合和信息发布等服务，消费者合同是在平台内经营者和消费者之间成立的。因此，在前者模式下，电子商务平台经营者除履行平台责任外，还应履行作为经营者的告知义务；而在后者模式下，电子商务平台经营者并非交易法律关系的主体，并不需要履行作为经营者的告知义务。但有意思的是，《电子商务法》第17条作为一般条款规定了电子商务经营者的告知义务。结合该法第9条第1款的规定，《电子商务法》第17条的电子商务经营者应包括电子商务平台经营者、平台内经营者等，如此似乎可以得出第17条规定的告知义务的主体并不区分前述不同的经营模式。所以也有学者认为，尽管电子商务平台经营者并不直接参与交易活动，但其在电子商务领域的中心性地位毋庸置疑，对交易活动和相关主体具有很强的控制力，因而电子商务平台经营者在信息披露义务的承担上也须适用更为严格的规则［郑佳宁：《电子商务经营者信息披露义务研究》，载《福建师范大学学报（哲学社会科学版）》2020年第4期］。但该观点值得商榷，因为电子商务平台经营者在不同模式上的法律地位是完全不同的，平台自营模式下的电子商务平台经营者是消费者合同的当事人，因此受消费者合同告知义务的约束；但非自营模式下的电子商务平台经营者不是消费者合同的当事人，此模式下的合同主体是平台内经营者和消费者，电子商务平台经营者并不受消费者合同告知义务的约束，只需要承担平台相应义务即可。在实证法上也倾向于区分电子商务平台在不同模式中的责任承担，如《电子商务法》第37条和第38条分别规定电子商务平台经营者应以显著方式区分标记自营业务和平台内经营者开展的业务，以及承担不同法律责任；最高人民法院《关于审理网络消费纠纷案件适用法律若干问题的规定（一）》第4条也有意区分了电子商务平台经营者是否标记自营业务及其责任承担。本案亦持此种立场，一审法院认为作为电子商务平台经营者的上海某信息技术有限公司已在P官网的“帮助中心”对“总售/全网总售”的概念区分作出说明，应认定为上海某信息技术有限公司尽到了说明义务。法院已注意到电子商务平台经营者在平台自营和平台内经营者经营两种模式中的地位差异，以及相应告知义务的不同。因此，关于《电子商务法》第17条规定的电子商务经营者告知义务的解释，也应区分平台自营和平台内经营者经营两种模式来识别电子商务平台经营者与平台内经营者的告知义务范围，不能简单将电子商务平台经营者与平台内经营者的告知义务范围混同。

Ⅲ 既往司法实践状况

对于平台告知义务的范围及其欺诈的认定，本案采用“是否对消费者购买决定产生实质性影响”的判断规则。在“周某与外卖平台网络服务合同纠纷案”［北京市第四中级人民法院（2019）京04民终206号民事判决书］中，法院认为外卖平台投放的关于外卖配送时间的宣传系在考量系统历史订单配送距离、配送时间的情况下统计测算出的大致用时，该数据的展示有助于满足消费者的知情权。但订单配送超过外卖平台宣传的配送时间的,不宜认定为虚假宣传。在“孙某某诉某航空公司、某商务有限公司侵权责任纠纷案”[重庆市第一中级人民法院(2019)渝01民终2513号民事判决书]中,法院认为电子商务平台经营者根据内部规定实施的行为会对消费目的产生影响的,应对消费者履行充分告知义务,以便消费者作出判断;电子商务平台经营者未履行充分告知义务的,主观上不构成欺诈故意,但侵犯消费者知情权。前述两案中的平台的告知义务范围包括“外卖配送时间”“电子商务平台经营者的内部规定实施”,在一定程度上突破了“商品或服务”本身的信息范围。当然,在是否认定欺诈上,两个案例均采是否足以实质性影响消费者购买决定的标准。

Ⅳ 本判决的参考意义及将来的课题

本案的裁判观点认为,平台内经营者的经营者信息、商品销售数量(店铺发布的“全网总售”“总售”数据)对消费者的购买决定并无实质性影响,并不侵害消费者的知情权、选择权,亦不构成欺诈。但在经营者违反告知义务层次中,也将产生多元的法律效果,即经营者违反告知义务的边缘范围不能认定为欺诈,但可寻求瑕疵责任、缔约过失责任等规则救济。本案仅认定“商品销售数量(店铺发布的‘全网总售’‘总售’数据)”对消费者的购买决定并无实质性影响,其逻辑为商品销售数量的真实与否对消费者作出购买意思表示不产生决定性影响。但本案并未提及“商品销售数量(店铺发布的‘全网总售’‘总售’数据)”是否为电子商务经营者告知义务边缘范围的问题,此为遗留问题。

基于《消费者权益保护法》教义学的弱化,在实务中已经有不少将侵害消费者知情权的行为认定为侵权行为的做法。遗憾的是,本案并未就经营者侵害消费者知情权和经营者欺诈认定之间的关系作出更深入的讨论。数字经济时代中的消费者保护将迎来新的挑战,平台告知义务范围有可能将随着信息技术的发展而扩张,数字经济中平台告知义务是否构成欺诈的问题,仍然值得思考。

□ 参考文献

陆青:《论消费者保护法上的告知义务——兼评最高人民法院第17号指导性案例》,载《清华法学》2014年第4期。

刘颖:《经营者沉默欺诈认定的矫正与回归——基于裁判分歧的分析与展开》,载《华东政法大学学报》2020年第5期。

郑佳宁:《电子商务经营者信息披露义务研究》,载《福建师范大学学报(哲学社会科学版)》2020年第4期。

029 网络游戏虚拟财产限制交易格式条款效力的判定

陆某、杭州某科技有限公司网络侵权责任纠纷案 | 广西壮族自治区高级人民法院(2019)桂民再681号民事判决书

朱晶晶 浙江财经大学法学院

■ 事实概要

陆某(再审申请人、二审上诉人、一审原告)在杭州某科技有限公司(再审被申请人、二审被上诉人、一审被告,以下简称某科技公司)官网创建多个游戏角色ID,并点击接受《服务条款》等电子协议。《服务条款》中载明:"游戏道具所有权归属某科技公司所有。用户除基于娱乐互动需要外不得以营利为目的交易游戏道具牟取不正当利益。如存在此类行为,某科技公司可对用户采取相应处罚措施。"游戏玩家在藏宝阁中对银两游戏道具进行交易的行为本身不受游戏程序规则的限制。陆某通过自己组队频繁完成相同游戏任务,获取银两,并于藏宝阁出售,获利1600元。某科技公司以陆某的行为属于"利用游戏内容牟取不正当利益"为由,对其采取角色隔离、清除游戏币、扣除交易款项的处罚。陆某向法院提起诉讼,请求法院判令某科技公司解除角色隔离,返还交易款和游戏币。

■ 裁判要旨

一、二审法院均认为《服务条款》中的游戏道具限制交易格式条款已订入合同且不存在原《合同法》第40条(《民法典》第497条)的无效情形,具有约束力。陆某在藏宝阁交易银两的行为不属于正常娱乐互动,违反该格式条款,应将其认定为"牟取不正当利益"的行为。某科技公司根据《服务条款》对陆某采取相应处罚措施,不存在过错,不应承担侵权责任。陆某不服二审判决,申请再审。

网络游戏规则由游戏开发商在设计游戏软件时设定。网络游戏服务提供者若要对游戏规则进行修改或限制,应通过修改游戏软件设置实现。在软件设置允许的范围内,游戏玩家有权根据个人喜好选择游戏项目和游戏方式。网络游戏服务提供者通过《服务条款》等协议将玩家在游戏规则允许范围内操作游戏的行为定义为违约,属于消费构陷,侵害了消费者合法权益。

■ 评　析

Ⅰ 本判决的思路和意义

本案中,陆某提出在游戏任务中奖励可在藏宝阁交易的银两游戏币这一游戏设置与《服务条款》中的限制交易条款相矛盾,某科技公司对其进行处罚的行为构成侵权。陆某的主张得到再审法院的支持。裁判要旨将网络游戏服务合同中限制游戏玩家交易虚拟财产的格式条款的效力与游戏本身的规则相联系,指出网络游戏服务提供者拥有通过修改游戏软件设置限制游戏玩家游戏方式的技术,游戏玩家对游戏方式的选择应仅受游戏规则而非格式条款的限制,从而将技术因素纳入判断网络游戏格式条款效力的范畴。本案作为再审改判案件对网络游戏虚拟财产限制交易格式条款效力的判定具有重要指导意义,亦可为网络游戏虚拟财产相关制度的构建提供参考意见。

Ⅱ 网络游戏虚拟财产限制交易格式条款效力判定的规范及学理

由于网络游戏虚拟财产限制交易条款在性质上属于格式条款,其效力判定仍以规制一般格式条款的规范为主要依据,包括《民法典》第 496 条第 2 款(格式条款的订入)、第 497 条(格式条款的效力)和第 498 条(格式条款的解释)。其他专门针对网络虚拟货币使用方式的规范曾经还有原文化部发布的《网络游戏管理暂行办法》(已失效)。该办法第 19 条第 1 项规定,"网络游戏虚拟货币的使用范围仅限于兑换自身提供的网络游戏产品和服务,不得用于支付、购买实物或者兑换其它单位的产品和服务"。基于法律规则的非特殊化,学界专门关注此类格式条款效力的研究亦不多见。但仍可从为数不多的讨论中发现学界对网络游戏虚拟财产限制交易格式条款效力的判定主要存在两种进路。

第一种进路:直接对照一般格式条款规则对限制交易格式条款进行检验,关注拟定格式条款一方是否尽到提示义务、条款内容是否公平合法。有学者进一步对限制交易格式条款进行类型化,将其分为两类:一类是禁止虚拟货币与现实货币直接兑换的格式条款,另一类是禁止所有虚拟财产交易的格式条款。该学者提出前者因符合《网络游戏管理暂行办法》(已失效)而有效,后者有失公平且有碍游戏业的正常发展应被认定为无效(林旭霞:《论网络运营商与用户之间协议的法律规制》,载《法律科学》2012 年第 5 期)。在《网络游戏管理暂行办法》失效后,禁止虚拟货币与现实货币直接兑换规则失去正当性。在该观点的逻辑下,限制虚拟财产交易的格式条款都将因有失公平且有碍游戏业的正常发展而无效。

第二种进路:构建"两步骤"判断结构,提出应先明确游戏玩家对网络游戏虚拟财产的权利类型,再判断限制交易条款的效力状况。有学者依据《民法典》第 127 条提出,既然《民法典》已将网络虚拟财产纳入法律保护范畴,那么游戏玩家应拥有游戏账号内虚拟财产的所有权。网络游戏服务提供者限制游戏玩家转移虚拟财产的条款属于"排除对方主要权利",应属无效(赵天宇:《网络服务合同中不平等条款的类型及其法律规制——以虚拟财产权的保护为视角》,载《西南政法大学学报》2020 年第 2 期)。亦有学者主张游戏道具属于物品型虚拟财产,仅是债权凭证,游戏玩家的行为应遵循网络服务合同的约定(赵自轩:《网络虚拟财产法律问题研究》,西南政法大学2018年博士学位论文,第62页)。该约定是否有效则适用一般格式条款规范进行检验,而限制交易格式条款总具备有效性。有关网络游戏虚拟财产权的性质还存在使用权说、知识产权说、新型权利说等观点。虽然相关讨论在完成虚拟财产权性质的界定后并未涉及虚拟财产交易问题,但依据相关权利的属性与格式条款内容限制的要求,仍可推导出相应结论。

Ⅲ 既往司法实践状况

在本案例公布前后,实践中判定网络游戏虚拟财产限制交易格式条款效力的逻辑思路并未发生明显转向。从结果上看,已有裁判仍以认可限制交易格式条款的效力为主,不同之处主要体现在认可理由的阐述和游戏玩家行为是否落入限制范畴的事实判断两个方面。

在认可网络游戏虚拟财产限制交易格式条款效力的理由阐述上,不同裁判在说理详略性和关注点上存在区别。较为常见的一类裁判是不区分网络游戏虚拟财产限制交易格式条款与网络服务合同中的其他格式条款,而从网络游戏服务合同层面确认整个格式合同的效力。如有裁判提出该条款虽然由网络游戏服务提供者单方拟定,但其内容并未违反法律、行政法规的强制性规定,并结合游戏玩家点击接受行为认为该条款已被玩家接受认可,进而承认限制交易格式条款的约束力[戴某、杭州某科技有限公司网络侵权责任纠纷案,广东省高级人民法院(2017)粤民申9299号民事裁定书;徐某诉广州某计算机系统有限公司财产损害赔偿纠纷案,浙江省永嘉县人民法院(2015)温永民初字第229号民事判决书]。也有少数裁判将关注点具体落到限制交易格式条款之上,将该条款与游戏公平环境、网络游戏服务提供者利益保护进行联系,提出游戏玩家通过游戏内设置的正常途径购买虚拟物品、实施交易,一方面是对游戏服务提供者获取服务利润的保障,另一方面也是对游戏公平环境和其他玩家获取公平竞争机会的保障[吕某与上海某某网络科技有限公司、上海某某网络科技有限公司服务合同纠纷案,上海市普陀区人民法院(2019)沪0107民初25475号民事判决书],从而承认该格式条款的效力。在个别案件中,虽然游戏玩家也提出了该格式条款与游戏程序规则相冲突的问题[辛某与广州某计算机系统有限公司网络服务合同纠纷案,广州市中级人民法院(2016)粤01民终20035号民事判决书],但法院并未采纳原告观点,并认为"游戏玩家之间正常交易游戏虚拟物品是游戏程序本身设置的游戏内容之一,但并不意味着任何超出正常游戏目的的交易均被允许"。

在认可该格式条款的效力后,对于游戏玩家交易虚拟财产的行为是否落入该条款所限制的范畴之内反而出现了两种截然不同的裁判思路。在网络游戏行业中,并非禁止一切网络游戏虚拟财产交易行为,而是对游戏玩家非基于"正常娱乐互动"目的的交易进行限制。不同裁判的分歧点即在于对"正常娱乐互动"的理解。一种裁判思路认为"正常娱乐互动"有较为清晰的内涵,可根据游戏玩家的账号状态、游戏方式、交易方式等进行判断。但针对具体案情展开判断时,不同法院所考虑的因素并不完全相同。如在"钟某、杭州某科技有限公司网络侵权责任纠纷案"中,一审法院通过"好友数量少,只参与少部分游戏任务获取大量银两,频繁自我交易"等情节认定钟某无正常的娱乐互动行为[江西省新余市渝水区人民法院(2017)赣0502民初718号民事判决书];而二审和再审法院则认为违反网络游戏服务合同的异常交易行为还必须“以赚取人民币为最终目的”[江西省新余市中级人民法院(2018)赣05民终515号民事判决书;江西省新余市中级人民法院(2020)赣05民再4号民事判决书]。另一种裁判思路则认为“正常娱乐互动”属于模糊用语,缺乏具体内容,网络游戏的动机及娱乐体验具有个性化,网络游戏服务提供者未对该用语进行界定,存在滥用处罚权限的可能性。且游戏程序规则本身“不限制用户的注册账号数量,对游戏用户购买点卡的渠道无限制性禁止”,游戏用户的交易行为客观符合该游戏程序,网络游戏服务提供者对此亦知情且同意[广州某计算机系统有限公司与朱某网络侵权责任纠纷案,山西省临汾市中级人民法院(2016)晋10民终2191号民事判决书;广州某计算机系统有限公司与贾甲网络侵权责任纠纷案,山西省临汾市中级人民法院(2016)晋10民终2192号民事判决书;广州某计算机系统有限公司与贾乙网络侵权责任纠纷上诉案,山西省临汾市中级人民法院(2016)晋10民终2193号民事判决书]。因而,基于网络游戏服务提供者作为提供格式条款的一方,对“正常娱乐互动”的理解应作不利于其的解释。即不认为游戏玩家的交易行为违反合同约定。此类案件虽然也提及游戏规则对游戏玩家行为的容忍性,但仅将其作为体现“正常娱乐互动”内涵模糊的依据,而与用游戏规则否定限制交易格式条款效力的“陆某、杭州某科技有限公司网络侵权责任纠纷案”并不相同。

由此可见,法院对网络游戏服务合同中虚拟财产限制交易格式条款存在不同程度的规制,主要的分歧点落在对该格式条款的解释而非效力之上。这进一步导致不同法院对游戏规则在网络游戏服务合同中所发挥的作用也存在不同认识。

Ⅳ 本判决的参考意义及将来的课题

网络游戏虚拟财产限制交易格式条款的效力问题,本质上是网络游戏服务提供者和游戏玩家之间的利益冲突。已有裁判往往承认该类格式条款的效力,体现出保护网络游戏服务提供者的倾向。少数保护游戏玩家的案例也多在承认条款效力的基础上从对格式条款的解释和对游戏玩家行为的界定方面进行突破。本案再审判决显然是从更为源头的条款效力阶段对作为消费者的游戏玩家进行保护,考虑到了网络游戏服务提供者在技术方面的优势地位,将由技术因素控制的游戏规则作为判定格式条款效力的条件之一,与“强者多责”形成逻辑联系。这也是对数字化社会消费者保护问题的一种回应。但由于本判决说理上的模糊性以及案情的单一性,仍然遗留了一些问题以待进一步讨论。其一,技术因素的法律地位问题。本判决通过技术因素决定下的游戏规则来否定限制交易格式条款的效力存在逻辑上的跳跃性。本判决并未具体说明技术因素对应于《民法典》第497条中的何种情形:是网络游戏服务提供者存在欺诈,还是排除了游戏玩家的主要权利,或是违反公序良俗,又或者涉及当事人权利义务的不合理分配。不同的定性将影响当事人的证明和抗辩内容。其二,本判决思路的适用范围问题。本判决针对的仅是网络游戏中禁止交易游戏道具的条款。该条款仅是虚拟财产限制交易格式条款的一种类型。在网络游戏中尚存在虚拟货币、游戏账号等虚拟财产,在网络游戏之外的网络领域亦存在其他类型的虚拟财产,本判决思路的涵摄能力如何，仍需要进一步探索。这一探索也与“技术因素”在数字时代的法律地位密不可分。

□ 参考文献

朱广新、谢鸿飞主编：《民法典评注：合同编　通则Ⅰ》，中国法制出版社2020年版。

林旭霞：《论网络运营商与用户之间协议的法律规制》，载《法律科学》2012年第5期。

赵天宇：《网络服务合同中不平等条款的类型及其法律规制——以虚拟财产权的保护为视角》，载《西南政法大学学报》2020年第2期。

赵自轩：《网络虚拟财产法律问题研究》，西南政法大学2018年博士学位论文。

杨立新：《民法总则规定网络虚拟财产的含义及重要价值》，载《东方法学》2017年第3期。

陈惠珍、杜灵燕：《网络游戏服务合同纠纷类型解析》，载《法律适用》2010年第4期。

胡安琪、李明发：《网络平台用户协议中格式条款司法规制之实证研究》，载《北方法学》2019年第1期。

030 平台服务协议单方变更权

北京A科技有限公司与吴某网络服务合同纠纷案 ｜ 北京市第四中级人民法院(2020)京04民终359号民事判决书

张晓梅 浙江农林大学文法学院

■ 事实概要

2019年6月19日,吴某在A平台开通了“黄金VIP会员”,所涉协议为《AVIP会员服务协议》(以下简称VIP会员协议),会员权利期间自2019年6月19日至2020年6月18日。其中,VIP会员协议第3.1条(以下简称A单方变更条款)约定,“A有权基于自身运营策略变更全部或部分会员权益、适用的用户设备终端”。2019年12月8日,A公司更新了VIP会员协议,增加了“付费超前点播”条款,表述为“……A将提供剧集超前点播的服务模式,会员在进行额外付费后,可提前观看该部分视频内容的更多剧集……”2019年12月11日,某热播电视剧以“付费超前点播”模式开始在A平台推出。2019年12月18日,A公司再次更新VIP会员协议,“付费超前点播”条款并未发生变更。

吴某主张VIP会员协议中的A单方变更条款明显违反公平原则,应属无效。此外,其作为黄金VIP会员,已有的“热剧抢先看”VIP会员权益已经包含最新剧集的内容,A公司推出的“付费超前点播”模式,使其需要额外付费才能观看最新剧集,损害了其会员权益。

A公司提交意见称单方变更合同的条款符合网络服务平台的特点,不损害双方权益。“付费超前点播”模式是一种创新的商业模式,属于新的会员权益,并不造成对吴某已有会员权益的损害。

■ 裁判要旨

消费领域里的网络服务合同是较为典型的格式合同。在网络服务合同中,单方变更权的行使应以提升用户体验、适应技术革新等进而实现互联网服务者与用户之间的共赢为目的,而非限制或者减损用户的实质权益。采用格式条款订立合同的,提供格式条款的一方应当遵循公平原则合理确定权利义务。在“付费超前点播”条款是否有效的问题上,案涉“付费超前点播”条款变相地将黄金VIP会员再次进行分级,实质上减损了黄金VIP会员的既有权利,因此“付费超前点播”条款是不公平、不合理的规定,不应纳入单方变更合同条款的调整范围内。

■ 评　析

Ⅰ 本判决的思路和意义

本案中，对于A依据单方变更条款新增“付费超前点播”条款的行为，一审法院和二审法院分别进行了两次评价：一次是评价A单方变更条款的效力，另一次是评价“付费超前点播”条款的效力。两次效力性评价均是在确认涉案条款属于格式条款的基础上进行的，而是否有效的判断依据是原《合同法》第39条和第40条。裁判要旨明确网络服务合同是典型的格式合同，在网络服务合同中拟定单方变更条款有其必要性和合理性，其本身没有免除其责任、加重对方责任、排除对方主要权利，因此不应否定其效力。但是，即使单方变更条款被认定为有效，A具有约定的单方变更权，但此种单方变更权被认为受有限制，平台不可以任意变更合同。这种限制体现在利用变更条款作出的具体变更（本案指“付费超前点播”条款）仍需以格式条款的规则进行再次评价。本案对单方变更条款与具体的变更条款进行分别评价的裁判思路，对实践具有重要的指导意义。

Ⅱ 规范及学理

平台单方变更服务协议是否有效的争议在平台领域普遍存在。与本案类似，大多数平台都会在其与用户之间的平台服务协议中引入单方变更条款［如《淘宝平台服务协议》第7条规定：“淘宝可根据国家法律法规变化及维护交易秩序、保护消费者权益需要，不时修改本协议、补充协议，变更后的协议、补充协议（下称‘变更事项’）将通过法定程序并以本协议第八条约定的方式通知您。如您不同意变更事项，您有权于变更事项确定的生效日前联系淘宝反馈意见。如反馈意见得以采纳，淘宝将酌情调整变更事项。如您对已生效的变更事项仍不同意的，您应当于变更事项确定的生效之日起停止使用淘宝平台服务，变更事项对您不产生效力；如您在变更事项生效后仍继续使用淘宝平台服务，则视为您同意已生效的变更事项。”］，其目的在于赋予平台单方变更权。由于平台服务协议满足合同条款由一方当事人为了重复使用而预先拟定，并在订立合同时未与相对人协商（《民法典》第496条第1款）的特点，通常被作为格式合同对待［王红霞、孙寒宁：《电子商务平台单方变更合同的法律规制——兼论〈电子商务法〉第34条之局限》，载《湖南大学学报（社会科学版）》2019年第1期］，所以由平台方提供的单方变更条款能否纳入合同并有效，应适用格式条款的相关规则予以评价。对格式条款的规制涉及原《合同法》第39条和第40条，《民法典》对其进行了修改，规定在第496条和第497条。对格式条款的规制主要分为纳入控制和内容控制，前者规定在《民法典》第496条第2款，属于合同订立的范畴；后者规定在《民法典》第497条，属于合同成立后的效力评价（黄薇主编：《中华人民共和国民法典合同编解读》，中国法制出版社2020年版，第127页）。

对于存在单方变更条款的合同来说，单方变更条款主要以两种形式出现：一种是以具体条款的形式出现，即条款明确约定在符合何种条件时可以单方变更，且对变更的内容作出了明确约定。另一种是以空白条款的形式出现，即条款未对单方变更作出限制。具体条款因其明确规定了符合何种条件可以变更,法院可基于具体情况利用格式条款的双重评价规则(《民法典》第496条、第497条)予以判断。本案涉及的单方变更条款是一种空白条款,也是实践中引起主要争议的条款类型。空白条款订入合同被认为没有也不应当有不可克服的法律障碍,但应当对其公平控制问题予以更大关注,包括程序控制和实体控制(孙良国:《单方修改合同条款的公平控制》,载《法学》2013年第1期)。现有的程序控制规定在《民法典》第496条,即前述提到的纳入控制。但值得注意的是,《民法典》第496条第2款中的"合理的方式""有重大利害关系的条款"均属于不确定的概念,需结合具体情况加以认定(黄薇主编:《中华人民共和国民法典合同编解读》,中国法制出版社2020年版,第125页)。此外,《民法典》第496条相较于原《合同法》第39条进一步明确了格式条款提供方未履行提示或者说明义务,致使合同的相对人没有注意或者理解与其有重大利害关系的条款的,合同的相对人可以主张该格式条款不成为合同的内容。在格式条款提供者没有违反提示说明义务的情形下,条款将成为合同内容,进入效力层面的评价,即根据《民法典》第497条进行实体控制方面的判断。《民法典》第497条总括性地规定了格式条款无效的情形。其中,第497条第1项属于引用性法律规范,这一引用性法律规范适用于所有的民事法律行为,当然包括格式条款。同时,基于格式条款的特殊性,该条后两项规定了专门适用于格式条款内容控制的规则(朱广新、谢鸿飞主编:《民法典评注:合同编·通则1》,中国法制出版社2020年版,第257页)。格式条款的特殊性,是指格式条款的提供者可能会恣意追求自己单方面的利益,违背公平原则,因此《民法典》第497条第2项、第3项属于格式条款特有的无效情形,应予以特别规制。判断单方变更条款是否有效,往往就是判断其是否属于提供格式条款一方"不合理地免除或者减轻其责任、加重对方责任、限制对方主要权利"以及"排除对方主要权利"的情形。对于空白条款的效力,学理上存在有效与无效两种观点。持空白条款有效观点的学者认为,单方变更条款意味着消费者的预先授权,平台由此获得事后对合同内容单方变更的权利。但这并不意味着平台可以任意变更,按照比例原则的要求,平台行使单方变更权至少应以不损害消费者现有利益为前提[陈玉梅、杜政辰:《网络服务平台单方变更权的法律规制——以爱奇艺超前点播案为例》,载《湖南科技大学学报(社会科学版)》2022年第1期]。持空白条款无效观点的学者认为,通过预先保留单方变更条款来为事后变更合同内容提供依据有一定的法理基础,但这并不意味着只要预先保留变更条款,就可以依据该条款对合同的内容作出变更。不加限制的空白条款属于不公平条款,不应承认其效力,规范依据是原《合同法》第40条(《民法典》第497条)(吴逸宁:《格式条款使用人的单方变更之规范构建》,载《北方法学》2020年第2期)。比较法上持空白条款无效观点的立法例亦不鲜见。例如,《德国民法典》第308条规定了"有评价可能之被禁止条款",其中第4款就规定了"变更之保留",表述为"约定提出者得变更或排除已承诺之给付,且其变更或排除对他方当事人不具期待可能性者"(台湾大学法律学院、台大法学基金会编译:《德国民法典》,北京大学出版社2017年版,第271页)。该条所称的"有评价可能"是指该条规定的禁止条款中包含不确定的法律概念。在认定条款无效时,必须在每一案件中根据广泛的利益衡量来确定,确定的依据是概括条款的一般标准和每一禁止条款的特别目的([德]迪尔克·罗歇尔德斯:《德国债法总论》(第7版),沈小军、张金海译,中国人民大学出版社2014年版,第132页)。所谓的概括条款的一般标准规定在《德国民法典》第307条第1款,表述为“违反诚实及信用之要求而显然不利于提出者之他方当事人者,不生效力。条款不清楚及无法理解时,亦可能发生显然不利益之情事”(台湾大学法律学院、台大法学基金会编译:《德国民法典》,北京大学出版社2017年版,第268页)。因此,根据德国立法例,不加限制的单方变更条款将因条款不清楚及无法理解,可能发生显然不利益之情事而不具有期待可能性,进而认定其不生效力。也有观点认为,虽然一般来说,单方变更合同条款违反实体控制规定的,法律应当否定该类条款的效力,但基于单方变更条款公平性判断的要素较多,不宜进行绝对化的理解(孙良国:《单方修改合同条款的公平控制》,载《法学》2013年第1期)。

Ⅲ 既往司法实践状况

在本案之前,认为空白条款有效的案例并不鲜见。例如,在“田某与北京某网络技术有限公司网络服务合同纠纷案”[北京市海淀区人民法院(2018)京0108民初26849号民事判决书]中,田某与W公司就微博平台的使用活动订立了网络服务合同,其中约定“微博平台可以选择通过在网站上公布协议内容的方式进行条款变更”。法院基于网络平台的运营特性以及企业效率与用户利益的衡平,认为前述变更条款并无不当。在“赖某与浙江某网络有限公司确认合同无效纠纷案”[浙江省杭州市中级人民法院(2016)浙01民终2113号民事判决书]中,涉案《淘宝网服务协议》约定“淘宝有权根据需要不时地制定、修改本协议或各类规则,如本协议有任何变更,淘宝将在网站上刊载公告,通知予用户。如用户不同意相关变更,必须停止使用‘服务’……”对此种单方变更条款的约定,法院一方面认为,该条款并不存在损害社会公共利益,违反法律、行政法规强制性规定的情形,也未免除义务人的责任、加重权利人的责任、排除权利人的主要权利,故并不存在无效事由。但另一方面却认为,“网络交易平台经营者不能随意变更网络平台服务合同,应当遵循公开、连续、合理的原则,按照公平原则确定双方的权利义务。”

否认空白条款效力的裁判也并不少见。例如,在“某互联网有限公司、广州某信息技术有限公司服务合同纠纷案”[广东省广州市中级人民法院(2020)粤01民终16329号民事判决书]中,涉案服务协议约定“甲方有权随时对本协议内容进行单方面的变更,并在中国移动开发者社区以公告的方式予以公布,无须另行单独通知乙方,但甲方的变更应在实际执行前预留不少于一周的异议期……”法院认为,此种空白条款属于加重对方责任的条款,虽以黑色字体加粗,但并不属于“已采取合理的方式提请相对人注意或者说明”,并且协议未明确管理规范或规则的具体名称,亦未明确特定的发布页面及位置,违反公平原则。在“北京某房地产经纪有限公司与天津某房地产开发有限公司等房屋买卖合同纠纷案”[北京市第三中级人民法院(2020)京03民终2220号民事判决书]中,案涉协议约定由北京某房地产经纪有限公司向买受人补贴80万元,但《某项目优惠补贴确认单》第9条第2款约定:“公司有权在必要时单方修改或变更本确认单之内容,但应及时告知购买人。如购买人同意条款变更,则确认单继续履行……”法院认为,《某项目优惠补贴确认单》合法有效,但其第9条第2款给予了北京某房地产经纪有限公司单方变更权，免除了北京某房地产经纪有限公司的责任，排除了买受人的主要权利，且因未作提示说明而未遵循公平原则，应属无效。也就是说，针对前述空白条款，法院进行了合同纳入和内容效力的双重否定。

此外，对于依据空白条款进行具体变更形成的条款，是仅进行效力性评价还是需进行纳入和效力性的双重评价，司法实践也未形成统一裁判。例如，本案法院虽然明确"A 公司在依据合同条款行使单方变更权时，如果损害了合同相对方的权益，其单方变更行为不发生法律效力"，但对"付费超前点播"条款的纳入问题未作评价。在"某互联网有限公司、广州某信息技术有限公司服务合同纠纷案"中，法院则就行使单方变更权形成的合同条款（该案指的是《月度考核细则》）进行了纳入评价，认为某互联网有限公司没有明确《月度考核细则》的发布页面、位置，也未予以通知，更未采取合理的方式提请对方注意，故《月度考核细则》对广州某信息技术有限公司并无约束力。

Ⅳ 本判决的参考意义及将来的课题

对空白条款的裁判分歧源于条款的不确定性，该条款存在被格式条款提供者滥用的风险，因此，应当对空白条款的不确定性引起的评价困难予以关注。本案作为认定空白条款有效的裁判，从平台服务协议的必要性和合理性的角度出发，承认了单方变更条款的效力。但是，法院一方面肯认单方变更条款的效力，另一方面表明平台的单方变更权应受到限制。这恰恰也说明，不加限制的单方变更条款是不合理的，法院应当解释为何不加限制的单方变更条款不会因违反《民法典》第 497 条规定而无效。此外，若认为单方变更条款有效，还应当回应的是，为何在确认单方变更条款有效的情况下，尚需对利用此种单方变更权进行变更的具体条款进行再次评价，以及再次评价是仅需进行效力性评价，还是应当进行纳入和效力性的双重评价。若认定空白条款无效，则平台方显然不具有约定的单方变更权。此时，若平台方确有单方变更的需求，是回归未经合同相对人同意不得变更的一般法理，还是应基于网络服务协议的特殊性而具有特别考虑，不无疑问。

□ 参考文献

黄薇主编：《中华人民共和国民法典合同编解读》，中国法制出版社 2020 年版。

朱广新、谢鸿飞主编：《民法典评注：合同编·通则 1》，中国法制出版社 2020 年版。

孙良国：《单方修改合同条款的公平控制》，载《法学》2013 年第 1 期。

陈玉梅、杜政辰：《网络服务平台单方变更权的法律规制——以爱奇艺超前点播案为例》，载《湖南科技大学学报（社会科学版）》2022 年第 1 期。

吴逸宁：《格式条款使用人的单方变更之规范构建》，载《北方法学》2020 年第 2 期。

031 平台个性化定价的法律评价

刘某、北京某科技有限公司侵权责任纠纷案 | 湖南省长沙市中级人民法院(2019)湘01民终9501号民事判决书

葛江虬 复旦大学法学院

■ 事实概要

2018年7月19日11时55分20秒,刘某通过北京某科技公司运营的美团外卖平台,向商家"沙哇低卡轻食沙拉(国金中心店)"购买了"套餐金枪鱼三明治+红豆薏米汁"一份,配送费为4.1元。同日12时8分20秒,另一美团注册用户通过上述平台向同一商家订购了同样的套餐一份,收货地址相同,配送费为3.1元。北京某科技公司提供的平台日志后台显示,刘某订单所涉商圈当日11时47分开始订单大幅上涨,配送费动态上调,11时57分后订单大幅上涨的状态结束,配送费动态恢复正常水平。

原告刘某认为,北京某科技公司对其多收取的1元配送费是利用"大数据杀熟"区别定价,侵犯了其知情权、公平交易权等,遂诉至法院,请求判令:(1)北京某科技公司在美团官方微信号、官方微博、官方网站、官方贴吧等媒体官方首页向刘某道歉,并承诺以后不再进行此类侵害原告权益的行为;(2)北京某科技公司向刘某赔偿500元。

根据原、被告双方的诉请及抗辩,本案需讨论的争点是:北京某科技公司是否利用"大数据杀熟"实施欺诈行为,是否需要因此承担我国《消费者权益保护法》第55条第1款规定的惩罚性赔偿责任。

■ 裁判要旨

消费者应当对电商平台经营者存在价格欺诈行为负举证责任。在外卖消费服务中,外卖配送费是动态调整的,订单量大时配送费上涨。故仅依据配送费的数额差异来证明平台经营者是利用"大数据杀熟"区别定价,侵犯了其公平交易权的,人民法院不予支持。

■ 评　析

Ⅰ 本判决的思路和意义

本案中,一审法院认为,被告的行为不具有过错,无法构成一般侵权,故被告无须向原告承担责任。考虑到原告诉讼请求的条文依据是我国《消费者权益保护法》第55条第1

款,即主张被告在为不同消费者定制配送费的过程中存在欺诈行为,故法院这里的论证隐含了"本案中原告的惩罚性赔偿主张是基于侵权责任"的内在逻辑。关于为何本案被告不具有过错或不构成欺诈行为,一审法院与二审法院均采信了被告的抗辩主张,认为虽然原告与案外第三人收到不同定价,但二者下单时间有所不同。这正是本案关键所在:被告基于订单数量调整配送费,为不同相对人定制不同价格的行为属于合理合法的经营范畴,并不构成通过"大数据杀熟"侵害原告公平交易权等权利的行为。实践中,平台个性化定价因经常被描述为"大数据杀熟"而素有恶名。虽然我国若干部法律法规均对其有所规定,但是与之相关的行政执法与司法实践却少之又少。本案中,法院直接介入平台的定价机制,对该问题作出回应,具有重要意义。

Ⅱ 平台个性化定价及其责任后果的规范及学理

1. 平台个性化定价的法律评价问题

本案最为重要的问题是,平台个性化定价在什么情况下会因"大数据杀熟"遭到法律的否定性评价,如构成《消费者权益保护法》上的欺诈行为。

对于《消费者权益保护法》上的欺诈行为的理解,学界素有不同看法。有学者认为它与民事一般法上的欺诈具有相同含义,应基于最高人民法院《关于贯彻执行〈中华人民共和国民法通则〉若干问题的意见(试行)》(已失效)第68条之规定理解其构成要件。也有学者主张《消费者权益保护法》具有经济法之性质,应作不同于民事基本法的解释——如参考《票据法》第102条等规定,认为构成欺诈行为并不要求当事人陷入认识错误。不过,这些分歧主要体现于职业打假人相关案例中(葛江虬:《"知假买假":基于功能主义的评价标准构建与实践应用》,载《法学家》2020年第1期),学者与法官在"将经营者'应告知而未告知'的行为认定为欺诈行为"这一点上已具有相当程度的共识。

有关"应告知而未告知",《消费者权益保护法》第20条、第28条等条文对经营者告知义务的内容和是否履行的评价标准(真实、全面、及时)作出了一般规定。在平台个性化定价的场合,有学者认为平台根据消费者个人特征给出不同报价,即属于上述告知义务的对象范畴。若经营者不履行该告知义务,则可能构成欺诈行为(邹开亮、刘佳明:《大数据"杀熟"的法律规制困境与出路——仅从〈消费者权益保护法〉的角度考量》,载《价格理论与实践》2018年第8期)。不过,考虑到实践中经营者往往会通过服务协议中的格式条款将上述做法明确写入合同,消费者主张经营者未履行告知义务的成功可能性并不大。在这种情况下,个性化定价本身在法理上的正当性将成为评价当事人行为是否具有违法性的核心标准。例如,本案法官就没有纠结于"经营者是否向消费者告知个性化定价的存在及其细节",而是将大部分笔墨直接用于讨论个性化定价中价格形成过程的合理性与正当性。

从规范文本来看,最早关切平台个性化定价问题的是《电子商务法》第18条第1款,它要求根据个人特征定制搜索结果的经营者需要同时向消费者提供不针对其个人特征的选项,否则即需承担《电子商务法》第77条所规定的行政处罚后果。此后,《个人信息保护法》第24条第1款、第2款沿袭了该立场,要求经营者向用户提供不针对其个人特征的选项或便捷的拒绝方式,同时禁止算法自动化决策对个人实行不合理的差别待遇——尤其是交易价格。在部门规章层面,《互联网信息服务算法推荐管理规定》第 21 条对利用算法实施的差别待遇行为作出重点规定,即“不得根据消费者的偏好、交易习惯等特征,利用算法在交易价格等交易条件上实施不合理的差别待遇等违法行为”。

在平台个性化定价的场合,平台呈现的最终价格与商品或服务的排序方式一样,都落在“搜索结果”的语义射程之内;个性化定价依据的下单时间、注册时长、优惠资格等因素,也可归入“消费者的兴趣爱好、消费习惯等特征”(《电子商务法》第 18 条第 1 款),因此该行为应受到上述法律法规的规制。不难看出,上述规则为平台个性化定价确立了双重控制框架。首先,《电子商务法》与《个人信息保护法》都要求平台提供去个性化选项。这是为了纠正平台与消费者之间严重的信息不对称,保障消费者能够在充分知情的情况下作出交易决策[张凌寒:《〈电子商务法〉中的算法责任及其完善》,载《北京航空航天大学学报(社会科学版)》2018 年第 6 期]。其次,法律法规着眼于最终价格形成的具体机制,不允许平台在交易价格等交易条件上实施不合理的差别待遇。需要注意的是,在《个人信息保护法》颁布之前,有学者主张《电子商务法》不加区分地规制所有个性化定价的做法不符合经济理性,应当限缩其第 18 条第 1 款的适用范围,比如将价格排除在“搜索结果”的范围之外[王潺:《“大数据杀熟”该如何规制?——以新制度经济学和博弈论为视角的分析》,载《暨南学报(哲学社会科学版)》2021 年第 6 期],或是将侵害“消费者合法权益”解释为与个性化定价并行的责任构成要件[葛江虬:《解释论视角下〈电子商务法〉定制搜索结果条款的规范目的及限制适用》,载《法律科学(西北政法大学学报)》2021 年第 3 期]。对此,《个人信息保护法》与《互联网信息服务算法推荐管理规定》相较于《电子商务法》加入了“不合理”的限定词。也就是说,在我国现行法框架下,立法者与执法者均倾向于并非所有的差别待遇都是违法的,只有不合理的差别待遇才会得到法律的否定性评价。

关于是否合理的判断标准,法律法规目前对于一般平台经营者所实施的差别待遇行为还没有明确规定,只有针对具有市场支配地位之经营者的国务院反垄断委员会《关于平台经济领域的反垄断指南》在处理差别待遇的第 17 条第 3 款提到,“平台经济领域经营者实施差别待遇行为可能具有以下正当理由:(一)根据交易相对人实际需求且符合正当的交易习惯和行业惯例,实行不同交易条件;(二)针对新用户在合理期限内开展的优惠活动;(三)基于平台公平、合理、无歧视的规则实施的随机性交易;(四)能够证明行为具有正当性的其他理由”。事实上,这样的判断标准亦可适用于一般平台经营者。比如,假设平台的个性化定价是基于交易相对人的实际需求且符合正当的交易习惯和行业惯例,那么这种差别待遇就是合理的,平台便不应为其差别待遇行为承担《个人信息保护法》与《互联网信息服务算法推荐管理规定》上的责任。

上述法律法规中蕴含之法理无疑有助于评价被告行为是否具有违法性。如前所述,虽然原告选择了《消费者权益保护法》第 55 条第 1 款作为请求权基础,但被告行为是否构成欺诈行为的判断实质即为差别待遇的合理性与正当性。本案中,被告根据平台交易量对配送费实施动态定价,对在不同时间下单的消费者采取不同价格,该行为所依据的消费者个人特征主要集中于供需关系层面,且与长期以来形成的交易习惯与外卖行业的行业惯例相适配,具有合理性。正因如此,被告的行为不构成欺诈行为,无须承担该法第 55 条第 1 款规定的惩罚性赔偿责任。

2.《消费者权益保护法》第55条第1款涉及的责任性质问题

本案还涉及如下问题:《消费者权益保护法》第55条第1款规定的惩罚性赔偿究竟属于何种责任? 判决中提到的“侵犯了上诉人的知情权”应如何理解?

我国学者一般认为,惩罚性赔偿责任是一种合同责任,或者一种基于合同的法定或衍生责任。正如学者所说,由于经营者如实告知的义务贯穿于合同缔结、履行及终止之后的全过程,“惩罚性赔偿可附加于各种合同责任之上”(张红:《论〈民法典〉内外合同责任之惩罚性赔偿》,载《法学评论》2020年第5期)。从欺诈的具体类型出发,缔约欺诈引起的惩罚性赔偿往往被认为是一种缔约过失责任(朱广新:《惩罚性赔偿制度的演进与适用》,载《中国社会科学》2014年第3期),而履行欺诈引起的惩罚性赔偿则是一种违约责任或瑕疵担保责任(杨立新:《修订后的〈消费者权益保护法〉经营者民事责任之解读》,载《法律适用》2013年第12期)。

问题是,除了合同之外,惩罚性赔偿是否还可能是一种侵权责任,或是基于侵权的法定或衍生责任呢? 这种观点虽然在学术界并不常见,但在司法实践中却有一些判决支持。部分法官认为,惩罚性赔偿也可由侵害消费者知情权引起。在判断是否侵害消费者知情权时,应采用侵权责任的构成要件,考察是否存在侵权行为、损害后果、过错和因果关系。实际上,这种做法是将《消费者权益保护法》条文中的欺诈行为纳入了侵权行为的评价范畴,将消费者知情权看作我国侵权法所保护的绝对权:如果侵权责任成立,那么也可推导出惩罚性赔偿责任成立的结论。本案两审判决中都隐含了这样的看法。不过,与合同责任路径相比,侵权责任路径额外考察了当事人是否受有损失——这是否符合《消费者权益保护法》条文原意值得审视。而且,消费者知情权到底属不属于侵权法所保护的绝对权范畴[程啸:《侵权责任法》(第3版),法律出版社2021年版,第145页]也需要进一步论证。总之,这种学界与司法实务界在认识上的差异殊值关注。

Ⅲ 既往司法实践状况

在本案之后,进入司法程序的平台个性化定价案件在我国审判实践中仍然比较少见。

关于平台个性化定价的违法性评价与是否构成欺诈行为,上海市长宁区人民法院在“郑某与上海某商务有限公司其他侵权责任纠纷案”[上海市长宁区人民法院(2020)沪0105民初9010号民事判决书]中明确指出,“机票价格受市场因素等影响存在价格浮动的情况符合一般交易惯例和公众认知,本案中,原告查询机票价格的时间存在一定间隔,机票价格的变动幅度也在合理范围内,不能因不同时间段机票价格存在波动就认定属于‘大数据杀熟’行为”。由此可以看出,假如个性化定价考察的消费者个人特征是查询/下单时间,而该时间又与市场整体供求关系密切联动,那么这种动态定价便可以被评价为符合交易习惯、行业惯例与公众认知,并最终被认定为合理、正当,不具有违法性。

值得注意的是,法院肯定案涉个性化定价机制的前提是该价格形成过程能够做到一定程度的公开、透明。在曾引起广泛关注的“上海某商务有限公司与胡某侵权责任纠纷案”[浙江省绍兴市中级人民法院(2021)浙06民终3129号民事判决书]中,虽然法院认定构成欺诈行为乃因平台未向消费者充分披露自营业务与他营业务，未充分揭示他营模式风险，并未就平台是否存在“大数据杀熟”给出直接回应，但是，法院在判决说理部分仍然指出了案涉平台存在的“同日入住的单价价差最大达到1600多元，同日订单价格高低与是否提前预订不相关，其价格机制不透明”之问题，并强调案涉平台具有广泛知名度，理应负有更高的社会责任和使命，“应聚焦为何消费者会认为其存在‘大数据杀熟’以及如何改进提升自身的服务以消除消费者疑虑”。

关于“大数据杀熟”的责任形态，法院在“郑某与上海某商务有限公司其他侵权责任纠纷案”中的立场与学界大多数观点一致，认为消费者知情权与公平交易权并不属于侵权法保护的绝对权，仅在具体的合同关系中具有相对性，“系消费者在购买、使用商品和接受服务时对经营者可主张之权利……其请求权基础应为合同之诉而非侵权之诉，故原告在选择侵权之诉的情况下主张上述权利缺乏法律依据”。

Ⅳ 本判决的参考意义及将来的课题

本案作为我国司法实践中处理平台个性化定价、“大数据杀熟”等问题的早期案例，能够直面平台价格的形成机制，考察其是否符合市场上的交易习惯、行业惯例和消费者的一般认知，并据此评价行为违法性，无疑对后续审判实践具有较大参考意义。《电子商务法》《个人信息保护法》等法律不断细化算法规制规范，也对相关条文的解释有促进和支持作用。不过，本案涉及的定价机制相对简单，依据的消费者个人特征也仅有“下单时间”一项。倘若审判实践中遇到更为复杂的定价方法与更为多元的消费者个人特征——尤其是当事人的定价机制还没有在市场中得到广泛采用、个人特征与市场供求关系没有那么紧密的联系时，如何对其进行评价还需要学界与司法实务界的进一步探索。此外，由于我国惩罚性赔偿责任的规定过于刚性，如支持可能对经营者过于严苛，所以法院往往选择“侵害知情权”作为缓和手段，采用侵权责任构成要件处理欺诈消费者相关案件。可是，这种缓和手段在法理上是否站得住脚尚有疑问，像知情权、公平交易权这样的消费者基本权利是否属于侵权法保护的对象还需要进一步论证。

□ 参考文献

苏宇：《算法规制的谱系》，载《中国法学》2020年第3期。

张凌寒：《〈电子商务法〉中的算法责任及其完善》，载《北京航空航天大学学报（社会科学版）》2018年第6期。

王潺：《“大数据杀熟”该如何规制？——以新制度经济学和博弈论为视角的分析》，载《暨南学报（哲学社会科学版）》2021年第6期。

邹开亮、刘佳明：《大数据“杀熟”的法律规制困境与出路——仅从〈消费者权益保护法〉的角度考量》，载《价格理论与实践》2018年第8期。

葛江虬：《解释论视角下〈电子商务法〉定制搜索结果条款的规范目的及限制适用》，载《法律科学（西北政法大学学报）》2021年第3期。

032 电商平台“惩罚性”违约金条款的效力

北京J世纪贸易有限公司、北京J电子商务有限公司与厦门某贸易有限公司服务合同纠纷案 | 北京市第二中级人民法院(2020)京02民终4582号民事判决书

薛　军 北京大学法学院

■ 事实概要

本案一审原告(一审反诉被告,二审上诉人)是厦门某贸易有限公司(以下简称厦门公司),一审被告(一审反诉原告,二审上诉人)是北京J电子商务有限公司以及北京J世纪贸易有限公司(以下将二者合并简称为J平台)。原、被告签订《某开放平台在线服务协议》(以下简称为服务协议),协议约定厦门公司入驻J平台,依托后者提供的平台服务,以自己的名义独立开展电子商务活动,主要销售知名品牌化妆品。在经营过程中,J平台通过主动抽检发现,厦门公司在J平台上开设的两个店铺所销售的某知名品牌的化妆品属于假冒商品。为此,J平台适用双方签订的服务协议中“如果商家售假,则承担100万元的违约金”的相关条款,冻结了厦门公司缴纳的店铺质保金以及在J平台账户中的货款、预存的其他款项,直接用来抵扣厦门公司应当支付的上述违约金。于是厦门公司起诉,主张自己售假的行为不存在,要求J平台返还被扣划的款项,而J平台则提出反诉,要求厦门公司支付剩余违约金。

■ 裁判要旨

电商平台与平台内商家的服务协议中约定的违约金,不同于普通合同约定的违约金条款,具有自身的特殊性。商家存在明显恶意的违约行为的,可以约定加重平台内商家的责任。平台为了履行自身所承担的平台管理责任,特别是为了打击假冒伪劣、保护知识产权,为了维护平台正当商业信誉、净化网络购物环境以及消费安全,为了保护平台上其他合法经营商家的利益和消费者的合法权益,而在平等的基础上与入驻其平台经营的商家确定的带有惩罚性质的违约金条款的有效性应当得到认可,不宜轻易认定违约金过高,从而进行司法酌减。

■ 评　析

Ⅰ 本案焦点

本案存在事实层面与法律层面上的争议。事实层面上的争议是厦门公司是否存在售

假行为。对此,J 平台列举了充分的证据,证明其抽检的程序完全合乎双方事先约定、合乎规定的抽检程序,经由抽检中确定的机构认定的结果不容置疑。对于这一事实层面上的争议,法院认可了 J 平台提出的证据,认定厦门公司存在售假行为。

关于法律层面上的争议主要围绕以下三个方面,以逐层递进的方式展开。

第一个层面的争议围绕相关违约金条款是否正当订入合同展开。原、被告签订的服务协议中涉及对售假行为进行处罚的条款,属于对双方当事人具有重大影响力的条款。根据原《合同法》第 39 条到第 41 条及相关司法解释关于格式条款的规定(此案发生时,《民法典》尚未生效,因此适用的是原《合同法》及相关的司法解释),条款的提供方要采取合理方式提醒对方注意相关条款的存在。在此案中,厦门公司认为 J 平台未尽到相应提示义务,因此违约金条款应该被视为未订入合同之中。关于这一问题,法院通过对服务协议行文中对重点内容的提示方式的分析,认为 J 平台已经尽到了提示通知义务。在服务协议的最开始的部分,即以加粗的方式提醒商家注意要认真阅读协议本文,并且特别提醒对于协议内容中以加粗、下划线方式显著标识的文字,商家要着重阅读、慎重思考。服务协议中针对商家售假行为处以 100 万元违约金的约定(在服务协议第 10.2 条)采取了字体加粗的提示方式。厦门公司认为,双方签订的服务协议第 10 条关于违约金责任的约定共 5 款,其中仅第 10.2 条中部分字体加粗,因此没有尽到特别的提示义务。对于这一说法,法院未予以采纳。事实上,本案涉及的最为关键的条款,也就是如售假将被处以 100 万元违约金的条款,其是有特别的加粗提示的。在此案的情形之下,这应该视为履行了特别提示义务。之所以特别强调“在此案的情形”之下,是因为并非在所有的情况下,对相关条款的字体加粗都会被认为满足了提示义务。事实上,现在有的平台过度依赖通过字体加粗来履行对重要条款的提示义务,以至于协议文本“黑成一片”,反而起不到实际的提示效果[宁红丽:《平台格式条款的强制披露规制完善研究》,载《暨南学报(哲学社会科学版)》2020 年第 2 期]。在本案中,不仅服务协议中有相关约定,厦门公司签署的附件四,也就是《J 商城合作伙伴诚信经营承诺书》中也有针对相关违约金责任的明确约定。这一文件内容简洁、指向性清晰,而且相对独立,需要商家专门去签署确认。这一独立文件的存在,使得厦门公司辩称 J 平台没有就此项特殊违约金的约定作出提醒缺乏事实依据。因为签署特别的承诺书,其主要目的就是让商家意识到并且确认愿意接受这种特殊的违约金的条款安排。就其功能而言,已经是强度极高的履行特别提醒和说明义务的方式了。

第二个层面的争议涉及相关违约金条款的有效性问题。即使商家若售假则承担 100 万元违约金责任的条款,已经被有效地订入合同之中,厦门公司也仍然认为,相关格式条款属于单方面加重一方责任,违背公平原则,根据原《合同法》第 40 条的规定,这种类型的格式条款应该属于无效条款。对于这一说法,法院采纳了平台一方的论点,认为判断平台设定的售假即须承担 100 万元违约金的条款是否公平,需要结合相关条款本身的属性来看。该条款涉及平台、商家和消费者三方之间的关系,是平台履行自律管理权的体现,与传统意义上的违约金条款存在重要差别。相关条款是否公平,需要考虑商家违约行为,特别是恶意违约行为给平台造成的声誉损失,以及平台一方进行自律管理、保护消费者权益、加大商家违法成本、保护品牌方合法权利等正当的利益诉求。对恶意违约的商家加重违约责任,符合平台管理的要求。其一,平台一方为了防范和治理商家的违规行为,需要配置专业团队、委托专业机构,从而对售假商家的行为进行发现、取证、公证、处理和应诉,这些都意味着巨大的成本付出。其二,面对买到假货的消费者的投诉和举报,平台一方为了维护自己的信誉和保护消费者的权益,可能要先行赔付。这也是商家售假行为导致平台付出的成本。其三,商家售假行为还会扰乱平台正常的经营秩序,损害平台的商誉,使其在与其他平台的竞争中处于不利的地位。考虑到这些因素,不能认为相关的违约金条款存在明显不公平的问题。因此,法院认为相关的格式条款属于有效条款。

第三个层面的争议在于违约方是否可以请求法院对违约金的数额予以适当酌减。厦门公司认为,根据原《合同法》第 114 条第 2 款的规定,即使售假则承担 100 万元的违约金责任的条款属于有效条款,其也可以在约定的违约金过分高于造成的损失情况下,请求人民法院或仲裁机构予以适当减少。此案中厦门公司就认为由其承担 100 万元违约金责任,过分高于其违约行为给 J 平台造成的损失,因此应该予以减少。厦门公司特别提出,J 平台一方并未举证证明其实际损失。对于这一论点,法院的裁判立场是对于厦门公司一方具有明显恶意的违约行为,加重其责任具有合理性。因为这种恶意违约行为,会对平台的商业声誉造成严重损害,侵害消费者权益,引发监管部门对平台保护知识产权不力的处罚等。平台为了治理这种行为,会投入大量的人力、物力,这在某种意义上应该理解为商家违约行为给平台方造成的损失。但问题的关键在于,平台的服务协议是建立平台管理制度的基本工具,不同于普通的违约金条款,在很大程度上具有"对众性"特征。对于普通的一对一的合同关系而言,相关的违约金条款适用一次之后,就完成了其使命。但平台服务协议则不同,它不仅约束当下的具体案件的当事人,还约束平台的潜在进入者和平台上其他的海量经营者。如果在个案中,法院轻易地认定相关违约金数额过高,予以司法酌减,那么当这样的信息传播到其他的平台内经营者那里,可能会产生一种负面的反馈:相关的违约金条款其实不作数,即使违反了,100 万元的违约金数额也可能得不到法院支持。产生了这样的反馈之后,平台管理权的落实就面临很大挑战,甚至会在事实上无法发挥作用。这也是法院最大限度地尊重平台规则,不轻易去干预平台自治的深层次理由。事实上,的确不可能一方面否认、限制平台制定的治理规则的效力,另一方面又期待平台落实主体责任,实现良好的平台治理。这是本案中法院支持售假则承担 100 万元违约金的条款的效力的最根本考虑。

Ⅱ 本案意义

1. 这一判决是法院对平台规则的效力进行司法审查的典型案例。随着互联网平台的快速崛起,大量交易经由平台的中介或者依托于平台所建构的网络空间而发生。为了管理平台社区,规范平台上各类主体的行为,促成平台内各种合法的交易活动,平台往往会制定大量的服务协议与交易规则。对于此类平台规则的法律属性,理论上有不同的解释模式(杨立新:《网络交易规则研究》,载《甘肃社会科学》2016 年第 4 期)。但总体来说,司法实务界的主流观点仍然是将其作为格式条款的一种特殊类型来加以看待。由此引发的问题是，如果将平台规则在属性上看作一种格式条款，那么在适用包括《民法典》在内的涉格式条款的相关规定时，如何考虑平台规则本身的特殊性，以及从哪些方面来体现对这种特殊性的考虑呢？本案的处理提供了一个有益的思路，也就是认可平台规则的格式条款属性，但是在具体适用时充分考虑其特殊性，从而形成符合平台经济特征的裁判思路。比如，法院在判断平台规则中的关键条款是否有效订入的时候，不能只考虑服务协议本身，还要考虑当事人签署的其他相互关联的文件，从整体上来判断平台是否尽到了提示义务。再如，在判断平台规则中的特定条款是否因明显不公平而无效的时候，要考虑相关的规则所对应的平台管理目的。如果平台为了防范、管控商家违约行为，需要支出大量的管理成本，并且相关的违约行为有很强的负外部性，会损害平台的商业信誉、危害平台正常的交易秩序、损害消费者权益等，那么在考虑特定条款的公平性的时候，就不能仅从个案的情况来加以判断。这是考虑特定条款是否公平的问题上的视角的特殊性。

2. 这一判决为合同法上的违约金制度在平台语境之下的适用提供了新的思路。在传统的合同法中，当事人可以自由确定违约金数额，以实现对损害赔偿额的预估。但民法在原则上坚持违约金的补偿性特征，不允许违约金有明显惩罚性特征。为此，如果当事人约定的违约金数额过分高于实际损失，责任方可以请求法院或者仲裁机构予以酌减。违约金酌减制度是法定制度，不需要当事人的约定即存在，当事人甚至不能通过特别约定来排除违约金司法酌减的可能性（姚明斌：《违约金论》，中国法制出版社 2018 年版，第 321 页）。进入互联网时代以后，平台开始运用违约金制度来实现对平台内商家违约行为的管理。在很多情况下，这些被叫作“违约金”条款，本质上其实是平台对违规者的处罚措施。由此引发的问题，同时也是本案双方当事人争议的焦点问题之一，就是对于此类由平台约定的违约金条款，如何适用酌减规则。首先，还是必须要承认，平台一方约定的带有管理功能的违约金即使在相关条款中被叫作“惩罚性违约金”，甚至被叫作平台对违规商家的“罚款”，也不能被认为是真正意义上的惩罚性违约金或者平台的罚款。因为即使在平台的语境之下，也不能突破我国民法上的关于违约金的损害填补的基本属性。换言之，不能认为这是对违约金不应该具有惩罚性的原则的突破。当然，更加不能认为这种违约金是平台经营者对平台内违规商家的罚款，因为平台经营者虽然具有管理者的属性，但本质上仍然是企业，是一般意义上的市场主体，在没有得到明确行政方面授权的情况下，平台不具有行政执法意义上的罚款权。毋宁说，平台语境之下违约金制度的适用仍然遵循民法的基本原则，但需要考虑平台本身的特殊性。其次，判断平台方面约定的违约金是否过分高于违约造成的损失，需要考虑商家违约行为对各方面的影响，然后作出综合的判断。需要考虑的因素包括但是不限于对平台商业信誉的损害，平台可能遭受的品牌方的追责，平台为了约束相关违约行为而支出的各种管理成本，平台为了维护消费者权益而作出的提前的赔付等。如果在把这些因素都考虑进去之后，裁判者认为平台方约定的违约金数额在大致上与商家违约行为造成的损失相匹配，那么裁判者就要慎重适用司法酌减，以维护平台规则的稳定性和确定性。

Ⅲ 本案遗留的问题

本案中,法院充分尊重了作为平台自治之工具的平台规则的效力。这一思路当然值得支持,但也存在若干值得进一步思考的问题。平台自治的范围并非无限,法院对平台规则进行审查时,虽然要保持足够的审慎,充分尊重平台规则的治理,但也不应该理解为完全放任。任何权力都应该受到约束,这对平台来说也不应该是例外。就此而言,平台约定的违约金条款的效力并非应该无保留地得到认可,商家一方提出的酌减请求也并非应该一概予以否认。对于约定的违约金数额畸高的、适用条件非常苛刻的违约金条款,还是需要分析其是否有效。之所以提到这一问题,主要是因为有些平台在适用违约金条款时,不能充分尊重平台内商家应有的合法权益,特别是商家本来应该享有的申诉和针对决定请求复审的权利,简单粗暴地适用违约金条款,导致商家遭受巨大损失。因此,判断商家是否的确存在违约行为,违约时的主观状态是故意还是过失,都是非常重要的。需要注意的是,司法和行政的层面上在强调压实平台主体责任的同时,其实也是一种面向平台的变相“赋权”,让平台获得了针对平台内商家的更多的事实上的管理权限。这一事实的存在,使得如何约束平台不滥用这种权力,保护平台内的商家的应有权利不被侵害成为不容忽视的问题[欧盟为了保护平台内的商家的合法权益,出台了专门的指令来处理这一问题。See Regulation (EU) 2019/1150 on promoting fairness and transparency for business users of online intermediation services, 20 June 2019. 这一文件被译为《欧盟商业平台(P2B)条例》。相关研究参见王晓晔:《数字经济反垄断监管的几点思考》,载《法律科学》2021 年第 4 期]。以本案涉及的违约金条款为例:运用得当,这类条款就可以成为平台用以管理商家、实现平台治理的有力武器;运用不当,这类条款则可能成为平台对商家“薅羊毛”、获取非法利益的借口。如果平台规定高额违约金的目的不是制止假冒伪劣,而是将商家违约金作为自己获利的来源,显然就偏离了违约金制度的正轨,需要引起足够的警惕。

□ 参考文献

姚明斌:《违约金论》,中国法制出版社 2018 年版。

宁红丽:《平台格式条款的强制披露规制完善研究》,载《暨南学报(哲学社会科学版)》2020 年第 2 期。

薛军:《平台有权对售假商家“罚款”吗》,载澎湃新闻 2020 年 8 月 19 日,https://m.thepaper.cn/baijiahao_8791628。

033 平台用工致第三人损害的责任分配

胡某与L网络科技(上海)有限公司、上海L信息科技有限公司、梁某、XS(上海)信息科技有限公司、XQ(上海)信息科技有限公司、平安保险公司健康权等纠纷案 | 上海市第一中级人民法院(2019)沪01民终14383号民事判决书

王天玉 中国社会科学院法学研究所

■ 事实概要

2017年10月3日23时15分许,在上海市中山西路进玉屏南路(西)约150米处,梁某骑电动车时将骑自行车的胡某撞倒,导致胡某受伤。经公安交警部门认定,梁某负本起事故的全部责任,胡某无责任。梁某系在××App注册的配送员,事发时其身穿"××"配送员工服,驾驶的电动车上放置了显示"××"标识的餐箱。梁某现所属代理商为XQ(上海)信息科技有限公司(以下简称XQ公司),其××App薪资账单中显示"2017年11月6752元XQ公司-静安X-武夷路支队(XJS)全职骑手"。

胡某向法院起诉,请求判令L网络科技(上海)有限公司(以下简称L网络公司)、上海L信息科技有限公司(以下简称L信息公司)、梁某、XS(上海)信息科技有限公司(以下简称XS公司)、XQ公司、平安保险公司赔偿医疗费、误工费、护理费、营养费、残疾赔偿金、精神损害抚慰金、鉴定费等。前述诉请中,胡某要求平安保险公司在其承保的雇主责任保险范围内承担赔付责任,超出或者不计入雇主责任保险理赔范围的部分,由L网络公司、L信息公司、梁某、XS公司、XQ公司连带承担赔偿责任。如果平安保险公司不同意在本案中承担保险责任,则相应责任应该由L网络公司、L信息公司、梁某、XS公司、XQ公司承担。

另查明,L信息公司和L网络公司共同经营××平台。2017年4月19日,L信息公司与FB(上海)信息科技有限公司(以下简称FB公司)签订《××配送代理合作协议》(协议编号为:SIF-上海36),约定如下:L信息公司授权FB公司使用"××配送"系列产品在上海市内经营"××配送"业务,FB公司负责即时配送服务,L信息公司提供产品支持、管理协助、账目结算等服务;L信息公司有权对合作业务进行监督管理,对不符合L信息公司评估要求的员工,L信息公司有权要求FB公司在5日内更换等。配送员在工作期间必须按照L信息公司发布的《配送代理服务规范》的要求穿着带有"××"标识的工服,佩戴带有"××"标识的头盔、腰包、餐箱等。

2017年10月1日,L信息公司与FB公司、XS公司签署三方转让协议,约定FB公司自2017年10月1日起将上述编号为SIF-上海36的合作协议中FB公司的权利、义务全部转

移给 XS 公司,FB 公司退出上述编号为 SIF - 上海 36 的合作协议,转让日前已产生的权利和义务由 FB 公司、XS 公司各自承担。2017 年 10 月 1 日,上海 ZG 信息科技有限公司与 XS 公司、XQ 公司签订主体变更协议,约定 XS 公司自 2017 年 12 月 28 日起将上述编号为 SIF - 上海 36 的合作协议中 XS 公司的权利和义务全部转让给 XQ 公司,XS 公司退出上述编号为 SIF - 上海 36 的合作协议,转让日前已产生的权利和义务由 XS 公司、XQ 公司各自承担,但由于 XS 公司和 XQ 公司存在关联关系,双方均需对对方经营期间的行为承担连带责任担保。

■ 裁判要旨

判决 L 网络公司、L 信息公司承担损害赔偿责任。

行为人因过错侵害他人民事权益,应当承担侵权责任。本案中,胡某作为受害人有权请求法院判令侵权人依法承担赔偿责任。涉案事故发生时,梁某接受 L 网络公司、L 信息公司的指令从事送餐业务。对于胡某而言,其无从知晓 L 网络公司、L 信息公司与各个加盟商户之间究竟存在何种法律关系,只能从外部标识来判断梁某在为谁提供劳务。虽 L 网络公司、L 信息公司主张梁某与配送公司之间存在劳务或者劳动关系,但在涉及健康权的纠纷中,不能在仅有存在利害关系的两个公司的陈述,而无社保缴纳记录、劳动合同等其他充分证据相佐证的情况下,轻易认定哪个公司是肇事者梁某的用人单位。梁某送餐时,根据 L 网络公司、L 信息公司的要求身穿 L 网络公司、L 信息公司提供的工作服,携带统一提供的送餐箱。胡某据此有充分的理由相信梁某事发当时正在履行 L 网络公司、L 信息公司的职务。至于 L 网络公司、L 信息公司与 XS 公司、XQ 公司之间存在何种法律关系,相关责任如何分担,不属本案审查范围。

■ 评　析

Ⅰ 本判决的思路和意义

本案的焦点问题是如何判定平台用工中的职务行为,以便由此确定侵权责任承担主体。若侵权行为属于职务行为,则平台作为用人单位对该侵权人承担替代责任,对受害人予以赔偿;反之,则由骑手作为侵权人对受害人承担损害赔偿责任。本判决的思路是从保护不特定第三人与交易安全的角度,适用外观主义判定职务行为,即骑手的行为具备职务行为的外观,无须进行劳动关系的从属性判断,就应认定为职务行为,由平台对受害人承担赔偿责任。此项判决的意义在于强调对受害人的保护,充分考虑受害人的举证能力和社会公众对职务行为的一般性认知,区分平台用工内部法律关系与外部法律关系,基于外观主义要求平台承担外溢到社会公共领域的经营风险。

Ⅱ 职务行为认定的规范及学理

《民法典》第 1191 条第 1 款规定:“用人单位的工作人员因执行工作任务造成他人损害

的，由用人单位承担侵权责任。用人单位承担侵权责任后，可以向有故意或者重大过失的工作人员追偿。”此项规定延续了原《侵权责任法》第 34 条第 1 款，即“用人单位的工作人员因执行工作任务造成他人损害的，由用人单位承担侵权责任”。对于如何认定“执行工作任务”，存在以下两种观点：一是主张“执行工作任务”应严格限定在劳动关系内，职务行为仅限于劳动关系下劳动者因用人单位指示或职务、业务所为之行为，核心要件是用人单位对劳动者的“控制”（[德]克雷斯蒂安·冯·巴尔：《欧洲比较侵权行为法》（上卷），张新宝译，法律出版社 2004 年版，第 10 页）；二是主张“执行工作任务”不限于劳动关系，以用人单位名义并因用人单位业务所为之行为均属于职务行为，核心要件是用人单位经营对社会产生的“风险”（张民安：《侵权法上的替代责任》，北京大学出版社 2010 年版，第 191 页）。二者分歧的实质在于视角不同，前者强调劳动关系的内部视角，逻辑是先有劳动关系才有职务行为，客观上限定了用人单位的责任范围。后者强调用人单位经营的外部视角，逻辑是先有职务行为，该行为使用人单位受益，亦使不特定第三人承担风险，例如骑手配送产生的交通风险。

外卖和即时配送平台的骑手通常可以分为两种类型：一种为专送骑手，另一种为众包骑手。专送骑手与平台或代理商订立劳动合同，在平台或代理商的指挥管理下提供配送服务，其配送行为属于劳动关系下的“执行工作任务”无疑。那么，专送骑手在配送过程中致第三人损害的，平台或代理商当然须承担雇主责任。此种平台用工模式与常规劳动关系没有区别，是“披着平台外衣”的常规用工。众包骑手在平台 App 上注册并接单，可自主决定是否提供劳务、何时以及何地提供劳务，享有完全不同于劳动法上的劳动者的自主权。美国著名劳动关系学者哈瑞斯认为，“独立从业者可以自行决定何时以及是否向顾客提供服务”是“平台—独立从业者关系中最重要的创新”，由此导致的结果是“平台与独立工作者都会对工作有所控制”，“但关键决策权仍由独立从业者控制。也许最重要的是，没有雇员可以像独立从业者一样选择何时、是否、如何以及在何地工作”（[美]赛思·D. 哈瑞斯：《美国“零工经济”中的从业者、保障和福利》，汪雨蕙译，载《环球法律评论》2018 年第 4 期）。

平台经济和网络技术使得众包劳动的过程深度碎片化。在互联网兴起之前，虽然劳雇双方的组合方式可以灵活化，但劳动过程很难碎片化。例如，挂靠在某一交通公司的车辆配备该公司的外观后，几乎不可能去自主决定执行另一交通公司的工作任务，司机只能依据挂靠公司指令去为另一公司服务。此“出借受雇人”致第三人损害的归责也是清晰的（王泽鉴：《侵权行为》，北京大学出版社 2009 年版，第 427 页）。但是，平台用工中的众包骑手可以在一天之中的任意时段自主转换平台，甚至在同一时间开启不同平台接单，平台既无权对其进行“出借”等调配，更无权禁止或限制其跨平台接单。因此，“平台—第三人”的视角下，行为外观证据可以为第三人和交易安全提供充分的保护。

就涉及第三人的外部关系而言，行为外观因素对法律适用有重要影响。社会公众通常认为，只有处于劳动关系中的劳动者才会穿着用人单位工作服、佩戴工牌以及其他标识，故有理由根据劳务提供者的行为外观推定其行为属于履行平台业务的职务行为。平台与劳务提供者之间的内部合同约定没有对抗第三人的法律效力，第三人亦无义务考察平台用工的合同类型。因此，若劳务提供者具备平台工作服、工牌或其他标识的行为外观，那么当其在给付劳务过程中致第三人损害时，应由平台承担责任，平台担责后可向劳务提供者求偿。若劳务提供者不具备平台用工的行为外观，则第三人无证据推定其与平台之间的关系，由此导致的损害应按一般侵权处理。（王天玉：《互联网平台用工的合同定性及法律适用》，载《法学》2019 年第 10 期）

Ⅲ 既往司法实践状况

外卖平台和即时配送平台骑手致第三人损害是当前互联网平台用工中的典型争议。第三人在损害发生后，往往不将配送行为视为单纯的个人行为，而是视为平台之业务执行行为，主张平台承担损害赔偿责任。第三人提出此项主张不乏经济考量。由于骑手多为进城务工人员，通常很难实际履行赔偿责任，即便第三人直接起诉骑手获得法院支持，判决也大多难以执行。这促使第三人倾向于将平台作为赔偿主体，主张平台对骑手的侵权行为承担替代责任。

法院裁判此类案件有两种思路：一种是从“平台—骑手”的内部视角出发，重点是对平台内法律关系的定性，逻辑是若要求平台对骑手的侵权行为承担责任，则二者之间须构成劳动关系，平台承担的是用人者责任，否则应由骑手自己担责。在此逻辑下，裁判的重点是劳动关系认定，法院须对此进行从属性判断，主要法律依据是原劳动和社会保障部发布的《关于确立劳动关系有关事项的通知》（劳社部发〔2005〕12 号）。从已有判决来看，法院的依据是骑手的工作特征：骑手有权自主决定是否工作以及工作时间和地点，工作所得不属于劳动报酬；平台不提供劳动工具，对骑手无管理、支配或强制性约束。由于平台与骑手之间的关系不具有从属性特征，双方不构成劳动关系，因此，平台不对骑手承担劳动法上的用人单位义务，也就不对骑手造成的第三人损害承担赔偿责任。

另一种是从“平台—第三人”的外部视角出发，重点是对骑手配送行为的定性，逻辑是若要求平台对骑手的侵权行为承担责任，则骑手行为应是执行平台工作任务，平台承担的是用人者责任。法院在此情况下不需要进行从属性分析，仅需考察骑手是否执行平台工作任务，据此判断是由平台承担用人者责任，还是由骑手自己承担损害赔偿责任。由于法院无须考察平台内法律关系，回避了较为复杂的从属性判断问题，裁判过程相对简单，只要有证据证明骑手是在执行平台工作任务，就能判决平台对第三人承担责任。部分法院在判决中会使用“劳动关系”、“劳务关系”或“雇佣关系”的概念，但这只是为说明“执行工作任务”服务的，基本没有对概念本身的讨论。

上述两种裁判思路产生分歧的一个要点在于“执行工作任务”与“认定劳动关系”的差异性，执行工作任务不一定是劳动关系，而劳动关系一定是执行工作任务，这就导致两种裁判思路要求的证据标准不同。法院要认定劳动关系，须对劳动管理、报酬给付、劳动工具等多方面进行考察；而法院要认定执行工作任务就简单得多，部分案件的分析链条是：如果配送是平台的业务，且骑手在配送过程中致第三人损害，则骑手是在执行平台工作任务。其中的关键要素是“骑手在配送过程中”，第三人证明这一点的直接证据是骑手穿着平台服装、佩戴平台标识。换言之，第三人主张平台承担责任的主要理由是基于骑手的行为外观，即平台用工致第三人损害的外观主义归责。

Ⅳ 本判决的参考意义及将来的课题

平台承担用人者责任的外观主义适用方法：

1. 区分专送骑手与众包骑手。主要配送平台基本都采取了骑手分类的模式，专送骑手是基础运力，需要依托劳动关系的强支配力，而众包骑手是补充运力，用于调剂订单高峰时段的运力供给，二者在合同类型和管理模式上是有明确区别的。为此，在第三人提起的侵权损害赔偿诉讼中，法院应考察骑手的类型，根据骑手自己提供的注册记录和日常管理记录，以及平台提供的代理商信息，能够比较简便地认定侵权骑手是不是专送骑手。对于专送骑手，外观主义的适用可以直接进入行为外观理论，从劳动关系角度论证代理商承担用人者责任，对第三人予以损害赔偿。对于众包骑手，外观主义则须借助"非真正受雇人"论证平台责任。

2. 骑手行为外观证据的效力。在请求平台承担用人者责任时，由于第三人的举证能力有限，几乎无法提出证明平台与骑手之间构成劳动关系的证据，所以第三人只能根据骑手侵权时的行为外观，主张该行为外观具有证明骑手在执行平台工作任务的效力，第三人的此项主张具有保护交易安全的内涵。法院应对第三人的举证能力予以认可，将骑手侵权时的行为外观证据从证明劳动关系下"执行工作任务"转向证明风险共同体下"执行工作任务"（[奥地利]海尔姆特·库齐奥：《侵权责任法的基本问题（第一卷）：德语国家的视角》，朱岩译，北京大学出版社2017年版，第250页），因为众包骑手是平台这一风险共同体的组成部分，所以平台应对骑手侵权承担用人者责任。

3. 平台不承担用人者责任的证据。骑手行为外观证据证明的是平台与骑手构成风险共同体，法院出于对第三人和交易安全的保护提升了外观证据的效力。平台不承担用人者责任的依据不是否定风险共同体，而是否定骑手此时与平台处于同一风险共同体中，即骑手侵权时虽配有平台服装或标识，但并未在配送本平台订单，而是在配送其他平台订单。此项证据是平台根据系统记录较容易提出的，这就限定了平台承担责任的边界。

□ 参考文献

王泽鉴：《侵权行为》，北京大学出版社2009年版。

张民安：《侵权法上的替代责任》，北京大学出版社2010年版。

[美]赛思·D. 哈瑞斯：《美国"零工经济"中的从业者、保障和福利》，汪雨蕙译，载《环球法律评论》2018年第4期。

[德]克雷斯蒂安·冯·巴尔：《欧洲比较侵权行为法》（上卷），张新宝译，法律出版社2004年版。

[奥地利]海尔姆特·库齐奥：《侵权责任法的基本问题（第一卷）：德语国家的视角》，朱岩译，北京大学出版社2017年版。

034 新型网络平台服务提供者责任的认定

杭州D网络科技有限公司与长沙BZ网络科技有限公司、深圳市T计算机系统有限公司侵害作品信息网络传播权纠纷案 ｜ 浙江省杭州市中级人民法院(2019)浙01民终4268号民事判决书

侍孝祥　谢采洪 华东政法大学

■ 事实概要

DD公司拥有作品武志红的心理学课的独家信息网络传播权。2016年8月31日,DD公司将前述作品的独家信息网络传播权排他授权给了上诉人杭州D网络科技有限公司(以下简称D公司),并约定D公司有权针对中国境内侵犯DD公司信息网络传播权的行为以自己的名义进行维权。被上诉人长沙BZ网络科技有限公司(以下简称BZ公司)运营的"在线听阅""咯咯呜""回播"三个W小程序未经许可发布了前述作品。D公司认为深圳市T计算机系统有限公司(以下简称T公司)作为W小程序的共同开发者与共同提供者,无论其提供何种性质的服务,在明知侵权的情况下,仍有采取删除、屏蔽、断开链接等合理必要措施的义务,并据此要求腾讯删除前述三个小程序。但T公司辩称:(1)开发者小程序的数据不保存于T公司,其并非信息存储空间服务提供者,仅为开发者小程序向用户传输信息提供技术支持(仅提供自动传输服务);(2)T公司不运营、控制开发者小程序的内容,技术上无法删除侵权信息。

■ 裁判要旨

本案判决对于如何认定新型网络平台服务提供者以及确定新型网络平台服务提供者应当采取的合理必要措施的范围具有重要指导意义。

第一,新型网络平台服务提供者及其应当承担的法律责任应当依据一般法进行确定。本案中,T公司提供的W小程序服务区别于作为特别法的《信息网络传播权保护条例》规定的四类网络服务,因此应当根据作为一般法的原《侵权责任法》去认定T公司的法律性质并确定其应当承担的责任。

第二,新型网络平台服务提供者应当采取的合理必要措施的范围要依据技术条件以及对被诉侵权人利益的影响进行确定。本案中,要求T公司立即删除涉案W小程序明显超出被控侵权行为所造成损害的必要限度,违反了比例原则。被控侵权的相关内容存储在BZ公司的服务器,T公司不具有进入BZ公司服务器、触及服务器内容的技术能力,因此在技

术上无法精准、直接删除W小程序中的被控侵权内容。若要求T公司彻底关闭通信端口，切断用户与小程序开发者之间的联系通道，则属于终止向W小程序开发者提供小程序网络服务，影响小程序开发者对其服务商其他内容享有的权益，因此明显超出了制止侵权的必要限度。

■ 评　析

Ⅰ 本案焦点与裁判思路

本案的争议焦点是提供W小程序服务的T公司是否属于我国现行法律规定的网络服务提供者，以及如何确定其应当承担的法律责任。由于T公司提供的W小程序服务不同于《信息网络传播权保护条例》规定的四类网络服务，而作为一般法的原《侵权责任法》第36条属于网络领域民事侵权行为的一般性条款，并未对网络服务提供者的范围以及类型进行限定，因此法院认为前述新型网络平台服务提供者的法律责任应当依据作为一般法的原《侵权责任法》第36条进行确定。在此基础上，法院认为涉案网络服务提供者因在事实上无法控制其提供服务中的具体侵权内容，若要求其承担"通知—删除"义务则必须将涉案小程序从服务中完整移除，超出了合理必要措施的要求。

Ⅱ 新型网络平台服务提供者责任承担的规范及学理

1. 新型网络平台服务提供者责任的法律适用

本案的第一个争议焦点是提供W小程序服务的T公司属于何种网络服务提供者，对此的回应将影响到被告法律责任的法律适用。关于网络服务提供者的法律定义，1998年《美国数字千年版权法案》(Digital Millennium Copyright Act，DMCA)、2000年《欧盟电子商务指令》以及我国2006年公布的《信息网络传播权保护条例》(已于2013年修订)均未作出明确规定，而是通过封闭式列举确定网络服务提供者的范围。DMCA第512条规定了四类网络服务：(1)暂时传播；(2)系统缓存；(3)根据用户指示在系统或网络中存储信息；(4)信息搜索工具。《欧盟电子商务指令》借鉴DMCA的规定，在第12条、第13条、第14条规定了三类网络服务：(1)纯粹传输服务；(2)缓存；(3)宿主服务。我国《信息网络传播权保护条例》规定的网络服务提供者则与DMCA相似，该条例第20～23条规定了四种网络服务类型，分别为自动接入服务和自动传输服务、自动缓存服务、信息存储空间服务以及搜索或者链接服务。但我国2009年制定的原《侵权责任法》第36条则在《信息网络传播权保护条例》的基础上规定："网络用户、网络服务提供者利用网络侵害他人民事权益的，应当承担侵权责任。网络用户利用网络服务实施侵权行为的，被侵权人有权通知网络服务提供者采取删除、屏蔽、断开链接等必要措施。网络服务提供者接到通知后未及时采取必要措施的，对损害的扩大部分与该网络用户承担连带责任。网络服务提供者知道网络用户利用其网络服务侵害他人民事权益，未采取必要措施的，与该网络用户承担连带责任。"可见，作为调整网络领域民事侵权行为的一般性条款，该条并未对网络服务提供者的范围及类型进行限定,且适用于包括网络著作权侵权责任在内的所有民事侵权责任的认定。也就是说,该条中的网络服务提供者并不限于《信息网络传播权保护条例》中规定的四种类型,所有提供网络服务的自然人、法人或其他组织都属于此处规定的网络服务提供者。2020 年通过的《民法典》侵权责任编中关于网络侵权的相关规定也延续了原《侵权责任法》的规定。

在本案中,法院认为提供 W 小程序服务的 T 公司不属于《信息网络传播权保护条例》规定的四类网络服务提供者,而是属于新型网络平台服务提供者。理由如下:第一,W 小程序开发者服务器数据不保存于 T 公司,故其提供的 W 小程序服务不是自动缓存服务,也不属于信息存储空间服务。第二,W 小程序用户点击播放按钮也并未发生跳转,这说明 T 公司不提供指向或含有具体作品的网页链接,故其提供的也不属于搜索或者链接服务。第三,W 小程序服务也不属于自动接入或自动传输服务这两类基础网络服务。W 小程序是一组框架网页架构,小程序开发者只能通过指定域名与开发者服务器通信,并且开发者服务器数据不保存于 W 小程序服务提供者处。所以从技术原理上看,W 小程序服务与自动接入、自动传输这两类不主动参与信息处理、不直接接触服务对象,只能将整体的信息载体数据或信息传输通道作为处理对象的基础网络服务相类似。但是,T 公司并非仅仅提供网络接口服务,其还为 W 小程序开发者提供了框架、组件服务以供开发者完成小程序页面的搭建。综上所述,认定提供 W 小程序服务的 T 公司属于新型网络平台服务提供者是正确的,理由有二:一是其不属于《信息网络传播权保护条例》规定的四类传统网络服务提供者;二是其类似于自动传输、自动接入两类基础网络服务提供者,难以直接处理具体的侵权对象,只能将具体的 W 小程序作为整体进行处理。

因此在法律适用上,由于《信息网络传播权保护条例》是国务院针对我国《著作权法》所规定的信息网络传播权制定的具体保护办法,原《侵权责任法》是全国人民代表大会常务委员会颁布的保护民事主体合法权益的基本法律,因此二者是特别法与一般法的关系。在涉及侵害信息网络传播权时,根据特别法优先适用的原则,应优先适用《信息网络传播权保护条例》,只有在没有特别法可以适用时才适用原《侵权责任法》。本案中,提供 W 小程序服务的 T 公司并不属于作为特别法的《信息网络传播权保护条例》规定的四类网络服务提供者,所以法院应当适用作为一般法的原《侵权责任法》第 36 条确定 T 公司应当承担的法律责任。

2. 新型网络平台服务提供者责任的界限

在法律责任承担上,本案就 T 公司是否需要删除涉案侵权 W 小程序存在争议。这一争议的本质在于新型网络平台服务提供者应当采取何种必要措施,并由此衍生出合理必要措施的范围应当如何考量的问题。

我国网络服务提供者经"通知"而获知或者由于特定情形而"知道或应当知道"其用户的侵权事实后,其应当采取的必要措施的范围从封闭式规定走向开放式规定(董慧娟、张佳鑫:《我国"必要措施"条款适用中的主要问题与对策——以电商直播平台为重点》,载《电子知识产权》2021 年第 7 期)。2006 年的《信息网络传播权保护条例》第 22 条、第 23 条仅分别为信息存储空间服务提供者、搜索或者链接服务提供者规定了删除、断开链接措施。但原《侵权责任法》第36条第2款为所有网络服务提供者规定了删除、屏蔽、断开链接等必要措施。也就是说,原《侵权责任法》不仅扩大了应当采取相应必要措施的网络服务提供者的范围,还将必要措施的范围通过“等”字拓展为开放式规定。《民法典》侵权责任编的相关规定,延续并进一步发展了原《侵权责任法》的前述做法。

在必要措施的合理范围确定上,电子商务领域已经作出了一定的尝试。2018年《电子商务法》在原《侵权责任法》基础上对“通知—删除”规则进行了“改动式借鉴”(兰昊:《电商领域知识产权“通知—删除”规则的困境与出路》,载《知识产权》2020年第4期)。其第42条第1款为电子商务平台规定了“删除、屏蔽、断开链接、终止交易和服务等必要措施”,即在以往规定的基础上增加了“终止交易和服务”措施,以符合电子商务交易的特性。2019年浙江省高级人民法院民事审判第三庭印发的《涉电商平台知识产权案件审理指南》第14条规定,电商平台经营者在收到合格通知后应当采取的必要措施的类型,包括但不限于删除、屏蔽、断开链接、终止交易和服务、冻结被通知人账户或者要求其提供保证金。其第15条第1款更是提出了合理必要措施认定的考量因素,认为人民法院应当根据比例原则进行判断,具体考量因素涉及“对被通知人利益造成的影响”“电商平台的技术条件”等。也就是说,措施的必要性强调措施的强度应当足以防止侵权行为的继续和侵害后果的扩大,同时不会对网络服务提供者造成不成比例的损害(宋健:《从“通知—删除”到“通知—必要措施”——以电子商务平台与UGC平台的比较为视角》,载微信公众号“知产财经”2022年5月19日,https://mp. weixin. qq. com/s/fPi_upUDXh1zVOUyQw40iA)。具体而言,必要措施可以分为两大类:一是收到合格通知后,网络服务提供者应当采取能够及时阻止侵权行为的措施,包括删除、屏蔽、断开链接等;二是收到合格通知后,网络服务提供者基于服务类型的特殊性,不需要采取删除等措施,而是需要采取其他措施避免侵害后果进一步扩大(陈锦川:《〈民法典〉对网络服务提供者著作权侵权责任的规制》,载微信公众号“知产财经”2022年5月11日,https://mp. weixin. qq. com/s/bEvRgrX_hwVUXQ9ZUBjzNQ)。网络服务提供者对侵权内容的识别与控制能力越强,承担的注意义务程度越高;反之则越低[司晓:《网络服务提供者知识产权注意义务的设定》,载《法律科学(西北政法大学学报)》2018年第1期]。只有危险的制造者和管控者才应当承担损害预见义务和损害防免义务(冯术杰:《论网络服务提供者间接侵权责任的过错形态》,载《中国法学》2016年第4期)。由此来看,随着互联网经济以及信息技术的发展,实践中应当根据网络平台的技术能力以及相应必要措施采取可能产生的后果等方面去具体考量个案中网络服务提供者需要采取的合理必要措施,而不应当“一刀切”要求网络服务提供者必须采取法条所列举的几类必要措施。

虽然W小程序服务与电子商务平台提供的服务属于两种不同类型的服务,但是T公司与电子商务平台同属于网络服务提供者,后者必要措施合理范围的确定规则同样适用于T公司。本案中,由于开发者服务数据并不存储于T公司,T公司在当前技术能力之下也难以控制存储于被侵权人数据库的具体侵权内容,只能控制被接入的整个W小程序。所以在一定程度上,W小程序服务类似于自动接入和自动传输这两类基础性网络服务,在当前技术条件与服务性质之下,T公司无法准确地删除侵权内容或者切断与侵权内容有关的网络服务。但如果要求T公司在接到侵权通知之后直接关闭通信端口,切断用户与小程序开发者之间的联系通道，则明显超出了被控侵权行为所造成损害的必要限度，违反比例原则。涉案侵权小程序上除了存在被诉侵权的内容外，还存在其他众多作品信息，直接关闭被诉小程序与T公司服务器的通信端口，会严重影响被诉侵权人的利益。所以本案中，法院认为T公司不需要采取删除措施的判决值得肯定。

Ⅲ 既往司法实践状况

在类似案例中，法院在认定新型网络平台服务提供者的类型时，同样是通过比对其与原有传统网络服务提供者之间的区别进行认定。在“北京某科技有限公司与某计算有限公司侵害信息网络传播权纠纷案”中，法院认为云服务器服务不同于《信息网络传播权保护条例》规定的四类传统网络服务，因此应当适用原《侵权责任法》第36条确定此类网络服务提供者应当承担的法律责任[北京知识产权法院(2017)京73民终1194号民事判决书]。近年来，合理必要措施范围的确定应当根据网络服务提供者的技术能力以及采取相应必要措施可能产生的影响等因素来进行具体考量。删除、断开链接是必要措施的一种，采取何种必要措施与网络服务的类型、权利性质以及侵权行为等因素相关，电子商务平台经营者采取与其能力相应的必要措施，才能达到较大可能防止侵权的目的[深圳市某科技股份有限公司与广州某数码科技有限公司、杭州某广告有限公司侵害发明专利权纠纷案，最高人民法院(2019)最高法民申5971号民事裁定书]。在首例算法推荐案中，法院认为对于允许哪些短视频进入算法推荐的范围，如何设置和优化算法的具体应用方式，以及如何将已经进入推荐范围的侵权短视频纳入复审环节，避免其被大范围、长时间传播，网络服务提供者是可以加以注意的。也就是论述网络服务提供者对平台内容具有极强的控制能力，从而影响其应当采取的合理必要措施的范围[北京A科技有限公司诉北京Z科技有限公司侵害作品信息网络传播权纠纷案，北京市海淀区人民法院(2018)京0108民初49421号民事判决书]。网络服务提供者法律责任的边界应当根据平台提供服务的性质与内容、技术特点、平台控制能力等方面综合判定，由此平台不仅需要履行一般网络服务提供者的责任，还应当建立一套有效的知识产权审核机制[深圳Q文化创意有限公司与杭州Y科技有限公司侵害作品信息网络传播权纠纷案，杭州互联网法院(2022)浙0192民初1008号民事判决书]。

Ⅳ 本判决的参考意义及将来的课题

本案作为实践中较早一例涉及新型网络平台服务提供者责任界定的案例，为我国现行法规定的网络服务提供者的内涵界定、新型网络平台服务提供者的法律适用以及合理必要措施范围的考量提供了思考路径。本案中，T公司提供的W小程序服务不同于《信息网络传播权保护条例》规定的四种传统网络服务，所以应当根据原《侵权责任法》第36条确定T公司的法律责任边界。由于原《侵权责任法》第36条和现行《民法典》侵权责任编为所有网络服务提供者确定了开放性的合理必要措施。但也正如前述所言，随着信息网络技术与互联网经济的发展，新型网络服务层出不穷，新型网络平台服务提供者的法律责任边界问题当前难以完全确定，未来也只能根据新型网络平台服务提供者的具体情形进行具体判断。

□ 参考文献

董慧娟、张佳鑫:《我国“必要措施”条款适用中的主要问题与对策——以电商直播平台为重点》,载《知识产权》2021 年第 7 期。

兰昊:《电商领域知识产权“通知—删除”规则的困境与出路》,载《知识产权》2020 年第 4 期。

司晓:《网络服务提供者知识产权注意义务的设定》,载《法律科学(西北政法大学学报)》2018 年第 1 期。

冯术杰:《论网络服务提供者间接侵权责任的过错形态》,载《中国法学》2016 年第 4 期。

陈锦川:《〈民法典〉对网络服务提供者著作权侵权责任的规制》,载微信公众号“知产财经”2022 年 5 月 11 日,https://mp.weixin.qq.com/s/bEvRgrX_hwVUXQ9ZUBjzNQ。

宋健:《从“通知—删除”到“通知—必要措施”——以电子商务平台与 UGC 平台的比较为视角》,载微信公众号“知产财经”2022 年 5 月 19 日,https://mp.weixin.qq.com/s/fPi_upUDXh1zVOUyQw40iA。

035 网约车交通事故中的平台经营者责任

秦某诉廖某、颜某、北京X科技有限公司等机动车交通事故责任纠纷案 | 北京市海淀区人民法院(2016)京0108民初25288号民事调解书

熊丙万 中国人民大学法学院

■ 事实概要

被告廖某在由北京X科技有限公司(以下简称X公司)运营的一款出行App上注册为网约车司机,并以其登记为非营运性质的私家车辆从事网约车客运服务活动。该车辆在富德公司和太平洋保险公司已分别投保机动车交通事故责任强制保险和第三者商业责任险,廖某未就车辆从事运营之情况通知前述保险公司。此次交通事故发生在保险期内。

2016年6月17日,被告廖某根据该款App指派的订单向颜某提供客运服务。在履行客运合同过程中,廖某驾驶小客车由东向西行驶,但因车辆拥堵而停驶等待。原告秦某骑自行车由东向西行驶。在被告车辆尚未到达指定地点时,车内乘客颜某开启右后车门与秦某车辆发生碰撞,造成两车损坏、秦某受伤。事故后,秦某经医院诊断为:手外伤,手开放性伤口,左手第四掌骨骨折。秦某遂诉至北京市海淀区人民法院,要求廖某、颜某、X公司、富德公司、太平洋保险公司赔偿医疗费、营养费、护理费和交通费等费用。

■ 裁判要旨

在网约车交通事故造成他人人身及财产损害时,关于网约车司机与网约车运营平台之间应如何承担责任的问题:廖某与X公司未签订劳动或者劳务合同,仅通过X公司的App司机软件端注册为网约车司机,且网约车司机的注册不具有唯一性,故双方缺乏劳动关系的人身依附性。但从网约车的运营方式上分析,网约车乘客同时通过该App的乘客平台与X公司达成客运合同的协议,并由X公司将其与乘客达成的客运合同交予廖某履行,即廖某系接受D出行App指派从事客运活动,且对客运合同的成立无任意性否决权,应视为廖某在履行X公司指派的工作,故X公司对其指派的廖某在履行客运合同义务过程中给行人造成的损害应当承担相应的赔偿责任。在本案中,乘客颜某开启车门,廖某作为车辆驾驶人,对车辆在行驶过程中的风险应具有一定的认知及预判的能力,但廖某对此未尽到制止或提示的义务,具有一定的过错。根据原《民法通则》第119条、2011年《道路交通安全法》第76条、原《侵权责任法》第6条和2003年最高人民法院《关于审理人身损害赔偿案件适

用法律若干问题的解释》[以下简称《人身损害赔偿司法解释(2003)》]第9条第2款,一审法院判令X公司就廖某的过错承担相应的民事赔偿责任。

关于廖某擅自改变车辆用途的问题,一审法院认为不影响机动车交通事故责任强制保险保险人的赔偿责任,但因被保险人改变车辆用途后未及时通知第三者商业责任险保险人,免除了第三者商业责任险保险人的赔偿责任。此外,乘客颜某在非安全地点下车,存有过错,应当与X公司各承担50%的赔偿责任。

■ 评　析

Ⅰ 本判决的思路和意义

网约车平台接入私家车辆提供客运服务是最常见的网约车商业模式。一审法院在本案中就平台经营者应否为私家网约车司机的侵权行为承担责任的问题作出了裁判。一方面,法院认为网约车司机从事的客运活动构成《人身损害赔偿司法解释(2003)》第9条第2款界定的"从事雇佣活动",即"从事雇主授权或者指示范围内的生产经营活动或者其他劳务活动"。但另一方面,法院并未适用第9条第1款中关于雇主与雇员之间的责任分担规则("雇员因故意或者重大过失致人损害的,应当与雇主承担连带赔偿责任"),而是让网约车司机免于与网约车平台一起承担连带赔偿责任。同时,法院也没有适用原《侵权责任法》第34条、第35条关于用人单位、劳务接受方为工作人员、劳务提供方承担替代责任之规定,而是援引了原《侵权责任法》第6条关于过错责任的一般规定。尽管如此,法院在实质价值取向上比较明确,即接入网约车司机从事的活动应视为履行X公司指派的工作,不论网约车平台与司机作了何种内部合同安排,在外部关系上都由平台替代承担侵权责任。

本案发生在2016年。此后出现了一系列此类案件。本案中,一审法院之所以如此裁判,大抵有以下考虑:第一,原《侵权责任法》第34条、第35条对劳动关系和非劳动关系进行了明确界分,但网约车平台与司机之间的法律关系在当时尚存较大争议。毕竟,网约车平台曾频繁变动商业模式及与司机之间的合同安排,法院不宜轻易定性。第二,原《侵权责任法》第34条、第35条删除了《人身损害赔偿司法解释(2003)》第9条第1款中关于雇主可以向雇员追偿的规则。但在特定条件下,允许平台向私家网约车司机追偿更为公平,所以法院没有直接适用原《侵权责任法》第34条、第35条之规定。最终,法院借助"从事雇佣活动"这一宽泛甚至模糊的概念,在回避对网约车平台与司机之关系的定性问题的同时,一方面实现了让网约车平台承担替代责任的效果,另一方面为网约车平台在特定条件下向司机追偿预留了空间。

Ⅱ 网约车交通事故中平台经营者责任的规范及学理

网约车平台的法律地位、网约车平台与司机的责任承担关系等问题一直都是理论与实务的争议焦点。目前,仅有《网络预约出租汽车经营服务管理暂行办法》(以下简称《网约车管理暂行办法》)第16条规定"网约车平台公司承担承运人责任",尚无法律或司法解释层级的法律渊源就此作规定。而且,《网约车管理暂行办法》并未明确网约车司机的法律地位,难以作为判断其与平台之分担关系的依据。

由于现行法缺乏明确的规定且网约车商业模式具有复杂性,关于网约车导致车外人士损害时的责任承担问题,学术界提出了多种解释路径。关于最为常见的私家网约车,学理上存在以下三种学说:

1. 替代责任说。对于网约车平台承担替代责任的实质依据存在不同理解。有观点认为,平台系雇主,即平台与司机间存在雇佣或非标准劳动合同关系。平台应当承担雇主责任,但可向有故意或重大过失的司机追偿(张素华、孙畅:《民法典视野下网约车平台侵权的法律适用》,载《河北法学》2020 年第 8 期)。也有观点认为,乘客与平台、平台与司机之间存在双重承揽法律结构,因此平台应承担先行赔付责任,然后再向有过错的司机追偿(陈一新:《网约车平台与驾驶员间法律关系厘定》,载《天津法学》2017 年第 4 期)。还有观点认为,网约车平台是机动车保有人,司机只是驾驶人。因此,受害人可以要求平台承担责任。平台承担责任后,可以向有过错的驾驶人或与其存在相应法律关系的实际经营企业追偿(程啸:《民法典侵权责任编中机动车交通事故责任的完善》,载《法学杂志》2019 年第 1 期)。

2. 连带责任说。不少学者持连带责任说观点,但在依据和内部责任分担上存在分歧。有观点认为,网约车平台和司机是利益共同体,均是承运人一方,应当对外承担连带责任。二者之间的内部关系可根据双方约定处理(侯登华:《共享经济下网络平台的法律地位——以网约车为研究对象》,载《政法论坛》2017 年第 1 期;楼秋然:《美国法上的网约车监管理论与实践——兼评七部门〈网络预约出租汽车经营服务管理暂行办法〉》,载《政治与法律》2017 年第 10 期;张玉婷:《网约车平台与司机的民事责任研究及裁判策略应对——从一则乘客起诉网约车司机、平台公司及保险公司案说起》,载《法律适用》2018 年第 21 期)。也有观点认为,网约车平台是新型的特殊承运人,相较于普通承运人而言承担的是不真正连带责任。网约车平台在履行先行赔付义务后,可向司机追偿。具体而言,《网约车管理暂行办法》第 18 条规定,网约车平台有义务确保网约车司机具有合法资质、线上与线下信息一致,并记录和备份司机在平台发布的各种信息。平台如果在审核车辆情况和司机信息方面无过错,则不必承担责任(李雅男:《网约车平台法律地位再定位与责任承担》,载《河北法学》2018 年第 7 期)。还有观点认为,平台和司机间构成有偿挂靠关系:网约车司机以平台的名义驾驶自己的车辆从事网约车经营活动;平台定期收取一定费用,但网约车司机自己独立经营,自负盈亏(张铮:《O2O 众包模式交通事故的责任承担——以车辆挂靠关系为类推》,载《山东法官培训学院学报》2018 年第 2 期)。根据《民法典》第 1211 条之规定,挂靠人和被挂靠人应承担连带责任。

3. 补充责任说。有观点认为,网约车平台负有安全保障义务。如果平台未履行法定审核和管理义务,或未履行自愿作出的安全承诺,则存在过错。例如,网约车平台因管理司机和车辆存在过错的,应对私家网约车致人损害的行为承担相应补充责任[张素华、孙畅:《民法典视野下网约车平台侵权的法律适用》,载《河北法学》2020 年第 8 期;李后龙、俞灌南、潘军锋:《分享经济背景下网络约车民事案件的疑难问题》,载《人民司法(应用)》2016 年第 22 期]。

可以看出,学术界对以下两种因素作了重点考虑,并因为对这两种因素存在认识分歧而提出了不同的主张:一是网约车平台与司机之间的合同关系性质;二是网约车平台与司机之间的利益平衡。一方面,就网约车平台与司机之间的合同关系而言,将其认定为挂靠关系和偶然合伙关系较为牵强。特别是,网约车司机可以独立自主地取得网约车运营资质,在法律上不太需要挂靠。相较而言,将私家网约车司机视为向网约车平台这一个人劳务接受方提供客运劳务的合同主体,更符合这类商业模式的实际情况。毕竟,网约车平台对司机的运营行为进行实质性的组织、控制和收益分配,而且乘客在通过平台约车时的选择机会小,对平台作为承运人有较强预期。在此意义上,应当由平台就网约车司机导致的损害承担替代责任。然而,另一方面,之所以有观点主张平台与司机之间承担连带责任且在依据和理由上存在明显分歧,很可能是因为:在最终责任分配上,出于网约车平台与司机之间的利益平衡考虑,应当允许平台向有重大过错的司机追偿(张铮:《O2O 众包模式交通事故的责任承担——以车辆挂靠关系为类推》,载《山东法官培训学院学报》2018 年第 2 期)。但在《民法典》颁布之前,原《侵权责任法》第 34 条、第 35 条在确立用人单位、劳务接受方对工作人员、劳务提供方的替代责任的同时,删除了《人身损害赔偿司法解释(2003)》第 9 条第 1 款关于雇主可以向雇员追偿的规定。如果网约车平台完全承担替代责任且均不能追偿,则不仅有失公平,且不利于规范网约车司机的驾驶行为。

不过,《民法典》第 1191 条、第 1192 条在坚持原《侵权责任法》第 34 条、第 35 条之替代责任规则的基础上,新增了用人单位、接受劳务方向有故意、重大过失的工作人员、提供劳务方追偿的规定。此种由用人者承担外部责任并在特定条件下允许其内部追偿的规则设计,更好地平衡了双方的利益关系。无论是针对少部分网约车平台与司机之间存在劳动关系的情形,还是最为常见的私家网约车模式,当前均可以适用《民法典》第 1191 条、第 1192 条。这不仅能够为网约车平台的替代责任提供依据,而且也在一定条件下让网约车平台取得了向司机追偿的机会。当然,在例外的网约车运营模式中,由于网约车司机享有较高的订单设定和选择权,区别于普通的网约车司机,因此平台与司机之间有可能构成共同承运人关系,从而需要对外承担连带赔偿责任。

与网约车相比,学理上关于顺风车平台与顺风车车主之间的责任承担关系的分歧较小。一般认为,顺风车平台是顺风车业务中的信息媒介或中介。因此,顺风车平台在顺风车侵害第三人权利时无须承担雇主责任或连带责任[张新宝:《顺风车网络平台的安全保障义务与侵权责任》,载《法律适用(司法案例)》2018 年第 12 期]。至于应当承担何种责任,有学者认为,应当根据顺风车平台有无过错及过错的程度,认定其是否需要承担以及承担何种侵权责任(程啸:《民法典侵权责任编中机动车交通事故责任的完善》,载《法学杂志》2019 年第 1 期)。还有学者认为,顺风车平台承担的是安全保障义务,当未尽到该义务时,顺风车平台应当对第三人的损害承担侵权责任[张新宝:《顺风车网络平台的安全保障义务与侵权责任》,载《法律适用(司法案例)》2018 年第 12 期]。

Ⅲ 既往司法实践状况

在与本案类似的后续网约车侵权案件中,就网约车平台与网约车司机之间的责任关系问题，与前述学理分歧类似，相关司法判决在平台所应承担的责任形态、事由和法律依据上都存在不同程度的分歧（见图1）。（1）连带责任是较为主流的司法立场。如果存在真实的挂靠关系或共同承运关系，那么网约车平台与司机承担连带责任并无争议。但实务中的大量案例中并不存在挂靠关系，法院仍出于与前述学理认识类似的理由，判决网约车平台与司机承担连带责任。同为连带责任，不同法院的判决理由也各有不同：有的法院认为车辆挂靠于公司从事运营活动，乘客是基于对平台的熟悉和信任而约车，因此平台需对此承担连带责任［钮某与刘某等机动车交通事故责任纠纷案，四川省成都市武侯区人民法院（2015）武侯民初字第10476号民事判决书］，或者以平台为共同承运人为由判定平台需要承担连带责任［朱某诉万某等机动车交通事故责任纠纷案，四川省成都市武侯区人民法院（2017）川0107民初3455号民事判决书］。也有法院以平台享有运行利益为由认定其需要承担连带赔偿责任［邢某与曹某等机动车交通事故责任纠纷案，辽宁省大连市甘井子区人民法院（2017）辽0211民初7278号民事判决书］。还有法院以平台未尽到审核义务而使得套牌车进入运营平台、增加运营风险而判令其承担连带赔偿责任［徐某上诉北京某汽车技术开发服务有限公司等机动车交通事故责任纠纷案，北京市第三中级人民法院（2015）三中民终字第04810号民事判决书］。（2）替代责任。除北京市海淀区人民法院判决的本案之外，还有法院判决认为，司机提供劳务并且受平台支配管理，平台也从机动车的运行中获得了利益，双方已经形成了雇佣关系，因此，平台应当作为雇主承担替代性赔偿责任［上海某信息技术有限公司、商某等机动车交通事故责任纠纷案，安徽省合肥市中级人民法院（2017）皖01民终3982号民事判决书］。（3）补充责任。一些法院以平台未尽到审查义务而未发现司机不具备从业资格为由判决其承担补充清偿责任［某（福建）信息技术有限公司、莫某机动车交通事故责任纠纷案，广东省广州市中级人民法院（2018）粤01民终21418号民事判决书］。这与上文北京市第三人民法院的理由相似但是责任形态不同。

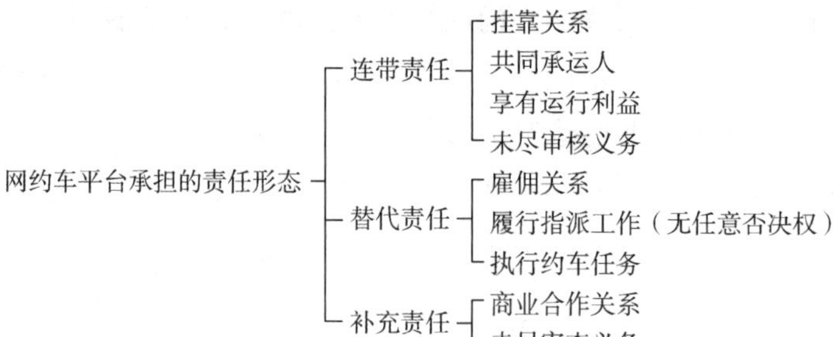

图1　网约车平台承担的责任形态及事由

自网约车出现以后，涉顺风车民事责任的案件也时有发生。相较之下，涉顺风车民事责任的案例裁判共识度比较高，顺风车业务模式相对更为简明，平台提成也更低。此时，顺风车平台一般被认定为信息服务中介，仅就违反信息服务中介相应义务承担责任。实践中大多数案例为顺风车车主的过错导致的侵权，此类情形下平台并不承担责任［张某等与北京X科技有限公司、施某等机动车交通事故责任纠纷案，无锡市中级人民法院（2019）苏02民终146号民事判决书］。

Ⅳ 本判决的参考意义

在网约车行业兴起初期,法院在裁判涉网约车侵权的平台责任问题上存在较大困难和分歧。一方面,我国网约车行业的商业模式在比较长的时间内处于频繁变动过程中,致使网约车平台、网约车司机和乘客之间的合同关系认定困难。另一方面,从《人身损害赔偿司法解释(2003)》第9条到原《侵权责任法》第34条、第35条的制度更新过程中可知,我国关于劳务关系中当事人的责任分担规则也有所欠缺。在这样的背景下,北京市海淀区人民法院就全国首例网约车交通事故责任案件作出判决,一方面明确网约车平台对私家网约车司机的替代责任,另一方面也为网约车平台在特定条件下向网约车司机追偿保留了空间。该判决不仅在当时引发了高度的社会关注,而且对在《民法典》背景下继续做好此类案件的司法裁判和学术评价工作提供了有价值的参考。

□ 参考文献

张素华、孙畅:《民法典视野下网约车平台侵权的法律适用》,载《河北法学》2020年第8期。

程啸:《民法典侵权责任编中机动车交通事故责任的完善》,载《法学杂志》2019年第1期。

侯登华:《共享经济下网络平台的法律地位——以网约车为研究对象》,载《政法论坛》2017年第1期。

张玉婷:《网约车平台与司机的民事责任研究及裁判策略应对——从一则乘客起诉网约车司机、平台公司及保险公司案说起》,载《法律适用》2018年第21期。

李后龙、俞灌南、潘军锋:《分享经济背景下网络约车民事案件的疑难问题》,载《人民司法(应用)》2016年第22期。

张新宝:《顺风车网络平台的安全保障义务与侵权责任》,载《法律适用(司法案例)》2018年第12期。

036 网络直播平台经营者的安全保障义务及其侵权责任

何某诉北京 MJ 科技有限公司网络侵权责任纠纷案 | 北京市第四中级人民法院(2019)京 04 民终 139 号民事判决书

董春华 华东政法大学知识产权学院

■ 事实概要

2017 年 7 月 25 日,吴某在网络视频平台花椒直播平台上注册账号,该平台为北京 MJ 科技有限公司(以下简称北京 MJ 公司)旗下的视频直播平台。吴某上述账号的粉丝数为 9618 个,该账号收到打赏共计 170.7 元,其中小视频打赏 36.3 元,直播打赏 0.5 元,私信礼物打赏 133.9 元。花椒直播平台与吴某按照比例对打赏收益进行分成。自 2017 年 7 月 27 日第一次上传视频至 2017 年 11 月 1 日,吴某共计上传视频 154 个,绝大部分视频内容为其攀爬各种办公楼、铁塔、烟囱等高空建筑或在上述高空建筑顶端或边缘处进行行走、跳跃、翻转、悬空身体等高空危险性表演。154 个视频中有 94 个标题写明“危险动作、未经训练、请勿模仿”“危险动作、请勿模仿”等提示内容,这些提示内容由吴某本人在上传小视频时所写,小视频播放时一并显示。鉴于吴某进行户外挑战视频的拍摄在各大平台具有一定人气,2017 年 9 月 12 日,北京 MJ 公司邀请吴某为花椒直播平台 6.0 版本作推广活动,支付酬劳 2000 元。

2017 年 11 月 8 日,吴某在攀爬长沙华远国际中心大楼拍摄危险动作视频时,不慎坠落身亡。2017 年 12 月 12 日,北京 MJ 公司自行对吴某在花椒直播平台上的账号予以永久封禁。吴某的母亲何某对北京 MJ 公司提起诉讼,北京互联网法院一审判决被告承担 3 万元赔偿责任。被告上诉后,北京市第四中级人民法院二审维持原判。

■ 裁判要旨

在非典型网络侵权责任纠纷案件中,应当严格按照法律规定确定网络服务提供者的注意义务,该注意义务应当区别于物理空间的安全保障义务,谨慎适用原《侵权责任法》第 37 条(《民法典》第 1198 条)的安全保障义务。在法律无其他特别规定时,应当以原《侵权责任法》第 6 条第 1 款(《民法典》第 1165 条第 1 款)的过错责任原则为依据,以过错和因果关系为确定民事责任的核心考量要素,结合过失相抵原则,进行合理的责任分担。

■ 评　析

Ⅰ 本判决的思路

本案中,基于北京 MJ 公司未删除、屏蔽受害人危险动作视频,受害人母亲起诉请求其为受害人的死亡承担侵权责任。原告请求获得一审法院和二审法院的支持,但适用法律不同。二审法院认为,北京 MJ 公司对受害人有安全保障义务,体现为对受害人危险动作视频的审查、删除或者屏蔽,被告未尽到上述义务,还通过视频打赏分成收益,邀请受害人参加平台宣传活动并付酬。吴某某拍摄视频的行为不仅对自身有危险性,还存在因坠落伤及无辜、引发聚众围观扰乱社会秩序和被模仿的风险。北京 MJ 公司有义务审查受害人上传的视频是否违反社会公德并采取相关措施,不能依据自甘风险规则减轻或者免除责任,受害人的行为超出我国侵权法自甘风险规则所规范的范畴。但受害人明知危险活动的危险性仍置自己的生命于危险之中,应基于与有过失承担主要责任。因此,被告因违反安全保障义务对受害人死亡后果承担轻微责任。

Ⅱ 网络直播平台经营者的安全保障义务及其侵权责任的规范及学理

(网络直播)平台责任和安全保障义务在我国侵权法理论中分属两个系统,立法者未明确将二者结合起来。网络直播平台经营者(以下简称网络直播平台)分为两种:网络服务提供者和电商平台经营者。作为网络服务提供者的网络直播平台通常仅提供视频存储、公开等技术服务,无打赏功能。该种网络服务提供者的安全保障义务要求相对较低,适用“通知—删除”规则,审查义务具有被动性,在收到通知却未采取合理措施时,对第三人损害的扩大部分,与网络用户承担连带责任。作为电商平台经营者的网络直播平台通常与平台内经营者以分成形式获取收益,对平台内经营者以直播或视频方式出售的商品或服务审查不到位且未采取必要措施造成的损害,与平台内经营者承担连带责任。

对于网络直播平台在前述两种情形下可能承担的连带责任,虽然学者在讨论网络服务提供者的责任承担时存在争议(徐伟:《网络服务提供者连带责任之质疑》,载《法学》2012 年第 5 期),但鉴于《民法典》和《电子商务法》已明确该种责任分担模式,所以分歧并不大。目前,学者对于网络直播平台的争点主要集中于网络直播平台的安全保障义务及其来源和安全保障义务可否适用于网络空间。

网络直播平台应承担安全保障义务,学者对此分歧不大,主要依据是危险控制理论以及收益与风险一致理论。依据危险控制理论,网络直播平台对危险动作视频所产生的危害后果有排查和预见能力;依据收益与风险一致理论,网络直播平台与直播、视频用户分享打赏,应承担与收益一致的安全保障义务(张新宝、唐青林:《经营者对服务场所的安全保障义务》,载《法学研究》2003 年第 3 期)。

对于网络直播平台安全保障义务的来源,学者多倡导适用《民法典》第 1198 条。有学者认为,网络直播平台的安全保障义务是《民法典》第 1198 条规定的安全保障义务在网络空间的延展适用(陈雪丽:《明辨网络视频平台的安全保障义务及其违法责任——释读花椒直播、微博、快手发布危险性视频侵权案》,载《当代传播》2020 年第 1 期)。也有学者从宏观上论证该条款适用于网络空间的正当性,主张安全保障义务并不受介质的局限,亦应适用于网络空间(刘文杰:《网络服务提供者的安全保障义务》,载《中外法学》2012 年第 2 期),应将网络服务提供者列入公共场所管理者的范畴,使之成为安全保障义务的适格主体[陈芳:《虚拟空间之安全保障义务研究——以互联网服务提供商的视角》,载《武汉大学学报(哲学社会科学版)》2014 年第 1 期]。将安全保障义务适用于网络空间的组织者与运营者,并不存在任何逻辑以及立法政策上的障碍(薛军:《论〈民法典〉中网络平台安全保障义务的核心问题》,载《中国信息安全》2020 年第 10 期)。在《民法典》的编纂过程中,并无确切资料表明立法者将第 1198 条所规定的安全保障义务局限于物理空间。因此,多数学者将《民法典》第 1198 条作为包括网络直播平台在内的网络空间主体负有安全保障义务的依据,很少再讨论网络直播平台负有安全保障义务的其他依据。当然,网络直播平台负有安全保障义务只是一般规则,不同类型的网络直播平台运营方式不一、义务承受能力不同,安全保障义务具体内容应有所区别,依个案确定。

本案的特殊之处在于网络直播平台的致害对象是网络直播平台的视频发布者,受害人既非网络服务提供者注意义务所针对的第三人,也非电商平台经营者注意义务所针对的消费者。因此,本案不涉及《民法典》第 1194 ~ 1197 条和《电子商务法》第 38 条的适用。对网络直播平台的视频发布者的安全保障义务及其义务来源,学者很少专门进行论证。网络直播平台与视频发布者的网络用户合同并无安全保障义务条款,二者之间也不存在先行行为导致的义务。对于与视频发布者分成打赏获益的网络直播平台,基于其对直播及视频网络环境的控制,应该对视频发布者负有审查其直播或视频并采取适当措施的安全保障义务。网络直播平台安全保障义务的来源或者是《民法典》第 1198 条,或者是涉及网络直播平台内容禁区的《网络安全法》《互联网直播服务管理规定》,以及在此基础上区分了“违法信息”与“不良信息”的《网络信息内容生态治理规定》。《网络信息内容生态治理规定》明确了网络信息内容服务平台不得传播违法信息,而本案中的危险动作视频应属不良信息,网络直播平台一经发现即应采取相应措施阻止其传播。

无论是哪种类型的网络直播平台,也不管其安全保障义务所指向的对象是谁,其安全保障义务的具体内容通常都包括对直播、视频内容的审核、警告、删除、屏蔽或者断开链接,在直播、视频存在法律、社会道德所禁止的信息时即应采取相关措施,否则可能承担责任。当然,在直播、视频内容存在不当导致第三人损害,如危险动作、自杀直播、视频被未成年人模仿导致损害的情况下,网络直播平台应与直播人、视频发布者对损害承担连带责任。

Ⅲ 既往司法实践状况

我国互联网侵权案件典型案例之一是“王某诉北京某互动信息技术有限公司名誉权、隐私权纠纷案”[北京市朝阳区人民法院(2008)朝民初字第 29276 号民事判决书]和“王某诉海南某网络科技有限公司名誉权、隐私权纠纷案”[北京市朝阳区人民法院(2008)朝民初字第 29277 号民事判决书]。在“王某诉北京某互动信息技术有限公司案”中,被告因未及时删除侵权信息,被判停止侵权、删除网页、刊登道歉函并赔偿 3000 元王某精神损害抚慰金。在“王某诉海南某网络科技有限公司案”中,被告事后删除侵权信息被认定不构成侵权。这两个判决界定了网络服务提供者安全保障义务的边界,即防范网民基于网上博客信息而对特定人及其家庭和住所进行侵扰的危险。这是我国司法实践中首次讨论互联网平台是否因上传信息负侵权责任。

此后影响较大的网络侵权案件是2010年的全国首例QQ相约自杀案(法宝引证码:CLI.C.90241386),受害人通过QQ相约自杀并最终身亡。一审法院认定腾讯公司未履行监控义务,判决其承担10%的责任,二审法院改判腾讯公司不承担赔偿责任。该案进一步明确了网络服务提供者的义务范畴和承担侵权责任的标准。

近些年,网络侵权案件层出不穷,涉及包括网络电商平台、网约车平台以及网络直播平台在内的各种经营平台。较为典型的案例有“威海某家电有限公司诉永康市某工贸有限公司、浙江T网络有限公司侵害发明专利权纠纷案”[浙江省高级人民法院(2015)浙知终字第186号民事判决书],即最高人民法院第83号指导案例。该案中,浙江T网络有限公司在接到威海某家电有限公司的通知后未及时采取必要措施,应对损害的扩大部分与永康市某工贸有限公司承担连带责任。涉及网络直播平台的案件为“中国音乐著作权协会诉武汉某网络科技有限公司侵害音乐作品信息网络传播权纠纷案”(最高人民法院发布10起中国互联网司法典型案例)。该案中,被告武汉某网络科技有限公司因签约主播冯某在其直播平台在线直播时未经允许使用他人音乐,而承担2000元的经济损失及合理开支3200元。这些涉及网络直播平台的司法案例鲜有涉及第三人人身损害的情形,虽然现实中有不少未成年人模仿网络直播平台的直播或视频,但并未检索到进入司法程序的案例。

本案受害人吴某坠亡后,除了起诉本案被告,其母何某同时起诉了北京某科技发展有限公司[北京互联网法院(2018)京0491民初2390号民事判决书]和北京某创科网络技术有限公司[北京互联网法院(2018)京0491民初2466号民事判决书]。“何某诉北京某科技发展有限公司案”中,法院认定被告旗下的K直播平台已尽到审查义务,不承担赔偿责任。K直播平台主观上未放任受害人在K直播平台上发布危险动作视频,客观上亦采取了相应的审查手段,对危险动作视频进行了甄别和屏蔽,已在其能力范围内采取了必要的安全保障措施,阻碍了相关危险动作视频向大众传播,使受害人无法凭借这些危险动作视频吸引粉丝、提高知名度,进而获取经济利益。在“何某诉北京某创新网络技术有限公司案”中,法院认定该公司旗下的WB平台没有主动审查上传视频的义务,其对受害人所发布的危险动作视频未予审查不存在主观过错,不对受害人死亡承担侵权责任。因此,因受害人死亡产生的三个案件,其判决依据和判决结果生动地展示了不同运营模式的网络直播平台基于安全保障义务所承担的审查、屏蔽、删除不良网络内容之义务的边界及其侵权责任的判定。

Ⅳ 本判决的参考意义及将来的课题

本案二审判决认定,侵权责任的一般条款是网络直播平台违反安全保障义务承担赔偿责任的依据,实属网络直播平台承担侵权责任的创新观点。该观点能否得到学者的支持,此后法院会否采纳该观点,还有待未来理论研究和司法实践发展的检验。从我国安全保障义务的发展以及《民法典》第 1198 条规定的立法背景和立法意图来看，安全保障义务并未被局限于物理空间，因此不需要对该条款进行扩张解释以包含网络空间的安全保障义务。但无论网络直播平台的安全保障义务源于哪一法律规范，其义务始终是审查、删除、屏蔽相关内容或者断开链接，经营模式不同的网络直播平台所承担的安全保障义务的程度亦应有所差别。因此，网络直播平台的安全保障义务及其侵权责任的承担，到底应当依据哪一法律条款进行判决，是未来侵权法、互联网相关法律的理论研究和司法实践应当进一步思考和研究的重要问题。

☐ 参考文献

张新宝、唐青林：《经营者对服务场所的安全保障义务》，载《法学研究》2003 年第 3 期。

刘文杰：《网络服务提供者的安全保障义务》，载《中外法学》2012 年第 2 期。

徐伟：《网络服务提供者连带责任之质疑》，载《法学》2012 年第 5 期。

陈芳：《虚拟空间之安全保障义务研究——以互联网服务提供商的视角》，载《武汉大学学报（哲学社会科学版）》2014 年第 1 期。

陈雪丽：《明辨网络视频平台的安全保障义务及其违法责任——释读花椒直播、微博、快手发布危险性视频侵权案》，载《当代传播》2020 年第 1 期。

薛军：《论〈民法典〉中网络平台安全保障义务的核心问题》，载《中国信息安全》2020 年第 10 期。

037 个人信息主体同意的法律性质

杜某诉北京 Z 科技有限公司网络服务合同纠纷案 ｜ 北京互联网法院(2019)京 0491 民初 23942 号民事判决书

林洹民 中央财经大学法学院

■ 事实概要

2015 年,杜某注册成为北京 Z 科技有限公司经营的应用“ZH”的用户,用户名为“X”,接受后者提供的网络论坛服务。2018 年 4 月 28 日,杜某打开“ZH”应用,显示《隐私政策 - ZH》的推送。其浏览全部页面后,并不同意其收集用户个人信息的隐私政策,遂选择“不同意”,然而页面弹出提示“我们将按业界成熟的安全标准,采取相应的安全保护措施来保护您的个人信息”,并附“知道了”点击选项。杜某点击“知道了”后,被继续要求对《隐私政策 - ZH》作出“同意”或是“不同意”的选择。杜某再次选择“不同意”,则上述提示再次弹出。如此反复多次后,杜某无奈只得点击“同意”。

杜某主张 ZH 应用存在强制杜某同意《隐私政策 - ZH》《隐私保护指引概要》的行为,如果不同意,就不能正常使用 ZH 应用。杜某据此主张合同不成立,其后来点击“同意”并非真实的意思表示,并请求法院判决北京 Z 科技有限公司删除根据《隐私政策 - ZH》《隐私保护指引概要》所收集的杜某的个人信息。

■ 裁判要旨

平台对用户所有选择操作轨迹(情形)进行收集、保存,涉及对用户的个人信息收集,应进行必要提示并取得用户的同意。而且即使能够查实原告进行了多次否定的操作,也因其最终选择了“同意”,已经符合了承诺的形式要件,而不能产生否认相关条款成立的法律效果。

■ 评　析

Ⅰ 本判决的思路和意义

本案中,法院按照意思表示规则理解用户的同意,认为用户与平台经营者之间存在有效的合同,进而认为双方已经协议变更合同。法院的做法满足了互联网平台不断更新用户协议、应用程序的诉求。但是,用户与平台之间未必存在合同关系。借助意思表示、合同变更等规则进行审理,既不能满足互联网平台的商业需求,同时也不利于保护用户的利益。

Ⅱ 个人信息主体同意的法律性质之争

司法机关倾向于认定网络服务提供者与用户之间存在服务合同关系。按照这一理解,同意应当属于意思表示意义上的承诺。在本案中,法院就认为“被告发布的隐私政策、指引属于其向原告发出的变更合同条款的要约”。如果同意不属于承诺,本案的讨论基点就并不存在。是故,我们应当首先分析同意的法律性质,判断同意是否属于意思表示意义上的承诺。

个人信息主体同意的法律性质,是《个人信息保护法》立法过程中的疑难问题。全国人大常委会法工委曾将知情同意的法律性质界定为意思表示:《个人信息保护法(草案)》第14条第1款第1句规定,“处理个人信息的同意,应当由个人在充分知情的前提下,自愿、明确作出意思表示”。但在立法过程当中,该定性遭到部分学者的质疑。立法机关最终回避了同意的法律性质问题,删除了“意思表示”这一表述:《个人信息保护法》第14条第1款第1句规定,“基于个人同意处理个人信息的,该同意应当由个人在充分知情的前提下自愿、明确作出”。

《民法典》中存在诸多的“同意”,除了个人信息的同意之外,还包括未成年人法定代理人的同意、担任监护人所需机关的同意、合同权利变动时须经对方当事人的同意、对合同中承诺的界定、物权处分上的同意、军婚离婚的同意、医疗行为中患者与近亲属的知情同意等。有的同意属于法律行为(如未成年人法定代理人的同意),有的则属于准法律行为(医疗行为中患者与近亲属的同意)。鉴于民法体系中的同意并不存在统一的性质,只能回到个人信息主体的同意本身,具体地讨论个人信息主体的同意的法律性质。

学界目前并未对同意的性质达成共识。有学者认为,个人信息主体的同意是一种可撤回的单方法律行为,其功能在于使得相对方达至一种“得为”的法律状态(王洪亮、李依怡:《个人信息处理中“同意规则”的法教义学构造》,载《江苏社会科学》2022年第3期)。有学者认为,个人信息主体的同意既具有消极面向也具有积极面向,同意在积极面向层面的本质为意思表示[陆青:《个人信息保护中“同意”规则的规范构造》,载《武汉大学学报(哲学社会科学版)》2019年第5期]。但也有学者认为,个人同意属于违法阻却事由,与意思表示的功能不同,并不属于意思表示(程啸:《论个人信息处理中的个人同意》,载《环球法律评论》2021年第6期)。

讨论同意的法律性质,必须回归到民法的基础概念与构成要件。民法上的行为包括法律行为、法律上行为与侵权行为,其中法律上行为又包括准法律行为与事实行为。个人信息主体的同意显然不属于侵权行为,此时就要判断其如何归类于其他行为之一。

1. 个人信息主体的同意不属于事实行为

个人信息主体的同意属于表示行为,不属于非表示行为。表示行为指表示某种心理状态的行为,法律行为是典型的表示行为。非表示行为又被称为事实行为,无关心理状态,典型如无主物先占、遗失物拾得和添附等(王泽鉴:《民法总则》,北京大学出版社2009年版,第192~193页)。个人的同意不属于事实行为,因为《个人信息保护法》重视表示行为,重视同意的发出与到达。事实行为无须“表示”,其法律后果直接根据法律规定即可发生效力。如果将个人信息主体的同意定性为事实行为,则内心意思无须发出和到达,行为人也无须知晓个人信息主体的真实意思。但根据《个人信息保护法》的相关规则,个人信息主体的同意必须自愿、明确作出(第14条第1款),个人信息处理者传输数据传输时应征得个人信息主体的单独同意(第23条),个人信息处理者处理敏感个人信息时更是应当单独征得个人的同意(第29条)。现行法重视个人信息主体意思的发出,事实行为理论不足以解释上述法律规则。因此,个人信息主体的同意并非事实行为,而是某种表示行为。

2. 个人信息主体的同意原则上属于准法律行为

法律行为是旨在产生特定法律效果的意思表示,法秩序通过认可表示出的内在意思,促使法律世界中的自我形成与自我实现(Benno Mugdan, Die gesammten Materialien zum Bürgerlichen Gesetzbuch für das Deutsche Reich, Band I, S. 421)。意思表示的主观要素包括:行为意思、表示意识和法效意思。其中,法效意思是行为人欲依其表示发生特定法律效果的意思(朱庆育:《民法总论》,北京大学出版社2016年版,第196~197页)。与法律行为不同,准法律行为并不需要法效意思,因为其法律后果是直接依据法律规定而发生的。个人信息主体的同意属于法律行为还是准法律行为,关键在于法效意思的判断。

用户勾选隐私政策、服务协议时,内心一般没有受到法律拘束的意思。个人信息主体往往不会阅读用户协议、隐私政策,而是不假思索地勾选“同意”并进行下一步。社会调查已经表明:个人对于隐私风险的认知往往非常有限,平台的隐私政策又非常复杂和冗长,用户不仅要花费大量时间阅读,而且也很难理解,个人“理性地”几乎不阅读相关的隐私公告(丁晓东:《论算法的法律规制》,载《中国社会科学》2020年第12期)。国家市场监督管理总局、国家标准化管理委员会发布的推荐性国家标准《信息安全技术　个人信息安全规范》(GB/T 35273—2020)第5.6.g条注释也指出:“个人信息保护政策的主要功能为公开个人信息控制者收集、使用个人信息范围和规则,不宜将其视为合同。”

另需要说明的是,互联网企业多占据市场主要份额,在没有选择权的情况下认定同意含有法效意思并不利于保护个人信息主体。例如,德国联邦卡特尔局指出,Facebook(已于2021年更名为Meta)在德国社交媒体市场占有90%以上的市场份额,在没有更多选择的情况下,用户只能使用Facebook,这使得用户无法自愿决定他们来自多种渠道的数据被如何处理(KG BeckRS 2019, 8570 Rn. 43)。无独有偶,美国联邦贸易委员会(Federal Trade Commission, FTC)在著名的“剑桥分析丑闻案”中,也明确指出用户不需要接受其同意的用户协议的束缚。在该案中,Facebook公司抗辩道,他们将个人信息传输给剑桥分析公司的行为是征得了用户的事先同意的。但美国联邦贸易委员会指出,用户的同意仅是表明对Facebook的信任,并非意味着与其缔结合同,Facebook实际是在滥用用户的信任[Complaint for Civil Penalties, Injunction, and Other Relief in In re Facebook Inc., FTC File No. 092-3184 No. C-4365 (F. T. C., June 24, 2019)]。

是故,个人的同意原则上应属于准法律行为。准法律行为的法律定性,也能够妥当地解释《民法典》与《个人信息保护法》规则之间的差异:法律行为制度既强调尊重个人的真实意思，也强调交易安全保护，故应设计相对均衡的法律规则，如行为能力制度、撤销权的除斥期间等；准法律行为非以合同关系为原型，并不背负促进经济往来的负担，因此可以设计不同于《民法典》的特殊规则。

3. 对价关系之下的同意具有意思表示属性

个人原则上没有受拘束的法效意思，但如果双方之间存在某种对价关系，个人的同意表明以数据获取某种产品或服务的目的，此时很难认定双方之间不存在法效意思。肖像许可使用合同一定意义上可以佐证同意的意思表示属性。肖像权人可以与他人缔结肖像许可使用合同，允许他人使用自己的肖像。例如，企业请明星拍摄宣传照片，支付对价换得肖像许可使用权，此时双方缔结有效的肖像许可使用合同。数字化的肖像即为个人信息。个人信息的同意处理与肖像的许可使用存在一定程度上的重合。肖像权人如果许可他人在线上分享照片，也可以被解读为个人信息主体同意他人处理个人信息。既然订立肖像许可使用合同属于法律行为，个人同意他人处理个人信息的行为也可能属于法律行为。因此，个人的同意是可能具备意思表示色彩的。当然，我们应当严格把握对价的认定。肖像权人可能只是随意允许他人使用自己的照片，如肖像权人允许他人将自己的照片或与其他人合拍的照片上传到社交平台，此时双方并不具备法效意思，很难想象肖像权人会愿意受合同的拘束。生活中的肖像许可使用并非法律行为，即便是未成年人也有权作出许可使用肖像权的决定。只有存在清晰的对价时，才应认定同意的意思表示属性。

有观点认为，用户通过提供个人数据换取平台经营者的服务，“数据是服务的对价”，用户与平台之间原则上存在对价关系。但根据《个人信息保护法》第 16 条前半句的规定，个人信息处理者不得以个人不同意处理其个人信息或者撤回同意为由，拒绝提供产品或者服务。换言之，当个人信息主体不同意提供个人信息时，个人信息处理者仍然应当提供产品或服务。《个人信息保护法》第 16 条明确否定了个人信息和一般性的产品或服务之间的牵连性，鲜明地表明个人信息和一般性的产品或服务之间并不存在对价关系。

只有当个人信息处理者在提供基础产品或服务之外，以特定产品或服务换取个人信息——如折扣、抽奖服务、积分、航空里程或其他特权时，当事人之间才可能存在对价关系。如果平台经营者以付费的方式获得使用个人信息的许可，这种法效意思就更为明显。在欧美的数据活动实践当中，已经出现直接用金钱获得个人信息使用许可的商业模式。例如，Reputation. com 推出一款新型服务，用户个人可以将可下载的通用的数据包上传至该网站上，从而有选择地和一些公司分享自己的个人数据以换取对价或优惠。举例而言，如果允许航空公司接触涉及用户收入的个人数据，那么作为回报，用户将有可能获得更高的信用评级或者在下次航行中获得头等舱。美国的 Personal. com 从 2009 年开始就致力于提供“数据保险库”(Data Vault)，其已经获得了 1500 多万美元的投资和近百万的用户。类似商业模式的 Datacoup. com 则直接向用户支付对价——每个月向数据用户提供 8 美元的数据使用红利。此外，欧洲的 Handshake、CizitenMe，澳大利亚的 Meeco. me 等网站也早在数年之前就开始了类似的经营。不过在本案中，很难认定个人信息与 ZH 平台提供的服务之间成立对价关系。用户充值购买 ZH 币是为了购买电子书，而非享受 ZH 提供的非一般性的服务，不应认定双方之间成立合同关系。既然不存在合同关系，隐私政策的规范应依据《个人信息保护法》为之。根据《个人信息保护法》第16条前半句的规定，即便用户不同意《隐私政策》，ZH平台也应提供基础性的服务。

Ⅲ 既有司法实践状况

除了本案之外，其他判决也多倾向于认定用户与平台之间存在合同关系。例如，在全国首例消费者因检索服务状告电商平台违约案中，原告依据“搜索的是国美冰箱，出来的不全是国美牌冰箱”这一事实，主张T公司的行为辜负了消费者的信赖，构成违约。法院首先强调，原告在平台购物，与平台之间形成了网络服务合同法律关系；随后不得不生硬解释“国美冰箱”这一搜索关键词本身就有两种含义，一为国美牌冰箱，二为国美电器卖场售卖的冰箱，出现一个模糊的搜索结果也不算违约（肖菁：《为啥搜出来的不全是国美牌冰箱？女研究生告电商平台，全国首例“搜索服务”违约案判了》，载手机网易网2021年2月9日，https://3g.163.com/dy/article/G2D205CM0512GTK3.html）。在“浙江某网络有限公司与李某等网络侵权责任纠纷案”［辽宁省沈阳市中级人民法院(2020)辽01民辖终289号民事裁定书］中，法院一方面认定了《淘宝平台服务协议》《隐私权政策》的合同性质，也认为“上诉人对管辖条款履行了提示义务”，但另一方面不得不指出“实际生活中消费者多不会阅读，而是直接点击同意，难以保证管辖协议的公平性，故该约定管辖条款并非被上诉人真实意思表示，对双方不具有法律约束力”，以充分保护消费者的利益。然而，上诉人浙江某网络有限公司既然已经按照《民法典》第496条第2款的规定履行提示义务，为何判决格式条款不属于合同的内容？由此可见，妥当的破题之策应在于检视同意是否属于意思表示，当事人之间是否成立合同关系，而非直观地适用合同法规则。

Ⅳ 本判决的参考意义及将来的课题

网络服务合同纠纷已经是一种独立的民事案件案由，最高人民法院也指出，用户注册实质上是一种服务合同缔结的过程［杨万明主编：《最高人民法院新民事案件案由规定理解与适用》，人民法院出版社2021年版，第391页］。但是这种理解既不利于保护用户，也无助于问题的解决，只会增加说理困难。本案已鲜明地反映出粗糙定性的弊端。司法机关应当回到民法的基本概念与构成要件层面，审慎地判断当事人之间的法律关系。

□ 参考文献

王泽鉴：《民法总则》，北京大学出版社2009年版。

程啸：《论个人信息处理中的个人同意》，载《环球法律评论》2021年第6期。

张新宝：《侵权责任法》，中国人民大学出版社2016年版。

王洪亮、李依怡：《个人信息处理中“同意规则”的法教义学构造》，载《江苏社会科学》2022年第3期。

陆青：《个人信息保护中“同意”规则的规范构造》，载《武汉大学学报(哲学社会科学版)》2019年第5期。

038 个人信息处理中的正当利益规则

凌某某诉北京 SJ 科技有限公司隐私权、个人信息权益网络侵权责任纠纷案 | 北京互联网法院(2019)京 0491 民初 6694 号民事判决书

杨　旭 北京师范大学法学院

■ 事实概要

2019 年 2 月 9 日,凌某某在手机通讯录除本人外没有其他联系人的情况下,使用案涉手机号码注册登录北京 SJ 科技有限公司(以下简称 SJ 公司)运营的"DY"App,在其"关注"列表中发现有大量好友被推荐为"可能认识的人",包括多年未联系的同学、朋友。其中大部分为其微信好友,但其从未使用微信账号登录过"DY"App,亦未在该 App 中绑定过微信账号。凌某某主张,SJ 公司未经授权而非法窥探和使用其隐私和个人信息,导致其生活安宁、对社交关系的控制受到干扰和破坏,故向北京互联网法院提起诉讼,请求判令 SJ 公司立即停止侵权行为,删除其姓名、手机号码、社交关系等个人信息,并赔礼道歉、赔偿损失等。

SJ 公司辩称,"DY"App 中"可能认识的人"的推荐逻辑并非基于微信好友关系等,而是通过通讯录、DY 站内关系(粉丝、好友、关注)及通讯录和站内关系综合进行推荐。法院综合双方举证、质证及技术调查官的意见认定,凌某某所使用"DY"App 页面中"可能认识的人"项下有 30 位 DY 用户,其中 20 人与凌某某存在社交关系。其相应的推荐逻辑为,此 20 人授权收集的手机通讯录中含有案涉手机号码,进而在凌某某登录"DY"App 后通过手机号码匹配进行推荐。

■ 裁判要旨

个人信息的合理使用并不必然排除出于商业目的的使用。虽然读取手机通讯录时不可避免地会读取到其他信息主体的手机号码,但读取和匹配行为一般并不会对其产生打扰,亦不会不合理地损害其利益,且有利于满足其他有社交需求的用户的利益及行业和社会发展的需要,属于对该信息的合理使用。但该合理使用亦应符合处理个人信息的合法、正当、必要原则。在特定信息主体未注册时不存在在社交平台中建立社交关系的可能,社交平台的经营者从其他手机用户通讯录收集到该信息主体的姓名和手机号码后,通过匹配可以知道软件内没有使用该手机号码作为账户的用户,应当及时删除该信息。若其并未及时删除,超出必要限度,不属于合理使用,构成对该信息主体个人信息权益的侵害。

■ 评　析

Ⅰ 本判决的思路

个人信息保护立法的宗旨在于平衡"保护个人信息权益"与"促进个人信息合理利用"(《个人信息保护法》第 1 条)两大目标。本案涉及凌某某的姓名、手机号码、社交关系等信息,保护其个人信息权益的价值基础为信息自决(《宪法》第 38 条第 1 句和《民法典》第 109 条)与通信自由及通信秘密(《宪法》第 40 条第 1 句);SJ 公司处理这些个人信息系出于商业目的,促进其合理利用个人信息的价值基础在于营业自由(基于《宪法》第 16 条第 1 款、第 17 条第 1 款并连同第 6 条第 2 款、第 11 条与第 15 条第 1 款);因案涉个人信息具有双重归属的特性,其他手机用户对其个人信息的合理利用也应受保护,其价值基础也在于信息自决(《宪法》第 38 条第 1 句和《民法典》第 109 条)与通信自由及通信秘密(《宪法》第 40 条第 1 句)。因此,本案的核心是就相关处理行为实现双方(以凌某某为一方,以 SJ 公司和其他手机用户为另一方)价值及利益的平衡。就此而言,判决中有关"手机用户、通讯录联系人以及互联网行业发展的不同利益需求的平衡"之论断并不准确,其中的"互联网行业发展"利益应修改成作为个体性价值的营业自由。

对于个人信息处理,现行法确立了"原则禁止,例外允许"的基本立场(《民法典》第 1035 条中"符合下列条件"、《个人信息保护法》第 13 条第 1 款中"符合下列情形之一……方可处理个人信息")。也就是说,要证成个人信息处理行为的合法性,不仅应就各方所涉价值及利益予以权衡,还必须确定该行为存在可得适用的具体合法性基础。这也是个人信息处理之合法性原则的应有之义。然而,本判决仅仅专注于平衡各方利益,却并未就其认为构成合理使用的读取和匹配行为给出适当的合法性基础。该判决指明,"需要在具体应用场景中考察是否存在构成个人信息合理使用的情形,即在没有对信息主体造成不合理损害的前提下,认定某些个人信息的利用行为可以不必征得信息主体的同意"。但问题在于,相关处理行为构成合理使用的规范依据究竟何在?鉴于在裁判作出当时,仅有《网络安全法》第 41 条等规定以信息主体同意作为唯一的合法性基础,这种裁判思路尚可以理解。但在《民法典》与《个人信息保护法》均已颁行后,如此处理便难称妥当。另需强调的是,尽管判决提及了个人信息处理的合法、正当、必要原则,但此三原则本身并非合法性基础,只能对具体合法性基础的适用发挥辅助功能(杨旭:《正当利益条款的中国法构造——基于〈民法典〉第 998 条》,载《法制与社会发展》2022 年第 1 期)。

综上,妥当的裁判思路应当是,先确定 SJ 公司处理凌某某的姓名、手机号码及社交关系等信息所依据的合法性基础,再通过价值及利益权衡的方式在个案中予以具体适用。

Ⅱ 现行法上正当利益规则的构造

1. 现行法上确立正当利益规则的必要性

要确立 SJ 公司处理凌某某姓名、电话号码、社交关系等信息的行为是否具有合法性,应分别考察除同意外,相关处理行为是否具有其他合法性基础。除《个人信息保护法》第 13

条第 1 款第 3 项规定的第一种情形"为履行法定职责……所必需"属于纯粹的公法规范外，综合该款其他各项与《民法典》第 1036 条等规定，可以将现行法上有关合法性基础的直接规定分作两类。

第一类是合同必需规则，即《个人信息保护法》第 13 条第 1 款第 2 项前段规定的情形。双方在 2019 年 2 月 9 日前并不存在缔约性接触或者磋商，而在此后也不存在只有处理相关信息才能履行的合同义务，所以合同必需规则难以提供合法性基础。

第二类即合理使用规则，包括四种情形。一是为履行法定义务所必需；二是处理已公开信息，包括信息主体自行公开或者其他合法公开的信息；三是为维护信息主体或者其他自然人合法权益所必需，《个人信息保护法》第 13 条第 1 款第 4 项后半句规定的"紧急情况下为保护自然人的生命健康和财产安全所必需"即属于此；四是为维护公共利益所必需，如为应对突发公共卫生事件所必需，或者为公共利益而合理实施新闻报道、舆论监督等行为。不难发现，SJ 公司的处理行为并不属于其中任何一种情形。

究其实质，SJ 公司作为商业平台运营者属于典型的营利法人，其处理原告个人信息主要出于自身商业利益。本案判决认为，SJ 公司之目的在于"满足或促进用户在'DY'App 中建立社交关系"，同时"还具有一定的商业目的"。如此一来，便在概念上混淆了目的与利益，因为所谓"商业目的"已非目的，而是处于利益的层次。更重要的是，这种"还具有一定的商业目的"之表述的言下之意是，SJ 公司的商业利益并不具有主导性，而只是"满足或促进用户在'DY'App 中建立社交关系"的副产品。但其实，在用户之间建立社交关系是以"DY"App 为代表的短视频社交类应用实现营利的最关键环节，直接服务于 SJ 公司自身的商业利益。虽然本案判决认为，"个人信息的合理使用并不必然排除出于商业目的的使用"，但这却是前述各种合法性基础所不能容纳的情形。

由此可见，《民法典》第 1036 条与《个人信息保护法》第 13 条第 1 款等关于合法性基础的直接规定趋于封闭，未能给处理者的商业利益留下必要空间。与此不同的是，《欧盟通用数据保护条例》第 6 条第 1 款 f 确立了正当利益规则，即"处理是为控制者或者第三人追求的正当利益之目的所必需的，除非此种利益被要求保护个人数据之利益或者基本权利与自由压倒，特别是在数据主体为儿童的情形"。其中的"控制者或者第三人追求的正当利益"恰恰能够包含处理者自身的商业利益，这清楚表明了我国确立正当利益规则的必要性。

2. 基于《民法典》第 998 条规定的正当利益规则

受《欧盟通用数据保护条例》影响，不少学者建议我国的个人信息保护立法作类似规定（江波、张亚男：《大数据语境下的个人信息合理使用原则》，载《交大法学》2018 年第 3 期；谢琳：《大数据时代个人信息使用的合法利益豁免》，载《政法论坛》2019 年第 1 期），但立法者却丝毫不为所动。其实，构造现行法上的正当利益规则并非只有在立法上明文规定之一途。将目光转向《民法典》人格权编第一章"一般规定"部分，作为合理使用个人信息的重要依据（程啸：《论我国民法典中的个人信息合理使用制度》，载《中外法学》2020 年第 4 期），《民法典》第 998 条关于侵害非物质性人格权责任认定的一般规定已能实现相同功能（杨旭：《正当利益条款的中国法构造——基于〈民法典〉第 998 条》，载《法制与社会发展》2022 年第 1 期）。

《民法典》第998条明文规定其适用于“除生命权、身体权和健康权外”的人格权,那么个人信息权益也应包含在内。该条采取动态体系的构造,其所列举的各种考量因素混合了过错与违法性两个要件,应予严格区分。除去“过错程度”外,其他因素均主要指向违法性问题。违法与合法实为一体两面,二者相互排斥,具有择一性关系:违法即不合法,合法即不违法,差别仅在于观察视角的选取不同。就此而言,《民法典》第998条规定完全能够被归为《个人信息保护法》第13条第1款第7项规定的“法律、行政法规规定的其他情形”和《民法典》第1035条第1款第1项中规定的“法律、行政法规另有规定”的情形,从而为个人信息处理提供合法性基础。

与《欧盟通用数据保护条例》第6条第1款f规定类似,我国《民法典》第998条规定的动态体系构造也源于解决纷繁复杂的价值及利益冲突的需要(王利明:《民法典人格权编中动态系统论的采纳与运用》,载《法学家》2020年第4期),二者在功能上具有高度一致性。据此,基于《民法典》第998条规定所构造的正当利益规则应包括两部分内容:第一部分内容是各方价值及利益的确定和必要性审查。若能作出肯定回答,便需实施第二部分内容,即权衡。具体而言,应分别衡量各方价值及利益之抽象与具体权重,再对其综合权重予以评价性比较。假如难以确定何者胜出,还需诉诸权衡负担分配规则。这两部分内容也构成在个案中适用正当利益规则的操作步骤。

Ⅲ 正当利益规则在个案中的适用

1. 处理行为对实现处理者及第三人价值及利益的必要性

如本案判决所言,SJ公司之所以处理凌某某的姓名、电话号码、社交关系等信息,旨在“满足或促进用户在‘DY’App中建立社交关系”。如此,不仅有利于实现其营业自由,而且在事实上无可替代。就其他手机用户而言,只有允许SJ公司读取其手机通讯录才能实现在“DY”App上建立社交关系的需求,而后续的存储、匹配及推荐等处理行为也能使其与原告的社交关系转移到“DY”App上,所以相关处理行为也是保护其信息自决与通信自由及通信秘密所必需。就此而言,SJ公司的处理行为对于实现其自身的营业自由,保护其他手机用户的信息自决、通信自由及通信秘密均具有必要性。

2. 基于正当利益规则的个案权衡

那么,就读取、存储、匹配与推荐等处理行为而言,SJ公司的营业自由与其他手机用户的信息自决、通信自由及通信秘密是否为凌某某的信息自决与通信自由及通信秘密所压倒呢?这就需要在《民法典》第998条规定的框架下进行合乎理性的个案权衡。

第一步是衡量各方价值及利益的抽象权重。相同种类的基本权利或自由应具有相同重要性,所以对凌某某和其他手机用户而言,其各自的信息自决与通信自由及通信秘密之抽象权重相同。至于不同种类基本权利的抽象权重,则需进一步分析。信息自决为宪法上一般人格权的下位权利,而一般人格权蕴含人格尊严的价值,在法秩序中居于核心地位。营业自由作为源于基本经济制度的基本权利,其保护范围已超出纯粹的个体性商业利益。正如本案判决所言,其涉及“互联网行业发展”的利益,并能够促进“数字经济的发展”,“增进整个社会的福祉”。就此而言,凌某某的信息自决与SJ公司的营业自由无高低之分,具有大致相同的抽象权重。此外,凌某某的通信自由及通信秘密也属于一般人格权的下位权利,那么其抽象权重也与SJ公司的营业自由相同。

第二步是衡量各方价值及利益的具体权重。结合个人信息处理的特殊性,将《民法典》第998条规定的各种考量因素予以整合、细化、变通和补充,便可以对SJ公司的不同处理行为分析如下。

(1)作为处理对象的个人信息。对凌某某而言,姓名、电话号码与社交关系等信息均可以很容易甚至直接识别其个人,具有较强的个人关涉性,因此SJ公司处理此类信息会对凌某某产生较大影响。对SJ公司而言,其商业利益的实现在很大程度上依赖于用户间的社交关系,处理此类信息构成其商业逻辑的关键环节。对其他手机用户而言,其要在“DY”App上建立社交关系,最便捷的方式即直接迁移手机通讯录所承载的现实社交关系。就此而论,相关个人信息对各方均具有重要意义。

(2)处理行为本身对各方当事人利益的直接影响。本案判决将读取、匹配、推荐视为整体而仅对存储单独处理的分析框架有欠妥当,其说理构成也不乏可议之处。故此,有必要重新梳理各种处理行为并分别予以考察。

第一,读取与初次匹配。读取系针对其他手机用户的通讯录信息,其中含有凌某某的姓名、手机号码与社交关系等,而初次匹配还需处理后台已存储的其他用户信息。单纯的读取和初次匹配不会对凌某某造成太大影响,因为其开始并非“DY”App用户,处理行为并不直接触及其私人领域,SJ公司也不能借此为其建立社交关系以实现商业利益。相反,SJ公司只有读取其他手机用户的通讯录信息并予以初次匹配,才能通过后续的推荐等处理行为将其社交关系迁移至“DY”App,所以禁止读取和初次匹配将使SJ公司难以实现其商业利益。对于其他手机用户而言,SJ公司读取和存储其通讯录信息为自主决定的结果,禁止读取和存储无异于从根本上取消其在“DY”App上建立社交关系的可能性。因此,读取和初次匹配对凌某某的影响很小,但禁止该行为对SJ公司及其他手机用户的影响却很大。

第二,推荐与二次匹配。SJ公司向凌某某推荐“可能认识的人”之前提在于将后者注册“DY”App时提供的手机号码与其他用户手机通讯录中的凌某某姓名、手机号码与社交关系等进行二次匹配。该处理行为对原告存在很大影响,因为推荐及二次匹配已介入其私人领域;而且,SJ公司借此为其建立社交关系,在很大程度上直接用于追求商业利益。对于SJ公司而言,其要实现商业利益,完全能基于其他已同意其匹配和推荐的用户之间的社交关系,缺少凌某某的参与并不会产生太大影响。对于其他手机用户而言,其在“DY”App上与诸多好友建立社交关系,缺少凌某某一人也不至于产生实质性影响。因此,禁止推荐及二次匹配对SJ公司及其他手机用户的影响很小,但允许该处理行为对凌某某的影响却很大。

第三,存储。SJ公司的存储行为分两个阶段。第一阶段的存储介于读取和初次匹配之间,既是读取的延续又是初次匹配的前提;第二阶段的两次存储发生在初次匹配之后,服务于推荐及二次匹配等行为。所以两阶段的存储行为均不具有独立意义,分别附属于前两组处理行为,应与前两者在评价上保持一致。

(3)处理过程的安全性与保密性。该考量因素与凌某某的受侵害程度呈负相关的关系。正如本案判决所言,“原告的姓名和手机号码并未被公开披露,亦没有证明存在直接泄露等风险,对于原告的其他人身和财产利益并没有产生潜在侵害的可能性”,对原告的影响较小;但是,“超过合理期限的存储”等行为可能“不合理地扩大了个人信息泄露或者被不当利用的风险”。由于 SJ 公司的处理行为系按照“读取—存储—初次匹配”与“存储—二次匹配—存储—推荐”的顺序进行,所以处理行为在时间上越靠后,对凌某某的影响程度就越大。

(4)信息主体的合理预期。处理行为符合合理预期的程度越高,对信息主体的影响就越小,二者之间呈负相关的关系。从理性人视角出发,凌某某起初并非“DY”App 用户,但其他手机用户授权 SJ 公司处理其通讯录信息并非不可预见,所以 SJ 公司的读取和初次匹配行为符合其合理预期。与此不同的是,虽然凌某某随后成为“DY”App 用户,但其注册所用手机并未存储其他联系人信息,那么 SJ 公司基于二次匹配向其推荐“可能认识的人”便显得出乎意料,明显超出其合理预期。

第三步是对综合权重予以评价性比较及权衡负担分配。在抽象权重方面,信息自决、通信自由及通信秘密与营业自由在抽象意义上无高低之分,所以抽象权重的大小便取决于所涉基本权利的个数。凌某某作为一方受两种基本权利保护,而 SJ 公司与其他手机用户作为另一方受三种基本权利保护(多出营业自由),所以凌某某处于劣势。在具体权重方面,可以按上文所述的处理行为的两阶段进行分析,并分别计算综合权重。其一,读取与初次匹配对凌某某的影响很小,而对 SJ 公司与其他手机用户的影响均很大,再加上高安全性与保密性及高合理预期,又进一步降低了对凌某某的影响,所以凌某某也处于劣势。综上,就读取与初次匹配而言,凌某某一方的综合权重明显不能胜出,SJ 公司的处理行为合法,第一阶段的存储行为也是如此。其二,推荐与二次匹配对凌某某的影响很大,但对 SJ 公司与其他手机用户的影响很小,再加上有所降低的安全性与保密性以及低合理预期,又进一步增加了对凌某某的影响,所以凌某某处于优势。综上,就推荐与二次匹配而言,尽管凌某某的抽象权重缺少了一种基本权利的支持,但不难得出其综合权重胜出的确信。此外,权衡负担分配规则还能对此予以强化。考虑到凌某某代表作为消费者的普通用户,而 SJ 公司为大型商业平台运营者,二者之间存在明显的力量悬殊,应顺应《个人信息保护法》第 13 条第 1 款的句式结构,将权衡负担分配给处理者一方。SJ 公司很难证成己方价值及利益胜出,所以其推荐与二次匹配行为不合法,第二阶段的存储行为也是如此。

据此,对于凌某某请求 SJ 公司停止侵害、删除信息、赔礼道歉、赔偿损失等主张,法院大体应予支持。尽管本案判决对 SJ 公司处理行为之合法与否的规范依据选取和论证说理存在瑕疵,但其最终结论并无不妥。

Ⅳ 本案意义

首先,本案确立了现行法上个人信息处理的正当利益规则。本案所涉姓名、电话号码、社交关系等具有双重归属特性的个人信息表明,现行法上亟须确立正当利益规则。但这完全不必以立法形式专门规定,通过《民法典》第998条关于侵害非物质性人格权责任认定的一般规则即可实现类似功能。

其次,《民法典》第998条规定采取动态体系构造,可能因此危及法的安定性。对本案的分析则表明,基于正当利益规则的个案裁判应取道权衡方法,在确定所涉价值及利益与必要性审查的基础上,对各种考量因素的抽象权重与具体权重作细致分析,并结合权衡负担分配规则予以综合考量,从而达致合乎理性的结论。

最后,正当利益规则应有其适用边界。本案中SJ公司的推荐、二次匹配及相关存储行为是直接针对凌某某个人信息的商业化利用,而读取、初次匹配及相关存储行为却只关乎对其他手机用户个人信息的商业化利用。因此,正当利益规则应止步于对个人信息的商业化利用,并不能为此提供合法性基础。

□ 参考文献

江波、张亚男:《大数据语境下的个人信息合理使用原则》,载《交大法学》2018年第3期。

谢琳:《大数据时代个人信息使用的合法利益豁免》,载《政法论坛》2019年第1期。

商希雪:《超越私权属性的个人信息共享——基于〈欧盟一般数据保护条例〉正当利益条款的分析》,载《法商研究》2020年第2期。

程啸:《论我国民法典中的个人信息合理使用制度》,载《中外法学》2020年第4期。

卢震豪:《我国〈民法典〉个人信息合理使用的情形清单与评估清单——以"抖音案"为例》,载《政治与法律》2020年第11期。

杨旭:《正当利益条款的中国法构造——基于〈民法典〉第998条》,载《法制与社会发展》2022年第1期。

039 个人信息合理使用范围的界定

邢某与天津 JD 贸易有限公司等信息网络买卖合同纠纷案 | 北京互联网法院(2020)京 0491 民初 33476 号民事判决书

郑 观 浙江大学光华法学院

■ 事实概要

原告刑某在被告北京 JD 电子商务有限公司(以下简称北京 JD 公司)经营的平台上向被告天津 JD 贸易有限公司(以下简称天津 JD 公司)购买了“尤尼克斯 YONEX 羽毛球鞋”,后因该鞋的质量纠纷产生争议。原告认为该鞋本身存在质量问题,而被告天津 JD 公司则认为相关商品需要经品牌商尤尼克斯鉴定,方能认定是否存在质量问题。由于双方就如没有质量问题,是否应出具检验报告存在争议,最终原告并没有将商品寄回给被告。事后,品牌商尤尼克斯经由被告告知原告的个人姓名、电话号码以及购物经历等信息,同原告取得联系。原告认为被告北京 JD 公司作为平台经营者、被告天津 JD 公司作为平台内经营者向品牌商尤尼克斯泄露了其个人信息,侵犯了其隐私权,违反了《消费者权益保护法》第 29 条的规定。因此,原告主张二被告向其赔偿 1 元,并赔礼道歉。被告天津 JD 公司对此表示,其已经征得了原告同意,因原告在注册会员时签署了《JD 隐私政策》,其中明确规定:“三、我们如何共享、转让、公开披露您的个人信息:(一)公开披露:……3. 我们可能会向合作伙伴等第三方共享您的订单信息、账户信息、设备信息以及位置信息,以保障为您提供的服务顺利完成。我们的合作伙伴包括以下类型:……(2)第三方商家。我们必须将您的订单信息与交易有关的必要信息与第三方商家共享来实现您向其购买商品或服务的需求,并促使其可以完成后续的售后服务。”但原告认为该项约定未包括姓名、手机号码,且不符合约定的使用目的“实现您向其购买商品或服务的需求”。

■ 裁判要旨

电商平台经营者向平台内经营者提供用户的个人姓名、电话号码与购物经历等信息,符合实现产品售后功能的目的。如果平台内经营者对上述个人信息的使用也是围绕产品质量问题和用户投诉举报内容展开的,则其行为属于个人信息合理使用范围。

■ 评 析

I 本判决的思路

针对原告所提出的隐私权受到侵害的主张,法院在本案的判决中先是强调隐私权受到法律保护,随后依据合法、正当、必要原则,对被告将原告的个人姓名、电话号码、购物经历等个人信息告知作为第三方的品牌商的行为进行认定。依据法院观点,首先,由于被告的行为可以被认为是《JD 隐私政策》中所明确规定的内容,且原告在注册会员时已经阅读并签署了该隐私政策,因此,对于原告隐私的处理符合约定,满足合法性的要求。其次,被告向第三方提供原告相关隐私,是为了实现产品售后服务,满足正当性要求。最后,原告的电话录音显示,第三方同原告的通话围绕产品质量问题和原告投诉内容进行,并未违反必要原则所要求的个人信息合理使用范围。因此,法院认定被告将原告隐私告知第三方的行为,并没有违反法律或双方约定,且使用方式方法未超出约定范畴,不存在侵害原告隐私权的情形。

值得注意的是,本案判决中,原告主张的是其隐私权被侵犯,而法官在审理过程中,并没有对原告个人姓名、电话号码以及购物经历等信息属于隐私权还是个人信息加以论证。就《民法典》第 1032 条对于隐私的界定标准,即私密性而言,上述信息被认定为隐私范畴并不妥当,其更符合《民法典》第 1034 条关于个人信息的定义。因此,下文论述将围绕个人信息而非隐私展开。

Ⅱ 个人信息合理使用范围的学界争议

就个人信息被他人使用的法律属性,我国学界有观点认为,个人信息的处理在本质上就是对自然人的人格权益的限制,而非对其财产权益的限制。对自然人个人信息权益的限制必须基于维护公共利益等正当理由,同时要符合法律保留原则和比例原则(程啸:《论我国民法典中的个人信息合理使用制度》,载《中外法学》2020 年第 4 期)。相反观点则认为,数据保护领域的个人信息合理使用应当是对他人个人信息权益中财产权部分的利用,表现为使用人对他人的数据所享有的不经同意而加以使用的某种利益(江波、张亚男:《大数据语境下的个人信息合理使用原则》,载《交大法学》2018 年第 3 期)。

就个人信息合理使用范围的界定问题,学界尚未有明确的判断标准。有学者将著作权合理使用制度中的隐私属性说引入个人信息处理领域,认为对信息主体来说,信息处理者的处理行为影响的是个人信息和隐私,更加适合以隐私作为关键因素来对合理使用进行评估。换言之,就是将个人信息所蕴含的隐私属性的强弱,作为在使用他人个人信息时,是否需要征得相关信息主体同意的标准(江波、张亚男:《大数据语境下的个人信息合理使用原则》,载《交大法学》2018 年第 3 期)。还有观点立足于个人信息处理的合法性基础,主张采取双重清单模式,即情形清单与评估清单。前者规定个人信息可以被处理的标准化场景,后者则考虑到同样的信息对不同的人会产生不同的效果,而在具体个案中,对依照标准化场景使用个人信息是否会对特定信息主体产生损害后果加以判断(卢震豪:《我国〈民法典〉个人信息合理使用的情形清单与评估清单——以"抖音案"为例》,载《政治与法律》2020 年第 11 期)。

此外,如今的互联网平台已经深度渗透人们的生活,并由此获取了平台用户海量的个人信息,而这些信息背后蕴含着巨大的商业价值。因此,如何利用平台所掌握的个人信息也成为学界和司法实践关注的焦点。有学者认为,数据原始持有平台在同第三方分享用户个人信息时，通常需要三重授权：在数据原始持有平台收集用户信息时，需要用户的授权，此为第一重授权；在数据原始持有平台向第三方提供用户信息时，需要原始平台和用户分别授权，此为第二重授权；第三方获得用户信息后，想要加以自行处理的，需要用户的再次授权，此为第三重授权（王利明：《数据共享与个人信息保护》，载《现代法学》2019 年第 1 期）。

Ⅲ 个人信息合理使用范围的司法实践

目前，我国关于商家使用用户个人信息的相关判决，主要可以分为是否超出合同约定以及是否存在侵权行为两种判决思路。

针对是否超出合同约定，除了本案外，在"陈某与江门市某科技有限公司侵权责任纠纷案"［内蒙古自治区赤峰市中级人民法院（2020）内 04 民终 5736 号民事判决书］中，法院认为被告江门市某科技有限公司作为销售公司，委托第三方供货公司按照原告陈某提供的姓名、电话及地址向陈某提供商品，未超出陈某授权江门市某科技有限公司使用该信息的目的和范围，其目的在于为用户完成快递运输服务，并不构成对个人信息的泄露。

在"胡某诉韩某、浙江 T 网络有限公司人格权纠纷案"［辽宁省沈阳市铁西区人民法院（2017）辽 0106 民初 11068 号民事判决书］中，法院则从侵权角度判断用户个人信息是否受到侵犯。其认为被告卖家韩某虽然使用了原告买家胡某的信息，但相关信息被韩某填写在 T 网的地址库中，仅供快递公司在发生退换货时，可以迅速查到韩某填写的退货人的信息，便于快递公司与退货人取得联系。T 网已经明确表示该地址库是不对外的，并没有给原告造成任何损失，也未产生其他被识别的风险，故不构成侵权。

此外，针对消费领域外对他人个人信息的处理问题，在 2019 年"WX 诉 DDY、DS 案"［天津市滨海新区人民法院（2019）津 0116 民初 2091 号民事裁定书］中，法院认定手机通讯录中的他人电话号码，既属于手机用户本人的个人信息，又属于相关联系人的个人信息。在对该类个人信息进行处理时，原则上需征得手机用户和其他联系人的双重同意。但若在所有情况下均严格地适用知情同意原则，可能会导致具体场景下的利益失衡。在大数据时代，个人信息是最重要的数据来源，对个人信息采取过于绝对化的保护不利于信息产业的发展。因此，在"未对信息主体造成不合理的损害"前提下，可以认为某些信息处理行为不用经过信息主体的许可。具体应用时，主要从"个人信息的特点与属性"、"个人信息使用的方式和目的"以及"对各方利益可能产生的影响"三方面进行综合分析。不难看出，法官在该案中所采取的利益衡量，受到了上文所述的隐私属性说与双重清单模式的影响。对"个人信息的特点与属性"的考察，明显符合隐私属性说所强调的对于个人信息是否为隐私加以判定，从而确定个人信息在被他人处理时，是否需要征得信息主体同意。当个人信息具有隐私属性时，倾向于需要信息主体同意方可处理。就"个人信息使用的方式和目的"以及对"各方利益可能产生的影响"进行审查则更符合双重清单模式。其中，对"个人信息使用的方式和目的"的审查可被视为情形清单的要求，而"对各方利益可能产生的影响"则属于评估清单的审查内容。

Ⅳ 《个人信息保护法》中为履行合同所“必需”的界定

上文中所讨论的案例主要发生在《个人信息保护法》出台之前，彼时仅有《网络安全法》、《民法典》和《消费者权益保护法》等法律中的专门条款对个人信息的使用作出了原则性、概括性的规定。2021 年 11 月，我国《个人信息保护法》正式实施，该法对个人信息的合理使用进行了较为具体的规定。该法第 5 条规定处理个人信息应遵守合法、正当、必要和诚信原则，并在第 13 条中详细列举了以个人同意为核心的处理个人信息的合法性基础。

在《个人信息保护法》第 13 条第 1 款所列举的 7 项合法性基础上，第 2 项指出，若个人信息处理者处理个人信息是为订立、履行个人作为一方当事人的合同所必需，则可以此作为合法性基础，无须当事人同意。本案似乎可以依据该项规定，认定被告对原告的个人信息处理行为具有合法性基础。但若对该项规定和本案加以深入分析，就会发现这一结论言之过早。

在本案中，被告将原告的个人信息告知了第三方即品牌商，用于解决质量纠纷。这一行为的确符合履行合同的目的，但其是否是履行合同，即本案中的解决纠纷所“必需”，则需要进一步讨论。一般而言，由第三方品牌商同用户直接联系，的确更有利于增强沟通的便捷性与有效性，但通过平台向用户和第三方分别转告相关信息，同样可以解决商品纠纷（虽然这种情形将可能在一定程度上导致沟通障碍、增加平台人工成本等问题，但并不影响合同的实质性履行）。换言之，平台将用户个人信息告知第三方，对于平台而言是最为有利的解决纠纷方式，但同时也导致用户个人信息被第三方获悉。事实上，即使第三方不知悉用户个人信息，同样可以继续履行合同，只不过平台将会因此增加人工成本。

这就意味着，在审理类似案件时，法院需要首先明确为履行合同所“必需”的标准。是否为商业平台节约人工成本，或是有助于更为流畅的沟通，对于用户而言是履行合同所“必需”的，因此，用户个人信息作为处理方式被告知给第三方应让位于平台利益，又或是只有在不告知第三方，合同将在客观上无法履行的情况下，方存在第 2 项作为合法性基础适用的空间，而其他诸如商家成本等因素，均不纳入为履行合同所“必需”的考察范畴之内。这一基本问题仍有待法院在司法审判中予以厘清。

□ 参考文献

程啸：《论我国民法典中的个人信息合理使用制度》，载《中外法学》2020 年第 4 期。

江波、张亚男：《大数据语境下的个人信息合理使用原则》，载《交大法学》2018 年第 3 期。

卢震豪：《我国〈民法典〉个人信息合理使用的情形清单与评估清单——以“抖音案”为例》，载《政治与法律》2020 年第 11 期。

王利明：《数据共享与个人信息保护》，载《现代法学》2019 年第 1 期。

040 合法公开的个人信息的处理与限制

苏州B数据技术有限公司与伊某人格权纠纷案 | 江苏省苏州市中级人民法院(2019)苏05民终4745号民事判决书

程 啸 清华大学法学院

■ 事实概要

2017年苏州B数据技术有限公司(以下简称B公司)将中国裁判文书网上发布的(2013)闵民一(民)初字第19030号民事判决书等三篇裁判文书和一篇法院送达判决的公告文书转载至某网站,任何人均可在该网站上搜索查询到上述文书。伊某系上述文书的案件当事人,上述法律文书分别记述了伊某涉及的四起纠纷的情况。B公司转载上述文书时,未获得中国裁判文书网和人民法院公告网主办单位的授权,亦未征询伊某的意见。伊某认为B公司侵害了其个人信息权益。

■ 裁判要旨

中国裁判文书网和人民法院公告网登载涉伊某的裁判文书和公告文书,系基于司法解释的强行性规定,伊某对此负有容忍之义务。B公司转载并公开涉伊某等主体的法律文书,系基于法律文书已被中国裁判文书网和人民法院公告网合法公开,且就法律文书内容而言并不能判别是否涉及自然人值得保护的重大利益,故其行为不违法。但对B公司的转载和再次公开行为是否违反正当性和必要性原则、是否对所涉自然人值得保护的重大利益造成影响,应更多考量个人信息主体对其个人信息传播控制的权利及对个人利益影响程度的评判,即应尊重伊某本人对其已被合法公开的个人信息进行二次传播的个人意愿,赋予伊某应有的选择权利。

■ 评 析

Ⅰ 本判决的思路和意义

本案的核心争议在于,个人信息处理者在何种情形下不得对已经合法公开的个人信息进行公开、使用等处理?该案一审法院未认识到案涉个人信息是合法公开的个人信息,错误地认定B公司转载案涉法律文书的行为构成非法使用他人个人信息。二审法院纠正了这一错误,认为B公司转载并公开涉伊某等主体的法律文书,系基于法律文书已被中国裁判判文书网和人民法院公告网合法公开,且就法律文书内容而言并不能判别是否涉及自然人值得保护的重大利益,故其行为不违法。但是,二审法院认为,B公司对已经合法公开的个人信息的处理活动仍应当遵守正当性和必要性原则,不能对自然人值得保护的重大利益造成不利影响。由于本案二审判决作出时,《民法典》《个人信息保护法》尚未施行,故本案未能适用《民法典》和《个人信息保护法》的相关规定,但本案判决对于未来司法实践中理解与适用合法公开的个人信息处理的相关规范仍具有参考价值。

Ⅱ 我国法对合法公开的个人信息处理的规定

有的国家(如美国)将已经公开的个人信息排除在个人信息之外(程啸:《论公开的个人信息处理的法律规制》,载《中国法学》2022年第3期),但我国法并未如此。2014年最高人民法院《关于审理利用信息网络侵害人身权益民事纠纷案件适用法律若干问题的规定》第12条第1款规定(2020年最高人民法院修正该司法解释时删除了第12条),网络用户或者网络服务提供者利用网络公开自然人基因信息、病历资料、健康检查资料、犯罪记录、家庭住址、私人活动等个人隐私和其他个人信息,造成他人损害,被侵权人请求其承担侵权责任的,人民法院应予支持,但具有该款所列举的6种情形之一的除外。在该款中,第4种情形为"自然人自行在网络上公开的信息或者其他已合法公开的个人信息"。从这一规定可知,司法解释将个人信息已经被合法公开作为网络用户或网络服务提供者利用网络公开个人信息这一特定侵权行为的免责事由。

借鉴司法解释这一规定,《民法典》第1036条第2项规定,合理处理该自然人自行公开的或者其他已经合法公开的信息的,行为人不承担民事责任,但是该自然人明确拒绝或者处理该信息侵害其重大利益的除外。《个人信息保护法》一方面在第13条第1款第6项与第2款中规定,依照该法规定在合理的范围内处理个人自行公开或者其他已经合法公开的个人信息的,个人信息处理者可以处理个人信息,并且无须取得个人同意;另一方面在第27条中规定,"个人信息处理者可以在合理的范围内处理个人自行公开或者其他已经合法公开的个人信息;个人明确拒绝的除外。个人信息处理者处理已公开的个人信息,对个人权益有重大影响的,应当依照本法规定取得个人同意"。

Ⅲ 合法公开的个人信息的界定

合法公开的个人信息须满足以下两个要件:第一,个人信息已经被公开。一般来说,就是指个人信息在客观上已经处于可由不特定的人所获取的状态,尤其是当个人信息出现在大众媒体如网站、报刊等之上。处于公开状态的个人信息具有被不特定人获取的可能,至于事实上是否被获取,无关紧要。第二,个人信息必须是合法公开的个人信息,包括自然人自行公开的个人信息和其他已经合法公开的个人信息。自然人自行公开个人信息是自然人作为个人信息权益主体行使权益的结果。其他已经合法公开的个人信息是指通过其他合法方式公开的个人信息,如根据法律、行政法规的有关规定而公开个人信息。

本案中包含一审原告伊某的个人信息的法律文书和公告文书分别是在中国裁判文书

网和人民法院公告网上公开的,二审法院认为这是基于司法解释的强行性规定,故伊某对此负有容忍之义务。二审法院没有指出具体基于哪个司法解释的规定,笔者认为应该主要是指最高人民法院《关于人民法院在互联网公布裁判文书的规定》、最高人民法院《关于进一步规范法院公告发布工作的通知》等司法解释。例如,依据最高人民法院《关于人民法院在互联网公布裁判文书的规定》,法院作出的裁判文书除涉及国家秘密、未成年人犯罪等不应公开的情形外,都应当在互联网上公开。但是,法院在互联网公布裁判文书时,应当删除"自然人的家庭住址、通讯方式、身份证号码、银行账号、健康状况、车牌号码、动产或不动产权属证书编号等个人信息""家事、人格权益等纠纷中涉及个人隐私的信息"等,仅保留当事人及其法定代理人的姓名、出生日期、性别、住所地所属县/区,委托代理人、辩护人的姓名、执业证号和律师事务所、基层法律服务机构名称等信息。故此,依法在互联网公布的法律文书上仍然会有一些自然人的个人信息。

Ⅳ 合法公开的个人信息处理的三项法律限制

依据《民法典》第 1036 条第 2 项与《个人信息保护法》第 13 条第 1 款第 6 项、第 2 款的规定,只要个人信息是合法公开的,个人信息处理者就可以在合理的范围进行处理,包括收集、存储、使用、加工、传输、提供、公开等,个人信息处理者无须取得个人的同意。之所以如此,是因为已经合法公开的个人信息不具有秘密性,不可能属于私密信息,不受到隐私权的保护,从价值权衡上来说,对其进行处理的利用需求的价值就更具有满足上的优先性。但是,合法公开的个人信息仍然是个人信息,要受到个人信息权益的保护。所以,一方面,为实现个人信息的合理使用,我国《民法典》《个人信息保护法》明确规定处理合法公开的个人信息不需要取得个人的同意;另一方面,为保护个人的民事权益,法律上又对处理合法公开的个人信息作出了相应的限制,主要包括以下三方面的限制。

1. 处理行为是合理的

《个人信息保护法》第 13 条和第 27 条将《民法典》第 1036 条第 2 项的"合理处理"具体化为"在合理的范围内处理"。所谓合理的范围,应当在权衡个人信息权益保护与个人信息合理利用的基础上,依循必要原则与目的限制原则,运用动态系统论(王利明:《民法典人格权编中动态系统论的采纳与运用》,载《法学家》2020 年第 4 期),结合具体的处理场景加以判断。

2. 个人未明确拒绝个人信息处理者对合法公开的个人信息进行处理

《民法典》第 1036 条第 2 项和《个人信息保护法》第 27 条第 1 句规定,个人信息处理者虽然可以不取得个人同意而处理合法公开的个人信息,但如果个人明确拒绝,个人信息处理者就不得处理个人信息。因为个人对合法公开的个人信息的处理享有决定权,有权限制或者拒绝他人对合法公开的个人信息进行处理。个人明确拒绝是指个人明确作出禁止他人处理合法公开的个人信息的表示,即以清晰、明白而非含糊、模棱两可的方式表示拒绝。明确拒绝的意思表示可以是通过纸质、电子形式等书面方式作出的,也可以是通过口头方式作出的。在本案中,伊某无论是在向法院起诉前,还是在诉讼的过程中,均曾多次要求 B 公司删除其网上公开的相关裁判文书和公告文书。这就是作为个人的伊某明确拒绝了个人信息处理者B公司对其合法公开的个人信息进行处理。如果本案适用《民法典》和《个人信息保护法》的话,那么B公司并未理会而依然进行处理的行为属于非法处理行为。不过,该案不能适用上述法律规定,故二审法院只能认定B公司的处理行为违反了正当性和必要性原则。

3. 处理合法公开的个人信息未侵害个人的重大利益或对个人权益没有重大影响

《民法典》第1036条第2项一共规定了不能将合理处理合法公开的个人信息作为免责事由的两种情形,除了前述的自然人明确拒绝外,还有一种情形就是处理该信息侵害该自然人的重大利益。《个人信息保护法》第27条没有使用《民法典》第1036条第2项中“侵害其重大利益”的表述,而是采取“对个人权益有重大影响”的表述,并规定此时个人信息处理者应当依照《个人信息保护法》的规定取得个人同意。《民法典》和《个人信息保护法》的上述规定并不矛盾。因为《民法典》是从处理个人信息的民事责任的免责事由的角度所作出的规定,适用于平等主体的自然人、法人和非法人组织因处理个人信息而产生的民事责任纠纷。《民法典》第1036条第2项使用的“侵害其重大利益”的表述表明,只有在个人信息处理者处理合法公开的个人信息的行为已经对自然人的生命、身体、人格尊严、人格自由、重大财产权益或者其他的重大利益造成了侵害的情况下,法院才能基于比例原则的考虑,优先保护重大利益,认定个人信息处理者不得以此免责,应当向个人承担停止侵害、排除妨碍以及赔偿损失等侵权责任。《个人信息保护法》第27条则是从个人信息处理规则的角度对合法公开的个人信息的处理作出规定的。依据该条的规定,个人信息处理者处理已合法公开的个人信息,“对个人权益有重大影响的”,应当依照《个人信息保护法》的规定取得个人同意。由此可见,第27条规范的是个人信息处理者,属于预防性规范,即个人信息处理者必须在处理合法公开的个人信息之前就该处理活动是否对个人权益有重大影响作出预先的判断,从而确定是否需要取得个人的同意(该观点受到清华大学法学院助理研究员王苑博士的启发,在此致谢!)。事实上,由于处理合法公开的个人信息可以被纳入《个人信息保护法》第55条(要求“个人信息处理者应当事前进行个人信息保护影响评估,并对处理情况进行记录”)第5项作出的兜底性规定(“其他对个人权益有重大影响的个人信息处理活动”)中,故个人信息处理者应当通过事前进行个人信息保护影响评估来进行此种预判。

对于《个人信息保护法》第27条中规定的“对个人权益有重大影响”,其中“个人权益”的范围非常广泛,是指与个人有关的任何权益,既包括个人的民事权益如生命权、身体权、名誉权、隐私权、个人信息权益等人身权益,物权、债权等财产权益,也包括宪法上的人格尊严、人格自由、通信秘密等基本权利;既包括《民法典》规定的民事权益,也包括《消费者权益保护法》《妇女权益保障法》《未成年人保护法》《残疾人保障法》《老年人权益保障法》等法律中规定的个人享有的各种权益(程啸:《个人信息保护法理解与适用》,中国法制出版社2021年版,第232页)。所谓“重大影响”,是指对自然人的个人权益造成的具有法律效力的影响或者其他类似的具有严重不利后果的影响。换句话说,是指个人信息处理者对合法公开的个人信息的处理将会导致信息主体的个人权益难以或无法行使,或者个人权益被侵害、妨碍等重大的不利后果。“重大影响”所改变的不仅是个人的法律地位、经济地位,还包括个人的社会地位、文化地位、政治地位，如求职、升职、读书出国、申请社会福利、参加社团活动等。例如，A公司通过从法院依法公开的裁判文书中收集个人信息，并对之进行加工分析，从而对个人信息主体进行信用评价和性格分析，供有需要者查询。张某合法公开的个人信息被A公司以上述方式处理，结果张某正在求职的单位因为查询A公司提供的信息而认为张某将会无法安心本职工作，容易跳槽，最终拒绝了张某的求职。

在本案中，二审法院除认为B公司在个人明确拒绝的情形下依然处理其个人信息属于非法处理个人信息外，还认为B公司处理伊某的公开的个人信息已经对其后续就业以及生活造成了重大影响。二审法院认为，虽然就所谓对就业和生活的重大影响，伊某无法举证证明，此种不利影响主要来自用人单位等第三方的主观判断，伊某难以取得相关证据并进行具体举证，但其陈述符合日常经验法则和一般认知，具有合理性。

Ⅴ 本判决的参考意义及将来的课题

随着网络信息科技的发展，处理合法公开的个人信息的活动越来越常见。本案判决有助于深化对《民法典》第1036条第2项中的“侵害其重大利益”及《个人信息保护法》第27条中的“对个人权益有重大影响”的理解。今后理论界与实务界需要结合具体的场景，深入研究具体的考量因素，从而更准确地判断对合法公开的个人信息的处理行为是否合理、是否侵害重大利益或对个人权益有重大影响。

□ 参考文献

王利明：《民法典人格权编中动态系统论的采纳与运用》，载《法学家》2020年第4期。

程啸：《个人信息保护法理解与适用》，中国法制出版社2021年版。

程啸：《论公开的个人信息处理的法律规制》，载《中国法学》2022年第3期。

041 个人信息与隐私权的界分

黄某诉T科技(深圳)有限公司等隐私权、个人信息权益网络侵权责任纠纷案 | 北京互联网法院(2019)京0491民初16142号民事判决书

冉克平 武汉大学法学院

■ 事实概要

黄某使用微信账号登录T公司推出的阅读应用软件微信读书,在该软件上阅读书籍、分享书评等。其后黄某发现,由于微信将其微信好友关系数据交予微信读书,所以该软件的"关注"栏目下出现了使用该软件的原告微信好友名单,并默认向"关注我的"好友公开黄某的读书想法等阅读信息。即使黄某与其微信好友在该软件中没有任何关注关系,也能够相互查看对方的书架、正在阅读的读物、读书想法等。在《微信读书软件许可及服务协议》中,与微信好友列表及读书信息处理有关的条文包括第2.1条("……你启用本软件后,可以阅读、赠送、分享、评论你通过本服务购买的电子读物,你也可以浏览你的微信好友通过本服务阅读、分享的读物及其读书想法等。")、第5.5条["你理解并同意,本服务默认生成软件使用信息(包括但不限于你的书架、你正在阅读的读物、你推荐的读物及你的读书想法等信息)并向与你有微信好友关系的其他用户开放浏览可见。"]。黄某认为,微信好友关系数据和微信读书的阅读信息均应属于公民的隐私和个人信息范畴,微信读书收集用户的微信好友列表、向共同使用微信读书的微信好友公开读书信息的行为未取得其有效同意,侵害了用户的隐私权与个人信息权益。

■ 裁判要旨

北京市互联网法院认为,微信读书获取的微信好友列表信息内容,包括原告微信好友的OPEN_ID及头像、昵称等网络身份标识信息。这些信息组合达到了个人信息层面的识别性标准,但并未达到获知原告与微信好友真实社交关系的程度。从实际使用情况看,微信读书获取的微信好友列表,本质上是联系人列表,并未体现特定联系人或部分联系人与原告真实关系的亲疏远近,尚未达到私密的程度。综合原告被公开的全部信息,不足以达到因阅读该两本书籍而形成对原告人格的刻画,进而可能对其人格利益造成损害的程度。因此,原告的读书信息未达到私密性标准。原告亦未在本案中主张因读书信息公开导致其生活安宁受到侵扰,对原告的主张,法院不予支持。但是,微信读书收集原告微信好友列表,

且未向原告告知主动添加关注的微信好友自动公开读书信息这一行为,并未以合理的"透明度"告知原告并获得原告的同意。因此,T公司违反了法律关于处理个人信息的规定,侵害了原告的个人信息权益。

■ 评 析

Ⅰ 个人信息与隐私权的区分

依据《民法典》第1034条第2款的规定,个人信息系指以电子或者其他方式记录的能够单独或者与其他信息结合识别特定自然人的各种信息。个人信息的本质属性为可识别性,即个人与该信息之间存在某种客观确定的现实性和可能性的状态。姓名、身份证号、家庭住址等通常是可以直接识别个人身份的个人信息。除此之外,个人信息还包括与个人身份相联系的标识符号和基本特征(如电子邮箱、电话号码、工作单位、职位等),或者与个人特征和属性相联系的信息(如个人出生日期、行程轨迹、体检记录、网络浏览记录等)。在大多数情形下,个人信息都要与其他信息相结合才能识别具体的个体,关联的信息越多,识别的结果就越准确和全面。

《民法典》第111条规定自然人的个人信息受法律保护。个人信息既能够体现一定的人格利益,也具有一定的财产价值。一方面,自然人对个人信息享有自决权,个人可以利用可识别性符号标识向社会推介自己,促进社会交往的有效开展;另一方面,自然人的个人信息具有流通性与共享性,可以成为企业进行商业化利用的对象,海量的个人信息(大数据)具有巨大的财产价值。上述两个方面形成了个人信息应用的基本场景,表明了个人信息所具有工具性、社会性和公共性的特征。对个人信息权的侵害主要体现为未经许可而收集和利用个人信息。

隐私权系指自然人的私人生活安宁和不愿为他人知晓的私密空间、私密活动和私密信息不受他人不法刺探、侵扰、泄露、公开的具体人格权。隐私因具有私密性,所以一般不具有交互性或者公开性,对于已经公开的内容进行更加广泛的传播通常并不认为构成对隐私权的侵犯。但是对于日常交往范围内的特定人之间的隐私仍然存在必要程度的公开性,例如夫妻之间、医生与诊疗的患者之间等。隐私权是一种典型的精神性人格权,受侵害的方式主要是非法披露和骚扰。隐私权所保护的是自然人的消极性和防御性权利,不涉及大规模流通与利用,《民法典》第993条规定的人格权的商业化利用也刻意未将隐私权纳入。简言之,隐私权的保护对象是自然人不愿意被他人所知的信息,而个人信息权的保护对象是自然人愿意被他人所知但不愿意被他人滥用的信息。可见,对隐私权和个人信息权进行法律保护的进路完全不同。保护隐私权的目标在于禁止他人侵入及公开隐私,而保护个人信息权的目标在于保护个人的意愿及个人控制自己信息的权利。

Ⅱ 个人信息与隐私权的重叠:私密信息

隐私权与个人信息之间存在天然的联系,在相当长的时期内,个人信息被隐私权的框架所囊括，个人信息被视为是隐私权在信息时代所发展出的新维度。从体系上看，隐私权与个人信息均规定在《民法典》人格权编第六章，隐私权主要体现精神利益，而个人信息权益同时包括精神利益及财产利益。依据《民法典》第1034条第3款的规定，个人信息中的私密信息优先由隐私权规范予以保护，其目的在于将这一小部分的由隐私权规范调整的个人信息切割出去，将不属于私密信息的个人信息统统划归至个人信息保护法律制度的适用范围之中。以是否构成隐私为标准，个人信息可以被划分为私密信息与非私密信息。私密信息具有隐私与个人信息的双重特征。私密信息附着了信息主体的人格尊严和自由价值，对私密信息的收集和利用通常应当征求信息主体的明确同意，并防止私密信息的公开或者泄露。私密信息首先必须满足个人信息的可识别性特征，其次需要具备隐私利益，后者是区分私密信息与非私密信息的关键。隐私利益既包括不愿为他人所知的主观期待，也包括未公开的客观事实，同时隐私利益应与公共利益无关。典型的私密信息如个人的银行账户、健康信息、性取向等。私密信息与非私密信息不同，其在规范意义上属于不具有共享性与流通性的信息。

Ⅲ 私密信息与非私密信息的类型化及判断的不足

就本案而言，原告黄某主张微信好友列表和读书信息均属于公民的隐私和个人信息范畴，即微信好友列表和微信读书的阅读信息属于私密信息。法院从合理隐私期待的维度上，认为个人信息基本可以划分为三个层次：一是不具备私密性的一般信息。此类信息在征得信息主体的一般同意后，即可正当处理。二是符合社会一般合理认知的私密信息，如性取向、性生活、疾病史、未公开的违法犯罪记录等。此类信息要强化其防御性保护，非特定情形不得处理。三是兼具防御性期待及积极利用期待的私密信息。此类信息的处理是否侵权，需要结合信息内容、处理场景、处理方式等因素，进行符合社会一般合理认知的判断。法院认为，微信好友列表和读书信息不能笼统地纳入符合社会一般合理认知的私密信息范畴，二者更符合前述第三类个人信息的特征，即属于兼具防御性期待及积极利用期待的私密信息。对这类信息保护的重点在于赋予信息主体自主决定其消极防御或积极利用的权益。对于隐私的判断，法院进一步采取“合理的隐私期待”理论，认为微信好友列表并未体现特定联系人或部分联系人与原告真实关系的亲疏远近，尚未达到私密的程度；原告阅读的两本涉案书籍（读书信息）不具有不愿为他人知晓的私密性。由于微信好友列表与读书信息均不符合隐私的特征，对于原告主张T公司侵害其隐私权的诉求，法院不予支持。

然而，以隐私为基础对个人信息进行私密信息与非私密信息的类型化及判断会导致以下后果：首先，在隐私权与个人信息之间制造法条竞合，给法律适用带来困扰，增加司法机关审理个人信息相关案件的裁判负担。尽管《民法典》第1034条第3款规定了私密信息的“隐私权优先适用”规则，但是《民法典》第1033条第5项中明文列举了“处理他人的私密信息”这一类型，因此对于该规则的解释必然引发理论界与实务界的困扰。其次，可能降低对非私密信息的保护力度。隐私权属于人格权，而个人信息权益在形式上并未被《民法典》赋予权利的名称。“隐私权优先适用”规则进一步强化了隐私权的保护程度高于个人信息权益的保护程度的观念[张建文:《在尊严性和资源性之间:〈民法典〉时代个人信息私密性检验难题》,载《苏州大学学报(哲学社会科学版)》2021年第1期]。实质上,有些并不属于私密信息的个人信息,如人脸信息、行程码信息等与人格尊严密切相关,在法律保护的位阶上并不弱于隐私权。将个人信息分为私密信息与非私密信息,有可能会降低后者保护的力度,背离个人信息保护的价值理念。再次,将私密信息进一步划分为符合社会一般合理认知(纯粹防御性保护的私密信息)与兼具防御性期待及积极利用期待的私密信息,与隐私权的通常认知相矛盾。在我国学理上,隐私权主要是一种被动性的人格权,其内容主要包括维护个人的私生活安宁、个人私密不被公开、个人私生活自主决定等。隐私权制度的重心在于防范个人的秘密不被披露,而不在于保护这种秘密的控制与利用,因此权利人通常只有在隐私遭受侵害时才能提出主张。与此不同,个人信息权益主要是一种主动性人格权,其主要保护权利人对个人信息的支配和自主决定,权利人除了被动防御第三人的侵害之外,还可以对个人信息进行排他地、积极地、能动地控制和利用(王利明:《和而不同:隐私权与个人信息的规则界分和适用》,载《法学评论》2021年第2期)。最后,一方面会对个人信息的利用构成不当的限制,另一方面会对敏感的非私密信息(如人脸信息、行程码信息等)构成保护的不足。

Ⅳ 敏感个人信息、一般个人信息的分类,以及敏感个人信息与隐私权的界分

我国《个人信息保护法》将个人信息分为敏感个人信息与一般个人信息,并以此为基础设置了相应的处理及救济规范。《个人信息保护法》在个人信息的定义、处理个人信息的基本原则等方面的规定,都体现了与《民法典》相分离的思路。例如,《个人信息保护法》没有提及"隐私"这一概念。《民法典》与《个人信息保护法》之间是一般法与特别法之间的关系,二者对于个人信息在调整范围上基本一致,而当出现不一致时,则应适用《个人信息保护法》中的规定。《个人信息保护法》第28条规定:"敏感个人信息是一旦泄露或者非法使用,容易导致自然人的人格尊严受到侵害或者人身、财产安全受到危害的个人信息,包括生物识别、宗教信仰、特定身份、医疗健康、金融账户、行踪轨迹等信息,以及不满十四周岁未成年人的个人信息。只有在具有特定的目的和充分的必要性,并采取严格保护措施的情形下,个人信息处理者方可处理敏感个人信息。"一般个人信息则是除敏感个人信息之外的其他个人信息。确定敏感个人信息类型的因素包括伤害的可能性、引发伤害的概率、信任关系的存在、是否属多数人关心的风险等。敏感个人信息具有高敏感度,一旦泄露或者被非法利用可能会导致人格受损、引发歧视、妨害人格尊严。因此,敏感个人信息比一般个人信息具有更高的法益,应当受法律的特殊保护(胡文涛:《我国个人敏感信息界定之构想》,载《中国法学》2018年第5期)。

与私密信息的范围广泛且概念模糊不同,敏感个人信息的内涵明确且客观,可以进一步区分为个人财产信息、个人健康信息、个人生物识别信息、个人身份信息以及不满14周岁未成年人的个人信息等。私密信息与非私密信息、敏感个人信息与一般个人信息有着不同的分类标准,敏感个人信息与私密信息之间构成交叉关系。例如,人脸信息属于敏感的非私密个人信息,通信记录、好友列表属于敏感的个人信息,个人的未公开的冒险经历属于非

敏感的私密信息，尚未发表的独特见解或观点属于私密信息但并非个人信息。由于敏感个人信息通常比私密信息的范围更为广泛，因此，对于某个人信息是否属于私密信息，可以先进行是否属于敏感个人信息的判断；如果该信息属于敏感个人信息，再进行是否属于私密信息的判断，对此可以采用“合理的隐私期待”理论，从用户的具体场景出发进行判断。在本案中，原告黄某的微信好友列表和读书信息均属于敏感个人信息，因此，T公司对这两类个人信息的收集和利用应当符合敏感个人信息的处理规则。但是，从隐私权的角度看，微信好友列表和读书信息尚不构成私密信息。

在敏感个人信息与一般个人信息的框架之下，如果敏感个人信息属于私密信息，根据权利不得减损原则，敏感个人信息的保护程度不得低于私密信息的保护程度。因此，处理该敏感个人信息还应当符合处理私密信息的要求，即对此类信息进行处理应基于法律规定或权利人的明确同意。当属于私密信息的敏感个人信息与更高位阶的人格权或其他利益冲突时，需考虑利用利益衡量原则评估权利的边界，而比例原则是一项重要的分析工具。比例原则要求处理目的正当、处理手段适当且必要，否则信息处理行为具有违法性。因此，对属于私密信息的敏感个人信息的处理，不仅以法律规定或权利人明确同意为形式要件，而且以目的正当、手段适当且必要为实质要件（张新宝主编：《〈中华人民共和国个人信息保护法〉释义》，人民出版社2021年版，第233页）。

□ 参考文献

胡文涛：《我国个人敏感信息界定之构想》，载《中国法学》2018年第5期。

张新宝主编：《〈中华人民共和国个人信息保护法〉释义》，人民出版社2021年版。

张建文：《在尊严性和资源性之间：〈民法典〉时代个人信息私密性检验难题》，载《苏州大学学报（哲学社会科学版）》2021年第1期。

王利明：《和而不同：隐私权与个人信息的规则界分和适用》，载《法学评论》2021年第2期。

石佳友：《隐私权与个人信息关系的再思考》，载《上海政法学院学报（法治论丛）》2021年第5期。

042 肖像权保护规则和个人信息保护法之冲突

张某、T 安保服务集团有限公司等肖像权纠纷案 | 安徽省黄山市中级人民法院(2022)皖 10 民终 288 号民事判决书

杨　芳 海南大学法学院

■ 事实概要

2021 年 7 月 19 日,在与张某的劳动争议仲裁纠纷案中,T 安保服务集团有限公司黄山分公司(以下简称 T 黄山分公司)在仲裁庭审时出示了一张由黄山市高速公路管理中心工作人员拍摄的照片,以证明张某在工作期间存在疫情防控不佩戴口罩、上班期间抽烟的违规违纪行为。张某认为 T 黄山分公司的行为侵犯其肖像权,遂提起诉讼。张某向一审法院起诉请求:(1)T 安保服务集团有限公司(以下简称 T 公司)、T 黄山分公司赔偿侵犯其肖像权的经济损失 28000 元;(2)T 公司、T 黄山分公司赔偿其误工费 600 元、交通费 120 元;(3)T 公司、T 黄山分公司承担本案诉讼费。一审法院驳回张某的诉讼请求。张某提起上诉。

■ 裁判要旨

二审法院判决驳回上诉,维持原判。

劳动争议纠纷中,一方为证明必要事实使用他方照片,虽然未经肖像权人同意,亦构成对他人肖像的合理使用,不构成肖像权侵权。

■ 评　析

Ⅰ 本案焦点和裁判思路

本案的争议焦点是,未经肖像权人之同意,能否在私人诉讼中提交肖像权人之照片。本案的裁判思路可分为如下三个层面:第一,本案之争议在性质上属于肖像权纠纷的范畴。由此,“是否能未经他人同意,在诉讼中提交其照片”这一问题,被转化为是否构成肖像权侵权的问题:若构成肖像权侵权,则系争行为当被禁止,行为人当承担一定的损害赔偿责任;若未构成肖像权侵权,则系争行为合法,肖像权人之损害赔偿请求并无依据。第二,既然本案属于肖像权纠纷,那么法律适用上,应当适用《民法典》中肖像权保护的相关规范,尤其是第 1019 条。本案系争行为虽然未经肖像权人同意,但是并未构成《民法典》第 1019 条第 1 款中的丑化、污损、利用信息技术手段伪造等情形,因此并未构成肖像权侵权。第三,本案系

争行为的目的在于在仲裁中证明一定事项，且该照片仅作为必要证据向仲裁庭出示，使用范围有限。因此，本案中的照片使用行为构成对他人肖像的合理使用。

上述裁判思路存在如下三点值得关注之处：第一，在法律适用上，本案均未适用个人信息保护相关规范。一审法院并未适用《民法典》中关于个人信息保护的相关规则，二审法院亦并未适用当时已经生效的《个人信息保护法》。一审法院和二审法院均适用了作为肖像权保护核心规则的《民法典》第 1019 条，并未对为何不适用个人信息保护规则作出任何解释。第二，在适用《民法典》第 1019 条时，法院将第 1 款第 1 句和第 2 句混淆使用，似乎认为不构成第 1 句之丑化、污损或者利用信息技术手段伪造等情形的，则肖像使用行为当然无须满足第 2 句之“同意”要件。法院这一简单化的处理方式，实际上，无异于并未针对作为肖像权使用之核心要件的“肖像权人同意”作出严密的分析。第三，就构成肖像合理使用这一结论，一审法院和二审法院均未提及根据哪一规范作出判断。

裁判之作出，必须建立在严密的推理，而非朴素的正义观之上。结论之说服力来源于过程之正确性，法律的世界中，并无“虽过程错误，然而结论正确”的怪象。因此，无论本案之结论是否合乎民众之直觉，也无论裁判者是否意识到本案存在法律适用上的难题，本案中确有《民法典》肖像权保护规则和《个人信息保护法》个人信息处理规则之冲突。对此冲突视而不见，大而化之，既无助于厘清早就纠缠不清的人格权保护规则和《个人信息保护法》个人信息处理规则之关系，也将失去重新审视《个人信息保护法》规范定位的机会，还会错失尽早发现并弥补《个人信息保护法》漏洞的契机。

Ⅱ 肖像权保护规则和《个人信息保护法》个人信息处理规则之冲突与化解

1. 肖像使用和个人信息处理

肖像构成个人信息，肖像的制作、使用和公开均属于《个人信息保护法》意义上的信息处理行为，因此，肖像使用行为同时受到《民法典》肖像权保护规则和《个人信息保护法》个人信息处理规则的调整。我国《个人信息保护法》第 4 条第 2 款对纳入该法调整范围的个人信息处理的技术手段未加限定。因此，只要肖像满足《个人信息保护法》第 4 条第 1 款规定的可识别性要件，那么对肖像信息的处理就皆受该法的规制。《民法典》人格权编“肖像权”一章所调整的肖像制作、使用、公开、发表、复制、发行、出租、展览等行为，无论涉及的是肖像权精神成分的保护，还是肖像权财产成分的商业利用，皆构成《个人信息保护法》中的个人信息处理行为，逻辑上也受该法的调整。

2. 肖像权保护规则和《个人信息保护法》个人信息处理规则之规范冲突：合法利益事由

肖像权保护规则和《个人信息保护法》个人信息处理规则存在一定的冲突，其中较为重要的是，二者在合法性判断上存在根本性冲突。根据肖像权保护规则被判断为合法的行为，可能被个人信息处理规则评价为违法。

《个人信息保护法》的第 13 条第 1 款列举了个人信息处理行为的合法理由，凡此之外的肖像信息处理行为皆违法。其中最为核心的是第 1 项的“取得个人的同意”。若未经个人同意，个人信息处理者需逐项检验是否符合第 2 项到第 7 项列举的情形。若皆不符合，则肖像信息处理行为违法。值得注意的是,该款所列举的7项合法处理事由中,并未包含如同《欧盟通用数据保护条例》(General Data Protection Regulation,GDPR)第6条第1款f规定的合法利益事由,即该款在立法表述上,并没有给“处理者合法利益”这一重要的利益衡量情形留有恰当的空间。因此,就文义解释而言,本案的肖像信息处理行为并不符合《个人信息保护法》第13条第1款中的任一情形,属于《个人信息保护法》意义上的违法行为。

肖像权保护规则的推理模式则旨趣大异。在《民法典》肖像权保护规则的视野中,肖像使用有如下三种违法阻却事由:肖像权人同意(《民法典》第1019条)、肖像的合理使用(《民法典》第1020条)以及其他情形下经由利益衡量后的冲突利益胜出(《民法典》第998条)。因此,对于未得到肖像权人同意,也不属于《民法典》第1020条规定的合理使用情形的肖像制作、公开、使用行为,并非一概认定为违法,而是允许在个案中综合考虑相关因素以进行利益衡量。《民法典》第998条提供了个案利益衡量的规范基础,该条被认为是《民法典》采纳侵权法上的侵权行为动态系统论的法律规则。其解释以及责任成立和责任范围层面上,皆需要综合考虑第998条的若干并非封闭列举的相关因素。因此,根据《民法典》第998条的规定,本案的肖像使用行为并不构成肖像权侵权行为,当属合法行为。规范冲突遂现。

3. 规范冲突化解路径之一:宽松解释私人事务例外规则

和《欧盟通用数据保护条例》第2条第2款(c)项类似,《个人信息保护法》第72条第1款规定了“个人或者家庭事务”例外规则(以下简称私人事务例外规则):“自然人因个人或者家庭事务处理个人信息的,不适用本法。”私人事务例外规则背后的理由在于比例原则:自然人非商业目的的信息处理行为对个人威胁较小,没必要将其置于《个人信息保护法》严格烦琐的保护之下。亦即,私人事务的肖像信息处理行为不在《个人信息保护法》规范范围之内,应由《民法典》肖像权保护规则调整。然而,私人事务并非内涵明确、外延边界清晰的法学概念,仅是出于某种观念而对某种事实的描述而已。若严格解释私人事务,则《个人信息保护法》的调整范围增大,其和肖像权保护规则冲突领域也相应增大。若宽松解释私人事务,则某些肖像信息处理行为得以豁免于《个人信息保护法》之调整,仅受肖像权保护规则之规范,规范冲突范围自然大为限缩。

为了防止严格的个人信息处理规则被架空,欧盟法院和德国学说原则上对私人事务持严格解释立场,将对不特定人公开或者涉及公共领域的个人信息的处理,均排除出私人事务的范畴。例如,《欧盟通用数据保护条例》特有的“四类目的 + 合法利益事由”的规范设计,足以缓和严格的个人信息保护规范对私人信息交往自由之冲击,纵严格解释私人事务例外规则,也对私人信息交往自由并无大碍。具体而言,第一,和我国《个人信息保护法》不同,在《欧盟通用数据保护条例》中,私人事务例外规则并非唯一的划界规范。《欧盟通用数据保护条例》第85条第1款授权成员国可以在新闻、学术、艺术和文学四种目的之下的个人信息处理领域,制定兼顾私人信息交往自由和该条例所追求的个人信息保护之目的的规则。第85条第2款则明确了成员国可以在哪些具体规则上和该条例有所不同。由此,在严格解释立场下,被划入非私人事务范畴的个人信息处理行为,也有可能因具有上述四类目的,而免于适用《欧盟通用数据保护条例》,从而主要适用人格权保护规范。第二,《欧盟通用数据保护条例》第 6 条第 1 款 f 的合法利益事由，扩充了个人信息处理行为的合法理由清单，并使之富有平衡利益冲突之解释空间。和上述“四类目的”之下的私人信息交往自由不同，此处之对立利益很大程度上系指个人信息处理者之利益。

我国《个人信息保护法》并无《欧盟通用数据保护条例》中特有的“四类目的 + 合法利益事由”的规范设计，若严格解释私人事务例外规则，将使《个人信息保护法》中严格的前置性程序化的规则适用范围过度扩张，从而干涉私人信息交往自由。因此，在我国特有规范体系背景下，对于私人事务的解释应当奉行宽松立场，将非大规模的、非针对不特定人的、非反复多次的、非以营利为目的或者非出于职业需要的个人信息处理行为纳入私人事务，排除《个人信息保护法》的调整，适用弹性的《民法典》人格权保护规则，以防止私人信息交往自由之空间因适用严格的个人信息处理规则，而受到不当限缩。

因此，化解肖像权保护规则和《个人信息保护法》个人信息处理规则冲突的路径之一，正是从法律适用范围入手，宽松解释私人事务例外规则，将某些肖像使用行为排除在《个人信息保护法》规范范围之外。

4. 规范冲突化解路径之二：弹性解释《个人信息保护法》第 13 条第 1 款第 7 项

以信息主体之同意为核心列举合法事由，是《个人信息保护法》实现个人信息权益保护这一目的之必要前提。所有的个人信息处理者，需在处理个人信息之前自检是否具有合法事由，若不符合法定之情形，则不得处理个人信息。而且，若所列举的合法处理事由边界不清，充满争议，则列举之功必然殆尽。

封闭列举合法事由这一规范设计之正当性取决于除了个人同意之外，其他法定之合法事由已经穷尽了现实世界的所有合理诉求。我国《个人信息保护法》的立法者认为，《欧盟通用数据保护条例》第 6 条第 1 款 f 规定的合法利益事由过于模糊，不利于操作，亦不利于个人信息权益之保护，故并未参考这一立法立场。笔者认为，就目前而言，我国《个人信息保护法》第 13 条第 1 款所列举的合法事由并未充分考虑实践中的所有情形，如本案中为了证据的需要提交他人照片这一行为，因而具有明显的法律漏洞。因此，应当同时引入另一规范冲突化解路径，亦即，充分利用《个人信息保护法》既有的规范表达，在《个人信息保护法》内部为合法事由的扩张留有余地：弹性解释《个人信息保护法》第 13 条第 1 款第 7 项关于“法律、行政法规规定的其他情形”这一规范，使其可充分链接外部法律，尤其是《民法典》第 998 条，从而使封闭的事由具有合乎个案具体情形的解释空间。当然，如此一来，个人信息处理之合法事由必然处于弹性而解释多元的状态，或许不利于保护所谓的个人信息权益；但是，两害相权取其轻，正常的信息流通和交往这一价值诉求，并不必然劣于已经过度泛化的个人信息权益。为了保证作为人类交往之前提的信息流通，我们必须扩张《个人信息保护法》过于僵硬的合法事由，从而使不构成肖像权侵权的肖像信息处理行为，在《个人信息保护法》意义上也被评价为合法。毕竟，同一事物同一评价，乃是正义。

Ⅲ 既往司法实践状况

摄像头安装行为足以展现肖像信息收集和使用领域的法律适用问题。根据《个人信息保护法》第 26 条的规定,公共领域安装摄像头要么应当“为维护公共安全所必需”,要么应当“取得个人单独同意”。除此之外,并无其他合法事由。然而,值得注意的是,迄今为止的裁判立场,无论是否禁止案涉摄像头的安装,法官皆径直绕开《民法典》中的个人信息保护规则和《个人信息保护法》第 26 条,并未逐一考察是否合乎《个人信息保护法》第 13 条第 1 款或者《个人信息保护法》第 26 条规定之合法事由,而是直接适用肖像权或者隐私权保护规范判定是否存在侵权行为,若无侵权行为,则摄像头安装行为被允许。判断过程中,安装者的利益正是考量的重要因素。

摄像头安装地点在私人领域,图像采集范围在公共领域的案件中,裁判立场存在分歧。有裁判认为,公共领域中并无隐私信息,尤其是在可供不特定人出入的公共领域中,原告之行动轨迹并非隐私信息,安装行为并未侵犯肖像权[范某 1、范某 2 与刘某某、王某某隐私权纠纷案,山东省济南市天桥区人民法院(2017)鲁 0105 民初 3608 号民事判决书;张某、李某排除妨害纠纷案,天津市第三中级人民法院(2021)津 03 民终 8464 号民事判决书]。但是,倘若该公共领域仅供原告等特定人通行,且摄像头具有摄录、存储功能,则构成隐私权侵权[包某某等与郑某某隐私权纠纷案,上海市第一中级人民法院(2020)沪 01 民终 8049 号民事判决书]。另有裁判认为,公共领域中也有隐私诉求[马某与姜某隐私权纠纷案,上海市第一中级人民法院(2020)沪 01 民终 7742 号民事判决书;王某与贾某隐私权纠纷案,江苏省南京市秦淮区人民法院(2020)苏 0104 民初 7372 号民事判决书;陈某与张某隐私权纠纷案,广东省深圳市龙华区人民法院(2020)粤 0309 民初 6143 号民事判决书]。就安装者利益而言,若其安装摄像头是为了固定证据,则不构成隐私权和肖像权侵权[贺某、陈某隐私权纠纷案,浙江省宁波市鄞州区人民法院(2022)浙 0212 民初 5225 号民事判决书;李某、杨某相邻关系纠纷案,四川省绵阳市游仙区人民法院(2021)川 0704 民初 2952 号民事判决书];安装者的自身安全利益虽应当得到尊重,但是其保护之必要性在特定情形下劣于被拍摄者的隐私权和肖像权诉求[陈某 2、陈某 1 等相邻关系纠纷案,广东省梅州市梅江区人民法院(2021)粤 1402 民初 2407 号民事判决书;王某与奚某侵权责任纠纷案,苏州市吴江区人民法院(2020)苏 0509 民初 16063 号民事判决书]。

Ⅳ 本判决的参考意义及将来的课题

本判决充分展现了《民法典》肖像权保护规则和《个人信息保护法》个人信息处理规则在肖像使用行为的合法性判断上的不同评价机制。实际上,除此之外,两种规则在其他领域仍存在一定冲突。

第一,肖像信息处理之同意的形式要求冲突。《民法典》对肖像权人允许他人制作和利用肖像之同意并无任何形式要求,该同意包括可推断之同意。《个人信息保护法》对于非敏感个人信息的处理要求明确同意,对于敏感个人信息的处理要求明确且单独同意。二者显然不同。

第二,反悔肖像(信息)使用许可的构成要件与法律效果冲突。对于明确约定使用期限的肖像许可使用合同,《民法典》第 1022 条第 2 款规定了肖像权人基于正当理由的法定解除权,且附加了一定情形下的损害赔偿责任。根据《个人信息保护法》第 15 条第 1 款的规定，肖像权人拥有的是不问理由且无须承担赔偿责任的任意撤回肖像信息处理同意的权利。

第三，肖像信息处理者所负担法定义务的冲突。根据《个人信息保护法》的规定，个人信息处理者承担告知、删除等义务，《民法典》肖像权保护规则并无此要求。

如何处理上述冲突，是《个人信息保护法》嵌入既有的规范体系不可回避的问题。然而，令人遗憾的是，上述问题或许无解。因为，《个人信息保护法》已经超出其本来的规范定位，一个越界的《个人信息保护法》必将和既有的规范体系，尤其是《民法典》人格权保护规则犬牙交错。如此一来，就难以作出严格的规范界分。就其本源而言，《个人信息保护法》中的规则应解释为防止个人信息被滥用的事先防范规范。《个人信息保护法》防范的是一种因个人信息被滥用而可能产生的抽象的危险，这一危险可能现实化为隐私受侵害、名誉受损或者财产受损，遵守个人信息处理规则有助于避免这种危险。但是，违反个人信息处理规则并不当然意味着侵害他人人格权，遵守个人信息处理规则也不当然意味着不可能侵害他人人格权；人格权是否受到侵害，仍需根据民法上的人格权保护规则，尤其是结合个案的特定情形，通过利益衡量作出判断。然而，就目前的《个人信息保护法》而言，不存在其规定的合法处理事由的，则不得处理信息；违反《个人信息保护法》的个人信息处理规则，造成损害的，需承担损害赔偿责任。若宽泛解释“损害”，将抽象的风险也归入损害，无异于颠覆既有的人格权保护规则。就此而言，《个人信息保护法》已经并非纯正的前置程序，而是修改了人格权侵权的构成要件和法律效果的新规则。因此，将《个人信息保护法》框定在符合其规范定位的边界内，或许才是最终解决上述规范冲突的前提。

参考文献

程啸：《个人信息保护法理解与适用》，中国法制出版社 2021 年版。

杨合庆主编：《中华人民共和国个人信息保护法释义》，法律出版社 2022 年版。

043 信息网络传播环境下名誉权侵权的认定规则及名誉恢复方式

北京L光电科技有限公司、黄某诉赵某名誉权纠纷案 | 北京市第三中级人民法院(2018)京03民终725号民事判决书

王 苑 清华大学法学院

■ 事实概要

原告北京L光电科技有限公司(以下简称L公司)系被告所在小区一层的美容店,原告黄某系该公司股东兼任美容师。被告赵某因美容服务问题与黄某发生纠纷后,通过微信号在双方共同居住的小区的两个业主微信群中发布了信息,使用了“精神分裂”“装疯卖傻”等明显带有侮辱性的言论,并使用了原告黄某的照片作为配图,而对于原告L公司的“美容师不正规”“诓诈客户”“破仪器”“技术和产品都不灵”等贬损性言辞,被告未提交证据证明其所发表言论的客观真实性。

■ 裁判要旨

法院指出,认定微信群中的言论构成侵犯他人名誉权,应当符合名誉权侵权的全部构成要件,还应当考虑信息网络传播的特点并结合侵权主体、传播范围、损害程度等具体因素进行综合判断。此外,不特定关系人组成的微信群具有公共空间属性,公民在此类微信群中发布侮辱、诽谤、污蔑或者贬损他人的言论构成名誉权侵权,应当依法承担法律责任。

■ 评 析

Ⅰ 本判决的思路和意义

本案的核心争议问题是,被告赵某在微信群中针对二原告的言论是否构成名誉权侵权。法院认为,非网络空间的名誉权侵权有四个构成要件,即受害人确有名誉被损害的事实、行为人行为违法、违法行为与损害后果之间有因果关系、行为人主观上有过错。对于微信群中的言论是否侵犯他人名誉权的认定,不仅要关注其是否符合传统名誉权侵权的全部构成要件,还应当考虑信息网络传播的特点,并结合侵权主体、传播范围、损害程度等具体因素进行综合判断。在本案中,法院认为,赵某将不当言论发至有众多该小区住户的两个微信群,其主观过错明显,从微信群的成员组成、对其他成员的询问情况以及网络信息传播

的便利、广泛、快捷等特点来看，涉案言论确易引发对黄某、L公司经营的美容店的猜测和误解，损害小区公众对L公司的信赖，使小区公众对二者产生负面认识，造成黄某个人及L公司产品或者服务的社会评价降低，赵某的损害行为与黄某、L公司名誉受损之间存在因果关系，故赵某的行为符合侵犯名誉权的要件，已构成侵权。

本案涉及信息网络传播环境下名誉权侵权的认定规则，明确了不特定关系人组成的微信群具有公共空间属性，公民在此类微信群中发布侮辱、诽谤、污蔑或者贬损他人的言论构成名誉权侵权，应当依法承担法律责任。本案对于规范公民网络空间行为，倡导文明交往社会风尚，依法处理类似案件具有指导示范意义。

Ⅱ 本案涉及的规范及学理思考

该案判决于《民法典》生效前，故援引及适用的法条为原《民法通则》第101条、第120条及原《侵权责任法》第6条、第20条、第22条。结合民法典时代的规范及本案所涉问题，有以下学理问题值得思考：一是最高人民法院公布指导案例时明确指明的对信息网络传播环境下名誉权侵权的认定规则；二是法人的名誉权主体地位及法人是否享有精神损害抚慰金的问题；三是《民法典》第1000条第1款规定“行为人因侵害人格权承担消除影响、恢复名誉、赔礼道歉等民事责任的，应当与行为的具体方式和造成的影响范围相当”，那么应当如何认定“与行为的具体方式和造成的影响范围相当”。下文将从以下三个层面展开：

1. 信息网络传播环境下名誉权侵权的认定规则

名誉权侵权的一个重要构成要件是“损害了他人的名誉”。《民法典》第1024条第2款认为“名誉是对民事主体的品德、声望、才能、信用等的社会评价”，可见名誉权的核心内涵是社会评价。因此，所谓侵害名誉权造成的损害就是名誉权主体的名誉受贬损导致的社会评价的降低。本案贬损他人的言论发布在不特定关系人组成的社区业主微信群中，法院认定不特定关系人组成的微信群具有公共空间属性。需进一步讨论的是，社会评价的降低是否以构成公共空间为必要要件。如果在家庭成员群、三五好友群，或是基于特定目的而成立的微信群（比如由陌生人构成的驴友群）中贬损他人是否构成名誉权侵权？笔者认为，微信群是否被视为公共空间，主要应当考量的并非组成人员是否为不特定关系人，而是言论在这一范围内传播是否会造成被评价人的社会评价降低。比如在亲戚们所在的微信群中说某人“神经病”等，即使该微信群由熟人而非不特定关系人组成，也确实可能造成被侵权人的社会评价降低。因此，行为人针对受害人的侮辱、诽谤等侵害名誉权的行为为第三人知悉，并不要求知悉的第三人的数量和范围，只要为侵害人和受害人之外的人知悉即可。也就是说，知悉的第三人的人数可能很多，也可能很少。值得注意的是，虽然人数的多少对侵权行为的认定不发生影响，但会对侵权责任的承担产生影响，因为人数的多少是影响范围的考量因素。

在“北京J安全软件有限公司与周某侵犯名誉权案”[北京市第一中级人民法院（2011）一中民终字第09328号民事判决书]中，法院认为，“考虑到微博影响受众不特定性、广泛性的自媒体特性，对微博言论是否构成侵权，应当综合考量发言人的具体身份、言论的具体内容、相关语境、受众的具体情况、言论所引发或可能引发的具体后果等加以判断”。可见,即便在《民法典》颁行之前,对于名誉权侵权案件,也需要综合考量发言人身份、言论内容、相关语境等因素来判断。现《民法典》第998条明确规定,“认定行为人承担侵害除生命权、身体权和健康权外的人格权的民事责任,应当考虑行为人和受害人的职业、影响范围、过错程度,以及行为的目的、方式、后果等因素”。在本案中,法院也认为构成名誉权侵权,除了需要具备传统的构成要件外,还需要考虑信息网络传播的特点,并结合侵权主体、传播范围、损害程度等因素综合判断。

2. 法人名誉权主体地位及精神损害抚慰金的享有

在实践中,名誉权侵权案件绝大部分是以自然人为原告的,只有极少数以法人或者非法人组织为原告。本案是侵犯法人名誉权的典型案例。《民法典》确立了法人的人格权,第110条第2款更是直接规定“法人、非法人组织享有名称权、名誉权和荣誉权”。因此,本案中的L公司是名誉权的适格主体。

但在学理上,名誉权适格主体是否包括法人存在一定的争议,有部分学者旗帜鲜明地反对法人人格权(包括名誉权)(尹田:《论法人人格权》,载《法学研究》2004年第4期;刘凯湘:《民法典人格权编几个重要理论问题评析》,载《中外法学》2020年第4期),认为营利法人的名誉权实质上就是企业的商誉权,可以通过知识产权法律制度、财产法律制度得到妥帖的保护,而无须寻求赋予其人格权的途径。比如对于经营者之间发生的侵害营利法人的名誉权的行为的认定,应当适用《反不正当竞争法》的规定。在《民法典》已经规定了法人名誉权的前提下,应当认识到法人名誉权保护的是法人的商业利益和财产权益。

对法人的社会评价的认定主要围绕其信用、生产经营能力、经营状况等因素,与财产性利益联系更为密切;而对自然人的社会评价的认定往往围绕其个人素质,比如品德、才能等,体现为人的尊严。因此,法人名誉权受损主要表现为财产损失,不包括精神损害,而自然人名誉权受损表现为人格尊严受损,通常伴随精神损害。可见,法人不享有精神损害赔偿请求权,其请求支付精神损害抚慰金的主张无法得到支持。在本案中,法院认为赵某在众多小区住户的微信群中发表不当言论,势必会给L公司的经营造成不良影响,因此酌情支持了L公司名誉权被侵犯而产生的经济损失。但L公司主张精神损害抚慰金缺乏法律依据,故法院不予支持。法院最终判决如下:“二、被告赵某于本判决生效之日起七日内赔偿原告北京L光电科技有限公司经济损失三千元;三、被告赵某于本判决生效之日起七日内赔偿原告黄某精神损害抚慰金二千元”。

3. 互联网时代名誉恢复的方式和方法

网络侵权责任的损害后果会比较严重。例如,在没有互联网的时代,如果一个人在报刊上发表了一篇侵害他人名誉权或隐私权的文章,其读者是有限的,而且被转载或流传的范围也是有限的。但是如果是在网络上发表了一篇侵害他人名誉权或隐私权的文章,后果可能就很严重。一方面,网络可以实现全球即时通信,阅读、传播文章的人难以计数,损害将在全世界范围内蔓延;另一方面,文章可以很容易地被复制、存储、转发,人们可以很容易地借助各种搜索引擎获得,甚至时过境迁后又被人翻出来以讹传讹、炒作一番。“数字技术已经让社会丧失了遗忘的能力,取而代之的则是完善的记忆。”所以在互联网时代,一方面要向侵权人主张对名誉权的救济;另一方面也应要求网络服务提供者对这些侵权内容协助采取删除、断开链接等救济措施。

《民法典》第179条第1款规定的承担民事责任的方式中,第10项“消除影响、恢复名誉”和第11项“赔礼道歉”系人格权侵权中民事责任承担的特定方式。二者属于我国法上比较特殊的侵权责任承担方式,实际上具有恢复原状的功能,因此也可以归入损害赔偿请求权的范畴。这两类民事责任的承担方式之间是何种关系在理论上是存在一定争议的,但是在侵害名誉权的情形下,赔礼道歉可以起到消除影响、恢复名誉的作用,因此在司法实践中一般不会将消除影响、恢复名誉单独适用,而是与赔礼道歉结合起来,从而达到恢复原状之目的。《民法典》第1000条第1款规定,“行为人因侵害人格权承担消除影响、恢复名誉、赔礼道歉等民事责任的,应当与行为的具体方式和造成的影响范围相当”。如何消除影响、恢复名誉以及赔礼道歉?侵权人承担民事责任时,原则上应使被侵权人遭受侵害的权益重新恢复到假如侵权行为没有发生其本应处的状态。简单而言,侵权人在全国性的报刊或者网络上发文侵害他人名誉权的行为在不特定的人中给受害人造成了不良影响的,应当在相同的影响范围内来赔礼道歉,否则不足以消除此种不良影响。在进入互联网时代之前,对名誉的恢复方式常常是通过登报刊登道歉广告的方式。在本案中,法院判决“被告赵某于本判决生效之日起七日内在顺义区×房屋门口张贴致歉声明,向原告黄某、北京L光电科技有限公司赔礼道歉,张贴时间为七日,致歉内容须经本院审核;如逾期不执行上述内容,则由本院在上述地址门口全文张贴本判决书内容”。问题在于,本案中采取的在小区某房屋门口张贴致歉声明的方式,是否与行为的具体方式和造成的影响范围相当?《最高人民法院公报》的一则案例[《李某诉南京某学院、江苏某律师事务所名誉权侵权纠纷案》,载《最高人民法院公报》2008年第11期]中指出,如果被告是通过在网页、微信、微博上发表文章或声明的方式侵害了原告的名誉权,那么要求侵权人停止侵害就应当判令被告删除发表的文章或声明。由此可见,对于在微信群中侵害名誉权的行为,最为理想的方式就是要求被告在同一微信群中赔礼道歉,同一微信群覆盖了侵权信息/内容所传播到的群体,能够在源头上止住负面言论的进一步传播,起到更为良好的社会效果。因此,本案法院最终采取的赔礼道歉方式,并没有体现互联网时代恢复名誉的方式和特点。

此外,学界对法人的人格权遭受侵害后能否适用赔礼道歉是存在争议的。有学者认为,由于我国法已经否认了法人在其人格权遭受侵害后可以要求精神损害赔偿,而赔礼道歉的意义则在于弥补精神损害,因此,法人和其他组织不应当适用赔礼道歉(葛云松:《赔礼道歉民事责任的适用》,载《法学》2013年第5期)。但还有学者认为,赔礼道歉的功能不限于弥补精神损害。虽然法人不存在精神损害,但是对侵害法人人格权的侵权人适用赔礼道歉这一民事责任承担方式,有助于惩罚侵权人,重新确认社会秩序。故此,侵害法人人格权也可以适用赔礼道歉(蔡立东、杨晔:《赔礼道歉贞任与法人名楷权的救济》,载《广东社会科学》2016年第1期)。在本案中,法院显然认可了法人的名誉权适用赔礼道歉。

Ⅲ 本判决的参考意义及将来的课题

随着网络科技的发展，名誉权侵权可能会更多从线下空间转移到线上空间。本判决把不特定关系人组成的微信群认定为公共空间。在互联网时代，名誉权侵权不仅仅可能发生在微信群之中，还可能发生在其他的社交媒体（如微博、短视频平台、视频直播等）中，也可能发生在人工智能领域。信息网络传播环境下的名誉权侵权有几大典型特征，包括侵权形态复杂、传播速度快、传播范围广、社会影响坏以及恢复名誉困难等。本判决的参考意义在于，确立了应当考虑信息网络传播的特点，并结合侵权主体、传播范围、损害程度等具体因素综合判断是否构成名誉权侵权的裁判原则。但是面对层出不穷的互联网应用新场景，名誉权侵权的认定及责任承担是将来的重要命题。

□ 参考文献

程啸：《人格权研究》，中国人民大学出版社2022年版。

程啸：《侵权责任法》，法律出版社2021年版。

戴昕：《声誉如何修复》，载《中国法律评论》2021年第1期。

刘凯湘：《民法典人格权编几个重要理论问题评析》，载《中外法学》2020年第4期。

044 虚拟名誉的法律保护

张某诉北京联众电脑技术有限责任公司名誉权纠纷案 ｜ 吉林省吉林市中级人民法院(2004)吉中民一终字第728号民事判决书

张　伟 浙江工商大学法学院

■ 事实概要

张某(二审被上诉人、一审原告)是北京联众电脑技术有限责任公司(以下简称联众公司)(二审上诉人、一审被告)运营的联众世界四国军旗游戏的游戏用户。张某与联众世界四国军旗游戏中的ID“·豪门·玉儿(youxiwawa101010)”(以下简称玉儿)相对应,玉儿系张某的网上称谓。玉儿长时间在联众世界网络进行四国军旗游戏,至2003年1月20日积分被清零前在线时间达11256小时,获司令称号,积分9537分,积分榜排名第一。2003年1月初,有大量联众世界网络的游戏用户在游戏讨论区发帖对玉儿的游戏行为质疑和指责,认为其炒分。联众公司于2003年1月20日在联众世界资讯中心发出通告,对玉儿予以积分清零处罚。同时确认,张某曾将玉儿这个游戏ID授权他人使用。

在审理中,张某表示:联众公司清零玉儿积分的行为严重违背事实,毫无根据的处罚在联众世界四国军旗游戏界引起极大震动,对其造成了恶劣影响,严重地损害了其名誉,对其精神造成了极大伤害。联众公司表示:公司未对张某本人实施过任何一种违法行为。因虚拟之玉儿与现实生活中的张某无必然联系,即便玉儿的名誉受到影响,张某的名誉亦不同时受到影响。而且,由于游戏用户的注册信息保密,不为外人所知,所以即便张某就是玉儿,对玉儿的处罚也不涉及现实生活中的张某。

■ 裁判要旨

张某为进入联众世界四国军旗游戏而注册ID玉儿,虚拟人物玉儿即与张某建立了事实联系,张某有权行使该ID上的权利和承担该ID上的义务。张某接受联众公司游戏服务条款、注册ID、交纳上网费用进行游戏,与联众公司之间建立的是一种消费服务合同关系。公民名誉是社会对公民品德、声誉、形象等方面的综合评价。张某以玉儿之名注册并进行四国军旗游戏,获司令称号并获积分排行榜第一的成绩,这使玉儿在网络社区中获得较高知名度。“司令”与“排行榜第一”本身应该是荣誉概念,而这种荣誉可以直接给玉儿带来声誉、形象上的正面评价,这种正面评价反映在知道玉儿与张某对应关系的人群中,张某可以现实地享受这种评价。由于联众公司作出错误认定作弊和清零的行为,张某失去了提高声誉、增益形象的机会,其炒分、作弊之认定还使张某自身固有的品德、声誉、形象受到贬损,凡知道玉儿与张某对应关系的人对张某的人格评价必然降低,其侵权行为不仅存在且较为严重。因此,应当得出联众公司侵害张某名誉权事实成立的结论。根据原《民法通则》和2001年最高人民法院《关于确定民事侵权精神损害赔偿责任若干问题的解释》的规定,联众公司须在联众世界网络上公开向张某致歉,并赔偿张某精神损害抚慰金。

■ 评 析

Ⅰ 本判决的思路和意义

本案中张某请求法院判令被告联众公司赔礼道歉和赔偿精神损害抚慰金的诉讼请求,均得到了两审人民法院的支持,即认定联众公司严重侵害了张某的名誉权。联众公司关于"因虚拟之玉儿与现实生活中的张某无必然联系,即便玉儿的名誉受到影响,张某的名誉亦不同时受到影响"的抗辩,并未获得人民法院的支持。两审人民法院均认为,"关于作弊和清零的错误认定,在知道玉儿与张某对应关系的人群中,必然会导致对张某人格评价的降低,因此联众公司侵害张某名誉权的结论成立"。该判决所秉持的裁判思路是,当侵害虚拟名誉的行为导致民事主体在现实中的社会评价降低时,便可认定民事主体的名誉权遭受了侵害。本案涉及当侵害虚拟名誉时如何对民事主体名誉权受到的侵害进行界定,表明了司法实践对于该问题的态度,对于原《民法通则》并未明确,且学界中争议较大的虚拟名誉保护规则的确定具有重要意义。

Ⅱ 虚拟名誉法律保护的规范及学理

本案主要涉及虚拟名誉法律保护与现实名誉法律保护之间的衔接问题,其核心在于,当虚拟名誉受到侵害时,当事人在何种情况下才能受到名誉权制度的保护。

名誉权是基本人权,也是人格尊严最直接的体现。名誉是民事主体之间交往的基础。一旦名誉受损,民事主体就很可能无法在社会中立足。因此,在很多情况下,名誉甚至与生命同等重要(王利明:《人格权法》,中国人民大学出版社2021年版,第293页)。我国法上对名誉权的明确保护始于原《民法通则》。原《民法通则》第101条规定:"公民、法人享有名誉权,公民的人格尊严受法律保护,禁止用侮辱、诽谤等方式损害公民、法人的名誉。"原《侵权责任法》第2条第2款所明确列举的应当受该法保护的民事权益中就包含名誉权。随着司法实践中关于名誉权纠纷案件的逐渐增多,最高人民法院也先后颁布了一系列司法解释来完善名誉权的法律保护。例如原《关于贯彻执行〈中华人民共和国民法通则〉若干问题的意见(试行)》、原《关于审理名誉权案件若干问题的解答》、原《关于审理名誉权案件若干问题的解释》和《关于审理利用信息网络侵害人身权益民事纠纷案件适用法律若干问题的规定》等司法解释,对侵害名誉权的责任认定、责任承担、诉讼程序等予以了细化规定。在吸收总结以往法律和司法解释的基础上,《民法典》不仅以第110条对民事主体的名誉权予以总括性规定,还于人格权编第五章"名誉权和荣誉权"中以6个条文(第1024~1029条)对名誉权的内涵、名誉权的保护限度、名誉权的特殊保护、名誉权人的更正权等予以细化规定。

通说认为,名誉权是指民事主体对其名誉所享有的不受他人侵害的权利(王利明:《人格权法》,中国人民大学出版社2021年版,第293页)。法律保护名誉权的目的在于使民事主体的社会评价不因他人非法行为而降低,以维护民事主体在社会经济生活中的地位和尊严,保持民事主体之间的正常交往秩序[黄薇主编:《中华人民共和国民法典释义》(下),法律出版社2020年版,第1896页]。名誉权的客体是名誉。我国学界中多数观点认为,名誉是指对特定民事主体的品德、才干、信誉、商誉、资历、声望、形象等方面的社会性评价(程啸:《人格权研究》,中国人民大学出版社2022年版,第323页)。《民法典》第1024条第2款采用了这一界定,规定"名誉是对民事主体的品德、声望、才能、信用等的社会评价"。该款将名誉的内涵扩大到了信用,使名誉的概念更加契合社会的发展。名誉的核心特征是它的社会性,即名誉是一种客观的社会评价,它是名誉权人通过实际的社会活动获取的公众对其声望与地位的评价(王利明:《人格权法》,中国人民大学出版社2021年版,第294页;陈甦、谢鸿飞主编:《民法典评注:人格权编》,中国法制出版社2020年版,第258页)。正因为名誉是一种客观的社会评价,所以当侵害名誉权的事实被第三人知悉且形成公示时,才有可能构成侵害名誉权的责任。具体而言,《民法典》第1024条第1款并未就侵害名誉权的责任构成予以明确,名誉权保护的相关请求权基础应当结合《民法典》第1165条第1款加以确定,即侵害名誉权的责任构成应当满足一般侵权责任的四要件,同时具备损害事实、违法行为、因果关系和主观过错。(原最高人民法院《关于审理名誉权案件若干问题的解答》指出:"是否构成侵害名誉权的责任,应当根据受害人确有名誉被损害的事实、行为人行为违法、违法行为与损害后果之间有因果关系、行为人主观上有过错来认定。")所谓损害事实,是指确实发生了权利人的社会评价降低的客观事实,该降低不以当事人的个人感官为依据,而是应当以普通公众的一般观念为标准;所谓违法行为,是指行为人实施了具有贬损他人社会评价性质的行为,其可以是积极的作为也可以是消极的不作为,但必须要有明确的指向并被第三人所知悉;所谓因果关系,是指行为人的违法行为与权利人社会评价降低的损害事实之间存在因果关系,名誉侵权判决中多数表现为直接因果关系,也存在个别的间接因果关系;所谓主观过错,是指侵害名誉权属于一般侵权行为,权利人必须证明行为人在主观上具有过错,故意和过失都能造成名誉权的侵害(陈甦、谢鸿飞主编:《民法典评注:人格权编》,中国法制出版社2020年版,第261~262页)。

民事主体的虚拟名誉,是指归属于民事主体控制的虚拟主体所具有的虚拟社会评价。虚拟主体,则是指互联网上虚构的网络行为的实施者,例如网络游戏中的各种角色、微博上的各色博主、平台电商上的加盟商户等。对于虚拟主体与民事主体之间的关系,学理上有唯一对应说、再现说、身份说、载体说等。相较而言,载体说能较为准确地描绘出虚拟主体的民事法律性质[葛江虬:《论网络虚拟名誉及其民法保护》,载《河南大学学报(社会科学版)》2017年第4期]。虚拟主体是民事主体合法权益的载体,针对虚拟主体的侵害行为本质上是侵害了现实民事主体的某种合法权益。具体到虚拟名誉,是指虚拟主体在互联网上通过从事的活动、发表的观点或者展现的能力所获得的虚拟社会评价。基于载体说,保护虚拟主体名誉的前提条件是,虚拟主体上附着了民事主体的合法权益。对此,目前主流观点认为,虚拟主体的虚拟名誉所承载的是民事主体的现实名誉。其核心理由在于,在互联网上对现实民事主体所熟知的虚拟主体的评价,必然会影响到现实生活中所对应的民事主体的客观社会评价,而因评价虚拟主体所导致的民事主体的客观社会评价的降低,将引发民事主体名誉权受损的后果(杨太兰、徐华:《网上侵犯名誉权问题初探——从一起网上侵犯名誉权案谈起》,载《人民司法》2001 年第 11 期)。由此可知,对于虚拟名誉的法律保护,其最终落脚点是民事主体现实名誉的法律保护,即通过对民事主体现实名誉的法律保护,来实现对虚拟名誉的法律保护。当发生侵害虚拟名誉的违法行为时,实质上所要关注的是,该违法行为是否构成对民事主体现实名誉的侵害。此时责任构成的认定,将回归到对侵害名誉权的责任构成的四要件的审查。也就是说,倘若虚拟名誉受到侵害时,民事主体的现实名誉同样会受到侵害,则名誉权制度将给予虚拟名誉以法律上的保护。需要强调的是,虚拟名誉遭受侵害并导致虚拟社会评价降低,仅是法律保护虚拟名誉的必要不充分条件。如果该虚拟名誉的贬损并未引发现实民事主体的社会评价降低,名誉权制度的保护机制就不能启动,因为“贬损民事主体客观社会评价”的要件并未获得满足。

Ⅲ 既往司法实践状况

在本案判决作出之前,刊载于《最高人民法院公报》2001 年第 5 期的“张静诉俞凌风网络环境中侵犯名誉权纠纷案”(以下简称“张静案”)就已对侵害虚拟主体的虚拟名誉问题进行了界定,该判决被最高人民法院以公报形式确认,对此后的司法实践产生了重要影响。作出该判决的南京市鼓楼区人民法院认为:“网络是科技发展的产物,对人类社会的进步具有不可低估的推动作用。网络空间尽管是虚拟的,但通过网络的一举一动折射出来的人的行为,却是实实在在的……本案原告张静、被告俞凌风虽然各自以虚拟的网名登录网站并参与网站的活动,但在现实生活中通过聚会,已经相互认识并且相互知道网名所对应的人,且张静的‘红颜静’网名及其真实身份还被其他网友所知悉,‘红颜静’不再仅仅是网络上的虚拟身份。知道对方真实身份的网友间,虽然继续以网名在网上进行交流,但此时的交流已经不局限于虚拟的网络空间,交流对象也不再是虚拟的人,而是具有了现实性、针对性。俞凌风通过西祠胡同网站的公开讨论版,以‘大跃进’的网名数次发表针对‘红颜静’即张静的言论,其间多次使用侮辱性语言贬低‘红颜静’即张静的人格。俞凌风在主观上具有对张静的名誉进行毁损的恶意,客观上实施了侵犯他人名誉权的行为,不可避免地影响了他人对张静的公正评价,应当承担侵权的民事责任。”通过“张静案”,最高人民法院实际上确立了保护虚拟名誉的必备法律要件,即对虚拟名誉的贬损会导致现实民事主体客观社会评价的降低。

本案判决实际上延续了最高人民法院在“张静案”中所确立的规则,吉林省吉林市船营区人民法院在本案判决中明确指出:“由于联众公司作出错误认定作弊和清零的行为,张某不但失去了获得提高声誉、增益形象的机会,其炒分、作弊之认定还使张某自身固有的品德、声誉、形象受到贬损,凡知道玉儿与张某对应关系的人对张某的人格评价必然降低,其侵权行为不仅存在,而且较为严重。应当得出联众公司侵害张某名誉权事实成立的结论。”

值得一提的是,在本案一审中,吉林省吉林市船营区人民法院判决“联众公司在众世界网络向玉儿致歉,而非向张某致歉”;在本案二审中,吉林省吉林市中级人民法院改判“联众公司向张某致歉,并明确玉儿即张某”。本案二审针对道歉对象所进行的改判,实质上秉持的就是以名誉权制度来保护虚拟名誉,享有名誉权的是现实民事主体而非虚拟主体。这一裁判规则在“舒某诉海南某网络科技有限公司侵害名誉权纠纷案”[上海市黄浦区人民法院(2010)黄民一(民)初字第3802号民事判决书]中被再次确认,“LL”某店铺作为虚拟主体不享有名誉权,舒某的起诉因主体不适格被裁定驳回。此后,该案法官在《人民司法》2012年第12期专门撰文指出:“未经登记的C2C网店不是民事主体,不享有名誉权,而开办网店的个人作为自然人却享有包括名誉权在内的各项民事权利,故对网店的评价言辞要适度,恶意攻击、侮辱、诽谤,给现实中的个人造成名誉侵权或其他损害的,行为后果不再局限于虚拟的网络空间,而具有一定现实性,有责主体需对现实中的个人承担相应的法律责任。”

Ⅳ 本判决的参考意义及将来的课题

本案判决贯彻了通过名誉权制度来保护虚拟名誉的做法。不过,本案一审判决试图认可虚拟主体民事主体地位的尝试,并未被本案二审判决所维持。随着互联网的高度发展,虚拟社会评价的价值越发凸显,侵害虚拟名誉的纠纷也与日俱增。本案判决所遗留的问题值得深思。当虚拟名誉遭受贬损而所对应的现实民事主体的客观社会评价并未降低时,该现实民事主体是无法获得法律救济的,但是现实民事主体却可能真实地遭受了财产和精神的双重损害。例如,在“舒某诉海南某网络科技有限公司侵害名誉权纠纷案”中,对“LL”某店铺虚拟名誉的贬损无疑会对该店铺的营业情况造成重大影响,信誉度对于某店铺的价值是众所周知的。因此,仍旧固守“侵害虚拟名誉必须导致现实民事主体客观社会评价降低才能获得法律保护”的“一刀切”规则,无疑难以回应现实生活中虚拟名誉的保护需求。未来可以考虑将民事主体的虚拟社会评价纳入名誉利益的范畴,损害虚拟社会评价并导致现实民事主体精神痛苦与财产损失的,应当认定构成侵害现实民事主体的名誉权。

□ 参考文献

王利明:《人格权法》,中国人民大学出版社2021年版。

黄薇主编:《中华人民共和国民法典释义》(下),法律出版社2020年版。

程啸:《人格权研究》,中国人民大学出版社2022年版。

陈甦、谢鸿飞主编:《民法典评注:人格权编》,中国法制出版社2020年版。

葛江虬:《论网络虚拟名誉及其民法保护》,载《河南大学学报(社会科学版)》2017年第4期。

杨太兰、徐华:《网上侵犯名誉权问题初探——从一起网上侵犯名誉权案谈起》,载《人民司法》2001年第11期。

045 定向广告中的个人信息保护

朱某与北京某科技有限公司隐私权纠纷案 | 江苏省南京市中级人民法院(2014)宁民终字第5028号民事判决书

朱芸阳 中央民族大学法学院

■ 事实概要

原告朱某诉称,2013年她在家中和单位上网浏览相关网站过程中,发现利用某搜索引擎搜索关键词“减肥”“人工流产”“隆胸”后,会在特定网站上出现与关键词相关的广告。原告认为被告北京某科技有限公司(以下简称某公司)未经其同意,利用网络技术记录和跟踪原告所搜索的关键词,将其兴趣爱好和生活、学习、工作特点等显露在相关网站上,并利用记录的关键词,对其浏览的网页进行广告投放,侵害了其隐私权,使其感到恐惧,精神高度紧张,影响了正常的工作和生活。因此,2013年5月6日,原告向南京市鼓楼区人民法院起诉某公司,请求判令某公司立即停止侵害其隐私权的行为,赔偿其精神损害抚慰金10000元,并承担公证费1000元。

就某公司的个性化推荐行为是否构成对原告隐私权的侵犯,南京市鼓楼区人民法院于2014年10月13日作出一审判决,认定被告某公司利用Cookie技术收集原告信息,并在原告不知情和不愿意的情况下进行商业利用,侵犯了原告的隐私权。被告某公司不服一审判决,提起上诉。

■ 裁判要旨

搜索引擎服务提供商在提供个性化推荐服务中运用Cookie技术收集、利用的是未能与网络用户个人身份对应识别的数据信息,不符合个人信息的可识别性要求。搜索引擎服务提供商利用网络技术对原告提供个性化推荐服务并未侵犯网络用户的选择权和知情权。

■ 评　析

I 本案意义

本案的争议焦点是被告某公司的个性化推荐行为是否侵犯原告隐私权。伴随大数据收集和处理技术的日新月异,网络服务提供者采用Cookie技术收集和利用用户的浏览记录等在线行为信息,为用户提供个性化推荐服务是否会侵害用户的隐私权,一直备受关注。

这些用户浏览记录不仅体现出用户的爱好偏向、性格特征，还可能会涉及个人隐私，网络活动中的隐私权保护问题因此面临着巨大挑战。本案被称为"Cookie 隐私第一案"，反映了网络用户的对隐私权保护的担忧。个性化推荐服务中的定向技术具有复杂性，网络服务提供者和用户间存在严重的信息不对称，这使得规制网络服务提供者收集和利用 Cookie 信息成为各国个人信息保护立法的重点所在。2009 年修订的《欧盟电子隐私指令》主要对利用 Cookie 技术及类似技术收集用户信息的行为作出了明确规范，甚至被直接称为"欧盟 Cookie 法"。本案中两审法院的判决结果截然相反，恰恰反映出我国司法实践中对于个性化推荐服务的性质界定存在巨大争议。

Ⅱ 相关规范与学理

本案中的个性化推荐服务，即 2014 年自律性行业标准文件《中国互联网定向广告用户信息保护行业框架标准》中的"定向广告"，是指"通过收集一段时间内特定计算机或移动设备在互联网上的相关行为信息，例如浏览网页、使用在线服务或应用等，预测用户的偏好或兴趣，再基于此种预测，通过互联网对特定计算机或移动设备投放广告的行为"。网络服务提供者通过 Cookie 技术所收集的用户的在线行为信息，正是追踪用户行为、投放定向广告时最重要的基础数据。换言之，Cookie 信息被广泛应用于定向广告领域。

1. Cookie 信息的法律属性

界定个性化推荐服务行为的性质，首先需要认定包括用户浏览网页、关键词等 Cookie 信息的法律属性，即其是否属于个人隐私。Cookie 信息是否属于个人隐私，是两审法院的第一个重要分歧所在。一审法院认为，原告朱某利用关键词搜索的行为的活动轨迹属于个人隐私的范围；二审法院认为，网络用户通过使用搜索引擎形成的检索关键词记录，虽然反映了网络用户的网络活动轨迹及上网偏好，具有隐私属性，但这种网络活动轨迹及上网偏好一旦与网络用户身份相分离，便无法确定具体的信息归属主体，不再属于个人信息范畴。二审法院判决中的措辞存在矛盾，既认可了检索关键词记录"具有隐私属性"，但又认定其"不再属于个人信息范畴"。一审法院、二审法院对 Cookie 信息的性质认定截然相反，但都作出了含混不清的表述。两审法院的观点论证都存在明显不足，一审法院不适当地将个人隐私的概念泛化，而二审法院没有对 Cookie 信息是否属于个人隐私作出判断，仅讨论其是否属于个人信息的范畴，在理论上混淆了两者的概念，未能厘清两者之间的关系。

我国立法上并没有将个人信息和个人隐私认定为同等概念。隐私通常被认为"是一种私密性的信息或私人活动，如个人身体状况、家庭状况、婚姻状况等，凡是个人不愿意公开披露且不涉及公共利益的部分都可以成为个人隐私"（王利明：《论个人信息权的法律保护——以个人信息权与隐私权的界分为中心》，载《现代法学》2013 年第 4 期）。个人隐私不限于以信息的形式存在，还可以个人空间、个人生活的方式体现。界定个人隐私的合理范畴，应当遵循"合理期待"的原则，从主客观统一的角度来判断其是否处于不愿为他人所知的秘密状态。主观上，是指个人已经表现出对其主张的隐私存在真实的、主观的期待；客观上，是指该期待是社会愿意承认其合理性的。随着 Cookie 技术在全球范围内广泛使用，除非原告采取相应的举措,比如通过修改浏览器设置拒绝 Cookie 追踪,否则很难推断出原告对保持秘密状态、不受 Cookie 技术追踪存在合理期待。因此,一审判决将关键词 Cookie 信息认定为个人隐私,是对个人隐私的概念泛化。

个人信息是指可识别个人身份的信息相较于侧重于秘密性的个人隐私,个人信息的判断标准更加客观化,注重信息的可识别性。当个人隐私以信息为载体时,个人信息的范畴也大于个人隐私。2012 年全国人民代表大会常务委员会《关于加强网络信息保护的决定》作为我国第一部专门有关个人信息保护的立法,针对"能够识别公民个人身份和涉及公民个人隐私的电子信息"这两类个人信息予以保护。其中,能够识别公民个人身份的电子信息强调与特定个人的相关性和可识别性,涉及公民个人隐私的电子信息强调对于个人的秘密性。在当时的法律语境下,立法和司法实践只对个人隐私和可识别个人身份的信息进行保护,因为受到全国人民代表大会常务委员会《关于加强网络信息保护的决定》的限制,这些个人信息也只有满足与特定自然人的相关性和可识别性的标准,才有保护的必要(杨临萍等:《〈最高人民法院关于审理利用信息网络侵害人身权益民事纠纷案件适用法律若干问题的规定〉的理解与适用》,载《法律适用》2014 年第 12 期)。

二审法院援引工业和信息化部《电信和互联网用户个人信息保护规定》(以下简称《个人信息保护规定》)对个人信息的界定,认为被告某公司收集利用的 Cookie 信息不属于个人信息范畴,理由有三:第一,数据信息具有匿名化特征;第二,收集和推送信息的终端是浏览器,没有定向识别使用该浏览器的网络用户身份;第三,"事实上某公司在提供个性化推荐服务中没有且无必要将搜索关键词记录和朱某的个人身份信息联系起来"。但是,二审法院的理由存在两点误区:第一,Cookie 信息并非具有匿名化特征,而是具有去身份化特征。根据《中国互联网定向广告用户信息保护行业框架标准》的规定,单位应采取合理、必要的措施,实现用户关联信息的去身份化,同时在信息发生转移时要求第三方书面承诺,不会尝试将行为样本信息恢复为身份关联信息。但是,去身份化不等于具有匿名化特征,已经去身份化的 Cookie 信息仍然存在重新恢复身份数据的可能性,能够实现个人身份识别。第二,个人信息的特征在于其可识别性,不能排除具有识别的可能性,二审法院认为"没有且无必要将搜索关键词记录和朱某的个人身份信息联系起来"的论证混淆了识别身份的"必要性"和"可能性"。根据《个人信息保护规定》的规定,识别既包括直接识别也包括间接识别。虽然本案中关键词等 Cookie 信息不能直接识别用户身份,但如果与其他信息结合,存在直接或者间接识别个人身份的可能,也应该认定其属于个人信息的范畴。在当前的技术水平下,基于多元化的数据来源,以及数据收集和再识别技术的使用,网络服务提供者通过 Cookie 技术对用户在线行为的长期跟踪,足以建立起识别特定个人的数字化个人档案资料,使得去身份化的 Cookie 信息也存在间接识别的高度可能性。因此,Cookie 信息即用户的网站浏览记录等追踪缓存信息与终端设备信息、账户信息等相结合即可很容易地识别到特定个人,应该被认定为个人信息。

2. 个性化推荐服务的定性分析

两审法院在对 Cookie 信息认定存在分歧的基础上,进而对某公司是否侵害隐私权也得出了相反结论。一审法院认为,“公开、宣扬他人隐私”不是侵犯隐私权的唯一方式,也包括“收集、利用他人信息”,本案属于后者。对此二审法院针锋相对,认为应当严格遵循网络侵权责任的构成要件,即2014年最高人民法院《关于审理利用信息网络侵害人身权益民事纠纷案件适用法律若干问题的规定》第12条存在“利用网络公开……个人隐私和其他个人信息”的行为和“造成他人损害”。

第一,关于侵害隐私权的行为类型,原《侵权责任法》将隐私权作为一项具体人格权加以规定,我国关于隐私保护的通说认为,除保护个人信息秘密以外,还包括对生活安宁的保护。从司法实践的角度看,在互联网上公布他人个人信息是目前最常见的侵权行为。因此,公开他人个人信息只是最常见、最典型的侵权行为,但是非法收集、利用他人信息,甚至不当使用他人信息对生活安宁造成侵扰,同样也会侵犯隐私权。在无例外法律规定的情况下,这些行为的侵权责任仍然要适用侵权法的一般规则。

第二,判断在个性化推荐服务中不当收集和利用个人信息是否构成隐私权侵权,仍然应当依照侵权责任的构成要件,判断是否存在主观过错和损害事实。

一方面,关于是否存在主观过错。在我国司法实践中,通常以行为人是否尽到注意义务来判断是否构成隐私侵权,该义务既可能是法定或约定的义务,也可能是符合社会共同生活准则的保密义务。网络服务提供者违反法律规定或者约定的注意义务,或者是违反行业惯例中的注意义务,都可能存在过错。全国人民代表大会常务委员会《关于加强网络信息保护的决定》和《个人信息保护规定》都规定,收集、使用个人信息应遵循告知和许可原则,履行合理的告知义务。一审法院认为,某公司采取的是默示同意原则,并且《使用某搜索引擎前必读》标识难以识别,无法起到规范和提醒作用,不足以保障用户的知情权和选择权。二审法院认为,某公司采取的是明示告知和默示同意相结合的方式,足以保障用户的知情权和选择权。两审法院的重大分歧在于,被告某公司是否尽到了合理的告知义务,保障了用户的知情权和选择权。全国人民代表大会常务委员会《关于加强网络信息保护的决定》和《个人信息保护规定》仅规定了网络服务提供者的明示告知义务,并没有规定用户的同意应当是明示还是默示。按照行业惯例,国际上通行的选择机制包括以欧盟为代表的明示同意即选择进入(opt - in),和以美国为代表的默示同意即选择退出(opt - out)。我国个人信息国家标准《信息安全技术　公共及商用服务信息系统个人信息保护指南》除了收集个人敏感信息时需要明示同意之外,收集个人一般信息时默许同意即可。因此,依照我国当时的法律规定和行业惯例,被告某公司明确说明Cookie技术、使用Cookie技术的可能性后果,以及通过提供禁用按钮向用户提供选择退出机制,应当认为尽到了合理的告知义务,保障了用户的知情权和选择权。

另一方面,关于损害事实要件的认定。损害作为一种事实状态,是指因一定的行为或事件使某人受侵权法保护的权利或者利益遭受某种不利益的影响。法律没有作出例外规定时,隐私权侵权责任的损害事实要件也应当遵循侵权法的一般规则。损害事实应当具备侵害客体和利益损害这两个要素,除了民事权利受到侵害以外,还应当以一般人的客观标准来评价民事权利被侵害造成了怎样的利益实质性损害后果。公开或者非法获取个人隐私对人格尊严的损害，具体体现在羞辱、苦恼、不安等精神痛苦，虽然这种损害不同于财产毁损、人身伤害，但损害事实仍然应该是已经发生或者可以预见必然发生的事实，具有确定性和客观性。因此，原告想要获得救济的前提是证明案涉行为“造成事实上的实质性损害”。

Ⅲ 既往司法实践状况

披露信息主体的姓名、工作单位等个人信息，在严重侵扰私人生活时，会被认为是侵犯隐私权。例如，“王某诉张某名誉权、隐私权纠纷案”［北京市朝阳区人民法院(2008)朝民初字第10930号民事判决书］、“王某诉北京某信息技术有限公司名誉权、隐私权纠纷案”［北京市朝阳区人民法院(2008)朝民初字第29276号民事判决书］、“王某诉海南某网络科技有限公司名誉权、隐私权纠纷案”［北京市朝阳区人民法院(2008)朝民初字第29277号民事判决书］等案件中，法院认为，对于因社会交往的需要而公开程度较高的个人信息，如姓名、工作单位、门牌号码等信息的使用和收集，应当视行为人对这些信息的取得方式、披露方式、披露范围、披露目的及披露后果等因素综合认定是否侵权。

关于认定隐私权侵权是否应当具备损害事实要件，我国既往司法实践中也存在不同态度。在“孙某与中国某网络通信有限公司上海市分公司侵犯隐私权纠纷案”［上海市浦东新区人民法院(2009)浦民一民初字第9737号民事判决书］中，法院认为，“个人信息的私密性是其重要内容……就侵害的成立而言无须考虑第三人究竟给原告带来的是利益还是损害，私人信息为第三人所知本身即为损害”。但有更多的法院认为，原告应当证明被告所实施的行为对其造成了实际的损害后果，如“冒某诉中国某信息有限公司南通分公司等隐私权纠纷案”［江苏省南通市中级人民法院(2011)通中民终字第0952号民事判决书］，以及“陈某与莆田市某房地产有限公司隐私权纠纷案”［福建省莆田市中级人民法院(2010)莆民终字第994号民事判决书］。在上述两个案件中，两审法院也恰好体现出两种不同的认定态度，一审法院采取了“私人活动为第三人所知本身即为损害”的立场，而二审法院认为原告应当证明“造成事实上的实质性损害”。

Ⅳ 本判决的参考意义及将来的课题

本判决的参考意义在于，区分个人隐私和个人信息的概念，明确Cookie信息及个性化推荐服务的法律属性，以及进一步阐明判断行为人是否应承担侵害隐私权或者个人信息权益的损害赔偿责任，同样需要遵循侵权责任的构成要件。

数据收集和再识别技术的广泛应用，使得用户在线行为所形成的Cookie信息应当被认定为个人信息，受到相关法律法规的保护。国际上对个人信息的认定标准趋同，Cookie信息属于个人信息已经成为各国立法的共识。依据我国2017年《网络安全法》、2021年《个人信息保护法》以及《个人信息保护规定》所规定的直接识别与间接识别的个人信息认定标准，Cookie信息应当属于个人信息。我国2017年颁布的国家标准《信息安全技术　个人信息安全规范》附录A直接将包括网站浏览记录、软件使用记录、点击记录在内的个人上网记录列明为个人信息。

原《侵权责任法》下的隐私权保护路径是一种消极性的、防御性的权利的实现方式，判断在个性化推荐服务中收集和利用个人信息是否构成隐私权侵权，仍然应当依照侵权责任的构成要件，特别是判断是否存在主观过错和损害事实。提供个性化推荐服务是世界各国互联网平台的主流做法和发展趋势，在实践中若是难以满足主观过错、损害事实的构成要件，则通常不应当认定网络服务提供者的行为构成侵害隐私权或者个人信息权益。

随着数据处理能力的逐渐提高和算法推荐技术的广泛应用，互联网广告领域中的个人信息和隐私保护问题也越发受到关注，如何获取和维系网络用户的信任是持续促进社会经济效益的关键所在。对此，国内外广告业不断进行探索。例如，美国谷歌公司提出“隐私沙盒”计划，将其作为第三方 Cookie 技术的替代方案来保护 Chrome 浏览器用户的隐私安全；苹果公司应用“应用追踪透明”（App Tracking Transparency, ATT）技术限制追踪广告标识符（Identifier for Advertising，IDFA）数据，保护用户信息不会未经许可即被追踪和滥用。中国广告协会也提出中国互联网移动标识技术方案（CAID）以强化用户的隐私保护。未来如何通过强化互联网广告领域中的个人信息保护来实现保护个人人格尊严，促进互联网创新之间的平衡，仍然是有意义的研究方向。

□ 参考文献

王利明：《隐私权概念的再界定》，载《法学家》2012 年第 1 期。

王利明：《论个人信息权的法律保护——以个人信息权与隐私权的界分为中心》，载《现代法学》2013 年第 4 期。

杨临萍等：《〈最高人民法院关于审理利用信息网络侵害人身权益民事纠纷案件适用法律若干问题的规定〉的理解与适用》，载《法律适用》2014 年第 12 期。

程啸：《个人信息保护法理解与适用》，中国法制出版社 2021 年版。

朱芸阳：《定向广告中个人信息的法律保护研究——兼评“Cookie 隐私第一案”两审判决》，载《社会科学》2016 年第 1 期。

046 平台基于自动化推荐算法承担的注意义务

北京A科技有限公司诉北京Z科技有限公司侵害某电视剧信息网络传播权案 | 北京市海淀区人民法院(2018)京0108民初49421号民事判决书

张凌寒 中国政法大学

■ 事实概要

2018年,某电视剧在A平台热播,北京A科技有限公司(以下简称A公司)对该剧享有信息网络传播权。在北京Z科技有限公司(以下简称Z公司)旗下的某App中,大量未经合法授权的用户将该电视剧做成切条视频(又称短视频)上传。

A公司将Z公司诉至法院,主张Z公司未经授权通过其运营的某App利用信息流推荐技术,将用户上传的截取自该剧的短视频向公众传播并推荐,某些内容获得了超百万次的播放量,侵害了A公司对该剧享有的信息网络传播权,请求判令Z公司赔偿经济损失2921.6万元及维权开支78.4万元。Z公司辩称,涉案短视频由用户自行上传,Z公司仅提供信息存储空间服务。Z公司作为网络服务提供者,已尽到合理注意义务,不存在任何侵权的主观过错,不构成侵权。一审法院认定Z公司的涉案行为构成帮助侵权,并判定赔偿原告经济损失150万元及诉讼合理开支50万元,共计200万元。

■ 裁判要旨

侵权短视频的大范围传播,是用户的侵权行为与网络服务提供者的信息存储空间服务、信息流推荐服务相结合的结果。通过算法推荐识别短视频具体内容不具有技术可行性,但在允许哪些短视频进入被算法推荐的范围,如何设置和优化算法推荐的具体应用方式,以及如何将已经进入推荐范围的侵权短视频纳入复审环节,以避免其被大范围、长时间地传播等方面,网络服务提供者仍可以通过在其服务和运营的相应环节中施以必要的注意、采取必要的措施加以完善。若后者并未履行上述应尽的注意义务与必要措施,其基于算法推荐进行侵权内容传播的行为应认定为帮助侵权行为。

■ 评　析

Ⅰ 本案焦点

1. 平台使用算法推荐是否构成帮助侵权

作为信息存储空间服务和信息流推荐服务提供者的Z公司是否为用户的侵权行为提

供了帮助,从而应当承担相应的侵权责任呢?判断Z公司是否存在帮助侵权行为,关键在于其是否知道或者有合理理由应当知道其用户实施了侵权行为,却仍未采取制止侵权的必要措施并继续提供技术支持。根据《民法典》第1197条的规定,"网络服务提供者知道或者应当知道网络用户利用其网络服务侵害他人民事权益,未采取必要措施的,与该网络用户承担连带责任"。最高人民法院《关于审理侵害信息网络传播权民事纠纷案件适用法律若干问题的规定》第9条规定,应当根据网络用户侵害信息网络传播权的具体事实是否明显,综合考虑7项因素,认定网络服务提供者是否构成应知。

2. 平台是否采取合理措施的判断标准

根据《民法典》第1195条第1款、第2款的规定,网络用户利用网络服务实施侵权行为的,权利人有权通知网络服务提供者采取删除、屏蔽、断开链接等必要措施。通知应当包括构成侵权的初步证据及权利人的真实身份信息。网络服务提供者接到通知后,应当及时将该通知转送相关网络用户,并根据构成侵权的初步证据和服务类型采取必要措施;未及时采取必要措施的,对损害的扩大部分与该网络用户承担连带责任。

法院认为,关于平台是否采取了合理措施应考虑两方面要件:一是形式要件,即是否采取合理的手段与方式。二是实质要件,即要求实现应有的效果与目的。对效果的认定不能仅以是否删除及删除期间作为判断标准,否则将陷入无限循环之中,给权利人造成严重损失。

法院认为,"从本案证据所反映出的实际处理结果来看,其在当时所采取的措施,并不符合有效制止、预防明显侵权的实质要求,应当认定其在本案中所采取的相关措施尚未达到'必要'的程度"。"必要措施"的判断和平台的体量、技术能力、侵权内容的类型等息息相关。

Ⅱ 平台基于算法推荐承担民事责任的规范及学理

1. 平台基于推荐算法承担民事责任的理论依据

在推荐算法广泛应用的今天,平台是内容服务提供者(Internet Content Provider),还是网络服务提供者(Internet Service Provider)?域外案件中,有平台主张其基于算法推荐内容成为内容提供者。在搜索王公司与谷歌案件(Search King v. Google)中,搜索王公司声称谷歌恶意篡改网页排名算法导致其访问量急剧下降。谷歌辩称算法并非"客观、中立的","谷歌从来没有放弃其作为言论者的权利,即选择向用户提供何种信息以及如何提供这些信息"。

这实际上隐含了平台是"信源"还是"信道"的假设。从技术上分析,平台基于算法对信息进行索引、排序、生成、推荐,并以信息流的形式呈现给用户。从信息论的角度说,推荐算法显著降低了海量网络信息的混乱程度,将用户需要的信息以一定顺序的形式提供给用户,这本身就是信息。平台作为传播者并不提供内容,但平台使用的算法使得信息的洪流有了更明确的结构。基于算法对信息和数据流的处理,平台既不是单纯的网络服务提供者,也不可归类为信息内容提供者,而是介于二者之间。

由此可以得出结论,平台等作为"基于算法的信息发布者"兼具"信道"与"信源"的属性(张凌寒:《权力之治:人工智能时代的算法规制》,上海人民出版社2021年版)。如电商平台虽然不直接出售商品,但对各种商品排序权重的考虑和设计都体现在算法中。用户看到的无论是购物搜索关键词，还是综合排序下的商品页面，都是以信息流方式呈现的信息。虽然从这点上来说，平台是信息发布者，但由于其在技术上无法确切掌握和控制信息流中的具体信息，所以其又是网络服务提供者。

因此，本案判决对Z公司的角色认定值得肯定。法院认定，Z公司向用户提供的并不仅仅是信息存储空间服务，还同时提供了信息流推荐服务，兼具两种角色属性。这进一步确认了我国司法实践中已经逐渐不允许平台将“技术中立”作为抗辩理由，平台不能够再以结果由算法（技术）自动生成为由主张不存在主观过错。Z公司与不采用算法推荐、仅提供信息存储空间服务的其他经营者相比，理应对用户的侵权行为负有更高的注意义务。

2. 平台对算法自动化运行的控制力

技术原理是中立的，但是技术的应用是包含主观意图的。平台在算法设计、部署、运行中包含的主观意图与平台是否尽到合理的注意义务，是平台算法追责的根本指向。

具体到本案中，Z公司使用的是协同过滤算法，但这并不能成为其主张自身没有主观过错的理由。协同过滤算法已经不再以用户标签、内容分类作为推荐方式，而是根据用户之间的相似性来推荐内容。例如，影视平台常常出现的“猜你喜欢”即是根据收集的用户群的观影习惯建立用户兴趣模型，并通过分析用户行为来挖掘用户的潜在需求。协同过滤算法依赖用户行为，有着大范围、多元化的内容池，以群体协作的方式进行内容推荐（黄昕等编著：《推荐系统与深度学习》，清华大学出版社2019年版，第48页）。但除此之外，推荐系统在冷启动（用户刚刚注册进入平台）时还是依赖内容本身的固有属性来进行推荐。与此同时，热搜、栏目推荐、榜单等多种方式，都与协同过滤算法一起成为平台增加流量、吸引用户的重要手段，也一起构成了所谓的“推荐算法系统”。

算法的运营及结果展示离不开源头数据的控制，即使是深度学习算法，程序员的意志也可体现在训练目标的设定，以及算法的维护、调参中。在平台的实际运行中，算法也并非独立自主运行的“数学公式”，而呈现为叠加多个模块，与过滤、检索、人工审核等多个功能共同运行的功能系统。因此，平台虽然无法控制算法引导的信息洪流中的具体信息，但是可以通过对算法的设计、调适在一定程度上控制呈现给用户的信息流。

Ⅲ 既往司法实践状况

在近5年的司法实践中，我国法院逐渐确立了网络服务提供者采取的必要措施应该与其提供的服务类型相适应的规则，即考虑到不同的平台对算法以及用户上传内容的控制力并不相同。如“某云计算有限公司与北京某科技有限公司侵害作品信息网络传播权纠纷案”［北京知识产权法院（2017）京73民终1194号民事判决书］、“杭州某网络科技有限公司与长沙BZ网络科技有限公司等侵害作品信息网络传播权纠纷案”［浙江省杭州市中级人民法院（2019）浙01民终4268号民事判决书］、“杭州某金融服务集团股份公司、重庆市某小额贷款公司等与苏州某科技有限公司商业诋毁案”［杭州铁路运输法院（2019）浙8601民初1594号民事裁定书］，都讨论了不同类型平台在技术运行产生不利法律后果后，应承担的注意义务的范围。

平台基于算法产生的注意义务范围如何确定,要参考法院在案件中对技术功能的分析。如在前述"某云计算有限公司与北京某科技有限公司侵害作品信息网络传播权纠纷案"中,法院认为,云服务虽然在技术特征和行业监管层面与自动接入、自动传输服务和自动缓存服务有所不同,但在对具体内容控制能力层面则接近于上述两类服务。因此,法院根据云服务的技术特征作出了判决。在国外关于搜索引擎自动补足算法的侵权案件中,即有研究显示自动补足词汇在搜索引擎界面中占据了72%的用户注意力(眼球运动轨迹追踪),甚至使用户忽略掉了搜索结果的页面显示,并且在搜索引擎提供的5类结果(包括即时搜索、搜索预览等)中,自动补足算法是唯一能够影响用户行为的算法。自动补足算法提供的搜索建议能够引发用户的好奇心,使得用户进一步点击搜索建议,从而增加搜索建议的点击量和热度,使得搜索建议被更多地呈现。因此,在相关案件中各国越来越多的判例主张运用自动补足算法的平台承担帮助侵权的责任。

概言之,由于算法的不同功能,平台的法律地位在"信源"与"信道"的光谱间移动,其承担的注意义务无法一概而论,而需根据算法技术的具体功能具体分析。

Ⅳ 本判决的参考意义及将来的课题

在信息内容安全的监管中,对于违反法律禁止规定的内容,可以要求平台承担过滤审查义务。但在民事领域判断侵权与否时,要求平台承担类似法官的判断,履行侵权内容的一般过滤审查义务并无充分的正当性。平台不应基于推荐算法被认定为纯粹的内容提供者而负有过高的注意义务。判定平台是否承担法律责任,往往要看平台是否实施了足够的、合理的、必要的措施阻止侵权行为的反复发生(吴汉东:《论网络服务提供者的著作权侵权责任》,载《中国法学》2011年第2期)。

因此,法院判决Z公司承担侵权责任,除了通过认定平台的"信息流推荐服务"来认定其注意义务,还结合了多种考量因素,如涉案视频的播放次数单条过百万次,侵权持续时间较长且原告多次通知被告,涉案视频对被告用户和流量的增加起到了一定引流作用等,以及被告是否采取了相应的合理措施。如果平台能够尽到上述义务,对侵权内容从源头进行识别与控制,则算法的推送展示结果必然会有所不同。

Z公司在此案中败诉,也并不意味着所有的推荐算法服务提供平台均要承担"一刀切"的帮助侵权责任——并非所有的平台都具有Z公司的推荐算法与技术能力。在具体个案中,仍需考量平台的用户数量、平台的体量、技术能力等情况,对于具有先进推荐算法技术的平台、具有高度传播性和海量用户的平台来说,其注意义务都要相应提高,而这需要实践中精细的司法作业。

□ 参考文献

张凌寒:《权力之治:人工智能时代的算法规制》,上海人民出版社2021年版。

吴汉东:《论网络服务提供者的著作权侵权责任》,载《中国法学》2011年第2期。

黄昕等编著:《推荐系统与深度学习》,清华大学出版社2019年版。

047 自动化决策过程中的用户权利

许某与杭州某软件服务有限公司网络服务合同纠纷案 ｜ 杭州互联网法院(2020)浙0192民初3081号民事判决书

云晋升 华东政法大学中国法治战略研究中心

■ 事实概要

2013年10月26日,原告许某在被告杭州某软件服务有限公司运营的网站申请注册账户,开展推广活动。2019年12月6日,被告认定原告账户流量异常,并冻结该账户内11月确认收货的全部佣金177431.96元。此后,原告按照平台规定的申诉程序提交申诉材料,被告对此未予认可。于是原告向法院提起诉讼,请求法院判令被告立即解除账户内佣金177431.96元的冻结。被告辩称:(1)其有权对原告的推广数据进行抓取、排查,对推广行为负有监管责任。(2)原告注册账户时已明知被告的监管责任,应当接受监管。(3)原告存在违规推广行为,违反相关规定,被告有权冻结原告的相应佣金收入。(4)原告无法对流量异常现象给出合理解释,申诉理由无法成立。(5)被告作为平台方履行监管职责时系善意。(6)关于互联网大数据环境中的事实认定方法与证据规则符合法律规定。

■ 裁判要旨

被告具有认定流量异常的违规推广行为并依约予以处罚的权利。原告在注册时,与被告签订《某服务协议》《某推广软件产品使用许可协议》,系双方真实意思表示,合法有效。根据上述协议约定,《某推广者规范》及条文解读作为服务合同的补充内容,与服务合同具有同等法律效力。双方当事人均应依约行使权利、履行义务。原告在订立服务合同时已知晓,应当自觉接受被告对其推广数据的监管,并认可平台依据大数据分析认定违规的逻辑与标准。被告平台规则明确规定,推广者的推广渠道不得出现流量异常现象,违规推广的用户将受到相应处罚。

原告存在流量异常的违规推广行为,被告有权采取冻结其相应佣金收入的措施。不能仅凭大数据专业分析报告进行司法审查。专家证人的陈述意见具有相当合理性。大数据分析排查方式在与用户签订的网络服务合同中已明确约定,用户有权申诉,并向平台提交证据。申诉证据的证明力低。服务合同约定之权利义务具有一致性。在平台规则事先明示大数据分析的情况下,被告有权判定违约行为并予以制裁。

■ 评　析

Ⅰ 本判决的思路和意义

本案中，原告认为被告无权冻结原告账户内的资金。其中一项理由是被告拒绝向原告披露判定推广行为存在流量异常的证据，有违合同目的的实现，显失公平。原告提出，原告多次申诉，被告仍不对申诉不成功的原因作出解释，而基于双方的网络服务合同关系，被告负有披露证据的义务。根据被告的解释，申诉通道是算法自动化决策系统的补充，如果存在系统误判，经过审慎审核，被告会予以纠正。被告提出，虽然大数据分析无法查明原告采取了具体的违规手段，但已初步证明了原告行为的违规性，对此原告负有对应的举证义务，否则要承担不利后果。本案中涉及的一个问题是平台经营管理中大数据分析方法的合法性，这个问题在既有的法律中并没有规定。本案中，法院认可了大数据分析的合法性，但在证据认定上进行了严格的审查，引入了专家证人。在此基础之上，法院认可了大数据分析结论。本案对于大数据分析的合法性认定有着一定的意义。

Ⅱ 自动化决策的规范及学理

对于自动化决策，一些法律法规已经作出了相应的规定。《个人信息保护法》第 24 条规定："个人信息处理者利用个人信息进行自动化决策，应当保证决策的透明度和结果公平、公正，不得对个人在交易价格等交易条件上实行不合理的差别待遇。通过自动化决策方式向个人进行信息推送、商业营销，应当同时提供不针对其个人特征的选项，或者向个人提供便捷的拒绝方式。通过自动化决策方式作出对个人权益有重大影响的决定，个人有权要求个人信息处理者予以说明，并有权拒绝个人信息处理者仅通过自动化决策的方式作出决定。"《电子商务法》第 18 条第 1 款规定："电子商务经营者根据消费者的兴趣爱好、消费习惯等特征向其提供商品或者服务的搜索结果的，应当同时向该消费者提供不针对其个人特征的选项，尊重和平等保护消费者合法权益。"工业和信息化部针对车联网的自动化决策，于《关于加强车联网网络安全和数据安全工作的通知》指出："智能网联汽车生产企业、车联网服务平台运营企业要合理开发利用数据资源，防范在使用自动化决策技术处理数据时，侵犯用户隐私权和知情权。"上海市在《上海市数据条例》第 24 条第 3 款中也规范了自动化决策行为："通过自动化决策方式作出对个人权益有重大影响的决定，个人有权要求处理者予以说明，并有权拒绝处理者仅通过自动化决策的方式作出决定。"现有的规范原则上承认了自动化决策，但是也都对自动化决策提出了限制，即不得侵犯用户知情权、隐私权等权益。

1. 脱离算法自动化决策权

平台能否利用自动化决策作为处罚的依据是本案所要讨论的第一个问题。在判决书中，法院给出了肯定性的回答，"大数据分析是遏制扰乱网络交易秩序的有效手段"。《个人信息保护法》第 24 条、《电子商务法》第 18 条第 1 款原则上都认可了自动化决策的合法性。自动化决策在比较法上也得到承认。但问题在于，如果用户对自动化决策的结果提出异议，是否意味着自动化决策的结果应当被否定？这涉及用户所享有的脱离算法自动化决策权。

《个人信息保护法》第 24 条、《电子商务法》第 18 条第 1 款、《上海市数据条例》第 24 条都赋予了用户脱离算法自动化决策的权利。尽管这些立法针对的是不同的领域或行业，但是权利行使的前提其实大体相同。这些基本相同的构成要件体现出立法者的基本精神，可以抽象出一般的脱离算法自动化决策权。此外，欧盟《通用数据保护条例》第 22 条的规定也能够为此提供一些参考，从而帮助我们更全面地认识脱离自动化决策权。

第一，该系统必须是完全的算法系统，其中不存在任何自然人的参与。需要与之区分的是以算法结果为基础的决策系统。不同于完全的算法自动化决策，在以算法结果为基础的决策系统中，任何决策最终都是由人作出的，算法结果只是作为自然人决策的参考依据。第二，自动化决策的结果会对用户产生重大影响。如果处理者未对自动化决策的结果加以利用，那么自然也不会触发用户的这项权利。从构成要件来看，脱离自动化决策权的行使条件非常之苛刻。域外法的情况同样如此，个人信息主体很难有权完全脱离自动化决策，甚至有学者直接指出，脱离算法自动化决策权被完全架空（唐林垚：《"脱离算法自动化决策权"的虚幻承诺》，载《东方法学》2020 年第 6 期）。

从本案事实来看，用户无法行使脱离算法自动化决策权。毫无疑问，被告的决策结果会对原告的利益产生重大的影响。平台自治是网络空间治理的重要组成部分，意思自治下创设的平台自治权应当得到承认[洪学军主编：《互联网案件审判研究》（第一辑），法律出版社 2022 年版，第 87 页]。平台利用与用户签订的协议能够获得一定的自治权，平台有权对制造虚假流量的行为进行处罚，处罚权的行使将会对用户的利益产生重大影响。但是，这里不能忽略一个背景，即被告的处罚结果并不完全依靠算法自动化决策系统。根据抽象出的脱离算法自动化决策权，用户提起诉讼不能够当然地解释为用户在行使脱离算法自动化决策权。根据被告的陈述，符合下述任一情形，即可认定推广行为涉嫌违规：(1)过滤系统对一定周期内的推广数据进行排查后，抓取到异常推广数据的；(2)人工抓取分析后，有初步证据显示推广行为违反规范的。算法自动化决策系统确实是判定是否存在流量异常的依据，但是它还为用户提供了额外的申诉通道。当用户对算法自动化决策系统的结果存在异议时，被告会对用户的申诉进行审慎的审核。那么，实际上被告对于用户的惩罚不是完全由算法自动化决策系统作出的，而是人工在算法自动化决策结果的基础上，结合用户的申诉，作出最后的综合判定。

被告基于协议获得了平台自治权，有权对用户制造虚假流量的行为进行处罚。被告的处罚并不完全由算法自动化决策系统作出，还预留了人工审核的申诉通道。即便用户事后否定处罚的依据，也不能当然地解释为用户在行使脱离自动化决策权，被告的处罚行为仍然有效。

2. 自动化决策的算法解释权

本案的另一个争议焦点围绕着自动化决策的原理和算法展开。原告认为，在其申诉之后，被告既没有作出合理解释，也没有出具认定流量异常的依据。被告回应，流量异常的认定系由过滤系统作出，自动化决策既是合同履行的需要，也是业界的通行做法，可以证明原告存在制造虚假流量的行为。

该争议背后的实质是原告是否享有算法解释权。根据学者的总结,"算法解释权指的是,当自动化决策的具体决定对相对人有法律上或者经济上的显著影响时,相对人向算法使用人提出异议,要求提供对具体决策解释,并要求更新数据或更正错误的权利"(张凌寒:《商业自动化决策的算法解释权研究》,载《法律科学》2018 年第 3 期)。在本案中,原告所要求的实际上是被告对系统的决策原理作出解释,为何认定原告作出了制造异常流量的行为。

原告的诉讼在现行法下已经具备了法律上的依据。《个人信息保护法》第 24 条、第 48 条、第 50 条隐含着互联网平台需要以人工的方式进行解释和介入之意(丁晓东:《基于信任的自动化决策:算法解释权的原理反思与制度重构》,载《中国法学》2022 年第 1 期)。其他法律法规也给出了类似的规定。从中可以看出,自动化决策虽然有效,但是需以不侵犯用户的知情权为前提,具体便体现为用户的算法解释权。由于现阶段算法自动化决策具有较高的准确率,虽然事后解释权未必能够真正改变最终的解决,但却可起到维护和确认个体尊严的作用(张欣:《免受自动化决策约束权的制度逻辑与本土构建》,载《华东政法大学学报》2021 年第 5 期)。

在本案中,原告的主张之一就是被告应当详细说明过滤系统的运行原理。更为重要的是,这影响到了关键证据的认定,即未经解释的自动化决策结果能否判定原告存在制造虚假流量的行为。法院对此给出了否定的回答,理由是"如果仅凭大数据专业分析报告,难以证实大数据逻辑演算过程的真实性和合法性,也就难以判定大数据分析结果的合法性和合约性,难以判定案涉行为构成流量异常违规行为"。司法实务会对合同中涉及剥夺或限制用户自动化决策算法解释权的条款进行严格审查。如果存在类似条款,一般会被判定为无效的格式条款[洪学军主编:《互联网案件审判研究》(第一辑),法律出版社 2022 年版,第 113 页]。网络平台对于自动化决策的解释既是其义务,也决定了诉讼中的证据效力。为了保护平台的合法利益,在解释方式的选择上,应将被告的解释方式限定为个案解释。保持算法适度的不透明度也是企业的无奈选择(林洹民:《自动决策算法的法律规制:以数据活动顾问为核心的二元监管路径》,载《法律科学》2019 年第 3 期)。如果要企业全面披露算法的一般原理,那么就等于公开对外提供了破解过滤系统的思路,非常不利于企业未来的运营。因此,被告负有就该个案进行算法说明的义务。

Ⅲ 既往司法实践状况

在类似的案例中,法院在互联网推广业务中基本认可了自动化决策可以作为平台的管理方式[某网络工作室、杭州某软件服务有限公司网络服务合同纠纷案,浙江省杭州市中级人民法院(2020)浙 01 民终 7857 号民事判决书]。但是,平台在运用算法自动化决策时必须要兼顾效率和安全,人工审核的介入便很好地实现了上述目标[陈某与浙江某网络有限公司网络服务合同纠纷案,浙江省杭州市中级人民法院(2014)浙杭民终字第 2124 号民事判决书]。虽然平台与用户之间的协议授予了平台自治权,但是该协议不得剥夺用户在自动化决策中的知情权,平台必须要对决策结果的理由进行说明[陈某诉杭州某软件服务有限公司网络服务合同纠纷案,浙江省杭州市中级人民法院(2018)浙 01 民终 7505 号民事判决书]。如果情况紧急,平台需要立即采取措施,处罚作出的当时也可仅给出概括性理由，如采用不完全列举的说明方式[郝某、浙江某网络有限公司网络服务合同纠纷案，浙江省杭州市中级人民法院（2020）浙01民终6394号民事判决书]。在举证责任上，如果平台利用自动化决策系统已大体证明了用户存在违规行为，那么用户在申诉期间需要给出合理解释，否则将承担不利的举证后果[陈某、浙江某网络有限公司网络服务合同纠纷案，浙江省杭州市中级人民法院（2016）浙01民终7362号民事判决书]。之所以平台只需要完成初步举证，一个重要的原因是平台没有调查的权力、职能、义务，其只是商业生态的监督者、维护者[宿迁某网络科技有限公司、杭州某软件服务有限公司网络服务合同纠纷案，浙江省杭州市中级人民法院（2020）浙01民终4463号民事判决书]。自动化决策系统的内在原理可以建立在概率论之上[上海某电子商务有限公司、浙江某技术有限公司网络服务合同纠纷案，浙江省杭州市中级人民法院（2019）浙01民终5491号民事判决书]。

Ⅳ 本判决的参考意义及将来的课题

本案中，法院认可了自动化决策系统在平台治理中的运用，但也对此提出了限制条件，即自动化决策必须要保障用户的知情权，这从侧面塑造出了脱离算法自动化决策权的轮廓。如果平台预留了人工申诉通道，那么用户原则上需要接受自动化决策的结果。在用户存有疑虑时，平台需要对自动化决策的过程和原理加以说明，不能单方面剥夺用户的知情权。尤其是在诉讼中，自动化决策结果不能直接当作证据使用。本案遗留的课题是，以处罚权为代表的平台自治权究竟应该有多大的自治空间，能否显著有别于一般的行政程序或司法程序。事实上，平台自治权背后的协议往往会减轻或免除平台方的举证责任，仅依靠格式条款制度进行规制显然存在不足。如何在更好地发挥平台自治作用和全面保障用户权益之间取得平衡，需要未来的进一步探索。

□ 参考文献

唐林垚：《“脱离算法自动化决策权”的虚幻承诺》，载《东方法学》2020年第6期。

洪学军主编：《互联网案件审判研究》（第一辑），法律出版社2022年版。

张凌寒：《商业自动化决策的算法解释权研究》，载《法律科学》2018年第3期。

丁晓东：《基于信任的自动化决策：算法解释权的原理反思与制度重构》，载《中国法学》2022年第1期。

张欣：《免受自动化决策约束权的制度逻辑与本土构建》，载《华东政法大学学报》2021年第5期。

林洹民：《自动决策算法的法律规制：以数据活动顾问为核心的二元监管路径》，载《法律科学》2019年第3期。

048 人脸识别信息的特别保护

郭某诉杭州某有限公司服务合同纠纷案 | 浙江省杭州市富阳区人民法院(2019)浙0111民初6971号民事判决书

许 可 对外经济贸易大学法学院

■ 事实概要

2019年4月27日,原告郭某向被告杭州某有限公司(以下简称某公司)购买以指纹识别方式入园的双人年卡,支付卡费1360元。某公司以店堂告示形式公示涉及指纹识别的年卡办理类别、年卡办理流程和年卡使用说明。郭某与其妻子留存了姓名、身份证号码、电话号码等个人信息,并进行了指纹录入和照片拍摄。该双人年卡在2019年4月27日、5月4日、6月1日、9月14日有共计5次的使用记录。在双方服务合同履行过程中,某公司将入园方式从指纹识别调整为人脸识别,并于2019年10月7日停用指纹识别闸机。2019年7月12日和10月17日,某公司曾先后向包括郭某在内的年卡消费者发送两条短信,告知年卡系统已升级,若不激活人脸识别系统,将无法正常入园。2019年10月26日,郭某到某公司处交涉,工作人员表示:原指纹识别方式已无法入园,未注册人脸识别系统将无法入园。郭某认为人脸识别信息属于高度敏感个人隐私,对人脸识别的入园方式质疑,要求某公司退卡,双方协商未果。

郭某起诉请求:(1)确认某公司店堂告示和短信通知中涉及指纹识别和人脸识别的内容,因侵害消费者合法权益而无效;(2)判令某公司因涉嫌欺诈和违约而赔偿年卡卡费1360元,并赔偿交涉发生的交通费360元以及法院立案、出庭应诉发生的交通费800元;(3)判令某公司在第三方技术机构见证下删除郭某在某公司办理年卡及之后使用年卡时提交的全部个人信息,并承担相应技术见证费用。

■ 裁判要旨

消费者在知悉营业场所指纹识别店堂告示内容的情况下,自主作出办理年卡的决定并提供相关个人信息,该店堂告示对双方均具有约束力,且不符合格式条款无效的法定情形;人脸识别未在店堂告示中公示,并非双方的合同条款,对个人信息主体不发生效力。故对后者要求确认店堂告示无效的请求,不予支持。营业场所经营者单方变更入园方式构成违约。营业场所经营者要求消费者激活人脸识别,超出事前收集目的,且存在侵害消费者面部特征信息之人格利益的可能与危险,故其应当删除消费者办卡时提交的包括照片在内的面部特征信息。营业场所经营者除欲将照片用于人脸识别外,可以在消费者知情同意的情形下收集、使用包括指纹识别信息在内的其他个人信息,但不得泄露、非法提供或者滥用等。鉴于营业场所单方变更指纹年卡的入园方式,并停止使用指纹识别闸机,致使原约定的指纹识别入园服务方式无法实现,故其还应当删除指纹识别信息。

■ 评　析

Ⅰ 本判决的思路和意义

1. 人脸识别信息应特别予以保护

所谓人脸识别信息,即基于人脸识别技术收集或生成、可识别到特定自然人面部的完整的特征信息。作为生物识别信息中的一种,人脸识别信息具有独特性、直接识别性、不可变更性、不可匿名性,属于“一旦泄露或者非法使用,容易导致自然人的人格尊严受到侵害或者人身、财产安全受到危害”的敏感个人信息。同时,与指纹、虹膜、步态等其他生物识别信息相比,人脸识别信息除具有直接与其他人区分(single out)的功能以外,还能与其他信息关联,并根据其动态变化,推断出特定人的性格特征、行为习惯、情绪状态。不仅如此,人脸识别信息具有采集方式多样、隐蔽和灵活的特性,不当使用将给公民的人身、财产带来不可预测的风险,应当作出更加严格的规制和保护。

2. 基于消费者保护的路径规范人脸识别信息收集

鉴于本案审理时《民法典》《个人信息保护法》均未生效,法院主要援引原《民法总则》、《消费者权益保护法》作出判决。其中,原《民法总则》第 111 条对个人信息保护作了原则性规定:“自然人的个人信息受法律保护。任何组织和个人需要获取他人个人信息的,应当依法取得并确保信息安全,不得非法收集、使用、加工、传输他人个人信息,不得非法买卖、提供或者公开他人个人信息。”《消费者权益保护法》第 29 条第 1 款规定“经营者收集、使用消费者个人信息,应当遵循合法、正当、必要的原则,明示收集、使用信息的目的、方式和范围,并经消费者同意。经营者收集、使用消费者个人信息,应当公开其收集、使用规则,不得违反法律、法规的规定和双方的约定收集、使用信息”,明确将“合法、正当、必要”作为消费者个人信息收集、使用的基本原则。

基于上述情况,法院从合法、正当、必要原则出发,判定某公司使用郭某人脸识别信息,违反了正当性原则。本案中,某公司在涉指纹识别的年卡办理流程中规定“至年卡中心拍照”,郭某亦同意在办卡时拍摄照片,但提供照片仅系为了配合指纹年卡的使用,不应视为其已授权同意某公司将照片用于人脸识别。某公司虽自述其并未将收集的照片激活处理为人脸识别信息,但其欲利用收集的照片扩大信息处理范围,超出事前收集目的。同时,鉴于收集照片与人脸识别利用的特定关系,某公司又以短信通知等方式要求郭某激活人脸识别,表明其存在侵害郭某面部特征信息之人格利益的可能与危险。

3. 基于合同纠纷的路径提供个人信息侵害的救济

针对郭某提出的“删除在某公司办理年卡及之后使用年卡时提交的全部个人信息”的

诉讼请求，法院援引《网络安全法》第43条“个人发现网络运营者违反法律、行政法规的规定或者双方的约定收集、使用其个人信息的，有权要求网络运营者删除其个人信息”作出回应。在没有违反法律、行政法规的前提下，是否违反双方约定成为删除权支持与否的关键。

首先，某公司通过店堂告示告知消费者办理年卡需收集、使用生物识别信息用于入园身份验证，郭某经综合权衡后自主决定提供包括指纹在内的相关个人信息成为年卡消费者，双方就相关个人信息的约定合法有效。其次，某公司在合同履行过程中单方变更指纹年卡的入园方式，擅自将入园方式由指纹识别变更为人脸识别，并发送短信告知郭某未注册人脸识别系统将无法正常入园，属于违约行为，应当删除基于郭某照片所获得的面部特征信息。最后，鉴于某公司已经停止使用指纹识别闸机，致使原约定的指纹识别入园服务方式无法实现，郭某指纹识别信息亦应删除。综上，某公司违反约定收集、使用人脸识别信息和指纹识别信息，郭某依法有权主张删除，至于其他相关个人信息依法删除的请求，法院则不予支持。

Ⅱ 人脸识别信息保护的路径选择与法理剖析

受限于法不溯及既往的原则，本案并未依据《民法典》、《个人信息保护法》、最高人民法院《关于审理使用人脸识别技术处理个人信息相关民事案件适用法律若干问题的规定》（法释〔2021〕15号）作出裁判。因此，本案尽管提出对人脸识别信息特别予以保护，但在当时的法律框架下，只能选择消费者权益保护路径和合同纠纷解决路径，而并未通过个人信息权益保护路径对人脸识别信息（敏感个人信息）提供特别保障，这是本案作为“人脸识别第一案”的局限所在。为全面阐发个人识别信息保护的法理，有必要从《民法典》《个人信息保护法》出发，剖析其作为个人权益的内涵。

1. 人脸识别信息一般不适用肖像权和隐私权保护规则

根据《民法典》第1018条第2款的规定，肖像是通过影像、雕塑、绘画等方式在一定载体上所反映的特定自然人可以被识别的外部形象。与之不同，根据推荐性国家标准《信息安全技术　远程人脸识别系统技术要求》（GB/T 38671—2020）的规定，人脸识别信息是通过分析提取个人人脸图像数字特征产生样本特征序列，而形成的个体生物特征。正如《欧盟通用数据保护条例》（General Data Protection Regulation，GDPR）前言第51条指出：照片处理不应被系统地视为处理“特殊类别的个人数据”（敏感个人信息），因为只有通过确认自然人的特征性标识或身份验证的特殊技术手段（specific technical processing）而生成的信息，才属于生物识别数据的定义范围。欧盟数据保护委员会（European Data Protec-tion Board，EDPB）的指引文件中再次强调排除那些存储和保留在数据库中的原始数据，如视频监控拍到的人脸或录像，以及用户发布在网站、社交媒体上的原始信息。一方面，从技术流程上看，人脸识别技术包括图像获取（image acquisition）、人脸检测（face detection）、标准化（normalization）、特征提取（feature extraction）、登记（enrolment）、比较（comparison）等步骤，肖像不过是第一个流程“图像获取”中的信息而已。另一方面，肖像也不要求在物质载体中表现的形象与本人的真实形象全部相符，只要相关形象能够使人将其与特定的某人联想为同一人，就可构成肖像。因此，人脸识别信息与肖像判然有别，不适用我国《民法典》人格权编第四章“肖像权”的保护规则。

根据《民法典》第1032条第2款的规定，隐私是自然人的私人生活安宁和不愿为他人知晓的私密空间、私密活动、私密信息。《民法典》第1034条第3款进一步规定：“个人信息中的私密信息，适用有关隐私权的规定；没有规定的，适用有关个人信息保护的规定。”据此，若人脸识别信息构成私密信息，则应优先适用隐私权保护。私密信息的认定应同时考量其客观要件和主观要件，前者意味着“信息处于秘密状态”，后者意味着“个人不愿为他人知晓”。就客观要件论，人脸作为互相识别和验证的通用身份标识符，而落入了社会领域之中，因此，人脸识别信息尽管可能因未经过数字技术处理而未被发掘，但其并不具有天然私密的特性。就主观要件论，除特有的宗教或卫生原因外，人们一般不会主动掩盖其面孔或拒绝他人识别其面容特征。因此，人脸识别信息并不构成隐私。但是，并非所有人脸识别信息都不会对其隐私权构成侵害。例如，如果使用情感计算分析个人面部表情、推断个人情绪，就已经从社会领域进入关涉个人内在情感与思想世界的隐私领域（intimate sphere）。再如，若人脸识别信息与活动信息和其他信息结合，形成对个人私密活动的探知，也可能构成隐私侵害。

2. 人脸识别信息适用敏感个人信息保护规则

《个人信息保护法》第28条第1款将生物识别信息明确归入敏感个人信息，第二章第二节下相关“敏感个人信息的处理规则”当然适用于人脸识别信息。具体而言，人脸识别信息的处理应当遵循如下要求：

（1）人脸识别信息的处理应当具有特定的目的和充分的必要性。相较于一般个人信息，人脸识别信息的保护更加严格，因此，《个人信息保护法》在“目的限定”和“必要原则”的普遍适用规范外，额外强调“特定目的”和“充分必要”。这里的“特定目的”比该法第6条“明确、合理的目的”的要求更高，可理解为法律、法规及合同明确规定，由处理者的特定身份和特定活动所决定的“具体目的”。这里的“充分必要”亦高于该法第6条“与处理目的直接相关”的要求，可理解为特定处理目的和人脸识别信息的处理活动之间存在充分必要关系，即处理人脸识别信息是特定目的实现的充分且必要条件。换言之，若不进行人脸识别信息的处理，则特定目的在事实上或经济上无法达成。

（2）人脸识别信息的处理应当开展个人信息保护影响评估，并采取严格保护措施。根据《个人信息保护法》第55条、第56条的规定，人脸识别信息处理属于高风险的处理行为，在开展相关活动之前，应评估其处理目的、处理方式等是否合法、正当、必要，对个人权益的影响及安全风险，所采取的保护措施是否合法、有效及与风险的适应程度等，以判断其对个人权益的影响程度及风险控制有效性。在欧盟GDPR生效后的第一案中，欧盟数据保护委员会以学校对人脸识别信息未履行数据保护影响评估义务为由作出了处罚。在该案中，学校采用人脸识别这一新技术进行考勤。虽然学校事先进行了相应的风险评估，但未就数据处理行为对数据主体的权利和自由的影响作出评估，也未提出相应的风险应对措施以减少对数据主体权利的侵害，因而被认定构成对GDPR第35条、第36条保护影响评估和事先协商规定的违反。除个人信息保护影响评估外,处理者在处理人脸识别信息时,还应制定相应内部管理制度和操作规程、提高操作权限、制定并组织实施安全事件应急预案,以及对人脸识别信息进行去标识化、匿名化处理等。

(3)处理者应当履行增强告知义务。所谓增强告知义务,意指个人信息处理者除告知个人信息处理者的名称或者姓名和联系方式,个人信息的处理目的、处理方式,处理的个人信息种类、保存期限,个人行使权利的方式和程序外,还要采取明示方式告知处理人脸识别信息的"必要性"和"对个人权益的影响"。其中,"必要性"如前所述,"对个人权益的影响"亦应与个人信息保护影响评估的结果保持一致。基于信息披露有效性的考虑,"对个人权益的影响"可以参考推荐性国家标准《信息安全技术　个人信息安全影响评估指南》,其从限制个人自主决定权、引发差别性待遇、个人名誉受损和遭受精神压力、个人财产受损四个维度,列出了严重、高、中、低四种影响程度。

(4)人脸识别信息的处理应当取得信息主体单独同意,但根据《个人信息保护法》第13条的规定,无须取得个人同意的除外。单独同意,即个人对人脸识别信息的处理行为及其规则,能够独立于其他个人信息处理行为及规则自由、明确、具体地作出同意。详言之,首先,个人对人脸识别信息的处理者、处理目的、处理方式应作出全面、明示的同意,采取清楚、肯定之行动(a clear and affirmative action),而单纯沉默(silence)、已经预设勾选同意(pre - ticked boxes)或是不作为(inactivity)等,都不构成有效的同意。其次,个人对人脸识别信息处理的同意应当与其他个人信息处理的同意相区分,以破除"一揽子同意"和"捆绑同意"。再次,处理者不得通过欺诈、胁迫、诱导等违反诚信原则的方式,使个人陷入意志不自由的困境,作出违背自愿原则的同意。当人脸识别信息不属于提供产品、服务所必需时,个人完全可以拒绝,且该拒绝操作不得影响个人使用产品或服务。正因如此,最高人民法院《关于审理使用人脸识别技术处理个人信息相关民事案件适用法律若干问题的规定》第10条第1款规定:"物业服务企业或者其他建筑物管理人以人脸识别作为业主或者物业使用人出入物业服务区域的唯一验证方式,不同意的业主或者物业使用人请求其提供其他合理验证方式的,人民法院依法予以支持",其理由在于物业服务企业、其他建筑物管理人不得利用优势地位排除个人的选择权和拒绝处理权。最后,并非人脸识别信息的所有处理活动都应取得个人单独同意,在出现以下情形时,可豁免个人单独同意:第一,为订立、履行个人作为一方当事人的合同所必需,或者按照依法制定的劳动规章制度和依法签订的集体合同实施人力资源管理所必需,如开立金融账户;第二,为履行法定职责或者法定义务所必需,如公安机关依法侦查时;第三,为应对突发公共卫生事件,或者紧急情况下为保护自然人的生命健康和财产安全所必需;第四,法律、行政法规规定的其他情形。

Ⅲ 本判决的参考意义及将来的课题

本判决作为我国关于人脸识别信息的首份判决,具有彰显人脸识别信息受特别保护的重要意义。就此而言,其可视为最高人民法院《关于审理使用人脸识别技术处理个人信息相关民事案件适用法律若干问题的规定》的先声,亦为后续案例提供了参考。但囿于《民法典》《个人信息保护法》的溯及力，该判决并未采取个人信息权益保护的路径，没有就人脸识别信息的特别保护展开分析。放眼将来，如何细化《个人信息保护法》第二章第二节下敏感个人信息的处理规则的适用，发掘人脸识别信息的特殊规则，仍有待判决累积和司法探索。

□ 参考文献

杨合庆主编：《中华人民共和国个人信息保护法释义》，法律出版社 2022 年版。

张新宝主编：《〈中华人民共和国个人信息保护法〉释义》，人民出版社 2021 年版。

杨芳：《肖像权保护和个人信息保护规则之冲突与消融》，载《清华法学》2021 年第 6 期。

许可、孙铭溪：《个人私密信息的再厘清——从隐私和个人信息的关系切入》，载《中国应用法学》2021 年第 1 期。

049 个人征信法益的私法定位和侵权法保护

某银行股份有限公司抚顺分行与辛某名誉权纠纷案 | 辽宁省抚顺市中级人民法院(2022)辽04民再4号民事判决书

刘 洋 上海财经大学法学院

■ 事实概要

2015年7月30日，再审申请人辛某作为借款人、某银行股份有限公司抚顺分行(以下简称某行抚顺分行)作为贷款人订立《个人抵质押循环贷款合同》，约定：辛某向某行抚顺分行贷款10万元购车，贷款期限120个月，首期还款日为放款日在第一个还款周期后的对应日，当期没有对应日的，则当期最后一日为首期还款日，后续还款日为首期还款日在后续各期的对应日，当期没有对应日的，则当期最后一日为当期还款日。2015年8月3日首期放款后，辛某于同年9月10日开始偿还借款，至2019年3月还清。其间，共发生23次逾期还款，均被贷款人报送至金融信用信息基础数据库并记入辛某个人信用报告。辛某2019年购房因征信问题未能获得贷款，被迫退房并遭受1万元定金损失。随后，辛某提起诉讼，主张某行抚顺分行联系中国人民银行删除因车贷造成的23次不良逾期记录、赔偿损失的定金1万元。

■ 裁判要旨

某行抚顺分行在还款到期日前及还款逾期后均向借款人合同中留存的电话发出了短信提醒，告知义务已履行。故某行抚顺分行将逾期记录和不良信息上报金融信用信息基础数据库不构成侵权。

■ 评　析

Ⅰ 本判决的思路和意义

本案因负面征信信息和不良信用记录而发生，围绕侵权责任的成立及其承担而展开，历经三审，形成两种完全相反的裁判观点和论证理路。二审首先认可贷款人方面负有放款、还款日期的告知义务。借款人逾期还款的事实如源自贷款人对还款日期告知义务的违反，那么，即便逾期还款的事实客观存在，亦应将贷款人方面报送逾期记录和不良信息的行为界定为对借款人名誉权的侵害。借款人由此遭受的直接财产损失应经由赔偿请求权得以填补,不良信用信息和征信记录亦应删除。

再审则以完全相反的结论否定了二审的观点。不过,从判决基础来看,其理据倒并不在于规范性思维框架的转换,而是以贷款人已通过发送短信履行告知义务这一新事实的发现为由,釜底抽薪式地排除二审认定侵权责任成立的根本前提。

不同审级裁判文书的观点反复,实质上还是围绕个人征信信息的侵权法保护展开。为此,须厘清如下问题:其一,个人征信之上的法益如何定位;其二,在侵权法的保护框架下,个人征信法益的侵权责任形式怎样确定。前一问题关乎个人征信法益内核的厘清及其与名誉权关系的勘定,后一问题则以个人征信侵权责任具体内容的形塑为指向。

Ⅱ 个人征信法益的私法定位与侵权法保护的规范及学理

个人征信信息之上的法益保护,在我国现行法语境下,包括《民法典》《个人信息保护法》《征信业管理条例》在内的多部法律法规均有规则涉及。

《民法典》人格权编“名誉权和荣誉权”一章中的第 1029 条、第 1030 条即与此有关。就外在体系而言,《民法典》第 1029 条对信用评价与名誉权的合并式规定,极易令人产生二者实质相同的印象。但从内容观察,第 1030 条规定的转介式规则,随即令此种判断遭遇挑战。按照该条规定,信息主体与征信机构之间基于个人征信信息保护而形成的法律关系及其具体调整,仍取决于《民法典》中个人信息保护规则或其他法律法规的规定。

《民法典》和《个人信息保护法》虽为个人信息的保护配置了数量可观的条文,但专门针对个人征信或个人信用信息保护的规则依然阙如。不过,依《民法典》第 1034 条、《个人信息保护法》第 4 条的规定,不论在识别说(王利明、丁晓东:《论〈个人信息保护法〉的亮点、特色与适用》,载《法学家》2021 年第 6 期)还是关联说(程啸:《论〈民法典〉与〈个人信息保护法〉的关系》,载《法律科学》2022 年第 3 期)的标准下,个人征信和信用信息无疑皆应纳入该两部法律的适用范围内。由此,《民法典》及《个人信息保护法》中关于个人信息保护所作的制度安排,对于个人征信和信用信息都有调整的机会。此种规范适用进路的分野,也或多或少暗示了个人征信信息规范属性上不同于名誉的特质。

《征信业管理条例》作为专门规范征信活动、保护信息主体合法权益的行政法规,于第 26 条第 3 款规定:“信息主体认为征信机构或者信息提供者、信息使用者侵害其合法权益的,可以直接向人民法院起诉。”这一规则固然明确展示了立法者强调个人征信私法保护的态度,但其内容的空洞制约了规范实际效果的发挥,从中既不能了解个人征信法益的精准定位,亦无法获悉个人征信侵权责任的具体内容。当然,从该条例的整体价值取向和制度设计思维看,个人征信法益独立保护的倾向体现得十分明显。

由上可知,于立法的层面,个人征信之上的法益常被置于人格权保护的框架下。虽然从一般私法到特别私法对个人征信的保护多有涉及,但对个人征信本身的属性定位、与名誉权的关系以及侵权责任内容,基本未见清晰规定。因此,在个人征信私法定位、侵权责任方面,仍有赖于理论的建构和裁判的演进。

学理中,多在信用权的框架下展开对个人征信的阐释。近年来如雨后春笋般大量涌现的“信息法”文献，多数停留于一般性原理的建构与释明，给未能深入个人征信等特定类型个人信息保护和利用的理论层次。就个人征信法益的私法定位，主流观点认为，其作为信用权的具体类型之一，以民事主体履约能力、履约意愿等经济上能力的评价或经济上的可信赖性为内核（王泽鉴：《人格权法：法释义学、比较法、案例研究》，北京大学出版社 2013 年版，第 168 页），而非一般性地指涉民事主体道德、人格、品质等方面的社会评价，故与名誉权保护的对象并不相同，应当承认其具有独立的地位和保护价值（王利明：《人格权法研究》，中国人民大学出版社 2012 年版，第 549 页）。尽管从历史演进的角度看，以个人信用信息为代表的信用权的确曾被包裹于名誉权保护的法技术“外壳”之下，可随着时间推移和社会基础变迁，经济活动的日益频繁，使得个人经济方面的能力、评价与可信赖性的地位越发凸显（马特主编：《人格权法案例评析》，对外经济贸易大学出版社 2012 年版，第 136 页）。上述有利条件的齐备，滋生出便于“信用权”摆脱名誉权的裹挟、获取独立地位的优良土壤。各个国家或地区设计出独立于名誉权的信用权保护规则（王泽鉴：《侵权行为》，北京大学出版社 2009 年版，第 155 页），《德国民法典》第 824 条、《奥地利民法典》第 1330 条第 2 款均属信用权独立保护的典型立法范式。

然而，亦有少数见解对信用权独立于名誉权的正当性、必要性质疑，认为信用权在法益内核、侵权构造上皆与名誉权并无本质区分（姚辉：《人格权法论》，中国人民大学出版社 2011 年版，第 195～197 页）。此种观点未能顾及社会环境变迁对个人信用法益的规范构造更新提出的要求。撇开法益基础上的殊异，单从侵权构造考量，个人征信侵权责任的成立也与一般名誉权存在显著的差别。在《个人信息保护法》的体系中，个人信息侵权采过错推定原则（姚佳：《论个人信息处理者的民事责任》，载《清华法学》2021 年第 3 期），而非一般名誉侵权的过错责任原则。同时，鉴于个人征信信息在性质上属于敏感个人信息（胡文涛：《我国个人敏感信息界定之构想》，载《中国法学》2018 年第 5 期），不仅在采集、处理方面受“特定目的＋单独同意”等更严格的实体和程序控制（王利明：《敏感个人信息保护的基本问题——以〈民法典〉和〈个人信息保护法〉的解释为背景》，载《当代法学》2022 年第 1 期），且公开性也显著低于一般名誉所立足的信息，因而与后者有着质上的不同。对于个人征信来说，单纯错误的信息记载、失实的信用评价，常常即已足以被认定为侵权，并会引发赔偿损失等诸种形式的责任承担，尽管有误或失真的个人征信信息记录可能并未广泛流传，亦未在社会面造成评价降低。

就个人征信侵权责任成立后的责任形式，理论中多认为，除了采取更正、删除错误信息的恢复性措施之外（刘斌：《大数据时代金融信息保护的法律制度建构》，载《中州学刊》2015 年第 3 期），对于信息主体因此遭受的损失，侵权行为人亦应予以赔偿。自功能言之，个人征信信息主要服务于金融活动中的信用授予、贷款发放，故不良信用记录和负面征信信息往往造成贷款获取机会的丧失（王利明：《人格权法研究》，中国人民大学出版社 2005 年版，第 558 页），在信息主体财产方面形成消极影响或减损性的效果。故个人征信侵权并不少见，且常以机会丧失为呈现形态（张鹏：《个人征信语境下的信用权问题》，载《浙江工商大学学报》2014 年第 1 期）。另外，个人征信法益是一种人格法益，对其的侵害并非完全不可能引发精神痛苦。故在理论上，基于个人征信侵权的精神损害赔偿也是可能出现的责任形式（王泽鉴：《人格权法：法释义学、比较法、案例研究》，北京大学出版社 2013 年版，第 176 页）。只不过，我国法制背景下，向来强调精神痛苦严重程度对精神损害赔偿的关键性意义(《民法典》第996条),加之裁判实践在该领域一贯保守,故此,从理论角度讲,以个人征信侵权为由生成的精神损害赔偿请求权并不易于得到裁判支持。

综上所述,理论上的研究,主要借助于信用权这一概念工具,触及个人征信法益的私法定位和侵权法保护。尽管对于信用评价、个人征信强化保护的价值导向已成为学理共识,但在法技术实现路径上仍有理论分歧。不过,个人征信法益的内核及侵权构造独立于名誉权的学说已占据主导地位,在我国近来的立法实践和制度设计中亦有不少印迹。在个人征信侵权的法效果层面,恢复原状、财产性赔偿、精神损害赔偿是理论中广为接受的三项责任形式。

Ⅲ 既往司法实践状况

在本判决之前,个人征信信息失真或信用评价不当导致的侵权纠纷诉讼已属频发案型。从案情事实看,个人征信法益的私法定位、与名誉权的关系以及侵权责任形式,往往都是争议焦点。

既往的裁判实践中,已有不少判决认识到个人征信相较于名誉在法益基础、保护对象及侵权责任构成方面的不同之处。典型的例证是“陈某与中国某银行股份有限公司上海分行侵权责任纠纷案”[上海市高级人民法院(2018)沪民再13号民事判决书],该案判决明确指出,“信用虽然也是一种社会上的评价,与名誉互有关联,但也存在区别。信用是社会其他成员对民事主体经济上的评价,是以经济生活中的可靠性或支付能力为内容。名誉则是社会生活的综合评价……两者的保护范畴不同,必然在其构成要件上存在差异。《征信业管理条例》第四十条第四项所列应承担民事责任的情形,没有将广泛传播作为构成要件,正是因其规范和保护是信用,而非名誉……错误信息是否广泛传播,不是侵害信用的构成要件”。由此,即便征信系统本身具有封闭性,不实的负面征信信息并不会广泛外传、扩散,名誉侵权无从成立,可个人征信作为一种值得保护的独立法益,仍不妨因征信系统内的错误记载而遭受侵害。实务中,与此相似的思路还见于“陈某与中国某银行股份有限公司儋州分行侵权责任纠纷案”[海南省第二中级人民法院(2019)琼97民终1618号民事判决书]、“中国某银行股份有限公司丹东分行与王某名誉权纠纷案”[辽宁省丹东市中级人民法院(2020)辽06民终1494号民事判决书]、“中国某银行股份有限公司丹东分行与于某名誉权纠纷案”[辽宁省丹东市中级人民法院(2020)辽06民终1688号民事判决书]、“中国某银行股份有限公司丹东分行与许某名誉权纠纷案”[辽宁省丹东市中级人民法院(2020)辽06民终1793号民事判决书]、“中国某银行股份有限公司丹东分行与邹某名誉权纠纷案”[辽宁省丹东市中级人民法院(2020)辽06民终2011号民事判决书]、“中国某银行股份有限公司辽阳分行与王某等名誉权纠纷案”[辽宁省辽阳市中级人民法院(2022)辽10民终628号民事判决书]、“驻马店某商业银行股份有限公司与郭某一般人格权纠纷案”[河南省驻马店市中级人民法院(2019)豫17民终2503号民事判决书]等判决书中。

与此同时,司法实践中亦有不少判决书依然未能将个人征信法益与名誉权清晰地区分开来,其表现形式有两种。第一,对于负面个人征信信息的错误记载引发的纠纷,单纯因名誉权侵权中对外传播、社会评价降低要件的欠缺,径直否定侵权的成立。“孔某与安徽肥西某商业银行股份有限公司侵权责任纠纷案”[安徽省合肥市中级人民法院(2019)皖01民终10282号民事判决书]即为采用此种分析进路的典型案例,其判决书指出:“征信系统中的内容对外具有保密性……只有本人或者相关政府部门、金融机构因法定事由才能对系统内的记录进行查询,这些记录并未在不特定的人群中进行传播,不当然引起当事人的社会评价的降低,故不能认定存在损害名誉权的后果”,据此驳回信息主体全部诉讼请求。相似的判决思路还体现于“蔡某与中国某银行股份有限公司北京市分行侵权责任纠纷案”[北京市第二中级人民法院(2020)京02民终2931号民事判决书]、“吕某与山东莱芜某商业银行股份有限公司一般人格权纠纷案”[山东省济南市中级人民法院(2020)鲁01民终13552号民事判决书]、“孙某与宁夏黄河某商业银行股份有限公司名誉权纠纷案”[宁夏回族自治区银川市中级人民法院(2021)宁01民终2676号民事判决书]等判决书中。第二,针对错误的不良征信记录,尽管判定侵权责任成立,以实现对信息主体的保护,但在具体规范路径上,却直接将此种征信信息和信用评价失实的行为认定为侵害名誉权。“中国某银行股份有限公司东平支行与刘某名誉权纠纷案”[山东省泰安市中级人民法院(2020)鲁09民终229号民事判决书]即其适例。

从已有的裁判出发,就个人征信侵权责任的具体形式而言,司法实践总体上形成了较为一致的操作模式:(1)删除、更正等恢复性责任形式广为接受和运用[驻马店某商业银行股份有限公司与郭某一般人格权纠纷案,河南省驻马店市中级人民法院(2019)豫17民终2503号民事判决书;中国某银行股份有限公司辽阳分行与王某等名誉权纠纷案,辽宁省辽阳市中级人民法院(2022)辽10民终628号民事判决书]。(2)精神损害赔偿大多不予支持[中国某银行股份有限公司丹东分行与王某名誉权纠纷案,辽宁省丹东市中级人民法院(2020)辽06民终1494号民事判决书;陈某与中国某银行股份有限公司儋州分行侵权责任纠纷案,海南省第二中级人民法院(2019)琼97民终1618号民事判决书]。(3)对于财产损失,主要以赔偿直接损失为内容,如鉴定费等[中国某银行股份有限公司东平支行与刘某名誉权纠纷案,山东省泰安市中级人民法院(2020)鲁09民终229号民事判决书]。至于机会丧失所引发的财产损害赔偿,在实务中虽有主张,但多以因果关系过远为由被驳回[陈某与中国某银行股份有限公司上海分行侵权责任纠纷案,上海市高级人民法院(2018)沪民再13号民事判决书]。

Ⅳ 本判决的参考意义及将来的课题

本判决中,再审法院刻意地借助于新事实的发现支撑判决结论,其实是一定程度上默许了二审判决在规范层面所作的说理。但在二审裁判文书中,个人征信法益的侵权法保护却被置于名誉权保护的框架下展开,具体侵权责任则由更正、删除等恢复原状措施和直接损失的赔偿所组成。对比既往裁判实践可知,本案二审在个人征信法益的私法定位及侵权法保护路径方面的思维范式,其实在实务中并非罕见。然而,在社会基础演进的背景下,随着经济、金融在整体社会中地位的提升,个人征信所代表的经济能力或可信赖性也有了在规范层面独立保护和形塑的必要。因此,梳理裁判实务可以发现,如今正形成着与本案相对的另一种规范思维范式,即个人征信法益在保护对象、体系定位、侵权构造上独立化的模式。显然,这一规范分析框架在裁判实践中的铺开和落实,只能作为司法未竟之业,留待今后完成。

当然,本案二审确认,个人征信侵权责任形式可包括更正、删除等恢复原状措施,亦可能出现赔偿直接损失。此皆为对司法实践中一贯做法的遵循,足供未来类案参考。而个人征信侵权的赔偿责任能否将机会损失延纳在内并支持精神损害赔偿,则是本案未能触及并有待未来澄清的重要议题。

□ 参考文献

王泽鉴:《人格权法:法释义学、比较法、案例研究》,北京大学出版社 2013 年版。

胡文涛:《我国个人敏感信息界定之构想》,载《中国法学》2018 年第 5 期。

王利明、丁晓东:《论〈个人信息保护法〉的亮点、特色与适用》,载《法学家》2021 年第 6 期。

王利明:《敏感个人信息保护的基本问题——以〈民法典〉和〈个人信息保护法〉的解释为背景》,载《当代法学》2022 年第 1 期。

程啸:《论〈民法典〉与〈个人信息保护法〉的关系》,载《法律科学》2022 年第 3 期。

050 未成年人的个人信息保护

施某某等诉徐某某肖像权、名誉权、隐私权纠纷案 | 江苏省南京市江宁区(县)人民法院(2015)江宁少民初字第7号民事判决书

景　荻　西南政法大学人工智能法学院

■ 事实概要

原告张某某、桂某某系原告施某某生父母,李某某系张某某表姐。2015 年 4 月 3 日 21 时 15 分,被告徐某某在其微博上发表如下内容(配照片 9 张):"父母南京某区人,男童于 6 岁合法收养,虐待行为自去年被校方发现,近日,班主任发现伤情日渐严重,性格也随之大变,出现畏惧人群等心理行为,班主任及任课老师在多方努力无果后,寻求网络帮助。恳请媒体和大伙的协助。希望这个孩子通过我们的帮助可以脱离现在的困境。"当日 22 时 40 分,徐某某在其微博上又再次配上同一组照片发表类似的言论。随后,原告一方认为被告徐某某未经许可,擅自将施某某的肖像、养子身份信息公开,且捏造了虐待事实,侵犯了原告施某某等人的肖像权、名誉权以及隐私权,向法院提起诉讼,请求法院判令:(1)停止侵害;(2)赔礼道歉并在全国范围内为其三人消除影响、恢复名誉;(3)向施某某支付精神损害抚慰金 10 万元,向张某某、桂某某支付精神损害抚慰金 10 万元。

审理中,被告徐某某表示:第一,施某某系未成年人,在人身受到严重伤害的情况下,其将施某某受伤害的照片发布以寻求社会的帮助,且在发布照片时在不影响事实的情况下对施某某的脸部作了"马赛克"处理,目的是及时阻止家庭暴力的再次发生,保护未成年人,并非出于营利的目的。其使用施某某肖像虽未经施某某同意,但符合法律规定的情形,故其未侵犯施某某的肖像权。第二,施某某的养子身份信息,在施某某被收养后就会依法进入公共认知领域,施某某将养子身份信息视为隐私,不当扩大了隐私的范围。其反映收养关系,目的是保护未成年人不再受到侵害,希望民政部门能对收养关系进行审查并作出处理,其行为未侵犯隐私权。第三,其微博反映的内容仅是对事件的陈述,经过公安机关的调查,已经确认全部属实,并且其依法对被侵害人进行了处理,其微博不含任何会造成施某某社会评价降低及爱说谎、不爱学习等坏孩子形象的内容,没有对施某某的名誉造成损害,不构成侵权。第四,其微博反映的内容未涉及张某某、桂某某的任何信息资料,张某某、桂某某称其侵犯隐私权、名誉权无任何的事实和法律依据。

■ 裁判要旨

肖像使用人未经未成年人本人同意使用肖像,但其使用是为了维护社会公共利益和未成年人本人利益,也没有以营利为目的,且使用时已对照片脸部进行了模糊处理,应认定该使用行为不构成对未成年人肖像权的侵害。

行为人通过网络公开未成年人遭受虐待的事实,是一种公开的网络举报行为,不存在主观上的过错,也没有夸大或隐瞒事实,或者虚构、造谣和污蔑,不构成侵犯名誉权。

为了揭露可能存在的犯罪行为,对未成年人的相关照片进行模糊处理后公开,没有披露其姓名和家庭住址,在第三人不能明显识别出该未成年人的情况下,行为人不构成侵害隐私权。至于其他网民基于该公开信息进行的进一步搜索行为,不应由前述行为人承担隐私权侵权责任。

■ 评　析

Ⅰ 本判决的思路和意义

由于案件发生在《民法典》《个人信息保护法》通过之前,原告并没有明确将个人信息保护作为独立的诉由,但法院在审查被告是否侵害了原告隐私权、肖像权、名誉权的过程中,对未成年人个人信息保护作了论述。就本案而言,未成年人个人信息保护是争议的起点和核心,原告和被告的争议焦点在于未成年人个人信息保护的边界。对此,法院采取了如下裁判思路:其一,保护与利用的平衡。未成年人个人信息当然需要重点保护,但仍然存在合理利用的空间。本案中,被告的行为就属于合理利用。一方面,被告的利用方式合理,在相关信息的披露上是节制的,对照片中的未成年人作了模糊处理,没有暴露他的真实容貌,也没有披露他的姓名、家庭住址等其他个人信息;另一方面,被告的利用目的正当,其公开未成年人的信息是为了揭露可能存在的犯罪行为,从而利用网络的力量来保护该未成年人的合法权益。其二,个人信息识别。保护个人信息的前提是相关信息满足个人信息的条件。对此,法院认为,根据被告所发微博的文字与照片,第三人不能明显识别出未成年人的身份。至于网友对于相关信息进行搜索进而锁定当事人的行为,不能用来认定被告公开未成年人个人信息。

总之,法院在本案中运用个人信息的判断和保护,借助隐私权间接阐述了未成年人个人信息保护的做法。在《民法典》《个人信息保护法》等一系列有关个人信息保护的法律通过后,本案判决对于未成年人个人信息的保护,尤其是对于为了保护未成年人利益而公开其个人信息的案件的处理,有着积极的参考意义。

Ⅱ 未成年人个人信息的识别

1. 个人信息的识别标准

对于个人信息的界定,学界存在识别说与关联说两种标准。《民法典》第 1034 条第 2 款规定:“个人信息是以电子或者其他方式记录的能够单独或者与其他信息结合识别特定自然人的各种信息,包括自然人的姓名、出生日期、身份证件号码、生物识别信息、住址、电话号码、电子邮箱、健康信息、行踪信息等。”随后,《个人信息保护法》第 4 条第 1 款规定:“个人信息是以电子或者其他方式记录的与已识别或者可识别的自然人有关的各种信息,不包括匿名化处理后的信息。”对此,学界通说认为,《民法典》采取了识别说,而《个人信息保护法》采取了“关联说+识别说”的双重标准,扩大了个人信息保护的范围。司法实践中,法院对于个人信息的认定采取了这一双重认定标准。例如,在“凌某某与北京微播视界科技有限公司隐私权、个人信息权益网络侵权责任纠纷案”[北京互联网法院(2019)京0491民初6694号民事判决书]以及“黄某与腾讯科技(深圳)有限公司等网络侵权责任纠纷案”[北京互联网法院(2019)京0491民初16142号民事判决书]中,法院就明确提到,判断某项信息是否属于个人信息,应当考虑两条路径:一是识别,强调从信息到个人,考察由信息本身的特殊性能否识别出特定自然人,即能否识别信息主体“是谁”;二是关联,强调从个人到信息,即在已经能够确定特定自然人身份的基础上,则在该特定自然人活动中产生的信息即为个人信息,因为这些信息能够识别信息主体“是什么样的人”。

2. 未成年人个人信息保护的具体识别

本案中,法院对于未成年人个人信息的判断主要采取的是识别说,结论是被告微博上发布的内容不构成个人信息。对此,我们可以依据《个人信息保护法》进行重新判断:

第一,识别说之检索,即从信息到个人,关键在于相关信息能否识别出信息主体的身份。具体来说,被告发布的微博内容主要分为照片和文字。就照片而言,由于被告的照片被进行模糊处理,并不能显示该未成年人的真实面容,故无法直接识别出信息主体的身份。至于文字部分,包括“父母南京某区人,男童于6岁合法收养”“近日,男童班主任发现男童伤情日渐严重,性格也随之大变,出现畏惧人群等心理行为”等,并不能直接识别出该未成年人的身份。但有疑问的是,网友们通过照片和文字信息进行各种搜索,最终锁定了该未成年人及其生父母的身份,那么这是否意味着被告发布的信息符合识别说的标准呢?对此,法院认为:“微博文字与照片结合后,第三人不能明显识别出微博中的受害儿童即为施某某……至于徐某某发表微博后,网民对张某某、桂某某搜索导致其相关信息被披露,不应由徐某某承担责任。”这意味着识别性必须是合理的识别。如果一名普通网友通过浏览被告的其他微博内容,很容易锁定该未成年人的身份,则该条微博内容应认定为具有识别性。反之,网友通过极其复杂的检索关联费时费力地锁定信息主体的身份,则超出了识别性的合理限度。

第二,关联说之检索,即从个人到信息,关键在于在确定信息主体身份的基础上,相关信息是否能够识别个体特征。本案中,对于被告来讲,其是知晓该未成年人身份的,那么被告发布的微博内容应属于被告关联的个人信息,符合关联说的标准。虽然第三人未必可以根据被告发布的信息识别出该未成年人的身份,但对于徐某某来讲,由于其知晓该未成年人的身份,故发布的照片和文字内容仍然属于该未成年人的个人信息,可以识别出该未成年人的个体特征。当然,构成个人信息并不意味着被告必然侵害了该未成年人的个人信息权益,这涉及个人信息的保护。

Ⅲ 未成年人个人信息的保护

1. 未成年人个人信息保护的特殊规定

关于未成年人个人信息保护，学界专门展开探讨的成果还比较少。有学者认为，国际通行的“未成年人监护人或者家长同意”机制是无效的，应当建立“在不同的场景下通过设计来保护隐私”的规则［王苑：《中国未成年人网络个人信息保护的立法进路——对“监护人或家长同意”机制的反思》，载《西安交通大学学报（社会科学版）》2019年第6期］。还有学者指出，未成年人的特殊身份决定了其个人信息具有高度敏感性，应当对未成年人这一特殊群体的个人信息予以特别保护［傅宏宇：《我国未成年人个人信息保护制度构建问题与解决对策》，载《苏州大学学报（哲学社会科学版）》2018年第3期］；而有学者则进一步主张，鉴于未成年人个人信息的敏感属性，应当采用 Opt－in 的同意模式，只有用户本人及监护人明示同意之后，信息控制者方可收集信息［胡梅、刘征峰：《未成年人个人信息保护研究——以〈未成年人保护法（修订草案）〉为视角》，载《预防青少年犯罪研究》2020年第2期］。

法律法规方面，《民法典》《个人信息保护法》都对未成年人个人信息保护作了特别规定：第一，未成年人个人信息属于敏感个人信息。根据《个人信息保护法》第28条的规定，不满14周岁未成年人的个人信息与生物识别、宗教信仰、特定身份、医疗健康、金融账户、行踪轨迹等信息同属于敏感个人信息，受到特别保护。据此，只有在具有特定的目的和充分的必要性，并采取严格保护措施的情形下，个人信息处理者方可处理未成年人个人信息。第二，未成年人个人信息处理的知情同意规则。根据《民法典》第1035条以及《个人信息保护法》第31条第1款的规定，处理不满14周岁未成年人个人信息的，应当取得未成年人的父母或者其他监护人的同意。第三，专门的个人信息处理规则。根据《个人信息保护法》第31条第2款的规定，个人信息处理者处理不满14周岁未成年人个人信息的，应当制定专门的个人信息处理规则。此外，《儿童个人信息网络保护规定》对通过网络处理未成年人个人信息的活动作出了系统规定。

需要说明的是，《民法典》与《个人信息保护法》对于个人信息保护的调整各有侧重。《民法典》在一般层面调整平等主体的自然人、法人与非法人组织之间的个人信息处理关系。与此不同的是，《个人信息保护法》主要针对互联网平台或者企业对自然人信息的大规模处理活动，调整的是信息能力不平等的主体。作为信息能力平等的主体之间即自然人之间因个人或者家庭事务而处理个人信息的情形，被完全排除在《个人信息保护法》的调整范围之外（该法第72条第1款），而由《民法典》调整［程啸：《论〈民法典〉与〈个人信息保护法〉的关系》，载《法律科学（西北政法大学学报）》2022年第3期］。但需要说明的是，《个人信息保护法》是一部综合性法律，其中的私法规则与《民法典》构成特别法与一般法的关系（王利明：《论〈个人信息保护法〉与〈民法典〉的适用关系》，载《湖湘法学评论》2021年第1期）。从这个角度来看，本案涉及的未成年人个人信息保护纠纷主要发生在信息能力平等的自然人之间，并不属于《个人信息保护法》预设的调整对象，但《个人信息保护法》有关未成年人个人信息保护的具体规则仍然可以继续适用。

2. 未成年人个人信息的合理利用

个人信息的保护并不是绝对的，存在合理利用的例外，即无须征得自然人的同意即可利用其个人信息。对此，《民法典》第1036条明确了两种合理利用的情形：一是合理处理该自然人自行公开的或者其他已经合法公开的信息，但是该自然人明确拒绝或者处理该信息侵害其重大利益的除外；二是为维护公共利益或者该自然人合法权益，合理实施的其他行为。随后，《个人信息保护法》第13条第1款进一步拓展了个人信息合理利用的情形，具体包括：为订立、履行个人作为一方当事人的合同所必需，或者按照依法制定的劳动规章制度和依法签订的集体合同实施人力资源管理所必需；为履行法定职责或者法定义务所必需；为应对突发公共卫生事件，或者紧急情况下为保护自然人的生命健康和财产安全所必需；为公共利益实施新闻报道、舆论监督等行为，在合理的范围内处理个人信息；依照该法规定在合理的范围内处理个人自行公开或者其他已经合法公开的个人信息；法律、行政法规规定的其他情形。

具体到本案中，被告发布微博没有取得未成年人监护人的同意，那么是否符合个人信息合理利用的情形呢？对此，我们可以根据上述规定进行逐一分析：第一，被告微博发布的照片和个人信息并非自然人自行公开或者其他已经合法公开的信息；第二，被告与该未成年人之间并无订立、履行合同的情形；第三，被告并不负有保护该未成年人的职务或者义务，发布微博不属于履行法定职责或者法定义务所必需；第四，被告的行为最贴近的是维护公共利益实施舆论监督与保护自然人的合法权益。对此，法院也多次强调，“虽未经施某某同意，但其使用是为了维护社会公共利益和施某某本人利益的需要”，“徐某某通过网络公开了男童遭受虐待的事实，是一种公开的网络举报行为”，“其目的是揭露可能存在的犯罪行为”。对此，笔者认为法院的认定是值得赞同的，本案被告确实存在合理利用的事由。

但需要注意的是，合理事由的存在只能确保目的正当，行为人还需要采取合理方式。法院也充分意识到这一问题，其认为被告采取的行为方式是合理的，被告对发布的未成年人照片进行了模糊处理，同时也没有过多披露其他相关信息。在另一起未成年人个人信息保护案件[李某某与北京某网络技术有限公司等网络侵权责任纠纷案，北京互联网法院(2019)京0491民初33767号民事判决书]中，法院认定被告公开未成年人视频的行为构成侵权。某日，小女孩刘某因不愿上学而哭闹，父母将其绑在街边树上进行教育。路人赵某使用手机拍摄了上述过程，并将视频私信给网络大V在社交媒体平台进行传播，引起广大网友对刘某父母教育方式的热议。视频中，刘某的面部特征清晰，且其掀起裙子露出短裤。法院经审理认为，赵某发布的视频含有刘某可以被识别的外部形象，从拍摄并传播涉案视频的目的、手段来看，赵某的目的是良善的，但其采取的方式却在客观上给刘某造成了次生伤害。赵某采取的方式超出了舆论监督的限度，已经背离了其保护未成年人利益的初衷，最终认定赵某构成侵权。

□ 参考文献

王利明：《论〈个人信息保护法〉与〈民法典〉的适用关系》，载《湖湘法学评论》2021年第1期。

程啸：《个人信息保护法理解与适用》，中国法制出版社2021年版。

程啸：《论〈民法典〉与〈个人信息保护法〉的关系》，载《法律科学(西北政法大学学报)》2022年第3期。

051 劳动者个人信息处理中的“同意规则”与“必需规则”

任某与上海某科技有限公司劳动合同纠纷案 | 上海市第二中级人民法院(2020)沪02民终5887号民事判决书

黄　镇　浙大城市学院法学院

■ 事实概要

2012年2月19日,任某(一审原告,二审上诉人)入职上海某科技有限公司(以下简称某公司)(一审被告,二审被上诉人),先后签订过多份劳动合同。2019年5月20日,某公司下发《关于选举产生职工代表的通知》选举职工代表。7月2日,某公司召开第一届第一次职工代表大会,通过了《劳动者手册》《考勤管理制度》《出差管理制度》《薪酬管理制度》《销售管理制度》《销售人员打卡规范》等多个企业内部管理规章制度。7月5日,任某在某公司武汉会议室参加劳动者培训学习了前述规章制度。7月19日,某公司组织任某培训学习《销售人员打卡规范》。该规范规定,销售人员使用钉钉软件打卡,无故未打卡也未向上级领导报备,且未办理相关请假手续的按旷工一天处理。当日,某公司以邮件通知任某,“2019年7月22日至7月26日为钉钉软件打卡试行阶段,自7月27日起为正式阶段,如未按照《考勤管理制度》以及《销售人员打卡规范》执行钉钉软件打卡的将按缺勤处理”。7月22日至26日期间,某公司因任某没有进行钉钉打卡考勤,每天均通过邮件提醒任某需要打卡。7月30日,某公司下发考勤打卡试运行期间的通报。7月29日至8月7日期间,任某仍未进行钉钉打卡,某公司每天发邮件提醒任某,并告知任某劳动者无故未打卡也未向上级领导报备,且未办理相关请假手续的按旷工一天处理。2019年8月8日,某公司向任某出具解除劳动合同通知书。任某认为,某公司要求钉钉打卡的行为没有获得其本人同意,且未提供打卡设备,公司以未进行钉钉打卡为由解除劳动合同属于违法解除劳动合同,并主张相应赔偿。

■ 裁判要旨

劳动关系一经建立,则劳动者必须听从用人单位的指挥,将劳动力的支配权交给用人单位,接受用人单位的管理,服从其工作时间、任务等安排,遵守其规章制度。对于在家办公的劳动者而言,用人单位要求的考勤方式不存在明显不便,也无苛刻之嫌。故劳动者在收到多次通知后始终拒绝打卡,属于不服从用人单位管理的情形。

■ 评　析

Ⅰ 本案焦点

1. 单位通过制定规章制度的方式要求劳动者定位打卡是否应当经劳动者同意

本案中,某公司根据职工代表大会通过的《考勤管理制度》《销售人员打卡规范》等企业内部规章制度要求劳动者任某使用钉钉软件打卡,但任某在一审审理中表示,某公司不顾及其意见要求劳动者使用手机开放定位,侵犯了隐私。某公司则表示固定场所办公劳动者均进行现场打卡,销售人员为其工作便利才使用手机定位打卡。根据《劳动法》第 4 条的规定,用人单位有权通过法定程序制定内部管理规章制度。同时根据《劳动法》第 25 条第 2 项的规定,劳动者严重违反劳动纪律或者用人单位规章制度的,用人单位可以解除劳动合同。某公司正是基于以上两条规定决定解除与任某之间的劳动合同。而根据任某的主张,该打卡规定未征得其同意,侵犯了其隐私权。如果该主张成立,那么依据《劳动法》第 89 条的规定,某公司制定的劳动规章制度就违反法律、法规规定,应当承担赔偿责任。然而,该案发生之时,我国民事领域中没有关于隐私权或个人信息权益保护的明确规定,只是在名誉权纠纷中以间接的方式保护了个人隐私。该案显然与名誉权无关,因此该主张并未得到法院的认可。换句话说,法院认为企业通过制定规章制度要求劳动者手机打卡的行为是合法的。

然而,《民法典》出台后,自然人的隐私权与个人信息权益在法律层面得到确立,情况也发生了短暂的变化。根据《民法典》第 1035 条的规定,处理个人信息应当遵循合法、正当、必要原则,且要征得该自然人或者其监护人同意,但是法律、行政法规另有规定的除外。可见,《民法典》对于处理个人信息的采取的态度是同意为主、例外为辅。对此,任某的主张似乎便有了法律依据,企业通过制定规章制度要求劳动者手机打卡同样必须取得劳动者的同意,否则便是违法。

但随后出台的《个人信息保护法》却在第 13 条第 1 款中专门针对这种情形作出了规定,其中第 13 条规定,“符合下列情形之一的,个人信息处理者方可处理个人信息:……(二)为订立、履行个人作为一方当事人的合同所必需,或者按照依法制定的劳动规章制度和依法签订的集体合同实施人力资源管理所必需……”可见,用人单位不仅要证明自身劳动规章制度依法合规,还须证明该措施为人力资源管理所必需。

2. 手机定位打卡是否属于为人力资源管理所必需

根据前文,当前的法律制度下处理劳动者个人信息的合法路径有三条:一是劳动者知情同意;二是为合同内容所必需;三是为人力资源管理所必需。本案中不存在适用前两种路径的情形,因此就引出了本案第二个争点:对于外勤工作而言,手机定位是否属于为人力资源管理所必需。对此,可从目的合理性和手段必要性两个方面来讨论。

一是目的合理性。劳动者个人信息处理行为的目的应当是合理的。对此,有学者提出:“在劳动关系存续期间,雇主享有对雇员的监督和管理权……职场监控应限于雇主具有重大、明显利益之场合,不应作为监督雇员工作表现的一般手段。”(谢增毅:《职场个人信息处理的规制重点——基于劳动关系的不同阶段》，载《法学》2021 年第 10 期）本案中，某公司称对任某定位信息的获取是用于考勤管理，目的是优化管理体系、提高工作效率。外勤岗位由于地点、时间存在一定灵活性，因此区别于固定地点固定时间的一般工作岗位，对其采用手机定位打卡方式具有一定的合理性。同时，劳动者任某表示，手机定位打卡的方式仅针对销售人员不合理，而某公司回应此考勤方式是根据外勤工作的需要而作出的。可见，某公司的措施是“因岗而异”，而不是“因人而异”，并非针对某个劳动者个人，因此也具有一定的合理性。

二是手段必要性。劳动者个人信息的获取、处理应当以达到人力资源管理的合理目的为界限，超出该目的或者达不到该目的的手段，都应当认定为非必要。在外勤工作的定位打卡问题上，应区分岗位性质、工作内容、打卡时间等具体情形。若劳动者出外勤需在固定或特定地点完成，则在到达目的地后开启定位打卡应属必要，例如汽车保险员出险、律师外派驻点等；若工作无须在固定或特定地点完成，定位打卡则属非必要，例如程序员居家办公、教育培训行业线上授课等。本案中，劳动者任某的工作性质是销售，具体内容裁判文书中并未提及，但双方都认可该劳动者一直在家办公，据此可判断该工作无须在固定或特定地点完成。因此，针对任某的定位打卡是否为工作所必需，并非毫无疑问。

Ⅱ 本案的参考意义

1. 提示劳动者个人信息保护中“同意规则”存在适用困境

《民法典》的个人信息保护适用于包含劳动者在内的所有自然人，但劳动关系的从属性使得针对劳动者的个人信息保护知情同意规则力所不逮。

其一，劳动者同意未必出于真实意思表示。劳动关系不同于普通民事合同关系，劳动者更容易迫于压力而选择屈从，因此在劳动者的个人信息收集和处理活动中，“同意规则”的适用往往演变为劳动者被迫或无奈同意。其二，“同意规则”易被“必需规则”架空。虽然《民法典》第 1035 条规定，个人信息处理者收集个人信息应在遵循合法、正当、必要原则的基础上征得他人的同意，但基于用工管理效率或其他方面的考虑，《个人信息保护法》第 13 条规定了劳动关系中个人信息处理合法性来源的例外情形，授权用人单位根据依法制定的劳动规章制度和依法签订的集体合同可直接处理劳动者个人信息。这为用人单位排除“同意规则”的适用提供了法律依据。其三，透明性规则约束力弱，劳动者侵权救济不足。《民法典》虽规定了个人信息收集者的公开规则以及明示收集个人信息的目的、方式和范围的义务，但在劳动关系中，用人单位的义务履行情况难以监督，且对于违反该义务的情形，也常因劳动者处于人格从属关系而不被认定为侵权行为。本案中，某公司的做法事实上就排除了“同意规则”的适用。

2. 提示劳动者个人信息处理的“必需规则”确有必要，但仍需谨慎

从立法目的上来说，《个人信息保护法》并非以保护个人信息权益为唯一的立法目的，还包括实现个人信息的合理利用，维护公共利益、国家利益等（程啸、王苑：《论个人信息处理中无需取得个人同意的情形》，载《人民司法》2021 年第 22 期）。用人单位处理劳动者个人信息的目

的包括提高工作效率、维护生产经营秩序、履行社保缴纳义务等，这一过程必定伴随劳动者隐私权或个人信息权益的让渡。假如仅有“同意规则”，而劳动者拒绝同意时，用人单位不论目的是否合理、手段是否必要，都无法获取、处理劳动者个人信息，这将导致正当的人力资源管理措施陷入困局。因此，《个人信息保护法》第 13 条规定打破了知情同意一票否决的局面，平衡了劳动者个人信息保护与企业管理效率之间的冲突。

本案中，一审法院、二审法院均认为某公司手机定位打卡的考勤管理规定未违反法律法规，肯定了用人单位因人力资源管理所必需而未经劳动者同意获取劳动者个人信息的行为。然而，根据前文分析，本案中任某的工作无须在固定或特定地点完成，因此对其进行手机定位打卡的必要性并不必然充分。这也提示对《个人信息保护法》中关于为人力资源管理所必需的认定仍需谨慎。

Ⅲ 本案遗留的问题

1. 需防止“同意规则”在劳动者个人信息保护中被彻底架空

信息主体的同意是个人信息处理者收集并处理个人信息的必要条件和重要的合法性基础。在劳动者个人信息保护问题上，坚持劳动者知情同意更是凸显了《民法典》与《个人信息保护法》的立法初衷，否则将导致“必需规则”滥用，而“同意规则”彻底架空。因此，劳动者个人信息处理仍应坚持以“同意规则”为原则，以“必需规则”为例外。对此，有学者认为，“不论同意的性质是默示同意、集体合意或明示同意，均应强调对同意自治性的审查，利用‘目的限制’与比例原则，丰富‘合法、正当、必要’体系性限制的内涵，平衡劳动者个人信息权益保护与利用，从而纾解劳动关系下同意的困境”（吴文芳：《劳动者个人信息处理中同意的适用与限制》，载《中国法学》2022 年第 1 期）。

2. “必需规则”的认定标准亟待明晰

“必需”二字在具体的司法裁判过程中要结合案情才能得到理解，过于宽泛或严苛的理解都将导致案件结果的不公。因此，要以目的正当性和手段必要性为核心标准，以比例原则为基础，为“人力资源管理所必需”的认定制定更为明确的行为指引。对此，有学者提出，“应该通过配套文件来规制工作场所的视频监控等典型的应用场景”（王倩：《作为劳动基准的个人信息保护》，载《中外法学》2022 年第 1 期）。

□ 参考文献

吴文芳：《劳动者个人信息处理中同意的适用与限制》，载《中国法学》2022 年第 1 期。

王倩：《作为劳动基准的个人信息保护》，载《中外法学》2022 年第 1 期。

张继红、郑书康：《论劳动者个人信息处理的合法性基础》，载《上海大学学报（社会科学版）》2022 年第 1 期。

谢增毅：《职场个人信息处理的规制重点——基于劳动关系的不同阶段》，载《法学》2021 年第 10 期。

程啸、王苑：《论个人信息处理中无需取得个人同意的情形》，载《人民司法》2021 年第 22 期。

052 医疗健康数据权属界分及其反思

金某与江苏省某医院医疗服务合同纠纷案 ｜ 江苏省南京市中级人民法院(2015)宁民终字第699号民事判决书

王　玥　马　卓　西安交通大学法学院

■ 事实概要

2014年6月30日至7月4日,金某在江苏省某医院住院治疗,相关病历资料在江苏省某医院处保管。金某认为江苏省某医院侵害了其对住院检验报告的所有权,将江苏省某医院诉至法院,要求返还检验报告单原件。一审法院认为,争议焦点为系争病历资料所有权的归属,保管病历资料是医疗机构的法定义务,而患者仅享有查阅、复制病历资料的权利。故原告的诉讼请求无事实和法律依据,法院依法不予支持,判决驳回诉讼请求。

金某不服,上诉至江苏省南京市中级人民法院,其主要理由为:(1)一审法院认定诉讼请求与理由无法律依据是错误的。(2)一审判决理由是无依据的主观臆断。(3)一审判决回避江苏省某医院提供的依据且未作置评是错误的。江苏省某医院答辩称:(1)法律与相关规定均明确住院病历是由医疗机构保管,患者需要了解其病情等可以向医院要求复印相关资料,由医院加盖印章,复印件等同于原件。(2)现有法律没有规定住院病历所有权的归属,被上诉人仅是依据相关规定进行保管,在所有权不明的情况下,金某要求返还住院病历,在事实上是不成立的。

■ 裁判要旨

妥善保管病历资料是医疗机构的法定义务。医疗机构及其医务人员应当按照规定填写并妥善保管住院志、医嘱单、检验报告、手术及麻醉记录、病理资料、护理记录、医疗费用等病历资料;患者要求查阅、复制前款规定的病历资料的,医疗机构应当提供。医疗机构在向患者提供了相关检验报告复印件的情况下,并无返还相关病历资料原件的义务。

■ 评　析

1 本判决的思路和意义

本案中,金某提出的核心主张是返还其住院期间的检验报告单的原件,也就是提出了对病历资料的所有权要求,这一主张未得到法院的支持。在一审判决中,法院认为双方的争议焦点在于系争病历资料所有权的归属，而病历资料作为医疗活动信息的主要载体，不仅是医疗、教学、科研的第一手资料，也是医疗质量、技术水平、管理水平的综合评价依据。原《侵权责任法》第 61 条仅赋予了患者对病历资料的查阅、复制权，这应当解释为以上病历资料的所有权归医疗机构所有。如此，方能更好地发挥患者病历资料在公共卫生安全、医学研究和教学等方面的重大社会价值。但在二审判决中，法院并没有将争议焦点放在病历资料的归属上，而是根据原《侵权责任法》和《医疗机构病历管理规定（2013 年版）》中关于医疗机构负有妥善保管患者的相关病历资料的义务的规定，并加之检验报告单已经由江苏省某医院向原告提供了复印件，判定了医疗机构无须返还。本案中对病历资料保管法定义务的确定和患者对病历资料的查阅、复制权的确定，以及归属权并不明确且学术界有较大争议的病历资料处理规则的确定具有一定积极意义。

Ⅱ 病历资料归属的相关规范及既往司法实践状况

本案主要涉及医疗机构与患者之间有关病历资料的规范关系。根据我国《医疗机构病历管理规定（2013 年版）》第 2 条的规定，病历是指医务人员在医疗活动过程中形成的文字、符号、图表、影像、切片等资料的总和，包括门（急）诊病历和住院病历。我国现行立法并未明确病历资料的归属，而是规定医疗机构应当履行保管病历资料的法定义务。本判决所依据的原《侵权责任法》第 61 条（现为《民法典》第 1225 条）规定，医疗机构及其医务人员应当按照规定填写并妥善保管住院志、医嘱单、检验报告、手术及麻醉记录、病理资料、护理记录等病历资料，同时规定患者要求查阅、复制上述病历资料的，医疗机构有义务进行提供。《医疗机构病历管理规定（2013 年版）》第 10 条也明确规定，医疗机构建有门（急）诊病历档案室的，门（急）诊病历可以由医疗机构负责保管，以及住院病历由医疗机构负责保管。

在既往司法实践中，请求医疗机构返还病历资料的案例较少，但经类案检索发现此类案件案情相似度较高，裁判结果与理由也高度一致。如在“张某与四川省某医院医疗服务合同纠纷案”［四川省成都市青羊区人民法院（2021）川 0105 民初 12430 号民事判决书］、“施某与舒城县某医院医疗服务合同纠纷案”［安徽省舒城县人民法院（2013）舒民二初字第 00178 号民事判决书］中，法院均依据《医疗机构病历管理规定（2013 年版）》的相关条文，在判决中明确医疗机构负有保管病历资料的法定义务，不支持患者关于要求医疗机构向其交付医疗资料报告的诉讼请求，但均未明确保管病历资料是医疗机构的法定权利，也未提及或明确病历资料的归属问题。

Ⅲ 关于病历资料中医疗健康数据的学理探讨

与本案中关注病历资料原件的归属不同，学术界关于病历资料归属的争议焦点，并不是上述文字、符号、图表、影像、切片等病历资料的载体，而在于其所承载的信息内容的权属。

一方面，病历资料中包含大量患者的个人信息。根据《民法典》第 1034 条、《个人信息保护法》第 4 条和第 28 条的规定，病历资料中的部分内容是患者的个人医疗健康信息，属于个人信息中的敏感个人信息，而其中如有患者不愿意公开或为他人知悉的信息，则应根据

《民法典》第1032条的规定属于患者的个人隐私。根据《民法典》第1226条的规定，医疗机构及其医务人员应当对患者的隐私和个人信息保密。在《个人信息保护法》中，对于敏感个人信息，在个人信息处理要求的基础上，第28～30条规定，只有在具有特定的目的和充分的必要性，并采取严格保护措施的情形下，个人信息处理者方可处理敏感个人信息；处理敏感个人信息应当取得个人的单独同意；且在《个人信息保护法》第17条第1款规定的事项外，还应当向个人告知处理敏感个人信息的必要性以及对个人权益的影响。在个人就其个人信息享有的权益方面，《个人信息保护法》第45条第1款、第2款规定，个人有权向个人信息处理者查阅、复制其个人信息，个人请求查阅、复制其个人信息的，个人信息处理者应当及时提供。

另一方面，病历资料中包含诊疗过程中由医患双方共同生成的信息，无法完全界定为个人信息。根据《病历书写基本规范（试行）》（已失效）第2条的规定，病历书写是指医务人员通过问诊、查体、辅助检查、诊断、治疗、护理等医疗活动获得有关资料，并进行归纳、分析、整理形成医疗活动记录的行为。因此，病历资料虽然记载了患者的个人医疗健康信息，但是其所记载的内容不完全是关于患者的个人信息，还包含医务人员在医疗活动中，根据患者的身体情况及检查结果作出的医疗判断和诊疗行为。

综上所述，病历资料所承载的信息具有以下特征：既包含患者个人医疗健康信息，又具有临床和医院管理的价值（这些信息既有助于诊断患者患有其他疾病的风险因素，也能够对患者的未来健康情况进行预测，还能够反映医院管理的诸多指标），还可能包含其他个体的信息（例如，罹患某种遗传疾病的患者可能希望不披露这一信息，但若不披露，则可能给患有该遗传病的家庭成员带来不利的健康风险）。更重要的是，医疗健康信息并非完全由患者产生，医疗健康信息通常是由患者和医疗服务提供者共同构建形成的。医疗机构和人员对于患者医疗健康信息的后续处理，如进一步检查或实验测试等，将产生更多的数据。因此，目前，在我国对病历资料中的医疗健康数据的权属问题尚无明确法律规定的情况下，理论界对医疗健康数据达成了一个基本共识：随着大数据技术的发展及在医学领域的应用，医疗健康数据具有了价值多元性，可用于改善医疗资源、提供更有效的卫生服务、实现疾病的精准治疗、提供公共卫生管理的资源与依据等目的，应对其在保障安全和隐私的基础上进行积极利用。关于医疗健康信息的具体归属与保护利用问题，存在以下四种不同的意见：

1. 患者个人所有说

个人医疗健康信息是公民的个人敏感信息，其利用需要遵循敏感个人信息的处理规则。但是由于其具备人格属性、公共属性和财产属性三重底层内涵，并非全部个人医疗健康信息处理活动都应当以单独同意为合法性基础，所以可以基于保障社会公共利益的必要让渡部分敏感个人信息权益，即优先保障公共卫生安全价值而合理限制医疗健康个人信息权益。（莫琳：《公共卫生安全视角下医疗健康个人信息的保护与限制》，载《电子知识产权》2022年第5期）由于医疗健康数据最大的价值在于数据共享的二次甚至多次运用，所以在医疗健康数据的共享与利用的授权模式方面，有学者提出，法律中应重构新的授权模式，规范数据控制者的行为，建构共享使用环节的授权，建立以法定授权为主、委托授权为辅，总括以授权为主、特别授权为辅，默式以授权为主、明示授权为辅的模式[高玉玲、徐咏军：《健康医疗大数据共享下的授权模式探讨》，载《安徽工业大学学报（社会科学版）》2021年第6期]。

2. 医疗机构所有说

医疗健康数据关系到患者个人、医疗机构和社会公共利益。虽然医疗健康数据源于患者，患者的隐私权也可以延伸到医疗数据，以识别个人为目的的医疗数据利用需要经过患者同意，但医疗数据是由医疗机构采集、制作和保存管理的。因此，有学者提出，其财产权应该当配置给医疗机构，同时医疗机构也应承担相应的安全管理义务，且卫生健康管理部门也可基于公共利益目的进行调取和使用（高富平：《论医疗数据权利配置——医疗数据开放利用法律框架》，载《现代法学》2020年第4期）。

3. 群体所有说

有学者提出，个人医疗健康数据具有隐私利益的群体维度，个人主义保护机制不仅无效，也丧失了生命伦理的正当性基础，应逐渐放弃个体对医疗健康数据的绝对控制。除数据主体之外的医院、诊所、医学研究机构、政府部门等其他主体，都对该医疗健康数据享有合法利益，应当将医疗健康信息保护放在群体维度下进行（刘士国、熊静文：《健康医疗大数据中隐私利益的群体维度》，载《法学论坛》2019年第3期）。

4. 区分所有说

病历中存在复合的、区分所有的权利，为了各权利主体对病历所承载的权利的宣示，以针对不同情况制定不同的病历管理法律制度，达成各权利主体权利诉求的平衡，构建和谐的医患关系，有学者提出，个人医疗健康信息应当进行类型化的区分处理：（1）非商业信息应以保护和公益性利用为主，所有参与医疗活动的主体都视为有权主体，要求其按照法律的强制性规定保护、转移、共享相关健康信息；（2）商业信息应当在征求信息主体同意并隐去敏感身份信息的前提下，发挥其经济价值（李帅：《电子病历应用中个人信息权的谦抑与扩张》，载《情报杂志》2021年第7期）。有学者认为，为促进医疗健康数据产业发展，应该明确医疗健康数据的积极利用主义规制模式，放宽对无须特别保护的去识别化医疗数据的界定，对可识别医疗健康数据则依据其性质的不同使用不同的知情同意方式，鼓励其积极利用（王立梅：《健康医疗大数据的积极利用主义》，载《浙江工商大学学报》2020年第3期）。

Ⅳ 本判决的参考意义及将来的课题

本判决通过确认医疗机构保管病历资料的法定义务，肯定了医疗机构保管病历资料的主体地位。但需要注意的是，本案中原告因病历资料中包含本人健康信息而主张病历资料原件的所有权，而信息与传统物的主要区别就在于信息的复制和传播并不造成原信息的减损。因此，病历资料原件的意义与人体样本、组织、器官具有重大不同，仅仅是记载信息的载体，并不涉及病历资料归属的核心问题。随着信息技术的不断发展，医疗行业也逐渐进入大数据时代，电子病历逐渐取代纸质病历，成为医疗信息载体的新形式。这一未来的发展趋势将导致关于病历资料原件权属的争议失去意义，因为病历资料的真正价值在于其承载的信息，而非其载体，一旦通过本案的判决结果来简单判定病历资料中医疗健康数据的归属，则有可能妨碍医疗健康数据未来的利用前景。

从目前国际上病历资料等信息的相关研究和实践来看，域外已经有了理论和实践方面的诸多探索：生命伦理学界已经提出了针对医学大数据研究的新的伦理原则——团结原则（principle of solidarity），对数据研究这种新型的、对个人的人身伤害几乎可以忽略不计，但是有利于社会共同福祉的研究，应当采取人人参加而避免"搭便车"的指导原则。在具体的知情同意模式方面，则提出了更注重数据保护实际效果的"同意治理"（consent for governance）的新方式，将同意的关注点放在对医疗健康信息的保护和利用方式等治理体系方面，而非具体的利用目的和方案。2022年5月，欧盟委员会提出建立欧洲健康数据空间（European Health Data Space，EHDS）的提案，为患者使用电子健康数据以及研究、创新、政策制定、患者安全、统计或监管等用途建立明确的规则、通用实践标准、基础设施和治理框架，不仅支持医疗保健服务（数据的首次使用），还用于健康研究和健康政策制定目的（数据的二次使用）（洪延青、卓子寒：《欧盟健康数据空间的建设进展》，载《中国数字医学》2022年第3期）。因此，医疗健康信息因其本身的特殊性，并不适合在没有数据特定规则体系的情况下被界分权属。我国未来也应更多关注到如何更好地为个人医疗健康信息提供实质性的保护，如何构建患者与医疗机构及其他研究者的信任机制，进而推动医疗健康数据的共享及再利用，在确保患者隐私和个人信息安全的基础上，使之在公共卫生安全、医学研究和教学等方面发挥重大的社会价值。

□ 参考文献

莫琳：《公共卫生安全视角下医疗健康个人信息的保护与限制》，载《电子知识产权》2022年第5期。

高玉玲、徐咏军：《健康医疗大数据共享下的授权模式探讨》，载《安徽工业大学学报（社会科学版）》2021年第6期。

高富平：《论医疗数据权利配置——医疗数据开放利用法律框架》，载《现代法学》2020年第4期。

李帅：《电子病历应用中个人信息权的谦抑与扩张》，载《情报杂志》2021年第7期。

王立梅：《健康医疗大数据的积极利用主义》，载《浙江工商大学学报》2020年第3期。

刘士国、熊静文：《健康医疗大数据中隐私利益的群体维度》，载《法学论坛》2019年第3期。

洪延青、卓子寒：《欧盟健康数据空间的建设进展》，载《中国数字医学》2022年第3期。

053 历史车况信息的法律性质认定

余某诉北京K网络科技有限公司隐私权纠纷案 | 广州互联网法院(2021)粤0192民初928号民事判决书

赵精武 北京航空航天大学

■ 事实概要

2020年12月,余某(本案原告)有意出售案涉车辆,在与意向购买人通过微信洽谈的过程中,将该车辆的机动车行驶证内页照片发送给对方,机动车行驶证上记载了车辆所有人、住址、车辆识别代码(车架号)、品牌型号等信息。余某称,意向购买人上网查询余某待售机动车的维修记录后,提出了降低3000元的价格磋商请求,并把《丰田历史车况报告》(查询时间:2020年12月8日)发送给余某。该车况报告是意向购买人在北京K网络科技有限公司(以下简称K公司)(本案被告)运营的某App上查询获得的。余某为确认该车况报告的出处,于2021年2月21日在某App"历史车况查询"页面再次输入案涉车辆的车架号并支付人民币48元,即可获得与前述两份报告内容一致的历史车况报告。经双方确认,截至开庭之日,该份报告仍可被正常查阅。

案涉历史车况报告首部显示了车辆的基本信息,汽车品牌为丰田,车架号为LV×××××××。报告主文部分以"车况概要+车况详情"形式输出了报告结论。车况概要部分包括历史车况综合评级、解析顺序及年均行驶里程、年均保养次数、最后保养时间、最后记录时间的详细数据。车况详情部分包括解析快读版、维修保养数据、碰撞数据的详细情况。其中解析快读版详细记载了与车身外观和车主爱惜度两项异常评分项相关的历史数据信息。

余某认为,《丰田历史车况报告》显示了案涉车辆的车况评级、年均行驶里程、年均保养次数、最后保养时间、最后记录时间、每次维修的时间、维修保养的项目等信息,这些信息内容属于个人信息和隐私。故余某主张K公司未经其同意处理这些信息,严重侵犯了自身的个人信息权益及隐私权,要求其赔偿包括3000元在内的相关损失。

K公司则认为,诉争信息不属于法律上所指的个人信息,K公司与数据提供方签订的数据合作协议中已明确要求数据提供方仅提供非个人数据字段,并对信息进行脱敏化处理后再传输给K公司。此外,诉争信息不属于隐私权保护范围。因为他人阅览诉争信息后无法关联到余某身份,也就不可能因诉争信息而打扰到余某的私人生活安宁,维修记录等信息无法反映余某的秘密空间。

■ 裁判要旨

历史车况信息既不属于个人信息，也不属于个人隐私。一方面，《民法典》第1034条第2款规定："个人信息是以电子或者其他方式记录的能够单独或者与其他信息结合识别特定自然人的各种信息，包括自然人的姓名、出生日期、身份证件号码、生物识别信息、住址、电话号码、电子邮箱、健康信息、行踪信息等。"案涉信息无法单独或结合其他信息间接识别特定自然人，且反映的信息内容主要是所查询车辆的使用状况，无法与具体个人及其行为或状态进行关联，故而车况历史信息不属于个人信息。另一方面，《民法典》第1032条规定："自然人享有隐私权。任何组织或者个人不得以刺探、侵扰、泄露、公开等方式侵害他人的隐私权。隐私是自然人的私人生活安宁和不愿为他人知晓的私密空间、私密活动、私密信息。"案涉历史车况信息的公开并没有对余某私人生活安宁带来不当干扰，且这些信息也不具有《民法典》隐私保护所要求的私密性。结合《二手车流通管理办法》第14条的规定以及商务部办公厅《关于印发商务领域促进汽车消费工作指引和部分地方经验做法的通知》的主要内容，如果将历史车况信息纳入个人隐私范畴，有可能增加二手车交易市场的信息不对称风险和交易安全隐患，不能充分保障消费者的知情权，损害社会公共利益。故而历史车况信息不属于个人隐私。

■ 评　析

Ⅰ 本判决的思路和意义

本案中，余某提出两项核心主张：一是某App所提供的历史车况报告属于个人信息；二是某App所提供的历史车况报告能够反映其私密生活状态，属于个人隐私保护范畴。基于这些考量，余某主张在二手车交易过程中，待售机动车价格下降3000元的损失以及其他侵权损害赔偿应当由K公司承担。这些主张均未得到法院的支持。法院主要针对历史车况信息的法律性质进行认定：第一，法院认为历史车况信息虽然与余某相关，但其所包含的车况概要和车况详情均无法识别到特定自然人，故而不属于个人信息；第二，法院认为案涉历史车况信息不具有私密性，该类信息的公开更不会对私人生活安宁带来不当干扰。本案的意义在于提供了有关个人信息和隐私具有可操作性的认定标准，尤其是否认了"与自然人相关的信息均属于个人信息"的错误观点。同时，本案也为之后公布的《个人信息保护法》的适用提供了司法实践层面的参考依据，有利于明确解释《个人信息保护法》第4条"个人信息是以电子或者其他方式记录的与已识别或者可识别的自然人有关的各种信息"中"可识别"的具体判断标准。

Ⅱ 历史车况信息法律性质认定的相关规范与学理讨论

由于该案判决于2021年3月作出，国内学界的相关探讨尚处于起步阶段，因此，更侧重于在"可识别"标准下解决司法实践中个人信息认定难题。

《民法典》的制定首次在法律层面分别对隐私和个人信息进行了概念界定，《民法典》第

1032 条第 2 款将隐私界定为“自然人的私人生活安宁和不愿为他人知晓的私密空间、私密活动、私密信息”，第 1034 条第 2 款将个人信息的认定标准规定为“与其他信息结合识别特定自然人”。然而，囿于立法技术和法条表述方式的简洁性，这些概念界定在法律适用过程中仍然存在模糊性问题，尤其是个人信息概念界定中的“结合识别”之标准饱受争议（有关个人信息的相关规定见表 1）。IP 地址、家庭住址等信息作为个人信息并无太大争议，但是 MAC 地址、好友列表、二手车历史车况、IP 登录地等信息是否属于个人信息却迟迟难下定论。事实上，早在个人信息保护的相关立法活动中，专家们就对个人信息的认定标准存在重大分歧。客观而言，“识别”一词并不能提供特别明确的个人信息概念认定方法，《民法典》中的“结合识别”一词更是加剧了个人信息认定标准的模糊性，并引发了新一轮的学理争论：“结合识别”是指与其他信息相互结合能够识别特定自然人吗？“结合识别”中结合信息的范围、数量、类型以及时间是否存在某种限制性条件？“结合识别”的认定依据是以人类可读为主，还是以机器可读为主？诸如此类的问题使得司法实践中判定特定信息是否属于个人信息存在一定困难。

表 1　有关个人信息的相关规定

相关文件	具体规定
《民法典》	个人信息是以电子或者其他方式记录的能够单独或者与其他信息结合识别特定自然人的各种信息，包括自然人的姓名、出生日期、身份证件号码、生物识别信息、住址、电话号码、电子邮箱、健康信息、行踪信息等
《个人信息保护法》	个人信息是以电子或者其他方式记录的与已识别或者可识别的自然人有关的各种信息，不包括匿名化处理后的信息
《网络安全法》	个人信息，是指以电子或者其他方式记录的能够单独或者与其他信息结合识别自然人个人身份的各种信息，包括但不限于自然人的姓名、出生日期、身份证件号码、个人生物识别信息、住址、电话号码等
最高人民法院、最高人民检察院《关于办理侵犯公民个人信息刑事案件适用法律若干问题的解释》	“公民个人信息”，是指以电子或者其他方式记录的能够单独或者与其他信息结合识别特定自然人身份或者反映特定自然人活动情况的各种信息，包括姓名、身份证件号码、通信通讯联系方式、住址、账号密码、财产状况、行踪轨迹等
《信息安全技术　个人信息安全规范》（GB/T 35273—2020）	以电子或者其他方式记录的能够单独或者与其他信息结合识别特定自然人身份或者反映特定自然人活动情况的各种信息。判定某项信息是否属于个人信息，应考虑以下两条路径：一是识别，即从信息到个人，由信息本身的特殊性识别出特定自然人，个人信息应有助于识别出特定个人。二是关联，即从个人到信息，如已知特定自然人，由该特定自然人在其活动中产生的信息（如个人位置信息、个人通话记录、个人浏览记录等）即为个人信息

对于《民法典》第 1034 条中个人信息的概念理解，学界存在三类解释方案：（1）权益保护说认为，“识别”的结果除了唯一指向特定自然人之外，还包括这些信息面临着需要法律介入保护的安全风险。“姓名 + 唯一设备号码”因具备暴露特定自然人身份的风险而属于典型的个人信息，“唯一设备号码 + 驾驶里程数 + 维修次数”因不具备侵害特定自然人隐私

和车辆财产权益的风险而不属于个人信息。(赵精武:《个人信息"可识别"标准的适用困局与理论矫正》,载《社会科学》2021年第12期)(2)主体身份关系说认为,可识别解释路径应当按照自然人在公共管理关系、社会交往关系与商业消费关系中所呈现的公民、社会人与消费者三种角色身份,来确定与之对应的公民身份信息、社会人身份信息和消费者身份信息。(曹博:《个人信息可识别性解释路径的反思与重构》,载《行政法学研究》2022年第4期)(3)动态场景说认为,个人信息的认定并非像物一样稳定,而是随着拥有数据的主体、使用的场景、数据保存的期限、技术的发展而变化,这就决定了个人信息界定的场景性和动态性。故该说主张将间接识别解释为"只要在采取了合理方法能够再度识别个人的,那么其同样构成个人数据"[齐爱民、张哲:《识别与再识别:个人信息的概念界定与立法选择》,载《重庆大学学报(社会科学版)》2018年第2期]。

对于《民法典》第1032条中"隐私"的概念理解,学界主要是从个人信息和隐私之间的逻辑关系予以解释:(1)优先适用说认为,从《民法典》第1034条第3款规定的内容来看,隐私权保护规则应当优先于个人信息保护规则适用。这是因为个人信息具有集合性、可利用性、自动处理性等性质,且权利不得减损(王利明:《和而不同:隐私权与个人信息的规则界分和适用》,载《法学评论》2021年第2期)。(2)平行适用说认为,隐私权保护规则和个人信息保护规则应当平行适用,避免将隐私权保护的逻辑套用到个人信息保护领域。在隐私权层面,《民法典》更关注的是与人格尊严相关的隐私信息,而不是个人信息的敏感程度。同时,该说认为,前述优先适用说无法解释两种保护规则在侵权责任构成的过错要件上的冲突,即隐私权保护规则适用的是过错责任,个人信息保护规则适用的是过错推定责任[周汉华:《平行还是交叉——个人信息保护与隐私权的关系》,载《中外法学》2021年第5期;李千:《论隐私权与个人信息权益的关系与保护模式——〈民法典〉第四编第六章的法理解释》,载《西安交通大学学报(社会科学版)》2021年第6期;刘承韪、刘磊:《论私密信息隐私权保护优先规则的困局与破解——以〈民法典〉第1034条第3款为中心》,载《广东社会科学》2022年第3期]。(3)交叉重叠说认为,《民法典》有关隐私和个人信息的规定在私密信息领域存在交叉嵌套的关系,主张从当事人外部行为和社会一般合理认知的双层认定逻辑来判断"私密信息"的实际范围(许可、孙铭溪:《个人私密信息的再厘清——从隐私和个人信息的关系切入》,载《中国应用法学》2021年第1期)。

Ⅲ 既往司法实践状况

二手车历史车况信息的相关判决大多以二手车买卖合同的法律效力为争议焦点。在这些判决中,法院结合《消费者权益保护法》第8条规定的消费者知情权和第18条、第19条规定的经营者如实告知义务,对于二手车交易过程中经营者是否存在隐瞒历史车况信息等欺诈行为进行判断,并根据当事人意愿,依据《民法典》第148条规定决定是否撤销合同。[山东省淄博市中级人民法院(2022)鲁03民终332号民事判决书、江苏省无锡市中级人民法院(2020)苏02民终4168号民事判决书]其中,对于经营者隐瞒二手车重要历史车况信息的行为,法院大多判决经营者应当向消费者支付惩罚性赔偿。(江苏法院2019年度消费者权益保护十大典型案例之九:李某某与某公司产品销售者责任纠纷案——二手车经销商伪造铭牌隐瞒车辆信息构成欺诈,应向消费者支付惩罚性赔偿金;江苏省连云港市中级人民法院发布5件2021年度消费纠纷典型案例之三:张某与张某某产品销售者责任纠纷案——经营者销售二手车隐瞒事故情况的,应当承担惩罚性赔偿金;江苏省宿迁市中级人民法院发布10起2021年消费者权益保护典型案例之十:甲某诉泗阳某汽车销售公司买卖合同纠纷案——二手车销售领域,出售重大事故车构成欺诈,经营者应承担价款三倍的赔偿责任)

前述判决书中,二手车历史车况信息公开主体大多是买卖双方,并非本案涉及的第三方平台,更不涉及该案原告余某所主张的"导致余某转让车辆售价降低,如果就此成交必然遭受损失"。事实上,大部分法院已经将独立第三方平台查询二手车历史车况信息的结果视为经营者是否存在欺诈行为的重要参考依据,而某App频繁出现于二手车交易合同纠纷的原因正是如此。例如,在"王某与乌鲁木齐市米东区某二手车行等买卖合同纠纷案"[新疆维吾尔自治区乌鲁木齐市中级人民法院(2021)新01民终5394号民事判决书]中,法院认为某App出具的车辆检测报告比当事人自行提供的车龄维修记录更加可信。又如,在"徐某、温州市某汽车贸易有限公司等买卖合同纠纷案"[浙江省温州市中级人民法院(2022)浙03民终1421号民事判决书]中,法院直接根据某App出具的评估报告直接认定涉案车辆并未违反经营者作出的承诺。

然而,也有部分法院认为某App所提供的查验检测报告"既没有评估机构的营业执照及资格证明,也没有评估人员的资格证明",故该报告的合法性、客观性难以采信[黄某与谌某买卖合同纠纷案,重庆市第四中级人民法院(2022)渝04民终711号民事判决书]。此外,在二审案件中,当事人为了进一步证明案涉车辆存在质量问题,大多选择委托专门的技术鉴定机构重新对车况进行评估[赵某某、岳阳经济技术开发区某车行等买卖合同纠纷案,湖南省岳阳市中级人民法院(2022)湘06民终1424号民事判决书]。

总结而言,在二手车买卖纠纷中,作为某App等第三方平台提供的车况查询服务是否确属交易必要以及是否能够作为认定经营者存在欺诈行为的事实依据尚未形成定论,甚至同一个法院可能出现不一样的裁判倾向。如法院在"梁某、欧阳某某等买卖合同纠纷案"[广东省佛山市中级人民法院(2021)粤06民终8980号民事判决书]中,认为"通过专门提供车辆历史车况信息的独立第三方平台进行查询,相关查询结果具有重要的参考作用",而在"李某、杨某等买卖合同纠纷案"[广东省佛山市中级人民法院(2022)粤06民终3710号民事判决书]中,却认为一审法院仅凭《某App车辆检测评估报告》就认定案涉车辆为泡水车,没有事实和法律依据,即否定了第三方平台评估报告的可信度。

Ⅳ 本判决的参考意义及将来的课题

本案发生在《个人信息保护法》公布之前,本判决的参考意义主要表现为以下三个方面:

第一,本判决为可识别标准增加了一个限制性条件,即与自然人相关的信息与其他信息结合之后能够识别到特定自然人,但如果这种识别过程需要付出显著成本或者存在明显的识别难度,则这类信息不属于个人信息。

第二，本判决提供了隐私判断的裁判规则，即作为隐私的特定信息不应当成为实现数据开放共享和社会公共利益的障碍。在本案中，法院之所以不支持原告将历史车况信息作为个人隐私之主张，是因为二手车交易市场的发展需要推动相关信息开放共享，卖方有义务披露有关车辆维修、使用、事故等方面的真实情况，且历史车况信息的开放共享关乎机动车的运行安全、公众的人身安全和不特定消费者的合法权益。

第三，本判决承认了数据脱敏能够有效降低社会公众重新识别自然人的可能性。法院在判决书中提及，K公司与数据提供方采用脱敏化技术传输数据，数据提供方的主体与协议细节均为商业秘密，且不对外披露，降低了一般公众将历史车况信息与第三方信息结合重新识别特定自然人的可能性。

在之后的司法实践中，有关个人信息认定的法律争议仍然会存在。这并非因为立法内容不周延，而是客观的信息技术发展会增加个人信息的种类和范围，且某项信息与其他信息结合识别特定自然人的难度和可能性均会发生改变，现存的"可识别"难题和未来可能产生的"可识别"认定困境仍有待在司法实践和商业实践中形成具有可操作性的解释路径和判断标准。

□ 参考文献

赵精武：《个人信息"可识别"标准的适用困局与理论矫正》，载《社会科学》2021年第12期。

曹博：《个人信息可识别性解释路径的反思与重构》，载《行政法学研究》2022年第4期。

齐爱民、张哲：《识别与再识别：个人信息的概念界定与立法选择》，载《重庆大学学报（社会科学版）》2018年第2期。

王利明：《和而不同：隐私权与个人信息的规则界分和适用》，载《法学评论》2021年第2期。

周汉华：《平行还是交叉　个人信息保护与隐私权的关系》，载《中外法学》2021年第5期。

许可、孙铭溪：《个人私密信息的再厘清——从隐私和个人信息的关系切入》，载《中国应用法学》2021年第1期。

054 个人信息查阅复制权的法律性质及实现方式

乔某与某信息技术有限公司网络服务合同纠纷案 | 杭州互联网法院(2019)浙0192民初8646号民事判决书

曹 博 上海交通大学凯原法学院

■ 事实概要

原告乔某于2017年8月16日起在深圳市D厨卫有限公司(以下简称D公司)任职。2017年8月23日,公司人事管理员郭某将乔某拉入D公司某移动办公平台进行考勤打卡。乔某于2018年4月28日离职后,与D公司产生劳动纠纷,并向法院提起诉讼。因乔某离职后,D公司将乔某从D公司某移动办公平台移除,乔某无法再查询考勤信息,影响举证。乔某认为,在其与被告某信息技术有限公司(以下简称某公司)签订的《某移动办公平台隐私权政策》中,某公司就共享个人信息指出,“我们不会与某移动办公平台服务提供者以外的公司、组织和个人共享您的个人信息,但以下情况除外:在获取您同意的情况下共享:获得您的明确同意后,我们会与其他方共享您的个人信息。在法定情形下的共享:我们可能会根据法律法规规定、诉讼争议解决需要,或按行政、司法机关依法提出的要求,对外共享您的个人信息”,并就公开披露个人信息指出,“我们仅会在以下情况下,公开披露您的个人信息:获得您明确同意或基于您的主动选择,我们可能会公开披露您的个人信息;如果我们确定您出现违反法律法规或严重违反某移动办公平台相关协议规则的情况,或为保护某公司及其关联公司用户或公众的人身财产安全免遭侵害,我们可能依据法律法规或某移动办公平台相关协议规则征得您同意的情况下披露关于您的个人信息,包括相关违规行为以及某移动办公平台已对您采取的措施”,同时指出了“共享、转让、公开披露个人信息时事先征得授权同意的例外”,即“以下情形中,共享、转让、公开披露您的个人信息无须事先征得您的授权同意:与国家安全、国防安全有关的;与公共安全、公共卫生、重大公共利益有关的;与犯罪侦查、起诉、审判和判决执行等有关的;出于维护您或其他个人的生命、财产等重大合法权益但又很难得到本人同意的;您自行向社会公众公开的个人信息;从合法公开披露的信息中收集个人信息的,如合法的新闻报道、政府信息公开等渠道”。因此,乔某认为他有权限查看在D公司工作期间的考勤打卡信息。某公司明知乔某进行劳动争议诉讼需要D公司信息与考勤记录,仍拒绝提供,违反了《某移动办公平台隐私权政策》协议有关约定,侵害了乔某的知情权。

■ 裁判要旨

第一,依法成立的合同对当事人具有法律约束力。乔某自愿注册为某移动办公平台用户,同意接受《某移动办公平台服务协议》与《某移动办公平台隐私权政策》的约束,故乔某与某公司已就上述协议和政策的适用形成合意。而且,上述协议和政策并不违反国家法律、行政法规的强制性规定,属合法有效,对双方均具有约束力。乔某起诉要求某公司向其提供在D公司工作期间的某移动办公平台考勤打卡信息,前提是在某公司处有相对应的考勤打卡信息存在。但乔某提供的证据尚不足以证明其加入D公司某移动办公平台企业群进行考勤打卡。

第二,即使有某移动办公平台考勤打卡信息存在,根据《某移动办公平台隐私权政策》的约定,乔某在D公司的考勤打卡信息也属于企业控制数据,某公司没有义务向原告提供。

第三,乔某的主张不属于《某移动办公平台隐私权政策》中约定的共享、公开披露个人信息的例外情形。由此,法院认定乔某要求某公司向其提供在D公司工作期间的某移动办公平台的考勤打卡信息等请求依据不足,不予支持,判决驳回乔某的诉讼请求。

■ 评　析

Ⅰ 本案焦点

1.《某移动办公平台服务协议》与《某移动办公平台隐私权政策》的法律性质与法律效力

乔某提起诉讼选择的案由为网络服务合同纠纷,请求权依据为其与某公司签订的《某移动办公平台服务协议》和《某移动办公平台隐私权政策》,确定这两份文件的法律性质如何、是否属于合同、能否产生相应的法律效力是本案首先需要解决的争议问题。原《合同法》第2条第1款规定:"本法所称合同是平等主体的自然人、法人、其他组织之间设立、变更、终止民事权利义务关系的协议。"原《合同法》第13条规定:"当事人订立合同,采取要约、承诺方式。"此外,根据原《合同法》第52条的规定,合同无效的法定情形包括:一方以欺诈、胁迫的手段订立合同,损害国家利益;恶意串通,损害国家、集体或者第三人利益;以合法形式掩盖非法目的;损害社会公共利益;违反法律、行政法规的强制性规定。由此,需要根据前述条款,分别判断《某移动办公平台服务协议》与《某移动办公平台隐私权政策》是否属于合同,乔某与某公司是否订立合同,以及如果订立了合同,其法律效力如何。

法院对上述问题并未进行深入分析,仅笼统地指出乔某与某公司已就协议和政策的适用形成合意,而且并不违反国家法律、行政法规的强制性规定,属合法有效。从理论共识与司法实践来看,《某移动办公平台服务协议》作为合同,在用户注册时点击同意通常意味着用户与网络服务企业订立了合同,当不存在合同无效的法定情形时,一般应当认定相应协议发生法律效力,对双方产生约束力。但是,《某移动办公平台隐私权政策》的法律性质则存在争议。理论界的主流观点倾向于认可其具备网络服务合同属性,很多企业也直接将隐私政策标注为服务协议(或用户协议)的组成部分,实践中也有认可隐私权政策合同属性的司法判决[卢某与某科技有限责任公司网络购物合同纠纷案,甘肃省天水市中级人民法院(2016)甘05

民终第427号民事判决书]。但值得注意的是,实践中有不少隐私政策存在文字表述晦涩难懂、有关用户个人数据收集的相关规则过于抽象与空洞等问题,而原《合同法》规定,成立要约的意思表示要满足内容具体确定的要求,故存在前述问题的隐私政策是否能够成为有效要约存在疑问。

回到本案的裁判过程,法院对《某移动办公平台服务协议》的认定尚可接受,但对《某移动办公平台隐私权政策》的界定却失之简略,未能结合具体条文进行分析,使得本案案件基础事实的认定存在瑕疵。

2. 个人考勤打卡信息的法律性质

乔某要求某公司向其提供考勤打卡信息,这一诉求是否具有法律依据需要依据相应信息的法律属性及其权益归属来判断。考勤打卡信息显然是乔某在注册使用某移动办公平台软件的过程中生成的数据,在认定《某移动办公平台隐私权政策》具有合同属性的前提下,该隐私权政策中的具体条款是确定个人考勤打卡信息法律数据及权益归属的重要依据。这进一步涉及对合同条款的解释问题,由于该协议的格式合同属性,对其进行解释应当参考原《合同法》有关格式条款的规则。

法院一方面认为乔某提供的证据尚不足以证明其加入D公司某移动办公平台进行考勤打卡,另一方面又直接认定考勤打卡信息属于企业控制数据,某公司没有义务向乔某提供,依据是双方签订的《某移动办公平台隐私权政策》。查看《某移动办公平台隐私权政策》可知,其中明确界定了个人信息与个人信息控制者,个人信息指"以电子或者其他方式记录的能够单独或者与其他信息结合识别特定自然人身份或者反映特定自然人活动情况的各种信息"。这一界定采用"可识别性"标准,与学界通说和行业规范一致。个人信息控制者为"有权决定个人信息处理目的、方式等的组织或个人。本协议某移动办公平台服务中的部分个人信息控制者为某移动办公平台企业/组织用户"。该隐私权政策进一步对企业控制数据作出了明确列举,其中包括用户"为完成企业组织日常经营管理开通的考勤、审批、签到、日志功能而要求提供或产生的指纹底图、指纹特征、人脸识别底图、面部特征、签到人脸照片、地理位置等个人信息以及考勤打卡信息、审批记录、发布日志信息、日程信息、钉盘文件信息等。"依据前述条款,乔某的考勤打卡信息一方面属于个人信息,另一方面又属于被使用某移动办公平台软件的D公司控制的数据,但对于乔某对相应的个人信息享有何种权益,这种权益与企业的所谓控制权之间有何关系、发生冲突时如何平衡等问题,该隐私权政策均未予明确。

法院的判决显然全盘接纳了《某移动办公平台隐私权政策》中的条款,忽略了其中对个人信息的界定与权益归属,以及所谓企业数据控制权之间的内在冲突。按照原《合同法》第41条的规定,对格式条款的理解发生争议的,应当按照通常理解予以解释。对格式条款有两种以上解释的,应当作出不利于提供格式条款一方的解释。此外,原《合同法》第61条也规定,合同约定不明且不能达成补充协议的,应当按照合同有关条款或者交易习惯确定。然而,法院忽视了《某移动办公平台隐私权政策》中相应规则的格式条款属性与约定不明情形,直接作出了有利于某公司的认定,判定个人考勤打卡信息属于企业控制数据,在基本法理和实践经验两方面都存在缺陷。

3. 查阅复制个人信息的正当性

关于个人信息查阅复制权,我国司法实践中鲜有直接相关的判例,但《民法典》与《个人信息保护法》均确认了个人信息查阅复制权,前者的规定较为抽象,后者则更加具体。《个人信息保护法》对个人在个人信息处理中享有查阅复制权作出宣示性规定后,列举了例外情形,亦即在有法律、行政法规规定应当保密或不需要告知,以及告知将妨碍国家机关履行法定职责的情形下,个人的查阅复制权受到限制。除前述例外情形外,在个人提出查阅、复制个人信息的请求时,个人信息处理者应履行及时提供的义务。

对于个人信息查阅复制权的权利客体、权利内容、行使方式及司法救济,《个人信息保护法》都没有明确规定。有学者根据文义解释与体系解释的基本规则,认为可查阅的个人信息范围包括个人信息处理的目的、类别、来源、存储期限等,凡是《个人信息保护法》第 17 条、第 22 条、第 23 条、第 39 条所确定的个人信息处理者应尽的告知义务体系中包含的相关事项,都应属于可查阅的范围。对于个人信息查阅复制权的内容,有学者认为,查阅意味着查找和阅读。根据个人信息主体的请求,个人信息处理者应提供能够供自然人阅读的,以电子形式或非电子形式呈现的个人信息,不能提供自然人无法阅读的二进制代码。同理,对于个人信息复制权的实现,同样要求个人信息处理者为个人提供所要求复制的相关个人信息副本,同时应将副本发送到个人邮箱或提供适当的下载方式。此外,对于查阅复制权的行使,个人信息处理者可以自行制定具体方式和程序,也可以与个人通过用户协议达成约定,但相应规则与约定的有效性,仍受到《民法典》总则编民事法律行为效力规则、合同编合同效力规则的约束。特别是排除个人查阅复制权的规则与约定,应界定为"提供格式条款一方排除对方主要权利"的情形,属于无效条款。对于侵害查阅复制权的司法救济,在理论界与实务界存在争议。有观点认为,如果仅因查阅复制的请求被个人信息护理者拒绝,个人便可提起诉讼,就可能导致"诉讼爆炸"现象,故对司法救济设定前置程序更为妥当。但《个人信息保护法》并未对司法救济作出限制,更多学者仍坚持认为个人应享有直接向法院提起诉讼的权利,关于"诉讼爆炸"的推测并无实据,且实践中也可通过禁止权利滥用原则的适用作出应对。

考察域外规定,个人信息查阅复制权已成通例,属于个人信息主体所享有的基本权利之一。《欧盟通用数据保护条例》规定了数据主体的访问权,延续了《欧盟关于个人数据处理保护与自由流动指令》中规定的查询权。根据访问权,数据主体有权从数据控制者处确认其个人数据是否正在被处理,并有权访问个人数据的相关信息。《德国联邦数据保护法》《韩国个人信息保护法》《澳大利亚隐私法》中也有类似规定。

在本案中,乔某要求某公司提供其考勤打卡信息,如果能够确认考勤打卡信息属于乔某的个人信息,对这一诉求进行评判的实质就是乔某对其个人信息的查阅复制行为是否具备正当性,这进一步体现为作为个人信息主体的乔某所享有的权益中是否包含查阅复制权。在认定《某移动办公平台隐私权政策》具有合同属性的前提下,对这一问题的解决仍然需要诉诸该隐私权政策中的相关条款。

由于法院已经认定乔某在某移动办公平台软件中的考勤打卡信息属于企业控制数据,

乔某要求查阅复制考勤打卡信息的唯一依据,只能是隐私权政策中存在共享与披露相关信息的例外情形。考察《某移动办公平台隐私权政策》中关于共享、公开披露的例外情形,并无支持乔某查阅复制考勤打卡信息的条款,法院也据此驳回了原告的诉讼请求。但是,这种论证路径与前述第二个争议问题在法理逻辑上的缺陷具有类似性,亦即在通过《某移动办公平台隐私权政策》确认乔某的考勤打卡信息应属个人信息的前提下,又将其归为企业控制数据,似乎完全排除了个人对相应信息的所有权益,查阅复制个人信息的权益必然也被排除。但这种论证进路依然无法回避如下问题:作为用户的乔某对具有个人信息属性的考勤打卡信息享有何种权益,这种权益与《某移动办公平台隐私权政策》赋予企业的数据控制权之间有何关系,查阅复制考勤打卡信息是否属于乔某的正当权益。

遗憾的是,法院对这些问题没有进行深入探究。虽然本案审理时《民法典》与《个人信息保护法》还未颁行,有关个人信息查阅复制权的法律规范尚付阙如,但从原《合同法》的规范体系出发,仍有通过格式条款规则和约定不明解释规则,评判《某移动办公平台隐私权政策》相关条款效力的空间,而法院的论证显然过于简略,逻辑跨度过大,使得最终结论缺乏说服力。

Ⅱ 本案意义

本案属于网络服务合同纠纷,法院通过对原《合同法》相关条款的解读,在认定《某移动办公平台服务协议》与《某移动办公平台隐私权政策》具有合同属性,从而对乔某与某公司产生约束力的前提下,得出了乔某的考勤打卡信息由 D 公司控制,乔某无权查阅复制相应信息的结论。由于法院的论证过程非常简略,关于考勤打卡信息是否属于个人信息,乔某作为个人信息主体享有何种权益、能否请求查阅复制个人信息,企业对相应数据的控制权与个人信息主体的权益如何平衡等问题都未能作深入探讨。该判决未能触及的理论问题依然属于司法实践中仍需面对的疑难问题,其在判决思路上的缺陷依然具有参考借鉴价值,特别是有关个人信息与企业控制数据的界分、个人信息查阅复制权与企业隐私政策的冲突问题。

1. 个人信息与企业控制数据的界分

长期以来,企业用户协议及隐私政策通过知情同意规则的适用,成为具备法律效力的合同文本,判断用户使用软件生成的各类信息的法律性质、权益归属,均以用户协议和隐私政策为重要依据甚至唯一依据。在某移动办公平台这种由企业购买使用、员工注册加入的企业软件中,隐私政策向企业倾斜也较为常见。个人使用软件生成的信息一方面符合个人信息的内涵,另一方面又被强制性地界定为企业控制数据,个人的相关权益被架空。对法院而言,在未来面对类似争议时,在个人信息权益已被立法确认的前提下,应当合理界分个人信息与企业控制数据,在保障个人信息权益充分实现的前提下探讨企业控制数据的合理边界。即便依据法不溯及既往的原则,在一些案件中虽然仍要以原《合同法》为裁判依据,但法院应在相应规范体系内全面审视隐私政策相关条款是否能够产生法律效力,恰当确定个人信息与企业控制数据的边界,妥善回应在隐私政策条文中潜藏的法理悖论。

2. 个人信息查阅复制权与企业隐私政策的冲突

作为用户的个人在使用软件的过程中生成的相关信息，一般均满足可识别性的要求，能够被归入个人信息的范畴。企业版软件通常将此类个人信息的控制权益配置给企业用户，导致个人主张个人信息权益的自主性受限，查阅复制个人信息的合理诉求也无从实现。在《民法典》与《个人信息保护法》颁布实施后，隐私政策在不满足法定的例外情形时，没有任何理由对个人信息查阅复制权及其实现设置障碍。即使在个案中可能无法使用个人信息权益的具体法律规范，法院依然有必要从格式条款的效力规则，以及合同约定不明的解释规则出发，评判隐私政策对个人信息权益的限制是否正当，而非将隐私政策界定为合同后径行认可其效力，全盘接受其设置的权利义务条款。

Ⅲ 本案遗留的问题

本案审理时适用的法律为原《合同法》，有关个人信息权益的民事法律规范尚付阙如，法院在法律适用过程中存在一定的缺陷与瑕疵，导致其最终的判决结论也值得商榷。《民法典》与《个人信息保护法》颁布实施之后，有关个人信息查阅复制权的法律规范渐趋完善，为自然人行使其个人信息权益提供了更加明确具体的依据。民事主体无须借助通过点击同意与企业缔结的用户协议和隐私政策，即可主张相应的个人信息权益。以本案为例，在依据可识别性确认乔某的考勤打卡信息属于其个人信息的前提下，乔某作为个人信息主体，享有查阅复制权。在其提出查阅复制的请求之后，除非具有法定的例外情形，否则个人信息处理者有义务向个人信息主体呈现可供其阅读的个人信息，并提供相应的个人信息副本。对于在用户协议和隐私政策中明确排除个人信息查阅复制权的情形，法院也应当支持民事主体以“提供格式条款一方排除对方主要权利”的主张，保障个人信息权益。随着司法实践的推进与探索，个人信息查阅复制权的实现方式与救济路径将进一步明晰。典型裁判的示范效应能够促使个人信息处理者完善合规机制，更好地履行其及时提供个人信息，以供个人信息主体查阅复制的法定义务。此外，对于可能出现的个人信息查阅复制权相关案件“诉讼爆炸”的情形，一方面应逐步完善行业规范，为前述案件提供多元化的非诉讼解决机制；另一方面则应探索在个人信息保护的法律框架下，适用权利滥用规则进行司法引导的可能路径。

□ 参考文献

程啸、王苑：《论我国个人信息保护法中的查阅复制权》，载《法律适用》2021 年第 12 期。

王锡锌：《个人信息国家保护义务及展开》，载《中国法学》2021 年第 1 期。

张新宝：《论个人信息权益的构造》，载《中外法学》2021 年第 5 期。

曹博：《个人信息可识别性解释路径的反思与重构》，载《行政法学研究》2022 年第 4 期。

程啸：《个人信息保护法理解与适用》，中国法制出版社 2021 年版。

周汉华主编：《〈个人信息保护法〉条文精解与适用指引》，法律出版社 2022 年版。

京东法律研究院：《欧盟数据宪章：〈一般数据保护条例〉GDPR 评述及实务指引》，法律出版社 2018 年版。

高富平主编：《个人数据保护和利用国际规则：源流与趋势》，法律出版社 2016 年版。

055 人格权中个人信息的被遗忘权

任某诉某网讯科技有限公司人格权纠纷案 | 北京市第一中级人民法院(2015)一中民终字第09558号民事判决书

郑志峰 西南政法大学民商法学院

■ 事实概要

原告任某系人力资源、企事业管理等管理学从业人员,曾于2014年7月1日起在无锡T生物科技有限公司从事相关教育工作,2014年11月26日该公司通知任某解除劳动关系。自2015年2月起,任某陆续在被告某网讯科技有限公司(以下简称某公司)所经营的某搜索引擎中键入"任某"后,会关联弹出"T教育任某""美国潜能教育任某"等关键词;键入"无锡T教育"后,会弹出"T教育骗局""T远航教育是骗局吗"等内容。任某认为某搜索引擎将其名字与在外声誉不好的T教育公司关联,侵害了其姓名权、名誉权及一般人格权中的"被遗忘权",使其工作和生活受到影响。为此,任某多次通过电子邮件向被告发出侵权警告和删除搜索结果的要求,未果后遂向法院提起诉讼,诉请被告删除相关内容并赔偿其经济损失和精神损害。

审理中,原告认为,被告侵权行为表现在未经其允许,上传者结合某搜索引擎功能共同盗用其姓名,编造已经不存在的事实,把T教育公司与其捆绑并造成其经济损失,这样的搜索信息应当被"遗忘",但是某公司拒绝删除。对此,被告主张:其一,某搜索引擎的结果是基于6类相关搜索算法,结合近9月的网民搜索趋势和客观情况进行显示,具有技术中立性和客观合理性,不存在人为干预。其二,原告与T教育公司确有合作经历,被告未擅用、假冒、干涉或者以悖俗方式使用其姓名,也不存在捏造事实或侮辱诽谤行为。其三,原告所主张的"被遗忘权"没有明确的法律依据,不能适用于本案。其四,原告主张的经济损失和精神损害与被告所提供服务不具有因果关系。

■ 裁判要旨

一审法院认为,某公司在"相关搜索"中推荐的有关任某及"T教育"与相关学习法的词条是对网络用户搜索相关检索词内容与频率的客观反映,属于客观、中立、及时的技术平台服务,并无侵害任某前述主张权益的过错与违法行为。此外,网络服务商未履行"通知—删除"义务或未停止侵权,应承担对自己行为的侵权责任或对他人侵权扩大损害的侵权责任,其前提是自己或他人的侵权责任成立。鉴于本案中任某主张某公司侵害其名誉权、姓名权及一般人格权中所谓“被遗忘权”缺乏相应的事实与法律依据，故某公司未履行“通知—删除”义务亦无须承担侵权责任。一审法院判决驳回任某的全部诉讼请求。此后，二审法院维持原判。

■ 评 析

Ⅰ 本判决的思路和意义

本案的争议焦点在于：事实查明层面上被告是否对“相关搜索”服务进行过人为干预，法律认定层面上被告是否构成对原告姓名权、名誉权和一般人格权中“被遗忘权”的侵害。最终法院认定被告运营的搜索引擎及相关服务不存在人为特定干预，相关搜索词条并未对原告姓名权、名誉权造成实质侵害。至于原告所主张的“被遗忘权”，并不能归入我国现有类型化的人格权保护范畴，该利益能否成为应受保护的民事法益，关键就在于该利益的正当性与受法律保护的必要性。在此基础上，法院认为，原告主张的被遗忘权不具有正当性和受法律保护的必要性，不应成为侵权保护的正当法益，故对于其主张该利益受到一般人格权中所谓“被遗忘权”保护的诉讼主张，法院不予支持。本案是中国本土第一个涉及“被遗忘权”的经典案例，对“被遗忘权”本土化有着重要的实践指导意义。在《民法典》《个人信息保护法》通过后，本案对于个人信息权益的保护仍然具有重要的启示意义。

Ⅱ 被遗忘权的制度溯源与学理争议

1. 制度溯源

被遗忘权的概念雏形脱胎于隐私概念，可以追溯至20世纪80年代法国的遗忘权，其内容意在赋予罪犯淡出公众视野的权利，新闻媒体不得再对其不洁过往事实进行报道。随着互联网技术的兴起，欧盟各国纷纷意识到保护个人数据的重要性，法国、德国等国家均出台了与被遗忘权有关的法案。1995年《欧盟数据保护指令》的出台标志着欧盟在个人数据保护方面进入新阶段，其中许多条款都可被看作弱化版的被遗忘权条款。2010年，时任欧盟信息社会和媒体委员会专员的薇薇安·雷丁女士提出，需要确保人们对个人信息有高水平的保护和控制，强调用户必须能有效地控制他们的网络信息，并且能随时更正、撤销或删除这些信息。2012年，《欧盟通用数据保护条例》草案第17条首次确立了被遗忘权。随后，2016年通过的《欧盟通用数据保护条例》第17条，用3款条文对被遗忘权作了规定。

被遗忘权第一次司法适用是在2014年的“冈萨雷斯与谷歌案”中。本案中，西班牙公民冈萨雷斯先生要求谷歌和《先锋报》删除其在1998年曾因断供而被拍卖房屋的有关链接和报道，西班牙数据保护局最终裁定《先锋报》无须删除有关报道，但谷歌需移除相关搜索链接。谷歌不服遂诉至西班牙高级法院，西班牙高级法院对此拿捏不准，于是将案件移送欧盟法院。2014年5月13日，欧盟法院最终裁定，如果数据的使用超出收集或处理数据的目的，或者数据不完全、不正确、不相关，或者超出储存时间，或者存在强制性合法理由，数据主体就享有“被遗忘权”。随后，2019年“谷歌诉法国国家信息与自由委员会案”、2020年

“比利时谷歌案”再次确认了用户享有对于搜索引擎主张删除信息链接的被遗忘权，让被遗忘权的讨论扩展至全球。

2. 学理争议

对于被遗忘权的正当性，学界一直存在争议。有观点认为，被遗忘权删除、隐藏信息的方式必然会阻碍第三人接收、记忆某些信息的自由，进而对言论自由造成影响，损害社会公众的知情权（王义坤、刘金祥：《被遗忘权本土化的路径选择与规范重塑——以〈个人信息保护法〉第47条为中心》，载《财经法学》2022年第3期）。如果允许信息主体任意删除有关自己此前的信息，最终可能会害及社会历史真相的保留，从而损害媒体的深度舆论监督，并且于人类社会文化自身的延续发展也极为不利（丁宇翔：《被遗忘权的中国情境及司法展开——从国内首例“被遗忘权案”切入》，载《法治研究》2018年第4期）。特别是一些公众人物、犯罪分子很可能会滥用被遗忘权，以抹去自己不光彩的历史。此外，被遗忘权根本无法实现遗忘的目的。删除不等同于遗忘，信息一旦上网就不可能彻底删除，信息主体可以主张删除搜索链接，但不能阻止其他用户复制。在互联网全球化的背景下，即使服务商在某一节点履行了删除义务，网络用户也可能在其他国家的网络节点继续能够访问相关内容，被遗忘权的效用十分有限。

还有观点认为，在数字时代，遗忘已经成为例外，而记忆却成为常态。完善的数字记忆在带给人们极大便利的同时，也造成了新的困扰。网络的留痕特性使得任何发布在网络上的信息，都可以在未来的任何时间内被任何人重新找出以作为谴责的依据。信息主体无论如何积极、及时地解决问题、诚恳地纠正错误，不光彩的过去、曾经的批评与指责仍不可擦除地、完整地保存在网络之中，等待下一次被重新翻出。因此，在网络信息不断膨胀的今天，信息主体对于清除这些负面信息并消除其对自身声誉的影响的需求，是广泛而迫切的。此种背景下，赋予个体被遗忘权就显得非常必要（杨立新、韩煦：《被遗忘权的中国本土化及法律适用》，载《法律适用》2015年第2期）。与此同时，被遗忘权并不必然会产生寒蝉效应。相反，被遗忘权的合理实施还将有助于维护言论自由。一方面，被遗忘权从来都不是绝对的权利，它有着各种限制，言论自由就是最重要的例外之一，这充分保障了言论自由的空间。另一方面，在这个言行被永久记录的数字时代，人们不得不时刻担忧和检讨过往的举动，这种对过去的恐惧必然导致主体谨言慎行，这才是言论自由的威胁，被遗忘权减少了误导性信息，提高了信息的准确度（郑志峰：《网络社会的被遗忘权研究》，载《法商研究》2015年第6期）。

Ⅲ 被遗忘权的本土发展与规范适用

1. 本土发展

我国法律法规中没有“被遗忘权”的概念，最为相似的是“删除权”。原《侵权责任法》第36条规定了“通知—删除”的“避风港”规则，但通知删除的对象是一切侵害人身财产权利的内容，并不限于个人信息，与被遗忘权存在本质不同。此后，《网络安全法》第43条规定，“个人发现网络运营者违反法律、行政法规的规定或者双方的约定收集、使用其个人信息的，有权要求网络运营者删除其个人信息”。这一规定更接近欧盟规定的被遗忘权，但需要以“违反法律、行政法规的规定或者双方的约定”作为删除的前提，与被遗忘权仍然有较大的区别。随后,《民法典》首次从个人信息权益的角度确立了删除权,其第 1037 条第 2 款规定:“自然人发现信息处理者违反法律、行政法规的规定或者双方的约定处理其个人信息的,有权请求信息处理者及时删除。”在此基础上,《个人信息保护》第 47 条进一步扩展了删除权的适用情形。

对于删除权与被遗忘权的关系,学界存在不同的看法。有观点认为,所谓被遗忘权的实质就是删除权,即赋予个人对于其个人信息处理的决定权,个人有权在一定情形下要求个人信息处理者删除所处理的其个人信息,删除权的范围足以涵盖被遗忘权,无须单独规定被遗忘权(程啸:《论〈个人信息保护法〉中的删除权》,载《社会科学辑刊》2022 年第 1 期)。有观点认为,被遗忘权的基本内容是删除,与删除权相一致,但被遗忘权的删除范围小于删除权,因而,被遗忘权和删除权既不是对立的概念,也不是完全相同的概念,而是包容和被包容的关系(杨立新、赵鑫:《〈个人信息保护法〉规定的本土被遗忘权及其保护》,载《河南财经政法大学学报》2022 年第 1 期)。还有观点认为,《个人信息保护法》第 47 条规定并不能包含被遗忘权,该条所规定的删除权与被遗忘权存在明显区别,两者并非完全相同的概念,不宜认定该条所规定的删除权包含被遗忘权(王利明:《论个人信息删除权》,载《东方法学》2022 年第 1 期)。

对此,笔者认为,从概念上说,被遗忘权本身就应当改为删除权,《欧盟通用数据保护条例》第 17 条的用语就是“删除权”,被遗忘权不过是删除权的一种别称。与此同时,被遗忘权概念本身充满感性色彩,容易让人将其与“改写历史”“审查”“限制言论自由”等联系在一起,改为删除权更加合理。至于适用范围,我国删除权的适用范围非常广泛,可以涵盖被遗忘权的适用情形。

2. 规范适用

在《民法典》与《个人信息保护法》通过后,我国法律法规正式确立了个人信息的删除权。此种背景下,任某对于某搜索引擎能否主张删除权呢? 这就涉及删除权的具体适用。

第一,删除权的主体。删除权的主体包括权利主体与义务主体。删除权的权利主体当然是自然人,因为删除权本身就是个人信息权益的内容。至于删除权的义务主体,则是一切信息处理者,不限于搜索引擎。从这个角度来看,任某是享有删除权的合格权利主体,某公司也是适格的义务主体。

第二,删除权的情形。根据《个人信息保护法》第 47 条第 1 款的规定,删除权的适用情形具体包括五种:处理目的已实现、无法实现或者为实现处理目的不再必要;个人信息处理者停止提供产品或者服务,或者保存期限已届满;个人撤回同意;个人信息处理者违反法律、行政法规或者违反约定处理个人信息;法律、行政法规规定的其他情形。本案中,与原告任某有关的搜索信息是其原单位合法公开的信息,相关搜索关键词是网络用户搜索频次的客观体现,某搜索引擎利用的是合法公开的信息,属于《个人信息保护法》第 13 条第 1 款第 6 项中的合理利用。当然,如果公开个人信息的处理违背法律、行政法规规定,信息主体仍然享有删除权。但在本案中,搜索关键词呈现的是原告真实的任职经历,原告也未举证对其个人权益有重大影响,故无法行使删除权。

第三,删除权的限制。删除权并非一项绝对的权利,其行使需要平衡各方利益,存在一定限制。例如,《欧盟通用数据保护条例》第17条第3款就规定了5种不得删除的情形,包括基于言论表达自由、数据控制者应当履行的法定义务要求、公共利益等。根据我国《个人信息保护法》第47条第2款的规定,删除权的限制包括两种:其一,法律、行政法规规定的保存期限未届满。例如,《电子签名法》第24条规定,"电子认证服务提供者应当妥善保存与认证相关的信息,信息保存期限至少为电子签名认证证书失效后五年",那么在此保存期限内,信息主体就无法行使删除权。其二,技术上难以实现的。这里的技术难度应当结合删除成本进行理解,只有删除信息时需要付出不合理成本才属于技术上难以实现。除此之外,对人格权保护的一般限制也应当适用于删除权。如在《民法典》第999条规定的为公共利益实施新闻报道、舆论监督等情形中,信息主体的删除权也应受到限制。

▫ 参考文献

王利明:《论个人信息删除权》,载《东方法学》2022年第1期。

程啸:《论〈个人信息保护法〉中的删除权》,载《社会科学辑刊》2022年第1期。

杨立新、赵鑫:《〈个人信息保护法〉规定的本土被遗忘权及其保护》,载《河南财经政法大学学报》2022年第1期。

王义坤、刘金祥:《被遗忘权本土化的路径选择与规范重塑——以〈个人信息保护法〉第47条为中心》,载《财经法学》2022年第3期。

丁宇翔:《被遗忘权的中国情境及司法展开——从国内首例"被遗忘权案"切入》,载《法治研究》2018年第4期。

丁晓东:《被遗忘权的基本原理与场景化界定》,载《清华法学》2018年第6期。

刘文杰:《被遗忘权:传统元素、新语境与利益衡量》,载《法学研究》2018年第2期。

万方:《终将被遗忘的权利——我国引入被遗忘权的思考》,载《法学评论》2016年第6期。

056 网络虚拟财产的继承规则

朱某、Y通信集团河南有限公司信阳分公司等继承纠纷案 | 河南省信阳市平桥区人民法院(2021)豫1503民初7923号民事判决书

李雅男 华中科技大学法学院

■ 事实概要

朱某1是原告朱某与第三人朱某2的父亲。朱某1于2021年1月27日去世,其生前使用某移动通信运营商手机号。朱某1去世后,原告朱某向Y通信集团河南有限公司信阳分公司(以下简称Y公司)申请办理该手机号过户业务,因朱某1生前未立遗嘱,也无法证明原告是唯一的继承人,故被告Y公司未办理该项过户业务。原告为此向法院提起诉讼。Y公司辩称,手机号码继承过户涉及原户主的财产权,包括手机号码的使用权以及该手机号码账户内的余额,同时日常生活中手机号码与很多个人财产发生关联,比如支付宝、微信、手机银行等都会绑定手机号码,还存在很多人脉资源、商业信息的关联。因此,手机号码的价值很难估量,可能会影响到巨额遗产的分配,不应当被继承。

■ 裁判要旨

手机号码的所有权归属于国家。通信工具号码属于广义的虚拟财产,而电话号码随着被继承人的使用逐渐具有特定的人身属性,产生一定的关联利益。可见,手机号码的使用权同样具有财产权益,其本质是一种用益物权。根据《民法典》第1122条第1款的规定,遗产是自然人死亡时遗留的个人合法财产。手机号码使用权可以作为自然人的个人合法财产得以继承。

■ 评 析

Ⅰ 本判决的思路和意义

本案中,法院在承认手机号码具有虚拟财产属性的基础上,区分了手机号码的所有权和使用权,并认为前者应属国家所有,后者应归于号码的使用人。同时认为手机号码的使用权本质上为用益物权,属于遗产范畴,可以结合继承法的规则予以继承。关于手机号码之类的虚拟财产的继承问题,一直存在广泛争议。本判决通过区分手机号码的所有权和使用权,肯定了该类财产可以作为继承的客体,在某种程度上反映了一种司法实践的态度,具

有一定的开拓意义。

Ⅱ 网络虚拟财产的性质及继承的学理争议

关于虚拟财产的性质，第一，物权说认为，虚拟财产具有排他性和支配性，其作为物权的客体存在，是一种以电磁记录形式表现出来的特殊的物（林旭霞：《虚拟财产权性质论》，载《中国法学》2009年第1期）。电能等无形财产的出现使得物的概念得到扩张。数字遗产包括但不限于被继承人死亡时遗留的短信、图片、多媒体信息，或者其他以数据形式存储的财产等。其可存储于服务器、电脑或其他物理设备，或者电子媒体，而无须考虑相应的物理设备或电子媒体的所有权归属。虚拟财产存在于具体网络环境中，具有支配力和排他力等物权特征。本案中，法院区分了手机号码的所有权和使用权，同时认定手机号码的使用人所享有的使用权属于用益物权，并可以继承。这一观点，本质上采纳的正是物权说。但物权说似乎无法解决权利人对于网络虚拟财产根本没有"事实上的管领力"的问题。首先，虚拟财产只能依赖于电脑等通信设备而存在，无论是账户本身还是账户之内的内容，全部存在于运营商的服务器上。继承人如果没有账户的账号和密码，是无法进入账号内对数字信息财产予以支配的。虚拟财产的归属、状态、交易和移转均由网络服务商的软件程序决定。本质上，网络服务商的代码描述界定了网络虚拟财产的范围。因此，获得账户本身的使用权是获得空间账户信息的所有权之前提，而账户使用权的问题是物权说所不能解决的，账户在某种程度上具有人格属性和身份属性，不具有物的支配性和排他性。账户使用权是用户与网络服务提供者之间因为签订协议而获得的操作权限，更类似于相对权而非绝对权。其次，虚拟财产非常易于复制、上传、发送等，难以满足（物的）特定性的要求。虚拟财产的价值也具有不稳定性，其过度依赖于运营商的持续服务。再次，虚拟财产受代码控制，在一定意义上具有相对的不可复制性和不可删除性。这就导致虚拟财产权的救济难以全面适用物权的救济方式。比如，对于物的返还请求权，或许只能通过请求网络服务运营商履行安全保障义务才能得到实现，即请求恢复数据或删除第三人账户中的数据和权限修改等。最后，虚拟财产之上也不可能建立起完整的物权体系。尽管有学者提出"数据用益权"的概念（申卫星：《论数据用益权》，载《中国社会科学》2020年第11期），主张确立"所有权+用益权"的协同格局，但是网络虚拟财产难以满足匿名性的要求，与衍生数据的内涵并不一致。网络虚拟财产往往与用户的账号相关，可以直接识别个人。《民法典》第252条规定："无线电频谱资源属于国家所有。"依据《电信条例》第26条的规定，"国家对电信资源统一规划、集中管理、合理分配，实行有偿使用制度。前款所称电信资源，是指无线电频率、卫星轨道位置、电信网络号等用于实现电信功能且有限的资源。"《电信网码号资源管理办法》第2条第2款规定，码号资源，是指由数字、符号组成的用于实现电信功能的用户编号和网络编号。第3条规定："码号资源属于国家所有。国家对码号资源实行有偿使用制度，具体收费标准和收费办法另行制定。"由此可知，国家对电话号码享有所有权，电信经营者享有手机号码的特许经营权，电信经营者与用户签订服务合同，为用户提供通信服务。因此，个人并不拥有电话号码的所有权，其通过登记拥有的是以合同为基础的使用权。类似于公共承运人，提供公共服务的电信经营者也具有强制缔约义务，这强化了用户的权利，但并不能因此便将用户对电话号码的使用权解释为物权，其实质仍未超出合同的范畴。另外，电话号码等基于个人实名登记获得，可以直接识别个人，属于个人信息的范畴(《个人信息保护法》第4条)。个人信息权益在《民法典》中被认为是人格利益，具有固有性、不可移转性，不具有独占支配性，无法形成支配性权益结构。因此，网络虚拟财产难以被解释为物权。

第二，债权说认为虚拟财产是网络服务提供者根据合同约定向权利人提供的专属服务行为。网络虚拟财产不能独立存在，其对运营商存在技术依赖，其本质上属于合同下的以电磁记录或数据代码形式体现的服务；物权客体一般是有形的，将网络虚拟财产认定为“物”必然突破物权客体的通说(刘明:《网络虚拟财产权权利客体研究》，载《社会科学研究》2015年第2期)。相应地，有学者倾向于根据网络服务提供者与用户之间的协议确定网络虚拟财产的归属(王雷:《网络虚拟财产权债权说之坚持——兼论网络虚拟财产在我国民法典中的体系位置》，载《江汉论坛》2017年第1期)。但是按照债权说的观点解释网络虚拟财产的性质，仍然存在一定的局限。目前大多数服务协议都明确禁止随意将数字账户交由他人使用和管理。如果将网络虚拟财产视为债权性质的权利，可能会使网络虚拟财产的可继承性受到影响。尽管服务协议可能因格式条款限制了合同相对方的权利而被认定为无效，但是债权作为相对权，其忽略了客观上存在的数据实体，否定了用户在特定场域下对网络虚拟财产进行支配的可能，这不符合虚拟财产的现实。从本质上讲，合同只是对民事主体权利义务进行分配，并不能说明合同指向的“分配对象”的债权性质。“债权物权化”以“买卖不破租赁”为例，其本质应当为法定的合同概括转移，“预告登记”本质上物权变动请求权的担保权利，其从属于物权变动请求权，而此请求权的变动是相对的，只能向债务人主张而不得请求第三人履行(杨浦:《论合同相对性原则的适用边界》，载《交大法学》2020年第3期)。因此，将虚拟财产理解为债权，或者通过“债权物权化”路径进行解释，都需要考虑虚拟财产中的合同是否能够概括转移，以及是否需要担保手段保证债权的履行。网络虚拟财产特别是社交账号等具有典型的人格属性与身份属性，如果允许其转让，可能会发生身份混同，不利于第三方的信赖保护。根据债权的性质，如果债权人的变动会危害债务人基于基础关系所享有的利益，实质性地增加了债务人的负担或风险，一般也认为不可转让。就网络虚拟财产而言，如果发生继承则必然突破了合同的相对性，此时其蕴含的与第三人的通信等内容可能会发生外泄的风险，增加了债务人的负担。

第三，复合型财产权说认为针对虚拟财产应当坚持多元客体的法律属性定位，其本质是包含了多种既有权利类型的权利束(瞿灵敏:《虚拟财产的概念共识与法律属性——兼论〈民法总则〉第127条的理解与适用》，载《东方法学》2017年第6期)。有学者认为，数字遗产涵盖了被继承人通过各种媒介存储的数字信息或者资产。相关的数字信息或资产无论存储在互联网、云端还是计算机硬件、软件中，都可属于数字遗产的范围，如电子邮件、博客、照片和视频等。互联网上被继承人的所有合同关系以及合同安排的在线处理也应当属于数字遗产的范畴[牛彬彬:《数字遗产之继承:概念、比较法及制度建构》，载《华侨大学学报(哲学社会科学版)》2019年第5期]。另有观点认为，网络虚拟财产应当为具有债权属性且可能会发生物权化结果的中间性权利(马一德:《网络虚拟财产继承问题探析》,载《法商研究》2013 年第 5 期)。此种学说主张根据具体情况作出权利认定,但实际上仍然没有回答最本质的问题,无法为实践提供明确的预期,不利于定分止争。

关于网络虚拟财产的继承,大多数网络服务商均采取了限制继承的规则,理由为保护死者或第三者的隐私。例如,我国《个人信息保护法》第 49 条规定:"自然人死亡的,其近亲属为了自身的合法、正当利益,可以对死者的相关个人信息行使本章规定的查阅、复制、更正、删除等权利;死者生前另有安排的除外。"实践中,网络服务提供者大多通过网络服务协议禁止了虚拟财产的继承,防止他人隐私被侵犯而承担责任。传统的信息或隐私载体,比如书信,一般认为可以继承的原因在于,其与信息并未发生明显的分裂,信息被固定在载体之上,对信息的支配权被吸纳到物权之中,可以随物的继承而继承。但是这也并不意味着可以对物质载体上的隐私利益任意处分,死者的人格利益仍然受到保护。在互联网、大数据时代,信息与载体可以分开,冲击了原有的物权模式,用户对个人信息的直接支配权降级为"访问、修改、删除等请求权"。因此,不能直接认定网络虚拟财产可以被继承,但是完全禁止网络虚拟财产的继承也可能会发生不公平的情况。例如,网络店铺等凝聚着主体的劳动,具有财产价值。网络店铺等财产利益大于人格利益的虚拟财产,可类似于法人的人格权。以法人名称权为例,法人名称权之所以可以转让就在于其凝聚着法人的经营利益和信誉,具有商业价值,但由于名称权又涉及他人的期待利益与身份识别功能,其转让也受到重重限制。

Ⅲ 既往司法实践状况

在本判决之前,司法实践中关于网络虚拟财产的性质存在较大争议,涉及继承的案例较少,而且既有案例的法院说理大多绕开了网络虚拟财产的继承规则,说理不够充分。例如,有法院认可手机号码的继承,主张"被继承人高某名下中国移动手机号码 139××××××××,估价 1 万元,现由唐某 2 使用",但对于手机号码的性质及继承的理由并未进行充分的论证[唐某 2、唐某 1 等与高某等法定继承纠纷案,黑龙江省哈尔滨市呼兰区人民法院(2018)黑 0111 民初 1821 号民事判决书]。当前关于网络虚拟财产的争议更多地出现在合同和侵权领域,继承的前提是性质的认定,通过网络虚拟财产的转让、侵权等司法实践的态度可以推测网络虚拟财产的继承是否可能。例如,在"林某与上海某网络发展有限公司案"[浙江省温州市中级人民法院(2009)浙温民终字第 623 号民事判决书]中,法院在判决中承认虚拟财产为一种无形资产,具有财产属性。具有财产属性则可以推测继承规则是否有适用的空间,虚拟财产是否属于遗产的范畴。

从司法实践来看,有法院承认了网络虚拟财产的财产性质,但是基于网络财产的信息本质,否定了账号的使用权转让,即否定了网络虚拟财产的转让效力。例如在"杭州某网络科技有限公司、汤某劳动争议案"[浙江省杭州市中级人民法院(2020)浙 01 民终 5899 号民事判决书]中,法院认为"网络社交账号因用户的注册而设定并排他性地直接支配使用,因其使用而产生网络影响力,具有一定的价值,是一种网络虚拟财产,可以成为权利的客体……案涉小红书账号在使用过程中，可能会产生网络流量，并进而带来商誉和商业机会，因而双方劳动关系解除后，汤某负有协助、保密等附随义务，也负有不能利用该账号所形成的网络影响力从事损害某公司利益的行为等不作为义务，并此说明”。这说明网络虚拟财产具有特殊性，虽然其具有财产性质，但由于其涉及第三方隐私利益与信赖利益的保护，不得随意转让与继承。

另有法院否定了网络虚拟财产的支配效力，将网络虚拟财产的性质认定为债权。例如在“李某与深圳市 T 计算机系统有限公司、T 科技（深圳）有限公司网络侵权责任纠纷案”[广州互联网法院（2020）粤 0192 民初 4109 号民事判决书]中，法院认为，“深圳市 T 计算机系统有限公司以使用外挂为由封停李某的游戏账号并予以通报，具有合同依据，亦未超出网络游戏秩序管理的合理范围，其行为不存在违法性”。在“浙江 B 网络有限公司诉李某买卖合同纠纷案”[上海市第一中级人民法院（2015）沪一中民一（民）终字第 4045 号民事判决书]中，法院认为：“某网购零售平台店铺作为虚拟店铺，与传统意义上的实体店铺有很大差别，其是平台运营商与用户之间关于网络服务债权债务的载体。某网购零售平台店铺的转让，实质上是债权债务的概括转让，但姚某某将店铺转让给李某，并未经原债权债务相对方浙江 B 网络有限公司的同意，现浙江 B 网络有限公司不同意该转让，故姚某某与李某间的店铺转让合同，对浙江 B 网络有限公司无任何效力。且依据合同相对性原则，即便店铺转让协议有效，也只能在姚某某与李某之间发生效力，对浙江 B 网络有限公司毫无法律约束力。根据《某网购零售平台服务协议》，某网购零售平台店铺不得擅自转让，姚某某和李某明知该规则而进行转让显非善意，李某作为新卖家取得姚某某的 4 钻店铺，实际上是一种不正当的竞争行为，侵害了网络平台经营者和消费者的知情权，损害了浙江 B 网络有限公司的利益。如果店铺可以任意进行买卖，实质上是架空了某网购零售平台的实名认证制度及信用等级制度，进而冲击市场秩序，影响到网络交易的安全。故浙江 B 网络有限公司上诉请求撤销原判，依法改判驳回李某的原审诉请或发回重审。”上述案例否认了虚拟财产的绝对权属性，仅认为其本质为债权，而基于合同的相对性，虚拟财产不发生转移的效力，也自然不可能发生继承。

Ⅳ 本判决的参考意义及将来的课题

本判决为民事一审判决，其是否会上诉改判可能还需要继续等待，然而本判决突破性地承认了虚拟财产的继承是具有重大意义的。从我国的立法来看，《民法典》第 127 条规定：“法律对数据、网络虚拟财产的保护有规定的，依照其规定。”第 1122 条规定：“遗产是自然人死亡时遗留的个人合法财产。依照法律规定或者根据其性质不得继承的遗产，不得继承。”网络虚拟财产种类众多，能否适用统一的继承规则也存在争议。数字资产蕴含了固有的财产利益，重要的是要认识到财产利益不是静态的，其变化和形态反映了社会形态的变化，虚拟财产的继承规则也应当具有多面向。简言之，网络虚拟财产主要包括两类：第一类包括在有形电子设备上存储的、个人拥有的数字资产。具体而言包括个人计算机、平板计算机、智能手机和电子阅读器以及存储在这些设备上的数据或文档，包括照片、音乐、视频和医疗、财务、商业等记录。第二类存储在服务商与个人协议约定的账户中,这也被称为云资产,因为信息是由账户持有人的物理设备存储的,通常是在服务器上,如电子邮件(包括收到的消息和可访问账户)。如果电子邮件存储在个人计算机上则称为本地存储,如果存储在互联网服务器上则称为云存储。在线账户通常需要用户名和密码,主要存储照片、视频等内容。网络虚拟财产也可分为账号密码型、信息资料型、信誉型、虚拟货币型、游戏装备型五类,需要根据不同的虚拟财产种类、性质思考不同的继承规则。

在我国《民法典》制定过程中,关于涉及隐私的网络虚拟财产是否可以继承一直存在争议(黄忠:《隐私是阻碍网络虚拟财产继承的理由吗》,载《财经法学》2019 年第 4 期)。本判决直接将手机号码解释为用益物权还是稍显武断,说理不够充分,特别是手机号码中凝聚着死者的个人信息的同时也可能涉及他人的信息,如何保护他人的合理信赖,防止他人的信息泄露则需要我们进一步研究。在关于网络虚拟财产继承规则的讨论中,始终存在死者隐私、第三人隐私、继承人利益与网络服务平台责任之间的利益平衡问题。网络虚拟财产往往是信息和数据的集合,其不仅涉及死者的数据,还多涉及与其交往的第三人的信息,其继承需要特别考虑溢出成本和外部性问题。互联网服务平台虽然不能以保护他人隐私为由拒绝继承,但是也并非意味着继承人对死者信息的访问、存储、利用毫无限制,更不可以披露死者及第三人的隐私信息超出合理期待范围(李雅男:《民法典视野下社交网络账号的继承》,载《西南政法大学学报》2022 年第 1 期)。

☐ 参考文献

王海洋、郭春镇:《公开的个人信息的认定与处理规则》,载《苏州大学学报(法学版)》2021 年第 4 期。
张善斌:《死者人格利益保护的理论基础和立法选择》,载《江汉论坛》2016 年第 12 期。
曹相见:《死者“人格”的规范本质与体系保护》,载《法学家》2021 年第 2 期。
程啸:《个人信息保护法理解与适用》,中国法制出版社 2021 年版。
龙卫球主编:《中华人民共和国个人信息保护法释义》,中国法制出版社 2021 年版。
陈甦、谢鸿飞主编:《民法典评注·继承编》,中国法制出版社 2020 年版。

057 私密信息侵权的证明责任

庞某诉中国D航空股份有限公司、北京Q信息技术有限公司隐私权纠纷案 | 北京市第一中级人民法院(2017)京01民终509号民事判决书

李　昊 中南财经政法大学法学院　刘　磊 中国政法大学比较法学研究院

■ 事实概要

2014年10月11日,庞某(一审原告、二审上诉人)委托鲁某通过北京Q信息技术有限公司(一审被告,二审被上诉人,以下简称Q公司)下辖网站某旅游搜索引擎平台订购了中国D航空股份有限公司(一审被告,二审被上诉人,以下简称D公司)机票1张,所选机票代理商为长沙X票务代理公司(以下简称X公司)。某旅游搜索引擎平台的订单详情页面显示该订单登记的乘机人信息为庞某姓名及身份证号,联系人信息、报销信息均为鲁某及其尾号××58的手机号。2014年10月13日,庞某尾号××49手机号收到来源不明号码发来的短信称由于机械故障,其所预订航班已经取消。该号码来源不明,且未向鲁某发送类似短信。鲁某拨打D公司客服电话进行核实,客服人员确认该次航班正常,并提示庞某收到的短信应属诈骗短信。2014年10月14日,D公司客服电话向庞某手机号码发送通知短信,告知该航班时刻调整。当晚19:43,鲁某再次拨打D公司客服电话确认航班时刻,被告知该航班已取消。庭审中,鲁某证明其代庞某购买本案机票并沟通后续事宜,认可购买本案机票时未留存庞某手机号。D公司称庞某可能为D公司常旅客,故D公司掌握庞某此前留存的号码。庞某诉至法院,主张Q公司和D公司泄露的隐私信息包括其姓名、尾号××49手机号及行程安排(包括起落时间、地点、航班信息),要求Q公司和D公司承担连带责任。

北京市海淀区人民法院作出(2015)海民初字第10634号民事判决:驳回庞某的全部诉讼请求。庞某不服,向北京市第一中级人民法院提出上诉。北京市第一中级人民法院于2017年3月27日作出民事判决:(1)撤销北京市海淀区人民法院(2015)海民初字第10634号民事判决;(2)Q公司于本判决生效后10日内在其官方网站首页以公告形式向庞某赔礼道歉,赔礼道歉公告的时间为连续3天;(3)D公司于本判决生效后10日内在其官方网站首页以公告形式向庞某赔礼道歉,赔礼道歉公告的时间为连续3天;(4)驳回庞某的其他诉讼请求。

■ 裁判要旨

普通的个人信息主体不具备对个人信息处理者内部数据信息管理是否存在漏洞等情况进行证明的能力,法律不应要求其确凿地证明个人信息处理者泄露了其私密信息。结合个人信息主体已经提交的证据,并结合如下因素可以认定个人信息处理者存在泄露私密信息的高度可能:个人信息处理者掌握着个人信息主体的私密信息;其他主体整体上全部获取个人信息主体私密信息的可能性非常低;个人信息处理者被媒体多次质疑存在泄露私密信息的情况。并且,由于个人信息处理者作为经营者违反了《消费者权益保护法》第 29 条第 2 款的规定,故而可初步认定其存在过错,在其不能提供进一步反证的情况下理应承担侵权责任。

■ 评　析

[1] 本判决的思路和意义

本案的焦点在于私密信息的侵权责任保护问题。在本案中,个人信息主体以其私密信息遭受泄露为由向个人信息处理者主张侵权责任。面对个人信息主体的诉讼请求,本案法院的裁判思路是:首先,判断信息主体遭受泄露的信息是否属于私密信息,在判断遭受泄露的信息属于私密信息后,认定信息主体可通过隐私权保护规则寻求救济;其次,判断信息主体是否对符合隐私权侵权责任构成的要件事实完成举证证明,若是则支持其诉讼请求,若否则驳回其诉讼请求。在本案判决的裁判思路中,关于个人信息主体证明责任的分析尤其值得重点关注。本案判决认为,出于对个人信息主体收集证据的资金、技术等成本上的考虑,并不能要求其确凿地证明必定是个人信息处理者泄露了其私密信息,只要个人信息主体可举证证明个人信息处理者存在泄露其私密信息的高度可能性,便可认定个人信息处理者存在泄露他人私密信息的侵权行为。并且,由于个人信息处理者擅自泄露他人个人信息的行为违反了《消费者权益保护法》中的保护性规定,可据此初步认定个人信息处理者存在过错,在其不能提供进一步反证的情况下理应承担侵权责任。

从《个人信息保护法》第 69 条的规定来看,私密信息遭受侵害并产生损害时,个人信息主体向个人信息处理者主张损害赔偿责任,适用的是过错推定原则,信息主体无须证明个人信息处理者存在过错。但《民法典》第 1034 条第 3 款规定:“个人信息中的私密信息,适用有关隐私权的规定;没有规定的,适用有关个人信息保护的规定。”如果根据《民法典》第 1034 条第 3 款采取隐私权的保护方式,隐私权作为一项具体权利,在其遭受侵害并产生损害时,适用的是《民法典》第 1165 条第 1 款规定的过错责任原则,信息主体主张损害赔偿责任时仍需证明个人信息处理者存在过错。相比之下,对私密信息采取个人信息保护规则的保护力度更强,更有利于信息主体向个人信息处理者主张侵权责任。尽管《个人信息保护法》第 69 条的规定对私密信息的保护更具优势,但《民法典》第 1034 条第 3 款既已如此规定,也只能对私密信息保护优先适用隐私权保护规则。不过,从程序法上看,过错仅为评价性要件,属于对各种社会事实进行推断而得出的一种价值判断,在诉讼中不可直接作为事实问题加以处理(许可:《民事审判方法:要件事实引论》,法律出版社 2009 年版,第 24 ~ 26 页)。无论是个人信息保护规则,还是隐私权保护规则,两者在实践中面临的最大难题均在于侵权事实的确定。在侵权事实能够确定的情况下,即便对私密信息的保护优先适用隐私权保护规则,只要能够在过错要件的价值判断上结合相关保护性规定,个人信息主体关于过错要件的证明标准便大大降低。就此而言,两种保护规则在实际效果上没有什么差异,上述立法上的明显冲突也得以化解。本案的裁判思路正是如此,即信息主体在隐私权保护规则下仅被要求对过错要件承担较低的证明标准。因此,尽管本案判决作出于《民法典》施行前,但该案的裁判思路在《民法典》及《个人信息保护法》施行后仍具有重要的参考意义。

Ⅱ 侵权法对于私密信息保护的规范及学理

在传统侵权案件中,侵权主体及侵权行为样态一般会有直观体现,原告可通过留存相关证据来证明被告的过错[丁宇翔:《个人信息保护纠纷理论释解与裁判实务》(第 2 版),中国法制出版社 2022 年版,第 83 页]。但在私密信息侵权中,原告往往无法得知这些外在的直观体现,便难以提供直接证据证明被告的过错。因此,在民法实务与理论普遍认可过错标准客观化的发展趋势下(黄薇主编:《中华人民共和国民法典侵权责任编解读》,中国法制出版社 2020 年版,第 8 ~ 9 页),对于私密信息在侵权法上的保护,无论是适用过错责任原则,还是适用过错推定原则,首先应讨论的是如何在客观上认定个人信息处理者的侵权事实是否存在,其次在存在侵权事实的基础上再讨论过错的认定问题。

1. 私密信息保护中的事实推定

有学者认为,本案审理法院将因果关系的证明责任倒置,即由个人信息处理者证明其行为与信息主体遭受侵害之间不存在因果关系,否则便认定因果关系存在(刘海安:《个人信息泄露因果关系的证明责任——评庞某某与东航、趣拿公司人格权纠纷案》,载《交大法学》2019 年第 1 期)。但问题在于,因果关系的证明责任倒置需要法律的明确规定,如《民法典》第 1230 条规定了环境污染、生态破坏侵权中适用因果关系倒置,但现行立法却始终并未规定个人信息侵权或隐私权侵权纠纷中适用证明责任倒置的规则。虽然最高人民法院 2008 年施行的《关于民事诉讼证据的若干规定》(以下简称《民事证据规定》)第 7 条曾规定法院可根据具体情况确定当事人之间的举证责任承担,但 2019 年修正的《民事证据规定》中已将该条文删除。至此,上述观点已经丧失实体法规范上的解释依据。

其实,本案审理法院仍然是要求作为原告的个人信息主体就被告的侵权责任成立承担证明责任,只不过相较于传统的侵权案件,法院运用事实推定降低了原告的证明标准。事实推定是指法院根据经验法则由已知基础事实得出推定事实真伪的结论[最高人民法院民事审判第一庭编著:《最高人民法院新民事诉讼证据规定理解与适用》(上册),人民法院出版社 2020 年版,第 153 页]。根据最高人民法院《关于适用〈中华人民共和国民事诉讼法〉的解释》(以下简称《民诉法解释》)第 93 条第 1 款第 4 项及《民事证据规定》第 10 条第 1 款第 4 项的规定,根据已知的事实和日常生活经验法则推定出的另一事实,当事人无须举证证明,此即为事实推定。例如,事实推定在著作权侵权中便有着广泛应用。在著作权侵权中,学界及司法实践中普遍认同以“接触 + 实质性相似”规则认定侵权事实是否存在。“实质性相似”在于说明被控侵权作品与创作在先的权利人作品在思想表达形式或思想内容方面构成同一,本质上不具有创造性(吴汉东:《试论“实质性相似 + 接触”的侵权认定规则》,载《法学》2015 年第 8 期);而因权利人要具体证明侵权人实际接触过权利人的在先作品过于困难,“接触”在更多的情况下是指“接触的合理可能性”(王迁:《著作权法》,中国人民大学出版社 2015 年版,第 421 页)。该规则中的“接触”实际上就是事实推定规则在著作权侵权中的应用,尽管权利人仍然要承担侵权事实存在的证明责任,但只要其能够证明一些基础事实,法院就可以根据经验法则认定侵权事实存在。如《北京市高级人民法院侵害著作权案件审理指南》第 10.8 条便指出,判断是否存在接触事实,一般考虑如下因素:(1)在先作品是否已经公开发表;(2)在先作品未发表的,但被诉侵权作品作者或者其关联主体与在先作者之间是否存在投稿、合作洽谈等情况。

在本案中,庞某面临的证明困难与上述著作权侵权案件类似,即无法确凿地证明侵权事实存在,但却可以提供相应的初步证据。审理法院正是根据原告提交的初步证据,依经验法则形成 D 公司、Q 公司泄露庞某私密信息的高度确信,这种认定过程正是符合《民诉法解释》第 93 条第 1 款第 4 项及《民事证据规定》第 10 条第 1 款第 4 项关于事实推定的规定。

2. 私密信息保护中的过错认定

在德国法上,《德国民法典》第 823 条第 2 款规定了违反保护性规范的侵权类型,如果被侵权人证明侵权行为人在客观上违反了保护性规范,便可初步认定侵权行为人存在过错,而侵权行为人需要进一步反证其没有过错(U. Magnus, in Dannemann/Schulze, German Civil Code (BGB), §823, München: Verlag C. H. Beck, 2020, S. 1610 - 1611),这实际上是通过表见证明的方式减轻了被侵权人的举证责任(李昊:《交易安全义务论——德国侵权行为法结构变迁的一种解读》,北京大学出版社 2008 年版,第 326 页)。我国台湾地区“民法”第 184 条第 2 款也效仿《德国民法典》第 823 条第 2 款作了类似规定。我国台湾地区学者认为,该条款系过失推定之规定,原告举证被告有违反法律规定之事实,便可推定被告存在过失,若被告不能反证便应承担责任[史尚宽:《债法总论》,中国政法大学出版社 2000 年版,第 122 页;王泽鉴:《侵权行为》(第 3 版),北京大学出版社 2016 年版,第 346 ~ 347 页]。但为避免只要行为人形式上违反保护性规范,便不考虑其他因素而直接认定行为人存在过错的情形发生,学界一般认为应考虑如下因素对其进行限制:(1)在保护目的上,行为人违反的是以保护他人为目的的法律(对私人义务而非对公共义务);(2)在保护范围上,被害人是否属于受保护之人的范围(人的保护范围),被害人所请求的是否为该法律所要保护的权益(物的保护范围)[王泽鉴:《侵权行为》(第 3 版),北京大学出版社 2016 年版,第 349 页;朱虎:《规制法与侵权法》,中国人民大学出版社 2018 年版,第 207 ~ 212 页;方新军:《侵权责任利益保护的解释论》,法律出版社 2021 年版,第 279 页]。值得注意的是,《美国侵权法第三次重述》第 14 条关于“违法本身即视为过失”的规定与《德国民法典》第 823 条第 2 款及我国台湾地区“民法”第 184 条第 2 款有着异曲同工之妙。《美国侵权法第三次重述》第 14 条规定:“如果行为人无正当理由违反了成文法,而该法的制定是为了防范行为人行为所导致的那种事故,且事故受害人属于该法意图保护的类别时,则该行为人存在过失。”[[美]爱伦·M.芭波里克选编:《侵权法重述纲要》(第3版),许传玺等译,法律出版社2016年版,第112页]由此可见,虽然法系不同,但都面临着同样的问题,解决路径也殊途同归。

在本案中,审理法院在通过事实推定使个人信息处理者的侵权事实得以认定的基础上,又依据《消费者权益保护法》第29条第2款“经营者应当采取技术措施和其他必要措施,确保信息安全,防止消费者个人信息泄露、丢失”的规定,认为D公司、Q公司因违反该款规定而存在过错(丁宇翔:《个人信息保护纠纷理论释解与裁判实务》,中国法制出版社2021年版,第86页)。该裁判思路与上述《德国民法典》第823条第2款及《美国侵权法第三次重述》第14条等规定实际上是一致的。在保护目的上,《消费者权益保护法》第29条第2款确定的经营者应采取相应措施确保消费者个人信息安全的法定义务系经营者应对消费者群体的私人所负义务;在保护范围上,消费者及其个人信息权益分别属于《消费者权益保护法》第29条第2款所保护之人及权益范围。在此基础上,可初步认定D公司、Q公司存在过错,D公司、Q公司应对其违反法律规范无过错提出反证。但在本案中,D公司、Q公司未能提供相应的反证,故应认定其对庞某个人信息泄露存在过错。

Ⅲ 既往司法实践状况

据统计,在本案判决作出之前,虽然隐私权纠纷案件的数量逐年增加,但作为原告的个人信息主体的胜诉率却不高,其中很重要的一个原因便是,个人信息主体与个人信息处理者的技术能力和信息掌握程度不对等,个人信息主体的举证能力与证明标准严重失衡。本案判决思路则对该难题的化解提供了有益参考:在个人信息处理者侵权行为的认定上,信息主体只需提供初步证据,使审理法院依经验法则形成个人信息处理者泄露其私密信息的高度确信即可;在此基础上,由于个人信息处理者擅自泄露他人个人信息的行为违反了相关的保护性规定,又可据此初步认定个人信息处理者存在过错。在个人信息处理者无法进一步提供反证的情况下,就可以认定其应承担侵权责任。

Ⅳ 本判决的参考意义及将来的课题

在私密信息的侵权责任构成上,隐私权保护规则适用的是过错责任原则,个人信息保护规则适用的是过错推定原则,《民法典》第1034条第3款就个人私密信息确立的隐私权保护规则优先导致两种保护规则在侵权责任构成的过错要件上存在冲突。因此,不妨考虑隐私权保护规则优先性的缓和化方案,即对于隐私权保护规则下私密信息的侵权责任构成,应降低信息主体对过错要件的证明标准(李昊:《个人信息侵权责任的规范构造》,载《广东社会科学》2022年第1期)。这可通过事实推定规则确定侵权事实及个人信息处理者在此基础上是否违反成文法义务来实现(刘承韪、刘磊:《论私密信息隐私权保护优先规则的困局与破解——以〈民法典〉第1034条第3款为中心》,载《广东社会科学》2022年第3期)。上述缓和化方案实则是聚焦于隐私权保护规则和个人信息保护规则在侵权事实确定方面的共同难题,并在对过错的价值判断上引入相关保护性规范,使个人信息主体在隐私权保护规则下关于过错要件的举证责任得以大大减轻，两种保护规则在立法上的冲突也从而得以化解。本案判决中的裁判思路无疑是对这种缓和化方案的可行性提供了有力支持。

还需注意的是，在判断个人信息处理者是否违反成文法义务方面，虽然《消费者权益保护法》适用于“消费者为生活消费需要购买、使用商品或者接受服务”的情形，就本案的适用而言也并无不妥，但个人信息处理者非法泄露个人信息的场景并非仅限于此。就此而言，《民法典》第 1038 条或《个人信息保护法》第 9 条关于个人信息处理者应采取必要措施确保个人信息安全的规定在适用范围上更广一些。此外，本案属于信息主体同意个人信息处理者收集信息，但却因个人信息处理者的过错导致个人信息泄露的情形；而对于未经信息主体同意而收集个人信息的情形，无论之后是否发生个人信息泄露，都可直接适用《民法典》第 111 条、第 1033 条第 5 项、第 1035 条第 1 款第 1 项及《个人信息保护法》第 13 条第 1 款第 1 项等关于未经自然人同意不得收集其个人信息（或私密信息）的规定，初步认定个人信息处理者的过错。

☐ 参考文献

李昊：《个人信息侵权责任的规范构造》，载《广东社会科学》2022 年第 1 期。

刘承韪、刘磊：《论私密信息隐私权保护优先规则的困局与破解——以〈民法典〉第 1034 条第 3 款为中心》，载《广东社会科学》2022 年第 3 期。

刘海安：《个人信息泄露因果关系的证明责任——评庞某某与东航、趣拿公司人格权纠纷案》，载《交大法学》2019 年第 1 期。

丁宇翔：《个人信息保护纠纷理论释解与裁判实务》（第 2 版），中国法制出版社 2022 年版。

方新军：《侵权责任利益保护的解释论》，法律出版社 2021 年版。

王文胜：《论侵权法中的违反成文法义务》，载梁慧星主编：《民商法论丛》（第 46 卷），法律出版社 2010 年版。

朱虎：《规制法与侵权法》，中国人民大学出版社 2018 年版。

058 人工智能产品侵权的责任认定

钟某诉北京T科技有限公司名誉权纠纷案 | 浙江省瑞安市人民法院(2019)浙0381民初2906号民事判决书

章诗迪 浙江工业大学法学院

■ 事实概要

原告钟某于2011年10月就开始使用案涉手机号码。2019年1月14日,原告被他人告知,在没有被列为联系人的情况下,输入原告的手机号码会自动显示“职务侵占罪判刑”,并且其手机通话详情上显示“数据由T提供”。原告向手机号码运营商客服咨询,答复是号码标注并非运营商所作,运营商无法取消标注。原告系浙江某律师事务所一名执业律师,被告在未经核实原告是否有犯罪记录以及是否有判刑的情况下,在其手机号后标注的内容严重歪曲事实,贬损原告名誉。而且被告合作手机品牌众多,社会影响范围广,给原告的日常工作、生活造成了很大影响。故原告起诉要求法院:(1)判令被告赔礼道歉(要求被告在《人民日报》、《温州晚报》及“温州晚报”微信公众号、《瑞安日报》及“瑞安日报”微信公众号、瑞安论坛网站公开向原告赔礼道歉)、消除影响、恢复名誉;(2)判令被告赔偿原告精神损害抚慰金50000元;(3)判令被告支付原告公证费3200元。

被告北京T科技有限公司辩称:(1)原告未能证明其名誉被损害的情况,被告没有实施违法行为且在主观上不存在故意,故原告主张被告侵害其名誉权证据不足;(2)标注“职务侵占罪判刑”系对原告职业特性描述而非社会评价,不会造成原告的社会评价降低的效果;(3)错误标注是由于人工智能通过网络公开网页信息索引、机器学习自动形成的,全程没有人工干预,并非被告进行侮辱或诽谤,被告在主观上不存在故意或明显过错。

■ 裁判要旨

法院支持原告诉讼请求,认定被告的行为构成对原告名誉权的侵害。

被告北京T科技有限公司未经人工核实,其提供的陌生号码识别服务将原告钟某使用的手机号码标注为“职务侵占罪判刑”,该标注内容严重失实,损害原告的名誉,造成了一定的影响。被告对错误标注真实性应进行人工核实,而非放任该错误标注持续存在,显然未建立健全有效的人工校验机制,其具有明显的主观过错,构成对原告名誉权的侵害。

■ 评 析

Ⅰ 本判决的思路和意义

本案中，被告以错误标注是人工智能生成，不具有主观过错为由主张免责。但法院并未采纳该观点，而是认为被告具有明显的主观过错。被告作为服务商应该对自己的产品有所保障，但其在针对网络服务简单标注后没有二次人工对信息筛选、标记等进行合理必要的甄别工作，放任该违法行为的发生，对原告的工作和生活造成极大影响。本判决对于现行规范中并未明确规定的人工智能产品侵权的责任认定的问题具有重要意义。

Ⅱ 人工智能产品侵权的责任认定的相关规范及学理

现行规范并未直接规定人工智能产品侵权责任。《民法典》第1165条第1款规定了过错责任原则。本案成立侵害名誉权纠纷，《民法典》第1024条规定名誉权和名誉的内容。侵害名誉权等一般人格权的责任成立、责任承担等事项规定在《民法典》第998条中。另外，《民法典》第1183条第1款规定，“侵害自然人人身权益造成严重精神损害的，被侵权人有权请求精神损害赔偿”。最高人民法院《关于确定民事侵权精神损害赔偿责任若干问题的解释》第5条规定了影响计算精神损害的赔偿数额的因素。

就人工智能产品侵权的责任认定的问题，学界主要从人工智能产品的法律主体资格和构成要件的认定两个方面展开探讨。对于人工智能产品的法律主体资格，学界有肯定说（张玉洁：《论人工智能时代的机器人权利及其风险规制》，载《东方法学》2017年第6期）、否定说（吴汉东：《人工智能时代的制度安排与法律规制》，载《法律科学》2017年第5期）和折中说[袁曾：《人工智能有限法律人格审视》，载《东方法学》2017年第5期；陈吉栋：《论机器人的法律人格——基于法释义学的讨论》，载《上海大学学报（社会科学版）》2018年第3期]三种观点。侵权行为的构成要件，则要区分一般侵权责任和特殊侵权责任两种情况。有学者认为，一般侵权责任的四个构成要件均难以满足和证明：人工智能产品自身的缺陷难以被证明；主观过错难以认定，算法错误为客观技术错误而非主观过错；损害结果隐秘难以证明，机会的丧失很难认定为相对人的损害；决策与损害的因果关系难以证明。（张凌寒：《商业自动化决策的算法解释权研究》，载《法律科学》2018年第3期）若适用特殊侵权责任，构成要件会在前述四要件的基础上变化，具体有产品责任、动物饲养人责任和网络平台责任等观点。

认定侵权责任，首先应考虑人工智能产品的法律主体资格的问题，即人工智能产品是否可以独立承担法律责任。考虑这一问题的理由是，人工智能产品的不同法律地位，将影响认定侵权责任的构成。第一，持肯定说的学者认为，人工智能只需具备意思能力和责任能力，即可获得成为民事主体的资格。因此，在目前的规范体系下，以财产性人格的进路将人工智能拟制为电子法人，不仅有利于人工智能交易高效便捷，还有利于人工智能背后多方主体分摊权责、平衡各方利益（张志坚：《论人工智能的电子法人地位》，载《现代法学》2019年第5期）。第二，持否定说的学者认为，为了解释人工智能的行为效力而主张赋予其法律主体资格是没有必要的，机器只能被设计成遵守规则，却不能理解规则，所以即便创设出类似于

“电子人”的法律人格，法律规则也无法对机器本身的行为产生影响，因此相对现实的路径应当是考虑如何通过法律去影响机器背后的人的行为层面，进而应对人工智能所带来的风险与挑战（吴习彧：《论人工智能的法律主体资格》，载《浙江社会科学》2018年第6期）。第三，持折中说的学者认为，可以在弱人工智能和强人工智能之间增加中人工智能。弱人工智能可视为物，不赋予其法律主体地位；对于中人工智能，生产、创造者以能够控制的范围为限承担相应民事责任或者监护责任；强人工智能能够完全摆脱生产者和创造者的控制并自行创造新的人工智能，法律应赋予其独立的主体地位，将其视为拟制人或者一种特殊的法律主体（袁洋：《人工智能的民事法律主体地位及民事责任问题研究》，载《中州学刊》2019年第8期）。总体而言，因为现阶段算法还无法达到人类大脑的能力，目前学界仍然以否定说为学界通说，即认为不应赋予智能机器人法律主体资格。

从目前人工智能的发展进程来看，人工智能产品只能被定义为“物”而非“人”。但随着人工智能科技产业的快速发展，对于将来可能出现的运行程序更为复杂的高级智能机器人侵权问题，传统的规范必然存在一定的滞后性，人工智能被定义为“人”，成为民事法律主体的假设可能会成真。为此，欧盟创造性地赋予了人工智能一定的主体地位，并率先将“电子人格”这一概念应用到人工智能上，明确规定由其自己对造成的损害全权负责。欧盟相关政策和法律也对此进行了详细规定，如赋予智能机器人法律主体地位、细化减轻责任的事由、明确风险防范措施、重视个人数据的安全问题，可见完全在将人工智能视为法律主体来考虑各种问题。

关于构成要件的认定的问题，有一般侵权责任和特殊侵权责任两条路径。我国《民法典》侵权责任编中没有人工智能产品侵权的责任类型，因此可以按一般侵权的构成要件进行认定。以本案中认定是否构成侵害名誉权等一般人格权为例。其中，技术过错和主观过错区别的关键在于人类是否有能力预见并阻止损害的发生。最典型的主观过错包括设计者能够采取却未采取安全合理的算法设计，数据处理者能够对数据进行无害化处理却未作处理，算法使用平台能够在审查时发现算法问题却未发现等。对于部分特殊侵权责任，根据现有法律的特别规定，其构成要件会在上述四要件的基础上进行一定的变化。这种特殊性也影响到人工智能产品侵权的认定。同时，还应区分人工智能产品作为物质实体的情形和人工智能产品提供服务的情形，这可能会影响责任类型的认定。在人工智能产品作为物质实体时，多数学者认为，人工智能侵权责任应适用产品责任项下的规范来解决相应的侵权问题，这样更加符合当前弱人工智能时代的特征［张安毅：《人工智能侵权：产品责任制度介入的权宜性及立法改造》，载《深圳大学学报（人文社会科学版）》2020年第4期］。适用产品责任的观点大多在作为物质实体的人工智能产品侵权的研究中被提出，如自动驾驶机动车的侵权责任。少数学者将人工智能产品类比为被饲养的动物，认为人工智能与其使用者之间的关系类似于动物与饲主之间的关系，可适用动物管理人责任。另有学者认为人工智能既非人，亦非法律上的物，而是一种类似于动物的客观存在（张志坚：《论人工智能的电子法人地位》，载《现代法学》2019年第5期）。在人工智能产品提供服务构成侵权的情况下，可以适用网络平台责任。深度学习技术使算法能够自主学习和自我更新，对不同数据的学习和运行使算法在不同的阶段对不同的个体都会产生不同的输出内容，这些内容难以被预测和管理。网络平台事实上在很多情况下并没有能力控制由算法生成的信息，算法所导致的侵权责任实际上很有可能是算法本身的设计、数据的优劣或其他原因所造成的。但这并不代表网络平台不需要承担任何义务，网络平台作为算法输出内容的承载地，是受害者与侵权算法的直接联结纽带，需要承担相应的责任（胡凌：《平台视角中的人工智能法律责任》，载《交大法学》2019年第3期）。

综上，关于人工智能产品侵权的责任认定问题，学界中主要存在以下讨论：（1）人工智能产品是否可以作为法律主体，主流观点认定目前的科技水平尚不支持人工智能产品成为法律主体，承担侵权责任的法律主体应根据不同的责任类型予以确定。（2）人工智能产品侵权成立一般侵权责任时，在四要件成立的说理和证明上均存在一定难度。（3）若人工智能产品本身作为物质实体，可以成立产品责任或动物管理人责任，其中以成立产品责任为主流；若人工智能产品提供的服务侵害他人权利，可以适用网络平台责任。从本案判决书来看，由于被告提供的标注他人电话号码的服务侵害了原告的名誉权，需要符合构成一般侵权责任的四要件标准，法院的观点与学说主张类似，由于被告未阻止损害的发生，认定其存在主观过错。

Ⅲ 既往司法实践状况

本案是浙江省瑞安市人民法院第一起因人工智能产品提供服务引发的名誉权纠纷案。在本判决之前，实践中关于人工智能产品侵害他人人格权的案例仅有“何某与上海某人工智能科技有限公司网络侵权责任纠纷案”［北京互联网法院（2020）京0491民初9526号民事判决书］。

该案案情与本案类似。被告开发的软件会根据聊天场景的不同，通过智能算法或AI回复的方式向用户推送与原告有关的“肖像表情包”和“撩人情话”，被告通过“粉丝经济”设置充值聊天的门槛进行营利。原告主张被告侵犯其肖像权和姓名权等一般人格权。被告认为，软件内发布涉及原告的表情包、图片，设置对话人物回复的语料的行为均为用户个人行为，被告未参与创作和发布行为，且软件内表情包、图片、语料的审核均由用户组成的审核团队审核是否通过。被告在收到原告的投诉和律师函后，隔日立刻下架了软件内用户上传的涉及原告肖像、姓名的所有图片，已及时采取必要措施，并未造成损害的扩大，不应承担相应的责任。法院认为，“该案是网络侵权责任纠纷，案涉软件中出现可以指向原告的姓名、肖像组合，没有证据显示具体上传的用户或被告获得原告的许可。案涉软件的主要功能是允许用户创设、‘调教’包含自然人姓名、肖像的AI虚拟角色，从而吸引用户使用。原告作为公众人物，人格利益应受到一定限缩，但是，与一般的开放平台中公众偶发亲密性或贬损性言论不同，被告对真实人物的人格表征进行了系统的、组织性的功能设计且进行商业化利用，明显超过了合理的限度，未征得原告的同意，应构成侵权。此外，若‘调教’行为系用户作出，则其与被告构成共同侵权”。该案中，被告开发的软件所提供的服务属于内容服务，AI角色创作的规则和算法不断吸引更多用户使用该公众人物的肖像、视频、音频等进行上传、创作，而用户获得这类公众人物肖像、姓名使用许可的可能性是很小的，必然引发侵权风险。另外，该 AI 算法的规则和设计，几乎并不存在因“算法黑箱”造成决策偏差或决策过程未知导致侵权结果的可能，而是初始目的即可以预见有显而易见的侵权风险。

Ⅳ 本判决的参考意义及将来的课题

人工智能产品侵害他人人格权的案例较少，本案为此类侵权责任的认定提供了一定的参考。在本案之前，学界的目光集中于自动驾驶汽车侵权和智能算法侵害他人知识产权的问题。但需要意识到的是，随着计算机技术的发展和各种算法的不断改进，人工智能产品可通过抓取网络上他人的个人信息、语音、视频等数据不断深度自我学习。若出现数据抓取错误或自主学习错误，确实有再次发生与本案情形类似的案件的可能，此时即为展现本案就人工智能产品侵害他人人格权的问题的参考意义之时。基于目前的科技水平，人工智能产品仅能作为人类的“工具”或“产品”，其责任承担主体尚有制定法可以遵循或参照。但若进入强人工智能时代，囿于制定法的滞后性，“主体—客体”的二分依然只能粗略对应“人—物”的二分，人工智能产品作为法律主体承担侵权责任则无法律可资借鉴。学理讨论应预见到这一问题，为可能出现的情形提供理论支持。

□ 参考文献

吴习彧：《论人工智能的法律主体资格》，载《浙江社会科学》2018 年第 6 期。

张志坚：《论人工智能的电子法人地位》，载《现代法学》2019 年第 5 期。

胡凌：《平台视角中的人工智能法律责任》，载《交大法学》2019 年第 3 期。

吴汉东：《人工智能时代的制度安排与法律规制》，载《法律科学》2017 年第 5 期。

司晓、曹建峰：《论人工智能的民事责任：以自动驾驶汽车和智能机器人为切入点》，载《法律科学》2017 年第 5 期。

059 个人信息侵权损害赔偿范围认定规则

赵某与杨某某等隐私权纠纷案 ｜ 北京市朝阳区人民法院(2018)京0105民初9840号民事判决书

刘　云　清华大学法学院

■ 事实概要

2017年4月6日,赵某与L公司签订《房屋出售委托协议》,赵某将其在北京市自有的89.53平方米家庭唯一住房委托L公司以不低于1150万元的价格出售。该协议同时约定,赵某应当提供交易房屋的有效证件及资料,以此作为L公司提供委托服务的依据,L公司应妥善保管甲方提供的房屋钥匙及各种证件、资料。签约当日,赵某将其身份证复印件及案涉房屋产权证复印件提交给时任L公司经纪人杨某某、宋某某。其后,L公司时任员工宋某某找到时任L公司员工杨某某,希望借用北京市朝阳区北苑地区的业主个人信息以便宋某某办理居住证使用,杨某某遂将赵某的身份证复印件及其房屋产权证复印件提供给宋某某。随后,宋某某持上述赵某的个人信息资料,伪造出租人为赵某、承租人为宋某某的租赁时间为2016年3月5日至2018年3月4日的房屋租赁合同,至派出所为宋某某及其配偶吴某某办理了起始时间为2016年12月16日的北京市居住登记卡。2017年9月1日,赵某到派出所想以案涉房屋为亲戚办理北京市居住证,却被民警告知案涉房屋已被房屋承租人办理了北京市居住证,无法再次办理。因被赵某发现,2017年9月4日,宋某某将其及配偶吴某某名下的住址为案涉房屋的北京市居住登记卡注销。

赵某将L公司、杨某某、宋某某作为共同被告诉至北京市朝阳区人民法院,要求三被告共同在L公司门户网、T新闻网等主流网站的首页显著位置连续30日刊登致歉信息,共同赔偿经济损失10万元、精神损害抚慰金20万元,于合同终止之日、解除居间服务合同或完成居间服务合同之日起15日内删除其身份信息及房产信息资料等。L公司辩称,根据《房地产经纪管理办法》第23条,其具有收集赵某相关个人信息的合法性基础,其还出台了《北京L公司员工红黄线信用管理标准(试行版)》来保护客户个人信息,对于恶意泄露客户个人信息的侵权员工宋某某已予以辞退处理。L公司同意书面道歉,但不同意赵某提出的道歉方式;认为经济损失没有实际发生,赔偿精神损害抚慰金也不符合法律规定,均不同意赔偿;针对删除信息的诉讼请求,赵某可以随时要求解除委托合同关系删除相应信息,没有必要作为诉讼请求提出;同意在合理范围内补偿赵某。

■ 裁判要旨

个人信息同时体现着人格利益和财产价值，侵害个人信息必然要承担相应经济赔偿责任。法院根据案件情况和侵权情节，可酌定经济损失赔偿金额。

当信息主体的个人信息受到侵害时，通过国家强制力要求侵害者公开发表致歉声明，无疑是一种对个人信息侵害者的强有力谴责，能够起到慰藉受害者心理的效果，有助于化解义愤、伸张正义，彰显法律权威。

■ 评 析

Ⅰ 本判决的思路和意义

根据《民法典》的动态系统论思路，当人格权遭受侵害或有遭受侵害之虞时，受害人可以主张人格权请求权；如果损害已经发生，受害人则可以主张侵权请求权，特别是损害赔偿请求权（王利明：《民法典人格权编中动态系统论的采纳与运用》，载《法学家》2020年第4期）。《个人信息保护法》关于个人信息的损害赔偿范围适用《民法典》第1182条的规定：损害赔偿责任按照个人因此受到的损失或者个人信息处理者因此获得的利益确定；个人因此受到的损失和个人信息处理者因此获得的利益难以确定的，根据实际情况确定赔偿数额。尽管本案是以“隐私权”为案由，且是在《民法典》《个人信息保护法》生效之前依据原《民法总则》和原《侵权责任法》作出的判决，但是其对于个人信息司法纠纷中责任范围的判定在现行法上依然适用。

按照特别法优于一般法的规则，《个人信息保护法》在其调整范围内优先适用，《民法典》可以适用于《个人信息保护法》没有规定或者《个人信息保护法》所不调整的范围。此外，《个人信息保护法》没有将“向人民法院起诉”作为根据实际情况确定赔偿数额的条件，也即其他部门在对个人信息民事纠纷进行调解或者裁决时也可以适用。

其一，《个人信息保护法》的损害赔偿责任规则适用于特定的“个人信息处理者”给特定的“个人”所造成的损失，不包括个人信息处理者以外的其他“组织、个人”侵害个人信息权益所导致的损害赔偿。根据《个人信息保护法》第73条的规定，个人信息处理者是指在个人信息处理活动中自主决定处理目的、处理方式的组织、个人。在本案中，L公司属于《个人信息保护法》中的处理者，杨某某和宋某某不属于个人信息处理者，故而他们需要分别适用《个人信息保护法》和《民法典》。

其二，《个人信息保护法》的侵害个人信息权益损害赔偿规则侧重救济的是个人信息权益人因其权益被侵害而造成的财产损失，也即“个人对其个人信息”在“人身财产安全”方面的损失可主张损害赔偿；主张精神损害赔偿需要依照《民法典》第1183条第1款规定提出［杨立新：《侵害个人信息权益损害赔偿的规则与适用——〈个人信息保护法〉第69条的关键词释评》，载《上海政法学院学报（法治论丛）》2022年第1期］。也有观点认为，《个人信息保护法》第69条第2款只是规定了“损害赔偿”，从语义上来说是包含财产损害赔偿和精神损害赔偿的（程啸：《侵害个人信息权益的侵权责任》，载《中国法律评论》2021年第5期）。

其三,《个人信息保护法》没有规定“被侵权人和侵权人就赔偿数额协商不一致”的条件,说明协商不一致不是根据实际情况确定赔偿数额的前提条件,但是在司法实践中一般会积极进行调解处理,由此协商达成一致的结果也会被法院所采纳。在本案中,判决书显示 L 公司同意作出赔偿,我们也不能排除被告在法官主持的调解下对赵某提出的赔偿数额作出了部分同意。

本案的判决前瞻性承认了个人信息同时具有人格利益和财产价值。然而,个人信息泄露所带来的经济损失经常是难以计算和估计的,这让利用传统侵权法上“所受损失”乃至“所获利益”标准确定经济损害赔偿数额的路径无法走通。与此同时,个人信息体现着人格利益,但因为个人信息侵权带来的精神损失同样是无法衡量的,《民法典》第 1183 条针对一般的人身权益侵权规定的“严重精神损害”标准则为个人信息主体主张法律救济设置了一定的门槛,何种情况可以适用精神损害赔偿也是有待明确的问题。本案的法官对于侵权情节做了细致的事实调查和定性判断,最终依职权而酌定赔偿数额也成为个人信息损害赔偿的经典判决。

Ⅱ 个人信息损害赔偿的规范及学理

1. 个人信息的损害赔偿范围

信息时代的个人信息承载了与人身利益、财产利益相关的众多价值,一旦个人信息权益遭到侵害,可能造成财产损失、人身伤害之类的物质性损害,也可能短期内仅仅形成外部风险和内部焦虑之类的非物质性损害。从个人信息可能造成的后果来看,其损害包括三类:第一类损害是数据泄露造成生活安宁被打扰或者财产安全受到威胁或损害,生活安宁被打扰包括地址、手机号等联络信息确定或者极易被灰黑产获取,财产安全被损害包括敏感资产信息被潜在非法行为人获取、金融账号被窃取并造成了财产损失。第二类损害是数据泄露造成个人信息失去控制,包括个人信息被泄露后无法全面溯源删除、泄露的个人信息虽然可以大范围删除但是其已经对个人的社会声誉或者评价产生不利影响。第三类损害是个人信息被个人信息处理者以未经授权的方式、目的,在未经许可的范围内使用或者未采取法律要求的安全保护措施,由此造成个人的权利状态被侵害,个人信息主体由此在合法范围内开展权利救济需要遭受时间、金钱等间接损失,以及承担由于此类个人信息保护不当而给其增加的生活成本。

由于法律所救济的损害必须具有可赔偿性,相关损害需要满足三项条件:(1)损害是侵害合法民事权益的结果,该“合法权益”包括权利和利益。(2)损害已达到一定的严重程度,具有补救的必要性和可能性,这并非意味着损害必须可以被计量,而是要求其必须是依据社会一般观念应予救济的不利益。(3)损害原则上应是已经发生的客观事实,或者是有充分的现实依据证明未来将会发生,而不能是主观臆测的。在上述条件之下,前文所属第一类损害更容易受到立法承认和司法实践的认可,第二类损害和第三类损害则容易出现争议。在本案中,赵某并没有出现第一类损害,其主张的精神损害赔偿 20 万元即属于第二类损害,其主张的经济损失 10 万元本质上属于第三类损害。

主张第二类损害的法律依据是《民法典》第1183条关于精神损害赔偿的规定。有观点认为，由于《个人信息保护法》第69条未设置严重精神损害的程度要求，故而侵害个人信息权益精神损害赔偿的适用无须遵循《民法典》第1183条的规定，建议在《个人信息保护法》第69条下对侵害个人信息权益精神损害赔偿采取宽松的“损害”认定标准，以保护个人信息主体的相关利益（彭诚信、许素敏：《侵害个人信息权益精神损害赔偿的制度建构》，载《南京社会科学》2022年第3期）。尽管此类观点可以从理论或者比较法视野中解释其正当性，但是此类观点的解释尚未得到我国立法机构、司法机关的明确确认，能否获得广泛认可是存在疑问的。在本案中，赵某的房产证信息被非法挪用后并不会给原告造成社会评价的降低，也没有让个人信息在不可控的范围内传播，所造成的损害也在短时间内得到了纠正，法院据此对精神损害赔偿不予支持的做法是符合精神损害赔偿判定理论和规则的。

第三类损害是个人信息权利状态本身被侵害而造成的实际损失，《个人信息保护法》和《民法典》所规定的“根据实际情况确定赔偿数额”主要是指这类损失，最高人民法院《关于审理利用信息网络侵害人身权益民事纠纷案件适用法律若干问题的规定》第12条规定：“被侵权人为制止侵权行为所支付的合理开支，可以认定为民法典第一千一百八十二条规定的财产损失……”从个人信息权利保护的实践来看，自然人一旦意识到个人信息权益被侵害，特别是在发生数据泄露事件时，会采取措施保护自己，防止个人信息被进一步滥用。例如，发生个人信息泄露的人，会花费时间修改、删除、注销个人信息，必要时购买1～2年的防盗保险及信用监测服务。在这些情况下，无论原告是否先行支付费用购买该服务，这都代表了一种经济损失，属于被告未能充分履行个人信息保护义务而产生的负担。尽管一些观点认为这种费用是原告人为制造的成本，但是这种成本往往是在合理范围之内采取的预防、减损行为，可以在一定程度上避免损害的加重。除了减少个人信息主体的损失，支付该费用还具有两个方面的积极效果：个人信息处理者对可避免的扩大赔偿不再承担责任，同时还可以鼓励个人信息安全监测行业的发展。此外，在发生个人信息侵权行为后，个人信息主体在个人信息减损成本之外，还会面临一些无法避免的生活成本增加。例如，冻结账户造成的生活成本增加，删除个人信息导致的服务体验下降，更换账户或设备导致的信息转移成本增加。此外，尽管个人信息监测等服务可以帮助个人发现相关的个人信息泄露等风险，但是发现这些风险并不等于这些风险都可以得到解决，这种潜在无法解决的个人信息损失也应当合理纳入风险损失。在本案中，赵某的损失主要是恢复权利状态的维权成本、给生活造成不便的时间成本。

由于我国《个人信息保护法》在立法过程中大量参考借用了《欧盟一般数据保护条例》的规定，欧洲法院对于个人信息损害赔偿的意见也值得我们关注。2022年10月6日，欧洲法院的总法律顾问提交了一份不具有法律拘束力的官方法律意见，根据该意见：违反个人信息保护法律要求本身系主张损害赔偿的必要不充分条件，个人信息权利的状态被侵害可以通过行使查询权、删除权等方式而非通过主张损害赔偿来维护；个人信息损害赔偿责任不具有惩罚性，相关的惩罚功能在立法体系上体现为对个人信息违法行为的行政处罚；可判予赔偿的非物质损害与单纯的心理不安、负面影响应有所区别，应当系实际发生而非推测假设的，包括歧视、身份盗窃或欺诈、名誉损害、受职业保密的个人信息失密或其他重大的经济或社会损害等。我国法院在裁判时应当充分考虑相关行政处罚机制、人格权请求权的救济，在充分保护个人信息权益的同时，避免在没有法律依据的情况下作出惩罚性赔偿或没有客观损害依据的赔偿。

2. 个人信息的损害赔偿数额的计算

《个人信息保护法》第 69 条第 2 款规定了侵害个人信息权益精神损害赔偿数额确定的三种计算方式，即根据实际损害确定、根据侵权人获得的利益确定、法院酌情裁定。国内外个人信息保护的司法实践表明，个人信息的实际损失和侵权人的获益在绝大多数情况下都是无法确定的，由法院酌情裁定是普遍的做法，北京市朝阳区人民法院在本案中依据自由裁量权采取酌定赔偿的方法是在相关法理支撑下作出裁判。法院在本案中酌定的 10 万元赔偿数额体现了对个人信息权益价值的重视，该数额也成为具有标志意义的个人信息损害赔偿记录。根据案情来看，法院在酌定赔偿的过程中考虑了以下两个因素：(1)个人信息处理者的身份及其过错程度。本案的被告是以个人信息作为服务核心要素的房产交易中间人，此类处理者掌握大量的个人信息，其个人信息保护水平不仅对单个客户产生影响，同时也会影响到大量的其他客户，法院分析了 L 公司存在的多种过错情节而作出了考虑。(2)个人信息所处交易中的合同标的额。本案的房屋交易标的额超过 1000 万元，L 公司在该交易中的获利（非滥用个人信息的获利）也必然会在 10 万元以上，法院据此确定 10 万元的赔偿数额不仅体现了对被告侵权行为的惩罚，同时也与被告获利情节相匹配。

Ⅲ 既往司法实践状况

尽管个人信息侵权行为大量存在，但是诉诸法院的个人信息侵权纠纷数量依然是有限的。在这些有限的既有司法案件中，40% 的裁判结果都不支持个人信息权益受害人的请求，一个重要原因是其无法证明所遭受的损害，即使在损害较为清晰的个人信息泄露侵权中也是如此（谢鸿飞：《个人信息泄露侵权责任构成中的“损害”——兼论风险社会中损害的观念化》，载《国家检察官学院学报》2021 年第 5 期）。例如，在大量的相关司法案例［盛某与某股份有限公司北京分公司一般人格权纠纷案，北京市第二中级人民法院(2020)京 02 民终 10179 号民事判决书；王某、某网络通信有限公司天津市分公司一般人格权纠纷案，天津市第二中级人民法院(2020)津 02 民终 4520 号民事判决书；周某、嘉兴市乍浦镇某劳务工程队、嘉兴市某出租汽车有限公司等隐私权纠纷案，浙江省嘉兴市中级人民法院(2019)浙 04 民终 3244 号民事判决书］中，有关个人信息侵权的纠纷，都因为原告无法举证证明实际损失而被驳回诉讼请求。在“朱某与北京 B 网讯科技有限公司隐私权纠纷案”中，二审法院认为朱某并不能提供证据证明北京 B 网讯科技有限公司的个性化推荐服务对其造成实质性损害，朱某因此感到恐惧、精神高度紧张仅是其个人的主观感受，故否定其精神损害赔偿诉求。此外，也有一批法院认为原告个人信息权利受到损害应当获得必要的补偿。在黄某诉 T 科技（深圳）有限公司等隐私权、个人信息权益网络侵权责任纠纷案中，北京互联网法院认定被告未经授权收集和使用原告个人信息的行为违法，法院在判决停止侵害、赔礼道歉之外，还同时判决 T 科技（深圳）有限公司赔偿原告黄某公证费 6660

元[北京互联网法院(2019)京0491民初16142号民事判决书]。在凌某某诉北京SJ科技有限公司隐私权、个人信息权益网络侵权责任纠纷案中,北京互联网法院认定被告未经授权收集和使用原告个人信息的行为违法,法院在判决停止侵害、赔礼道歉之外,还同时判决北京SJ科技有限公司赔偿原告凌某某经济损失1000元和维权合理费用4231元[北京互联网法院(2019)京0491民初6694号民事判决书]。尽管北京互联网法院在两起案件中都对个人信息损害的赔偿请求予以支持,但是在同类案件中出现了赔偿范围和计算标准完全不一致的做法,体现出个人信息损害认定缺乏统一标准。

Ⅳ 本判决的参考意义及将来的课题

法院酌情裁定将是个人信息损害赔偿的主要计算方法,为了提高该规则的透明度,有必要在未来的司法解释中提高损害赔偿计算规则的可预见性和统一性。2019年12月内部征求意见的《个人信息保护法(草案)》曾经规定,个人的损失或者个人信息处理者获得的利益难以确定的,按照每人每事件500元至1000元确定,但是在2020年10月公开征求意见的《个人信息保护法(草案)》中并未见到相关规定。此外,《美国加州消费者隐私法案》所认定的赔偿范围是100美元至750美元;美国《公平和准确信贷交易法》则规定,每次违规至高可获得1000美元的法定损害赔偿。我国法院在评估法定损害赔偿额时,应考虑案件任何一方提出的任何一种或多种相关情况,包括但不限于个人信息的种类及其敏感度,个人信息违法处理者在相关交易中的获利情况,个人信息处理者的身份、主观过错及其对损害的可预见性,损害后果的可补救性及其风险等级,这些考虑因素有待通过司法解释等规则达成共识。

□ 参考文献

谢鸿飞:《个人信息泄露侵权责任构成中的"损害"——兼论风险社会中损害的观念化》,载《国家检察官学院学报》2021年第5期。

彭诚信、许素敏:《侵害个人信息权益精神损害赔偿的制度建构》,载《南京社会科学》2022年第3期。

杨立新:《侵害个人信息权益损害赔偿的规则与适用——〈个人信息保护法〉第69条的关键词释评》,载《上海政法学院学报(法治论丛)》2022年第1期。

姚佳:《论个人信息处理者的民事责任》,载《清华法学》2021年第3期。

程啸:《侵害个人信息权益的侵权责任》,载《中国法律评论》2021年第5期。

程啸:《论侵害个人信息的民事责任》,载《暨南学报(哲学社会科学版)》2020年第2期。

谢鸿飞:《个人信息处理者对信息侵权下游损害的侵权责任》,载《法律适用》2022年第1期。

刘云:《论个人信息非物质性损害的认定规则》,载《经贸法律评论》2021年第1期。

060 大规模非法买卖个人信息侵害人格权和社会公共利益

浙江省杭州市下城区人民检察院诉孙某侵害公民个人信息公益诉讼案 | 杭州互联网法院(2020)浙0192民初10605号民事判决书

孙　莹 西南政法大学

■ 事实概要

孙某(本案被告)通过网络购买、互换等方式,非法获取个人信息4万余条,其中包括自然人姓名、电话号码、电子邮箱等。自2019年2月起,孙某将上述4万余条个人信息分多次通过微信、QQ等方式出售给案外人刘某,并收取款项合计34000元,刘某将相关信息用于虚假的外汇业务推广。2019年8月6日,公安机关将孙某抓获,并扣押其存储设备,经电子数据检查后核实,孙某共存有个人信息45365条,该部分个人信息有且仅出售给刘某一人,未向其他人提供。

2020年6月1日,杭州市下城区人民检察院以孙某涉嫌侵犯个人信息罪为由,向杭州市下城区人民法院提起公诉。

2020年8月5日,杭州市下城区人民检察院公告了案件相关情况,公告期届满后提起公益诉讼。公益诉讼起诉人认为,孙某未经他人许可,在互联网上公然非法买卖、提供个人信息,造成4万余条个人信息被非法买卖使相关主体受到二次伤害,导致众多不特定人员的信息长期面临受侵害的风险,严重侵害公民个人信息安全,扰乱个人信息的正常收集、使用、流通秩序,致使社会公共利益受到侵害,依法应承担赔偿损失、赔礼道歉的责任。杭州互联网法院于2020年11月26日立案。法院支持了起诉人的诉求,判令被告按其获利即34000元承担民事赔偿责任,并在省级媒体上向社会公众赔礼道歉。

■ 裁判要旨

第一,对于侵害众多不特定自然人个人信息、危害社会公共利益的行为,人民检察院在履行公告程序后可提起民事公益诉讼,发挥法律监督职能。

第二,对于在《民法典》实施前发生的侵害众多自然人个人信息的行为,可适用《民法典》关于个人信息的规定。理由是,原《民法总则》对个人信息的定义、范围、处理原则和条件未作出具体规定,而《民法典》对此均作出了规定,且适用《民法典》的规定更能体现法律对涉及公共利益的社会不特定民事主体人格尊严和人格自由的保护和尊重,同时,适用《民法典》不会减损当事人的合法权益、增加当事人的法定义务或者背离当事人的合理预期。

第三，未经同意非法获取4万余条个人信息并出售的行为，属于非法收集、买卖个人信息的大规模侵权行为，既侵害私人利益，也“侵害众多个人的权益”，即对公共信息安全这一公共利益造成了损害。

第四，行为人非法获取不特定主体的个人信息并出售，对个人信息保护领域的社会公共利益造成实质损害，侵害社会公众的人格尊严和人格自由，应当承担赔偿损失、向社会公众赔礼道歉等民事责任。

■ 评　析

Ⅰ 本案的争议焦点及其学理基础

1. 本案被告是否侵害公共利益

本案法院认为，随着社会生活的高度数字化，围绕个人信息的非法获取、非法出售、非法提供、非法利用，已经形成了一条完整的产业链，个人信息侵权已成为不容忽视的社会问题。本案被告以牟利为目的将获取的4万余条个人信息非法出售，属于非法收集、买卖个人信息的大规模侵权行为，侵害了承载在不特定社会主体个人信息之上的公共信息安全这一公共利益。在判决书末尾，本案法院表示，“希望通过对本案的审理，唤起社会公众对自然人个人信息权益及公共信息安全的进一步重视”。

该观点与学界通说相一致。在现代社会，私人利益和公共利益难以截然区分。例如，在食品安全事件中，“对消费者私人健康利益的侵害”与“对公共卫生秩序的侵害”是同时存在且相互转化的。同理，在大规模侵害个人信息案件中，私人利益和公共利益也具有统一性。近年来，个人信息的公共属性愈发显现。一方面，个人信息已经成为政府从事行政管理的重要材料，在疫情防控、人口普查等重要社会管理事项中发挥着不可或缺的作用；另一方面，个人信息侵权带来了恶意骚扰、电信诈骗等社会问题，影响人民群众的安全感，损害社会公共利益。个人信息已经逐渐溢出传统私域而向公域延伸。本案被告大规模侵害个人信息的行为，既侵害了私人利益，也侵害了公共利益和社会秩序。

值得注意的是，《个人信息保护法》第70条将“侵害众多个人的权益”作为提起个人信息保护公益诉讼的条件之一。这一条件既体现了私益和公益之间的统一性和可转化性，也突出了“量”的要求。本案法院认为“4万余条”的数量达到了“众多”的标准，具有参考意义。但何为“众多”，仍有待后续由最高人民法院出台相关司法解释或者由国家网信部门出台相关文件予以确定。

2. 人民检察院是否为本案适格原告

本案法院认为，对侵害众多不特定自然人个人信息的行为提起民事公益诉讼，是人民检察院发挥法律监督职能作用，维护社会公共利益的体现，因此，杭州市下城区人民检察院是本案的适格原告。

该观点能够得到理论支持。首先，检察机关是公共利益的代表，而个人信息侵权案件往往具有私人利益和公共利益同时受到侵害的特点，同时检察机关相比其他机关、组织和个人更具备诉讼能力，能够对应解决实践中出现的个人调查取证困难、维权成本高等问题，运用检察职能保护个人信息具有必要性和正当性。其次，检察机关的法律监督权是刑事检察、民事检察、行政检察、公益诉讼检察的统一，本案公益诉讼起诉人在审理刑事案件期间提起民事公益诉讼，体现了“四大检察”对个人信息的融合保护。鉴于此，本案判决后颁布的《个人信息保护法》明确将人民检察院规定为个人信息保护公益诉讼的适格原告，为检察机关提起个人信息保护公益诉讼提供了直接的法律依据。

2020 年，最高人民检察院《关于积极稳妥拓展公益诉讼案件范围的指导意见》明确将个人信息保护纳入公益诉讼检察工作的新领域。2021 年，最高人民检察院公布了 11 个检察机关提起个人信息保护公益诉讼的典型案例。在可预见的未来，人民检察院将在个人信息保护领域发挥重要作用。

3. 本案的责任承担问题

本案法院认为，被告非法获取不特定主体个人信息，又非法出售给他人获利的行为，对个人信息保护领域的社会公共利益造成了实质性损害，同时极大地伤害了社会公众的人格尊严和人格自由，因此判令被告按其获利即 34000 元承担民事赔偿责任，并在省级媒体上向社会公众赔礼道歉。

虽然《个人信息保护法》第 70 条未明确个人信息保护公益诉讼中的法律责任，但是法院确定损害赔偿与赔礼道歉两种责任承担方式具有较为充分的规范依据和学理基础。

对于损害赔偿，学界主要关注的问题有以下两个：

一是赔偿数额的确定。张新宝教授等学者认为个人信息保护公益诉讼的赔偿范围是提起公益诉讼的合理费用，包括律师费、调查取证费、鉴定费、专家咨询费、交通费等，通过诉讼经济负担的转移，鼓励适格主体提起个人信息保护公益诉讼维护公共利益。但在本案中，法院确定赔偿金额的依据并非提起公益诉讼的合理费用，而是侵权人因此获得的利益。该思路于法有据，无论是《民法典》第 1182 条还是《个人信息保护法》第 69 条，都将“侵权人因此获得的利益”作为赔偿金数额的计算依据，且“所受损失”和“所得利益”两种计算依据之间没有先后顺序，是并列的和可选择的，公益诉讼起诉人可以选择其中对维护公共利益更有利的确定方式。所受损失和所得利益难以确定的，则由人民法院行使自由裁量权，根据实际情况确定赔偿数额。

二是赔偿金去向和性质的厘清。本案法院仅判决被告承担 34000 元的民事赔偿责任，但并未明确该笔赔偿金向谁缴纳、用于何处。考察类似案例，各地法院判决不一，典型做法包括转入社会公共利益损害赔偿款专用账户［四川省自贡市人民检察院、李某某等个人信息保护纠纷案，四川省自贡市中级人民法院（2021）川 03 民初 102 号民事判决书］、上缴国库［江苏省无锡市人民检察院与范某某、宜兴市 YW 大酒店等民事公益诉讼案，江苏省无锡市中级人民法院（2019）苏 02 民初 585 号民事判决书］、设立专项基金［北京市某研究所诉深圳市某科技有限公司环境污染民事公益诉讼案，广东省深圳市中级人民法院（2019）粤 03 民初 3010 号民事判决书］等，这些做法使个人信息保护公益诉讼中的损害赔偿与私益诉讼中的损害赔偿在目的和用途上形成了显著区别，也使理论上出现了赔偿类型区分说，如张建文教授认为，公益诉讼损害赔偿虽然在数额确定上可以参照私益诉讼的计算方法，但在性质上属于特殊而独立的损害赔偿类型。

对于赔礼道歉，学界争议不大。事实上，赔礼道歉已经成为类似案例中常见的一种责任承担方式，如在儿童个人信息保护民事公益诉讼第一案中，法院即判决被告某科技公司在《法治日报》以及短视频平台首页显著位置公开赔礼道歉［杭州市余杭区人民检察院诉某短视频平台未成年人保护民事公益诉讼案，杭州互联网法院（2020）浙0192民初10993号民事调解书］。此时赔礼道歉的对象并非具体的个人或群体，而是广泛的社会公众。除了本案判决确定的赔礼道歉以外，实践中公益诉讼起诉人提出的诉讼请求还包括关闭网站，整改或注销App，强制删除、更正、补充、查阅、复制个人信息，强制解释、说明、处理个人信息规则，强制采取必要措施确保个人信息安全等，这些责任承担方式与赔礼道歉一样，对应着侵权人的作为或不作为，在受害人权益之弥补和损害扩大之预防中发挥着重要作用。

值得注意的是，本案被告在抗辩意见中称其已在刑事案件中退还非法所得，而法院并未采纳该意见，理由是刑事制裁并不影响民事责任的承担。法院的主张具备理论基础，民事责任、行政责任和刑事责任保护的利益重点不同，在同一行为导致多种不同性质的法律责任时不能相互代替，民事责任具有独立性。大规模侵害个人信息的行为往往会同时导致不同性质的法律责任，应明确这些责任互不影响。

Ⅱ 本案意义

本案作为《民法典》施行后的首例个人信息保护民事公益诉讼案件，具有典型性和参考意义。首先，本案明确非法买卖4万余条个人信息的行为构成“侵害众多个人的权益”，属于大规模个人信息侵权行为，侵犯了社会公共利益。其次，人民检察院等主体是个人信息保护公益诉讼的适格主体，在履行公告程序之后，可以提起诉讼维护公共利益。最后，侵权人的责任承担方式包括损害赔偿、赔礼道歉等，其中损害赔偿的数额可以按照侵权人的获利确定；当侵权人的行为同时导致刑事责任时，刑事制裁不影响民事责任的承担。

Ⅲ 本判决留给将来的课题

第一，如何认定“侵害众多个人的权益”？本案明确非法买卖4万余条个人信息侵犯公共利益，在量上符合“众多”的标准，但未对“何为众多”提供更加清晰的指引。目前学界主要有两种观点：一是主张应当具体规定构成“众多”的人数，如达到200人即为众多；二是主张不能简单以人数作为标准，而应考虑是否符合侵害社会公共利益的这一实质要件。应采何种观点，有待理论研究和司法实践进一步深入。

第二，个人信息保护公益诉讼的适格原告具体有哪些，是否有起诉顺位？本案对人民检察院有权提起个人信息保护公益诉讼进行了论证，但是，根据《个人信息保护法》第70条，适格的起诉主体还包括“法律规定的消费者组织”“由国家网信部门确定的组织”，前者在立法过程中引发热议，后者的具体含义至今仍存在不同认识。对于“国家网信部门确定的组织”，可借鉴《环境保护法》第58条的规定，将有权起诉的组织确定为依法在设区的市级以上人民政府民政部门登记,且专门从事个人信息保护公益活动连续5年以上且无违法记录的社会组织。至于适格主体之间是否有起诉顺位,张陈果教授认为,《个人信息保护法》第70条将检察机关置于个人信息保护公益诉讼适格主体之首位,体现了对检察公益诉讼的强调,起诉顺位应是检察机关、消费者组织、有关组织,这一观点值得参考。但根据《民事诉讼法》的一般规定,检察院只有在无法定机关和组织或法定机关和组织不提起诉讼的情况下,才可以向法院提起公益诉讼,这似乎又将检察机关置于补充性地位。可见,相关问题仍有广泛的探讨空间。

第三,面对大规模个人信息侵权,是否应在个人信息保护公益诉讼领域建构惩罚性赔偿制度,也是当下讨论的热点。事实上,司法实践已对此进行积极探索,例如在"个人信息保护公益诉讼惩罚性赔偿第一案"中,河北省保定市中级人民法院即判令被告支付三倍惩罚性赔偿金,该案作为最高人民检察院公布的典型案例,具有参考意义。但理论界对于是否设立个人信息保护公益诉讼惩罚性赔偿仍未达成共识。薛天涵等学者持赞成说,理由是个人信息侵权违法成本较低,对个人利益和公共利益的侵害却较大,因此应建构惩罚性赔偿制度惩戒已有侵权行为,威慑潜在侵权人。孙鹏教授则持否定说,认为公益诉讼中适用惩罚性赔偿可能导致对侵权人的过度惩罚,而且公益诉讼起诉人提起诉讼是出于法定职责或社会责任感,惩罚性赔偿激励受害人起诉的功能在公益诉讼中无法得到实现。应采何种观点,有待理论研究和司法实践进一步深入。另外,如果构建了个人信息保护惩罚性赔偿制度,如何避免公益诉讼惩罚性赔偿与私益诉讼惩罚性赔偿之间实体顺位与程序顺位的冲突,也殊值思考。

□ 参考文献

孙莹:《大规模侵害个人信息高额罚款研究》,载《中国法学》2020年第5期。

白彦:《民事公益诉讼主体的理论扩张与制度构建》,载《法律适用》2020年第21期。

张新宝、赖成宇:《个人信息保护公益诉讼制度的理解与适用》,载《国家检察官学院学报》2021年第5期。

张陈果:《个人信息保护民事公益诉讼的程序逻辑与规范解释——兼论个人信息保护的"消费者化"》,载《国家检察官学院学报》2021年第6期。

薛天涵:《个人信息保护公益诉讼制度的法理展开》,载《法律适用》2021年第8期。

颜卉、朱刚、庞伟华:《个人信息保护民事公益诉讼损害赔偿请求权探析》,载《人民检察》2021年第19期。

邵世星:《论"四大检察"对个人信息融合保护的适当性》,载《中国检察官》2022年第7期。

张建文:《个人信息保护民事公益诉讼的规范解读与司法实践》,载《郑州大学学报(哲学社会科学版)》2022年第3期。

孙鹏、杨在会:《个人信息侵权惩罚性赔偿制度之构建》,载《北方法学》2022年第5期。

061 公共数据合法使用的基本原则

浙江M集团股份有限公司、重庆市W有限公司与苏州L网络科技有限公司商业诋毁纠纷及不正当竞争纠纷案 | 浙江省杭州市中级人民法院(2020)浙01民终4847号民事判决书

郭 兵 浙江理工大学法政学院

■ 事实概要

2019年5月5日及5月6日,苏州L网络科技有限公司(以下简称L公司)通过其运营的某企业征信平台发布并向特定用户推送了重庆市W有限公司(以下简称W公司)的清算信息。该清算信息来源于国家企业信用信息公示系统,但并非该系统于2019年5月5日新增或变更的信息。W公司的清算信息属于历史信息,由于该企业征信平台未作出特别说明,平台用户将历史清算信息误认为新发生的清算信息,并引发了广泛关注,大量媒体围绕W公司是否存在清算行为进行了报道。

浙江M集团股份有限公司(以下简称M集团)、W公司认为L公司通过某企业征信平台发布、推送具有误导性的清算信息构成商业诋毁;即使不构成商业诋毁,L公司的行为也损害了M集团、W公司的竞争利益和消费者利益、破坏了市场竞争秩序,应当依据《反不正当竞争法》第2条认定为不正当竞争行为。因此,M集团、W公司向杭州互联网法院提起诉讼。

一审法院经审理认为,L公司的行为构成不正当竞争,应承担相应的民事责任;同时,考虑到大数据行业还处于起步阶段,相关的行业规则、技术标准尚未成熟完善,需要给大数据产业发展提供适度的张力,为其发展营造一定宽松的发展空间,不宜苛以过重的责任。最终一审法院判决L公司赔偿M集团、W公司经济损失及合理费用60万元,并为其消除影响。L公司不服,向杭州市中级人民法院提起上诉。二审法院经审理后,最终判决驳回上诉,维持原判。

■ 裁判要旨

互联网征信行业作为一种互联网经济下新型的商业模式,应当以鼓励流动共享、兼顾各方利益为原则:一方面,考虑到大数据征信行业仍处于起步阶段,相关行业规则、技术标准尚未成熟完善,为充分挖掘数据价值、保证数据行业的持续健康发展,不宜对互联网征信企业苛以过重的注意责任;另一方面,基于兼顾数据原始主体、数据提供者、数据消费者的合法权益的需要,互联网征信企业在从事企业信用信息的收集和发布活动中仍负有基本的注意义务,应当坚持数据来源合法、注重信息时效、保障信息质量、敏感信息校验等数据利

用的基本原则。

■ 评 析

Ⅰ 本案焦点

不论是一审还是二审,本案的争议焦点均涉及L公司公共数据使用行为是否构成不正当竞争,其核心在于L公司在涉及W公司的误导性清算信息的发布、推送方面是否存在主观过错。由于缺乏合法使用公共数据的明确法律规则,一审法院确定了数据来源合法、注重信息时效、保障信息质量以及敏感信息校验四个基本原则来具体评价L公司行为的正当性问题。其中,数据来源合法是公共数据使用的前提要求,一审法院认为,企业数据与公民个人数据具有显著区别,《征信业管理条例》允许征信机构根据政府部门已经依法公开的信息,人民法院依法公布的判决、裁定等,采集企业信息,但不得采集法律、行政法规禁止采集的企业信息。互联网征信机构从公共领域采集企业信息的行为具有合法性,无须征得信息主体的同意。因此,法院对L公司通过数据爬取技术从国家企业信息公示系统等渠道获取公共数据并未作出明确的否定性评价,这一问题也就没有成为本案的争议焦点。针对一审法院所确定的注重信息时效、保障信息质量以及敏感信息校验三个方面的基本原则,L公司在二审时均提出了异议,二审法院也对此进行了相应的回应。

1. 注重信息时效原则

一审法院认为,时效性是征信信息的价值所在,也是互联网征信机构与传统征信机构相比的竞争优势所在,时效性分为两个层次:一是信息更新的及时性,二是信息变动时间的准确性。信息更新的及时性为互联网征信机构带来竞争力,信息变动时间的准确性则兼顾信息主体利益。就本案而言,某企业征信平台在信息采集过程中未能如实采集W公司的企业信息,与作为其数据来源的国家企业信用信息公示系统存在偏差;某企业征信平台采集的清算信息系2014年记载的历史信息,并非新发生信息,而该企业征信平台在对历史信息的发布和推送过程中并未如实反映清算信息的发生时间。在二审中,L公司对信息时效要求提出了多个方面的异议,主要包括在发现已有清算信息抓取技术存在缺陷的第一时间对清算信息抓取技术进行更新、通过“通知—修改”机制对过时信息内容进行及时更新处理等。对此,二审法院在一定程度上修正了一审法院对注重信息时效的相对独立要求,认为“就本案而言,由于受到数据有效抓取技术的局限,即使某企业征信平台从国家企业信用信息系统中采集W公司存在清算组的信息存在滞后性,也不具有可苛责性”。由于单独适用信息时效性标准面临障碍,二审法院更加突出了信息质量方面的要求。当然,一审法院所确立的信息时效性标准,在很大程度上与信息真实、准确和完整等方面的质量要求存在交叉。

2. 保障信息质量原则

一审法院认为,信息质量应当包括推送信息的真实、准确和完整,其是互联网征信机构的核心竞争力,高质量的信息既可以避免征信行为给企业带来负面影响,也为信息使用者的科学决策带来价值。在本案中,一审法院针对清算信息的完整性等信息质量问题进行了重点审查,认为某企业征信平台抓取的清算信息中遗漏了清算组成员信息,且某企业征信平台在企业信息处理中关于新增、变更信息的设置容易引发误导,也没有完整展示清算内容。在二审中,L 公司提交了多份证据试图证明其全面维护产品数据的真实性与准确性,并且考虑到国家企业信用信息系统对清算信息披露存在客观局限性(包括存在大量的错误清算信息披露情况),还通过清算算法更新、信息交叉印证等具体措施保障清算信息的准确性;此外,L 公司还依据《征信业管理条例》第 25 条、第 38 条等规定,认为一审判决所确定的信息质量等主观过错认定标准,实质上对其苛以了严格的事前审核义务。二审法院在一定程度上也弱化了对信息质量方面的审查,而是转向审查误导性信息引发的损害后果;虽然二审法院认为 L 公司在企业信息处理过程中应当采取合理措施,保障其发布、推送信息的准确性,但重点是从敏感信息校验角度对 L 公司行为进行评价。

3. 敏感信息校验原则

一审法院认为,对于征信数据质量的注意义务应当根据数据类型加以区分:针对非敏感数据,在发生数据偏差时应当允许征信机构通过事后救济的方式予以纠正;针对敏感数据,特别是涉及企业清算、破产等重大负面信用信息的数据,互联网征信机构应当建立差别化的技术处理原则,通过改进算法技术、数据复核、交叉验证等手段,提高数据推送质量,避免因不当的信息推送行为,给企业带来重大负面影响。相较于注重信息时效原则和敏感信息校验原则而言,一审和二审法院对于敏感信息校验原则的看法更趋于一致。一审法院认为,针对敏感信息以技术手段建立复核机制,是征信机构的必要义务,因为征信信息并非普通信息,敏感、负面的信息更是关乎企业生存,特别是对案涉互联网金融类企业,不真实的清算信息可能导致企业的信任危机,从而引发金融风险,甚至影响互联网金融产业。在二审中,L 公司认为一审法院所确定的“敏感信息校验原则”等主观过错认定标准与《征信管理条例》所确立的归责原则相背离,应当从“通知—删除”机制等事后救济机制的客观情况来确定其主观过错,区分“敏感数据”与“非敏感数据”,将“通知—删除”规则排除适用于法无据,亦与征信业务客观实际相背离;此外,其还认为该企业征信平台所采用的清算算法更新、信息交叉印证等具体措施本身就是一审判决中提及的校验机制的体现。与一审法院确定差别化技术处理原则并认定 L 公司具备技术能力不同的是,二审法院并没有进一步具体阐释(甚至并未提及)L 公司对信息内容进行筛选分类的技术能力。

Ⅱ 本案意义

1. 为鼓励征信领域公共数据开发利用提供了规范指引

随着大数据时代的到来,数据已成为越来越重要的资源,甚至被誉为“世界上最宝贵的资源”“数字时代的石油”。当前,大数据产业是全球最具活力的领域之一,其技术演进和应用创新仍然在加速发展。虽然政府部门是数据资源的最大占有者,但作为一项重要公共资源的公共数据的价值并未被充分挖掘。在大数据技术应用的推动之下各国掀起了政府数据开放的热潮[徐子沛:《大数据:正在到来的数据革命,以及它如何改变政府、商业与我们的生活》(第 3 版),广西师范大学出版社 2015 年版,第 271 ~ 280 页],在这场运动的影响之下,我国政府数据开放实践逐渐从地方政府先行试验发展为国家层面的顶层设计。近年来,我国不少地方先后探索立法保障数据资源价值挖掘,也专门立法对公共数据的价值挖掘加以保障;《数据安全法》不仅对数据开放利用进行了诸多规定,更是通过专章形式对政务数据开放进行了具体规范[郭兵:《公共数据开放立法及其制度方向》,载《汕头大学学报(人文社会科学版)》2021 年第 10 期]。

虽然,我国中央层面的立法尚未对公共数据的概念进行界定,陆续出台的地方立法主要通过主体要素、目的要素和行为要素划定公共数据的内涵与外延,但各地标准并不一致。因此,有学者认为应当通过多元立法机制设计,为不同类型的公共数据量身打造相应的规范框架(郑春燕、唐俊麒:《论公共数据的规范含义》,载《法治研究》2021 年第 6 期)。截至目前,因为公共数据开发利用而引发的司法纠纷尚属罕见,就目前已公开的司法裁判文书而言,本案也是仅有的涉及公共数据开发利用的司法案例。就司法判例的角度而言,本案无疑为征信领域公共数据的开发利用提供了一定的规范指引。在本案中,L 公司所提供征信产品的数据来源于国家企业信用信息公示系统等平台的公共数据,是一种较为典型的公共数据开发利用的产业形态。不论是一审法院还是二审法院,均对 L 公司利用公共数据进行价值挖掘、开发征信产品的商业模式予以认可。这在一定程度上体现了司法机关鼓励公共数据开发利用的鲜明态度。

2. 公共数据开发利用中的利益平衡

一审法院认为,公共数据为促进经济发展的重要生产要素,应当鼓励市场主体积极利用并深入挖掘数据价值,并在此基础上确立了互联网征信企业公共数据使用应当坚持数据来源合法、注重信息时效、保障信息质量、敏感信息校验等四项基本原则,为公共数据合法使用初步确定了认定标准;二审法院在一审法院所确定的四项基本原则的基础上,进一步将互联网征信企业公共数据开发利用的基本原则概括为“鼓励流动共享、兼顾各方利益”,体现了公共数据开发利用各方的利益平衡,有利于更好地保障数字经济下新型商业模式的创新发展。在本案之后,《数据安全法》对数据安全与发展作出了专章规定,强调坚持以数据开发利用和产业发展促进数据安全,以数据安全保障数据开发利用和产业发展,这在一定程度上也体现了数据开发利用的利益平衡原则。本案判决所确定的公共数据开发利用的规范思路对于《数据安全法》实施后的类似数据争议的解决无疑具有重要的参考价值。

随着数据要素市场化配置改革的深入,包括公共数据在内的数据资源收集使用争议必然会更加频发。2022 年 8 月,北京知识产权法院正式受理了上海 Y 汽车科技有限公司(以下简称 Y 公司)诉二手车信息服务平台“柠檬查”北京 C 信息技术有限公司(以下简称 C 公司)车险公共数据反垄断诉讼案。在该案中,Y 公司认为 C 公司利用其能便捷获取全国车险信息平台公共数据而形成的垄断地位,对包括 Y 公司在内的数据需求方查询数据收取不公平高价,对非中国汽车流通协会会员实施歧视待遇,违背了公共数据公平公开的开放原则,损害了数据需求方获取公共数据的合法权益,属于反垄断法禁止的滥用市场支配地位的行为。此案被誉为“公共数据反垄断第一案”,法院在本案的审理过程中同样需要着力解决公共数据开发利用中的利益平衡问题,尤其是公共数据的公平利用问题。随着公共数据开放的立法和实践不断展开,公共数据的公平开放和利用问题也开始受到学界关注。有学者认为,我国应着重建构符合公平利用要求的公共数据开发利用秩序及相应的管理机制,并完善权利救济规则与义务设定规则(王锡锌、黄智杰:《公平利用权:公共数据开放制度建构的权利基础》,载《华东政法大学学报》2022 年第 2 期)。

Ⅲ 本案遗留的问题

本案引发了业界广泛关注,被誉为"公共数据不正当竞争第一案"。法院在本案中创设性地确立了公共数据使用的基本原则,对于大数据产业发展具有一定的规范指引作用。近年来,随着数据爬虫技术的广泛应用,相关的法律争议越来越多,利用爬虫技术获取数据的合法性边界也越来越清晰。数据来源合法是进行数据爬取等处理活动的基本前提,本案确定的公共数据使用四项基本原则也重申了这一前提性的要求。除了数据来源合法原则外,本案中法院确定的与数据质量相关的其他三项原则显然存在较大争议,这种争议也在一定程度上体现了当前包括公共数据在内的数据处理活动中利益平衡原则的适用困境。

目前,《数据安全法》第 41 条对国家机关开放政务数据的准确性、时效性等数据质量要求进行了明确,而《个人信息保护法》第 8 条也对个人信息处理者处理个人信息时个人信息质量要求进行了明确。从既有的法律规范看,数据处理者如果处理包含个人信息的公共数据,当然应当遵循个人信息质量要求,避免因个人信息不准确、不完整对个人权益造成不利影响;但如果数据处理者在处理不涉及个人信息权益的公共数据时,也要遵循数据质量原则势必会引发规范依据不足的争议。本案中,在法律并未对 L 公司等互联网征信企业提出数据质量要求的情况下,司法机关是否能够直接创设相应的义务性要求即引发了争议;而且,在数据质量要求之下,企业的数据质量的保障边界应当如何设置也成为司法认定的一大难题。在本案中,L 公司从既有法律规则出发,对于法院所确定的数据质量等方面的基本原则并不认可,并认为,即便根据法院所确定的数据质量要求,其也已经自觉通过符合行业实际的技术手段最大限度满足了数据质量方面的要求。然而,不论是一审法院还是二审法院在回应 L 公司数据质量要求方面的质疑时,似乎都没有对 L 公司应当通过敏感信息校验给出很有说服力的理由,更没有结合具体行业实际向 L 公司提出敏感信息校验的最低要求。正因如此,本案所确定的数据开发利用原则,特别是敏感信息校验原则,在未来的制度设计或者司法实践中到底会发挥多大的作用,或许还有待进一步观察。

□ 参考文献

徐子沛:《大数据:正在到来的数据革命,以及它如何改变政府、商业与我们的生活》(第 3 版),广西师范大学出版社 2015 年版。

王锡锌、黄智杰:《公平利用权:公共数据开放制度建构的权利基础》,载《华东政法大学学报》2022 年第 2 期。

郑春燕、唐俊麒:《论公共数据的规范含义》,载《法治研究》2021 年第 6 期。

郭彤:《公共数据的合法使用与法律规制》,载《中国审判》2020 年第 13 期。

郭兵:《公共数据开放立法及其制度方向》,载《汕头大学学报(人文社会科学版)》2021 年第 10 期。

062 行政机关公开个人信息的界限

吴某与沈阳市公安局和平分局沈水湾派出所不履行法定职责纠纷案 | 辽宁省沈阳市沈河区人民法院(2018)辽0103行初460号行政判决书

冯 洋 浙江大学光华法学院

■ 事实概要

原告吴某是高某1、高某2、高某3、高某4与高某5遗产纠纷一案中,高某1、高某2、高某3、高某4委托的代理律师。原告因承办该遗产纠纷案需要调查高某5、高某6、张某的个人信息。2018年10月16日,原告在沈阳市和平区沈水湾派出所向工作人员提供了介绍信、律师证原件、委托人委托书,请求被告协助调查。工作人员当场口头回复被告没有向单位、个人提供他人信息的义务,只有法院有权调查公民个人信息。随后原告分别向和平区分局督察部门及和平区申诉控告部门拨打投诉电话,取得的口头回复均是律师不得查询公民个人信息。

原告认为,被告从实体上构成行政不作为。被告拒绝协助原告调查个人信息,严重违反了国家法律规定,侵害了原告的实体权利,属于行政不作为。被告的行为不仅侵害了原告的权利,也侵害了处理类似问题的律师的权利,以及律师代理的相关当事人的权利。被告沈阳市公安局和平分局沈水湾派出所辩称:(1)律师要求国家机关公开公民个人信息不属于《律师法》第35条第2款授权律师自行调查与承办的法律事务有关的情况;(2)公民个人信息已被列为刑法调节范围,本单位无权将个人信息泄露给他人。

■ 裁判要旨

第一,原告申请调查时,向被告提供了调查专用介绍信、律师证、授权委托书等材料,能够证明原告作为律师,接受委托人的委托,并经律师事务所指派,向被告调查其受委托案件的被起诉人的个人信息,属于调查与其承办法律事务有关的情况。第二,作为行政机关的公安部门依法向有关单位或个人提供公民信息,不属于泄露公民个人信息行为。公安部门不能以此为由拒绝为申请人提供公民个人信息。若获得公民信息的有关单位或个人将公民个人信息泄露给他人,应自行承担相应的法律责任。第三,律师提供了调查所需证明材料,向被告申请调查公民信息,符合法律规定。派出所拒绝为原告提供公民信息的行为,属于行政不作为。第四,因被告的不作为行为可以纠正,原告主张的经济损失目前没有实际发生，且与被告的不作为行为也不具有因果关系，故原告的赔偿请求无事实及法律依据，法院不予支持。

■ 评 析

1 行政机关公开个人信息的规范与学理

本判例涉及的关键问题是行政机关公开个人信息的法律依据与范围。这个关键问题指向《民法典》第 1035 条规定的个人信息处理知情同意原则及其例外。发源于德国的个人信息自决权理论为知情同意原则提供了理论基础。个人信息自决权理论认为，为对抗日益猖獗的个人信息过度收集和滥用行为，维护个人尊严，信息主体应当对其个人信息拥有自决权。个人信息处理原则上处于被禁止状态，只有经过信息主体同意，第三方才能在事前约定的目的范围内处理个人信息。换言之，信息主体的同意是第三方开展个人信息处理活动的合法性基础。个人信息处理的知情同意原则被世界个人信息保护立法所普遍接受。欧盟于 2018 年 5 月正式施行的《通用数据保护条例》第 6 条规定数据主体的同意构成数据处理的首要合法性基础。在本判例出现时，尽管我国《个人信息保护法》尚未出台，但是在《政府信息公开条例》中已经体现了知情同意原则。该法第 15 条规定："涉及商业秘密、个人隐私等公开会对第三方合法权益造成损害的政府信息，行政机关不得公开。但是，第三方同意公开或者行政机关认为不公开会对公共利益造成重大影响的，予以公开。"

个人信息处理的知情同意原则并非绝对的，同意原则存在例外情形，其原理在于个人尊严的保障具有相对性，此种保障必然受到他人权利和公共利益的制约。各国个人信息保护立法均将知情同意原则的例外情形作为重点规范的内容。欧盟《通用数据保护条例》较为详细地列举了五类知情同意原则的例外情形：(1)个人数据处理是为履行数据主体参与的合同义务；(2)个人数据处理是为履行数据控制者所服从的法律义务；(3)个人数据处理是为了保护数据主体或另一个自然人的切身利益；(4)个人数据处理是为了执行公共利益领域的任务或行使数据控制者既定的公务职权；(5)个人数据处理是为了追求合法利益。在本判例发生时，《政府信息公开条例》原则性地规定基于公共利益的需要，可以不经个人同意公开其隐私信息。

2021 年 8 月通过的《个人信息保护法》对个人信息处理知情同意例外规则进行了全面规定。该法第 13 条规定了六种不需取得个人同意的信息处理情形：(1)为订立、履行个人作为一方当事人的合同所必需，或者按照依法制定的劳动规章制度和依法签订的集体合同实施人力资源管理所必需；(2)为履行法定职责或者法定义务所必需；(3)为应对突发公共卫生事件，或者紧急情况下为保护自然人的生命健康和财产安全所必需；(4)为公共利益实施新闻报道、舆论监督等行为，在合理的范围内处理个人信息；(5)依照该法规定在合理的范围内处理个人自行公开或者其他已经合法公开的个人信息；(6)法律、行政法规规定的其他情形。需要注意的是，《个人信息保护法》的规范对象具有广泛性，不仅包括组织和个人，也包括行政机关。这意味着，国家机关在处理个人信息时，也应遵守知情同意原则及其例外规则。

Ⅱ 本判例的规范性逻辑

本判例的争议焦点在于作为行政机关的公安机关是否有未经信息主体同意向特定第三方提供个人信息的义务？原告主要的法律依据是《律师法》第35条第2款，“律师自行调查取证的，凭律师执业证书和律师事务所证明，可以向有关单位或者个人调查与承办法律事务有关的情况”。根据《律师法》第35条，原告认为被告有向其提供与开展法律业务有关的个人信息的义务。被告拒绝为原告提供相关个人信息的行为，构成行政不作为。在本判例中，原告将《律师法》第35条第2款中“向有关单位或者个人调查与承办法律事务有关的情况”解释为调查与承办法律事务有关的个人信息。被告则认为《律师法》第35条规定的律师具有的调查有关情况的权利不包括调取公民个人信息，且公民个人信息已经被纳入刑法保护的范畴，违反国家有关规定，未经被收集人同意，向他人提供个人信息且情节严重的，是犯罪行为。本判例中，信息主体的身影并未显现，原告要求被告提供遗产纠纷一案中相关当事人的个人信息显然未经信息主体的同意。因此，本判例的焦点便集中在律师因办案需要向国家机关申请调取公民个人信息的行为，是否属于《律师法》第35条第2款“法律事务有关的情况”，进而属于个人信息知情同意原则的例外规则？

在当时国家法律和行政法规对于个人信息处理知情同意例外规则并没有明确规定的情况下，法院面临的任务是通过司法裁判确定公安机关是否有义务向承办法律事务的律师提供第三人的个人信息。进一步来看，焦点集中在作为律师的原告履行了合法的委托手续，向公安机关调查其受委托案件的被起诉人个人信息是否属于《律师法》中授权律师开展的“调查与承办法律事务有关的情况”。一审法院和二审法院给出肯定的判决，并从两个方面展开论证：

1. 原告向被告调查其受委托案件的起诉人的个人信息，属于《律师法》规定的“调查与承办法律事务有关的情况”。尽管《律师法》并未明确说明律师自行调查取证的范围是否包括个人信息，但是这个范围应当以“与承办法律事务有关”作为判断标准。如果涉案个人信息是承办法律事务所必需，那么为了保障律师的执业权利和被委托人的合法权益，律师有权向有关单位或者个人调取与法律事务有关的个人信息。在本案中，出于承办遗产纠纷案件的需要，律师在具备合法的委托手续的前提下，向派出所提出获取遗产纠纷案件当事人个人信息的要求。由判决书可知，获取遗产纠纷案件当事人个人信息是推进该案件所必需的条件，属于“调查与承办法律事务有关的情况”，进而构成个人信息处理知情同意原则的例外规则。该例外规则的法律依据便是《律师法》第35条。在本判例中，法院的论证符合后来《个人信息保护法》关于个人信息处理知情同意例外规则的规定。该法第13条规定，“法律、行政法规规定的其他情形”是个人信息处理者不经信息主体同意处理其个人信息的合法性基础。《律师法》授权履行了合法手续的律师向其他组织和个人调取与承办法律事务有关的个人信息构成了《个人信息保护法》第13条的“法律、行政法规规定的其他情形”。

2. 原告向被告调查其受委托案件的起诉人的个人信息具有合法性，被告向其提供不属于《刑法》规定的违反国家有关规定向他人提供个人信息的行为。《刑法修正案(七)》标志着我国采取创设专门罪名的方式来制裁侵犯公民个人信息的行为。2015年8月通过的《刑法修正案(九)》将侵犯公民个人信息罪的规制主体由国家机关或者金融、电信、交通、教育、医疗等单位的工作人员扩展到任何实施侵犯个人信息行为的个人,同时在量刑的幅度上增加了一档,即情节特别严重的,处3年以上7年以下有期徒刑。2017年5月,最高人民法院和最高人民检察院联合发布的《关于办理侵犯公民个人信息刑事案件适用法律若干问题的解释》细化了审理该类案件的裁量标准。长期以来,刑事处罚手段是保护公民个人信息的重要手段,取得了显著的效果。但并不是说,国家机关向有关单位和个人提供个人信息,就一概认定为泄露个人信息的行为。当提供行为获得国家法律、行政法规的授权时,此项行为就具有了合法性,成为信息处理例外规则的规范对象。据此,法院认定被告拒绝为原告提供公民信息的行为,属于行政不作为。

Ⅲ 既往司法实践状况

政府信息公开的范围一直是政府信息公开诉讼的重要争议点。在“孙某与吉林省人民政府行政复议不予受理决定案”[最高人民法院(2015)行提字第19号行政判决书]中,法院认为公民或者组织向政府提出咨询的信息,不属于政府信息公开的范畴,并对咨询的认定标准及效果进行了明确。在“姚某、刘某诉福建省永泰县国土资源局案”[福建省福州市中级人民法院(2014)榕行终字第83号行政判决书]和“周某诉武汉市汉阳区人民政府政府信息公开案”[最高人民法院(2017)最高法行申1310号行政裁定书]中,法院认为行政决定作出前行政机关内部或者行政机关之间的研究、讨论、请示、汇报等过程性信息一般不予公开,该项规则具有相对性,当行政决策完成,过程性信息具有公开的需要时,就应当公开。

既有司法实践也涉及政府信息公开中个人隐私的界定,相关判例对于个人隐私进行了明确,例如:(1)法院肯定了行政机关将案涉违法建筑地址等信息作为个人隐私进行隐去的做法[齐某诉上海市松江区人民政府等复议案,最高人民法院(2017)最高法行申312号行政裁定书];(2)拆迁人对各被拆迁户具体补偿明细并不涉及特定公民的个人信息,不属于个人隐私[如皋市人民政府如城街道办事处与钱某信息公开上诉案,江苏省南通市中级人民法院(2015)通中行终字第00075号行政判决书],死亡公民的个人信息可以向该公民的近亲属公开[曹某等诉天津市社会保险基金管理中心出具文书复印件纠纷案,天津市和平区人民法院(2012)和行初字第0076号行政判决书],年龄是否应被认定为政府信息公开中的个人隐私应根据公开后是否会对权利人生产、生活造成明显不当影响来判断[俞某等与浙江省宁波市鄞州区人民政府政府信息公开决定纠纷上诉案,浙江省宁波市中级人民法院(2009)浙甬行终字第44号行政判决书]。

在涉及个人隐私的政府信息是否应公开这一问题上,既有判例主要是从公众知情权和隐私权平衡角度进行裁判,如果案件涉及公共利益,法院便有了公开个人隐私的正当性基础。在“杨某与肥城市房产管理局政府信息公开行政纠纷上诉案”[山东省泰安市中级人民法院(2020)鲁09行终206号行政裁定书]中,法院对于涉及公众利益的知情权和监督权与保障住房申请人一定范围内的个人隐私之间的冲突作出了取舍,认为应当优先保障知情权和监督权,获得保障性住房的公民应当容忍部分个人信息被公开。

Ⅳ 本案意义

本判例的意义在于以案例的形式明确了行政机关应公开个人信息的一种情形,即律师在履行了合法手续的情况下,出于承办案件的需要,有权向行政机关要求公开相关个人信息。行政机关应当履行公开个人信息的法定职责。本判例发生时,在个人信息保护知情同意例外规则的概念在立法上尚不清晰的情况下,我国法院就开始考虑如何平衡个人信息受保护的权利同其他法律所保障的权利的关系。在本案中,此种利益衡量在个人信息受保护权利和律师执业权利之间展开。本判例确立的两个规则,分别是:(1)出于承办案件的需要,律师在具备合法的委托手续的前提下,向相关单位和个人提出获取个人信息的要求,构成个人信息处理知情同意原则的例外规则;(2)作为主管户口登记工作的公安机关有义务向具备合法手续的律师提供其办理法律事务所需的个人信息。《个人信息保护法》第13条关于法律、行政法规规定的知情同意例外情形,应当通过立法解释、司法解释和典型案例的形式予以逐步明确。本判例率先开展了此类规则的探索,起到了明确国家机关公开个人信息规则的作用。

□ 参考文献

杨芳:《个人信息自决权理论及其检讨——兼论个人信息保护法之保护客体》,载《比较法研究》2015年第6期。

王敬波:《政府信息公开中的公共利益衡量》,载《中国社会科学》2014年第9期。

冀洋:《法益自决权与侵犯公民个人信息罪的司法边界》,载《中国法学》2019年第4期。

王锡锌:《个人信息国家保护义务及展开》,载《中国法学》2021年第1期。

063 公开数据抓取的反不正当竞争法评价

北京百度网讯科技有限公司与上海汉涛信息咨询有限公司其他不正当竞争纠纷案 ｜ 上海知识产权法院(2016)沪73民终242号民事判决书

刘　维 上海交通大学凯原法学院

■ 事实概要

上海汉涛信息咨询有限公司(以下简称汉涛公司)经营的大众点评网向网络用户提供商户基本信息及点评信息。百度地图除了提供定位、地址查询、路线规划、导航等常用地图服务外,还为网络用户提供商户信息查询、团购等服务。百度地图通过蜘蛛机器人访问各个网站,其地图中的大部分商户点评信息来源于大众点评网等网站,但是北京百度网讯科技有限公司(以下简称百度公司)的抓取行为符合大众点评网的爬虫协议。百度地图对于来源于其他网站的信息,标注了信息的来源,如对于来源于大众点评网的点评信息,标注了"来自大众点评"等标识,并设置了相应链接。本案的争议焦点是百度公司抓取并使用大众点评网点评信息是否构成不正当竞争。

■ 裁判要旨

法院认定百度公司抓取和使用点评信息的行为构成不正当竞争。

一审法院认为,对涉及信息使用的市场竞争行为是否具有不正当性的判断应当综合考虑以下因素:涉案信息是否具有商业价值,能否给经营者带来竞争优势;信息获取的难易程度和成本;对信息的获取及利用是否违法、违背商业道德或损害社会公众利益;竞争对手使用信息的方式和范围。百度公司大量、全文使用案涉点评信息的行为违反了公认的商业道德和诚实信用原则,具有不正当性。

二审法院认为,在判断百度公司的行为是否违反商业道德时,应综合考虑以下几个因素:(1)百度公司的行为是否具有积极的效果。市场经济鼓励的是效能竞争,而非通过阻碍他人竞争,扭曲竞争秩序来提升自己的竞争能力。如果经营者完全攫取他人劳动成果,提供同质化的服务,这种行为对于创新和促进市场竞争没有任何积极意义,有悖商业道德。(2)百度公司使用案涉信息是否超出了必要的限度。如果存在明显对汉涛公司损害更小的方式而未采取,或者其欲实现的积极效果会严重损害汉涛公司的利益,则可认定为使用方式已超过必要的限度。(3)超出必要限度使用信息的行为对市场秩序所产生的影响。百度公司超出必要限度使用案涉信息，这种行为不仅损害了汉涛公司的利益，也可能使其他市场主体不愿再就信息的收集进行投入，破坏正常的产业生态，并对竞争秩序产生一定的负面影响。

■ 评　析

Ⅰ 本判决的思路和意义

本案是一起由抓取和使用网络平台中的公开数据引发的新型不正当竞争案件（该类案件也被称为“数据抓取类不正当竞争案件”），一审法院和二审法院均在《反不正当竞争法》第 2 条的框架中对该行为的正当性进行了评价。《反不正当竞争法》第 2 条是一般条款，具有不确定性，其法律适用的理念和范式一直备受争议。本案一审法院运用了多因素评估法评价数据抓取和使用行为的正当性，最终得出了违反公认商业道德的结论；二审法院则着重分析了竞争行为对竞争秩序的影响，对抓取和使用数据的规模、抓取和使用数据的效果等因素进行论证分析。本案对《反不正当竞争法》第 2 条的适用理念和范式的探讨具有开拓性，在大数据时代对网络平台之间公开数据抓取和使用行为的正当性判断而言具有启发意义。

Ⅱ《反不正当竞争法》第 2 条的适用理念及范式

公开数据抓取和使用行为的正当性判断，取决于《反不正当竞争法》第 2 条的适用。在掌握该条的适用理念和范式之后，才有可能对公开数据抓取和使用行为的正当性作出准确判断。

在我国司法实践中，“禁止榨取劳动成果”是适用《反不正当竞争法》第 2 条的支配性范式。由于边界不清晰，且容易变相导致《反不正当竞争法》对经营者利益的绝对保护，这一裁判范式在学术界并非没有质疑之声。随着网络不正当竞争案件的频发以及对动态竞争理论的强调，特别是 2017 年立法者修订《反不正当竞争法》第 2 条，“禁止榨取劳动成果”裁判范式的缺陷已经在学术界和司法实践中被普遍认识到，取而代之的是对竞争自由的强调和三叠利益（经营者、消费者和社会公众利益）评估范式的兴起。

《反不正当竞争法》（2017 年）第 2 条第 2 款规定：“本法所称的不正当竞争行为，是指经营者在生产经营活动中，违反本法规定，扰乱市场竞争秩序，损害其他经营者或者消费者的合法权益的行为。”立法者首次将“竞争秩序”作为该法保护的首要价值，同时将“经营者利益”和“消费者利益”并列作为该法维护的重要价值。在该法生效之后，考察竞争行为对竞争秩序利益、经营者利益、消费者利益的影响成为判断新型不正当竞争行为的主流范式，在数据抓取和使用不正当竞争案件中亦然。

基于对我国数据抓取类不正当竞争案件的实证研究发现，经营者利益受损可以概括为：抓取数据的行为使被告运营的产品或服务实质性替代原告经营的产品或服务，从而截取、减少了原本属于原告的客户和流量，进而导致原告各类交易机会的流失。消费者利益受损则主要体现为:抓取数据的行为构成对用户个人信息权益的侵犯,影响了用户数据安全,或者带来恶性竞争后果,阻碍产业良性发展,进而影响广大消费者福祉的改善。现有判决对竞争秩序损害的论述仍然以“榨取劳动成果”的危害为中心,认为数据抓取行为挫伤同行业经营者的创造积极性,从而阻碍了互联网产业的发展。

尽管三叠利益评估的结论仍然具有保护经营者的倾向,但是其适用过程具有强烈的情景性,因此在结论方面存在更大的不确定性。试举三个因素如下:第一,数据的商业价值强弱导致了反不正当竞争保护机制的情景性。数据的持有者在数据收集和处理过程中的投入越密集,则表明其越具有值得保护的利益,反之亦然,这是比例原则的简单呈现,避免了《反不正当竞争法》所提供的保护与持有者的投入“不成比例”,或者给予持有者“不成比例”的杠杆优势。第二,反不正当竞争机制的触发还取决于竞争者对商业数据的利用方式和效果,即同质化利用还是创新性利用。如果数据并非原告的核心资源,被告的创新性使用对原告的替代效果并非即时或明显,则对该种抓取和使用行为的宽容度更大。第三,原告对数据是否采取了管理或技术措施,也影响着抓取和使用行为正当性判断。如果原告采取了 Roberts 协议、登录权限、IP 频率访问限制、验证机制等技术或管理措施,法院支持原告的不正当竞争诉请的可能性更大。反之,公开数据的抓取评价应该更宽容,互联互通、默示许可等可能成为合法抓取和使用的抗辩。除此之外,被抓取和使用的数据是个人信息还是非个人信息、被抓取的数据平台是搜索引擎还是非搜索引擎等,也会影响抓取和使用行为的正当性判断。

尽管公开数据的抓取评价可能更为宽容,但不意味着其必然处于自由竞争的范畴。公开数据可能凝结了数据从业者的投资成本,他人对公开数据的抓取行为可能构成违法,只是在正当性判断过程中需要赋予“抓取规模”和“实质性替代”以更高的权重,本案即是典型。相反,如果抓取数据的规模处于必要的范畴,抓取数据并未替代原告的经营模式,则抓取行为可能被认为合法。比如,在美国第九巡回上诉法院审理的 HiQ v. LinkedIn 案[HiQ Labs Inc. v. LinkedIn Corporation, 938 F. 3d 985, 998 (9th Cir. 2019)]中,被告是一家为客户提供雇员评估服务的公司,其服务基础是对市场上公开的数据进行统计分析,主要依托于职业社交网站领英(LinkedIn)的公开数据。领英允许其用户创建用户资料并与其他用户建立联系。在容忍了对方数年对其数据进行获取利用之后,2017 年 5 月,领英要求 HiQ 公司停止非授权性抓取数据并通过技术手段阻止 HiQ 公司抓取领英官网上可公开获取的用户资料。HiQ 公司认为领英构成不正当商业行为、不正当干扰合同关系、禁反言等并请求法院发布临时禁令。法院在平衡双方当事人困境之后认为 HiQ 公司的困境明显更为严峻(作为临时禁令的四个条件之一),HiQ 公司的商业模式完全依赖领英的数据,如果不发布临时禁令,HiQ 公司将遭受不可挽回的损害,因此 HiQ 公司的抓取和使用行为合法。

Ⅲ 既往司法实践状况

赶集网用户的 QQ 邮箱抓取案(赶集网案)[上海浦东法院(2011)浦民三(知)初字第 691 号民事判决书]与大众点评网的用户评论抓取案,都涉及公开数据的抓取,但两案的裁判结论相反。法院在赶集网案中认为，在原告网站上其用户的QQ号已经公开，任何人在进入原告网站浏览相关交易信息时均可看到QQ号码。同时鉴于QQ邮箱的特性，只需在QQ号后添加上@ qq. com后即为用户的邮箱，故一旦原告用户采用QQ号作为联系方式，就已经向公众公开了其QQ邮箱，任何看到该QQ号的网络用户均有可能向该邮箱发送邮件。

两案的区别可能在于：第一，被抓取数据对原告的商业价值不同。用户评论数据构成大众点评网的核心商业利益，是大众点评网赖以生存的资源，尽管百度公司的抓取行为提升了用户体验，但产生了对原告经营模式的替代效果。在赶集网案中，尽管赶集网也付出了劳动收集用户QQ邮箱，但这些邮箱并非该网站的核心商业资源，被告对这些邮箱的利用是为了争取用户，不会与赶集网的经营模式重叠，也不会导致对原告经营模式的替代后果。第二，被告抓取数据的用途不同。尽管百度公司抓取数据之后用于商业模式的创新，但其抓取规模对大众点评网的经营模式造成了实质替代的后果，而百度地图的经营并不以这些数据为必要或基础。反之，如果被抓取的数据构成抓取方从事特定创新活动的基础资源，则正当性评价的结论可能不同。法院在淘宝公司诉美景公司案[浙江省杭州市中级人民法院(2018)浙01民终7312号民事判决书]中指出：如果美景公司是在合法获得“生意参谋”数据产品基础上通过自己的创新劳动开发出新的大数据产品且能够给消费者带来全新体验，这样的竞争行为难谓不正当。

Ⅳ 本判决的参考意义及将来的课题

百度公司与汉涛公司不正当竞争纠纷案是我国在大数据时代背景下发生的第一起公开数据抓取类不正当竞争案件，其只是开启了关于抓取和使用公开数据的正当性边界的讨论，而不是这个讨论的终点。有一种观点认为，抓取公开数据的行为应当是合法的(绝对合法论)。2022年，美国第九巡回上诉法院应美国最高法院的要求对HiQ v. LinkedIn作出重审判决[HiQ Labs Inc. v. LinkedIn Corporation, No. 17 – 16783, on Remand from the United States Supreme Court, Filed April 18, 2022]，维持了2019年该院的判决结论，该案是被用于支撑“绝对合法论”的重要例子。重审判决对《计算机欺诈与滥用法》(Computer Fraud and Abuse Act, CFAA)相关条款中的“未经授权的访问”作出了重点解释，尤其当原告向被告发送停止抓取数据的函件后，被告继续抓取的行为是否构成“未经授权的访问”？此前各个巡回法院就此存在较大分歧，一些巡回法院将“未经授权的访问”等同于“合同条款的违反”，只要违反了网站声明，就构成“未经授权的访问”。美国第九巡回上诉法院在重审判决中认为，“授权”是一个积极行为，它意味着应当有特别的认可或承认才能访问，也即只有当访问不是可以随意获得时才需要获得批准。此外，CFAA的该条款是为了防止故意不法侵入他人计算机(黑客)，立法之初是为了保护涉及国家安全或者政府财经的数据，这些数据不容易被公众获得。为了保护“隐私和计算机信息的秘密性”，1996年立法者将本条的范围扩大到任何“受到保护的计算机”。这段立法历史清晰表明本条禁止“未经授权的访问”应当被合理解释为只适用于隐私信息，只有在设置密码口令的网站或者防止公众浏览的网站中，才需要“授权”，它侧重于考察“大门紧锁还是开放”的设置程序，而不是某种领域的限制。对于可自由访问的网站而言,根本不存在"破解和侵入"的问题,"未经授权"的条件不能适用。

然而,美国第九巡回上诉法院的重审判决在任何意义上都不能被用于支持"绝对合法论"。理由在于:该案法律适用的核心问题在于解释 CFAA 第 1030 条中的"未经授权的访问",进而判断抓取公开数据是否违反 CFAA 第 1030 条。这一争点显然区别于我国《反不正当竞争法》第 2 条的适用,正如美国第九巡回上诉法院在重审判决中指出的,即便 CFAA 不能适用,数据抓取的受害者也并非无其他救济途径,比如其可以主张州法中的侵占财产之诉,以及版权侵权之诉、盗用之诉、不当得利之诉、违约之诉、隐私违反之诉等。更为重要的是,如果放在我国《反不正当竞争法》第 2 条的适用背景中,HiQ v. LinkedIn 与百度公司与汉涛公司不正当竞争纠纷案具有不同的情景因素,两案给出不同的裁判结论是能够理解的,比如两案中被告抓取数据之后的使用方式不同,HiQ 的数据使用方式对 LinkedIn 没有替代效果,HiQ 依赖于被抓取数据生存。

最后还需要注意的是,大数据时代中数据从业者对数据集合的投入成本越来越大,如今的数据集合对数据聚合的质量和数量的要求越来越高,在尚未开展大数据赋权的背景下,通过《反不正当竞争法》为大规模数据集合中的"劳动或投入"提供激励及设置边界,是大数据时代中需要持续关注的重要课题。

□ 参考文献

孔祥俊:《反不正当竞争法新原理》,法律出版社 2019 年版。

刘维:《论软件干扰行为的竞争法规制——基于裁判模式的观察》,载《法商研究》2018 年第 4 期。

刘维:《论网络不正当竞争一般条款的价值取向》,载《交大法学》2021 年第 3 期。

064 设置 Robots 协议限制数据抓取的行为认定

北京百度网讯科技有限公司、百度在线网络技术(北京)有限公司与北京奇虎科技有限公司不正当竞争纠纷案 | 北京市高级人民法院(2017)京民终487号民事判决书

王文敏 华南师范大学法学院

■ 事实概要

北京百度网讯科技有限公司与百度在线网络技术(北京)有限公司(以下简称百度公司)通过设置 Robots 协议的方式限制 360 搜索引擎抓取其相关网页内容,一审法院认为其构成《反不正当竞争法》第 2 条所指的不正当竞争行为。百度公司不服北京市第一中级人民法院(2013)一中民初字第 13657 号民事判决,向北京市高级人民法院提起上诉。百度公司提出:(1)搜索引擎遵循 Robots 协议就是遵守行业惯例和公认的商业道德。(2)一审判决限制 360 搜索引擎抓取会导致用户使用百度搜索引擎从而客观上增强百度搜索引擎的市场优势地位,缺乏任何事实依据。(3)一审判决设定的设置 Robots 协议限制通用搜索引擎抓取应当具有合理的正当理由,因为其实质上将废止 Robots 协议。北京奇虎科技有限公司(以下简称奇虎公司)辩称:一审判决认定事实清楚,适用法律正确,应予维持。

■ 裁判要旨

二审法院判决:百度公司的上诉请求不能成立,应予驳回;一审判决认定事实清楚,适用法律正确,应予维持。

本案争议的核心在于百度公司设置 Robots 协议限制数据抓取的行为是否构成《反不正当竞争法》第 2 条所指的不正当竞争行为,应当从该行为的损害后果及其是否具有不正当性两方面进行考量。

一是关于被诉行为的损害后果。在网络不正当竞争纠纷中,判断被诉行为是否属于《反不正当竞争法》第 2 条禁止的不正当竞争行为,应当兼顾经营者、消费者、社会公众的利益,在权衡被诉行为对竞争相对方合法权益的损害程度以及对消费者利益和竞争秩序的影响程度等基础上对其损害后果作出综合认定。首先,被诉行为影响了 360 搜索引擎的正常运行,进而可能导致 360 搜索引擎的网络用户流失。其次,被诉行为损害了相关消费者的利益,影响了网络用户自主选择的决定权,增加了选择成本,损害了该类网络用户作为相关消费者的利益。再次,被诉行为将导致 360 搜索引擎与百度搜索引擎之间交易机会和竞争优

势的“此消彼长”。最后,被诉行为有违公平竞争原则,扰乱了正常的互联网竞争秩序。

二是关于被诉行为是否具有不正当性。在网络不正当竞争纠纷中,对公认的商业道德进行认定时,应当以被特定行业普遍认同和接受的经济人伦理标准为尺度。首先,百度公司设置的 Robots 协议白名单实质上是通过对搜索引擎经营主体区别对待的方式,限制特定搜索引擎抓取其网页内容,妨碍了信息自由流动。其次,百度公司未能就其限制 360 搜索引擎抓取的行为提供合理的正当理由。故百度公司的涉案行为不符合互联网行业协会组织其会员起草并签署的行业自律公约的相关约定,违反了诚实信用原则和互联网搜索行业公认的商业道德。

综上,百度公司通过 Robots 协议限制奇虎公司的 360 搜索引擎抓取其相关网站网页内容,构成《反不正当竞争法》第 2 条所指的不正当竞争行为。

■ 评　析

Ⅰ 本判决的思路和意义

近年来,关于设置 Robots 协议限制数据抓取行为的争议不断。Robots 协议的英文全称为 robots exclusion protocol,直译为机器人排除协议,又可称为爬虫协议、机器人协议。Robots 协议是受访网站与搜索引擎之间的一种交互方式,通过这种方式,网站所有者能够提示网络机器人哪些网页内容不应抓取,从而引导其抓取对网络用户有用的信息。

由于百度公司设置 Robots 协议限制数据抓取的行为属于《反不正当竞争法》特别条款未予明确规定的行为,因此只能根据该法第 2 条一般条款进行判断。在网络不正当竞争纠纷中,判断被诉行为是否属于《反不正当竞争法》第 2 条禁止的不正当竞争行为,应当从被诉行为的不正当性和损害后果两方面进行分析。《反不正当竞争法》作为规制市场竞争行为的法律,注重鼓励商业创新与维护市场公平与自由竞争的平衡,因此需要审查行为是否违反诚实信用原则和公认的商业道德而具有不正当性;而在分析被诉行为损害后果时需要兼顾经营者、消费者、社会公众的利益,在衡量被诉行为对竞争相对方合法权益的损害程度以及对消费者利益和竞争秩序的影响程度等基础上对其损害后果作出综合认定。百度公司与奇虎公司一案认定在搜索引擎场景下设置 Robots 协议限制数据抓取的行为属于不正当竞争,有利于促使搜索引擎行业遵循互联、互通、共享、开放的精神,防止互联网变成信息相互隔绝、无法自由流动的信息“孤岛”,对于互联网功能的正常发挥和互联网竞争秩序的维护具有重要意义。

Ⅱ 设置 Robots 协议限制数据抓取行为的规范及学理

一般来说,经营者设置 Robots 协议限制数据抓取,是行使经营自主权的一种体现。Robots 协议的存在有其技术和经济上的正当性。经营者设置 Robots 协议限制数据抓取往往是出于保护受访网站的内部信息或敏感信息的需要,或者是出于维护受访网站正常运行的需要。它能够降低信息生产者和信息使用者之间的沟通成本,是促进社会总福利最大化的有力措施。在数字经济时代,数据日益成为企业重要的生产要素,因此经营者通过设置Robots协议限制数据抓取在某种意义上已经成为维系企业核心竞争力的一种手段。尽管Robots协议客观上可能造成对某个或某些经营者的“歧视”,但在不损害消费者利益、公共利益、竞争秩序的情况下,应当允许网站经营者通过设置Robots协议对其他网络机器人的抓取进行限制。我国十二家互联网企业发起签署的《互联网搜索引擎服务自律公约》第7条第1款规定,“遵循国际通行的行业惯例与商业规则,遵守机器人协议(Robots协议)”。

虽然一般情况下应当默认Robot协议的设置是正当的,但若具有合理、正当的理由,该协议的正当性也是可以被推翻的。Robots协议作为一种互联网行业惯例,一方面要求搜索引擎的网络机器人遵守受访网站的Robots协议,另一方面也要求受访网站设置的Robots协议本身应当是合理的,不应违背“促进信息共享”的初衷。《互联网搜索引擎服务自律公约》第8条规定,“互联网站所有者设置机器人协议应遵循公平、开放和促进信息自由流动的原则,限制搜索引擎抓取应有行业公认合理的正当理由,不利用机器人协议进行不正当竞争行为,积极营造鼓励创新、公平公正的良性竞争环境”。

在以下特殊情况下可推翻Robots协议的正当性:第一,对于搜索引擎等具有公益性质的主体而言,设置Robots协议限制他人抓取数据会阻碍信息的共享流通,该协议的正当性有可能被推翻。当数据被爬取方提供的服务具有公共基础设施的性质时,应当允许他人爬取数据,无正当理由不能设置Robots协议限制数据抓取。正因如此,在本案二审判决中,由于百度公司为网络搜索引擎服务商,其服务具有公共基础设施的性质,从互联网开发、平等、协作和分享的原则出发,为了维护互联网功能的正常发挥,保护社会公共利益,法院认定百度公司设置Robots协议限制数据爬取的行为构成不正当竞争。第二,若经营者借助设置Robots协议限制被告抓取数据的行为构成垄断或滥用市场支配地位,也可以推翻该协议的正当性。当超级网络平台收集海量数据后,数据的潜在垄断就会成为可能。如果允许此类平台设置Robots协议限制他人爬取数据,赋予此类平台过强的数据保护,其结果就可能出现数据割据或数据封建主义,无法实现数据的共享与流通,那么中小型互联网企业就会面临数据壁垒,互联网领域就无法形成有效的竞争。正如本案一审判决中法院指出的,从我国目前互联网搜索行业的发展现状来看,百度搜索引擎在市场上占据绝对优势,而360搜索引擎所占的市场份额较小。百度公司的行为会导致网络用户在使用360搜索引擎时无法及时获取所需信息,转而使用百度搜索引擎,这不仅会降低360搜索引擎的用户满意度,损害奇虎公司的合法权益,也会在客观上增强百度搜索引擎的市场优势地位,百度公司用Robots协议限制他人爬取数据,可能是在滥用其市场优势地位阻碍竞争,不具有正当性。

此外,若违反Robots协议抓取数据的行为属于合理使用,则绕过Robots协议抓取数据的行为也可以免于承担责任。在《反不正当竞争法》领域,法律应当保持必要的谦恭和内敛,让市场机制发挥决定性作用,不轻易干涉竞争的自由。在适用《反不正当竞争法》第2条时,有必要效仿知识产权法,设置阻却违法的事由。由于《反不正当竞争法》第2条所保护的数据的独创性、新颖性和创造性均较弱,根据“举重以明轻”的法理,该法条的保护力度必然比著作权法、专利法更弱,因此用《反不正当竞争法》第2条来保护数据无疑需要受到知识产权法中限制与例外情形的约束。智力成果权受到的限制与例外主要有著作权法中的合理使用、法定许可以及专利法中不视为侵犯专利权的行为、强制许可,这些阻却违法的事由毫无疑问也应当在保护数据的规则中得以适用。更进一步看,《反不正当竞争法》第2条的适用甚至还需要设置更多的阻却事由,也即受到更加严格的限制与例外情形的约束,尤其是应考虑对增加了创新价值的实质改进行为进行豁免。鉴于数据具有较强的公共属性,对于增加了创新性的数据使用行为,认定为不正当竞争应当更加慎重。例如,违反Robots 协议抓取数据,但对原始数据进行了转换性使用,贡献了创新性,增加了公共福利,法律也可能免除数据抓取者的责任。

美国是互联网技术最发达的国家之一,其数据爬取纠纷由来已久。随着时间的推移,经历了多个案例的演变,现在美国法院更多地将互联网领域的公平、开放和促进信息自由流动这些公共利益引入对数据爬取行为的权衡中。美国法并未采取传统权利进路,而是将数据财产利益容纳于网络安全保护逻辑之下。依据美国1986年的《计算机欺诈与滥用法》(Computer Fraud and Abuse Act,CFAA)第1030条,禁止“未经授权”和“超出授权”访问计算机系统。因此,关键的问题在于违反Robots协议抓取数据是否属于“未经授权”的访问。在早期eBay v. Bidder's Edge案中,Bidder's Edge公司违反Robots协议对eBay网站进行了数据抓取,法院认为该行为可能会使其他公司也肆无忌惮地爬取eBay网站,使eBay网站因系统瘫痪或数据丢失而遭受不可挽回的损失,从而认为该行为属于“未经授权”的访问,构成了非法侵入。后美国法院在Healthcare案、Field v. Parker等案件中均认可了Robots协议的有效性,即认为违反Robots协议抓取数据属于“未经授权”的访问。然而,近年来,美国的判决更加倾向于促进数据的流通和共享。例如,在HiQ v. LinkedIn案中,HiQ公司违反Robots协议抓取了LinkedIn网站的数据,但加利福尼亚北区地区法院认为,HiQ公司违反Robots协议抓取数据的行为并不违法,因为LinkedIn网站上的数据是公开数据,是任何人都可以自由使用的。如果禁止HiQ公司获取信息,则不利于互联网上的信息自由和公开。法院甚至反过来认定LinkedIn公司的反爬虫技术违法,要求其移除针对HiQ的接入壁垒。

Ⅲ 既往司法实践状况

在本案一审判决[北京市第一中级人民法院(2013)一中民初字第13657号民事判决书]中,法院认为:受访网站设置Robots协议应当有合理的理由,不应违背“促进信息共享”的初衷。首先,百度公司通过设置Robots协议的方式限制360搜索引擎对其相关网页的抓取与设置Robots协议的初衷背道而驰。360搜索引擎属于通用搜索引擎,而通用搜索引擎的网络机器人进入一个对公众开放的网站抓取信息通常并不会损害网站的利益,反而有利于其宣传推广。其次,从我国目前互联网搜索行业的发展现状来看,百度搜索引擎在市场份额上占据绝对优势,而360搜索引擎所占的市场份额较小。百度公司此举可能是在滥用其市场优势地位阻碍竞争。以设置Robots协议的方式限制通用搜索引擎的抓取应当具有合理、正当的理由,但百度公司限制360搜索引擎抓取的内容不属于其内部信息或敏感信息,也没有证据显示360搜索引擎的抓取会导致相关网站无法正常运行或损害社会公共利益。综上,百度公司的涉案行为不仅损害了奇虎公司的合法权益,也扰乱了公平竞争的市场秩序,并最终将会损害广大网络用户的利益,其行为已构成不正当竞争。

此前,360公司与百度公司之间的诉讼还涉及两起相关判决:

一是北京市第一中级人民法院(2013)一中民初字第2668号民事判决书认定:在2012年《互联网搜索引擎服务自律公约》签订之前,奇虎公司没有遵守百度公司网站的Robots协议的行为明显不当,百度公司在上述时间段内不允许奇虎公司抓取其相关网页内容应当属于有正当、合理的理由。但是,在该自律公约签订之后,百度公司明确知晓奇虎公司希望抓取其相关网页内容但未提出拒绝抓取的合理、正当理由,此时奇虎公司的抓取行为并非不正当竞争行为。

二是北京市高级人民法院(2013)高民初字第3755号民事判决书认定:在百度公司的Robots协议已经允许当时国内外主流搜索引擎抓取其内容的情况下,百度公司针对360搜索引擎采取的阻断行为,会导致360搜索引擎功能无法完整发挥,造成使用360搜索引擎的网络用户上网体验降低,诱导360搜索引擎的用户转用百度搜索引擎,增加或维持百度搜索引擎的市场优势并减少360搜索引擎的市场优势,该行为损害了奇虎公司和网络用户的利益以及互联网竞争秩序,构成不正当竞争。

Ⅳ 本判决的参考意义及将来的课题

百度公司与奇虎公司一案法院就设置Robots协议限制数据抓取的行为作出了认定,有利于维护互联网中的信息共享与自由竞争。然而,该判决仅针对搜索引擎场景下的Robots协议。Robots协议本身并不当然具有或不具有正当性,针对不同的设置Robots协议的行为,其正当性需要根据具体的场景作出判断。

在随后引发较大关注的微博和微头条Robots协议纠纷中,法院对非搜索引擎场景下的Robots协议的效力进行了认定。在该案中,一审法院与二审法院作出了截然相反的判决。一审法院将《互联网搜索引擎服务自律公约》作为商业道德的参考,认定微博在Robots协议中限制微头条抓取相关网页内容的行为违反了公平竞争原则、诚实信用原则和互联网行业公认的商业道德,构成不正当竞争[北京知识产权法院(2017)京73民初2020号民事判决书]。然而,法院在二审判决中认定,在非搜索引擎应用场景下,通过Robots协议限制数据抓取,不宜当然地借用对于搜索引擎进行限制的规则。《互联网搜索引擎服务自律公约》仅可作为搜索引擎服务行业的商业道德,而不能成为整个互联网行业通行的商业道德。在不损害消费者利益、公共利益、竞争秩序的情况下,应当允许网站经营者通过设置Robots协议对其他网络机器人的抓取进行限制。因此,通过Robots协议对网络机器人进行限制并不当然违背互联网行业的商业道德。二审判决撤销了一审判决,认定被诉行为并不构成不正当竞争行为[北京市高级人民法院(2021)京民终281号民事判决书]。

一审和二审的相反判决说明法院对设置Robots协议限制数据抓取这一行为的正当性评价问题仍未达成共识,甚至还存在较大分歧。随着大量Robots协议被应用在不同的搜索引擎或非搜索引擎中,不同情况中 Robots 协议的效力仍有待将来进一步明确。

□ 参考文献

蒋舸:《〈反不正当竞争法〉一般条款在互联网领域的适用》,载《电子知识产权》2014 年第 10 期。

宁立志、王德夫:《"爬虫协议"的定性及其竞争法分析》,载《江西社会科学》2016 年第 1 期。

张平:《〈反不正当竞争法〉的一般条款及其适用——搜索引擎爬虫协议引发的思考》,载《法律适用》2013 年第 3 期。

孔祥俊:《商业数据权:数字时代的新型工业产权——工业产权的归入与权属界定三原则》,载《比较法研究》2022 年第 1 期。

丁晓东:《数据到底属于谁?——从网络爬虫看平台数据权属与数据保护》,载《华东政法大学学报》2019 年第 5 期。

张金平:《有关爬虫协议的国外案例评析》,载《电子知识产权》2012 年第 12 期。

Andrew Sellars, *Twenty Years of Web Scraping and the Computer Fraud and Abuse Act*, B. U. J. Sci. & Tech. L. (2018).

065 爬虫抓取数据行为正当性认定规则

深圳市腾讯计算机系统有限公司、腾讯科技(深圳)有限公司与斯氏(杭州)新媒体科技有限公司不正当竞争纠纷案 | 杭州铁路运输法院(2021)浙8601民初309号民事判决书

刘文琦 浙江工商大学法学院

■ 事实概要

深圳市腾讯计算机系统有限公司、腾讯科技(深圳)有限公司(本案共同原告,以下简称腾讯公司)系微信公众平台的经营者和管理者。微信公众平台系以即时通信、朋友圈、公众平台、开放平台、微信支付、小程序等产品功能和服务构建的包括微信平台、微信个人用户、公众号运营者、第三方服务商等多主体参与的系统。腾讯公司就微信公众平台采取的反爬措施主要包括:以设置Robots协议的方式禁止任何第三方通过爬虫技术抓取微信公众号平台信息内容及数据;以公示方式告知第三方微信平台规则,对微信公众平台信息内容及数据资源安全进行保护;以限制访问授权等方式对数据设置反爬措施,等等。

斯氏(杭州)新媒体科技有限公司(本案被告,以下简称新媒体公司)系"极致了"网站经营者。新媒体公司利用爬虫技术抓取微信公众平台信息内容及数据并存储于"极致了"网站服务器,基于对抓取数据的统计与分析,通过网站对外提供公众号搜索、导航、排行及监测等数据服务。当用户在其网站全文搜索模块中点击公众号文章标题时,页面会跳转至载有相关文章的微信公众平台。新媒体公司的会员包括免费会员与收费会员,前者可使用小部分功能,后者根据会员级别与收费高低,享有不同的功能范围与服务次数。

■ 裁判要旨

法院判决被告立即停止数据抓取行为、消除影响并赔偿损失60万元。法院认为,原告对涉案数据享有竞争性权益,且被告行为构成不正当竞争。

原告对涉案数据享有竞争性权益的理由如下:第一,被告爬取的数据主要包括微信公众号账号信息、微信用户发布的数据信息、用户与公众号的互动信息。微信公众平台通过经营活动吸引用户积累数据,并利用数据获得商业利益与竞争优势,因此相关数据对原告而言具有商业价值。第二,原告处理数据之行为具有合法性,均已获得微信用户授权同意。第三,相关文章数据具有可集成、可交互的特点,与阅读数、点赞数、文章评论数等数据共同构成整体数据资源,故原告就整体数据资源享有竞争性利益。

被告爬取数据的行为包括：使用技术手段绕过微信客户端并利用爬虫工具抓取数据；将网络请求操作分发至不同云服务器，在获取“用户登录”权限后抓取数据；绕过技术措施并使用自动化脚本不间断抓取数据。被告的行为不仅给原告服务器带来额外负担、改变了原告部分数据的呈现方式、妨碍了微信产品正常运行，还加大了原告的运营成本与对抗成本，更可实质性替代原告的部分数据内容服务，导致用户流失至被告网站，损害了原告的商业利益。

据此，法院认为，被告违背诚实信用原则，擅自使用原告合法获得、具有商业价值的用户数据，并足以实质性替代其他经营者提供的部分产品或服务，损害了公平竞争的市场秩序，属于《反不正当竞争法》第 12 条第 2 款第 4 项所规定的妨碍、破坏其他经营者合法提供的网络产品或者服务正常运行的行为，构成不正当竞争。

■ 评　析

Ⅰ 本判决的思路和意义

本案中，原告诉讼请求包括：第一，被告停止非法抓取微信公众号数据；第二，被告停止对外提供相关数据服务，并删除已存储的数据；第三，被告发表声明、消除影响；第四，被告赔偿经济损失及合理支出 300 万元。法院基于事实认定与法律分析，基本支持了原告第一项、第二项、第三项诉讼请求，同时判令被告赔偿原告经济损失及合理费用 60 万元。随着人工智能、大数据等新技术的发展，数据已逐渐成为科技创新中的新型生产要素，爬虫抓取技术已出现被广泛应用的趋势。网络经济需秉持开放、共享、效率的价值取向，亦应遵守诚实信用原则，维护公平、自由的竞争秩序。法院的判决体现了对自由竞争利益、用户利益、社会公共利益等的多维度考量，给数据经济中的开发者与利用者提供了行为范式，对爬虫抓取行为是否正当的认定问题具有重要的指导意义。

Ⅱ 爬虫抓取正当与否认定规范与学理

爬虫抓取数据主要涉及数据开发方与数据抓取方之间的关系。双方产生利益冲突的争点在于，在未经许可的情况下，使用爬虫技术抓取数据开方发合法获取的数据是否构成侵权。爬虫技术是网络信息科技领域的基础技术，使用爬虫技术本身并不当然具有可责性，关键在于利用爬虫技术所为之行为是否具有正当性。

我国《民法典》第 127 条规定，法律对数据、网络虚拟财产的保护有规定的，依照其规定。从该条文义可知，法律从总体上不排斥对数据与网络虚拟财产的保护，但此类权益或财产受法律保护的前提是法律有明文规定。《反不正当竞争法》第 12 条第 1 款规定，经营者利用网络从事生产经营活动，应当遵守该法的各项规定；该条第 2 款列举了四种应予规制的网络不正当竞争行为，该四种行为皆属于经营者利用技术手段，通过影响用户选择或者其他方式，实施的妨碍、破坏其他经营者合法提供网络产品或者服务正常运行的行为。同时，《反不正当竞争法》第 2 条亦规定，经营者在生产经营活动中，应当遵循自愿、平等、公平、诚信原则，遵守法律和商业道德。其中，商业道德除普适于各商业领域的道德规范外，根据最高人民法院《关于适用〈中华人民共和国反不正当竞争法〉若干问题的解释》的规定，在特定商业领域被普遍遵循和认可的行为规范，可以被认定为《反不正当竞争法》第 2 条规定的“商业道德”；在具体案件中，需综合考虑行业规则或者商业惯例，经营者的主观状态，交易相对人的选择意愿，对消费者权益、市场竞争秩序、社会公共利益的影响等因素进行判断。从正向解读，以上条款规定了侵犯竞争利益的认定规则；从反向解读，若竞争利益无法落入以上范围，便不受《反不正当竞争法》保护。

本案中，法院适用了“不受扭曲的竞争标准”与三元保护目标评判爬虫抓取行为。“不受扭曲的竞争标准”是以维护竞争秩序为目标界定正当竞争行为的边界，这意味着对竞争行为是否正当的判定须谦抑而中立，不设定竞争结果、不干预竞争过程。一般地，商业模式、商业机会并不应固定归属于特定商业主体，经营者的经营利益也不必然应受保护。《反不正当竞争法》的公共属性更加体现出应使法益保护与行为规制立足于竞争秩序保护而回归竞争法之本质。《反不正当竞争法》三元保护目标主要体现为保护竞争者自由竞争利益、消费者自由决策利益与社会公共利益。

在爬虫抓取类案件中，被诉侵权方往往以技术中立作为抗辩理由。在 2018 年“基因编辑婴儿”事件发生后，关于科技与伦理关系的讨论越来越受到关注（郑玉双：《破解技术中立难题——法律与科技之关系的法理学再思》，载《华东政法大学学报》2018 年第 1 期）。在法学领域，技术能否中立，取决于从法学视角能否给予“中立”评价。科技作为现象层的“中立”，并不等同于法律评价的合法性。故而，当爬虫技术与法律主体及其行为发生关联时，对行为的评判在本质上是对利用网络爬虫技术所为之行为的规范评价，而非技术评价（苏青：《网络爬虫的演变及其合法性限定》，载《比较法研究》2021 年第 3 期）。

Ⅲ 既有司法实践状况

在本案例判决之前，实践中亦有同类案件，总体思路为以“不受扭曲的竞争标准”与三元保护目标综合评判。

例如，在北京微梦创科网络技术有限公司与北京字节跳动科技有限公司不正当竞争纠纷上诉案［北京市高级人民法院（2021）京民终 281 号民事判决书］中，法院指出，“其对互联网行业的竞争行为进行规制时不应过多考虑静态利益和商业成果，而应立足于竞争手段的正当性和竞争机制的健全性，更应考虑市场竞争的根本目标”，并在此基础上否定了在互联网领域中通过数据爬取对数据进行替代性或同质化利用的正当性。与前文评述的腾讯爬虫抓取案稍有不同的是，该案中的 Robots 协议只针对特定经营者；但法院认为，在不损害消费者利益、公共利益、竞争秩序的情况下，即使针对特定经营者限制数据爬取，也是网站经营者行使经营自主权的体现。相较于早期的百度在线网络技术（北京）有限公司等与北京奇虎科技有限公司不正当竞争纠纷案［北京市高级人民法院（2017）京民终 487 号民事判决书］，法院对于限制特定经营者抓取的司法态度有了明显的转变（在该案中法院否定了限制特定主体抓取的正当性）。

再如，在北京微播视界科技有限公司诉上海六界信息技术有限公司、厦门市扒块腹肌网络科技有限公司、浙江淘宝网络有限公司不正当竞争纠纷案[浙江省杭州市余杭区人民法院(2021)浙0110民初2914号民事判决书]中,法院在评判具体竞争行为是否正当时,从整体上综合考量了该行为对经营者利益、消费者利益及社会公共利益的影响。该案判决书写道:"第一,经营者利益方面,经营者选择何种数据公开、何种数据不公开,通常是基于数据安全、用户隐私以及平台经营者商业策略的实现等考量……六界公司将'抖音'平台上非公开的数据通过自行整理计算后予以公开展示,使本来无法通过自然人为方式获得的数据能够通过公开途径获取,破坏了'抖音'产品的数据展示规则及其运营逻辑和秩序,进而破坏该种平衡,容易引发主播与普通用户的不满,破坏用户粘性,进而损害微播公司该种竞争优势;第二,消费者利益方面,该些数据往往系主播和用户不愿对外公开的数据……(六界公司的)行为本就丧失合法性基础,其对该些数据进行分析、对外展示的行为,侵犯了包括打赏用户和主播在内的抖音用户的个人信息权利,进而影响用户对微播公司数据安全保护的期待和信任,最终造成微播公司用户流失,损害微播公司利益;第三,社会公共利益方面,六界公司的基础数据直接来源于'抖音',并经简单计算得出,对数据的使用行为没有任何创新,涉案数据展示的透明化一定程度上反而会带来平台之间的恶性竞争、家庭与社会不稳定等,使得社会福祉总体降低。"

同类案件还有北京淘友天下技术有限公司等与北京微梦创科网络技术有限公司不正当竞争纠纷案[北京知识产权法院(2016)京73民终588号民事判决书],深圳市谷米科技有限公司诉武汉元光科技有限公司等不正当竞争纠纷案[广东省深圳市中级人民法院(2017)粤03民初822号民事判决书]等。

Ⅳ 本判决的参考意义及将来的课题

本案判决立足于保护竞争秩序的整体视角,以"不受扭曲的竞争标准"与三元保护目标来评判数据抓取行为是否正当,体现了《反不正当竞争法》适用的范式,契合了《反不正当竞争法》的内在逻辑。然而,"不受扭曲的竞争标准"仍然抽象,在具体案件中的解释与适用可能随科技、信息等产业发展有所变化。同时,《反不正当竞争法》对市场参与者的利益考量与公共利益的考量并无固定位阶或价值等级;因此,在个案中体现为法院的关切点不会一成不变。本案虽然对三元保护目标的评价结果较为一致,但不排除在其他案件中对不同保护目标的评价结论呈现差异,因此,对于数据抓取行为是否正当的认定,在个案中仍需结合案情审慎评判。

□ 参考文献

张占江:《反不正当竞争法属性的新定位一个结构性的视角》,载《中外法学》2020年第1期。

于飞:《权利与利益区分保护的侵权法体系之研究》,法律出版社2012年版。

谢晓尧:《一般条款的裁判思维与方法——以广告过滤行为的正当性判断为例》,载《知识产权》2018年第4期。

陈景辉:《面对转基因问题的法律态度——法律人应当如何思考科学问题》,载《法学》2015年第9期。

苏青:《网络爬虫的演变及其合法性限定》,载《比较法研究》2021年第3期。

066 公交车实时位置数据的保护

深圳市谷米科技有限公司诉武汉元光科技有限公司等不正当竞争纠纷案 | 广东省深圳市中级人民法院(2017)粤03民初822号民事判决书

魏立舟 浙江大学光华法学院

■ 事实概要

自2013年6月起,原告深圳市谷米科技有限公司(以下简称谷米公司)发布并运营一款名为"酷米客"的公交实时位置查询App。该App的运行需要使用大量的公交汽车实时位置数据。为此,原告通过与深圳公交公司合作,在公交车辆上安装了GPS定位,对相关数据进行收集。需要注意的是,上述数据不仅被用于"酷米客"App的运营,按照约定还被提供给深圳市交通委,并由深圳市交通委进一步开放给包括被告武汉元光科技有限公司(以下简称元光公司)在内的多家公司使用。与原告的"酷米客"App的数据相比,从深圳市交通委接口获得的数据存在大约1分钟的延迟。为提高数据的及时性和准确性,被告元光公司破解了原告的服务器,在未获允许的情况下将原告从定位器上直接获取并用于"酷米客"App上的数据用在了被告自己的"车来了"App上。原告因此向深圳市中级人民法院提起诉讼,主张被告的行为构成不正当竞争。

■ 裁判要旨

原告胜诉,法院判决被告向原告赔偿经济损失及合理维权费用50万元。

1. 被告元光公司未经许可,利用网络爬虫技术大量获取并且无偿使用原告谷米公司"酷米客"App的实时公交信息数据的行为,实为一种"不劳而获""食人而肥"的行为,具有非法占用他人无形财产权益的不正当目的,谋取了该软件在实时公交信息查询软件中的竞争优势,谷米公司的上述行为违反了诚实信用原则和公认的商业道德,根据《反不正当竞争法》(1993年)第2条,构成不正当竞争行为。

2. 被告元光公司侵权行为的发生与谷米公司是否向深圳市交通委提交数据,以及是否故意提交延时数据之间并不具有因果关系,并不符合原《侵权责任法》第26条所规定的"过失相抵"情形的适用条件。因此,对于元光公司以谷米公司亦存在过错为由请求减轻其侵权责任的抗辩主张,法院不予采纳。

■ 评 析

Ⅰ 本判决的思路和意义

大数据带来的信息风暴正在变革我们的生活、工作和思维。在这个时代背景下，数据（更准确地说数据集合）正日益显现其独立的商业价值，被视为一种新型生产要素。依据收集和控制数据的主体不同，数据可分为政府数据（或称公共数据）和企业数据两大类。近年来，在司法实践中引发广泛关注和讨论的主要是企业数据纠纷类案件。

借鉴世界经济论坛的报告，我们可以将企业所控制的数据按其产生的方式分为三类：（1）自供数据（volunteered data），该类数据包括用户上传或平台自创的信息，一般都处于公开状态，典型的如大众点评网上的用户点评信息、抖音短视频等；（2）观测数据（observed data），该类数据包括互联网观测数据，即互联网平台自动记录用户行为所产生的数据，例如，用户的消费数据、搜索痕迹、行动轨迹、好友关系等数据，也包括物联网观测数据，即物联网（IoT）概念下通过传感器等装置与车辆、机器、家电等硬件设备连接所采集到的信息；（3）衍生数据（inferred data），指在前两类数据基础上经过算法分析而得出的数据。在众多企业数据纠纷中，第三方未经许可爬取自供数据或者互联网观测数据所引发的纠纷最为常见，有关衍生数据的纠纷也有典型案例［安徽美景信息科技有限公司、淘宝（中国）软件有限公司商业贿赂不正当竞争纠纷案，浙江省杭州市中级人民法院（2018）浙01民终7312号民事判决书］。但物联网观测数据引发的纠纷却并不多见，本案作为该类纠纷的典型案例，值得特别关注。

本判决成案时间较早，当时业界对如何处理企业数据纠纷的探讨尚处于起步阶段，并未完全达成共识。在数据集合无法作为传统知识产权客体进行保护，立法上又没有其他特别法为之提供设权保护的情况下，法院利用《反不正当竞争法》一般条款对竞争者之间的冲突进行裁判，通过认定第三人未经许可进行数据爬取系"不劳而获""食人而肥"的不正当行为，为企业在数据收集方面的投资提供了保护。

Ⅱ 企业数据保护的规范及学理

企业数据纠纷一般指第三人未经许可抓取、利用由私主体（一般为平台或物联网企业）所收集、控制的数据集合。该类案件涉及的法律关系比较复杂，在分析时需要特别注意如下几点：

1. 企业数据权益的保护对象是数据集合而非数据个体

平台或物联网企业作为数据的收集者或控制者，在数据的收集和存储方面进行了实质性投资。为了保护企业在这方面的投资利益，应当禁止其他竞争者不劳而获地爬取、利用这些数据，此即企业数据保护的正当性所在。从该正当性论证出发，保护规则的界定以能够让企业的投资利益免于遭受实质损害为标准，因此企业数据保护应着眼于禁止他人盗用整个数据集合的全部或实质部分，但盗用数据个体（individual level data）的行为并不在企业数据权益保护议题的涵射范围之内。简言之，企业数据权益的保护对象是数据集合，而不是个体数据［深圳市腾讯计算机系统有限公司、腾讯科技（深圳）有限公司等与浙江搜道网络技术有限公司等不正当竞争纠纷案,杭州铁路运输法院(2019)浙8601民初1987号民事判决书]。

对于盗用少量数据条目,涉及的保护数据个体的问题,在违法性上应结合相关数据的内容进行具体判断。比如,若相关被盗用的数据涉及《著作权法》意义上的作品(如大众点评网上用户的点评和照片信息),那么就应该按照《著作权法》进行评价;如果被复制使用的数据涉及《个人信息保护法》意义上的个人信息(如求职网站上的个人简历),那么就按《个人信息保护法》进行处理。如果相关数据属于匿名化的信息或者是落入共有领域的单独数据或事实类信息,那么对这种个体数据进行利用本身并不具有违法性。

2. 探讨企业数据权益的保护,需要注意既有立法的保护可能和边界

企业对数据的控制和利用方式具有多样性,一般来说,存在完全公开(如大众点评网上的商家点评)、附条件公开(如付费后可共享数据)以及置于完全不公开状态独占使用(如大型物联网公司一般会倾向于独占使用相关数据)这三种样态。在司法实践中,存在通过商业秘密保护的方式(《反不正当竞争法》第9条)对企业数据进行保护的例子。例如,在衢州万联网络技术有限公司诉周慧民等侵害商业秘密纠纷案[上海市高级人民法院(2011)沪高民三(知)终字第100号民事判决书]中,法院认为原告网站数据库中用保密措施存储的50多万条用户信息满足了秘密性、保密性和价值性要求,因此可以作为商业秘密受到保护。当然,该种保护方式具有局限性,其仅能对不公开型数据集合提供有限保护,不能保护完全公开型数据集合。关于附条件公开型数据集合,例如,企业向第三方应用开放API接口,通过差别化公开、限定公开的方式向不特定主体提供数据共享的情形,商业秘密保护方式是否可以适用存在一定争议。本文认为,因为可获取数据的对象具有不特定性,所以难以满足商业秘密中的"秘密性"要求。综上,商业秘密保护方式可以为企业数据提供一定保护,但无法满足全部应用场景。

此外,企业对数据的占有和控制主要通过设置访问控制等技术手段从代码层面来限制或排除他人对数据获取和利用的可能。需要注意的是,这种情况并非只在附条件公开或者完全不公开的数据集合中如此,在选择将数据完全公开的情形下,企业对数据也并非全然不设防。在保障用户可以访问数据的基础上,企业一般仍会通过设置Robots协议、使用真人校验机制、限制访问频率等手段来禁止网络爬虫的大规模爬取。因此,他人未经许可盗用企业数据集合在大多数情况下必然伴随着绕开或破坏技术措施行为的行使。针对绕开或破坏技术措施的行为,我国现行《著作权法》第49条第2款和第53条第1款将其定性为侵权行为。但是,《著作权法》对技术措施提供法律保护的前提必须是被技术措施保护的对象为作品、表演或者录音录像制品,然而一般的数据集合(特别是大数据应用中非结构化的数据库)难以达到作品的独创性标准,又显然不属于表演或录音录像制品,因此《著作权法》中的技术措施保护难以适用于企业数据纠纷。对于突破数据防护措施,绕过反爬虫系统,未经许可抓取并利用数据的行为,在司法实践中通过《反不正当竞争法》第12条第2款第4项,将其认定为"妨碍、破坏其他经营者合法提供的网络产品或者服务正常运行"的不正当竞争行为[北京微播视界科技有限公司、上海六界信息技术有限公司等不正当竞争纠纷案,浙江省杭州市余杭区人民法院(2021)浙0110民初2914号民事判决书]。但因为该条款是一般条款,因此在

适用中存在不确定性，特别是对于绕开或者破坏公开类数据集合的技术保护措施，是否也能适用此条，存在一定争议。

在上述两种既有法律制度从“外在角度”无法为企业数据提供保护的情况下，我们可以从企业数据集合自身价值的“内在角度”寻求制度保护。换句话说，即使企业允许自由访问其所收集占有的数据资源，但当第三方未经许可大规模爬取利用数据，侵害数据收集者在数据收集方面的实质性投资时，法律也应当进行干预。《欧盟数据保护指令》中所规定的数据库特殊权利就是为保护相关主体在收集、订正、展示数据方面的投资而创设的一种权利保护制度，排除他人对数据库整体及其实质部分的提取和再利用。但鉴于我国目前尚不存在类似欧盟数据库特殊权利的对数据集合赋权保护的制度，所以实践中主要依据《反不正当竞争法》一般条款（第 2 条）从行为规制的角度对企业数据权益提供保护。在说理时，法院一般多承认企业在数据集合上具有值得保护的合法利益，然后以商业道德作为评价标准，从而通过为禁止他人盗用数据集合的行为规制路径，确立企业事实上的“数据财产权”。

3. 企业数据权益保护中的利益平衡

数据经济立法的目的具有多元性，一方面旨在激励企业在数据收集和控制上的投资，另一方面也要促进数据在不同主体之间的交易和共享，以实现数据价值的最大化。因此，在具体规则的表达上，需要注意企业数据权益保护与使用者共享数据之间的平衡。根据我国目前的司法实践，企业数据纠纷的裁判结果大多有利于数据控制者一方，而对数据使用者利益关照不足。这个问题在物联网数据应用场景中尤其突出，企业利用技术措施对数据进行独占使用，拒绝将数据与他人共享，有碍社会福利的最大化。欧盟有学者对此主张应该为数据利用者一方建构一套可及权（access right）制度（Josef Drexl, *Designing Competitive Markets for Industrial Data – Between Propertisation and Access*, Social Science Electronic Publishing ,2016），以促进数据交易和共享。该动议目前已经进入了立法实质推进阶段。

我国虽然尚未有专门立法，但可以利用《反不正当竞争法》一般条款在适用上的灵活性，将利益平衡纳入考量，给数据的共享和使用开放一定空间。例如，在《个人信息保护法》引入个人信息可携带权的规定后，个人用户在一定条件下可以要求数据处理者将其个人信息转移至另一数据处理者。然而，依据之前北京知识产权法院在“某浪微博诉脉脉案”中提出的“三重授权”标准，如果第三方经用户授权进行数据迁移，仍然要获得平台许可，则这一规定与旨在打破数据锁定效应的可携权规则并不兼容。因此，如果第三方对相关用户数据的迁移和利用是在获得用户授权的前提下进行的，则法院不应该以未获原平台许可为理由来认定该数据迁移利用的行为构成不正当竞争行为［前锦网络信息技术（上海）有限公司与上海逸橙信息科技有限公司其他不正当竞争纠纷案，上海知识产权法院（2019）沪 73 民终 263 号民事判决书］。

Ⅲ 对本案的思考和检讨

作为企业数据纠纷的早期案例，本判决通过《反不正当竞争法》的一般条款从行为规制的角度为企业数据提供了保护，为企业在数据收集方面的投资提供了制度激励，此点值得充分肯定。但另一方面,本案在法律适用方面也存在需要进一步思考或者检讨之处。

1. 企业数据类纠纷民事责任规范基础的再思考

本纠纷中被告在数据抓取的过程中,使用了伪造 device_id 绕过服务器的身份校验,伪造 UA 及 IP 绕过服务器的访问频率限制等规避或突破计算机系统保护措施的手段获取数据,构成故意破坏或绕开计算机技术保护措施的行为。从民事责任的视角观察,除了《著作权法》对绕开、破坏旨在保护作品、表演和录像制品的技术措施认定为侵权行为外,尚没有其他法律直接规定此种行为构成侵权。修改后的《反不正当竞争法》也仅在互联网专条的兜底条款中笼统规定"妨碍、破坏经营者合法提供的网络产品或者服务正常运行"构成不正当竞争行为,该条款是否就第三人破坏数据保护的技术措施规定了民事责任,尚存在争议。可以说,我国民事法律在一般性技术措施保护的规定上存在立法空白。这也解释了为什么本案中法院不去讨论被告对技术措施破坏的问题,而是转向《反不正当竞争法》一般条款,从数据集合的实质价值被盗用的角度入手来主张相应的民事责任。

其实,从法教义学的角度来看,本案中原告向被告主张民事救济其实有更优的请求权基础。有关本案所涉纠纷,南山区人民法院在另外的刑事判决中认定元光公司作为单位犯构成非法获取计算机信息系统罪,对相关人员也进行了追责。在这样的情况下,原告其实可以通过侵权法一般条款(《民法典》第 1165 条)来主张民事救济。虽然我国侵权立法中并没有明文规定类似《德国民法典》第 823 条第 2 款违反保护他人法律的侵权责任,但通说均认可我国侵权法一般条款所保护的民事权益包括了保护他人法律反射形成的权益。换句话说,如果一项行为违反保护他人的公法规定或者刑事法律,那么自然也构成民事上的侵权行为。非法获取计算机信息系统罪直接涉及对计算机主体法益的保护,属于保护他人的法律,因此本文认为通过该条刑法规范与侵权法一般条款的联用,可以填补我国民事立法在一般性技术措施保护规定上的缺位。

2. 单一来源数据保护规则特殊化问题

在适用《反不正当竞争法》一般条款处理企业数据纠纷时,不仅需要考虑对数据收集者投资利益的保护,也要考虑社会公共利益,比如建立良好运作和竞争性的市场、促进数据投资和创新的目标等(Josef Drexl,*Data Access and Control in the Era of Connected Devices*:*Study on Behalfof the European Consumer Organisation* BEUC, Dec. 2018)。因此,涉案数据是否属于单一来源数据需要在法律适用时被纳入考量,而本案判决对此因素关注不足。

所谓单一来源数据,是指其他竞争者无法独立创建、收集或从其他来源获得的数据。因为单一来源数据具有稀缺性,该类数据的收集者可以通过拒绝或者限制数据交易而排除相关市场竞争,因此需要对该类数据集合的保护施加一定的限制。举例来说,如果赛马比赛的组织者就赛程、比赛结果、马匹信息等信息制作了一个数据库,该数据库中的信息因为完全由该组织者掌握,所以构成单一来源数据;如果对该数据库提供完全保护,那么数据库权利人拒绝许可就可能产生对二级市场的限制问题(CJEU,09. 11. 2004,Case C – 203/02, BHB v. William Hill Organization Ltd.)。针对这种情况,欧盟法院的做法是不将其纳入数据库特殊权利的保护范围。其实,早在《欧盟数据保护指令》的制定之初,对此问题就有讨论,该指令

1992 年版草案曾规定对由单一来源数据组成的数据库应以"公平和无歧视"的条款进行强制许可,并规定了仲裁机制。

在本案中,需要关注的是"酷米客"App 所控制的深圳市公交行驶数据是否是单一来源数据。从判决文本来看,我们并不清楚谷米公司与深圳公交公司签订的《GPS 设备安装协议》是否是独家协议。如果说协议约定,只允许谷米公司在公交车上安装 GPS 设备获取公交车行驶数据,那么涉案数据就构成单一来源数据。在该假设情况成立的基础上,本案中谷米公司曾拒绝被告元光公司要求许可数据的请求,因此存在排除市场竞争的隐忧。将单一来源数据这一因素纳入考虑,那么最妥当的纠纷处理方式可能就不再是对谷米公司的企业数据权益提供完全的保护,而在承认其权益的基础上,允许元光公司等其他竞争者在支付合理的许可费后继续使用相关数据,可能是一种对社会整体福利来说更优的选择。

□ 参考文献

崔国斌:《大数据有限排他权的基础理论》,载《法学研究》2019 年第 5 期。

张浩然:《论信息私力控制与法律保护》,法律出版社 2023 年版。

Josef Drexl, *Designing Competitive Markets for Industrial Data – Between Propertisation and Access*, Social Science Electronic Publishing, 2016.

067 数据抓取中的 Open API 授权机制与三重授权原则

北京淘友天下技术有限公司等与北京微梦科创网络技术有限公司不正当竞争纠纷案* ｜ 北京知识产权法院(2016)京73民终588号民事判决书

张文韬 杭州电子科技法学院

■ 事实概要

2013年,北京微梦科创网络技术有限公司(以下简称微梦公司)(被上诉人,某浪微博经营者)与北京淘友天下技术有限公司、北京淘友天下科技有限公司(同为上诉人,脉脉软件及脉脉网站经营者,以下简称淘友公司)通过微博平台 Open API 进行合作[Open API 即开放的应用编程接口(Application Programming Interface,API),是服务型网站常见的一种应用,网站的服务商将自己的网站服务封装成一系列 API 开放出去,供第三方开发者使用,这种行为被称作开放网站的 API,所开放的 API 被称作 Open API]。为通过该平台获得微博用户数据资源,淘友公司签署了微梦公司制定的《开发者协议》,协议中的 Open API 授权机制为:(1)开发者应用或服务需要收集用户数据的,必须事先获得用户的同意……(2)如果微梦公司认为开发者使用用户数据的方式会损害微博平台用户体验,微梦公司有权要求开发者删除相关数据并不得再以该方式使用用户数据;(3)一旦开发者停止使用开放平台或微梦公司基于任何原因对开发者终止在微博开放平台的服务,开发者必须立即删除全部从微博开放平台中获得的数据。

在合作期间,用户可以通过微博账号直接登录脉脉软件,登录时会出现"授权脉脉访问你的微博账号"字样,用户输入微博账号登录脉脉软件后,某浪微博还会提示"将允许脉脉进行以下操作:获得你的个人信息、好友关系"等,用户只有点击"授权"才可以继续操作使用脉脉软件。在双方合作结束后,发生了有关用户数据抓取、使用的纠纷,微梦公司遂诉至法院。

微梦公司主张淘友公司实施了四项不正当竞争行为,其中最为核心的第一项行为即为非法抓取微博用户信息。具体而言,在双方合作期间,淘友公司非法抓取了授权以外的某浪微博用户教育信息、职业信息,并非法使用这些信息;在双方合作结束后,淘友公司不仅

---

* 本案亦可简称为"某浪微博诉脉脉案"。

未及时删除在双方合作期间获取的某浪微博用户信息，还非法抓取并使用某浪微博用户的头像、名称、教育信息、职业信息、标签信息等。

■ 裁判要旨

一审法院判决如下：淘友公司非法抓取某浪微博用户信息的行为构成不正当竞争，应承担停止涉案不正当竞争行为、消除影响以及赔偿损失等责任。二审法院判决如下：维持一审判决。

经营者不当抓取其他经营者平台内的用户数据，可构成非类型化的不正当竞争行为，可按《反不正当竞争法》第 2 条（以下简称反法一般条款）进行处理。该行为之不法性在于对诚实信用原则或商业道德之违背，以及对市场竞争秩序或其他经营者、消费者合法权益之损害。

在本案中，二审法院依据反法一般条款判定淘友公司违反《开发者协议》、未经用户同意且未经微梦公司授权（违反三重授权原则）获取某浪微博用户信息之行为，违背诚实信用原则和商业道德，损害市场竞争秩序及微梦公司之竞争利益，构成不正当竞争。

■ 评　析

Ⅰ 本判决的思路和意义

本判决主要依据反法一般条款作出，该条款规定："经营者在生产经营活动中，应当遵循自愿、平等、公平、诚信的原则，遵守法律和商业道德。本法所称的不正当竞争行为，是指经营者在生产经营活动中，违反本法规定，扰乱市场竞争秩序，损害其他经营者或者消费者的合法权益的行为……"由于内容极为原则化，该条款之适用高度依赖法院在司法实践中的解释。最高人民法院在"山东省食品进出口公司等与青岛圣克达诚贸易有限公司等不正当竞争纠纷再审案"（以下简称海带配额案）[最高人民法院（2009）民申字第 1065 号民事判决书]中首次确立了反法一般条款的地位，并明确了严格的独立适用条件：（1）法律对该种竞争行为未作出特别规定；（2）其他经营者的合法权益确因该竞争行为受到了实际损害；（3）该种竞争行为因违反诚实信用原则和公认的商业道德而具有不正当性。

本案二审法院主张在互联网行业中适用反法一般条款应保持谦抑性，遂在海带配额案的基础上提出了额外的适用条件：（1）该竞争行为所采用的技术手段确实损害了消费者的利益，例如限制消费者的自主选择权、未保障消费者的知情权、损害消费者的隐私权等；（2）该竞争行为破坏了互联网环境中的公开、公平、公正的市场竞争秩序，从而引发恶性竞争，或者说具备这样的可能性；（3）对于互联网中利用新技术手段或新商业模式的竞争行为，应首先推定其具有正当性，不正当性需要提供证据加以证明。

二审法院在确认本案满足以上条件后，判定淘友公司的数据抓取行为构成不正当竞争，理由主要有二：第一，是否取得用户同意以及是否保障用户的自由选择是公认的商业道德。淘友公司作为市场经营主体，应当遵守公认的商业道德，履行《开发者协议》中规定的义务,在通过 Open API 接口获得相关信息时应取得用户的同意。淘友公司的行为,一定程度上破坏了 Open API 合作开发模式,违反了诚实信用原则和公认的商业道德。第二,淘友公司的行为损害了公平的市场竞争秩序和微梦公司的竞争利益。数据规模体现互联网企业竞争力,更多的用户意味着更多的商业机会和经济价值。微梦公司坚持"用户授权" + "某浪授权" + "用户授权"的三重授权原则,目的在于在保护用户隐私的同时维护企业自身的核心竞争优势。淘友公司的行为侵害了微梦公司的商业资源,不正当地获取了竞争优势,这种竞争行为已经超出了法律所保护的正当竞争行为的范围。

据此,二审法院提出了以"用户授权" + "平台授权" + "用户授权"三重授权原则作为 Open API 模式下的行为正当性判断标准。申言之,在 Open API 开发合作模式中,第三方在获取经营者平台内的用户数据之时,需保证:(1)平台方已取得用户同意;(2)第三方已取得平台方同意;(3)第三方已取得用户同意。如此,第三方的数据抓取行为方可视为具有正当性。

尽管三重授权原则源自微博平台中的《开发者协议》,但二审法院将其确认为 Open API 模式下数据抓取行为正当性的一般评价标准,无疑具有重要意义。本案也因此被评为"2016 年度北京市法院知识产权司法保护十大典型案例"。

Ⅱ 数据抓取行为正当性判断的规范及学理

本案的核心问题在于如何在开放平台的 Open API 模式下,适用反法一般条款对第三方抓取经营者平台内用户信息的行为进行评价。所谓一般条款,是相对于具体条款而言的,指的是仅规定不正当竞争行为的概括要件,具体适用条件和法律效果则由法官根据具体情况予以确定的规范[江帆主编:《竞争法》,法律出版社 2019 年版,第 83 页;王先林:《竞争法学》(第 3 版),中国人民大学出版社 2018 年版,第 88 页]。

《反不正当竞争法》一般条款已成为不少国家采用的立法例,但也被部分国家排斥,这主要是其自身的特点和功能所致。一般条款所具有原则性、模糊性以及开放性等特点,与《反垄断法》中的兜底条款有异曲同工之妙,它们在具体条款罗列的违法情形(per se rule)之外发挥功效,可以更有效地应对和规制变幻莫测的市场竞争行为。2022 年最高人民法院《关于适用〈中华人民共和国反不正当竞争法〉若干问题的解释》(以下简称《反不正当竞争法解释》)已明确《反不正当竞争法》具体条款已规定的情形一般条款不适用:"经营者扰乱市场竞争秩序,损害其他经营者或者消费者合法权益,且属于违反反不正当竞争法第二章及专利法、商标法、著作权法等规定之外情形的,人民法院可以适用反不正当竞争法第二条予以认定。"在该司法解释出台之前,海带配额案明确了一般条款不可适用于具体条款已规定的情形,该原则已得到其他法院的遵循。一般条款可视为一份给予司法机关的授权书,使其可依据"诚实信用"原则和"商业道德"判断市场竞争行为的正当性。这使《反不正当竞争法》对市场竞争行为的规制不以法律有具体、明确的条款为限,因此,一般条款主要起到弥补法律漏洞的兜底和补充作用。部分欧盟学者则进一步阐释了一般条款的其他功能,如培育新型权利(See Annette Kur, *What to Protect, and How? Unfair Competition, Intellectual Property, or Protection Sui Generis*, Max Planck Institute for Intellectual Property and Competition Law Research Paper No. 13 - 12)。欧盟大部分国家在其国家的反不正当竞争法中设立一般条款的选择,表明了对以上功能的认可。未在立法中设立一般条款的国家,则主要是担忧其可能降低市场主体的可预期性,从而损害自由竞争的市场秩序。一般条款能否对市场秩序起到正面的积极效果,关键仍在于法院对其适用是否足够合理、审慎。

各国反不正当竞争法一般条款的具体表述虽然形式各异,但其最核心的内容是诚实信用等商业道德。但道德判断本质上是一种价值判断,存在极大不确定性。近年来,我国实务界与理论界对其解释表现出了明显的实用主义倾向,不当地扩大了《反不正当竞争法》的适用范围(焦海涛:《不正当竞争行为认定中的实用主义批判》,载《中国法学》2017 年第 1 期)。为此,《反不正当竞争法解释》对"商业道德"的界定进行了细化:(1)特定商业领域普遍遵循和认可的行为规范,人民法院可以认定为反法一般条款规定的"商业道德";(2)人民法院应当结合案件具体情况,综合考虑行业规则或者商业惯例,经营者的主观状态,交易相对人的选择意愿,对消费者权益、市场竞争秩序、社会公共利益的影响等因素,依法判断经营者是否违反商业道德;(3)人民法院认定经营者是否违反商业道德时,可以参考行业主管部门、行业协会或者自律组织制定的从业规范、技术规范、自律公约等。

本案中,二审法院设立三重授权原则之目的便在于界定 Open API 模式下的商业道德,以准确评价数据抓取行为之正当性。该原则的提出亦引起一定争议。有支持者认为,数据抓取行为必须获得"针对数据共享特别授权",且信息主体的授权应是明确而非概括的(王利明:《数据共享与个人信息保护》,载《现代法学》2019 年第 1 期)。也有支持者认为,"针对个人信息保护,以及针对平台企业的数据信息权利的保护思路,比较好地平衡了各方主体的利益,对于我国未来个人信息保护以及数据信息产业的健康发展具有指导意义"(薛军:《大数据时代数据信息权益的法律保护》,载《中国知识产权报》2017 年 4 月 19 日,第 8 版)。同时,反对者则认为该原则"导致企业运营成本和社会成本的增加""混淆了单独的个人信息与作为商业资源的个人信息的区别""既不利于技术创新,也存在伪隐私保护的嫌疑"。

尽管学界对于三重授权原则态度不一,但普遍肯定了以消费者权益作为一般条款适用时商业道德的判断基础,这与《反不正当竞争法解释》的精神具有一致性。事实上,仅从数据所有者与数据获取者维度考虑,数据抓取行为正当与否是难以被准确评价的。数据获取者的数据抓取行为的确可能损害平台方之利益,平台方拒绝抓取的行为同样也可能构成反垄断法中的滥用市场支配地位之行为,二者皆有损害市场秩序之虞。唯有引入信息主体与消费者权益等其他合理因素的考量,方能使一般条款中商业道德的标准进一步明确化、合理化。

鉴于此,对于 Open API 模式中经营者抓取用户数据的行为,三重授权原则中的两重用户授权应是具有合理性和必要性的。开放平台中的数据获取者,往往可被界定为《个人信息保护法》中的信息处理者,其在抓取个人数据之时理应遵循"公开、透明原则,公开个人信息处理规则,明示处理的目的、方式和范围"(《个人信息保护法》第 7 条),除涉及公共利益等特殊情况外必须"取得个人的同意"(《个人信息保护法》第 13 条)。未经用户、个人或消费者同意的个人数据抓取行为，不仅违背商业道德，而且也违背了《个人信息保护法》的基本要求，具有不正当性。

值得注意的是，三重授权原则中的平台方授权未必恰当。一方面，需考虑相关经营者之间是否存在类似于本案《开发者协议》的合同约束，并以此作为平台方请求权基础。由于缺乏立法的明确授权，平台方对数据的投资并未使其享有数据上的专有权。若无合同之约束，则平台方对于数据获取者行为的限制缺乏法律上之依据。抓取数据的行为仍应以自由为原则，限制为例外，唯有在相关经营者之间存在合同约束时，数据获取者方才需获得平台方之授权。另一方面，《个人信息保护法》为个人用户设定了数据可携带权（或称个人信息可携带权），“个人请求将个人信息转移至其指定的个人信息处理者……个人信息处理者应当提供转移的途径”（《个人信息保护法》第45条）。个人用户转移其个人信息之权利受法律保护，限制其转移的合同条款可因违背法律规定而无效。在经营者之间或经营者与用户之间的合同中，若存在相关条款明确要求个人信息之转移需要获得平台方之许可，则即使用户已授权数据获取者抓取其数据，也构成违约。该条款实质上不当限制了个人用户数据转移自由，违背了《个人信息保护法》，应属无效。由此，即使存在类似于本案《开发者协议》的合同约束，相关条款亦应被认定为无效。此时，平台方已丧失限制数据获取者行为的法律依据。

另外，从用户、消费者权益角度考虑，不当限制个人数据转移的平台方授权条款在违法的同时当然违背了公认的商业道德。违背商业道德的平台方授权条款，显然不应继续作为反法一般条款中商业道德的判断依据，否则便形成了“商业道德悖论”。因此，总体而言，三重授权原则中的平台方授权缺乏充分合理性。

Ⅲ 既往司法实践状况

在本案审理之前，已有法院在海带配额案所确立的规则基础上，探索了互联网环境下的反法一般条款的适用原则。在“奇虎与腾讯不正当竞争纠纷案”[最高人民法院(2013)民三终字第5号民事判决书]中，法院明确承认了互联网企业的“正当商业模式”属于一般条款所保护的经营者合法权益。在“北京奇虎科技有限公司与北京百度网讯科技有限公司等不正当竞争纠纷案”[北京市第一中级人民法院(2014)一中民(知)终字第08599号民事判决书]中，法院提出了“非公益必要不干涉原则”，强调互联网产品或服务之间若非为了公共利益，不得相互干扰。以上判例所确立的原则基本得到了本案法院的遵循。

在与本案类似的北京百度网讯科技有限公司与上海汉涛信息有限公司其他不正当竞争纠纷案[上海知识产权法院(2016)沪73民终242号民事判决书]中，北京百度网讯科技有限公司（以下简称百度公司）通过搜索技术获取了大众点评网的用户评价信息并将其大量使用于其软件中。法院指出，百度公司商业模式的创新（将评价信息与地图软件相结合）在一定程度上提升了消费者的用户体验，丰富了消费者的选择，具有积极的效果。但是，百度公司在使用来自大众点评网的评论信息时，理想状态下应当遵循“最少、必要”的原则。百度公司的大量全文展示行为已超过必要限度，已经实质替代了大众点评网的相关服务，其欲实现的积极效果与给大众点评网所造成的损失并不符合利益平衡的原则，从而构成不正当竞争。该案法院以利益平衡作为商业道德的评价基础，同样考虑了消费者利益与公共利益的平衡。百度公司获取数据的行为本身并未被判定为非法，只是其对数据过度使用，替代了大众点评网的服务，对后者造成了不合理的损害，违背了利益平衡原则，因而不符合商业道德的要求。

本案所确立的三重授权原则一定程度上夯实了互联网环境下不正当竞争案件的商业道德判断基础，并在之后的判例中得到许多法院的遵循。例如，在深圳市腾讯计算机系统有限公司、腾讯科技(深圳)有限公司商业贿赂不正当竞争纠纷案[天津市滨海新区人民法院(2019)津0116民初2091号民事裁定书]中，法院认为抖音公司未经用户明确授权，且违反平台管理规则，从微信、QQ 开放平台上获取用户信息的行为违背了商业道德，构成不正当竞争。但对于数据获取行为的评价并未成为该案焦点，因为三重授权原则“已成为开放平台领域网络经营者应当遵守的商业道德”。

Ⅳ 本判决的参考意义及将来的课题

本判决所确立的三重授权原则值得推崇之处在于，其将信息主体与消费者权益作为反法一般条款商业道德判断的核心要素。这与《2022 年司法解释》以及《个人信息保护法》的要求与精神相符，其在强化互联网环境下的信息主体与消费者权益保护的同时，保证了反法一般条款适用的合理性。三重授权原则值得商榷之处，则在于其将平台方授权作为数据抓取的必要条件。这一授权不仅存在不当限制个人用户转移个人数据之自由、违背《个人信息保护法》规定的情况，而且也令三重授权原则陷入“商业道德悖论”，削弱了反法一般条款适用的合理性。因此，三重授权原则并非如部分法院所言，已成为无可置疑的商业道德评判标准，或许将其调整为两重授权原则——数据抓取行为仅需获得用户的两次授权便不构成不正当竞争——是更为合理的选择。

需要注意的是，三重授权原则的提出虽有重要意义，但其在未来案件中的应用范围和功能仍是有限的。首先，在案件类型上，三重授权原则应主要适用于涉及用户个人信息与开放平台，且在经营者之间存在类似于《开发者协议》的合同约束的情形，若案件未兼备以上各个要素，则应适当调整或放弃三重授权原则的应用。其次，三重授权原则之功能主要在于证明相关行为是否违反商业道德，而反法一般条款的适用所需考量之因素应远不止于此。商业道德外的其他因素，如竞争关系和竞争损害的厘清同样具有重要意义(蔡川子:《数据抓取行为的竞争法规制》，载《比较法研究》2021 年第 4 期)。

本案法院裁判认定存在竞争关系和竞争损害的理由无疑是过于薄弱的。例如，在微梦公司未就“用户流失、活跃度下降、损害声誉、影响运营收入”等损失提交任何证据的情况下，法院并未展开论述，便径直认定:“诚实遵守《开发者协议》的其他经营者及作为数据开放平台的微梦公司的合法权益确因该竞争行为而受到了实际损害。”实际上，数据作为公共产品，具有非竞争性的特征，一个使用者对它的使用并不会使其他使用者得到的供应减少。易言之，数据抓取行为本身其实并不直接损害平台方的利益，真正对其造成损害的可能是后续的替代性服务的供给。鉴于本判决仍存在部分值得商榷之处,反法一般条款在未来的良好适用仍任重而道远。

□ 参考文献

江帆主编:《竞争法》,法律出版社 2019 年版。

王先林:《竞争法学》(第 3 版),中国人民大学出版社 2018 年版。

邵建东:《德国反不正当竞争法研究》,中国人民大学出版社 2001 年版。

张占江:《不正当竞争行为的认定的逻辑与标准》,载《电子知识产权》2013 年第 11 期。

焦海涛:《不正当竞争行为认定中的实用主义批判》,载《中国法学》2017 年第 1 期。

王利明:《数据共享与个人信息保护》,载《现代法学》2019 年第 1 期。

薛军:《大数据时代数据信息权益的法律保护》,载《中国知识产权报》2017 年 4 月 19 日,第 8 版。

Annette Kur, *What to Protect, and How? Unfair Competition, Intellectual Property, or Protection Sui Generis*, Max Planck Institute for Intellectual Property and Competition Law Research Paper No. 13.

068 用户生成内容中个人信息权益与企业数据利益的博弈

北京微梦科创网络技术有限公司与北京字节跳动科技有限公司数据抓取案 | 北京市高级人民法院(2021)京民终281号民事判决书

刘晓春　孔　祥　中国社会科学院大学法学院

■ 事实概要

北京微梦科创网络技术有限公司(以下简称微梦公司)运营的某浪微博是拥有大量稳定用户的社交网络平台,其作为用户发布内容的集合和载体,通过"免费服务+广告/增值业务"的模式获取交易机会和竞争优势。北京字节跳动科技有限公司(以下简称字节公司)是今日头条的运营者,其推出了开放的内容创作与分发平台"头条号",业务领域与微梦公司有所重合。自2016年10月起,字节公司利用用户手动发布、技术手段抓取或由其员工以人工复制方式获取源自某浪微博125个某浪微博账号以及对应的126个今日头条账号的6181条内容,并发布于今日头条中进行传播,其中部分内容获得了涉案用户的授权。2016年11月16日,微梦公司曾向字节公司寄送侵权告知函,字节公司收到但认为其获得了用户授权,故不存在侵权行为,之后继续进行相关内容的使用行为。

■ 裁判要旨

用户通过平台发布的内容,是在平台投入经营资源与服务之后最终形成的后果。其满足了社会公众的相关需求,增加了消费者的福利,本质上是一种竞争性权益,虽然不属于知识产权,但是应当属于《反不正当竞争法》第2条所保护的合法权益。同时,今日头条与某浪微博虽然在运营模式上有一定差别,但对于用户发布的内容及其所涉及的用户、流量等市场资源和商业利益而言,双方无疑具有明显且直接的竞争关系,字节公司的移植行为使今日头条在涉案范围内足以产生对某浪微博的实质性替代效果。

对于用户在微博平台发布内容的可处分范围,应当限于其自身所享有的权利范围。用户在微博平台上发布的内容,在经过某浪微博的收集、存储、编排、管理、传播以及为用户生成内容提供帮助和服务等行为后已经形成和添附了其他内容,无法仅被用户对个人信息的权利范围所涵盖。字节公司对用户发布内容的移植行为在获取用户同意或授权的前提下还应当获取某浪微博的许可或授权。

■ 评　析

Ⅰ 本判决的思路和意义

本案的核心争议：经营者对于微博平台上的用户生成内容（User-Generated Content，UGC）数据是否享有竞争性权益，以及字节公司在用户同意的情况下对该数据的抓取与转移发布是否构成不正当竞争行为。

法院认为，微博平台上的UGC数据，为其带来了巨大的商业利益，帮助其建立了市场竞争优势，并且满足了社会公众的相关需求，增加了消费者权益，显然属于一种竞争性权益。对于微博平台上UGC数据的抓取与转移发布行为是否构成不正当竞争，法院认为，字节公司移植用户通过平台生成内容的行为使今日头条产生了对某浪微博的实质替代效果。但该行为是否具有不正当性需要从多方面进行评析，包括是否获得合法授权、对双方利益的影响、对用户利益的影响以及对市场竞争秩序和消费者利益的影响等。

法院认为，第一，移植行为应当获得原平台及用户的授权，用户授权不应侵害他人合法权益，用户仅可对其自己生成的文字、图片等内容授权其他平台使用，但在未经原平台许可的情况下，该授权范围不应涵盖原平台所享有的相应合法权益，字节公司对某浪微博内容的移植行为，已明显超过了授权用户自身生成并享有的文字、图片范围，而是扩大到了微梦公司运营某浪微博时对用户生成内容进行收集、存储、编排、管理、传播以及为用户生成内容提供帮助和服务的过程中形成和添附的其他内容。第二，字节公司的移植行为并非通过提升自身产品、服务水平等方式获得竞争优势，其行为"损人利己"，无法实现市场竞争主体的利益平衡，不符商业道德，也无法被相关行业接受。第三，用户可以随时将在微博发布的内容自行发布在今日头条上，限制字节公司的移植行为并不会影响用户的合法权益。第四，字节公司的移植行为从长久来看将严重扰乱竞争秩序，损害消费者的长久利益。综合各点来看，字节公司的移植行为既缺乏合法授权，又不当损害了微梦公司的合法权益，扰乱了竞争秩序，对社会整体福利无增益且损害了消费者的长远利益，构成不正当竞争行为。

本案作为平衡用户个人信息权益与平台商业利益的典型案例，对于确定平台经用户同意后的数据抓取边界、构建用户个人信息权益与平台利益分配规则，提出了明确的问题和分析的事实基础，判决的思路和结论都具有一定参考意义，也为后续的理论探讨和实践探索提供了重要的基础。同时本案判决书对个人数据可携带权的讨论在《个人信息保护法》（2021年8月20日）出台之前，对于该法第45条数据可携带权的具体行使方式也具有一定的启发意义。值得指出的是，截至2023年年底，该案还在上诉过程中，一审判决并未生效。

Ⅱ 对企业UGC数据保护的规范及学理

本案主要涉及平台对其他平台公开的UGC数据抓取行为是否构成不正当竞争，而其中核心则是UGC数据的数据权属问题。平台公开的UGC数据同时具备两种属性：一方面，数据的产生来源于用户的行为，亦可能包含个人信息，个人对其应享有合法权益；另一方面，平台企业作为UGC数据产生的"场所"，对于信息的产生、展示、加工都存在相应的投入，按照数据权属的过往司法实践来看，平台应可拥有合法权益。因此，问题的焦点在于，在同时具备用户权益和平台权益的 UGC 数据之上,这两种权益是否存在优先顺序。如果用户权益优先,则在取得用户授权的情况下,被告的抓取行为不当性程度大大降低,若认定平台权益优先于用户权益,或者两种权益具有同等保护价值,则在未获得平台授权情况下的抓取 UGC 数据行为很可能被认定为具有不当性。

第一个问题是对平台 UGC 数据权益的保护方式。从法律规范来说,并没有具体法律条文确定平台 UGC 数据的性质,也没有类型化权利对平台在 UGC 数据上享有的权益进行保护。有学者认为,对于平台 UGC 数据的保护可以从权利法和行为法两个途径加以保护(崔国斌:《大数据有限排他权的基础理论》,载《法学研究》2019 年第 5 期;芮文彪、李国泉、杨馥宇:《数据信息的知识产权保护模式探析》,载《电子知识产权》2015 年第 4 期),在权利法途径中可以通过在知识产权法中规定数据库客体或单独设定一种有限排他权进行保护(崔国斌:《大数据有限排他权的基础理论》,载《法学研究》2019 年第 5 期),在行为法途径中则主要通过《反不正当竞争法》进行保护,包括反不正当竞争一般条款(《反不正当竞争法》第 2 条),未完全公开的 UGC 数据也可以被认定为商业秘密从而依据商业秘密条款(《反不正当竞争法》第 9 条)进行保护,在特定场景下,也可以依照《反不正当竞争法》的互联网专条(《反不正当竞争法》第 12 条)进行保护。

同时也有观点认为,UGC 数据可以构成企业的营业财产,除了可以通过《反不正当竞争法》保护之外,还可以通过《侵权责任法》加以保护。但是司法实践中,包括本案在内,如北京淘友天下技术有限公司等与北京微梦创科网络技术有限公司不正当竞争纠纷案[北京知识产权法院(2016)京 73 民终 588 号民事判决书]、北京百度网讯科技有限公司与上海汉涛信息咨询有限公司其他不正当纠纷案[上海知识产权法院(2016)沪 73 民终 242 号民事判决书]等实践案例对于平台 UGC 数据的保护往往都通过《反不正当竞争法》一般条款进行保护。一方面,著作权法等知识产权法下的法定权利,难以直接保护企业数据权益,而《反不正当竞争法》商业秘密条款与互联网专条的局限性使其在实际中的适用范围较为狭窄;另一方面,《反不正当竞争法》一般条款具有自由度,能为发展中的商业模式提供过渡性、实验性保护,可以根据个案情况不断迭代,发展出新的适用原则以适应新情况[仲春、王政宇:《数据不正当竞争纠纷的司法实践与反思》,载《北京航空航天大学学报(社会科学版)》2022 年第 1 期]。一般条款成为目前我国司法实践中保护企业数据权益的主流模式,而其灵活性的另一面则是确定性不足,并且通常只能提供一种事后的、局限于个案的保护,而缺乏可预期的、具备清晰构成要件的财产性保护和事先保护模式。

此前,有关数据抓取引发权属争议的司法实践,呈现几个方面的特征:第一,无论涉及抓取个人信息(北京淘友天下技术有限公司等与北京微梦科创网络技术有限公司不正当竞争纠纷案),还是用户生成内容(北京百度网讯科技有限公司与上海汉涛信息咨询有限公司其他不正当纠纷案),数据抓取被认定为不正当竞争行为的,典型的场景是没有获取用户的授权,因此,法官不需要考虑用户意志在行为正当性评价中的角色。第二,法官在认定数据抓取构成不正当竞争行为时,都会着重考虑是否会剥夺被抓取方的不正当竞争优势,在判决中,这样的考虑通过不同的措辞表达出来,如“核心竞争优势”“商业资源”“合法权益”“超出必要限度”“实质替代”“搭便车”“不劳而获”。究其理论基础,实际上都是担心抓取行为引起的数据转移,会导致被抓取方获得的对于数据资产投入的激励不足,抓取方的“搭便车”行为可能导致市场失灵。此外,我们也可以看到,法律实践中对于针对公开和非公开数据的抓取行为存在不同的处理模式,对于非公开数据,如果需要破解技术措施,则行为构成不正当的可能性就会明显增强。

无论具体情境有何不同,各方达成共识的一点是,对于数据的权益,尚不能构成法律上确定的“权利”,这意味着,数据权益并不是事先设定的,亦不具有确定构成要件和权利内容,而需要在具体案件中对于行为和情况进行事后考察,结合各种利益衡量的因素,由法官根据原则条款中的“商业道德”“公平诚信”等,来对行为的正当性作出判断。本质上,《反不正当竞争法》的原则条款,提供的是行为正当性评价的依据,而非创设一般性权利的依据。尽管客观上,有些判决结果有可能在具体案件中确认了当事人的特定“合法权益”,但是,在规则运用过程中,理解《反不正当竞争法》原则条款的属性和边界,是十分有必要的。

在考虑个案的事实约束的前提下,对北京淘友天下技术有限公司等与北京微梦科创网络技术有限公司不正当竞争纠纷案判决提出的“三重授权原则”进行分析,是更加符合《反不正当竞争法》本意的做法。首先,该原则处理的是针对用户信息通过 Open API 模式进行数据交换的情形,其中同时涉及公开和非公开的数据,法院坚持的“用户授权”+“平台授权”+“用户授权”三重授权原则,有其特定场景的事实约束,不见得能够推广到所有数据交换场景,特别是公开数据抓取场景。其次,该案中认定不正当行为的一个重要的考虑因素,是被告未能获得用户授权,因此在认定过程中不需要考虑用户意志的权重,不正当性的证成相对容易。最后,法院同样也考虑到此种行为对于原告利益的影响程度,认为非公开的用户信息构成原告的“核心竞争优势”,背后同样是考虑了市场失灵和激励原理。因此,结论同样不应轻易扩展到不构成经营者核心竞争优势的数据,尤其是,对于数据使用的程度和规模不足以抑制投入激励的情形。

第二个问题是平台 UGC 数据权属中的利益冲突和顺位判断。如前所述,本案涉及的 UGC 数据涉及用户权益和平台权益的并存和冲突问题,并据此判断抓取数据行为的正当性。在公开的用户生成内容被抓取的场景下,对于抓取行为的法律边界,要从抓取对象和方式两个角度来考察,并进而从行为效果来综合判断其正当性。

在考察抓取对象的时候,需要对用户生成内容所涉的权益归属进行场景化的分析。通常来说,典型的用户生成内容,如消费评价、自媒体发布内容,主要涉及用户和平台两方主体的权益关系。根据篇幅、传递信息类型和表达形式的不同,有一些内容更容易满足独创性的要求从而构成作品,被纳入著作权法保护的范畴,如博客文章、具有较为完整表达形态的微博文字、图片、微信朋友圈等。针对商品和服务的消费评价可能更多传达相对客观的信息,或者囿于篇幅无法构成作品。在存在著作权的情形下,作者拥有的是边界相对清楚的法定权利,而即使无法构成作品,用户作为内容的直接生产者,如果这些内容上产生法律认可的利益,用户无疑也应当获得相应的控制能力和话语权。

对于平台来说,它们对于数据可以主张的权益,通常基于其资本和经营投入,以及据此所产生的竞争优势。如前所述,与法定权利相比,“投入”和“竞争优势”这些概念都是高度不确定的,是否受到法律的保护并非如权利一样是先定的,而是要看,其优势被谁、出于何种原因、以何种方式削弱。竞争者之间的正当竞争，恰恰是以相互削弱竞争优势的结果体现出来，这也是竞争法想要努力保护的目标。

以用户生成内容存在著作权的情形为例，假设用户利益和平台利益产生了冲突，用户授权第三方对其已公开的作品数据进行抓取，平台是否可以阻止这种抓取行为？这就涉及对于这些作品数据的法律属性和权属界分问题。从《著作权法》的体系看，作品在传播过程中，有可能对作者的著作权形成控制的经营者权利，被法律固化为法定的邻接权，典型的如音像制品制作者权利、广播组织权，在法律赋权的前提下，这些传播者可以基于其资本投入获取激励，从而对于作品的传播产生对抗作者权利的控制能力。因此，类比来看，如果仅仅因为平台有投入，就给予平台数据之上的排他权益，就相当于在《著作权法》所设邻接权体系之外，创设了一种新型邻接权，来对抗作者对于作品的控制，这显然是不符合《反不正当竞争法》立法本意的。

从数据抓取的方式来看，也要避免路径依赖，落入针对不同事实的分析思路。从法律上评价数据抓取行为，不应当仅限于技术上的比较，而应当将完成抓取的整体过程进行综合考察。对于已经获取用户授权的数据抓取行为，尽管技术上有可能与此前案例类似，但是法律上的评价有可能迥然不同。在北京百度网讯科技有限公司与上海汉涛信息咨询有限公司其他不正当纠纷案和北京淘友天下技术有限公司等与北京微梦科创网络技术有限公司不正当竞争纠纷案中，未经任何利益主体认可的数据抓取行为：一方面，的确容易招致"不劳而获"的指控；另一方面，由于其没有获取授权的成本，因此更容易无限拓展从而更容易实现"实质替代"。但是，在获取用户授权之后的数据抓取，在法律上的属性很可能是相反的：首先，数据抓取是协助用户实现对自己智力成果支配（搬运）的一个辅助性技术过程，用户的这一诉求本身合理合法；其次，获取数据的前提是取得用户授权，正是由于这一实质性投入，故难言抓取者属于"不劳而获"的投机者；最后，需要获得用户授权的数据抓取行为也不具有任意扩张性，在效果上，实现"实质性替代"的可能性也大打折扣。

最后一个同样值得探讨的问题是，本案的核心问题与数据可携带权联系较为紧密，如果认为 UGC 数据可以被判定为在用户数据可携带权的对象范围之内，也就确定了对于 UGC 数据的数据权属应当划归给用户。用户在平台发布的数据是否可以作为数据可携带权的对象？从脸书发起的可携带数据类型看，其包括了用户分享的帖子、上传的照片与视频、对自己及他人帖子的评论等，从类型上看与微博用户创作内容大致近似，可作为参考［仲春、王政宇：《数据不正当竞争纠纷的司法实践与反思》，载《北京航空航天大学学报（社会科学版）》2022 年第 1 期］。从文义解释来看，依据《个人信息保护法》对个人信息的定义（《个人信息保护法》第 4 条第 1 款），用户作为已被识别的个体，其在网络平台上的创作内容，应可属于与已识别或可识别的自然人有关的个人信息，包含在个人信息的范围之内。特定场景之下或许存在例外的情形，但并不排除默认规则在一般意义上的可行性。

Ⅲ 本判决的参考意义及将来的课题

首先，在本判决中，海淀区人民法院明确了对 UGC 数据的处分超出了用户个人的权利范围，仅依据用户个人的同意及授权不足以对外授权处分 UGC 数据，其他平台对 UGC 数据的抓取必须同时取得用户个人及原平台的同意,由此确定了平台数据抓取的边界以及在 UGC 数据上平台与个人的权益分配。但是还可以进一步加以讨论的是,平台在多大程度上对用户发布的内容进行了类似于“添附”的投入,是否有可能以及如何对该种“添附”进行剥离,在判决书中,海淀区人民法院提及用户可以自行将创作内容复制发布于其他平台,但该种复制与其他平台自行抓取的复制在复制内容上究竟有何种区别,也有必要继续加以探讨。

其次,在本案判决宣告之时,《个人信息保护法》尚未出台,数据可携带权未被立法所确认,但海淀区人民法院在判决中认为即使数据可携带权被立法所确立,该可携带权所对应的数据类型和保护的法益与本案所涉及的内容也不具有可比性,对于可携带权对应数据类型和保护的法益与本案数据类型与保护利益具体有何差异并未加以论述,未来可以进一步加以讨论。从现有立法来看,平台 UGC 数据为已识别或可识别的用户个体在进行网络活动中所产生的个人信息,应当被包含在数据可携带权所对应的个人信息范围之内,存在较大的适用空间。

另外,海淀区人民法院认为,数据可携带权的实现是以数据主体即用户的请求为前提,相应数据控制者依用户的请求协助传输,而数据的接受者亦是依用户的请求决定是否接受,并不存在类似本案中主动移植的情况,然而如果在实体权利合法的情况下,用户主动请求还是授权数据接受者进行个人信息副本的移植,是否具有足以影响移植行为正当性的差异也是可以进一步讨论的课题,例如在“湖南蚁坊软件股份有限公司诉北京微梦创科网络技术有限公司不正当竞争纠纷案”[北京知识产权法院(2019)京 73 民终 3789 号民事判决书]中,一审法院认为就公开数据而言,无论是通过网络爬虫等技术或是人工方式进行访问获取,其行为本质均是相同的。

总结来看,本案的一审判决针对 UGC 数据中的权益冲突给出了较为清晰的立场,发展了《反不正当竞争法》第 2 条的新型适用场景,提供了理论和实践探索的新空间。但是,与其说该判决结束了相关核心命题的讨论,不如说开启了更多讨论的可能性,UGC 数据上并存多主体、多属性权益,并非孤例,而是数据这一综合性权益的常态模式,对于不同权益之间的清晰界分、属性分析和顺位排序,需要充分衡量不同主体和权益背后的价值考量,并由此作出行为正当性的价值判断,实质上是一个“造法”的过程,并且很可能为日后的理论和实践探索奠定基础,因此,值得投入更加谨慎和深入地讨论和考量。

□ 参考文献

崔国斌:《大数据有限排他权的基础理论》,载《法学研究》2019 年第 5 期。

芮文彪、李国泉、杨馥宇:《数据信息的知识产权保护模式探析》,载《电子知识产权》2015 年第 4 期。

仲春、王政宇:《竞争法视野下的数据携带权及践行构思》,载《电子知识产权》2021 年第 5 期。

仲春、王政宇:《数据不正当竞争纠纷的司法实践与反思》,载《北京航空航天大学学报(社会科学版)》2022 年第 1 期。

周学峰:《网络平台对用户生成数据的权益性质》,载《北京航空航天大学学报(社会科学版)》2021 年第 4 期。

丁晓东:《论数据携带权的属性、影响与中国应用》,载《法商研究》2020 年第 1 期。

069 数据抓取不正当竞争的认定

北京智联三珂人才服务有限公司、北京网聘咨询有限公司与上海逸橙信息科技有限公司不正当竞争纠纷案 | 上海市杨浦区人民法院(2019)沪0110民初16688号民事判决书

卢纯昕 广东外语外贸大学法学院

■ 事实概要

原告北京智联三珂人才服务有限公司(以下简称智联公司)、北京网聘咨询有限公司(以下简称网聘公司)与被告上海逸橙信息科技有限公司(以下简称逸橙公司)均开展利用网络提供人才招聘信息的营业项目,其中两原告共同经营“智联招聘”网站。逸橙公司网站提供“关联外网账号”服务,即逸橙公司企业用户可选择自行输入其在原告网站的用户名、密码,将原告网站企业用户的账户内简历信息同步至被告网站该企业用户账户,逸橙公司还通过技术手段抓取原告企业用户在原告网站处刊登的职位信息,并刊登在被告网站上;另外,网聘公司上海分公司与逸橙公司曾签订《服务条款》《服务合同》,约定网聘公司上海分公司在其网站为逸橙公司提供发布招聘信息、下载简历等服务,逸橙公司不得将从网聘公司上海分公司所购买服务产品用于任何除自身招聘以外的其他目的,或泄露给任何第三方,而原告通过将一份简历投递到逸橙公司在原告网站发布的职位、其后可以在逸橙公司网站付费获取该简历的方式证明逸橙公司违反该约定。两原告主张逸橙公司的上述行为构成不正当竞争,起诉请求法院判令被告停止不正当竞争、消除影响、赔偿经济损失等。

■ 裁判要旨

法院判决驳回原告智联公司、网聘公司的诉讼请求。

逸橙公司的“关联外网账号”服务实际上是一项关联同步的技术服务,选择关联账户、将原告网站企业用户的账户内简历信息同步至被告网站该企业用户账户均是企业用户自己的意愿,亦由用户自己使用该技术实现,该功能本质上是一项技术不具有不正当性。被告依托该功能向用户提供的简历集中化管理服务,可能导致原告企业用户因不需要频繁登录原告网站查看简历从而带来网站访问量降低、广告展示机会减少等不利影响,但一方面企业用户如需购买简历、发布职位信息等仍需登录原告网站完成,该功能给原告流量造成的损失有限;另一方面这一服务内容本身可以给用户带来便利,实际对消费者而言有一定的增益,在原告未进一步举证证明该功能具有其他不正当性的情况下,即便可能产生一定

的流量损失，也尚未达到需要通过《反不正当竞争法》进行救济的程度。关于逸橙公司通过技术手段抓取原告企业用户在原告网站处刊登的职位信息，并刊登在被告网站上的行为，因被告网站内来自原告网站的职位信息会明确标注来源为智联招聘，相应的页面亦带有原告网站的明显标志，用户投递简历至此类职位时会跳转至原告网站相关职位的页面，用户均可以感知到区别，虽然原告因被告的该行为确实会产生一定的流量损失，但因用户投递简历的行为最终仍然必须进入原告网站完成，该行为给原告流量造成的损失有限，且该项服务内容本身可以给用户带来一定的便利，亦不能排除部分被告网站用户转而使用原告网站服务的可能性，即便原告因被诉行为产生一定的流量损失，也尚未达到需要通过《反不正当竞争法》加以救济的程度。至于原告提出的对被告通过在原告网站发布职位需求、吸引原告网站个人用户向其投递含有个人信息的简历，并将该等个人简历作为被告网站简历资源对外有偿许可使用的行为依据《反不正当竞争法》第 2 条认定为不正当竞争行为予以规制的主张，因该条法律规定的适用应当有严格的限制条件，在相关行为难以由《反不正当竞争法》规定的具体行为规制条款及其他法律规定加以保护，相关被诉行为又存在严重违反诚信原则、公认的商业道德，具有以该条规定加以规制的必要性的情况下，才考虑适用该条款，故虽然被告的案涉行为违反双方的合同约定，具有不当性，但考虑到被告通过该方式获取简历的数量有限，被告的该项行为不足以导致原告和被告的市场地位及原告的用户粘性发生变化，加之原告根据合同法足以寻求到充分的救济，现原告寻求以《反不正当竞争法》第 2 条的规定对其加以保护，并无必要性。

■ 评　析

Ⅰ 既往司法实践状况

数据作为与土地、劳动、知识并行的新型生产要素，其价值和重要性日益凸显。在司法实践中，数据抓取引发的纠纷频频发生。我国目前尚未为数据设立专门的财产权，《民法典》第 127 条对数据保护作了开放式的立法规定，数据抓取纠纷主要依赖《反不正当竞争法》在个案中完成行为正当性评价。在《反不正当竞争法》首次大修订前，由于《反不正当竞争法》并未对数据抓取不正当竞争行为作出具体规定，法院主要适用《反不正当竞争法》一般条款（第 2 条）进行规制，如某浪微博诉脉脉案、谷米诉元光案、汉涛诉百度案、淘宝诉美景案。在 2017 年《反不正当竞争法》修订引入互联网专条后，部分数据抓取不正当竞争案件开始适用《反不正当竞争法》互联网专条（第 12 条第 2 款第 4 项），如某浪微博诉鹰击系统案、腾讯诉斯氏案、抖音诉小葫芦案等；部分案件则仍适用《反不正当竞争法》一般条款进行裁判，如同花顺诉灯塔案、抖音诉刷宝案、阿里巴巴诉码注案等；还有部分案件同时适用《反不正当竞争法》一般条款和互联网专条，如腾讯诉聚客通群控系统案、腾讯诉联络易管理系统案等。无论在《反不正当竞争法》框架下采用何种条款进行规制，法院审理数据抓取不正当竞争纠纷的思路通常如下：首先，判定原告是否对涉案数据享有财产性利益，判断依据有所差异，主要从原告数据来源是否合法、原告是否采取保护措施、原告是否实质投入等方面入手;其次,判定被告的数据获取和使用行为是否具有不正当性。对于不正当性的认定,不同裁判的考量因素并不统一,包括从原告合法权益受损、被告的主观恶意、被告不劳而获、被告违反商业道德、消费者权益受损、竞争秩序受损等不同角度加以判断。因为关于数据抓取不正当竞争的司法认定尚未形成实质性判定规则,所以在个案中法院认定构成不正当竞争的裁判理由存在很大差异。从裁判结果看,数据抓取纠纷的处理注重数据经营者数据利益的保护,认定构成不正当竞争的比例高。

Ⅱ 本判决的思路和理据

本案是数据抓取纠纷中为数不多的认定不构成不正当竞争的案例。本案聚焦于如何适用《反不正当竞争法》一般条款判定数据抓取不正当竞争。

本案关注了《反不正当竞争法》一般条款适用的谦抑性。法院指出,《反不正当竞争法》第 2 条规定的适用,应当有严格的限制条件。尽管《反不正当竞争法》在 2017 年修订时对第 2 条进行了微调,但并未明确一般条款的适用条件。最高人民法院在"海带配额案"中对一般条款的适用提出三个条件:"一是法律对该种竞争行为未作出特别规定;二是其他经营者的合法权益确因该竞争行为而受到了实际损害;三是该种竞争行为因确属违反诚实信用原则和公认的商业道德而具有不正当性或者说可责性。"其中,第一个条件属于适用顺序规定,明确了类型化条款优先于一般条款适用。第二个条件和第三个条件属于适用标准,分别侧重竞争效果和行为性质。故市场行为构成不正当竞争需要同时满足两大标准:一是竞争行为对市场竞争秩序造成损害,二是竞争行为具有违反商业道德的性质。基于"商业道德"的抽象性,最高人民法院在新颁布的《关于适用〈中华人民共和国反不正当竞争法〉若干问题的解释》中对"商业道德"进行具体化,在一些新兴的、尚未形成商业道德的市场领域,法院应当结合案件具体情况,综合考虑行业规则或者商业惯例,经营者的主观状态,交易相对人的选择意愿,对消费者权益、市场竞争秩序、社会公共利益的影响等因素加以认定。据此,对于数据抓取行为不正当性的判定,应重点考察被告的行为是否扰乱市场竞争秩序、损害原告或者消费者的合法权益、违反商业道德。市场竞争具有损害中性的竞争特性,仅有经营者利益受损不能当然断定数据利用方的行为构成不正当竞争。本案法院认为原告所主张的被告利用不正当手段获取原告数据并对外许可的行为构成不正当竞争并无依据。法院指出,被告仅提供"关联外网账号"技术,选择关联用户、将原告网站的建立信息进行同步等操作,是依据用户意愿并由用户操作完成的。被告的行为虽给原告带来流量损失等实际损害,但难以实质改变原被告的市场竞争地位,难言对原告存在实质性损害,且未达到扰乱市场竞争秩序的程度,不足以构成不正当竞争。由此可见,法院在该案中重点考察了原告竞争优势的损害以及市场竞争秩序的扭曲。首先,法院采用了目前司法实践中普遍认可的"实质性替代标准",该标准关注数据经营者的产品或服务是否被数据利用者挤出市场,由此给数据经营者带来竞争优势损害。其次,法院考虑了有竞争必有损害的市场竞争"丛林法则",依据"扰乱竞争秩序"这一判定不正当竞争的最抽象价值目标,从对市场秩序影响的角度判定是否构成数据不正当竞争,体现了对市场效果因素的侧重。

本案在适用《反不正当竞争法》一般条款时体现了比例原则。比例原则起源于行政法，后突破公私法的界限有限适用于私法领域，一般认为由妥当性原则、必要性原则和均衡性原则三个子原则构成：(1)妥当性原则要求行为有能实现或促进宣称的正当目的；(2)必要性原则要求相比其他能促成相同目的的手段，行为造成的损失更小；(3)均衡性原则，又称"狭义比例性"原则，要求行为的收益大于成本。我国司法实践有诸多判决同样运用了比例原则，如合一公司诉金山不正当竞争案、奇虎诉瑞星不正当竞争案、腾讯诉奇虎不正当竞争案、百度诉奇虎不正当竞争案、汉涛诉百度不正当竞争案等。本案中，法院既考虑了原告的利益损失，又考察了被告的正当化理由，并依据均衡性原则在个案中进行利益衡量。法院认为：一方面，被告提供的"关联外网账号"服务实质是向用户提供简历集中化管理服务。该经营模式可能导致原告企业用户因不需频繁登录原告网站查看简历而带来网站访问量降低、广告展示机会减少等不利影响，给原告造成一定的流量损失。另一方面，"关联外网账号"服务为用户带来便利性，对消费者有一定增益，而且原告可以依据用户需求开发、改进自己的服务，增强用户粘性。因数据被抓取方和数据抓取方的权益、损害是相对的，在科斯的"权益/损害相互性"框架下，数据不正当竞争认定的重点在于是否允许数据抓取方损害数据被抓取方，以实现自身的积极利益。本案判决从被告获取数据量的有限性出发，认为被告的行为虽对原告产生一定程度的影响，但并未妨碍原告经营的正常开展，也未产生实质性替代的结果。同时，被告的行为产生新的服务，具有一定创新性，整体有利于社会总福利。由此，法院认定被告行为不构成不正当竞争。

Ⅲ 本判决的参考意义及将来的课题

本案是国内较早涉及用户数据迁移的案件，法院在适用《反不正当竞争法》一般条款处理此类数据抓取不正当竞争纠纷时，并未"一刀切"地给予数据经营者保护，而是关注了数据流通蕴含的社会经济价值。数据自由流通是数字经济时代的基本原则，数据抓取是实现数据流通的重要方式。在处理数据抓取不正当竞争纠纷时，既要保护经营者所享有的财产性利益，同时也要看到数据迁移对消费者利益、竞争秩序的正面影响，以及数据流通共享、数据使用创新带来的社会福利提升。对不同价值取向的因素进行利益衡量可划定大数据利用行为的合法边界，从而在数据经营者利益与数据利用者利益之间寻求最佳平衡点。

本案值得进一步思考的问题体现于如下三个方面：一是《反不正当竞争法》一般条款和互联网专条兜底款项的适用关系。本案的裁判依据包括《反不正当竞争法》一般条款（第 2 条）和互联网专条（第 12 条第 2 款第 4 项），但并未对互联网专条的适用作专门分析。在两者的适用关系上，在可能适用互联网专条的情况下，应优先适用互联网专条这一类型化条款，只有在无法满足互联网专条的适用条件时才考虑适用《反不正当竞争法》一般条款。因此，当被诉行为发生在互联网环境并通过技术手段抓取数据，是否应适用互联网专条进行判定值得进一步考虑。二是本案虽在判决中体现了比例原则，但并未在比例原则的框架下分析裁判理由。本案在论述原告利益受损和被告的正当化理由后展开利益衡量，但并未就被诉行为的适当性和必要性进行分析。基于比例原则分析框架的客观性，在适用《反不正当竞争法》一般条款时能否运用比例原则、如何运用比例原则值得深入研究。三是本案涉及平台迁移用户数据这一行为,由于本案判决时我国《个人信息保护法》尚未实施,法院并未对迁移用户数据的行为是否构成不正当竞争加以分析。我国在2021年8月20日通过的《个人信息保护法》第45条明确了个人信息"可携带权",以增强个人对个人信息的控制权和防止在平台经济领域的垄断行为。可携带权的实现以数据提供方与数据接收方建立数据迁移的通道为前提,但基于数据的竞争属性及数据迁移的高成本,立法难以在不同平台之间强制构建此种通道。故《个人信息保护法》将可携带权的行使条件交由国家网信部门设定。然而,在国家网信部门规定迁移条件前,第三方平台在用户同意的前提下主动建立数据迁移路径的行为是否构成不正当竞争、在数据迁移过程中如实施绕开技术措施获取数据的行为又是否构成不正当竞争,这一系列相关问题仍有待进一步明确。

□ 参考文献

崔国斌:《大数据有限排他权的基础理论》,载《法学研究》2019年第5期。

崔国斌:《公开数据集合法律保护的客体要件》,载《知识产权》2022年第4期。

孔祥俊:《商业数据权:数字时代的新型工业产权——工业产权的归入与权属界定三原则》,载《比较法研究》2022年第1期。

兰磊:《比例原则视角下的〈反不正当竞争法〉一般条款解释——以视频网站上广告拦截和快进是否构成不正当竞争为例》,载《东方法学》2015年第3期。

李扬:《反不正当竞争法基本原理》,知识产权出版社2022年版。

谢晓尧:《在经验与制度之间:不正当竞争司法案例类型化研究》,法律出版社2010年版。

070 迁移用户数据的不正当竞争认定

前锦网络信息技术(上海)有限公司与上海逸橙信息科技有限公司不正当竞争纠纷案 | 上海知识产权法院(2019)沪73民终263号民事判决书

张浩然 中国社会科学院法学研究所

■ 事实概要

前锦网络信息技术(上海)有限公司(一审原告、二审上诉人,以下简称X)创办"前程无忧"网站,收集、存储并按照不同保密权限发布人才供求信息。上海逸橙信息科技有限公司(一审原告、二审被上诉人,以下简称Y)创办"e成"网,提供类似的人才供求信息发布和管理服务,同时在其网站上设置"关联外网账号"功能,企业用户可在Y网站使用其在X网站等求职信息网站的用户名、密码选择关联账号即可自动登录该网站,爬取其在X网站接收到的求职者简历并自动传输到Y网站"人才库"中,从而允许用户一站式处理多个渠道投递的简历。同时,用户在X网站登录时需要输入图片、字符形式的验证码防止机器登录,并明确通过Robots协议禁止任何第三方抓取包括X求职者信息在内的网站相关信息。因此,X主张,Y通过引导用户使用"关联外网账号"功能,避开X技术保护措施,获取X网站的完整简历信息并加以使用,违反《反不正当竞争法》第2条、第12条第1款、第12条第2款第4项而构成不正当竞争。一审法院认定该行为不构成不正当竞争,判决驳回诉讼请求。X提起上诉。

■ 裁判要旨

二审法院判决驳回上诉,维持原判。

二审法院认为,适用《反不正当竞争法》一般条款或互联网不正当竞争的兜底条款判断竞争行为是否正当,不能将个人品德或社会公德等同于商业道德,而是要将该行为放置在《反不正当竞争法》促进市场经济健康发展,鼓励和保护公平竞争,保护竞争者和消费者合法权益的立法目的下,综合考虑行为对经营者、消费者和市场秩序的影响进行判断,防止脱离竞争法的目标进行泛道德化评判。

认定相关行为是否构成不正当竞争需从以下方面综合考量:第一,关联账户服务虽然在一定程度上减少了用户登录X网站的次数而带来一定流量损失,但并没有影响用户在X网站发布招聘信息、查看及获取简历等经营活动的正常开展,并未对X利益造成实质性影响;第二,关联账号功能可以使经营者"一站式"地处理所有网站收集的招聘简历,而不用分别登录不同网站进行处理,显然该技术可以提高工作效率,给市场主体带来便利;第三,Y 并未强制、欺骗用户使用关联账号功能;第四,关联账号功能是互联网环境下较为常见的产品功能,未违反商业惯例,Y 采取技术措施让用户输入防止机器登录的验证码并不属于破解 X 的技术措施;第五,随着互联网市场发展,各种产品或者服务关联性和依附性不断加深,依赖甚至介入其他经营者的产品或服务开展经营活动本身并不必然损害正常的市场秩序,以此而否定该行为正当性无疑会挫伤创新活力。因此,法院认定 Y 迁移用户数据的行为并不构成不正当竞争。

■ 评 析

Ⅰ 本判决的思路和意义

数据收集和处理技术的进步提供了满足人类需求的新方式,使数据成为一类新的生产要素,随之而来的是关于数据产权归属和保护范围的争议。出于保护企业数据收集投资的目的,司法实践中法院通常适用《反不当竞争法》一般条款禁止不劳而获的"搭便车"行为,在数据获取、利用、交易关系中对数据收集者的数据财产利益提供宽泛保护。本判决对相关问题进行了裁判,并未以既往"搭便车"逻辑认定"不劳而获"地获取他人数据构成不正当竞争,也未按照互联网案件中"非公益不干扰原则"认定对他人经营活动的介入即为不正当,而是承认"依赖甚至介入其他经营者的产品或服务开展经营活动本身并不会损害正常的市场秩序",是互联网创新的重要形式,被告行为在未影响原告经营活动开展的情况下未对其利益产生实质性影响,并为用户提高了效率,最终认定关联用户账号、迁移用户数据的行为不构成不正当竞争,为此后类似案件司法裁判提供了参考。

Ⅱ 迁移用户数据规制的规范及学理

关于竞争者迁移用户数据是否构成不正当竞争,现行《反不正当竞争法》并未将之作为明确列举的不正当竞争行为类型加以规定。一般认为,企业对于其投资收集的数据集合具有一定财产利益,可通过一般条款加以保护。在《反不正当竞争法》修订之前,法院多依据第 2 条一般条款调整数据相关纠纷,2017 年修改后的第 12 条第 2 款第 4 项将"其他妨碍、破坏其他经营者合法提供的网络产品或者服务正常运行的行为"作为兜底条款,实践中,当事人也会依据该项主张竞争者的数据获取行为构成不正当竞争。在本案中,二审法院明确,虽然第 12 条主要调整互联网相关竞争行为,但其兜底条款与一般条款的适用考量因素并无实质不同,需要在保护竞争者和消费者合法权益的立法目的下,综合考虑行为对经营者、消费者和市场秩序的影响进行判断。

就竞争者为用户提供关联账号、数据迁移服务是否构成不正当竞争,关键在于,在立法未对数据产权归属作出明确分配的情况下,如何在数据收集者的财产利益与用户对其数据的处分利益之间进行权衡。首先,如前所述,就数据收集者财产利益保障,既有司法实践主要通过一般条款防止他人实施不劳而获的“搭便车”行为而为其提供宽泛保护。其次，数据在成为一类新的生产要素的同时，逐渐成为用户接受网络服务之对价或前提，用户对其数据都具有正当利益，法律对该利益的漠视将会导致用户被数字平台锁定而被限制选择自由，自由竞争也会受到限制。用户对其数据权益的边界认定，决定了第三方为用户提供服务是否构成不正当竞争，但对用户的数据权益，目前司法实践中并未给予充分肯认和保护。

域外法中，《欧盟通用数据保护条例》(General Data Protection Regulation，GDPR)在第20条规定了数据主体的“数据可携带权”，赋予数据主体将其数据由数据控制者传输给另一个数据控制者的权利，旨在允许数据主体或消费者直接通过可携带、用户友好、机器可读的方式获取数据，以缓解大公司与数据主体或消费者之间的经济不平衡性，使个人(与平台)共享大数据产生的财富，并激励开发者向用户提供更优质的功能和程序[Article 29 Data Protection Working Party, *Guidelines on the Right to Data Portability*, WP 242 rev. 01 (5 April, 2017)]。从该目的出发，在GDPR最早的草案中，数据可携带权的客体最早为数据主体向数据控制者提供的所有数据(既包括个人数据也包括非个人数据)，并由欧盟委员会确定平台间数据传输的技术标准、方式和程序。受限于GDPR立法目的的限制，最终“数据可携带权”的客体仅限于个人数据而不包括非个人数据；受比例原则限制，用户仅在“技术可行的条件下”，有向平台主张将其数据从一个数据控制者向另一个数据控制者迁移的权利[Inge Graef et al., *Data Portability and Data Control*: *Lessons for an Emerging Concept in EU Law*, 19 German Law Journal 1388(2018)]。然而，真正的数据可携带权要求在平台之间实现互操作性，但立法却并未强制平台之间实现互操作性，而用户仅在“技术可行的条件下”才可主张数据在不同平台之间转移。由于数据可携带权行使条件的不确定性，欧盟GDPR实施接近4年来，实证调研结果显示，几乎没有平台提供直接的用户数据迁移服务，实践中也缺乏用户向数据处理者主张数据可携带权的案例，只有约1/4的平台提供数据获取服务，即用户有权以结构化、常用和机器可读的格式接收其向控制者提供的与其相关的个人数据[Sophie Kuebler - Wachendorff et al., *The Right to Data Portability*: *Conception*, *Status Quo*, *and Future Directions*, 44 Informatik Spektrum 264(2021)]。

就用户数据财产权益的保护，我国理论界有以下不同观点：(1)数据财产权说。有学者从劳动财产理论出发，主张企业对其收集数据享有数据财产权，对个人用户应授予个人信息财产权(龙卫球：《数据新型财产权构建及其体系研究》，载《政法论坛》2017年第4期)，对作为数据生成者的企业则应授予数据生成者权利，允许个人或企业对其生成数据进行占有、使用、收益、处分。(2)人格权说。有学者反对授予用户数据财产权，认为单独用户数据本身价值有限，且用户在提供数据时通过获得免费服务等方式已获得补偿，并不需要取得额外的财产权激励数据生成(程啸：《论大数据时代的个人数据权利》，载《中国社会科学》2018年第3期)。另有学者进一步主张应赋予用户类似欧盟GDPR中的数据迁移权，从而保障个人信息自决，破除企业数据锁定而实现自由竞争之目标(谢琳、曾俊森：《数据可携带权之审视》，载《电子知识产权》2019年第1期)。(3)用户数据处分权利否定说。有学者认为，数据迁移权在欧盟即“一个错误的承诺”，强制平台开放用户数据将导致中小企业难以与大型平台展开竞争，故我国不应将用户数据迁移权上升为一项普遍权利，而应将其作为一种受保护利益，区分不同情形确定是否保障用户数据迁移，具体而言：首先，在技术可行与成本较低的情形下，企业应当满足个人下载其数据与实现数据移转的愿望。其次，数据携带权应当考虑隐私期待或企业的商业秘密等合法数据权益。在不涉及其他用户隐私期待与企业合法权益的前提下，企业与平台应当努力落实数据携带权；但在影响用户隐私期待或企业合法权益保护的情形下，对这一权利的运用就应当保持谨慎。

2021 年 8 月 20 日通过的《个人信息保护法》首次在立法层面明确了用户的数据财产权益，第 45 条第 3 款参照欧盟法实践确立了“个人信息可携带权”，其规定：“个人请求将个人信息转移至其指定的个人信息处理者，符合国家网信部门规定条件的，个人信息处理者应当提供转移的途径。”与欧盟法类似，“个人信息可携带权”虽然名义上是一项权利，但并非所有的个人信息都可以进行迁移，只有“符合国家网信部门规定条件的”个人才能请求转移。其原因在于，在当前数据处理主体彼此之间互不联通的现实条件下，数据是企业的核心竞争力，实现数据互操作性也需要一定成本，立法很难“一刀切”地在不同企业之间强制实现数据互操作性。故我国《个人信息保护法》将该条件的实现交由国家网信部门加以把握，授权国家网信部门根据我国信息技术发展、行业惯例等合理因素灵活设定相应条件，在个人信息主体和信息处理者之间进行利益平衡（龙卫球主编：《中华人民共和国个人信息保护法释义》，中国法制出版社 2021 年版，第 206 页）。

然而，在国家网信部门规定相关条件并要求平台提供路径之前，第三方市场主体主动建立数据迁移路径，根据用户指示或者授权进行数据迁移的，是否构成不正当竞争？从“个人信息可携带权”的权能及实施条件来看无法直接得出结论。立法承认了用户数据处分权益的正当性和必要性，虽然未规定数据收集者对用户普遍性的数据迁移义务，但绝非法律禁止用户及其授权第三方进行数据迁移。笔者认为，当第三方提供账户关联和数据迁移服务时，数据处理者不必承担任何迁移成本，为用户提供了更为便利和有效率的处理方式，并有利于解除用户锁定和促进市场竞争，在用户数据处分利益与企业数据财产利益衡量中前者应当具有优先性，除非该数据迁移会实质性地损害数据收集者，或者违反知识产权、个人信息保护等法律规定，原则上关联账户和数据迁移不应当被认定为不正当竞争。二审法院在本案中的审理思路值得赞同。

Ⅲ 既往司法实践状况

在目前关于大数据保护法律纠纷中，绝大多数为第三方未经用户和数据收集者授权或超出授权获取、利用他人数据的情形，关于第三方经用户授权而进行数据迁移和利用的纠纷和判决较少。其中，较为典型的是 2019 年字节跳动公司旗下抖音公司、多闪公司与腾讯公司旗下微信数据争议。在该案中，腾讯公司与字节跳动公司通过开放平台合作，向抖音产品提供微信、QQ 账户授权登录服务，多闪公司在征得用户同意却未经腾讯公司授权的情况下，通过抖音在微信数据库调取用户个人数据登录，腾讯公司主张抖音公司、多闪公司构成不正当竞争，抖音公司、多闪公司则认为其已经过用户同意，用户对其个人数据具有正当处分权限,无须腾讯公司授权同意。天津市滨海新区人民法院在(2019)津0116民初2091号民事裁定书中认为涉案行为构成不正当竞争。该裁定援引了北京知识产权法院“北京淘友天下技术有限公司等与北京微梦创科网络技术有限公司不正当纠纷案”(可简称“某浪微博诉脉脉案”)中提出的开放平台数据利用时的“三重授权”原则[北京知识产权法院(2016)京73民终588号民事判决书],即开放平台在第一次收集、使用用户数据时需要获得用户的授权,第三方主体通过开放平台间接获取用户数据时需获得平台方授权,并再次就数据获取和使用取得用户的同意,否则第三方主体将构成不正当竞争。天津市滨海新区人民法院认为,该原则已成为开放平台领域网络经营者应当遵守的商业道德,抖音公司、多闪公司明知根据开放平台协议多闪公司无权获取,仍有意规避微信、QQ开放平台对第三方应用的接入限制而获取用户数据,故而构成侵权。然而,与“某浪微博诉脉脉案”不同的是,前者主要涉及的是对原告数据集合整体的大量抓取,需要对企业在数据收集中付出的大量投资进行保护,本案是在用户授权前提下,仅对用户个人相关的少量数据进行抓取,数据本身价值及投资相对有限,该裁定直接援引北京知识产权法院所确定的“三重授权”原则处理该纠纷,合理性有待商榷,由于本案目前尚未审结,其最终审判结果仍未可知。

Ⅳ 本判决的参考意义及将来的课题

本案件是国内较早处理用户数据迁移问题的案件,在既有实践广泛基于“搭便车”理论适用一般条款对企业数据财产利益进行宽泛保护,以及以“非公益不干扰原则”宽泛适用《反不正当竞争法》第12条兜底条款对网络产品及服务进行保护的前提下,本案件的判决提出了在保护竞争者和消费者合法权益的立法目的下,依据经营者、消费者和市场秩序影响进行判断的灵活框架,认可了账号关联、数据迁移对消费者利益、市场竞争秩序的积极意义,在相关行为未对经营者经营活动产生实质性影响的情况下认定其不构成不正当竞争,明确了对该问题的一般司法立场,值得此后其他法院借鉴。

然而,仍有一系列问题尚待解决:(1)用户“个人信息可携带权”与企业数据财产权益的平衡。现行《个人信息保护法》第45条规定了“个人信息可携带权”,规定符合国家网信部门规定条件的,个人信息处理者应当提供转移途径。在现实中,尽管网信部门尚未规定转移条件,个人信息处理者也并未提供转移途径,但第三方市场主体主动提供了转移途径帮助用户转移数据,将便于用户“个人信息可携带权”的行使,具有目的上的正当性,同时,也可能与《反不正当竞争法》保护的企业数据财产利益相冲突,需要在二者之间划定明确的边界。用户数据可携带权的行使是否能够成为《反不正当竞争法》对企业数据财产利益保护的例外,需要进一步厘定。(2)用户数据迁移与企业技术措施之间的关系。为限制用户数据转移和第三方数据爬取,平台一般会施加技术措施限制,但第三方在获得用户授权后能否绕开相关技术措施获取用户数据,其绕开行为是否构成不正当竞争?本案虽涉及相关问题,但法院最终认定被告通过机器读取验证码并不属于破解技术措施,而未就该问题表明立场。(3)用户数据迁移与知识产权、个人信息保护之间的关系。一方面,用户数据一般不仅仅涉及其个人,还可能涉及第三方个人信息,平台能否以第三人个人信息保护为由拒绝数据迁移,以及第三方数据迁移服务是否构成不正当竞争? 本案即涉及该问题,求职者简历中同时包含其个人信息,在未经求职者本人同意的情况下,被告直接从原告数据库获取相关数据,是否构成不正当竞争? 法院未就此问题进行明晰。另一方面,用户数据中可能还涉及知识产权保护,如平台对用户数据一般采取保密措施而作为商业秘密保护,第三方在进行批量用户数据迁移时,是否会侵犯他人商业秘密而构成不正当竞争,以及二者关系如何协调? 这一系列问题仍待立法和实践解答。

▢ 参考文献

龙卫球主编:《中华人民共和国个人信息保护法释义》,中国法制出版社 2021 年版。

郑观:《个人信息对价化及其基本制度构建》,载《中外法学》2019 年第 2 期。

龙卫球:《数据新型财产权构建及其体系研究》,载《政法论坛》2017 年第 4 期。

谢琳、曾俊森:《数据可携带权之审视》,载《电子知识产权》2019 年第 1 期。

丁晓东:《论数据携带权的属性、影响与中国应用》,载《法商研究》2020 年第 1 期。

姚佳:《企业数据的利用准则》,载《清华法学》2019 年第 3 期。

Article 29 Data Protection Working Party, *Guidelines on the Right to Data Portability*, WP 242 rev. 01 (5 April, 2017).

Inge Graefet et al. , *Data Portability and Data Control: Lessons for an Emerging Concept in EU Law*, 19 German Law Journal 1388(2018).

071 微信数据权益的认定与归属

腾讯计算机公司、腾讯科技公司诉浙江搜道公司、杭州聚客通公司不正当竞争纠纷案 ｜ 杭州铁路运输法院(2019)浙8601民初1987号民事判决书

李晓阳 浙江工商大学法学院

■ 事实概要

腾讯计算机公司与腾讯科技公司(以下简称原告),共同开发运营个人微信产品,为用户提供即时社交通讯服务。浙江搜道公司与杭州聚客通公司(以下简称被告)共同开发运营"聚客通群控软件"产品,利用Xposed框架,解析微信apk包,获取与功能对应的类和方法,使用hook方法完成搜集信息、替换参数、远程控制等任务。该产品可以帮助电商领域用户实现自动加好友及分组营销、推送等功能,被告通过售卖该产品及适配手机获取经济利益。原告主张被告行为构成不正当竞争,诉至法院。本案的主要争议焦点为:(1)涉案被诉行为是否构成不正当竞争,是否损害了原告的合法权益;(2)若涉案被诉行为构成不正当竞争,损害了原告的合法权益,被告应如何承担侵权责任。

■ 裁判要旨

一审法院认为被告涉诉行为因原告对微信产品数据资源享有合法权益,原、被告双方存在竞争关系,被告涉诉行为违反法律和商业道德具有不正当性且不属于技术创新的公平竞争,违反了《反不正当竞争法》第2条、第12条规定,已构成不正当竞争且损害原告合法权益,依法应承担相应的侵权责任。

■ 评　析

Ⅰ 本判决的思路和意义

本案中,原告向被告提出的核心主张为:(1)立即停止对原告微信产品实施的不正当竞争行为;(2)连带赔偿原告经济损失。法院支持原告主张,认为被告涉案行为违反了《反不正当竞争法》第2条、第12条的规定,已构成不正当竞争且损害了原告合法权益;认定网络平台中的数据,以数据资源整体与单一数据划分,网络平台方享有数据资源整体权益,对用户数据享有有限使用权。在赔偿数额上,法院综合案件事实支持了原告部分请求。本案于

2020年入选最高人民法院十大知识产权案件，对网络平台数据资源权益的认定和归属以及第三方数据抓取行为的合法性判断标准具有重要理论价值和实践指导意义。

Ⅱ 用户同意的范围及效力

微信群控软件因将微信经营性用户及其微信好友的微信账号数据、微信好友关系链接以及用户使用微信产品的数据，收集、储存于自己所控制的服务器中而被控侵权。被告以该行为获得“用户同意”且用户对自身数据享有“数据携带权”抗辩，主张自身行为的正当性。在案件审理期间，我国《民法典》及《个人信息保护法》尚未出台，被告仅根据《信息安全技术个人信息安全规范(征求意见稿)》提出数据主体享有数据携带权因此获取行为具有正当性与合理性。本案法院基于两点并未采纳这一理由：一是根据涉及数据的具体内容，区分了“用户的单方面信息”与“涉及与其他用户交互完成的信息”，认为用户仅能同意关于自身的信息使用，被诉行为超出了该范围；二是根据“用户协议”对微信产品的用户体验和功能对用户同意的范围作出理性假定，认为涉案行为超出了“相关用户对自身信息安全保护的原有预期”。

长期以来，“用户同意”在各类涉及用户数据抓取的纠纷中成为被告抗辩的有力理由，如“北京微梦创科网络技术有限公司诉上海复娱文化传播股份有限公司不正当竞争纠纷案”[北京知识产权法院(2019)京73民终2799号民事判决书]、“北京淘友天下技术有限公司等与北京微梦创科网络技术有限公司不正当竞争纠纷案”[北京知识产权法院(2016)京73民终588号民事判决书]等。在《民法典》及《个人信息保护法》出台后，根据《个人信息保护法》第13条第1款规定，个人信息处理者在取得个人的同意后，可处理个人信息，在接下来的条文里，《个人信息保护法》也针对同意的方式、要求等作出了明确的规定。这一做法，在以《欧盟通用数据保护条例》(General Data Protection Regulation，GDPR)为代表的个人信息、数据保护立法中十分常见，甚至随着立法的完善和改革，逐渐加强了用户同意有效性的要求，确保用户同意的真实、准确，并且配套以用户选择个人数据处理退出、转移、删除的权利。但需注意的是，在欧盟数据立法中，尽管GDPR在条文中未使用“个人数据权利”，但在第1条立法目的中明确将个人保护个人数据的权利作为基本权利和自由。与欧盟GDPR不同的是，我国《民法典》及《个人信息保护法》均未将个人信息明确为数据主体的私权利，而是采用了“个人信息权益”的表述，权利抑或法益，尚未定论。也就是说，作为欧盟数据立法底层逻辑的“信息自决权”(认为每一个人都可以自我决定与自身相关的信息是否能够被收集、使用)于我国并非当然适用。在我国数据立法中，“取得个人的同意”确为个人信息处理者处理个人信息的合法性前提之一。但取得了用户同意却并不能使数据处理者的行为必然具备正当性，甚至有学者认为，《个人信息保护法》调整的对象正是个人信息处理行为本身(高富平：《个人信息处理：我国个人信息保护法的规范对象》，载《法商研究》2021年第2期)。因此，用户同意的真实性和有效性显得尤为重要。

在平台经济的背景下，作为用户的数据主体往往无法就其个人数据的处理与数据处理者进行实质性谈判，信息不对称和地位不对等导致用户为了换取网络服务只能同意“用户协议”。这就需要法官在案件裁判过程中,根据数据处理行为对“用户同意”作出具体判断。结合本案可以得知:(1)用户仅能针对自身的数据作出同意,包括其个人信息数字化后的个人数据、对用户行为加以记录直接产生的用户数据等,不包括涉及其他用户个人信息的数据合集以及经过数据处理加工后的平台数据;(2)用户同意的处理行为应当根据用户协议内容进行,超出约定内容的,可以从数据产品自身特征、用户习惯、行业惯例等方面,对数据处理者的行为按照一般理性人标准形成合理预期,用户同意范围一般不应超出合理预期。

Ⅲ 数据资源的划分及归属

关于原告是否对微信产品数据资源享有合法权益的问题,本案判决强调数据资源可以被划分为数据资源整体与单一数据,权益分别归属于网络平台方和数据主体。网络平台因投入劳动,所以可获得数据资源整体和经过加工所产生的衍生数据的权益,而数据主体则因用户个人信息保护享有单一数据权益。二者区分的界限为是否在采集过程中产生“创造性劳动成果”。正如前文所说,我国《个人信息保护法》未将个人信息作为私权利保护,《民法典》中个人信息被归入人格权保护的范畴(《民法典》第四编第六章),而数据则与网络虚拟财产一起规定(第127条)。那么,哪些数据能够被归入个人信息保护的范畴,未能归入的数据又该何去何从,成为问题的焦点。

在大数据技术背景下,互联网对日常生活的全面介入,意味着海量数据每时每刻都在不同互联网平台、数据经营者之间流转,更多的数据利用场景因价值链的重塑而被创造。个人信息以及个人信息处理行为,均处于内涵与外延高速变化的状态,这也是为何需要通过专门的《个人信息保护法》来规范个人信息处理的原因(程啸:《论我国个人信息保护法中的个人信息处理规则》,载《清华法学》2021年第3期)。这一规则要得以适用,哪些信息属于个人信息,是首要面对的问题。为此,部分国家和地区引入了“可识别性”标准,用以判定一些数据使用行为是否属于对个人信息的使用,为个人信息保护提供了落地的接口。我国《民法典》第1034条第2款、第1038条和《个人信息保护法》第4条第1款,均以“可识别性”作为纳入个人信息保护范畴之判断标准,只不过《民法典》第1034条还列举了具体信息类型。但在当前的数据处理技术条件下,大量碎片信息的重新组合,可再次发挥“可识别性”功能。这极大地模糊了个人信息概念的外观,因为“可识别性”主要是用以评价数据匿名化处理的结果,而非个人信息的特征与属性。有学者也注意到这一问题,提出可识别性的嵌入,令学界始终难以说明,何种人格权益受个人信息法保护(陆青:《数字时代的身份构建及其法律保障:以个人信息保护为中心的思考》,载《法学研究》2021年第5期)。然而,概念的模糊,不会令数据使用活动陷入停滞,也不会让个人和数据处理者的数据使用需求消失。真正令人困惑的是,将模糊的概念作为利益分配的依据是否恰当,它是否可以恰如其分地安排:哪些数据使用活动需停止,哪些数据使用需求又可得到满足。这是问题的关键。如果没有信心界定一个清晰的概念,那么,哪些信息属于个人信息的问题,事实上将会转换为,哪些使用行为将被纳入个人信息保护的范畴。因此,个人信息处理在《个人信息保护法》中,被赋予了界定规范对象和边界的双重价值。

本案判决将网络平台在数据采集、加工中投入的劳动,作为其获取数据资源权益的正当性来源。从数据内容上对数据资源进行划分,作出整体和单一的分类,一方面是从利益平衡角度考量,另一方面也是面对数据使用需求作出妥协。数字经济时代的到来,使数据成为关键生产要素,数据的流通与利用成为数据治理的基本价值导向。数据处理者对数据资源整体享有权益,能够有效激励具备技术条件和商业基础的数据处理者加大在数据资源上的投入,提升数据资源质量,更重要的是,这将为接下来数据市场的构建与流通提供制度准备。值得注意的是,数据资源形成和使用的合法性,仍是数据处理者取得相关权益的基本前提。

Ⅳ 本判决的参考意义及将来的课题

在本案判决的时期,《民法典》《个人信息保护法》均尚未施行,《反不正当竞争法》、《网络安全法》以及《信息安全技术个人信息安全规范(征求意见稿)》是法院裁判的主要依据。但是,在《数据安全法》《个人信息保护法》颁布后,按照《个人信息保护法》第 4 条对“个人信息”的定义,如微信数据等经过数据处理者收集、加工生成的数据产品仍然很难被界定为《个人信息保护法》的调整对象。

在司法实践中,涉及数据抓取、数据产品等纠纷仍大量依赖于《反不正当竞争法》的保护。但本案针对整体数据和单一数据的区分所提出的“创造性劳动成果”标准,事实上很难回答,加工到什么程度抑或体量达到多少的数据合集能够成为整体数据。从本案列举的数据类型来看,在数据内容和具体使用情况方面,事后判断其是否属于用户的个人信息,或许能够达到识别用户个人身份的效果。因此,对如本案抓取用户数据的认定,事实上是在排除个人信息保护以后,对个人信息处理行为的认定。在数据专门立法缺位的情况下,应以维护竞争秩序为目的,来实现数据利益的分配。这实际上是一种暗度陈仓的做法,也就是说,判断的关键点,从个人信息这一客体,转为对个人信息处理行为的判断。如果说个人信息的内涵,决定了个人的何种权利在个人信息处理活动中能够得到保护,其外延则决定了个人对其个人信息的支配能力能够延伸到何处。尽管个人信息保护在“处理”的内涵与外延上,尽力列举了信息使用的各类技术环节,但对个人信息的保护,更多还是关注于数据使用的场景和方式,如数据使用应遵循最小必要原则(《个人信息保护法》第 6 条)、公开数据使用的方式(《个人信息保护法》第 7 条、第 17 条、第 48 条)、数据使用方式的变更需重新取得个人同意(《个人信息保护法》第 14 条、第 15 条)、限制或拒绝针对个人信息的特定数据使用(《个人信息保护法》第 44 条、第 46 条)。换言之,个人信息保护的重点,不在于静态地判断某一信息属于或不属于个人信息,而应聚焦于不同情境之下数据使用的动态规范,即追问:何种数据使用行为需要被《个人信息保护法》所调整?它需要被制止、限制抑或进行利益再分配吗?在数据权益的保护上,个人信息保护与反不正当竞争保护演变为权利法与行为法的抉择。

这是一个新的治理格局,数据主体重新掌握部分自主权,打开了价值双向流动的通路,也带来了新的利益冲突。在理想状态下,受制于数据主体的知情权与控制权,数据滥用行为将因用户退出而难以为继,监管主动性增强,数据要素在市场主体之间合规、有序、健康地流动。可一旦利益调和失序,权利的界限会变得宽泛。一方面,这将使部分数据主体受天然的隐私需求驱使,本能地拒绝来自数据处理者的使用请求(即使数据使用达到完全的合规标准,拒绝数据处理者对数据的收集、利用请求也将成为数据主体的首选)。数据要素化所需的数据聚合成本增高,将导致更多的数据孤岛出现。另一方面,这也可能变相推动部分数据主体维权套利,各地法院、主管部门因滥诉而加重负担,加强合规监管又将推高数据要素的流动成本,中小企业因合规成本高,难以开展数据服务,反而加剧数据垄断。因实施时间尚短,《个人信息保护法》的实际影响眼下还没有足够的实证材料得以证实,又因法律配套细则尚在制订,当前仍有较大的制度空间,可以规避治理失序情形的出现。罔顾任何一方利益,都无异于将"特洛伊木马"放置于数字经济的中心,平衡各方利益的支点成为各方着力寻找的目标,即关于数据使用,应在何种价值立场之上,予以支持或拒绝,方可调和两者潜在利益冲突。

▢ 参考文献

高富平:《数据流通理论数据资源权利配置的基础》,载《中外法学》2019 年第 6 期。

张新宝:《论个人信息权益的构造》,载《中外法学》2021 年第 5 期。

申卫星:《论个人信息权的构建及其体系化》,载《比较法研究》2021 年第 5 期。

丁晓东:《个人信息权利的反思与重塑　论个人信息保护的适用前提与法益基础》,载《中外法学》2020 年第 2 期。

072 衍生数据产品的法律属性及权益保护

淘宝公司诉安徽美景信息科技有限公司不正当竞争纠纷案 | 杭州市中级人民法院(2018)浙01民终7312号民事判决书

崔国斌 清华大学法学院

■ 事实概要

阿里巴巴卖家端"生意参谋"零售电商数据是基于淘宝网络用户的浏览、搜索、收藏、加购、交易等行为痕迹信息以及由此推测所得的性别、职业、所在区域、个人偏好等标签信息,通过分析处理、整合加工而得到的衍生数据。这些信息不属于可识别个人身份的用户个人信息。

该数据产品分为不同版本,提供各类商品多种参数的大盘趋势图、排行榜、占比图等预测型、指数型、统计型数据信息。淘宝网站的服务协议禁止用户未经许可向第三方披露、转让、出售、许可或提供"生意参谋"数据内容。

安徽美景信息科技有限公司(以下简称美景公司)通过"咕咕生意参谋众筹"网站,引诱已订购"生意参谋"产品的淘宝用户下载"咕咕互助平台"客户端,组织用户"出租"子账户获取佣金,并为租用者提供技术帮助,从中牟利。证据显示,涉案网站有大量"生意参谋"租用客户和子账号。

美景公司并未直接复制和存储"生意参谋"数据,而是帮助淘宝用户向第三方出租子账户使用权。淘宝公司认为"生意参谋"数据是其享有财产权的无形资产,美景公司的行为违反《反不正当竞争法》,而美景公司认为淘宝公司对相关数据不应享有权利。

■ 裁判要旨

一审法院认为,美景公司的被诉行为违反了诚信原则和公认的商业道德,这种"不劳而获"的"搭便车"行为损害了同行业竞争者即淘宝公司的合法利益,具有明显的不正当性,已构成不正当竞争。淘宝公司的侵权指控成立。

二审法院认为,本案的焦点问题是被告的数据利用行为是否构成不正当竞争。在经营者的相关行为未落入《反不正当竞争法》第6~12条的特别规定调整范畴时,应适用该法第2条原则条款规定对被控不正当竞争行为予以评价。

不正当竞争的成立以经营者存在经营上的合法权益为前提。该合法权益可以是法定的有名权益,如企业字号权、商业秘密权等;也可以是不违反法律法规规定的无名权益,只要其可以给经营者带来营业收入，或者属于可以带来潜在营业收入的交易机会或竞争优势。本案中，淘宝公司“生意参谋”大数据产品的商业销售为淘宝公司带来直接经营收入，无疑属于竞争法意义上的财产权益；同时基于其大数据决策参考的独特价值，构成淘宝公司的竞争优势；其应当受到《反不正当竞争法》的保护。

淘宝公司的《生意参谋零售电商大数据软件服务协议》明确禁止账号购买者出售、转售、出租、出借账户或以其他方式提供给第三方使用，美景公司作为分享账户的平台方，理应知道前述约定，以及其组织分享账户的行为会导致生意参谋数据产品销售数量的减少。美景公司恶意组织分享生意参谋账户、损害淘宝公司利益而从中牟利的行为，属于直接侵权行为。美景公司的牟利行为与淘宝公司的损失之间存在因果关系，其行为导致淘宝公司交易机会减少和竞争优势被削弱。

美景公司在经营活动中有违诚信原则和商业道德，引诱淘宝公司生意参谋用户违约分享账户，由此不正当获取淘宝公司投入大量人力、物力取得的大数据后分销牟利，其行为扰乱了市场竞争秩序，对淘宝公司合法权益造成了损害，构成不正当竞争。

■ 评　析

Ⅰ 本判决的思路和意义

在大数据和人工智能蓬勃发展的今天，企业数据的产权保护问题备受公众关注。本案是中国法院尝试利用《反不正当竞争法》第 2 条原则条款保护企业数据，制止竞争对手不当利用行为的典型案例之一。很多学者从正面解读这一案例，认为它凸显了企业数据产权保护的重要性，为后续司法裁判提供了良好的示范。不过，作者不完全认同本案法院的判决思路。法院原本应适用更具体的商业秘密侵权规则来处理这一纠纷，不应将它视为企业数据特殊产权问题，进而适用《反不正当竞争法》的原则条款。本案折射出中国学术界在企业数据产权保护思路上存在重大分歧。对本案的深入探讨，可以帮助我们理解企业数据产权保护问题的复杂性。在这一意义上，本案的判决思路虽然存疑，但依然应该被视为中国企业数据产权保护领域的最重要案例之一。

Ⅱ 企业数据产权保护的法律空白

在分析本案法院的判决思路之前，我们先要对保护企业数据集合的现有法律框架进行准确的理解。与很多人的想象不同，企业数据集合在多数情况下已经受到有效保护，真正的法律空白非常有限。

首先，如果数据集合整体上处于秘密状态，收集者采取了保密措施，则通常可以作为经营信息类商业秘密得到保护。众所周知，商业秘密的秘密性大致是指该信息作为一个整体并未被相关人员所普遍知晓且不能被轻易获取。很多时候，即便数据集合里面的部分或全部条目为公众所知，该数据集合也依然可能处在秘密状态。在本案中，“生意参谋”数据产品所提供的数据内容系淘宝公司收集海量用户的原始痕迹数据后加工整理所得的衍生数据。即便部分用户痕迹信息是公开的,也不妨碍该数据产品在整体上作为商业秘密获得保护,因为公众并不能自由获得该完整的数据集合或其实质部分。这也是成千上万用户愿意为该产品付费购买年卡的原因所在。淘宝公司虽然授权成千上万的用户访问该数据,但是所有的授权用户都需要承担保密义务,即不得共享用户账号,也不得向第三方披露数据产品内容。因此,法院应当认定,该数据产品具有秘密性,同时淘宝公司也通过访问控制采取了合理的保密措施。

其次,如果数据集合内容的选择、编排、进一步加工或呈现方式体现了收集者的独创性贡献,则该数据集合整体或实质部分构成《著作权法》意义上的汇编作品或演绎作品。收集者是该数据集合作品的所有人(著作权人)。未经收集者许可,他人不得以复制、发行、信息网络传输等方式利用该数据集合。此外,如果数据集合中的条目本身构成《著作权法》意义上的文字、图形或视听作品等,则该条目本身也应获得单独的著作权保护。数据收集者可以和数据条目的生产者签订著作权转让或独家许可协议,从而继受该条目的著作权或获得独家许可。收集者可以利用这一继受的著作权或独占许可阻止他人利用其数据集合的内容。本案中,淘宝公司"生意参谋"数据产品所显示的数据内容均为趋势图、排行榜、占比图等形式的预测型、指数型、统计型数据信息。这大致是淘宝公司在收集众多用户痕迹信息后汇编整理再加工后得到的成果,有构成新的汇编或演绎作品的可能性。

最后,如果数据集合整体处于公开状态,不构成商业秘密,也不构成作品,则现有法律无法提供直接而有效的保护。比如,大众点评网在经营过程中必须公开用户对于商家的评论信息,百度地图在服务过程中必须公开电子地图信息等。在司法实践中,收集者可以依据《反不正当竞争法》第 2 条的"商业道德"条款,主张他人抄袭并对外提供该数据集合的实质性行为,违反正常的商业道德,构成不正当竞争。这方面的经典案例有:北京阳光数据公司诉上海霸才数据信息有限公司案[北京市第一中级人民法院(1996)一中知初字第 54 号民事判决书]涉及金融数据流信息,上海汉涛信息咨询有限公司诉爱帮聚信(北京)科技有限公司案[北京市第一中级人民法院(2011)一中民终字第 7512 号民事判决书]涉及网络用户点评信息,上海汉涛信息咨询有限公司诉北京百度网讯科技有限公司案[上海知识产权法院(2016)沪 73 民终第 242 号民事判决书]涉及网络用户点评信息,北京微梦创科技术有限公司诉北京字节跳动科技有限公司案[北京市海淀区人民法院(2017)京 0108 民初 24530 号民事判决书]涉及社交媒体用户发布信息等。当然,在处理此类案件时,正常的商业道德所许可的数据利用行为的边界比较模糊,法院的判决结果有很大的不确定性。

总之,在现有法律框架下,商业秘密和著作权保护制度已经很成熟。大多数数据集合都能依据它们获得有效保护。有限的例外是,一小部分数据收集者在经营过程中必须公开自己的数据内容,在收集者没有对数据内容作出独创性贡献时,需要依据上述《反不正当竞争法》的原则条款寻求保护。

Ⅲ 帮助用户共享子账号行为的法律定性

在本案中,被告美景公司没有直接下载淘宝公司"生意参谋"数据产品到自己的服务器并重新对外提供。实际上,它利用自己开发的平台,帮助已获淘宝公司数据产品使用许可的淘宝用户对外出租该产品的子账号,使美景公司“咕咕互助平台”的注册用户可以通过淘宝用户的子账户访问淘宝公司的数据产品。这里的淘宝公司的注册用户的具体身份不得而知。理论上,美景公司可以自行购买淘宝“生意参谋”数据产品的使用许可,然后再对外出租子账户牟利。不过,本案并没有证据显示美景公司真的这么做了。

问题一,在本案中,淘宝公司“生意参谋”数据产品的注册用户实施的多个未经许可出租子账户的行为,可能违反了多项法律:

首先,该出租行为直接违反其与淘宝公司服务协议的约定。用户违约应当承担法律责任,并无疑义。

其次,该出租行为侵害淘宝公司的商业秘密。由于“生意参谋”数据产品所提供的数据信息是淘宝公司收集用户痕迹信息后加工整理所得的衍生数据,有明显的商业价值,同时淘宝公司也采取了合理的保密措施(比如,与用户签署保密协议,限制未授权用户获取数据等),因此该衍生数据可以作为商业秘密获得保护。淘宝用户违反保密义务,向第三方(“咕咕互助平台”的注册用户)出租子账号,使后者能够接触和利用淘宝公司的商业秘密。因此,淘宝用户出租子账户的行为构成商业秘密侵权。

最后,该出租行为还可能侵害淘宝公司的著作权。如前所述,淘宝公司“生意参谋”数据产品系淘宝公司收集整理并以特定方式呈现的衍生数据,如果体现了足够多的独创性,是有可能构成作品而受到《著作权法》保护的。淘宝公司的注册用户分享子账号的行为有可能侵害淘宝公司就该衍生数据所享有的信息网络传播权。这里说“可能”,是因为在信息网络传播权保护方面,多数法院坚持所谓服务器标准,要求侵害信息网络传播权的行为人必须从事了将内容存储在服务器内的行为。淘宝公司的注册用户并未独立将受保护的内容上传到服务器,而是单纯利用淘宝公司自己的服务器对外传播数据内容。换言之,美景公司的注册用户所获得的数据实际上直接来源于淘宝公司的服务器,而非由淘宝公司的注册用户下载后存储在自己的服务器内再对外提供。如果法院继续坚持服务器标准,则有可能拒绝确认淘宝公司注册用户的行为侵害信息网络传播权。

问题二,美景公司帮助用户通过“咕咕互助平台”共享淘宝公司的“生意参谋”的子账号使用权的行为在法律上的定性,与淘宝注册用户的行为定性直接相关,接下来针对上述三种可能性分别加以说明:

第一,如果淘宝公司主张其注册用户违反淘宝公司服务协议中关于不得分享账号的约定,而美景公司明知该用户违约,依然引诱或帮助其对外出租“生意参谋”数据产品的子账户,则美景公司的行为理论上属于所谓的“第三人侵害债权”。不过,由于《民法典》和相关法律并非正式承认这一侵权类型,淘宝公司主张起来会有些困难。

第二,如果淘宝公司主张其注册用户侵害商业秘密,而美景公司明知淘宝公司用户违反保密义务,依然教唆并提供帮助,则构成共同侵权(引诱或帮助侵权)。这种共同侵权的类型虽然在《反不正当竞争法》商业秘密条款中没有直接规定,但是法院可以结合侵权法上帮助侵权的一般条款,来认定此类侵权行为。

第三，如果淘宝公司主张“生意参谋”数据产品为受保护的汇编作品或演绎作品，淘宝公司用户未经许可借助于淘宝服务器向第三方提供该作品，侵害其信息网络传播权，而美景公司为用户的侵权行为提供帮助。逻辑上，这是可能的。不过，如前所述，由于多数法院坚持服务器标准，这一思路被法院接受的可能性较小，这里不再深入讨论。

本案中，淘宝公司并没有按照上述三种路径来主张权利，原因不得而知。这实际上也限制了法院的判决思路。淘宝公司实际选择主张“生意参谋”数据产品为其劳动成果，其享有财产性权益，依据《反不正当竞争法》第 2 条寻求保护。这一思路面临两项重要的挑战。其一，在数据产品本身构成商业秘密或作品的情况下，法院是否应当许可权利人依据《反不正当竞争法》上的原则条款来主张替代性保护？其二，美景公司是直接侵害该数据权益，还是在帮助淘宝公司的注册用户侵害该权益？

对于第一个问题，作者认为，既然数据集合的内容在公开之前，通过商业秘密机制可获得有效保护，则法院在缺乏明确的数据集合产权保护依据的情况下，应避免通过《反不正当竞争法》的原则条款提供重叠保护。换言之，在没有证据表明现有的法律保护不能有效提供激励的情况下，法院应当拒绝适用原则条款提供补充性的保护。将来，立法者如果通过立法明确对企业的秘密数据信息提供商业秘密和特殊数据产权的双重保护，则另当别论。

对于第二个问题，本案的判决并没有进行深入分析，这是一个缺憾。从现有的表述看，美景公司可能并没有掩盖淘宝注册用户出租子账户的事实，即没有以自己的名义对外提供数据产品。在这一背景下，法院即便确认淘宝公司对该数据产品享有特殊的数据产权利益，也应该明确美景公司实际上是在帮助淘宝公司用户侵权，而非法院所述“直接实施侵权行为”。

需要特别强调的是，如果本案中美景公司在向自己的注册用户提供服务的过程中，的确采取措施掩盖了数据来源于淘宝注册用户子账户的事实，让美景公司的注册用户认为是美景公司在提供相关数据产品，则上述各项分析思路都要进行相应的调整，将美景公司从帮助者变成直接行为人。

Ⅳ 数据收集行为的合法性

数据收集者在收集数据的过程中，可能会侵害他人的在先权利。比如，网络服务商超出用户许可的范围，收集了海量的个人用户信息，形成一个数据集合。收集者也可能未经著作权人同意，从互联网上下载海量的图片内容，形成图片数据集合。除了侵害个人信息权或著作权，收集者也可能侵害他人的商业秘密权、隐私权或肖像权等。在本案中，被告也在其抗辩中质疑淘宝公司收集用户痕迹信息这一行为的合法性。一审和二审法院利用相当多的篇幅说明淘宝公司收集的用户痕迹信息已经脱敏，不再是受保护的个人信息。因此，淘宝公司收集、处理和提供“生意参谋”数据产品的行为并不侵害用户的权利，是合法的数据收集和利用行为。

本案一审法院和二审法院都暗示，数据收集行为的合法性的确是收集者排除他人利用自己数据的前提条件。其实，这一前提是否必须存在，还有一定的讨论空间。虽然学术界多数意见似乎也认同法院的主张,即商业数据取得的合法性是收集者享有数据权的前提,但本文并不认同这一主张。这里从产权制度的内在逻辑和立法政策两个角度来解释。理论上,允许违法收集者对这类数据集合主张产权保护,并不会导致产权制度内在的逻辑矛盾。收集行为如果侵害他人在先权利,收集者依据该在先权利应承担法律责任。立法者并不需要以否定数据集合产权的方式进一步增加该吓阻效果。同时,数据集合产权与版权类似,只是一种消极的排他权。允许收集者对违法收集的数据集合主张数据产权,只是使收集者可以阻止他人公开传播该数据,并不等于宣布收集行为合法或允许收集者公开传播或以其他方式利用该数据。收集者是否可以公开传播该数据集合,取决于其他法律规定。如果公开传播行为违法,则数据收集者要承担侵权责任,甚至还要承担更严厉的行政或刑事责任。

对非法收集的数据集合赋权并没有法律逻辑上的问题,只有立法政策上的考虑:有无必要为有效保护公众的在先权利而否认数据收集者对收集成果所享有的特殊产权呢?这不是一个很容易回答的问题。在版权法领域,的确有为有效保护在先版权,而限制非法演绎者获得版权保护的先例。例如,美国版权法就强调所谓的"不洁之手"原则,拒绝保护非法演绎作品。这样可以防止原始作者的被许可人被非法演绎作品的作者骚扰,从而更好地保护了原始作者。同时,这也导致愿意从事非法演绎活动的人变少,从而降低了侵权威胁。不过,中国《著作权法》并未认可这一原则。学术界一般认为,非法演绎的作品,只要体现了独创性,就依然能够获得保护。不过,演绎者未经许可不得公开传播该演绎作品,否则应承担版权侵权责任。

在数据集合保护问题上,立法者选择美国或中国模式,都有一定道理。不过,本文较倾向于中国《著作权法》上的做法,认为收集行为的违法性不应该影响收集成果获得产权保护的可能性。既然我国立法者允许非法演绎作品获得版权保护,则应该更能接受非法收集的数据集合获得产权保护。原因是,数据集合涉及的数据条目内容众多,动辄有数十万条或数百万条。部分条目的收集侵害某种在先民事权益(如个人信息权、商业秘密权或著作权)的事情还是很容易发生的。如果因为部分收集行为违法而否定整个数据集合的产权,则很容易使侵权者利用这一抗辩逃脱侵权责任。这容易违反比例原则,使收集者被过度惩罚;同时,侵权者的行为也没有值得被免除责任的道德正当性。即便立法者要求收集者的违法行为达到实质性的程度才剥夺收集者的数据集合产权,或者仅排除数据集合中违法收集的数据条目,这也并非合理的制度选择。这么做就意味着法院必须在个案中审查收集者违法程度,或者具体识别出违法收集的部分数据,导致操作成本和产权不确定性增加。在"在先权利人"不追究收集者责任的情况下,耗费社会成本似乎并不值当。

当然,这里并不是说,公众的在先权利保护不重要。在先权益保护的法律应该努力为吓阻收集者的违法行为提供有效威慑,而无须在该法律之外以否定数据集合产权的方式提供额外的威慑。这么做的社会成本过高,得不偿失。

Ⅴ 未来完善数据产权制度的宏观思路

现有的商业秘密保护制度、《著作权法》、《反不正当竞争法》(一般性的反抄袭保护)以及原《合同法》(通过合同限定接触者的使用行为)等已经为大多数企业数据集合提供了有效的保护,遗留下的有限空白是处在公开状态而又不具备独创性的数据集合的保护问题。在完善数据产权保护制度时,我们要放弃制定统一的数据产权保护法的思路,优先考虑利用专门立法来保护处在公开状态的没有独创性的数据集合。现在,已经有相当多的司法判决支持对此类数据集合进行保护。不过,法院适用《反不正当竞争法》的原则条款,使社会对于此类保护客体的构成要件、法律禁止的具体行为类型(或者说权利内容)、可能的权利限制或侵权抗辩等,缺乏明确的预期。因此,决策者应当结合现有的司法实践,认真研究立法保护这类数据集合的必要性。如果答案是肯定的,应尽快通过立法明确此类数据集合保护的具体规则。

除了公开数据集合保护立法,另一个重要问题是数据集合的商业秘密保护。在这一方面,我国虽然缺乏统一立法,但是商业秘密保护的制度框架已经成熟,没有彻底改革的必要。不过,针对数据集合商业秘密保护的一些具体规则,还是有很大的完善空间。决策者可以对数据集合的秘密性、保密措施、权利归属、权利限制等出台更具体的规则,使之更具有可操作性。这样将来就可以避免法院将与本案类似的商业秘密许可争议当作特殊数据产权问题来处理。

□ 参考文献

孔祥俊:《商业数据权:数字时代的新型工业产权——工业产权的归入与权属界定三原则》,载《比较法研究》2022 年第 1 期。

崔国斌:《大数据有限排他权的基础理论》,载《法学研究》2019 年第 5 期。

崔国斌:《公开数据集合法律保护的客体要件》,载《知识产权》2022 年第 4 期。

申卫星:《论数据用益权》,载《中国社会科学》2020 年第 11 期。

梅夏英:《数据的法律属性及其民法定位》,载《中国社会科学》2016 年第 9 期。

J. H. Reichman & Pamela Samuelson, *Intellectual Property Rights in Data*, 50 Vand. L. Rev. 51(1997).

073 数据作为商业秘密保护的权利归属认定

杭州车厘子智能科技公司与北京恒誉新能源汽车租赁公司等不正当竞争纠纷案 ｜ 北京知识产权法院(2020)京73民终1598号民事判决书

张浩然 中国社会科学院法学研究所

■ 事实概要

杭州车厘子智能科技有限公司(一审原告、二审上诉人,以下简称X)与北京恒誉新能源汽车租赁有限公司(一审被告、二审被上诉人,以下简称Y)签订《软件系统租用协议》,Y租用X"车纷享"租赁软件系统平台,从事车辆租赁服务,租赁期为2014年9月26日~2017年9月25日。其间,Y使用X的收费系统收取客户支付的租金等费用,所有运营收入归Y所有,与各自业务相关的数据均在X服务器中留存,Y有权随时查阅和调取X保存并记录的Y运营收入及与运营管理费用相关的资料及数据。Y与X租赁合同到期后,转而使用案外人北京轻享科技有限公司运营的"绿狗租车"平台开展汽车租赁业务,利用其持有的会员数据,Y向用户发送短信告知可申请退款和平台转换。

就会员数据归属,双方合同并未作出约定,X主张其后台"恒誉智能租车管理系统"内保存的104551个会员数据构成商业秘密,Y对会员数据的使用构成不正当获取、使用和披露商业秘密。北京市西城区人民法院(2019)京0102民初33310号民事判决一审认定涉案信息构成X的商业秘密,但Y的行为不属于不正当获取行为。X向北京知识产权法院(以下简称二审法院)提起上诉。

■ 裁判要旨

二审法院判决驳回上诉,维持原判。

二审法院认为,本案诉争会员数据不能从公开渠道获知,属于不为公众所知悉的信息;且在相关商业竞争中对于取得优势地位和获得更多交易机会有着重要意义,具有商业价值;X亦采取了相应的保密措施,可以防止涉密信息的泄露,符合保密性条件的要求,故构成商业秘密。X公司为商业秘密的权利人。虽然双方并未对用户数据使用作出明确约定,但Y使用用户数据向会员发送短信的行为不构成对商业秘密的侵犯。因为基于双方租用协议,X向Y开放会员资源,Y作为车辆租赁服务提供方,其使用会员数据系基于履行合同的需要,因此不构成对于X商业秘密的不当获取、使用和公开行为。因此,X的上诉理由不能成立。

■ 评 析

Ⅰ 本判决的思路和意义

针对实践中大数据归属和保护而产生的法律纠纷,原告 X 主张其存储的用户数据构成商业秘密并归其所有,被告 Y 对用户数据的使用构成侵犯商业秘密。二审法院支持了一审法院观点,认定用户数据集合具有秘密性、价值性和保密性,可作为商业秘密保护;但本案特殊之处在于,涉案用户数据实际由原告 X 和被告 Y 共同收集产生,即 Y 提供租车服务,X 进行软件系统管理,生成数据存储于 X 数据库之中,Y 有随时获取相关数据的权利,关于在双方未明确约定情况下如何认定商业秘密权利归属的问题,二审法院认为,存储数据并采取保密措施的实际控制者即 X 是商业秘密的"权利人",但 Y 作为车辆租赁服务提供方,使用会员数据属于继续履行合同需要而不构成不正当使用。该案明确了对大数据集合可以通过商业秘密进行保护,并为将数据作为商业秘密保护时的权利归属问题明晰了裁判规则,在现行《反不正当竞争法》及其司法解释就商业秘密"权利人"认定规则不明确的背景下具有重要参考意义。

Ⅱ 数据作为商业秘密保护权利归属认定的规范及学理

关于商业秘密归属主体的确定规则,现行立法并无直接规定。《反不正当竞争法》第 9 条以及《民法典》第 123 条仅规定商业秘密归属于"权利人",而未对此作进一步界定。2020 年最高人民法院《关于审理侵犯商业秘密民事案件适用法律若干问题的规定》对此也未涉及。

在立法层面,1999 年《合同法》以及《民法典》"技术合同"一章明确了技术合同履行中技术秘密的归属规则。《民法典》第 861 条规定,对合作开发的技术成果,在未明确约定时,"当事人均有使用和转让的权利"。但能否将其认定为商业秘密归属的依据,尚存在两点疑问:第一,由于"技术合同"具有相对性,该规定仅产生合同一方当事人对另一方的请求权,还是作为《反不正当竞争法》上确定"权利人"即商业秘密归属的依据;第二,该规定仅涉及技术信息而不包括营业信息,能否类推适用作为营业秘密归属的确定依据。有观点认为,除原《合同法》相关规定外,在《著作权法》以及《专利法》上,创作作品的作者是著作权人,申请发明的权利属于发明人或设计人,而合作完成的发明创造、作品由合作者共同享有,参考《著作权法》、《专利法》以及原《技术合同法》精神,商业秘密应归属于研究或开发者,共同开发完成的商业秘密,除当事人另有约定外,属于共同开发的当事人共有(戴永盛:《商业秘密法比较研究》,华东师范大学出版社 2005 年版,第 85 页)。除此之外,1995 年国家工商行政管理局《关于禁止侵犯商业秘密行为的若干规定》(已被修改)第 2 条第 6 款规定:"本规定所称权利人,是指依法对商业秘密享有所有权或者使用权的公民、法人或者其它组织。"1997 年《刑法》修订,在规定"侵犯商业秘密罪"时,基本吸收了 1995 年原国家工商行政管理总局的规定,《刑法》第 219 条第 3 款规定:"本条所称权利人,是指商业秘密的所有人和经商业秘密所有人许可的商业秘密使用人。"该解释采取了类似于《专利法》《著作权法》中的发明人、作者认定原则,指出商业秘密的“权利人”包括“对商业秘密享有所有权”的人,即技术信息的发明者或经营信息的收集者,以及“使用权”人即经所有者授权合法使用商业秘密的人(孔祥俊:《商业秘密保护法原理》,中国法制出版社 1999 年版,第 161 页)。其虽然未明确合作开发成果归属,但依据该逻辑,共同开发的商业秘密应属于当事人共有。2020 年 9 月,国家市场监督管理总局公开的《商业秘密保护规定(征求意见稿)》第 9 条作出了同样规定,第 10 条进一步阐明了该逻辑下合作开发成果的归属规则,即在当事人未明确约定时,受委托开发商业秘密归属于受托人,合作开发商业秘密由合作者共同享有。该征求意见稿实际吸收了技术合同的商业秘密归属规则。

我国《反不正当竞争法》对商业秘密的保护起源于《巴黎公约》第 10 条之 2 的反不正当竞争条款以及《与贸易有关的知识产权协定》(Agreement on Trade-Related Aspects of Intellectual Property Rights,可简称 TRIPS 协定)第 39 条对“未披露信息”的保护规定,我国作为两个条约的成员国而受其规定约束,关于《反不正当竞争法》商业秘密“权利人”的解释也必然要与国际条约相一致。在 TRIPS 协定中,第 39 条将商业秘密的归属主体界定为“信息的合法控制人”,规定“自然人和法人应有可能防止其合法控制的信息在未经其同意的情况下以违反诚实商业行为的方式向他人披露,或被他人取得或使用”,但协定却未进一步解释“信息的合法控制人”的内涵。除此之外,相关国际组织示范法以及比较法实践可以作为解释该概念的参考。1996 年,世界知识产权组织《反不正当竞争保护示范规定》第 6 条类似地规定了规定商业秘密归属于“信息的合法控制人”即合法持有人,该条注释将“合法持有人”定义为“合法控制该信息的自然人和法人”。比较法中,2016 年《欧盟商业秘密保护指令》以及 2019 年德国《商业秘密法》直接采用了 TRIPS 协定的规定,规定商业秘密归属于“商业秘密持有人”,即任何合法控制商业秘密的自然人或法人。德国学者认为,与著作权或专利权保护不同,商业秘密保护并非基于个人独创性表达或创造性发明,而是基于其经济价值和保密措施,故商业秘密归属与其是否是商业秘密的发明人并不存在必然关联(例如,某一设备由第三人研发,但这并不妨碍设备所有者保有该秘密信息而成为商业秘密的所有人),而是取决于他人对秘密信息的合法控制(Helmut Köhler, in: Köhler/Bornkamm/Feddersen, UWG, 39. Aufl., 2021, GeschGehG § 2 Rn. 97 - 108),某人必须在事实上或者法律上能够决定、限制或排除他人对该信息的访问(Anne Baranowski, Ramón Glaßl, Anforderungen an den Geheimnisschutz nach der neuen EU - Richtlinie, 2016, S. 2563 ff; Christian Alexander, Gegenstand, Inhalt und Umfang des Schutzes von Geschäftsgeheimnissen nach der Richtlinie 2017, S. 1034 ff.),包括对于设备载体的直接或间接占有,以及技术控制措施等。在数字环境下,确定多方参与生成的商业秘密的归属成为难题,依据此解释,合作研发或生成的商业秘密成果归属将取决于其是否直接或间接地对秘密信息加以控制。例如,在票务系统案(Ticketsysteme)中,奥地利最高法院即明确了此观点,认为存储于原告数据库中的数据虽然来自其用户,但原告为数据管理提供了基础设施,该数据实际处于原告的处分之下,原告对其保密性具有经济利益,因此原告独立于其客户是服务器上存储的秘密数据的所有者(OGH, MR 2016,337)。在我国学界,有学者认为商业秘密权仅仅是一种防御性权利,其权利边界必须依靠保密措施来界定无法类比专利权、著作权而事先授予开发者确定的排他权，故应当以“控制者”标准界定权利人（郑友德、钱向阳：《论我国商业秘密保护专门法的制定》，载《电子知识产权》2018 年第 10 期）。

综上所述，关于商业秘密“权利人”认定，主要存在两种观点：第一，发明人或开发者原则，即商业秘密归开发者以及开发者授权的使用者所有，合作开发约定不明的，归合作开发者共有；第二，控制者原则，商业秘密与其开发者并不存在必然关联，归其实际控制者所有。从本案判决来看，二审法院并未就其裁判标准进行详细探讨，而是直接认定 X 是本案商业秘密的权利人，实际采纳了第二种控制者原则。

Ⅲ 既往司法实践状况

关于商业秘密权利主体认定，如前所述，最高人民法院《关于适用〈中华人民共和国反不正当竞争法〉若干问题的解释》以及《关于审理侵犯商业秘密民事案件适用法律若干问题的规定》均未作出明确规定和给出统一标准，在此前的地方司法实践中也存在不同立场。例如，吉林省高级人民法院知识产权审判庭认为，“商业秘密的权利主体非常广泛，可以讲通过合法手段获取了商业秘密并合法控制它的人都是商业秘密的主体。原告在诉讼当中，必须证明其是诉争的商业秘密的合法主体，既可以是自己开发形成的也可以是继受获得的”（孔祥俊主编：《商业秘密司法保护实务》，中国法制出版社 2012 年版，第 334 页）。吉林省高级人民法院采用的是控制者标准。此外，早期北京市第一中级人民法院采用开发者原则，如在一案例中，被告一原为原告单位软件开发人员，后跳槽到被告二开发同类软件，一审法院认定两被告共同侵犯原告商业秘密，北京市第一中级人民法院经审查认为，被告一在原单位工作之前，曾在案外人公司开发同类软件，其软件开发成功时间早于原告，因此原告主张的商业秘密权利归属存在另外可能，故将该案裁定发回重审（北京市第一中级人民法院知识产权审判庭：《侵犯商业秘密纠纷案件审判综述》，载孔祥俊主编：《商业秘密司法保护实务》，中国法制出版社 2012 年版，第 297 页）。

近期，最高人民法院在从兴技术有限公司与亚信科技（中国）有限公司等侵害商业秘密案［最高人民法院（2019）京民终 231 号民事判决书］中则采纳了开发者原则，在该案中，从兴公司为广东移动提供软件开发服务，合同终止后双方就软件源程序涉及的商业秘密产生争议。最高人民法院认为，“在合同双方当事人就开发软件源程序所负载的技术信息无权利归属约定时，该技术信息应属于实际付出劳动创造该信息的软件开发方”，对双方约定软件著作权共有部分，在商业秘密与著作权保护客体同一的情况下，对于著作权归属的约定理应视为对技术信息归属的约定，双方共有商业秘密。2020 年 12 月 29 日，江苏省高级人民法院通过的《侵犯商业秘密民事纠纷案件审理指南（修订版）》，第 1.4 条更为明确的规定：“权利人是技术秘密和经营秘密的开发者，或者受让人、继承人、权利义务的承继者等。”

Ⅳ 本判决的参考意义及将来的课题

本案中，二审法院明确了大数据可以通过商业秘密保护，但却面临着多方合作生成数据归属难以确定的问题。法院采纳控制者原则，认定实际控制信息并采取保密措施的一方为商业秘密的“权利人”，虽然表面上与目前《著作权法》《专利法》以及最高人民法院司法实践逻辑不尽一致，然而：首先，该解释路径更加接近于 TRIPS 协定以及欧盟各国立法实践；其次，商业秘密与著作权、专利权保护不同之处在于，其并非基于个人独创性表达或创造性发明而排他性归属于相关主体的权利，而是基于秘密信息经济价值和保密措施维护而产生的一种防御性权利，其权利内容、归属均应以事实控制为前提，如果以开发者界定其归属则无法公示其权利主体和边界，因此该解释更值得赞同。不足之处在于，该认定并未进行深入说理和明确的认定规则阐述，由于我国《反不正当竞争法》对商业秘密主体未采用 TRIPS 协定“控制人”概念而是采取了“权利人”的表述，容易将此与《著作权法》《专利法》上的权利人等同，产生其归属于开发者的误解而偏离 TRIPS 协定的内涵。未来仍有待通过立法、司法解释或指导案例的形式明确商业秘密归属的相关认定规则。

参考文献

戴永盛:《商业秘密法比较研究》,华东师范大学出版社 2005 年版。

孔祥俊:《商业秘密保护法原理》,中国法制出版社 1999 年版。

孔祥俊主编:《商业秘密司法保护实务》,中国法制出版社 2012 年版。

郑友德、钱向阳:《论我国商业秘密保护专门法的制定》,载《电子知识产权》2018 年第 10 期。

Helmut Köhler, in: Köhler/Bornkamm/Feddersen, UWG,39. Aufl. , 2021, GeschGehG § 2.

Anne Baranowski, Ramón Glaßl, Anforderungen an den Geheimnisschutz nach der neuen EU – Richtlinie, S. 2563 ff.

Christian Alexander, Gegenstand, Inhalt und Umfang des Schutzes von Geschäftsgeheimnissen nach der Richtlinie (EU)2016/943, WRP 9 (2017), S. 1034 ff.

074 购买 VIP 账号后向用户提供分时出租服务的纠纷性质

北京爱奇艺科技有限公司与杭州龙魂网络科技有限公司、杭州龙境科技有限公司不正当竞争纠纷案 ｜ 北京知识产权法院(2019)京73民终3263号民事判决书

张伟君 浙江大学光华法学院

■ 事实概要

北京爱奇艺科技有限公司(以下简称爱奇艺公司)的用户支付相应对价成为爱奇艺VIP会员后能够享受跳过广告和观看VIP视频等会员特权,但会员仅获得有限的使用权,不得转让、出借、出租、售卖或分享给他人使用。爱奇艺公司发现杭州龙魂网络科技有限公司(以下简称龙魂公司)、杭州龙境科技有限公司(以下简称龙境公司)在案涉App中通过技术手段将爱奇艺VIP账号非法分时出租,使其用户无须向爱奇艺公司付费即可获得爱奇艺VIP视频服务,违反了爱奇艺VIP账号用户协议。爱奇艺公司认为上述行为:一方面通过吸引用户观看视频进行导流,造成爱奇艺App下载量降低;另一方面对爱奇艺App部分功能进行限制,导致用户体验下降。上述行为损害了其合法权益,故将两公司诉至一审法院,请求消除影响并连带赔偿经济损失及合理开支共计300万元。2019年8月28日,北京市海淀区人民法院认为二被告被诉行为违反了《反不正当竞争法》第12条第2款第4项的规定,构成"利用技术手段,通过影响用户选择或者其他方式,实施下列妨碍、破坏其他经营者合法提供的网络产品或服务正常运行"的不正当竞争行为,依法判决支持了爱奇艺公司全部诉讼请求,责令二被告共同赔偿原告经济损失290.7万元及合理开支9.3万元。龙魂公司、龙境公司不服一审判决,上诉至北京知识产权法院,请求撤销一审判决,依法改判驳回爱奇艺公司的全部诉讼请求。

■ 裁判要旨

2020年10月19日,北京知识产权法院驳回上诉,维持原判。

爱奇艺公司通过爱奇艺App提供网络视频播放服务,龙魂公司、龙境公司通过案涉App提供游戏软件分发服务,网络用户均为双方争夺的重要经营资源,并且其经营成败的核心往往也在于网络用户的数量,双方构成竞争关系。

爱奇艺公司在《爱奇艺PPS用户网络服务使用协议》(以下简称《用户协议》)、《爱奇艺

VIP 会员服务协议》(以下简称《VIP 协议》)中对爱奇艺 VIP 付费会员的使用行为进行了明确限制,禁止将爱奇艺 VIP 账号用于租用、借用、转让或售卖等商业经营之目的,两公司实施的分时段出租爱奇艺 VIP 账号的行为显然破坏了爱奇艺公司基于自主经营权对其 VIP 账号所作的限制,亦非基于通过对网络新技术的运用向社会提供新产品服务进而促进行业新发展的需要,具有不正当性和可责性。两公司利用流化技术使用户无须向爱奇艺公司付费即可享受爱奇艺 VIP 视频服务,并对爱奇艺 App 部分功能进行限制,妨碍了爱奇艺公司合法提供的网络服务的正常运行。被诉行为不仅直接损害了爱奇艺公司的经营收益,而且从长远来看也将逐步降低市场活力,破坏竞争秩序和机制,阻碍网络视频市场的正常、有序发展,并最终造成消费者福祉的减损。根据《反不正当竞争法》第 12 条第 2 款第 4 项之规定,经营者不得利用技术手段,通过影响用户选择或者其他方式,实施妨碍、破坏其他经营者合法提供的网络产品或者服务正常运行的行为。被诉行为违反了上述法律规定,已构成不正当竞争。

■ 评　析

不少视频网站新开播的影视剧一般仅供 VIP 会员专享,但为了看影视剧而充值成会员后,有的网络用户未必时时观看,于是,有的商家推出的分时段出租 VIP 账号的商业服务,受到网友欢迎。但是,这样的经营模式显然会减少依靠会员收费盈利的各大视频网站的收益。因此,视频网站往往以这样的商业行为构成不正当竞争为由提起侵权诉讼。本案是我国首例分时出租视频网站会员账号使用时长的网络不正当竞争纠纷案。

Ⅰ 爱奇艺公司《用户协议》以及《VIP 协议》中限制性条款的商业意图

爱奇艺公司称其经营模式包括“付费 VIP 会员”模式,用户只有支付相应对价,成为爱奇艺 VIP 会员后才能享受跳过广告和观看 VIP 视频等会员特权。理论上,购买了 VIP 账号的用户可以不限时地使用这个账号来观看影视剧,但是,事实上,一个 VIP 用户不可能整天不间断地使用这个账号,因此,他很有可能在自己不使用的时候将此账号临时转让给他人使用,这就是所谓的“分时出租”。

一方面,“分时出租”使非 VIP 会员也可以通过有偿或者无偿地获取账号的方式获得会员特权。爱奇艺的“付费 VIP 会员”商业模式可能遭遇冲击,使一部分本来可能会购买 VIP 服务的用户不再购买爱奇艺的 VIP 服务。另一方面,在没有合同约束的情况下,“分时出租”未必就是不合理或者不合法的。如果把网络用户付费购买的这个“特权”视为一项财产的话,那么,在一般情况下,买家是有权处分自己通过支付相应对价而获得的财产的。虽然“账号特权”与有形财产权未必能画等号,但是,只要是在爱奇艺公司允许该 VIP 用户享受的权限范围内,在该用户不享受这个特权服务的时间里,他将这项服务提供给他人享受,应该也没有给爱奇艺公司带来什么直接的损失,因为不管是谁享用,这个服务内容本身是在该 VIP 用户已经支付对价的范围里。所以,“分时出租”究竟是购买了 VIP 账号的用户的合法权利,还是不正当地损害了爱奇艺公司的权益,应该是一个处于“灰色地带”的有争议的问题。

于是,爱奇艺公司为了阻止一个 VIP 账号被并未购买 VIP 服务的其他人分享使用,在相关协议中对购买了 VIP 服务的用户进行了明确限制。《用户协议》约定:“用户仅拥有爱奇艺或 PPS 账号的有限使用权,用户不得将爱奇艺和 PPS 账号转让、出借、出租、售卖或分享予他人使用。”《VIP 协议》约定,“禁止以商业目的使用 VIP 会员服务提供的视频,包括但不限于将您的爱奇艺 VIP 账户有偿或无偿提供给任何第三人,并允许他人通过您的账户观看非他人付费购买的 VIP 会员服务提供的视频”。很明显,爱奇艺公司在合同中作出如此约定的目的无非就是避免上述可能出现的“分时出租”,尽可能地扩大购买 VIP 服务的用户数量。因此,购买 VIP 服务的用户的“分时出租”行为与此协议条款的约定是相违背的。

Ⅱ 被告购买爱奇艺账号后的“分时出租”行为对爱奇艺商业利益造成损害

爱奇艺公司在本案中主张两被告所实施的主要不正当竞争行为就是“在涉案 App 中通过流化技术将爱奇艺 VIP 账号非法分时出租,使其用户无须向爱奇艺公司付费即可获得爱奇艺 VIP 视频服务”。对此,爱奇艺公司认为,分时出租“违反了爱奇艺 VIP 账号用户协议,既造成爱奇艺 App 下载量的降低,损害了爱奇艺公司的付费会员制度,也通过吸引用户观看视频进行导流”。也就是说,被告因为“违反协议”这个行为导致了原告付费用户的减少,反过来,被告也就因此获得了用户流量及相关收益。原告的这一诉讼主张得到了一审法院的充分支持。一审法院认为“被诉行为对爱奇艺公司合法权益造成了显而易见的损害”,一方面是被告行为“显然会减少爱奇艺 VIP 会员收入”,另一方面被告“通过设置积分规则提升用户粘性,包括希望通过积分兑换 VIP 账号使用时长而免费观看爱奇艺 VIP 视频的部分用户。这部分用户流量,本应为爱奇艺公司所获得”。这样的结论看似合乎道理,但是,背后的论证其实存在不够周延的问题。

首先,为了说明被告的行为如何减少爱奇艺公司 VIP 会员,一审法院承认:“现实中网络视频用户有诸多类型,对于仅对某个 VIP 视频感兴趣而不希望购买包月以上会员服务的用户,或希望同时获得不同网络视频平台中的 VIP 视频服务的用户而言,在涉案 App 付费购买积分并使用积分观看视频这一方式显然更加具有吸引力。”这就意味着,事实上这部分网络视频用户并不愿意购买原告的 VIP 账号,因此,即使没有被告的“分时出租”行为,这些用户是否必然就会成为原告的会员,在没有进一步的确凿证据和分析评判的情况下,法院并不能得出肯定的结论。但是,在分析原告的流量损失时,一审法院却直接得出了“希望通过积分兑换 VIP 账号使用时长而免费观看爱奇艺 VIP 视频的这部分用户流量,本应为爱奇艺公司所获得”的结论。这个结论显然与这部分用户并不愿意购买爱奇艺 VIP 账号的事实之间存在背离。在那些使用“分时出租”服务的用户中,有多少是如果不使用“分时出租”就必然或者说很有可能购买 VIP 服务的用户,有多少是如果没有“分时出租”也不会去购买 VIP 服务的用户?法院的判决不能忽略对这个问题的分析。

其次,为了说明被告的行为对原告造成的损害,一审法院还认为“该项行为扰乱了爱奇艺公司的正常经营活动”。其理由是:案涉 App 中爱奇艺 VIP 账号下的“观看历史”远超一般情况下正常用户可能观看的视频总量;另外,这些账号基本保持24小时实时在线,且在若干小时内有百余个视频播放量,此种在线时长、视频播放量远超出个人用户正常使用情形。据此,被告分时出租爱奇艺VIP账号明显增加了爱奇艺公司在提供VIP视频服务时的运维成本,而爱奇艺公司并未因此额外支出而获得相应用户量或其他利益,显然扰乱了爱奇艺公司的正常经营活动。上述分析看似言之成理,但其实回避了被告提出的一个抗辩理由:被告"系合法取得爱奇艺VIP账号使用权且账号一直由其控制,案涉App系通过流化技术实现对爱奇艺VIP账号使用时长的出租,只是利用了新技术实现充分利用爱奇艺VIP账号使用时长的新型商业模式""在云端的爱奇艺VIP会员账号同时只能由一个用户使用,每天的使用时间也无法超过24小时"。被告的这个抗辩并非毫无道理。在爱奇艺的《用户协议》以及《VIP协议》对VIP用户设置了限制性条款的情况下,确实一般个人用户是不太可能"保持24小时实时在线"的,但是,从理论上来说,如果某位个人用户真的"保持24小时实时在线"以及观看数量超出常人观看的视频总量,无论如何这依然是在购买了爱奇艺VIP服务的用户可以享有的"特权"范围之内的,换句话说,既然用户已经支付了相应的对价,爱奇艺公司就理应提供这样的服务,如果没有上述"限制性条款"的约束或者不考虑被告的"分时出租"行为已经构成故意违约,那么,即便"24小时"内有不同的个人不间断地使用被告购买的同一个爱奇艺VIP账号,也并不存在"增加运维成本和额外支出"的问题,被告所称"未扰乱爱奇艺公司的正常经营活动,未损害爱奇艺公司的利益"也具有一定的说服力。

总之,本案作为一个不正当竞争纠纷案件,最为关键的问题是如何论证被诉行为对爱奇艺公司合法权益造成了损害。就目前判决书的分析而言,本文认为尚存在说理不够充分甚至难以自圆其说之处,因此,判定被告的行为构成不正当竞争,依然存在可以商榷之处,而并非那么"理所当然"。事实上,从本案的事实来看,双方当事人的利益冲突本质上就是"争夺潜在客户"的问题。在将反不正当竞争行为类型化的实践中,德国《反不正当竞争法》将"争夺竞争者的顾客"列为涉嫌"阻碍竞争"的不正当竞争行为,而一般来说,"争夺竞争者的潜在顾客,其本身并不构成不正当行为。即便对竞争者造成了阻碍,也需要有其他不正当情形的存在,行为才构成不正当的阻碍竞争。例如,通过不可合理预期的骚扰或者不客观合理的影响强迫竞争者的潜在的顾客与自己缔结合同"(范长军:《德国反不正当竞争法研究》,法律出版社2010年版,第173~174页)。可见,要满足这样的构成要件,"门槛"不低。

就本案而言,首先,那些使用被告"分时出租"服务的顾客是否必然属于原告的"潜在顾客"依然存疑;其次,在被告已经购买原告VIP账号的情况下"突破"协议约束在该账号所具有的使用功能的范围内将其提供给第三方使用是否一定不正当,也依然值得探讨,对于"限制性条款"的分析不应该仅依据原《合同法》去评判其是否属于无效的格式条款(如本案一审法院的判决中的分析),还要依据《反垄断法》去分析这样的约定是否可能涉嫌协议限制竞争;最后,那些使用被告"分时出租"服务的用户其实都是自愿的甚至是期望获得这样的服务的,因此并不存在任何"强迫"缔约的问题。所以,虽然本案原告提起了不正当竞争纠纷的诉讼,法院也支持了原告的诉请,但是,本文认为这个法律纠纷案件的性质或案由依然值得商榷,原告以不正当竞争为由提起诉讼是否为最合理的诉讼方案,也值得反思。

Ⅲ 本判决的参考意义及将来的课题

本文认为,如果不考虑本案涉及的《用户协议》以及《VIP 协议》中最为关键的"限制性条款"是否有效以及是否违反《反垄断法》的问题,从本案的纠纷性质来看,被告的行为更适宜作为违约行为(合同纠纷)而不是作为侵权行为(反不正当竞争纠纷)来分析。

对于这个问题,本案一审法院也作出了回应,并认为本案是违约与侵权的竞合。一审判决指出:本案中,双方均认可就案涉 App 中的爱奇艺 VIP 账号,爱奇艺公司与被告之间成立了合同关系。原《合同法》第 122 条规定:如一方违约而侵害对方财产权益的,受损害方既可根据《合同法》要求违约方承担违约责任,也可依照其他法律要求违约方承担侵权责任;在违约责任与侵权责任竞合的情况下,受损害方有权任择其一行使请求权。因此,即便双方存在合同关系,爱奇艺公司并不必然应当提起违约之诉,其选择提起本案之诉亦符合原《合同法》前述规定。

但是,本文认为,本案涉及的相关协议中的限制性条款是原告能够提起本案诉讼的关键。本案中,原告主张被告的行为构成不正当竞争的首要理由其实就是分时出租"违反了《用户协议》";而且,被告也认为"上述协议是爱奇艺公司提供的单方格式条款,即便用户未按约定使用爱奇艺 VIP 账号,也只构成违约责任,与不正当竞争无关"。而且,一审法院得出被告的行为具有"不正当性"的其中一个理由就是"该项行为破坏了爱奇艺公司对 VIP 账号设置的权限",也就是说违反了协议的"限制性条款",因为"即便爱奇艺 VIP 会员支付相应对价获得了 VIP 账号的使用,其亦应在《用户协议》《VIP 协议》约定的使用权限范围内行使"。因此,如前所述,如果没有这个限制性条款,本案原告几乎就没有提起本案诉讼的基本前提或者说事实基础,被告的行为不仅不会构成违约,也难以被认定为侵权。

事实上,如果本案以合同纠纷来审理的话,被告的违约是很明显的,因此,无论是原告,还是法院,都并不需要费那么多的笔墨来论证本案被告的行为是否构成不正当竞争,而且本案的行为构成违约,也更符合案件事实和争议实质。此外,从损害赔偿的角度来看,本案被告的行为,无论是构成违约,还是构成侵权,其造成的损害结果是相同的,原告获得的损害赔偿也不至于有什么实质差异。因此,从原告的诉讼策略来讲,本案更应该被视为合同纠纷而不是侵权纠纷。

□ 参考文献

范长军:《德国反不正当竞争法研究》,法律出版社 2010 年版,第 173 ~ 174 页。

075 NFT 数字作品交易的著作权问题

深圳奇策迭出文化创意有限公司诉杭州原与宙科技有限公司著作权侵权纠纷案 ｜ 杭州互联网法院(2022)浙 0192 民初 1008 号民事判决书

王　杰　上海交通大学凯原法学院

■ 事实概要

漫画家马千里创作了“我不是胖虎”系列动漫形象。该动漫老虎形象憨态可掬,受到公众喜爱,并引发一些媒体关注。2021 年 3 月,原告深圳奇策迭出文化创意有限公司(以下简称奇策公司)与作者马千里签署著作权授权许可使用合同,获得“胖虎”系列作品在全球范围内独占的财产性著作权及维权权利。被告杭州原与宙科技有限公司(以下简称原与宙公司)运营 bigverse 平台,供用户发布、交易 NFT(Non-Fungible ToRen,非同质化通证)数字作品。原告发现被告的用户“anginin”在 bigverse 平台上铸造发布了其享有著作权的“胖虎打疫苗”NFT 作品,该 NFT 作品的右下角甚至还保留了“@ 不二马大叔”(马千里的微博名)的水印,于是起诉被告侵犯著作权。

原告认为,被告原与宙公司作为专业的 NFT 作品交易平台,应对用户发布作品的权属进行初步审查,允许带有“@ 不二马大叔”水印的侵权作品上传表明其没有尽到著作权审查义务。另外,被告在 NFT 作品铸造、销毁、赠与的过程中都会收取燃料费,且从 NFT 作品的每次交易中抽成,构成从侵权行为中直接获益。被告原与宙公司则辩称,其运营的 bigverse 属于供用户发布交易 NFT 作品的第三方平台,并无事先审查发布作品著作权状况的义务,在根据《通知—删除规则》履行事后著作权审查义务后无须承担侵权责任。此外,被告还提出了发行权权利用尽的抗辩主张。

■ 裁判要旨

被告应承担侵权责任。

NFT 数字作品的交易由于不涉及作品原件或复制件所有权的转移,因而不属于发行行为,被告主张发行权一次用尽的抗辩也就不能成立。NFT 数字作品的交易本质上属于信息网络传播行为,交易平台作为网络服务提供者在明知或应知交易作品侵权却怠于制止时构成帮助侵权。介于 NFT 数字作品的特殊性与交易模式、平台的技术特点和控制力以及营利模式,被告应对用户上传作品的著作权状况进行初步审查,防止在一般理性人看来明显侵权的内容发布。本案被告怠于履行相应的著作权注意义务，导致侵权内容的发布，应承担侵权责任。

■ 评 析

Ⅰ 本案焦点

1. NFT 数字作品交易的定性

NFT 数字作品交易是近年来随着原宇宙概念的兴起而诞生的作品交易方式，该类交易的著作权定性引发不少争议。本案中的被告主张，NFT 数字作品交易是作品复制件所有权的转让，属于发行权的范畴，应适用发行权一次用尽规则，从而排除著作权人对 NFT 数字作品流转的控制。法院则认为，尽管 NFT 数字作品交易的法律效果是所有权转移，但因为其不涉及作品原件或复制件所有权的转移，故在被告平台上销售 NFT 数字作品的行为不属于发行权的范畴。此外，NFT 数字作品通过所谓的铸造被公开在互联网上，使公众可以在选定的时间和地点获得 NFT 数字作品，因而 NFT 数字作品交易由信息网络传播权规制。基于以上两个原因，法院认为 NFT 数字作品的交易不适用发行权一次用尽规则。对于 NFT 数字作品交易的对象，法院认为，在 NFT 交易模式下，一部数字作品的每一个复制件均由一串独一无二的元数据（NFT）指代，此时复制件被特定化为一个具体的“数字商品”，而 NFT 交易实质上是“数字商品”所有权的转让。NFT 数字作品买受人对其享有排他性占有、使用、处分、收益等权利，该财产权益并非对一项数字财产的使用许可，也不是对一项知识产权的转让或许可授权。

法院正确指出了发行权与信息网络传播权的区别。根据我国《著作权法》第 10 条第 6 项规定，发行权是指“以出售或者赠与方式向公众提供作品的原件或者复制件的权利”，因此发行是通过转移作品载体所有权的方式传播作品。信息网络传播权则涵盖网络环境中交互性的传播。由于 NFT 数字作品的铸造发布涉及到作品的上传，且使公众能够在自己选择的时间和地点获得该作品，因而未经授权的 NFT 数字作品铸造发布侵犯信息网络传播权自不待言。在本案中，即使被告铸造发布 NFT 数字作品的行为被认定为发行，其也无法主张发行权一次用尽，因为该数字作品复制件的制作未获著作权人的许可。NFT 数字作品的铸造和发布仅是交易的准备阶段，实现 NFT 数字作品的交易才是此商业模式的核心。法院认为，本案中的交易对象是“数字商品”的所有权，而数字商品则是经过 NFT 特定化的作品复制件。值得注意的是，尽管 NFT 与作品复制件之间存在唯一对应关系，但 NFT 交易通常不意味着其指代的作品复制件所有权的转移，因为买受人对 NFT 指向的作品复制件享有的权益由智能合约约定。本案被告运营的 bigverse 平台在作品交易页面的下方告知买受人获得的权利。如“拥有该数字作品，但数字作品的知识产权仍由作品知识产权的权利人拥有。数字作品的知识产权并不因数字作品的交易行为而发生任何转移或共享。用户可以进行学习、研究、欣赏、收藏”。还有些交易条款显示买受人“在持有作品期间取得著作权人全球范围内永久性的著作权使用许可授权”。由此可见，法院认定的交易对象——“数字商品”

是由一系列有关作品利用的权益构成,其具体内涵会因交易条款的不同而不同。NFT 作为作品复制件的唯一指代兼数字商品的权益凭证,NFT 的交易意味着数字商品(智能合约规定的作品利用权益的集合)所有权的转移。

2. NFT 交易平台的责任

被告认为,其运营的 bigverse 作为第三方平台,并无事先审查发布作品著作权状况的义务,只需依《通知—删除规则》履行事后审查义务后即可免于承担侵权责任。法院虽然认同 bigverse 平台属于网络服务提供者而非内容提供者,但认为需结合 NFT 数字作品的特殊性与交易模式、技术特点、平台控制能力、营利模式等方面综合判断其应当承担的著作权注意义务。对于 NFT 数字作品的特殊性与交易模式,法院认为,NFT 数字作品的铸造需要以上传者有相应的权利为前提,且由于交易由智能合约自动执行,一旦侵权可能会涉及多个主体利益,造成较大损害的可能性高,因而平台需审查上传作品的著作权状况。针对技术特点与平台控制力,法院认为,在技术层面,作品每次上传平台都要审核后才能发布,且被告的平台上并不存在海量交易,审查成本不高,故平台的控制能力较强。就营利模式而言,bigverse 平台不但在铸造时收取作品燃料费,而且从每一次作品交易中按比例收取佣金和燃料费,属于直接从侵权交易中获益。综上,法院认为,被告应对平台上 NFT 作品的著作权做初步审查,应防止在一般理性人看来明显侵权的作品的上传。被告仅通过"全国作品登记信息公示系统"审查上传作品的著作权状况,而不涵盖线下作品以及互联网上公开的作品,没有尽到相应的注意义务。此外,本案中的涉案作品上还带有权利人的水印,属于较为明显的侵权内容。综上,法院认定,被告知道也应当知道其用户侵害信息网络传播权却未能及时采取有效制止侵权的必要措施,存在主观过错,构成帮助侵权。

网络服务提供者的著作权注意义务一直是业界关注的焦点。我国《信息网络传播权保护条例》(以下简称《信网条例》)规定了网络接入、网络缓存、网络存储、网络检索等四类服务商,他们共同的特点是不提供内容仅为内容传播提供技术服务。《信网条例》根据四类服务商技术特点的不同,分别赋予它们在一定条件下免于承担赔偿责任的优待。这些条款的内容参考《美国新千年数字版权法案》中"避风港"条款的规定,与我国固有的侵权判定体系不兼容,在适用中引发不少争议。最高人民法院颁布的《关于审理侵害信息网络传播权民事纠纷案件适用法律若干问题的规定》(以下简称《信网若干规定》)则没有从免责角度规定网络服务提供者的免责条件,而是从归责角度规定,当网络服务提供者对侵权内容的传播有过错时构成帮助侵权。随着信息技术的进步、商业模式的更新,实践中出现了《信网条例》难以涵盖的新类型网络服务提供者,此时《信网若干规定》根据侵权判定的一般原理制定的归责条款具有更好的包容性。本案中,法院即认为 NFT 作品交易平台不属于《信网条例》规定的四类网络服务提供者,而是一种新的网络服务提供者。

实践中的网络服务提供者形态多样,其应承担的著作权注意义务不可一概而论。《信网若干规定》第 9 条列举了多个因素供法院判定网络服务提供者是否应知用户侵权,大致包括网络服务提供者的商业模式造成侵权的可能性、对侵权内容的控制能力、是否主动介入侵权内容的传播、侵权内容的明显程度、是否采取合理措施防止侵权等。这些因素符合过错认定的一般规则,但解释的空间较大,因而实践中网络服务提供者究竟应当承担何种程度的注意义务时常引发争议。网络服务提供者一般主张,其根据权利人的通知删除侵权内容即尽到著作权注意义务;而权利人通常主张网络服务提供者承担著作权审查义务;法院在某些情形下,如涉案作品知名度较高、被告从侵权中直接获益等,要求网络服务提供者承担更高的注意义务。值得注意的是,更高注意义务的边界并不明晰,在判决中与网络服务提供者承担侵权责任呈对应的关系,这导致承担更高注意义务与审查义务在法律效果层面并无实质区别。

网络服务提供者注意义务的界定涉及著作权保护与网络产业发展之间的冲突与协调。为了推动网络产业的发展,《美国新千年数字版权法案》设置"避风港"条款,不要求网络服务提供者承担著作权普遍审查义务,以免给其运营施加过重的负担。虽然我国《信网条例》并未明确免除网络服务提供者的著作权普遍审查义务,且司法实践中,法院已逐步转向从归责角度判定网络服务提供者的责任,但避免给网络服务提供者施加过重的负担亦是我国法院认可的理念。《信网若干规定》第 9 条第 1 项便规定,网络服务提供者的过错判定应考虑其具备的信息管理能力。本案中,法院认为被告应对上传作品尽审查义务,该判定不无可商榷之处。法院的理由主要有三:其一,一旦上传作品构成侵权,则可能造成较大损害;其二,由于上传作品数量不多,审查并不会给被告造成过重的负担;其三,被告从侵权中直接获益。对于第一点,《信网若干规定》第 9 条第 1 项要求法院考量服务"引发侵权可能性的大小",这与"造成较大损害的可能性"是两个不同的概念。对于第二点,上传数量确实会影响平台的审查能力,但上传数量少并不意味着平台能够审查所有作品的著作权状况。在创作门槛大为降低的时代,公众创作已渐成潮流,且著作权采自动获得制,要获知作品著作权的真实状况并不容易。此外,涉案平台上交易的作品以图片、动图和短视频为主,不像音乐和影视领域已有较为成熟的技术过滤手段。因此,法院要求被告的著作权审查范围涵盖线上、线下公开的作品确有强人所难之嫌。对于直接获益的判定,法院的论证也有可商榷之处。本案中,被告的获益分为两部分:其一为上传作品时铸造 NFT 收取的所谓燃料费,其二为作品交易时按比例收取的佣金及燃料费。根据《信网若干规定》第 11 条第 2 款的规定,直接获益包括"针对特定作品、表演、录音录像制品投放广告获取收益,或者获取与其传播的作品、表演、录音录像制品存在其他特定联系的经济利益",而"因提供网络服务而收取一般性广告费、服务费等"则不属于直接从侵权中获益。被告收取的燃料费显然属于一般性的服务费。按比例收取的交易佣金看似属于从侵权中直接获益,但佣金政策并非针对特定作品而是被告平台上的一般交易规则,因此,交易佣金是否属于直接获益也不无疑问。"直接获益"的概念首现于《信网条例》第 22 条第 4 项,参考了《美国新千年数字版权法案》第 512 条的规定,而第 512 条中的"直接获益"则源自美国普通法中替代责任。替代责任有两个构成要件:一是被告必须有权利和能力去监控侵权行为,二是被告必须因侵权获得了明显的、直接的收益。这两个要件相互独立,必须同时具备才能让被告承担替代责任。美国著名电商平台 eBay 的营利模式建立在从交易中提取佣金,但并未被美国法院认定从侵权中直接获益。《信网若干规定》第 11 条第 2 款规定的"针对特定作品……"蕴含了平台对作品控制力的要求,若平台不能对上传内容进行甄别和筛选,则无法针对特定作品投放广告。该款后半句规定的“获取与……存在其他特定联系的经济利益”在解释时应遵循类似限定,否则“其他特定联系”的范围可能无限扩张。此外,从目的解释的角度,规制直接获益是为了减少平台上的侵权,而将佣金认定为直接获益对抑制侵权并无裨益,平台换个收费名目即可轻易规避。

虽然本案中法院认为被告应对上传作品承担审查义务存在不妥之处,但判定被告构成帮助侵权并无不当。涉案作品“胖虎打疫苗”属于漫画家马千里创作的“胖虎”系列作品之一,具有一定的市场知名度,且发布的作品上还标有“不二马大叔”的微博水印,属于侵权较为明显的内容,被告在审核上传作品时稍加注意便能识别其中的侵权风险较高,却怠于要求上传者提供作品的权属证明。因此,被告应当知道用户利用其网络服务从事侵权却继续为其提供服务,构成帮助侵权。

Ⅱ 本判决的参考意义及将来的课题

1. 发行行为与信息网络传播行为的区别

发行权控制的是通过转移作品载体所有权的方式向公众提供作品的行为,而信息网络传播权控制的是互联网上交互式作品传播行为,不涉及作品有形载体的移转。有学者认为,发行权的核心特征是“所有权转让”,至于载体为有形还是无形则无关紧要,因此,网络空间数字作品复制件的销售也可归入发行。该观点有一定道理,但却无法适用于 NFT 数字作品交易。从表面上看,一个 NFT 对应一件数字作品的复制件,NFT 似乎发挥着作品载体的功能。尽管如此,NFT 本质上是权利凭证,并不载有作品的任何表达,因而从技术角度来说不属于作品载体。再者,从法律效果的角度,NFT 数字作品交易与有形作品载体交易也不相同。NFT 数字作品的交易仅导致 NFT 这一权利凭证所有权的转移,并不意味着买受人能对 NFT 指代的特定作品复制件进行占有、使用、收益、处分的权利。买受人对复制件享有的权利由智能合约规定,并体现在 NFT 中,这与有形作品载体交易产生的法律效果完全不同。如,NFT 数字作品交易通常包含了买受人可以在平台上展示作品的约定,该约定本质上是授予买受人通过信息网络传播作品的一般许可,而有形作品载体的交易不会包含该许可。因此,NFT 数字作品交易纵然有作品复制件的拟制移转,也难以归入发行权的范畴。

2. 将 NFT 交易的对象抽象为数字商品

NFT 的全称为非同质化权益凭证,其指代由智能合约规定的对特定数字作品复制件享有的一系列权益。由于 NFT 与特定作品复制件之间一一对应的关系,NFT 具有天然的排他性与稀缺性,易于成为交易的对象。当 NFT 与数字作品交易相结合催生相关市场顺理成章。对于现在市面上绝大部分的 NFT,买家所获得的仅仅是储存、出售和转让该 NFT 的权益,而并未拥有 NFT 背后艺术品的知识产权。佳士得提供的合约规定,“您承认您购买该拍品意味着您对 NFT 本身拥有全部所有权,包括存储、出售和转让此 NFT 的权利。除了使用、复制和展示的权利之外,您购买的拍品不提供任何明示或暗示的权利(包括但不限于任何著作权或其他知识产权)作为 NFT 背后的数字资产用于您个人、非商业用途的数字资产,或与 NFT 的拟议销售或转让以及本销售条件中明确包含的任何其他权利相关的数字资产”（超凡：《不要神化 NFT！七个问题解答你的疑惑》，载微信公众号“Hi 艺术”2021 年 8 月 12 日，https://mp.weixin.qq.com/s/YlX2jgZKLie3n3_YpmRAoQ）。因此，NFT 数字作品交易的对象为智能合约规定的针对特定作品复制件享有的一系列利用权益。该一系列利用权益经 NFT 特定化具备了排他性、稀缺性和交换价值，法院将其抽象为“数字商品”具有一定的理论研究价值和实践探索意义。

3. NFT 交易平台的著作权注意义务之认定

随着信息技术的进步、商业模式的更新，《信网条例》规定的四类网络服务提供者已无法涵盖众多新型平台，而《信网若干规定》根据侵权判定的一般原理从归责角度规定的过错多因素综合判定法更符合实践的需要。本案中的法院遵循《信网若干规定》，正确指出应结合 NFT 数字作品的特殊性与交易模式、技术特点、平台控制能力、营利模式等方面综合判断其应当承担的著作权注意义务。尽管如此，法院在具体分析各因素时对“引发侵权可能性的大小”“直接获益”等概念存在误读。此外，平台著作权注意义务的认定应当平衡著作权保护与平台发展的需要，避免给平台施加过重的注意义务。本案中，法院认为被告应对上传作品承担初步审查义务，防止在一般理性人看来明显侵权的内容上传；但在解释审查义务的范围时要求被告囊括线上、线下公开的美术作品，这显然超过了被告的审查能力。

Ⅲ 本案遗留的问题

我国《著作权法》第 10 条第 6 项规定，发行权是指“以出售或者赠与方式向公众提供作品的原件或者复制件的权利”。该定义仅是强调了作品载体所有权的转移，但并未明确要求载体为有形。本案中的法院将发行权限定为作品有形载体的移转。有学者认为，发行权的核心在于载体所有权的移转，至于载体为有形还是无形并不相关。实践中已经出现完全模拟线下交易的二手电子书、音乐、视频市场。例如，在美国亚马逊公司运营的二手内容交易平台，当用户将其账户下的数字内容访问权转移给其他用户，则其无法再访问该内容；腾讯音乐平台也上线了数字专辑转赠功能。这些完全模拟线下交易模式的数字作品交易能否归入发行的范畴还有待进一步厘清。

针对直接获益的范围，《信网若干规定》第 11 条第 2 款要求利益的获取与侵权内容存在特定联系。至于何谓“特定联系”，该款除了列举“针对特定作品、表演、录音录像制品投放广告获取收益”的情形外，并未提供其他解释指引。这可能导致直接获益的范围不当扩大。本案中法院将铸造 NFT 的燃料费认定为直接获益便是典型示例。因此，关于直接获益判定中“特定联系”的解释标准仍有待明确。

参考文献

王迁、王凌红：《知识产权间接侵权研究》，中国人民大学出版社 2008 年版。

陶乾：《论数字作品非同质代币化交易的法律意涵》，载《东方法学》2022 年第 2 期。

王杰：《网络存储空间服务提供者的注意义务新解》，载《法律科学》2020 年第 3 期。

076 游戏作品著作权保护模式的认定

蓝月传奇诉烈焰武尊游戏侵权案 | 浙江省杭州市中级人民法院
一审(2018)浙01民初3728号民事判决书

王 坤 浙江省社会科学院法学所 王 展 上海市通力律师事务所

■ 事实概要

上海恺英网络科技有限公司(以下简称恺英公司)、浙江盛和网络科技有限公司(以下简称盛和公司)与苏州仙峰网络科技股份有限公司(以下简称仙峰公司)著作权侵权纠纷案。《蓝月传奇》游戏系由张家辉等明星代言的一款大型多人APRG网页游戏。原告盛和公司、恺英公司分别为《蓝月传奇》页游的著作权人和独家代理及运营权人。该游戏自2016年上线以来稳居畅销榜前列,并获得"玩家最喜爱的网络网页游戏"等众多奖项和荣誉。被控《烈焰武尊》手游的运营方为仙峰公司,2018年6月7日,被控游戏上线进行不删档测试,并先后多次进行了游戏版本更新。经比对,被控《烈焰武尊》手游与《蓝月传奇》页游存在大量相同或近似之处。原告盛和公司、恺英公司主张,《蓝月传奇》页游的独创性表达主要在于角色养成系统、消费奖励系统和场景(副本)段落中的具体玩法规则、属性数值的取舍和安排;《烈焰武尊》手游全部游戏作品核心独创性表达要素与《蓝月传奇》页游相同或实质性相似。被告仙峰公司辩称,其已经取得株式会社传奇IP的授权;盛和公司、恺英公司所主张客体不具有独创性,不应受到《著作权法》的保护,且仙峰公司已经对被诉侵权游戏进行了更新。杭州市中级人民法院于2019年4月29日作出先行判决认定侵权成立,同时出具行为保全禁令。仙峰公司不服,对先行判决提起上诉。

■ 裁判要旨

浙江省高级人民法院经审理后于2020年3月2日作出二审判决——驳回上诉,维持原判。

1. 对于角色扮演类游戏而言,具体的玩法规则、属性数值策划、技能体系等属于游戏设计的核心部分,美术、配乐等形象设计服务于游戏情节的需要。《蓝月传奇》页游对于创作元素、属性与数值的取舍、安排及其对应关系,以及各个系统相互之间的有机组合形成的特定玩法规则和情节具有独创性,已达到使其区别于其他游戏的创造性高度,并通过操作界面内直白的文字形式或连续动态画面方式对外呈现,该特定玩法规则和情节在游戏运行整体画面中的具体表达属于《著作权法》保护的客体。

2.《烈焰武尊》手游与《蓝月传奇》页游均由三大系统架构组成,两者在角色养成系统的

17 个子系统、消费奖励系统的 10 个子系统、场景(副本)段落的 6 个子系统的设置上存在对应关系。从整体游戏架构来看,《烈焰武尊》手游对于子系统的选择、安排、组合方式与《蓝月传奇》页游构成实质性相似。

3. 采用"先行判决+临时禁令"的救济模式。考虑到被控侵权《烈焰武尊》手游的发行渠道较多,查明因侵权所获利益仍需大量时间精力;而游戏一般生命周期较短,不及时制止侵权将造成损害结果的进一步扩大且难以弥补。根据申请,杭州市中级人民法院于 2019 年 4 月 26 日作出先行判决:仙峰公司立即停止侵害《蓝月传奇》页游著作权的行为。同时,考虑到一审判决未生效,不具有强制执行力,杭州市中级人民法院还同步作出诉中行为保全裁定:仙峰公司停止自行或授权其他主体复制、通过信息网络传播《烈焰武尊》手机游戏。

■ 评　析

Ⅰ 游戏著作权常规保护模式

电子游戏作为一种新型的娱乐方式,与互联网信息技术的发展息息相关,迄今为止,在我国仅仅二十余年。在司法实践中,对于游戏著作权的保护模式,主要有以下两种模式:

1. 元素保护模式。由于游戏具有复合性的特征,将构成游戏的上述不同元素进行拆分,分别认定产权并保护的做法为前期司法实务中的通常做法。除了涉及游戏的代码及其相关文档等计算机软件著作权,其他如人物角色、服饰、武器装备、道具、技能、场景地图、怪物、NPC 等美术设计,游戏地图、角色、技能、怪物、NPC、道具等的名称,游戏背景、副本、地图及角色的介绍、游戏运行步骤、游戏规则、功能介绍等文字说明,角色专属音乐以及游戏背景音乐设计,游戏脚本和游戏世界观设定,游戏界面、游戏画面及其转换等。对这些元素分别判断其权利状态。如在《炉石传说》诉《卧龙传说》案[上海市第一中级人民法院(2014)沪一中民五(知)初字第 23 号民事判决书]中,法院将游戏作品各个元素进行拆分后,分别就其对应的作品类型进行分析、认定。

元素保护模式将网络游戏各个元素进行拆分,显然忽略了各元素选择和编排之间的逻辑性和关联性。随着游戏引擎、软硬件技术的不断进步,游戏画面和界面整体结构将变得更为精细和复杂,分割将会更为困难,若对其进行简单粗暴的分割会使其丧失游戏应有的设计美感和动态快感。司法实践中,也有将游戏视为一种汇编作品,部分照顾到了元素之间的有机联系,但显然远远不够。

2. 类电作品保护模式。将游戏视为类电影作品进行整体保护是近期司法实践中更倾向的一种保护模式。《奇迹 MU》诉《奇迹神话》是全国首例通过司法裁判的方式认定游戏整体画面构成类电影作品的案件。在本案中,判决也充分论述了游戏和类电作品的相似点,包括创作过程、表现形式以及角色、情节等方面的相似性,包括在表现形态方面,二者均存储在一定介质上,由一系列有伴音或无伴音的连续动态画面组成,并可借助适当装置呈现。很明显,这种保护模式不再机械地对游戏进行简单拆分,而是更多地考虑到游戏界面与游戏画面之间及其与呈现的游戏内容之间的逻辑性和关联性,体现了游戏的统一性与完整性,开始把游戏当作独立的作品看待。

但类电作品保护模式存在两个根本缺陷：一是过多地考虑二者之间的一致性，有意无意地忽略了它们之间存在的本质差异；二是适用范围的局限性，仅限于角色扮演类游戏。其他一些无故事情节或现实体验类的游戏，如一些棋牌类游戏、抢车位之类的休闲类小游戏，均不具有故事情节，没有主题、没有人物形象，难以被认定为类电影作品，只能采用元素拆分保护模式。

Ⅱ 本判决的参考意义——司法上首次完整阐述游戏作品的独创性表达

在类推适用类电作品模式下，一审判决对角色扮演类游戏作品的独创性表达进行详尽描述：

1. 确立了角色扮演类游戏的基本核心要素，并在此基础上进行比对，从而将游戏的比对从元素拆分层面提升到要素系统层面（见图1）。本案明确了角色扮演类游戏的核心要素，即三大系统。《蓝月传奇》页游包括角色养成系统、消费奖励系统与场景（副本）段落等系统，各系统之间有机统一，每一系统由若干子系统组成，各子系统再进一步细分为若干系统。以角色养成系统（角色升级机制）为例，它包括宝物系统、特戒系统、光翼系统等共计17个子系统，部分子系统按玩家级别开放；其中“宝物”包括“血玉”“神盾”等7种。以“血玉”为例，在玩家角色等级达到25级时开放，可增加角色生命和魔法上限属性，血玉分为十二阶，每阶分为10星，每满10星后升至下一阶。血玉每阶升星需要消耗不同数量的“血玉精华”。“血玉精华”可通过使用道具“血玉碎片”和回收武器类或衣服类装备两种途径获得。前述三大系统中对应的子系统及子子系统分别有相应的参数设置，相互之间存在影响，满足参数条件触发一定结果。《烈焰武尊》手游中亦可归纳出角色养成系统、消费奖励系统和场景段落等，与《蓝月传奇》页游相比存在雷同之处。（见图2）

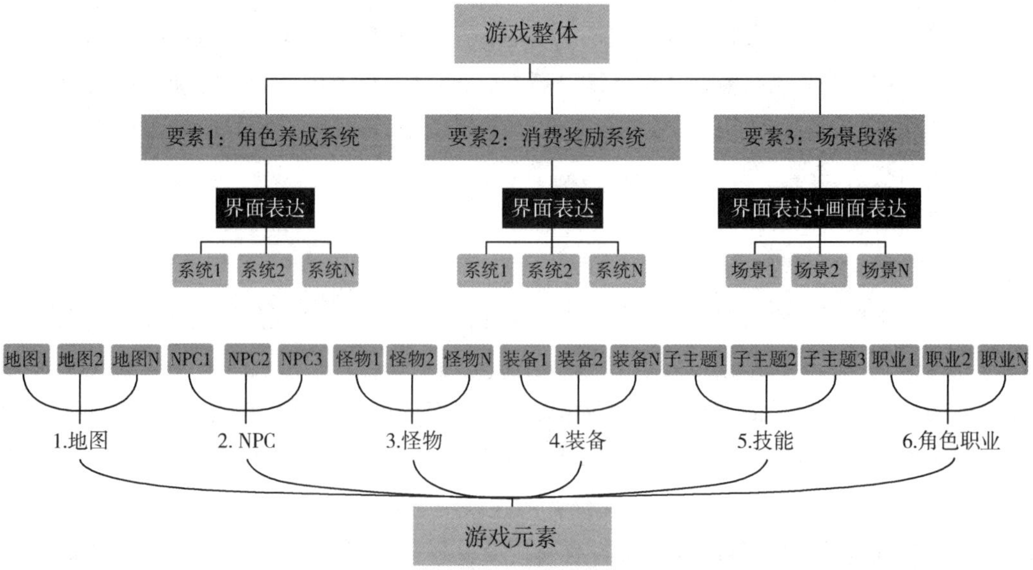

图1 游戏整体及游戏元素

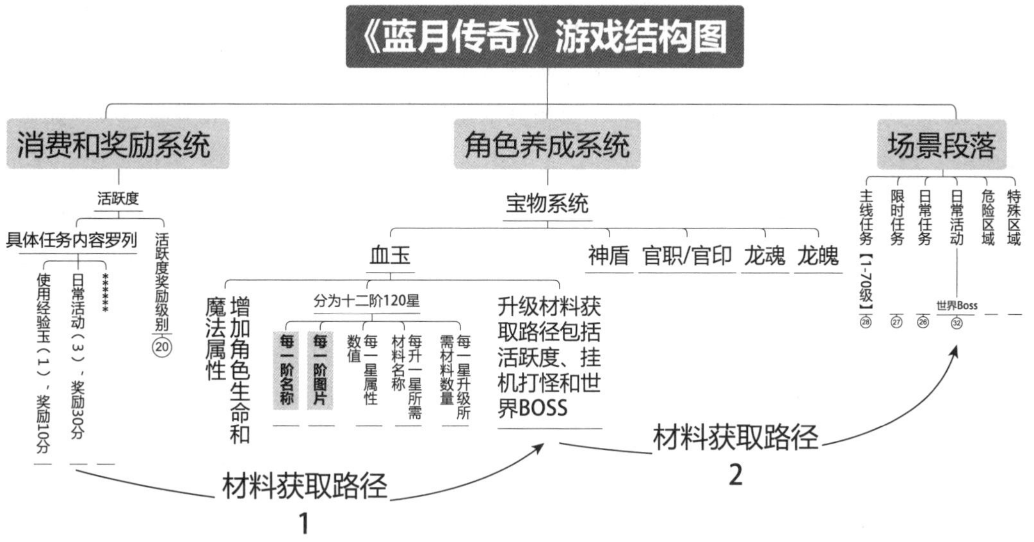

图 2 《蓝月传奇》游戏结构

2. 从抽象思想到具体表达，对角色扮演类游戏的保护范围进行科学分层。判决认为，就游戏所包含的情节而言，角色扮演类电子游戏均有一定的情节，从抽象的“打怪升级”到相对具体的“通过打怪，获得宝物与经验，提升角色各种属性”，再到更具体的“在什么级别可以打什么样的怪物，可以在哪些场景中打怪，可以获得怎样的宝物、多少经验，宝物分别具有什么样的功能”，等等。这些设计体现出创作者富有个性的选择与安排，便可构成独创性的表达。在具体认定方面，主要划分了五个层次，分别对不同的宝物、道具、怪物及其各自分别的属性与数值的选择、组合、安排，以及不同系统之间的相互搭配、组合。判决认为《蓝月传奇》页游中的情节至少在第四层、第五层上已经足够具体，不再是单纯的游戏规则或玩法，而应被归入表达的范畴。（见图 3）

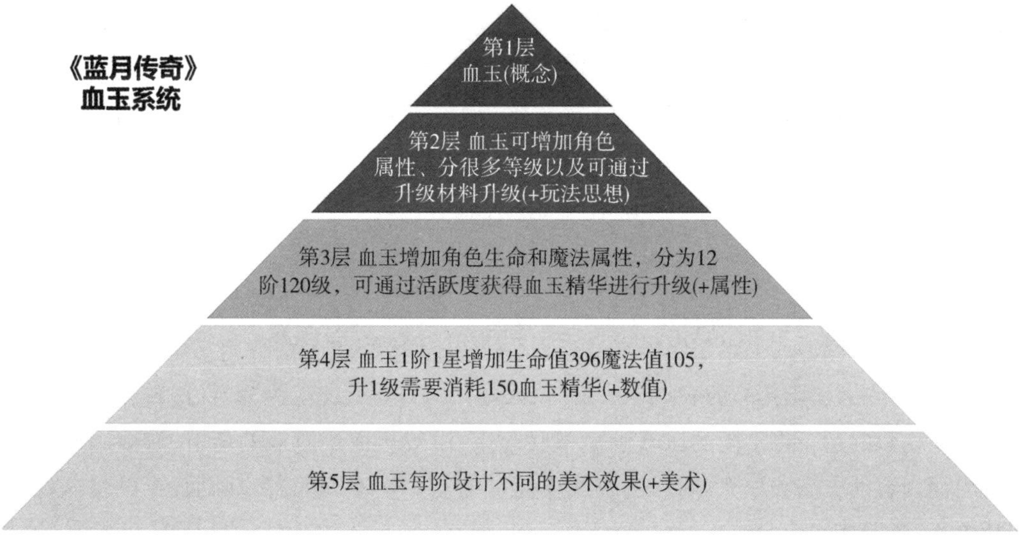

图 3 《蓝月传奇》血玉系统

3. 一审判决实际上认为游戏和类电作品之间存在本质的差异。一审判决认为,在立法暂未对角色扮演类电子游戏明确进行类型化规定的前提下,将类推适用类电作品的规则处理涉案角色扮演类电子游戏侵权纠纷。奥地利法学家克莱默在《法律方法论》一书中提及,按照古罗马《十二表法》,四脚动物的所有人对其动物出于野性造成的损失承担责任。在布匿战争之后,非洲的鸵鸟被带入意大利,后来了令人担忧的问题,即所提到的诉讼是否也适用于两只脚的动物。裁判官使用类推的方法,“如果不是四脚动物,而是其他的动物造成损害,本诉讼可以类推适用。”本案二审判决基于游戏和类电作品之间的诸多相似之处,没有采用类推适用方式,而是直接把游戏认定为类电作品,解释上也完全能够说得过去。但一审采用类推方式,无异于承认游戏和类电作品之间有着类似两脚动物和四脚动物那样的重大差异,只是基于立法目的的考量才进行类推适用。可以说,一审判决以类推适用类电作品方式保护游戏,客观上为游戏成为一个独立作品类型创造了必要的过渡条件,可以借此探究游戏和类电作品之间的本质差异。

Ⅲ 从司法创新到立法突破——游戏成为独立作品类型的可能性

作品类型化区分的意义在于识别不同作品的创作性。因为作品的创作性包括作品的表现内容和表现形式两方面。不同类型作品在表现内容上的创作性判断并无差异,但是因不同类型作品创作者使用的表达手段及其创作过程不同,必然导致不同类型作品在表现形式上的创作性判断上并无统一标准。因此,作品类型化区分有助于对作品的创作性提供更为准确有效的司法保护。对于游戏而言,元素保护模式,意味着游戏不被承认为一项独立的作品;类电作品保护模式,意味着部分游戏(主要是角色扮演类游戏)在整体上被认定为一项独立的作品,但只能套用最相近似的电影作品进行保护,而有意地忽视其与电影作品的巨大差异。而游戏无论是在表达手段、表现形式、实际功能、表达内容方面,与电影作品均存在着根本的差异。只有立法上采纳了游戏作品保护模式,才意味着最终承认其为一项独立的作品类型,给予充分的、有效的保护。

1. 在表达手段上,电影作品的表达手段主要是镜头(画面),通过剪辑和编排不同的镜头最后形成一部电影作品。游戏表达手段主要有游戏界面和游戏画面,游戏界面向玩家传递信息并接收玩家传递的信息;游戏画面是游戏脚本调取后台资源而形成的画面。一部网页 RPG 游戏,同时存在游戏界面和游戏画面两种表达方式。可以说游戏画面可能存在与类电影作品的相似性,但游戏界面是游戏区别于其他类型作品最独特的表达方式,是游戏独创性的“核心”。

2. 游戏在表现形式上也与电影作品有所不同。不同镜头进行蒙太奇剪辑而形成的画面构成了电影作品,电影作品的表现手法是“蒙太奇”,可以将其比喻为“线性逻辑”;游戏通过游戏界面构建的逻辑将不同的游戏画面串联起来,游戏界面是游戏的情节,游戏画面是对游戏界面内容的丰满和填充,同样的游戏界面可能会产生不同的游戏画面,可以将这种逻辑比喻为“树状逻辑”。

3. 游戏具有交互性,这与电影作品的单向性具有根本的差异。在构成元素更为复杂的游戏中,游戏与玩家之间的交互性也会影响到游戏的属性认定。交互性越强,越区别于电影作品。而电影作品,包括各种类电影作品,本质上是单向的欣赏体验。游戏和电影带给人们的是完全不同的欣赏体验。

4. 游戏和电影仅在表面上存在众多相同之处,比如,二者的表现形式相同,都呈现为动态画面。另外,主要的要素近似,都有所谓角色、情节和背景。但就其本质而言,其实是不同的:首先,角色不同,游戏中有着虚拟角色,玩家通过虚拟角色获得游乐体验或提升角色战力的材料,但不会去塑造人物形象,而电影塑造各种人物形象,即使是虚构的动物、动画、妖魔鬼怪,其对应的也是社会生活中各种各样的人;其次,情节不同,游戏情节是角色升级打怪的过程,围绕主线任务展开,没有矛盾冲突,主要包括各种属性、技能、装备、服饰、玩法,电影情节则主要是人与人之间的利益冲突,展示人的欲望、情感、命运,提炼各种深刻的主题,主要表现为各种故事;最后,背景不同,游戏背景主要是各种场景段落,包括地图、怪物、NPC,而电影背景则不仅仅是其所展示的地理环境,还包括各种文化背景、社会习俗制度,远比游戏背景要复杂。

5. 对于一些无故事情节或现实体验类的游戏,如一些棋牌类游戏、抢车位之类的休闲类小游戏,其创作过程也与角色扮演类游戏存在一定的差异,但在具有游戏界面、游戏画面等独特的表达手段以及动态表现形式方面,与角色扮演类游戏并无本质区别。角色扮演类游戏中的故事情节,实际上也不是电影作品中的故事情节,而是游戏的具体设计。从这个意义上讲,角色扮演类游戏和非角色扮演类游戏本质上都是一致的。所有的游戏,因为其具有独特的创作过程、表达手段和表现形式,均存在共通性,均能够被纳入统一的游戏作品范畴之中。

总之,游戏具有独特的创作过程、表达手段、表现形式,其中,独特的创作过程和表达手段是游戏独创性的根源,而游戏独特的表现形式则是游戏独创性的根本体现,也是游戏区别于其他视听作品,尤其是电影作品的根本所在,游戏完全有可能成为《著作权法》上的一项独立作品类型。从元素拆分保护(非作品,意义在于开始保护)——到类电保护(独立作品,意义在于承认其为独立作品)——再到《著作权法》上的独立作品类型,不再依附于类电作品、视听作品之下,真正体现游戏作品的本质特征,整个过程以司法创新肇其端,以立法突破收其功。

游戏作品在《著作权法》上地位的变迁,也体现了各种新型作品获得著作权保护的路径。以电影作品为例,据帕斯卡尔·卡米纳在《欧盟电影版权》一书中介绍,电影刚刚出来的时候,人们最初的反应是把电影作为一种机械设计,把它们排除在版权保护之外。1908 年由法国提出建议,电影作为类摄影作品被纳入《保护文学和艺术作品伯尔尼公约》文本。公约由此对电影保护提出了双重保护的建议:作为一系列摄影作品进行保护;对于那些带有“个人和创作特征”的部分,可作为脱离于剧本的戏剧作品加以保护。英国 1911 年法案第 35 条明确了电影画面可以作为影像序列和戏剧作品受到间接保护,1925 年《意大利版权法案》第 2 条将视听作品作为区别于戏剧性作品和摄影作品的特殊对象,1956 年《英国版权法》明确地将电影作品从摄影作品和戏剧性作品的定义中排除出去,电影保护的明确对象是“电影片”([英]帕斯卡尔·卡米纳:《欧盟电影版权》,籍之伟、俞剑红、林晓霞译,中国电影出版社2006年版,第8~20页),于是,随着电影技术的进步和人们对电影认识的深化,电影从不受保护到类保护最后成为独立的作品类型,游戏作品的保护路径也不外如是。

回 参考文献

[英]帕斯卡尔·卡米纳:《欧盟电影版权》,籍之伟、俞剑红、林晓霞译,中国电影出版社2006年版。

[奥]恩斯特·A.克莱默:《法律方法论》,周万里译,法律出版社2019年版。

王坤、王展:《著作权法体系化研究》,中国政法大学出版社2018年版。

077 视频去标行为的商标侵权认定

北京字节跳动科技有限公司诉北京小度互娱科技有限公司等侵害商标权及不正当竞争纠纷案 | 长沙市中级人民法院(2021)湘01民终8394号民事判决书

许　清 暨南大学法学院/知识产权学院

■ 事实概要

原告字节跳动公司系“西瓜视频”客户端App以及“西瓜视频”网站(www.ixigua.com)的合法经营管理者,其负责经营该客户端及网站向互联网用户提供视频在线点播服务。原告经授权获得了第22701407号(第9类)、第22701715号(第41类提供在线录像等服务)“西瓜视频”文字商标以及第33624095号(第9类)、第33606418号(第41类娱乐服务等)“”图形商标的使用权,且约定原告有权以自己的名义针对第三方涉嫌侵害上述商标专用权的行为独立提起诉讼。

在其主办的“西瓜视频”网站及开发运营的“西瓜视频”客户端App中,原告开设了以“三农内容”为题材的“农人”短视频专栏,由用户将其创作的该类题材的短视频上传至该栏目。并且原告在提供播放的该类视频上标注了“西瓜视频”和上述图形商标。《西瓜视频用户服务协议》中载明,“未经公司许可,任何人不得擅自使用(包括但不限于通过任何机器人、蜘蛛等程序或设备监视、复制、传播、展示、镜像、上载、下载)‘西瓜视频’软件及相关服务中的内容”。

原告发现,被告小度互娱公司运营的“百度视频”客户端App中的“农村”栏目中,存在利用技术手段从“西瓜视频”农村栏目中搬运过去的涉案视频,且被告在播放涉案视频过程中抹除了视频中原有的“西瓜视频”文字和“”标识。遂以侵害商标权和不正当竞争为由诉至法院。

一审法院认为,“百度视频”客户端App中虽然存在部分短视频的右上角“西瓜视频”商标被处理后的痕迹,但该情形并非构成商标性使用,因此认定不构成商标侵权(仅支持了原告关于被告行为构成不正当竞争的主张)。当事人不服,上诉至长沙市中级人民法院。

■ 裁判要旨

二审法院认为,被告小度互娱公司实施了利用技术手段从“西瓜视频”农村栏目中搬运被诉视频以及抹除视频中原有的“西瓜视频”文字和“”标识的行为。

字节跳动公司将“西瓜视频”以及“”标识使用在其提供的视频上，通过播放视频的行为，增加“西瓜视频”App的浏览量，该行为系将上述标识用于商业活动的行为。

字节跳动公司在提供视频播放服务的过程中使用上述标识，通过该商标以建立其与“西瓜视频”App或者提供视频播放这一特定服务之间的联系，该标识起到了识别来源的作用，故字节跳动公司对“西瓜视频”以及“”的使用是商标性使用。

商标与商品或者服务有不可分离的属性，商标权人有权在商品流通环节和提供服务的过程中，要求保护商标的完整性，保障其经济利益。

小度互娱公司在播放涉案视频的过程中，抹除视频中原有的“西瓜视频”和“”商标的行为，割裂了字节跳动公司和相关公众之间的联系，相关公众无法知晓原始提供视频播放服务的主体，字节跳动公司亦丧失了扩大其商标知名度的机会，终结了其视频播放服务所具有的市场扩张属性，损害了字节跳动公司的经济利益，属于《商标法》第57条第7项规定的“给他人的注册商标专用权造成其他损害的”情形。小度互娱公司抹除涉案视频中“西瓜视频”“”商标的行为侵犯了原告在41类服务上享有的第22701715号“西瓜视频”和第33606418号“”注册商标专用权（二审法院同样支持了原告关于不正当竞争的主张）。

■ 评　析

本案判决涉及视频去标行为的《商标法》和《反不正当竞争法》评价，为突出讨论主旨，本文仅针对本案中涉及商标侵权事实和认定进行分析。

Ⅰ 本判决的思路和意义

本判决在分析了原告于视频中标示水印图标的行为属于商业活动中的商标性使用的基础上，认定被告抹除原视频中的商标并在其视频播放平台上进行播放的行为，属于《商标法》第57条第7项规定的“给他人的注册商标专用权造成其他损害的”情形，侵犯了原告在41类服务上享有的注册商标专用权。

在互联网内容服务产业蓬勃发展的当下，短视频的运营平台为了表明其视频播放服务提供者的身份以及在视频传播过程中显示视频来源，往往会在视频的固定位置标示图标水印。而实践中，未经许可抹除他人在视频中标注的水印图标的情况较为常见。对于这类行为除了以《反不正当竞争法》进行评价外，在《商标法》上如何评价，本案判决提供了一个样本以进行探索。

Ⅱ 关于在线播放视频中标示的水印图标的法律性质

根据我国商标侵权理论，“使用”型商标侵权的成立，需要以被诉侵权行为构成商标性使用为前提。实践中被诉侵权人往往是以其行为属于“非商标性使用”为由提出不侵害商标权的抗辩。

但本案中,一审和二审所考察的"是否构成商标性使用"的对象,不是被诉侵权人的行为,而是商标权人对该商标的使用行为。从逻辑上来看,商标权人只需证明自己对该商标享有专有权,即使对该商标暂时未进行商标性使用,也并不妨碍商标侵权的成立。本案之所以分析商标权人在视频上标示其商标是否属于商标性使用,目的并非探讨是否成立不侵害商标权的抗辩,而是关注被诉侵权人抹除的标记是否属于能够指示商标权人所提供的服务来源的"商业标识"。根据商标功能理论,只有当被诉侵权人抹除的标识是表明原告商品或服务来源的商业标识时,才存在损害商标功能的可能,《商标法》才有规制的必要。因此需要对视频中所标示水印图标的法律性质进行分析。

关于在线播放的视频中所标示水印图标的法律性质,有着不同认识。虽然在一些案件中,原告往往会主张视频水印属于《著作权法》上的技术措施[爱艺诉音教案,北京市海淀区人民法院(2015)海民(知)初字第9556号民事判决书]中原告主张的理由],但司法实践中的主流观点还是认为施加水印的行为并非著作权法意义上的技术措施,而具有表明服务提供者身份的功能。

之所以如此认为,是因为认识到《著作权法》意义上的"技术措施"与纯技术意义上的"技术措施"不同,只有能阻止他人实施特定行为的技术性手段,才能实现《著作权法》的立法目的,才属于前者。而视频中施加水印的行为,并不能实现上述功能。从公众的视角看,水印更具备表明某种身份的属性。这意味着,在线播放的视频中所标示水印图标,具有表明商品或服务来源的功能。例如,在快手诉互盾案[北京市海淀区人民法院(2020)京0108民初9990号民事判决书]中,法院指出涉案水印包括快手图文标识及作者快手号水印,其中快手图文标志起到了标识视频剪辑制作服务提供者系快手公司的作用。实际上,用户ID水印标示制作者信息,平台水印标示传播者信息,这已成为短视频行业的行业惯例。

本案中,一审法院和二审法院虽然对于在线播放视频中标示的水印图标是否构成商标性使用的看法不同,但二审法院最终认定原告对该水印图标的使用构成商标性使用,这与以往的裁判例的思路保持了一致。

Ⅲ 商标抹除行为与商标侵权

当在线播放视频中标示的水印图标,是视频播放服务提供者的注册商标时,他人擅自抹除该视频上的商标,在《商标法》上如何评价呢?

1. 商标抹除行为构成商标侵权时的法条适用

2001年《商标法》第二次修改时,在商标侵权行为条款中增设了一种侵权行为,即现行《商标法》第57条第5项规定的"未经商标注册人同意,更换其注册商标并将该更换商标的商品又投入市场的",属于侵犯注册商标专用权的行为。该条款所规制的行为,在学理上被称为商标"反向假冒"。从该条款的表述来看,规制的反向假冒行为,需要满足"更换"商标这一要件。

关于"更换"的理解,学说上存在争议。一种观点认为,应按照文义解释将"更换"限定于“抹除原商标＋贴附新商标”。例如，全国人大常委会法工委对该款的释义中，对反向假冒的典型情形进行了列举，即未经商标注册人同意，擅自将其在商品上合法贴附的注册商标抹除，换上自己或者第三人的商标后投入市场销售的行为。但现实中除了上述典型的反向假冒情形之外，还存在诸如“贴标覆盖”“单纯地抹除商标”等非典型的反向假冒行为也会损害商标权人的利益。于是，另一种观点认为应对“更换”做扩大解释（陈丽佳：《浅析商标反向假冒中的“更换”行为——基于“枫叶”诉“鳄鱼”案等系列案件的分析》，载《法律适用》2019年第14期），“既包含字面意义上对于注册商标的更换，也包含单纯的抹除行为，以及未抹除原商标直接覆盖新商标等形式”。

但从既有的裁判案例来看，虽然不少案例有将“贴标覆盖”行为解释为“更换”商标［汉王案，北京市第一中级人民法院（2011）一中民初字第17449号民事判决书］，但似乎并没有将“单纯的商标抹除行为”解释为“更换”商标。比如，在公报案例“银雉”商标侵权纠纷案［江苏省南通市中级人民法院（2003）通中民三初字第15号民事判决书］中，对于被告将他人使用过的“银雉”牌印刷机械购回予以修整，抹除商标标识后进行销售的行为，法院是适用2001年《商标法》第52条第5项（现行《商标法》第57条第7项）认定其构成侵权。另外，在“视多爱”商标侵权纠纷案［江苏省徐州市中级人民法院（2019）苏03民初569号民事判决书］中，被告为了规避商品渠道方禁止淘宝销售的规定，将商品上标注有原告商标的防伪码撕去后进行销售，法院同样是基于《商标法》第57条第7项的规定将被告撕码销售行为认定为其侵权。

上述案例中虽然都将商标抹除行为认定构成商标侵权，但并非适用《商标法》第57条第5项的反向假冒条款，而是适用第57条第7项的商标侵权行为兜底条款。本案二审判决也是采取了这一裁判思路。可见，对于将单纯的商标抹除行为解释为第57条第5项下的商标“变更”行为，我国法院还是持保守态度。

2. 认定商标抹除行为构成商标侵权应坚持谦抑性原则

为了对不同的行为进行区分，学界将《商标法》第57条第5项规制的情形称为“显性反向假冒”，而将单纯的抹除商标后投入市场的行为称为“隐性反向假冒”［“视多爱”商标侵权纠纷案，江苏省徐州市中级人民法院（2019）苏03民初569号民事判决书］。实际上，涉及反向假冒的案件在我国出现的初期，关于是否要规制以及如何进行规制，曾经有过比较激烈的争论。随着我国商标立法将“显性反向假冒”行为直接作为商标侵权行为的一种类型予以规定，争论逐渐平息。既然立法上明确了“显性反向假冒”行为的规制要件，从法政策学的角度来看，也就意味着不满足《商标法》第57条第5项适用要件的所谓“隐性反向假冒”，并未被视为一般性的商标侵权类型进行规制。从现行司法实践来看，法院也并没有将“单纯的抹除商标”的行为纳入《商标法》第57条第5项的“反向假冒”条款中予以定型化的规制，而是通过第57条第7项的商标侵权行为兜底条款予以调整，保留了个案处理的空间。

于是，“隐性反向假冒”的规制需要根据个案具体情形，分析《商标法》规制的必要性。从既往的裁判例来看，以《商标法》规制“隐性反向假冒”行为的理由主要是基于《商标法》对作为商标权积极权能的“商标专有使用权”的保护，认为商标功能的实现需要以商标标示于商品或服务为前提，商标与商品具有不可分离的属性，商标权人有权在商品的任何流通环节,要求保护商品商标的完整性,保障其经济利益。

在上述“银雉”商标侵权纠纷案[江苏省南通市中级人民法院(2003)通中民三初字第15号民事判决书]中,法院指出,注册商标中的商品商标,作为商标权人与商品使用者之间的纽带,只有附在核准使用的商品上随着商品流通,才能加强商品的知名度和竞争力,使商品使用者认知商品生产者及其商品的全部价值,增加商品的市场交易机会,满足商标权人实现其最大经济利益的目的。另外,在上述“视多爱”商标侵权纠纷案中,法院亦认为《商标法》对注册商标的保护,是保护商标与商品间的对应关系,保护商标所指示商品的质量、所承载的商誉。侵害商标权的行为本质上即是对商标上述功能的破坏,即是对商标、商品对应关系的弱化或割裂。

但这一规制的理论基础是否充分,仍具有探讨的可能性。有观点指出,商标权不同于物权,作为商标权积极权能的“商标专有使用权”,只是在核定使用的商品上使用核准注册的商标的权利,并无一般性地永远保持其商标与使用该商标的商品之间联系的积极权能(孔祥俊:《商标与不正当竞争法——原理和判例》,法律出版社2009年版,第42~43页)。特别是在现行《商标法》已通过第57条第5项在一定程度上承认了“商标于商品之不可分性”的情况下,对于不满足该条款适用要件的“隐形反向假冒”行为如要以《商标法》进行规制,则恐怕需要进一步追加论证规制的必要性。同时,为了避免侵权行为的认定向兜底条款逃逸的现象,在适用《商标法》第57条第7项时,应遵循谦抑性原则(也有观点指出,基于有整体性标识法的视野,应将《商标法》和《反不正当竞争法》视为相互配合的角色而非将二者切割,对于“隐性反向假冒”行为可以适用《反不正当竞争法》予以规制的情况下,《商标法》不需要通过侵权行为兜底条款去规制。实践中,对于抹除视频中水印的行为,不少裁判例是以违反《反不正当竞争法》第12条第2款第4项之行为进行规制的。但需要注意的是,这些案件中都只是从事抹除水印或者提供抹除水印的工具的行为,被诉侵权人并未直接实施将抹除水印后的视频再次投放市场的行为)。

Ⅳ 关于本案判决的具体分析

本案是在互联网环境下,将竞争者利用技术手段抹除视频中原有商标标识后再次投放市场行为认定构成商标侵权的典型案例。

本案二审判决踏循着前述案例“银雉”商标侵权纠纷案的论证思路,基于《商标法》对“商标专有使用权”的保护,强调商标于商品之不可分性,人为割裂其关联性的行为损害了商标的功能,进而将被诉侵权行为认定为构成《商标法》第57条第7项“给他人的注册商标专用权造成其他损害”的情形予以规制。可见本案二审判决是按照既往判决对于“隐性反向假冒”的规制思路进行的裁判。

但需要注意的是,本案的情形有其特殊性。二审法院认定商标侵权的权利基础是原告享有的第41类服务上的注册商标专用权。但本案被诉侵权行为,并非直接在原告的“西瓜视频”播放平台上将标示有“西瓜视频”等图文字样的商标予以抹除,从而阻断该商标用于识别原告提供的在线视频播放服务。被告实施的行为是将抹除商标后的视频,用于被告自己的“百度视频”播放平台提供的视频播放服务,此时的视频播放服务提供者并非原告而是被告。若此时被告“百度视频”播放平台上播放的这些视频中,仍标示有“西瓜视频”图文标识,该标识不仅无法正确指示视频播放服务的提供者,甚至被告存在“在相同服务上使用相同商标”的侵权风险。相反,这种情形下,被告将原视频中的商标抹除甚至替换为被告自己的商标,反而是有助于相应商标的来源识别功能的有效发挥。由于并非将原告的服务商标予以抹除致使原告享有的第 41 类服务商标的功能无法发挥,故被告实施的行为不存在对原告“商标专有使用权”的侵害,本案二审判决关于构成商标侵权的认定恐怕存在商榷的空间。

Ⅴ 本判决的参考意义及将来的课题

对于竞争者利用技术手段抹除视频中原有商标标识后再次投放市场行为,应如何在《商标法》上进行评价,本判决进行了探索。

本判决指出,以《商标法》规制此类行为的前提,要求抹除的涉案标识属于在商业活动中的进行商标性使用的商标。本判决对视频中标示的短视频播放服务提供者的水印图标的性质认定,为今后此类案件的裁判提供了参考。关于将此类行为以《商标法》第 57 条第 7 项进行规制的理由,本案判决再次强调了《商标法》对“商标专有使用权”的保护,这也为今后同类案件的裁判强化了依据。

如前所述,为了避免通过商标侵权行为的兜底条款过度扩大商标权的保护范围,在适用《商标法》第 57 条第 7 项时,应遵循谦抑性原则。对于“隐性反向假冒”行为以《商标法》进行规制的理由论证,在今后的理论和实务中仍需要进一步探索。

□ 参考文献

孔祥俊:《商标与不正当竞争法——原理和判例》,法律出版社 2009 年版。

李扬:《互联网领域新型不正当竞争行为类型化之困境及其法律适用》,载《知识产权》2017 年第 9 期。

陈丽佳:《浅析商标反向假冒中的“更换”行为——基于“枫叶”诉“鳄鱼”案等系列案件的分析》,载《法律适用》2019 年第 14 期。

宋妍、洪婧:《商标反向假冒行为的认定》,载《人民法院报》2017 年 4 月 13 日,第 7 版。

078 关键词广告中的商标侵权及不正当竞争认定

"海亮教育"商标及不正当竞争纠纷案 | 浙江省高级人民法院(2020)浙民终 463 号民事判决书

柴耀田 巴黎 Aurilex(欧达)律师事务所

■ 事实概要

海亮教育集团是一家经营教育产业的集团公司,从属于海亮集团。海亮集团名下有多家学校,如海亮小学、海亮初级中学、海亮高级中学、海亮实验中学、海亮外国语学校等。海亮集团是"海亮""海亮教育"文字及图形商标的所有人,并将上述商标许可给海亮教育集团和所属学校使用。"海亮"被司法部门和工商行政管理机关多次认定为中国驰名商标和浙江省知名商号,其所属学校获得众多民办教育奖项。

诸暨荣桓学校是荣怀教育集团下属的一家民办学校,位于浙江省诸暨市,经营小学、初中、高中(以下统称荣怀集团)。

海亮集团发现,在 360 主页(www. 360. cn)的搜索栏中输入"海亮""海亮教育",点击"360 搜索",前四条搜索结果均指向诸暨荣怀学校。在 360 搜索引擎(www. so. com)和 360 安全浏览器的主页搜索栏中输入"诸暨海亮学校统一招生热线",第一条搜索结果包括"海亮学校招生"字样,点击链接后,却进入诸暨荣怀学校的网站。

根据法院调查发现,荣怀集团在奇虎 360 公司的搜索平台中,以"诸暨海亮初中""诸暨市海亮学校"等 39 个带有"海亮"字样的关键词进行推广。

海亮集团因此指控荣怀集团的行为构成商标侵权和不正当竞争行为,要求停止侵害、刊登致歉声明、赔偿损失。一审浙江省诸暨市人民法院对上述诉讼请求给予了支持,判决荣怀集团立刻停止使用包含"海亮"字样的关键词,赔偿海亮集团经济损失及维权支出共 300 万元。荣怀集团提起上诉。

■ 裁判要旨

二审浙江省高级人民法院基本维持了一审法院关于商标侵权的认定,但撤销了关于认定荣怀集团的行为构成不正当竞争的部分,并对赔偿数额进行了调整:

1. 对于商标使用问题,二审法院区分了关键词的后台设置行为和前台的展示行为。对于单纯的后台关键词设置行为而言,被诉标识作为被推广的关键词仅出现于搜索平台后台，如果用户输入的搜索词与被推广的关键词相同或以其他方式相匹配，被推广网站就会出现在搜索结果页面的优先位置。这种后台设置行为如果只是使被推广网站排名靠前，而未使被诉标识展示于前台的搜索结果页面中，那么对于相关公众而言，被诉标识并未发挥识别商品或服务来源的功能，此种"隐性使用"行为不属于法律规定的商标使用行为，不构成商标侵权。对于前台的展示行为而言，被诉标识出现在搜索结果页面中，对相关公众而言能够起到识别商品或服务来源的作用，此种"显性使用"属于商标使用行为，应当受到《商标法》的规制。

海亮集团的相关商标核定使用范围为教育、教学等服务项目，荣怀集团未经许可，将相同或近似商标用于相同服务，容易导致混淆，构成商标侵权行为。

2. 就不正当竞争问题而言，二审法院认为荣怀集团的行为在侵害涉案商标权的同时，也侵害了被上诉人的企业名称权益。然而，对于荣怀集团在后台设置含有"海亮"字样的关键词这一行为，根据奇虎 360 公司在二审中提供的后台数据，荣怀集团账户中并无含"海亮"关键词的展示量和点击量，输入"海亮"搜索词展示荣怀集团的广告，可能是其他搜索词被设置为智能短语匹配模式所致，因此难以将推广网站出现于搜索结果靠前位置归因于荣怀集团在后台设置含"海亮"关键词的行为。搜索结果的推广链接部分中，处于前两位的仍是海亮集团的网站，荣怀集团的网站位于之后，且荣怀集团的推广内容与网页中均无任何与"海亮"有关的字样，也按照法律规定在被推广网站旁标注了"广告"字样。另外，随着搜索引擎行业的发展及其盈利模式的成熟，搜索网站的竞价排名现象已经越来越被一般的网络用户所知晓，因此不会发生混淆误认等损害后果，荣怀集团在后台设置关键词的行为不构成不正当竞争行为。

3. 就法律责任而言，二审法院认为，仅在后台设置含"海亮"关键词的行为不足以认定构成不正当竞争，因此纠正了一审法院关于判令荣怀集团停止相关设置行为的表述。另外，二审法院将赔偿金额调整为 50 万元。

■ 评　析

Ⅰ 本判决的思路和意义

本案就关键词广告这一互联网常见广告形式中的商标侵权和不正当竞争问题做了进一步的推进，首先，对设置关键词及展示关键词广告行为是否构成商标使用、从而是否构成商标侵权问题进行分析；其次，对上述行为是否构成不正当竞争行为进行认定；最后，确定具体的法律责任，特别是赔偿数额。总体来看，一审及二审判决均遵从了这一判决思路，但在不正当竞争行为认定和赔偿数额确定上差距较大。

Ⅱ 关键词广告中商标侵权和不正当竞争行为认定的规范及学理

1. 关键词广告中商标侵权的认定

因本案所诉侵权行为发生在 2018 年至 2019 年 5 月，故适用 2013 年修正的《商标法》。

根据2013年《商标法》第57条规定:“有下列行为之一的,均属侵犯注册商标专用权:(一)未经商标注册人的许可,在同一种商品上使用与其注册商标相同的商标的;(二)未经商标注册人的许可,在同一种商品上使用与其注册商标近似的商标,或者在类似商品上使用与其注册商标相同或者近似的商标,容易导致混淆的。”另外,2013年《商标法》第48条规定:“本法所称商标的使用,是指将商标用于商品、商品包装或者容器以及商品交易文书上,或者将商标用于广告宣传、展览以及其他商业活动中,用于识别商品来源的行为。”

对于商标侵权意义上的商标使用,学术界的定义比较统一。商标使用指所适用的与他人注册商标相同或者近似的标识,具有指示其商品或者服务来自注册商标所有人或者与其有关联的作用(孔祥俊:《商标与不正当竞争法——原理和判例》,法律出版社2009年版,第179页)。

对于在关键词广告中使用他人商标是否构成商标侵权的认定问题,关键在于在关键词广告中设置他人商标为关键词,以及在广告标题和内容中展示他人商标这两种行为是否构成《商标法》意义上的商标使用。学术界一般对这两种行为进行了区分。对于后台设置关键词的行为,大部分观点认为由于搜索用户看不到关键词广告,而只能看到网页标题与网页描述部分,因此关键词在整个过程中未能建立产品与来源的联系,不属于商标使用行为(朱晓睿:《商标侵权中“商标使用”的认定》,载《知识产权》2017年第11期)。也有少数观点认为后台的设置行为属于《商标法》意义上的使用行为(朱晓睿:《商标侵权中“商标使用”的认定》,载《知识产权》2017年第11期)。而对于将他人商标展示在推广内容中的行为,如果这一行为使得消费者无法区分商标所标识的商品正确来源时,就实质性地损害了商标的区分功能,应当被认定为商标使用。

本案中,一审法院认为,网络宣传和引导等商业活动属于商标使用的范畴,受到《商标法》的规制,不能因网络中存在类似侵权行为而推定本案所涉商标侵权行为的合法性。二审法院则采取了学术界的做法,对关键词的“隐性使用”和“显性使用”进行了区分。二审法院认为,对于单纯的后台关键词设置行为而言,被诉标识作为被推广的关键词仅出现于搜索平台后台,如果用户输入的搜索词与被推广的关键词相同或以其他方式相匹配,被推广网站就会出现在搜索结果页面的优先位置。这种后台设置行为如果只是使被推广网站排名靠前,而未使被诉标识展示于前台的搜索结果页面中,那么对于相关公众而言,被诉标识并未发挥识别商品或服务来源的功能,此种“隐性使用”行为不属于法律规定的商标使用行为,不构成商标侵权。对于前台的展示行为而言,被诉标识出现在搜索结果页面中,对相关公众而言能够起到识别商品或服务来源的作用,此种“显性使用”属于商标使用行为,应当受到《商标法》的规制。

2. 关键词广告中不正当竞争行为的认定

本案适用的是2017年修订的《反不正当竞争法》。2017年修订的《反不正当竞争法》第6条规定:“经营者不得实施下列混淆行为,引人误认为是他人商品或者与他人存在特定联系:……(二)擅自使用他人有一定影响的企业名称(包括简称、字号等)、社会组织名称(包括简称等)、姓名(包括笔名、艺名、译名等);……(四)其他足以引人误认为是他人商品或者与他人存在特定联系的混淆行为。”需要注意的是,根据第6条的表述,第2项和第4项都应从属于“经营者不得实施下列混淆行为,引人误认为是他人商品或者与他人存在特定联系”这一要件。商品或企业之间的混淆应当是第6条适用的条件。

学术界对于在推广内容中使用他人商业标识造成混淆行为的定性争议较小,讨论主要集中在后台以他人商业标识设置关键词,而推广内容中不出现他人商业标识的情况是否构成不正当竞争上。大部分观点持鼓励竞争的态度,认为消费者在进行关键词搜索时,目标交易对象范围是有一定开放性的,并非已经决定要与该经营者交易,关键词隐性使用行为并不导致该经营者的利益受到损害[陆晨:《关键词隐性使用的不正当竞争判断》,载《中阿科技论坛(中英文)》2020年第10期]。有学者提出,应当从“搭便车”判定的角度,根据该行为是否“损害了消费者利益”或者是否“实质性地阻碍了商业标识所有人获取正当经营的利益”标准,判定在选取他人商业标志作为关键词并进行展示的行为是否构成不正当竞争(周樨平:《商业标识保护中“搭便车”理论的运用——从关键词不正当竞争案件切入》,载《法学》2017年第5期)。还有学者从效益分析的角度提出,关键词隐性使用行为在不损害商标权人利益的情况下,会推动竞争者对产品作出改进和创新以增加产品辨识度和竞争力,为消费者提供更多的信息,有助于消费者降低查询成本、作出理性的购买决策(陶乾:《隐性使用竞争者商标作为付费搜索广告关键词的正当性分析》,载《知识产权》2017年第1期)。

本案中,一审法院采取了两步判断法,首先认定涉案字号是否属于第6条第2项保护的“有一定影响的字号”,其次判断是否存在混淆。一审法院认为,首先,“海亮”字号是海亮集团企业名称中的核心部分,经过海亮集团长期大量的使用和宣传积累,形成了很高的知名度,属于《反不正当竞争法》第6条所规定的“有一定影响的字号”,可以成为该法保护的对象。其次,荣怀集团经营范围与海亮集团相近,地域相邻,其通过与奇虎360公司代理商签订推广合同的方式,在360搜索引擎中使用了涉及“海亮”字号和海亮集团企业名称的大量关键词进行教育服务推广,服务对象在搜索海亮集团区别性相关信息时,在搜索结果前列,甚至第一条搜索结果中的标题和描述语中会出现该字号,并在链接方式中出现荣怀集团所有或受委托管理的网站,违反了公平诚信的竞争法则,也容易让服务对象误认为两者存在特定联系,属于不正当竞争行为。

二审法院同样认为荣怀集团的行为也侵害了被上诉人的企业名称权益。然而,对于荣怀集团在后台设置含有“海亮”字样的关键词这一行为,二审法院认为,根据奇虎360公司在二审中提供的后台数据,难以将推广网站出现于搜索结果靠前位置归因于荣怀集团在后台设置含“海亮”关键词的行为。荣怀集团的推广内容与网页中均无任何与“海亮”有关的字样,也按照法律规定在被推广网站旁标注了“广告”字样。另外,随着搜索引擎行业的发展及其盈利模式的成熟,搜索网站的竞价排名现象已经越来越被一般的网络用户所知晓,因此不会发生混淆误认等损害后果,荣怀集团在后台设置关键词的行为不构成不正当竞争行为。

二审法院的这一认定值得商榷。本案中原告提供的公证书显示,输入含有“海亮”字样的搜索词,搜索结果中显示例如“海亮学校招生简章—荣怀学校—招生热线:13806768410”的推广内容。在认定荣怀集团在广告中使用“海亮”字样,会引起相关公众混淆,侵害海亮集团商标权后,二审法院却认定推广内容不会发生混淆误认。这一彼此矛盾的判定来源于二审法院对前台显示关键词广告的"显性使用"和后台设置关键词的"隐性使用"的区分,在认定"隐性使用"不构成商标侵权后,也认定其不构成不正当竞争行为,但在表述上又将这两种使用行为混为一谈。

另外,二审法院关于消费者已经熟知竞价排名现象,不会发生混淆误认的结果这一判定,实际呼应了之前学术界提出的用户在用商标关键词进行搜索时不会期望自己搜到的结果全部是与商标权人有关联的结果,而是更容易会产生相反的习惯这一观点(陶乾:《隐性使用竞争者商标作为付费搜索广告关键词的正当性分析》,载《知识产权》2017年第1期),具有一定的合理性。然而,《反不正当竞争法》上的混淆判定是根据每个个案情况作出的具体判定,不能抽象地一概而论。在没有证据佐证消费者不会发生误认,且广告标题中包含涉案字号的情况下,二审法院这一点的判定在事实认定和法律适用均具有瑕疵。

Ⅲ 既往司法实践状况

对于关键词广告的标题和内容中使用他人商标的问题,在司法实践中的观点已经比较统一,在可能导致混淆误认的情况下认定构成商标侵权行为。对于在后台设置关键词中使用他人商标,而推广内容中不出现他人商标的情况下,后台使用是否构成商标使用的问题,司法实践中的观点还不统一。持肯定说的判决认为,这种使用行为是对商标进行使用的广告宣传行为,同样属于对他人商标、字号的使用[宁波畅想软件股份有限公司与宁波中源信息科技有限公司、宁波中晟信息科技有限公司不正当竞争纠纷案,浙江省高级人民法院(2015)浙知终字第71号民事判决书]。持否定说的判决则认为,这种行为不发挥识别商品来源的作用,不属于商标性使用[北京百度网讯科技有限公司诉重庆金夫人实业有限公司等侵害商标权纠纷案,江苏省南京市中级人民法院(2016)苏01民终8584号民事判决书]。

同样地,在《反不正当竞争法》层面上,对于关键词广告的标题和内容中使用他人字号、造成混淆的,司法实践中也没有太大的争议。争论主要集中在后台设置含有他人字号的关键词,而推广内容中不含他人字号的,是否构成不正当竞争的问题。持肯定说的观点认为后台型竞价排名不合理获取交易机会,使消费者产生不恰当联想,属于不正当竞争行为[宁波畅想软件股份有限公司与宁波中源信息科技有限公司、宁波中晟信息科技有限公司不正当竞争纠纷案,浙江省高级人民法院(2015)浙知终字第71号民事判决书]。代表案例如"万得"诉"同花顺"商标权及不正当竞争纠纷案[上海市高级人民法院(2015)浙知终字第268号民事判决书]中,浙江核新同花顺网络信息股份有限公司未经上海万得信息技术股份有限公司同意,在苹果App Store中将其商标及字号"万得"设置为"同花顺"软件的关键词。在苹果App Store搜索栏中输入"万得",iPhone App、iPad App第一个搜索结果为"万得股票"、第二个为"同花顺"。浙江省杭州市中级人民法院经审理认为,两家公司构成直接的竞争关系,"万得"与"同花顺"都具有一定的知名度。核新同花顺公司知道或应当知道"万得"系万得信息公司的商标及字号,且其自己商标、应用名称、公司名称均与"万得"无涉,但仍将"万得"设置为"同花顺"软件的关键词,具有明显的主观故意;客观上,在"万得"搜索结果的同一页面上展示"同花顺”软件，攫取了万得信息公司的部分合法商业利益行为，构成不正当竞争。该案二审维持原判。

与之相反，其他法院则与本案二审法院观点一致，认为后台设置行为不会产生混淆，并非不正当竞争的行为［北京奇虎科技有限公司诉北京百度网讯科技有限公司等不正当竞争纠纷案，北京市海淀区人民法院(2014)海民初字第4327号民事判决书］。

Ⅳ 本判决的参考意义及将来的课题

本案中，二审法院对关键词使用进行“显性使用”和“隐性使用”区分的进路，与欧盟法院在类似关键词广告案件(ECJ，Google France 案，2010年3月23日，C－236/08－C－238/08)中区分后台设置和推广内容中使用的做法不谋而合，符合《商标法》和《反不正当竞争法》适用的要件要求，值得肯定，但在具体事实认定和法律适用上存在瑕疵。总体来看，在今后关于关键词广告或者其他网上商标标识使用案件中，这一区分“显性使用”和“隐性使用”的思路应当继续应用。

另外，在关键词广告案件中，由于商业标识所有人丧失的商业机会难以量化，法院如何确定损害赔偿数额以及权益人如何举证，也是需要进一步研究的课题。

□ 参考文献

孔祥俊：《商标与不正当竞争法——原理和判例》，法律出版社2009年版，第179页。
朱晓睿：《商标侵权中“商标使用”的认定》，载《知识产权》2017年第11期。
阳东辉：《论互联网关键词广告的商标侵权认定规则》，载《政治与法律》2016年第9期。
刘姝琪：《竞价排名中的商标使用行为》，载《中华商标》2014年第7期。
陆晨：《关键词隐性使用的不正当竞争判断》，载《中阿科技论坛(中英文)》2020年第10期。
周樨平：《商业标识保护中“搭便车”理论的运用——从关键词不正当竞争案件切入》，载《法学》2017年第5期。
陶乾：《隐性使用竞争者商标作为付费搜索广告关键词的正当性分析》，载《知识产权》2017年第1期。

079 提供包含图形用户界面的软件行为的侵权认定

北京金山安全软件有限公司与上海萌家网络科技有限公司侵害外观设计专利权纠纷案* | 上海知识产权法院(2019)沪73民初398号民事判决书

张　鹏　中国社科院法学所

■ 事实概要

X(一审原告,二审被上诉人)开发了名为“趣输入”的输入法软件,该输入法中的图形用户界面采用动态进度条的方式实时显示用户的输入量和“金币”的获取状态,用可视化的方式增强了用户输入过程中的趣味性。X就该输入法中的图形用户界面申请获得了名称为“用于移动通信终端的图形用户界面”的外观设计专利。Y(一审被告,二审上诉人)开发并提供用户下载的名为“趣键盘”的软件产品。X主张Y提供的输入法软件中用户图形界面与其外观设计属于相同种类产品,构成相同或近似的外观设计,故向上海知识产权法院提起诉讼,要求判令Y停止侵权、赔偿经济损失及合理费用100万元。一审法院判决Y停止侵害,并赔偿损失。其中判决中在被告开发并将被诉侵权软件提供给他人免费下载的行为是否构成对专利权侵害的认定中指出:“被告虽然没有直接制造和销售被诉侵权手机本身,但被诉侵权图形用户界面的外观设计已通过程序语言固化于被诉侵权软件中,手机用户在正常使用该被诉侵权软件时只需进行与该软件适配的常规操作就必然呈现被诉侵权图形用户界面的全部动态过程,被告在主观上亦追求此种后果的发生。因此,被诉侵权软件在用户使用该软件呈现出被诉侵权手机外观过程中,发挥着不可替代的实质性作用,仅提供应用软件已成为引发侵权最主要的原因,故应当认定被告提供被诉侵权软件的行为构成对涉案专利权的侵害。”Y不服一审判决向上海市高级人民法院提起上诉。

■ 裁判要旨

上海市高级人民法院驳回上诉,维持原判。

关于Y开发并提供经运行即能呈现图形用户界面的软件是否应当承担侵权责任,二审判决指出:采用与制造实质相同的方式,将图形用户界面设计应用于产品上,即可认定为实

* 本文简称金山诉萌家案。

施了图形用户界面外观设计专利。本案中，当软件被用户下载并安装在手机中，经用户在操作系统中操作软件运行后即可在手机中呈现与涉案专利外观设计相近似的被诉侵权图形用户界面，因此被诉侵权图形用户界面系基于硬件生产商、操作系统开发商、用户、软件开发和提供者共同参与才得以在手机上呈现。但在这一过程中，硬件生产商、操作系统开发商仅是为运行软件提供环境，并未提供用户图形界面。使用软件必然需要用户操作进行下载安装运行，该行为本质上是 Y 提供软件行为的必然结果，因此，硬件生产商、操作系统开发商、用户仅仅是为被诉侵权图形用户界面在手机上呈现提供环境或条件，其行为与专利权人权利受到损害之间并没有法律上的因果关系。而 Y 开发并提供软件供用户免费下载，必然会导致被诉侵权界面在手机上呈现，使得涉案专利被实施，该行为与侵犯专利权损害后果的发生具有法律上的因果关系，故其应当承担相应侵权责任。

■ 评　析

Ⅰ 本判决的思路和意义

本案判决中，法院认定 Y 开发并提供用户下载输入法软件的行为构成了对 X“用于移动通信终端的图形用户界面”外观设计的侵权，该判决不同于既有司法实践的说理与结论，表明了法院对该问题的最新态度，在此意义上本案判决具有重要理论和实务价值。

Ⅱ 提供包含图形用户界面的软件行为侵权认定的规范及学理

我国对图形外观设计的保护是通过《专利审查指南》的规定而确立的。在 2014 年修改《专利审查指南》之前，对产品通电后显示的图案，典型的如电子表表盘显示的图案、手机显示屏上显示的图案、软件界面等是排除在保护客体之外的[《专利审查指南》(2010 年)第一部分第三章第 7.4 节第 11 项，国家知识产权局令第 55 号，2010 年 1 月 21 日发布]。司法实践中，在“苹果公司与国家知识产权局专利复审委员会外观设计专利申请驳回复审行政纠纷上诉案”[北京市高级人民法院(2014)高行(知)终字第 2815 号行政判决书]中指出：“虽然涉案申请[便携式显示设备(带图形用户界面)]包括了在产品通电状态下才能显示的图形用户界面，但其仍是对便携式显示设备在产品整体外观方面所进行的设计，可以成为我国外观设计专利权的保护客体。”在该案判决前，国家知识产权局对《专利审查指南》进行了修改，将人机交互有关的，或者与实现产品功能有关的产品显示装置所显示的图案纳入了外观设计专利权的保护客体(国家知识产权局《关于修改〈专利审查指南〉的决定》，国家知识产权局令第 68 号，2014 年 3 月 12 日发布)。在 2019 年《专利审查指南》修改中进一步便利了外观设计的申请，在《专利审查指南》(2014 年)中包括图形用户界面的产品外观设计申请应当提交整体产品外观设计视图；而在《专利审查指南》(2019 年)中对设计要点仅在图形用户界面的，可以通过提交包含该图形用户界面的显示屏幕面板的正投影视图的形式申请，同时要求在简要说明中穷举该图形用户界面显示屏幕面板所应用的最终产品。2021 年公布的《专利审查指南修改草案(征求意见稿)》中对以局部外观设计方式申请的设计要点仅在于图形用户界面的情况，又区分为带有或不带有图形用户界面所应用产品两种形式。其中对以不带有图形用户界面所应用产品的方式提交的申请,产品名称中需要包含“电子设备”字样的关键词,简要说明中产品的用途可以概括为一种“电子设备”,而不需要具体指明该图形用户界面所应用的具体最终产品。此种申请,将分类在《建立工业品外观设计国际分类洛迦诺协定》建立的《国际外观设计分类》中 14 – 04“显示界面和图标”(Screen Displays and Icons)上,即仅给出图形用户界面所对应的分类号即可。

在外观设计的侵权判断中,作为一般判断标准,“产品类似”是确定保护范围的独立要件。对图形用户界面而言,保护范围是以“产品”和“用途”双重限定的。其中“产品”是否相同或类似是以产品的功能和用途来进行判断的。根据最高人民法院《关于审理侵犯专利权纠纷案件应用法律若干问题的解释》(法释〔2009〕21 号)第 8 条规定,在与外观设计专利产品相同或者相近种类产品上,采用与授权外观设计相同或者近似的外观设计的,落入外观设计专利权的保护范围。对于产品的相同或近似与否应当以产品的用途是否相同或近似为准进行判断。

而对实施外观设计专利权的行为,在《专利法》第 11 条第 2 款中规定:为生产经营目的制造、许诺销售、销售、进口其外观设计专利产品。其中并不包含“使用”行为。对此,有观点认为阻止他人未经许可的制造、进口和销售行为即已达到保护外观设计的目的(汤宗舜:《专利法解说》,知识产权出版社 2002 年版,第 90 页);且外观设计旨在使人产生赏心悦目的视觉感受,因此大部分外观设计的使用行为均不是为生产经营目的(尹新天:《中国专利法详解》,知识产权出版社 2011 年版,第 156 页)。当然,该观点也并不否认实践中存在以生产经营为目的的外观设计“使用”行为,在国际公约中并未强制要求各国针对外观设计的使用行为设置排他权的前提下,需要根据我国的具体国情和实际需要来思考是否有必要增加“使用”这一权项(尹新天:《中国专利法详解》,知识产权出版社 2011 年版,第 157 页)。特别是“使用权”若不在权利内容的范围内,可能导致图形用户界面局部外观设计保护形同虚设(黄细江:《外观设计的本质回归和立法展望——以图形用户界面为考察对象》,载《知识产权》2017 年第 11 期)。具体来说,在图形用户界面的外观设计侵权中,排除“使用”行为的确可以使得以生产经营为目的的终端用户的使用行为免责,但同时也可能直接导致针对终端用户提供教唆帮助的主体难以被认定构成间接侵权。

在学说上也有主张终端用户安装之行为构成“制造”的观点。由于“产品 + 外观设计”是确立外观设计专利权保护范围的依据,而实现“产品 + 外观设计”的行为,在性质上属于将表现外观设计的产品制造出来的行为,是外观设计专利权中“制造权”控制的范围。在包含图像外观设计的设备问题上,“制造”行为并不是指制造终端设备的行为,而是指将“图形”与“设备”结合在一起的行为(张鹏:《中日外观设计保护制度比较——以图形用户界面的外观设计保护为中心》,载《知识产权》2022 年第 3 期)。有观点认为将包含有图像外观设计的软件安装在设备之上的行为就是典型的结合行为(詹靖康:《奇虎诉江民侵害外观设计专利权纠纷案评析——兼论国家知识产权局第六十八号令》,载《电子知识产权》2018 年第 1 期)。也指出:“当用户下载、安装并运行了被诉侵权软件,软件界面出现在显示装置上时,用户的电脑就变成了一台具有图形用户界面的电脑，则用户使用电脑安装、运行被诉侵权软件的行为，实质上是制造具有图形用户界面的电脑的行为”。针对这一观点，也有学说主张：用户下载带有图形用户界面的计算机软件并在该设备上安装、运行，是为了让自己在使用计算机及其软件时获得美的感受和心情的愉悦，即使是商业用户也不例外。“制造”之解释实际上是以“制造”为名行“使用”之实，架空了《专利法》对外观设计专利权内容的规定（王迁、闻天吉：《〈专利法〉保护图形用户界面外观设计的界限——兼评金山诉萌家案》，载《知识产权》2023年第9期）。

Ⅲ 既往司法实践状况

本案判决之前，在图形用户界面外观设计专利权的直接侵权判断中，特别强调“产品”在保护范围上的限定作用。在司法实践中，往往直接因“产品”不相同或不相类似而否定构成侵权，如在“北京奇虎科技有限公司等诉北京江民新科技术有限公司侵害外观设计专利权纠纷案”［北京知识产权法院（2016）京73民初276号民事判决书，可简称奇虎诉江民案］中就指出：外观设计专利权保护范围的确定需要同时考虑产品及设计两要素，无论是其中的产品要素还是设计要素均以图片或照片中所显示内容为依据。涉案专利视图中所显示的产品为电脑，其名称亦为“带图形用户界面的电脑”，可见，涉案专利为用于电脑产品上的外观设计。“电脑”这一产品对于涉案专利的权利保护范围具有限定作用。被诉侵权行为是被告向用户提供被诉侵权软件的行为，因被诉侵权软件并不属于外观设计产品的范畴，相应地，其与原告涉案专利的电脑产品不可能构成相同或相近种类的产品。即便被告被诉侵权软件的用户界面与原告涉案专利的用户界面相同或相似，被告被诉侵权软件亦未落入涉案专利的保护范围。

而本案一审判决也是在直接侵权框架下作出的判断，即认为四方主体（手机制造者、手机操作系统制造者、App制造者、手机用户）共同行为构成了一个侵权行为，但App制造者对该侵权行为发挥了不可替代的实质性作用，而且具有侵权的主观故意，所以应当承担侵权责任。一审判决理由受到了“深圳市吉祥腾达科技有限公司与深圳敦骏科技有限公司等侵害发明专利权纠纷上诉案”［最高人民法院指导案例159号（2021年），以下简称腾达案］的影响。腾达案中原告拥有“方法发明专利”（一种简易访问网络运营商门户网站的方法）。被告从事的是制造和销售无线路由器的行为，而终端网络用户利用无线路由器实施涉案专利方法（“使用”方法专利）。对此，法院指出：“如果被诉侵权行为人以生产经营为目的，将专利方法的实质内容固化在被诉侵权产品中，该行为或者行为结果对专利权利要求的技术特征被全面覆盖起到了不可替代的实质性作用，终端用户在正常使用该被诉侵权产品时就能自然再现该专利方法过程，则应认定被诉侵权行为人实施了该专利方法，侵害了专利权人的权利。”与腾达案相对照，本案中原告专利为“用于移动通信终端的图形用户界面”；被告行为为提供包含图形用户界面的软件；而手机用户将软件安装到手机上实现了图形用户界面的全部动态。由于本案受到腾达案的拘束，而腾达案是在直接侵权意义上评价提供方法专利实施的设备的行为的，即被告实施的方法专利技术方案的内置固化行为对侵权具有不可替代的实质性作用，终端用户在使用时触发软件在后台自动运行，应当认定被告制造并销售被诉侵权产品的行为直接导致了专利方法被终端用户所实施,从而追究被告之直接侵权责任。因此在本案一审判决中没有采取奇虎诉江民案的间接侵权论证方式。

司法实践中也存在以外观设计专利权的间接侵权作为判断框架的判决,在奇虎诉江民案中原告主张被告提供包含图形用户界面的软件行为构成间接侵权,对此法院指出:“被诉侵权行为构成帮助侵权行为的前提之一是用户具有直接实施涉案专利的行为。本案中,用户实施的行为仅为下载被诉侵权软件至其电脑的行为,并不存在制造、许诺销售、销售电脑等行为。基于此,在本案中并不存在直接实施涉案专利行为的情况下,即便确如原告所述被诉侵权软件属于侵权产品的中间物,被告提供被诉侵权软件的行为亦不可能构成帮助侵权行为。”该案中,由终端用户自行装载的行为,不构成“制造”行为,而是“使用”行为,由于外观设计专利权所控制的实施行为中不包含“使用”,因此终端用户并不存在构成间接侵权的前提条件,即一个直接行为(不一定要求直接侵权行为)。

Ⅳ 本判决的参考意义及将来的课题

1. 本案判决的参考意义

本案二审判决相比于既有司法实践在两个方面体现出了特色:一是相比于本案一审判决所采取的直接侵权判断框架,二审判决采取了间接侵权的判断框架;二是相比于采取了间接侵权判断框架的奇虎诉江民案来说,二审判决认定了终端用户在手机上安装包含有图形用户界面的软件的行为构成“制造”,从而满足了构成间接侵权所需的存在一个直接行为。

尽管本案一审判决依腾达案判旨将提供供方法专利实施的设备的行为作为直接侵权来进行处理,进而肯定了提供包含图形用户界面的软件行为的侵权责任。但是这种法律适用方式仍不乏可商榷之处。首先,腾达案所采取的直接侵权的认定其目的在于避免间接侵权判断中缺乏一个直接侵权行为的困境。但是从比较法经验或我国已有的一些实践来看,间接侵权中并不要求必须存在一个直接侵权行为,而只需要存在一个满足符合构成要件的直接行为即可。在腾达案中直接行为为终端用户利用设备而实施的方法专利,在金山诉萌家案中直接行为为终端用户“制造”包含图像界面的手机。其次,腾达案中借用的“控制或指导”理论事实上针对的是多方主体分别实施方法专利的不同步骤的情形,此时无法适用间接侵权理论,而发展出了方法专利多主体分别实施的侵权判定规则。对于可以适用间接侵权规则的情况,无须套用多方主体分别实施方法专利各步骤的规则。在金山诉萌家案中法院认为四方主体(手机制造者、手机操作系统制造者、App 制造者、手机用户)共同行为构成了一个侵权行为。事实上将包含有图像的软件安装在手机上(制造行为)以及在手机上运行应用程序以实现在手机上显示图像(使用行为)的主体均是手机用户,其他三个主体都是为手机用户实施外观设计专利权所控制的行为提供帮助的行为,因此该案并不属于多方主体分别实施方法专利各步骤的情形。最后,外观设计专利权的保护范围受到“产品”的限定,如果过分淡化“产品”类别在保护范围中的限定作用将会导致制造上游产品的行为和利用上游产品制造下游产品的行为均定性为制造侵权产品的行为。在产品外观设计专利的情况下,存在将产品整体与产品的零部件认定为构成类似产品的实践(如汽车轮胎的胎面胶与汽车轮胎[河南省高级人民法院(2014)豫法知民终字第5号民事判决书];移动电源的外壳与移动电源[广东省高级人民法院(2014)粤高法民三终字第773号民事判决书]。但是对包含有图像界面的产品,很难认定包含有图像的"软件"与"手机"构成类似。

相比于本案一审判决的说理方式,在维持结论不变的基础上,本案二审判决采取了更为妥当的解释方法,即回归奇虎诉江民案的论证框架,在间接侵权下评价提供包含图形用户界面的软件行为的侵权责任。同时判决又明确指出产品销售后终端用户在产品上安装与特定功能相关的软件,使得可以在产品上显示与注册设计相同或近似的图形用户界面的应属于与制造实质相同的方式"制造"了"包含图形用户界面的电子设备"的行为。在此基础上,为终端用户的行为提供教唆帮助的主体,在满足一定要件时可以从间接侵权角度评价其行为的违法性。

2. 将来的课题

不可否认,二审判决所采取解释的主要弊端就在于如果终端用户是以生产经营为目的,将带有图像的软件安装在设备之上的话,那么其将构成实施外观设计专利权的行为,并在直接侵权意义上予以评价。而在该解释论前,无论是否出于生产经营目的,由于终端用户均未从事"制造"行为,而仅仅从事了"使用"行为,因此均不构成侵权。举例来说,银行为使顾客在ATM上使用操作界面而预先安装包含有操作界面图像的软件的行为,因为银行是以生产经营为目的从事的这一行为构成"制造"外观设计的产品。

那么,我们应该如何评价解释论带来的上述弊端呢?首先在外观设计专利的实施行为中排除"使用"权项本身是一种政策的考量,存在依据具体国情和实际需要来进行调整的可能性;其次即使将在设备上安装带有图像外观设计的软件的行为纳入"制造"的范围,也不会波及个人终端用户,因为个人用户在自己手机上安装各类包含操作界面图像的App的行为,由于不满足以生产经营为目的这一要件而不构成直接侵权;最后这种解释所针对的行为是特定的,不会出现扩大规制的情况,具体来说仅限于将包含有图像外观设计的软件安装(永久存储)在设备之上的行为,此时排除了通过互联网浏览互联网服务器上记录的图形界面(将网站相关图形界面临时记录在客户端缓存中的行为)。尽管这种行为在中国法中属于受到保护的"网页应用界面",但是终端用户将网页应用界面与产品结合的过程不被评价为"制造",而被评价为"使用"。当然最为彻底改革还是促进产业发展角度,在立法论上将"使用"纳入外观设计专利权的权利范围之内。

在承认提供包含图像界面的软件行为可以在间接侵权模式下予以评价的基础上,另一个需要解决的问题就是该软件如果是通用型的软件,并不是专门用于某一设备的情况下的侵权判断问题。对设计要点仅在于图形用户界面,且采取不带其所应用的产品的形式进行的申请,由于可以将产品界定为通用的"电子设备",因此提供包含有图形用户界面的软件的行为几乎必然会呈现在某一类"电子设备"之上,这样应可构成最高人民法院《关于审理侵犯专利权纠纷案件应用法律若干问题的解释(二)》中规定的"专用型"帮助侵权。

在本案二审判决说理的基础上,将来仍需进一步明确"使用"与"制造"包含图形用户界面的软件的产品之间的区别。其中可以考虑以永久存储和临时存储为区分,对于前者认为构成“制造”;而后者认为并不构成“制造”。此时是否预装,还是事后由用户安装并不存在区别。具体来说,以下行为被认为属于相关产品的“制造”:(1)在产品的制造过程中,在产品上储存与注册设计相同或近似的图形用户界面;(2)产品销售后,自动执行产品上预先具备的功能相关的软件,从而显示与注册外观设计相同或近似的图形用户界面;(3)产品销售后,用户在产品上安装与特定功能相关的软件,使得可以在产品上显示与注册设计相同或近似的图形用户界面。而临时储存的形式包括:(1)通过云计算在客户端(个人电脑)上使用软件时,从云服务器分发的软件相关的图形界面临时存放在客户端的缓存上;(2)通过互联网浏览互联网服务器上记录的图形界面(将网站相关图形界面临时记录在客户端缓存中的行为);(3)专为在特定客户端的计算机上显示图形界面而记录在服务器上的图像界面。

□ 参考文献

汤宗舜:《专利法解说》,知识产权出版社 2002 年版。

尹新天:《中国专利法详解》,知识产权出版社 2011 年版。

詹靖康:《奇虎诉江民侵害外观设计专利权纠纷案评析——兼论国家知识产权局第六十八号令》,载《电子知识产权》2018 年第 1 期。

黄细江:《外观设计的本质回归和立法展望——以图形用户界面为考察对象》,载《知识产权》2017 年第 11 期。

张鹏:《中日外观设计保护制度比较——以图形用户界面的外观设计保护为中心》,载《知识产权》2022 年第 3 期。

王迁、闻天吉:《〈专利法〉保护图形用户界面外观设计的界限——兼评金山诉萌家案》,载《知识产权》2023 年第 9 期。

080 比特币的法律性质

闫向东等与李圣艳等财产损害赔偿纠纷案 ｜ 上海市第一中级人民法院(2019)沪01民终13689号民事判决书

冯洁语 南京大学法学院

■ 事实概要

2018年6月12日,被告闫向东、李敏、岑升方、孙飞等人殴打、胁迫原告李圣艳、布兰登·斯密特,迫使其将原告持有的18.88个比特币、6466个天空币转入指定账户内。随后,原告诉请被告承担侵权责任,返还比特币和天空币。

一审法院判决被告构成共同侵权,应当返还比特币和天空币,如果返还不能,则按CoinMarketCap.com网站2018年6月12日公布的比特币、天空币交易收盘价及当日美元牌价确定价值,进行价值偿还。但一审法院驳回了原告对利息的主张。

被告以比特币等不受法律保护、一审法院确认的数额有误为由,提起上诉,要求发回重审或改判驳回原告的一审诉讼请求。二审中,原告放弃了返还天空币的诉讼请求。

■ 裁判要旨

二审变更一审判决第1项为返还比特币,维持了一审判决的其他部分。

比特币属于网络虚拟财产,应受法律保护。中国人民银行等部委曾发布《关于防范比特币风险的通知》(2013年)、《关于防范代币发行融资风险的公告》(2017年)等文件,虽然否定了此类"虚拟货币"作为货币的法律地位,但上述规定并未对其作为商品的财产属性予以否认。侵占他人比特币属于侵害他人财产权益,若不能返还的,应当折价赔偿。通常,赔偿金额的确定需要考虑财产受损时的市场价格、被侵权人取得财产的价格、侵权人获得的收益、双方就赔偿金的主张金额等因素,综合案件的实际情况予以确定。

■ 评　析

Ⅰ 本判决的思路和意义

本案的关键在于比特币的定性。对此,形成了多种不同的观点。观点一认为比特币在我国不属于合法财产,理由是2017年的《关于防范代币发行融资风险的公告》第1条第2款明确了比特币在我国境内不具备强制法偿性和流通性等货币属性。观点二认为比特币虽然不是货币,但是可以作为商品买卖,是合法的"虚拟商品"。观点三认为比特币虽然不是由国家发行的,但是同样属于货币(杨延超:《论数字货币的法律属性》,载《中国社会科学》2020年第1期)。本案判决明确采观点二,比特币为"虚拟财产",可以受原《侵权责任法》保护。

法官在说理中所阐释的理由有三点:其一,当时的《民法总则》第127条对网络虚拟财产的保护持开放态度;其二,比特币具备稀缺性、价值性、可支配性的特点,具备权利客体的属性;其三,中国人民银行等部委发布的政策性文件虽然否定了比特币的货币属性,但没有否定其作为商品的财产属性。

Ⅱ 比特币的定性、归属和保护

1. 比特币的定性

关于比特币的定性需要解决两个问题。第一个问题是,我国央行否定了比特币等非法定数字货币的流通性,这是否意味着否定非法定数字货币的权利性。第二个问题是,如果认为比特币具备权利性,那么属于何种权利。

就第一个问题而言,尽管罗马法将非流通物排除出了私法的客体,但目前民法学说均同样认可非流通物是民法的客体,只是其流通性受限。也有观点认为,比特币的持有人仅享有事实上的排他地位,无法进行法律上的处分(Beck/König, Bitcoin: Der Versuch einer vertragstypologischen Einordnung von kryptographischem Geld, JZ 2015, 130, 131)。此种观点的依据是,比特币的成立以比特币协议为事实根据,再寻找规范根据是无必要的重复。如果以该说为前提,则比特币无法成为一般侵权保护的客体,对于比特币的利用会起到抑制作用。因此,此种观点是一种消极的态度。事实上,即使持此种观点的学者也仅为了指出比特币不属于物或者其他知识产权,并非认为比特币不受保护。例如,其同样认为持有比特币和利用比特币的可能性构建了具有财产价值的地位,而此种(事实)地位可以作为整体转让。因此,没有理由否定比特币的归属的权利属性。

就第二个问题而言,首先,非法定数字货币不是物,因为民法上的物限于有体物,持有比特币也不构成所有权。有疑问的是,我国学说区分数据和数据文件,认为数据文件上存在所有权(纪海龙:《数据的私法定位与保护》,载《法学研究》2018年第6期)。那么,进一步需要思考的是,比特币等区块链技术支持的非法定数字货币是否等同其他数据,也存在数据文件的所有权?在数据文件上成立所有权的前提是数据文件现实存在,并且可以通过技术手段控制数据文件,并与其他数据文件相区分。此外,普通的数据文件无论是存储于电脑还是存储于云端服务器,至少均有数据的本体。但比特币技术则非如此,比特币技术中的公钥和私钥均不是比特币本身,而仅仅是进入账户的手段,而账户内有多少比特币,则须在去中心化的区块链中读取。由于去中心化的设计,比特币的信息存在于区块链中,也存在于每一台安装了相关软件的电脑中。在这个意义上,比特币至少不是数据文件,在比特币上不成立所有权。

其次,比特币与存款货币或传统非法定数字货币不同,不是债权。我国通说认为,区块链去中心化特质不要求发行人承担法律义务,因此不存在与发行人或者第三人之间的债之关系,比特币不是债权。此种观点是正确的。比特币债权说最大的问题在于无法与债权的定义相协调。一方面,即使是在私有链中,也很难认为所有的用户都有法律拘束之意思,因为用户只是希望将数字货币作为支付手段,而不愿彼此之间负担一物;另一方面,在公有链还是私有链中,持有比特币的人均没有可以请求的对象。在公有链中,由于彻底的去中心化,没有数字货币的发行人,也即没有债务人。

最后,比特币的价值本质上源自区块链全体成员的合意,比特币的本质是"受到他人认可而持有的单位数,此种单位可以移转给其他参与人"。此种合意由于不具备拘束意思,固然不能等同于传统合同法意义上的合意,但是应当指出的有两点:一方面,此种合意更类似共同行为的合意;另一方面,此种合意不论范围如何,但基本的合意包括认可比特币的价值和可以将比特币移转给他人。此种类型的权利固然不属于债权或物权,但不容否认,比特币是民法中的客体,是所谓的"其他财产权"(或称为绝对权属性的虚拟财产),应当受到类似绝对权的保护。

2. 比特币的归属和保护

在明确了比特币在定性上属于绝对权以后,进一步考虑其归属和保护问题。

(1)比特币的归属。我国实践中,大量的比特币交易同样通过比特币交易平台进行。在北京海淀区法院发布的典型案例"冯某诉A公司合同纠纷案"[北京海淀区发布8个涉互联网商事典型案例之八]中及比特币在用户与交易平台之间的归属问题。该案中,由于比特币分叉,比特币的持有人可以获得与其持有的比特币数额相对应的比特币现金,因此,被告交易平台发出公告,承诺将给予用户相应的比特币现金,但原告之后发现其未能取得相应的比特币现金,遂起诉被告履行合同。海淀区法院判决支持了原告的诉请,饶有趣味的是,法官在针对该案的说明中提到,比特币等虚拟财产不是物,基于物权法定原则,比特币上不成立物权,因此原告不得基于物权请求交付比特币现金,只能基于合同请求交付比特币现金。

如果认为比特币是一种绝对权,同样存在绝对权意义上的归属问题。因此,单纯从比特币的性质出发,否定原告的诉请存在疑问。比特币等数字货币的实质是受他人认可、并可移转给他人的持有单位数,而持币人通过公钥和私钥控制数字货币,其中,私钥起到加密移转比特币的功能,因此,私钥也是取得比特币权利的关键所在。从目前比特币交易平台和用户之间的关系来看,用户为了交易比特币,会在交易平台开设账户,之后的交易在平台上进行,此种情况下,即使用户账户里存有比特币,但没有实际掌握比特币的私钥,因此,仅对交易平台享有权利,需要在交易平台中进行交易。换言之,此种交易实际没有在比特币的区块链中进行,在比特币交易的区块链中,只有交易平台是唯一享有私钥,享有排他性权利的人。相反,只有在用户提币并拥有私钥以后,比特币才真正归属于用户。而在这之前,用户仅享有对平台的债权。因此,在"冯某诉A公司合同纠纷案"中,比特币均归属于交易平台。

(2)非法定数字货币是其他财产权,作为一种绝对权受原《侵权责任法》的保护。当然,在常见的侵害比特币案件中,由于行为高度违法性和过错程度极高,因此,即使认为比特币不构成权利,也足以构成侵权。此外,在通过暴力或非法拘禁手段侵害比特币的案件以外,更多的案件则是通过黑客技术获取比特币的私钥。我国刑法实务往往认定此种行为构成非法获取计算机信息系统数据、非法控制计算机信息系统罪。尽管法院定罪的前提是否定比特币等非法定数字货币的财产属性,但是刑法上数据概念定义得较为宽泛,同样可以涵盖比特币等非法定数字货币。由于非法获取计算机信息系统数据、非法控制计算机信息系统罪保护的是个别公民的利益,因此构成侵权法意义上的保护性法律,就意味着侵权人的行为违法性程度极高。因此,构成犯罪的行为同时构成侵权行为。

比特币等作为其他财产权同样是一般过错侵权保护的客体。当然,由于比特币存于区块链,因此过失侵害他人非法定数字货币的情况较为少见。根据新闻报道,出现过比特币的持有人将私钥记录在纸上,但该纸被清洁工过失毁损,进而无法进入比特币账户的情况。由于私钥是控制比特币的唯一方式,因此,此种情况下有构成侵权的可能。此时需要考虑两点:其一,清洁工是否构成过失;其二,用户将私钥记录在纸张上,未加妥善保管,致使清洁工过失侵权,此时有与有过失有关的规定适用的空间。

Ⅲ 既往司法实践状况

我国对于比特币是否为合法财产、是否具备权利属性一直存在争议。少数判例认为,根据《关于防范代币发行融资风险的公告》第1条第2款认定数字货币并非货币,所形成的债务是非法债务。此种观点否定了比特币的权利属性[金晨与北京火币天下网络技术有限公司网络侵权责任纠纷案,江苏省徐州市中级人民法院(2019)苏03民终3461号民事判决书]。相反,多数判决则认为,尽管非法定数字货币不是货币,但是,具备财产属性,是应当受到法律保护的“民事利益”。

本案承袭了我国司法实践中的多数观点,并在此基础上,明确了比特币是虚拟财产。并且在之前案例的基础上,本案也认可了比特币可以返还。有观点基于其技术特征,认为比特币必然适用占有即所有,因为一旦比特币转账进入他人账户以后,区块链的其他用户达成了受让人取得该单位数新的合意,此种合意不能撤销。但技术上的不能,并不意味着法律评价上的不能。即使是存款货币的转账交易中,如果发生原物返还,也很少通过撤销原交易进行。

Ⅳ 本案遗留的问题

尽管本案明确了比特币是虚拟财产,但是虚拟财产是否必然具备绝对权的属性,在我国学界尚有争议。本案的案情也存在特殊性,本案中被告通过暴力殴打的方式,逼迫原告移转比特币等数字货币。此种情况下,被告的行为已经构成故意悖俗侵害他人,因此,必然构成侵权。所以仅就这一点而言,仍然无法明确我国法院是否认可比特币作为虚拟财产具备绝对权的性质。与上述问题相关,在比特币的返还中,该案也回避了返还请求权的性质。如果认为比特币构成绝对权,返还请求权的性质可以是物权性的原物返还请求权。这一点在返还义务人破产时至关重要。上述两点仍有待我国司法实践的进一步发展和确认。

□ 参考文献

杨延超:《论数字货币的法律属性》,载《中国社会科学》2020年第1期。

冯洁语:《论私法中数字货币的规范体系》,载《政治与法律》2021年第7期。

李建星:《数字人民币私权论》,载《东方法学》2022年第2期。

081 主播跳槽的反不正当竞争法适用问题

杭州开迅科技有限公司与李勇、广州虎牙信息科技有限公司不正当竞争纠纷案 | 浙江省高级人民法院(2020)浙民终515号民事判决书

朱一飞 中国计量大学法学院

■ 事实概要

触手平台系杭州开迅科技有限公司(以下简称开迅公司)运营的在线游戏解说平台。李勇于2015年7月15日注册成为触手平台用户,并于同日认证成为主播,同月18日开始进行直播。2015年8月、2017年6月、2018年1月,李勇先后三次与开迅公司指定的经纪公司(蓝博公司、视琰公司)签订协议,约定由经纪公司推荐李勇在触手平台进行游戏直播、对李勇进行包装推广(李勇的推广用名为"圣光"),李勇则承诺在合作期限内不在其他平台提供直播或解说。

2018年9月1日,在前述合同的有效期内,李勇使用昵称"触手圣光转虎牙"在虎牙平台进行直播首秀。开迅公司接到通知后对李勇的账号进行了临时封禁。2018年9月3日,李勇重新回到触手平台,开通了相应直播间,并与开迅公司指定的经纪公司(上海伊恬文化传播中心,以下简称伊恬中心)签订《签约主播独家合作协议》,约定伊恬中心向触手平台推荐李勇担任主播,并对李勇持续提供包装、推广、培训等支持;李勇则只能在触手平台上开展主播业务。李勇与开迅公司的其他合作公司签订的原协议项下的权利义务由伊恬中心代为承继。

2019年3月1日,李勇在触手平台直播267分钟后,于当晚6时转至虎牙平台进行直播首秀。截至2019年10月10日,李勇仍使用原昵称"圣光"及原头像在虎牙平台上进行直播,视频及公告中显示其QQ及微信。

■ 裁判要旨

法院认为,市场竞争以自由竞争为原则,以《反不正当竞争法》的规制为例外。若经营者遵守了相应的竞争规则,依靠自身的优势资源,达到吸引人才集聚、打造高曝光度优秀平台的效果,且未限制有效竞争的,应为自由的市场竞争所容许。在市场竞争机制并未受到明显扭曲的情况下,法院不应泛化《反不正当竞争法》的适用。

本案中,李勇涉案被诉行为(一是在与触手平台的独家合约期内,擅自与虎牙公司签

约、收取预付款及在虎牙平台上进行直播的行为;二是在离开触手平台后仍继续使用原“圣光”昵称、头像的行为)具有原《合同法》上的可责性,但在现有证据尚不足以证明其通过昵称、头像进行恶意大规模导流,且其经纪公司伊恬中心已就李勇的违约行为向开迅公司承担了相应违约责任的情况下,《反不正当竞争法》没有再行介入之必要;而虎牙公司的行为(在明知李勇尚处合约期的情况下,通过支付预付款等方式引诱李勇跳槽签约,并利用李勇人气进行宣传推广,安排李勇使用原昵称、头像等)虽然在一定程度上损害了开迅公司的竞争利益,但竞争本身就意味着对交易机会的争夺,一方竞争获利往往意味着相对方的受损,在案证据不能证明虎牙公司系采取了有违商业道德的恶意诱导手段或其他不当举措来进行商业竞争。综上,李勇、虎牙公司的涉案被诉行为不构成不正当竞争,无须承担相应的民事责任。

■ 评　析

Ⅰ 本判决的思路

本判决主要是围绕“李勇、虎牙公司的涉案行为是否构成不正当竞争”这个问题展开,具体可分解为两个方面。

1. 关于李勇涉案被诉行为的评判

开迅公司在本案中主张李勇的不正当竞争行为包括:一是在与开迅公司触手平台的独家合约期内,擅自与虎牙公司签约、收取预付款及在虎牙平台上进行直播的行为;二是在离开触手平台后仍继续使用原“圣光”昵称、头像进行用户导流的行为。

一审法院认为,对于已经建立合同关系的当事人而言,合同的约定以及相关的合同法律规定已经对双方的权利提供了特别的保护,在违约行为发生时,一般应直接适用合同的约定及相关的合同法律规定。除非经营者的行为在违反合同义务之外,还损害了公共政策所保护的其他利益,如员工不正当披露企业商业秘密的行为,与保护知识成果、鼓励知识创新的公共政策相背离,应同时受到《反不正当竞争法》的规制。除此之外,《反不正当竞争法》不应当在原《合同法》之外,再以违反诚实信用原则和公认的商业道德的名义进行干预,否则就不恰当地侵入了契约自由的领域。在本案中,被诉行为涉及对合同义务的违反,但并未损害公共政策所保护的其他利益,如在合同约定的违约责任之外,另行要求李勇承担其他侵权责任,亦超出了其在合同订立时可合理预见到的损失。因此,该院认为,对于开迅公司与李勇之间的法律关系,不应再适用《反不正当竞争法》进行调整。

二审法院认为,在市场环境下,虽然应当倡导恪守合同、诚信履约,但李勇作为理性经济人,并不能禁止其在充分考量违约代价的预期成本前提下自由作出行为选择。李勇跳槽及收取虎牙平台预付款的行为虽然违反了其与伊恬中心之间的协议,但李勇为追求自身利益最大化而违约,并不等同于其行为存在《反不正当竞争法》意义上的不正当性。开迅公司可以通过规范和优化相应的合同设计,完善内部管理体系,与经纪公司约定高额违约金等方式,避免主播跳槽的违约收益高于成本,实现对此类行为的有效规制。在当事人能够通过合同方式得到有效救济的情况下,《反不正当竞争法》的适用更应秉持审慎、谦抑的原则,而不应随意干预当事人的行为自由。

关于李勇在离开触手平台后仍继续使用原“圣光”昵称、头像的问题,从昵称和头像商业价值的形成来看,触手平台在李勇成长为该平台头部主播的过程中投入了一定资源,支出了推广费用,为“圣光”知名度的提升作出了相应贡献,而李勇通过自身积累的知识、技能、经验等也对主播知名度的形成有所贡献。虽然伊恬中心与李勇签订的《签约主播独家合作协议》中约定,主播的“圣光”昵称、头像等权益归开迅公司所有,但昵称、头像具有人身权和财产权的双重属性,其虽然明显包含有商业利益,但亦与主播的人身利益紧密关联。李勇离开触手平台后仍继续使用原昵称和头像,在人身指向上并无偏差,不存在导致相关公众混淆误认的情况,因此不属于《反不正当竞争法》第 6 条第 2 项所规制的擅自使用他人有一定影响的艺名的混淆行为。但该行为有违合同中对昵称、头像的权益归属约定,存有一定的可责性,李勇应就此承担相应的违约责任。在现有证据不足以证明李勇通过昵称、头像进行恶意大规模导流,且其经纪公司伊恬中心已就李勇的违约行为向开迅公司承担了相应违约责任的情况下,《反不正当竞争法》没有再行介入之必要。

2. 关于虎牙公司涉案被诉行为的评判

开迅公司主张,虎牙公司在明知李勇尚处合约期的情况下,通过支付预付款等方式恶意引诱李勇跳槽签约,并利用李勇人气进行宣传推广,通过安排李勇使用原昵称、头像等方式窃取触手平台用户及流量,并借助李勇发展手游业务等行为构成不正当竞争。

一审法院认为,直播平台之间(开迅公司、虎牙公司之间)并不存在合同法律关系,显然不能通过原《合同法》进行调整。虎牙公司的行为属于市场竞争行为,开迅公司有权依据《反不正当竞争法》来主张相应的合法权益。但是,基于对虎牙公司的行为方式、行为目的、行为后果的分析,该院认为,虎牙公司的涉案行为并未违反诚实信用原则和公认的商业道德,不构成不正当竞争行为。

二审法院认为,商业道德是诚实信用原则在《反不正当竞争法》中的体现,应正确把握诚实信用原则和商业道德的评判标准,以特定商业领域普遍认同和接受的经济人伦理为尺度,避免把诚信原则和商业道德简单等同于个人道德或者社会公德。虎牙公司以高薪吸引人才的方式在一个竞争充分的市场中当属常态,不应认定有悖于商业道德。至于虎牙公司允许李勇在其平台持续使用在触手平台的原昵称、头像的问题,一方面,并无证据证明虎牙公司系明知李勇与其经纪公司就原昵称、头像进行约定的具体内容;另一方面,亦无证据证明其主动要求李勇使用原昵称、头像有针对性地对触手平台的用户及流量进行引流,因此不构成不正当竞争。

Ⅱ 本案意义

1. 一般条款的适用方法

关于我国《反不正当竞争法》第 2 条是否为该法的“一般条款”,法学理论与司法实务中曾有过长期的争论,直至 2009 年,在山东省食品进出口公司等诉青岛圣克达诚贸易有限公司等不正当竞争纠纷再审案(海带配额案)中,最高人民法院通过再审裁定的形式首次确立了第 2 条具有一般条款的地位,并明确了其作为一般条款独立适用的三个具体条件:"一是法律对该种竞争行为未作出特别规定;二是其他经营者的合法权益确因该竞争行为而受到了实际损害;三是该种竞争行为因确属违反诚实信用原则和公认的商业道德而具有不正当性或者说可责性。"[最高人民法院(2009)民申字第 1065 号民事裁定书]

然而,关于一般条款的具体适用方法,又有不同理解。例如,有学者认为,"三条件的重心在于判定是否存在对合法权益构成违法损害的事实。""独立适用第 2 条的关键在于相关行为是否侵害他人经其他法律所保护的合法权益……如果违反其他法律下的义务,侵害他人权益,就违反了诚信原则及公认的商业道德"(吴峻:《反不正当竞争法一般条款的司法适用模式》,载《法学研究》2016 年第 2 期)。

如果按照上述理解,则海带配额案中提出的"合法权益受损"和"违反诚实信用原则和公认的商业道德"这两个条件实则被捆绑在一起,似乎只要"合法权益受损",则必然"违反诚实信用原则和公认的商业道德",从而可能进一步导致"有损害即有救济"的错误结论。也正是在这个意义上,有学者指出:"从以前适用一般条款的情况看,主要有如下突出问题:首先,忽视《反不正当竞争法》的行为法属性,而把重心放在特定权益和权益合法性上,进而忽视了有关行为本身正当性的考虑因素,致使在竞争行为正当性的判断上具有太强的权益保护色彩,形成类似于侵犯绝对权的判断模式。其次,将合法权益保护的重心放在经营者权益上,忽视消费者权益和市场竞争机制的损害。"甚至可以说,"正是由于对经营者利益的过多考虑,致使在不正当竞争行为认定上易于扩大化或者滑向类似绝对权保护的错误方向"(孔祥俊:《反不正当竞争法新原理:总论》,法律出版社 2019 年版,第 238 ~ 239 页)。

应当认识到,《反不正当竞争法》一般条款保护的是权利之外的利益,调整的是具有天然冲突性的竞争行为。所谓竞争,指的就是经营者之间为争夺市场而进行的斗争。可以说,竞争本身即意味着冲突,意味着此消彼长,竞争者对竞争对手造成损害是通常情形,《反不正当竞争法》应反映这一现实(董晓敏:《〈反不正当竞争法〉一般条款的适用》,知识产权出版社 2019 年版,第 64 ~ 65 页)。

在此问题上,《美国反不正当竞争法第三次重述》第 1 条的规定可予以参考:行为人并不对因其经营活动而对他人造成的损害承担责任,除非符合该条规定的情形之一。由此即明确了竞争自由是一般原则,因竞争造成的对其他竞争者的损害以不承担责任为原则,因违反特定的规则或者行为具有其他不正当性而需承担责任是例外。我国《反不正当竞争法》及其他法律对构成不正当竞争的行为有明确列举,除此之外,对于仍然需要视为不正当竞争行为加以规制的行为,均需要通过一般条款这个途径和入口,通过做"加法"而纳入法律规制的体系,故这个入口的开启必须严格限制(董晓敏:《〈反不正当竞争法〉一般条款的适用》,知识产权出版社 2019 年版,第 64 ~ 65 页)。

在本案中,一审法院从"行为方式""行为目的""行为结果"三个层面对虎牙公司的行为进行了具体分析:从行为方式来看,虎牙公司不存在恶意诱导的行为;从行为目的来看,虎牙公司亦非有针对性地攫取竞争平台的用户流量和竞争利益,不具有不正当竞争的目的;从虎牙公司的行为后果来看,在主播由于自身原因和与原平台具有竞争关系的其他直播平台进行合作的情况下,即使由于主播与用户之间的粘性较强,主播会在一定程度上带走原平台的用户及流量。但对于触手平台而言,平台的用户及流量损失系其依据合同可期待获得的利益,因此其可以在与主播签署的合同中约定包括流量损失在内的因违约产生的损失赔偿额的计算方法,以弥补其相应的损失。二审法院则更是明确指出:虎牙公司的被诉行为是否构成不正当竞争,应视其是否有违诚信原则和商业道德,是否扰乱了正常的市场竞争秩序,是否不当损害了其他经营者和消费者的合法权益,综合作出评判。

由此可见,本案中,法院在决定是否适用一般条款时所考量的因素,没有局限于"主播跳槽"对于直播平台经营者所造成的损失,而是综合考虑了该行为对于市场竞争秩序、消费者的影响及其是否有违诚信原则和商业道德。通过对竞争行为的综合分析判断,避免了"有损害即有救济"的错误结论,从而防止了"一般条款"适用的扩大化,体现了在市场机制存在自我净化、自我调节能力的情况下,《反不正当竞争法》应保持谦抑性的原则。

2. 商业道德的认定

如前所述,对于不属于《反不正当竞争法》第二章所列举的行为的正当性判断,应当以该行为是否违反了诚信原则和商业道德作为重要标准。在《反不正当竞争法》视野下,诚信原则主要体现为商业道德,因此,"商业道德"的理解与认定就成为一个关键问题。

从我国司法实践的情况来看,部分案件将不劳而获、"搭便车"简单地等同于违反公认的商业道德,从而过于轻率地适用一般条款,认定某种行为构成不正当竞争。例如,在一个涉及深度链接他人网站视频内容的案件中,法院认为,被告未承担相关视频的经营成本,而对视频加以利用,使得本应在原告网站观看视频的用户成为被告的用户,该行为系不劳而获,具有明显的主观过错,构成不正当竞争。另一个案件中则更简单论述为"作为同业竞争者,损害原告利益,属于"搭便车"行为,违反商业道德和诚信原则"(董晓敏:《〈反不正当竞争法〉一般条款的适用》,知识产权出版社 2019 年版,第 47 页)。

在本案中,一、二审法院分别就"商业道德"作了较为充分的论述。一审法院认为,主播在合同期限内到与原平台具有竞争关系的其他平台进行直播的行为,虽然可能构成违约并承担相应的赔偿责任,但基于维护人身自由,保障人才自由流动的基本原则,法律并不能禁止。在此情况下,虎牙公司作为一个经济人,基于自身商业利益判断,选择与可以为其带来商业机会和竞争优势的跳槽主播合作,拓展头部主播阵容,从而提升平台竞争力,符合通常的商业伦理。二审法院指出,虎牙公司在李勇尚在触手平台进行直播时,即与之进行了接触和商谈,在李勇于 2018 年 9 月 1 日首次在虎牙平台进行直播之前,已与其签订了合同并支付了首付款 45 万元,通过高薪"挖角"拓展夯实自身的手游业务,削弱开迅公司的竞争优势。但高薪是争夺人才的常见市场竞争方式,也在一定程度上体现了人才的价值,此种吸引人才的方式在一个竞争充分的市场中当属常态,不应认定有悖于商业道德。在李勇于 2018 年 9 月 3 日回归触手平台后,虎牙公司拒绝其解除合同、退还首付款的请求,而要求其继续履约,否则要求其承担违约责任的行为,亦属市场竞争主体的正当举措,难谓胁迫之举。

以上分析虽未从正面完整阐述"商业道德"的内涵,但却对商业道德的界限、商业道德与个人道德、社会公德的区分做了较好的分析与论述，从而避免了商业道德界定的泛化以及一般条款适用的扩大化。

Ⅲ 本案遗留的问题

本案二审法院指出："在案证据不能证明虎牙公司系采取了有违商业道德的恶意诱导手段或其他不当举措来进行商业竞争。"也就是说，法院并未否认直播平台恶意诱导主播跳槽的行为可能构成不正当竞争（在本案中，只是由于证据不足，未予认定）。那么问题在于，在何种情形下，直播平台诱导主播跳槽的行为构成不正当竞争？法律如何规制此种行为？

一个可能的分析框架是"引诱违约"理论。引诱违约行为（inducing the breach of contract）是指第三人采取说服、劝告、利诱等非暴力方式，诱使合同当事人一方违反合同约定，导致合同不能全面、适当履行的行为。对于引诱违约行为，各国家和地区所选择的规制路径有所不同。《美国侵权法第二次重述》第37章第766～774A条将第三人故意且不当引诱或者以其他手段导致合同一方当事人违约从而干涉合同履行的行为，视为侵权行为。行为人应当对合同另一方当事人因违约遭受的损失承担赔偿责任，即通过侵权法规制引诱违约行为。而《德国反不正当竞争法》和我国澳门特别行政区的《澳门商法》则明确将引诱违约行为规定为一种不正当竞争行为（李扬：《反不正当竞争法基本原理》，知识产权出版社2022年版，第305～310页）。

目前，我国并未明确对引诱违约行为的规制路径，未来究竟是将其列举为一种法定的不正当竞争行为，还是依据《反不正当竞争法》一般条款来判断其是否构成不正当竞争行为，抑或通过民法的相关理论与制度予以规范，值得进一步研究。

□ 参考文献

董晓敏：《〈反不正当竞争法〉一般条款的适用》，知识产权出版社2019年版。

李扬：《反不正当竞争法基本原理》，知识产权出版社2022年版。

孔祥俊：《反不正当竞争法新原理：总论》，法律出版社2019年版。

吴峻：《反不正当竞争法一般条款的司法适用模式》，载《法学研究》2016年第2期。

082 提供软件外挂构成不正当竞争的认定

陆金所与陆智投不正当竞争纠纷案 | 上海市浦东新区人民法院

(2019)沪0115民初11133号民事判决书

钟 莲 四川音乐学院马克思主义学院

■ 事实概要

原告上海陆家嘴国际金融资产交易市场股份有限公司(以下简称陆金所公司)是知名互联网财富管理平台,上海陆金所互联网金融信息服务有限公司(以下简称陆金服公司)系其全资子公司。两原告均开设有金融服务网站及手机应用,债权转让产品交易是其中的热门服务。为抢购债权转让产品,两原告的会员需经常登录上述网站或手机应用,频繁刷新关注债权转让产品信息。被告西安陆智投软件科技有限公司(以下简称陆智投公司)系"陆金所代购工具"软件的提供者,用户通过安装运行该软件,无须关注两原告平台发布的债权转让产品信息即可根据预设条件实现自动抢购,并先于手动抢购的会员完成交易。

两原告认为,陆智投公司实施的不正当竞争行为损害了两原告通过多年经营所积累的竞争优势,导致两原告会员流失、产品关注度下降、商誉受损,对两原告造成了较大损失。据此,两原告诉请法院判令被告停止涉案不正当竞争行为、消除影响并赔偿原告经济损失及合理费用共计50万元。被告辩称,原、被告不存在竞争关系,被告提供的抢购服务核心是在用户授权的前提下,使其更为便捷地购买两原告平台的债权转让产品。该抢购服务既不阻碍用户正常登录两原告平台进行交易,也不影响两原告平台其他注册用户的正常购买行为。故请求驳回两原告的全部诉讼请求。

■ 裁判要旨

陆智投公司提供的抢购服务利用技术手段,为用户提供不正当的抢购优势,违反涉案平台既有的抢购规则并刻意绕过其监管措施,对涉案平台的用户粘性和营商环境造成严重破坏,应认定构成不正当竞争。上海市浦东新区人民法院依法支持了陆金所公司、陆金服公司的诉讼请求,判令陆智投公司停止涉案不正当竞争行为、公开消除影响,并赔偿陆金所公司、陆金服公司经济损失及合理开支共计人民币50万元。

■ 评　析

Ⅰ 本判决的思路

判断被告陆智投公司不正当竞争之诉成立与否,法院认为取决于其实施的特定行为是否具有市场竞争属性和不正当性。核心裁判要点如下:

1. 被告提供的抢购服务是否不正当地损害了两原告依法享有的竞争利益。

经营者提供网络抢购服务,应当遵循《反不正当竞争法》第 12 条之规定,不得利用技术手段,通过影响用户选择或者其他方式,妨碍、破坏其他经营者合法提供的网络产品或者服务的正常运行。网络抢购服务是否不正当地损害了两原告依法享有的竞争利益,不仅应考量其对抢购服务目标平台及用户是否造成损害,更应审查其是否具有不正当性。

被告通过运营软件提供抢购服务的行为,给原告造成严重的损害后果:一是平台流量利益的减损;二是用户潜在交易机会的剥夺;三是平台营商环境的破坏。

同时,涉案抢购服务行为明显具有不正当性。一方面,抢购服务对两原告平台规则的颠覆破坏了产品抢购的公平基础,抢购成功率整体上向使用抢购服务的用户严重倾斜,用户间公平竞争的基础丧失殆尽。另一方面,涉案抢购服务刻意规避两原告的监管机制,反映了被告对该行为所持的主观故意。另外,被告通过提供不正当的抢购服务获取两原告会员信息,该行为在受《反不正当竞争法》评价时缺乏正当性基础,亦应受到规制。

法院据此认为,被告提供的抢购服务利用技术手段,通过为两原告平台用户提供不正当抢购优势的方式,妨碍两原告债权转让产品抢购业务的正常开展,对两原告及平台用户的整体利益造成了损害,不正当地破坏了两原告平台公平竞争的营商环境,构成不正当竞争,该行为应给予《反不正当竞争法》上的否定评价。

2. 被告在其商业宣传中使用两原告的相关信息,是否构成虚假宣传或混淆行为。

原告主张被告商业宣传构成虚假宣传和混淆行为。对此主张,法院分别从虚假宣传和混淆行为各行为样态与行为结果的角度予以评价。

虚假宣传行为一般针对商品或服务传递虚假或引人误解的信息内容,以期错误地影响相关公众对商品或服务的选择决策。本案中被告在“掌上陆智投”微信小程序中将“陆金所”列为推荐返利平台之一,以虚构“推荐返利”的形式,吸引用户通过该小程序内的链接注册成为两原告的会员,使投资者错误地认为以被告为媒介向两原告平台进行投资可获得额外利益,直接影响投资者对注册渠道的选择从而提升被告微信公众号等载体的关注度。法院据此判定,该行为实属对被告服务内容所作的虚假陈述,对投资者造成误导,不仅扰乱了正常的市场竞争秩序,更有违诚实信用的市场基本准则,依法应受规制。

混淆行为则以擅自使用他人有一定影响的商品标识、主体标识等为手段,形成商品来源混淆或特定联系混淆的结果,阻碍相关公众对经营者主体身份的正确识别,意在攀附其他经营者业已形成的市场影响力。针对两原告提出的混淆行为的主张,《反不正当竞争法》第 6 条虽就混淆行为作了“其他足以引人误认为是他人商品或者与他人存在特定联系的混淆行为”的兜底性规定,但从混淆行为的本质加以理解,此处所称“特定联系”应侧重于经营者或其商品服务与被混淆对象间存在商业联合、许可使用或广告代言等特定关系，而不可泛化为与其他经营者或其商品服务间的一切联系。被告实施的宣传行为，尽管在措辞上均有涉及两原告平台的相关信息，但在经营者主体身份方面并未与两原告发生混淆。故法院对两原告关于混淆的主张不予支持。

Ⅱ 本判决的参考意义及将来的课题

本案入选2020年中国十大最具研究价值知识产权裁判案例，为软件外挂提供行为的《反不正当竞争法》规制边界提供了裁判指南，具有较高研究价值。

1. 经营者竞争关系的理解

在2017年《反不正当竞争法》修法之前，原法在界定不正当竞争行为时，以"经营者损害其他经营者的合法权益"为核心要素，实践中对不正当竞争行为进行认定时通常要以具有直接的竞争关系为前提。修改后的《反不正当竞争法》以"扰乱市场竞争秩序，损害其他经营者或消费者的合法权益"为要件，一方面，放宽了原法对损害法益的限制，明确了《反不正当竞争法》保护的法益不仅包括竞争利益，也涉及消费者利益和公共利益。另一方面，在当今信息网络的高速发展背景下，互联网平台企业多边性、网络性以及开放性等特点决定了平台经营者的竞争已从同业竞争演化到跨界竞争，市场竞争关系是否还应再拘泥于同业竞争关系，尚需在司法实践中进行进一步解释。本案判决对此问题进行了回应，指出"被告虽与两原告登记的经营范围不同，但其为两原告的用户提供债权转让产品的抢购服务，以两原告的经营活动和用户群体作为自身经营的基础资源，实则与两原告存在紧密的营业关联"。即经营者之间是否存在同业竞争关系，并不属于提起不正当竞争之诉或认定不正当竞争的必要前提。

本判决对于上述竞争关系主张在2022年通过的最高人民法院《关于适用〈中华人民共和国反不正当竞争法〉若干问题的解释》（以下简称《反不正当竞争法解释》）中得到进一步确认。《反不正当竞争法解释》第2条规定，与经营者在生产经营活动中存在可能的争夺交易机会、损害竞争优势等关系的市场主体，人民法院可以认定为《反不正当竞争法》第2条规定的"其他经营者"。此条内容确认了"交易机会""竞争优势"等都是《反不正当竞争法》保护的合法权益，在此基础上，不限任何行业或者主营业务，只要可能损害这些合法权益的主体都可能与权利人构成竞争关系，对于规范互联网不正当竞争案件中对于市场竞争关系的正确理解起到较好的引导作用。

2. 互联网兜底条款与原则性条款的适用逻辑

《反不正当竞争法》第12条系修法后增设的互联网专款，通过"宣示＋概括＋列举＋兜底"的立法模式，对互联网环境下不正当竞争行为作出专门规制。此条款尤其针对互联网竞争行为的类型多样化现象，将其第2款第4项作为兜底条款，规制不属于该条第2款前3项列举的具体类型化不正当竞争之行为外的其他"其他妨碍、破坏其他经营者合法提供的网络产品或者服务正常运行的行为"。但值得注意的是，从第4项的措辞本身来看，其并未直接强调此类行为的不正当性要素。尤其从市场竞争的角度来看，"妨碍、破坏网络产品或服务”这一用语实际上只表明了经营者因为“其他妨碍、破坏其他经营者合法提供的网络产品或者服务正常运行的行为”受到损害，至于如何受到损害，损害行为的不正当性并未释明。因此，在司法实践中对互联网环境下的相关行为是否应从反不正当竞争角度予以禁止，除了上述互联网兜底条款之外，还应结合《反不正当竞争法》第 2 条原则性条款的内容进行综合考量。

本案被控行为不属于《反不正当竞争法》第 12 条第 2 款前 3 项列举的具体不正当竞争行为，法院判决分析因此从第 4 项内容出发，同时在分析中结合《反不正当竞争法》第 2 条内容，对被告的抢购服务进行了“损害 + 不正当性”双重判断：一方面是从竞争利益（平台流量利益的减损）、消费者利益（用户潜在交易机会的剥夺）以及公共利益（平台营商环境的破坏）三个层次综合考量了被告提供的抢购服务引起的损害后果；另一方面则是考察分析了被告提供抢购服务的不正当性，尤其指出在互联网环境下，被告被诉行为颠覆互联网平台竞争既有规则，破坏用户间抢购产品的公平竞争基础，并结合被告是否具有实施不正当竞争行为的主观故意等因素予以综合判定被告行为不正当性。上述分析在现行的立法框架下，较好地梳理了互联网不正当竞争案件适用《反不正当竞争法》第 2 条与第 12 条的审理思路及裁判规则，对网络抢购服务从不正当竞争角度加以评价和规范，体现了法律对科技金融企业竞争利益和消费者利益的保护，也维护了科技金融平台的有序营商环境。

3. 混淆条款的梳理

现行《反不正当竞争法》第 6 条为禁止仿冒混淆行为的专门条款。该条删除了《反不正当竞争法》（1993 年）第 5 条第 4 项“在商品上伪造或者冒用认证标志、名优标志等质量标志，伪造产地，对商品质量作引人误解的虚假表示”内容，并将相关内容归入修订后《反不正当竞争法》第 8 条即商业误导条款之中。由于通过第 6 条与第 8 条的规制的相关不正当竞争行为在构成要件等方面存在显著区别，在具体案件中对某项行为不正当性的定性上属于混淆行为还是商业误导行为，应分别从第 6 条与第 8 条内容出发予以分析。本案中原告主张被告实施的三类行为同时构成虚假宣传和混淆行为，法院对此分别从虚假宣传和混淆行为各自行为样态与行为结果的角度分别予以评价，分析逻辑清晰，符合法律设置路径与目的。

就第 6 条涉及的混淆行为而言，本案判决认为，原告主张被告实施的三类行为在措辞上虽有涉及两原告平台的相关信息，但在经营者主体身份方面并未与两原告发生混淆。对于市场混淆，现代反不正当竞争理论一般采取广义概念，包括狭义的商品来源的混淆、主体关联关系的混淆以及认可关系的混淆等。商品来源的混淆是指商业标识近似到足以使一般消费者对商品来源产生混淆，包括对商品的误认或者误认为商品来源于相同市场主体；主体关联关系的混淆是指误认为相同类似商品的使用主体存在密切的商业联系；认可关系的混淆是指虽不被误认为具有同一来源或者具有密切联系，但因商业标识的近似而认为此种协议认可使用的关系。我国司法解释也对此概念采取扩张解释，《反不正当竞争法解释》第 12 条第 2 款规定：“反不正当竞争法第六条规定的‘引人误认为是他人商品或者他人存在特定联系’，包括误认为与他人具有商业联合、许可使用、商业冠名、广告代言等特定联系。”本案被告实施的营销行为虽未让消费者形成直接的商品来源混淆，但被告被控行为具体表现为多次使用原告企业名称，其是否构成消费者对两者特定关系的误认，仍值得进一步分析与商榷。

□ 参考文献

郑友德、王活涛：《新修订反不正当竞争法的顶层设计与实施中的疑难问题探讨》，载《知识产权》2018年第1期。

孔祥俊：《论反不正当竞争法修订的若干问题——评〈中华人民共和国反不正当竞争法(修订草案)〉》，载《东方法学》2017年第3期。

孔祥俊：《反不正当竞争法新原理：分论》，法律出版社2019年版。

宁立志：《〈反不正当竞争法〉修订的得与失》，载《法商研究》2018年第4期。

083 广告屏蔽构成不正当竞争的认定

湖南快乐阳光互动娱乐传媒有限公司诉广州唯思软件股份有限公司不正当竞争纠纷案 | 广州知识产权法院(2018)粤73民终1022号民事判决书

王玉凯 同济大学上海国际知识产权学院

■ 事实概要

湖南快乐阳光互动娱乐传媒有限公司(以下简称快乐阳光公司)是芒果TV网站的经营者。广州唯思软件股份有限公司(以下简称唯思公司)于2013年开始运营720浏览器,并在其网站上以显著方式宣传该浏览器"看视频无广告""独特的广告屏蔽技术让您欣赏视频快人一步"。运行720浏览器登录芒果TV网站时,使用者不需要进行额外操作便可直接屏蔽网站视频的片头广告、暂停广告及会员免广告功能按钮。快乐阳光公司指控唯思公司的行为构成不正当竞争,诉请停止该行为。广州市黄埔区人民法院一审认为不正当竞争之诉请不成立,予以驳回。快乐阳光公司提起上诉。

■ 裁判要旨

二审广州知识产权法院认为,该案争议焦点是唯思公司被诉行为是否对快乐阳光公司构成不正当竞争,并从以下四个方面展开分析:(1)就技术原理,该浏览器广告屏蔽功能系通过内置"Adblock Plus"插件实现,该插件的过滤规则可以自定义、选择、排除、编辑。(2)就被诉行为,在广告拦截范围和对象等功能可以动态调整的前提下,唯思公司主动选择、编辑过滤规则后向用户提供可直接屏蔽原告广告的浏览器。(3)就关键争点即被诉行为是否属于违反诚实信用原则和公认的商业道德,首先,援引最高人民法院在"海带配额案"[最高人民法院(2009)民申字第1065号民事裁定书]的裁判意见,结合原《互联网广告管理暂行办法》第16条、《互联网终端软件服务行业自律公约》第3条、国内其他主流浏览器的功能,认为被诉行为违反互联网领域公认的商业道德,侵犯原告对其广告播放内容的处分权。其次,被告宣传"看视频无广告"且主动向公众提供直接屏蔽被告广告的浏览器,表明其存在放任的故意。法院特别补充,是否由用户选择开启广告拦截功能只是过错大小的差异而非过错有无的标准,而被告的默认开启行为具有更重的过错。最后,尽管原告所采用"广告+免费视频"商业模式并无独占权益,但被告仍不应为增加用户资源而违反商业道德侵害原告对其合法经营的广告播放内容的处分权。概言之,被告违反商业道德,存在主观过错,造成原告会员数、会员费或广告价值与收益的减少。(4)二审法院援引最高人民法院的司法政策认为,违反诚实信用原则和公认的商业道德的行为,仍有必要进一步评估其对社会经济秩序的影响。被诉行为不符合技术中立原则,也不具有技术创新积极效果,本案不存在为激励技术创新而容忍违反商业道德之行为的问题。同时,法院详细论证被诉行为对消费者长远利益的负面影响。综此,法院根据1993年《反不正当竞争法》第2条,认定唯思公司构成违反诚实信用原则和公认的商业道德、扰乱社会经济秩序的不正当竞争行为,应承担损害赔偿责任。

■ 评　析

Ⅰ 本判决的思路和意义

本案首先分析涉案技术原理及被告经营行为;其次就不正当竞争行为的认定本案采"诚信原则与公认商业道德+市场经济秩序影响"的混合判定标准。就前者,依次考察涉案领域公认的商业道德、被告的主观过错、原告的合法权益;就后者,分析被告行为是否符合技术中立,以及其对技术创新和消费者长远利益的影响。判决逻辑清楚、论证全面,"细化了互联网不正当竞争行为认定的构成要素和适用场景",推进对《反不正当竞争法》第2条的解释适用。

Ⅱ 认定广告屏蔽行为构成不正当竞争的规范及学理

2017年修正后的《反不正当竞争法》在第2条第2款中增设"消费者的合法权益"要件,新增第12条"互联网条款",以"列举+兜底"的方式就利用网络从事不正当竞争行为作出规定。由此,广告屏蔽行为在《反不正当竞争法》上的性质认定与规范依据就有法律修改前和修改后之分。需要首先说明的是,各界对屏蔽恶意广告的行为并无疑问,存在争议的是屏蔽常规广告的行为。

包括本案在内的一系列相关案件系依1993年《反不正当竞争法》第2条作出判决,这也是学界围绕此类案件作出较多讨论的规范。该一般条款所建立的认定标准就成为广告屏蔽行为性质认定中的主要争点。最高人民法院在"海带配额案"中认为,"在规范市场竞争秩序的《反不正当竞争法》意义上,诚实信用原则更多的是以公认的商业道德的形式体现出来的。商业道德要按照特定商业领域中市场交易参与者即经济人的伦理标准来加以评判……《反不正当竞争法》所要求的商业道德必须是公认的商业道德,是指特定商业领域普遍认知和接受的行为标准,具有公认性和一般性"。2018年,最高人民法院副院长在第四次全国法院知识产权审判工作会议的讲话中,明确将多角度综合评价作为不正当竞争的司法审查范式,要求"从严把握原则条款的适用条件,对于法律没有明确规定的竞争行为,要综合运用道德评价、效能竞争、比例原则、竞争效果评估等方法,从多个角度对竞争行为的正当性进行评估,避免因泛道德化而过度限制竞争自由;对于网络环境下不正当竞争的判断,既要注意审查被诉竞争行为是否符合法律明文列举的行为类型,又要注意综合评估该行为对竞争的积极和消极效果,妥善处理好技术创新与竞争秩序维护、竞争者利益保护与消费者福利改善的关系”。本案二审判决比较全面地践行了上述多角度综合评价范式。特别是,该案强调对“诚信原则与公认商业道德 + 市场经济秩序影响”的混合判定标准,学界对《反不正当竞争法》适用中泛道德化的批评意见在本案中得到采纳。此外,就广告屏蔽行为的性质而言,可得作为裁判参考的尚有原国家工商行政管理总局发布的《互联网广告管理暂行办法》,其第 16 条规定:“互联网广告活动中不得有下列行为:(一)提供或者利用应用程序、硬件等对他人正当经营的广告采取拦截、过滤、覆盖、快进等限制措施。”作为行业共识,中国互联网协会发布的《互联网终端软件服务行业自律公约》第 19 条规定:“除恶意广告外,不得针对特定信息服务提供商拦截、屏蔽其合法信息内容及页面。”

与司法裁判中较为一致地否定广告屏蔽行为不同,学术界对此类行为的性质及其竞争法规制多有不同意见,具体而言包括否定说、肯定说和类型区分说三种观点。否定说认为,广告屏蔽行为从根本上破坏了“广告 + 免费观看”的合法商业模式,具有不正当性(冯晓青、陈东辉:《浏览器屏蔽视频网站广告行为性质研究——关于深圳市某计算机系统有限公司诉北京某科技有限责任公司不正当竞争纠纷案的思考》,载《河北法学》2018 年第 5 期)。否定说中的一种特别观点是类比《著作权法》中的“接触控制措施”,认为禁止广告屏蔽的理由不在于保护“广告 + 免费观看”的商业模式,而在于保护由该模式实现的视频网站从提供视频中获得报酬的正当利益(王迁:《论规制视频广告屏蔽行为的正当性——与“接触控制措施”的版权法保护相类比》,载《华东政法大学学报》2020 年第 3 期)。肯定说强调,应当为新技术的开发与应用预留制度空间(张广良:《具有广告过滤功能浏览器开发者的竞争法责任解析》,载《知识产权》2014 年第 1 期)、考虑消费者对正当竞争和秩序的利益诉求(梁志文:《论〈反不正当竞争法〉下广告屏蔽软件的合法性判断》,载《电子知识产权》2018 年第 1 期)、消费者福利和广告竞争效率(兰楠:《广告过滤行为的正当性评价》,载《华东政法大学学报》2019 年第 2 期)等,同时质疑法院提出的“非公益必要不干扰原则”。至于类型化区分,并不是就被屏蔽广告本身是否正当而言,而是依据广告屏蔽服务提供者的具体行为,认为应当区分默认开启过滤功能、默认关闭过滤功能、兼容第三方过滤插件和内置广告快进功能等不同情况,否定默认开启过滤功能而肯定其他情形。(兰磊:《比例原则视角下的〈反不正当竞争法〉一般条款解释——以视频网站上广告拦截和快进是否构成不正当竞争为例》,载《东方法学》2015 年第 3 期)不同观点往往都会论及技术中立、比例原则、国外相关案例和后果论意义上的论证范式,但其结论却往往不同甚至对立。值得注意的是,王迁教授指出,既有比较法研究往往忽视美、德等国相关案例的具体案情和法律争点的差异而援引其裁判结论。

2017 年《反不正当竞争法》修正之后,广告屏蔽类案件的规范依据就有互联网条款(含列举条款与兜底条款)、一般条款以及二者的结合等可能。最高人民法院《关于适用〈中华人民共和国反不正当竞争法〉若干问题的解释》对互联网条款和一般条款均作出适用说明,但其就互联网条款的具体解释限于列举条款。检索可见,适用 2017 年修改后《反不正当竞争法》的几例广告屏蔽类案件,主要发生在北京地区,法院系以《反不正当竞争法》第 12 条第 2 款第 4 项作为裁判依据,同时强调无须且不宜再援第 2 条对被诉行为进行评判[例如,北京市海淀区人民法院(2019)京0108民初54083号民事判决书和北京知识产权法院(2021)京73民终451号民事判决书,即"优酷诉搜狗案"]。由于规范基础不同,此类案件采取与"720浏览器案"不同的论证思路,着重分析广告屏蔽是否"妨碍、破坏其他经营者合法提供的网络产品或者服务正常运行"。例如,北京知识产权法院在"优酷诉搜狗案"二审判决中认为,广告屏蔽行为将使视频网站的预期商业目的落空,损害其本应获得的合法利益,破坏了正常的商业秩序,构成《反不正当竞争法》第12条第2款第4项规定的情形。

笔者持否定说,除前述裁判理由和学说外,略作补充:第一,应当区分恶意广告与常规广告,避免因对前者的否定影响对后者的客观评价。消费者讨厌任何广告,但广告对整个国民经济特别是我国互联网产业发展的重要贡献不应漠视。对违法广告的治理应在《广告法》《消费者权益保护法》等框架下实现,对视频网站广告过长的行为应当依靠开放竞争、行业自律来实现,不应据此证成广告屏蔽行为的正当性。第二,尽管笔者对"非公益必要不干扰原则"也持商榷立场,但广告投放当属合法且通用的商业模式。形式上,广告屏蔽行为被该领域的行政法规和自律公约所否定;实质上,该行为直接妨碍了他人正常经营,本质不是视频内容替代或播放技术革新,而是损人利己的用户和流量截取行为。第三,类型区分说所关注的多种屏蔽模式下,被告的主观过错程度确实不同。但一旦提供多种屏蔽功能,很难期望用户作出不同选择,"720浏览器案"二审判决谓之"放任"比较合理。屏蔽提供者如欲以无过错作为抗辩,应提供证据表明其主客观确实意在针对恶意广告而非常规广告,或者其只是中立兼容第三方过滤插件而无特别推荐或帮助。第四,持否定说才能激励屏蔽提供者着力开发屏蔽恶意广告的技术,在尊重他人正常经营的同时真正实现消费者合理诉求。肯定广告屏蔽行为,视频网站只能继续开发对抗性技术或选择不兼容(但这恰恰又存在法律风险,见"金山诉合一案"[北京市海淀区人民法院(2013)海民初字第17359号民事判决书])。此种无助于促进技术创新和内容产业的"技术内卷",从法律规制后果的角度看并不足取。因此,不论在《反不正当竞争法》一般条款抑或互联网条款的规范前提下,屏蔽常规广告行为都构成不正当竞争。

Ⅲ 既往司法实践状况

在北大法宝以"广告屏蔽"为关键词作全文检索,可得一审判决56个,二审判决28个。剔除无关和重复案例后可见,目前生效裁判中,广告屏蔽均被认定为不正当竞争,前述肯定说和类型区分说均未得到法院采纳。在确认原告提供广告合法的情况下,被告不论采取默认开启过滤功能(如本案)、默认关闭过滤功能(如世界星辉案)还是提供或提示过滤插件(如爱奇艺诉极客案、百度诉奇虎案),均被认定为不正当竞争。在笔者检索范围内,只有广州市黄埔区人民法院在本案一审及北京市朝阳区人民法院在世界星辉案[北京市朝阳区人民法院(2017)京0105民初70786号民事判决书]一审中支持被告的主张,这两个案例也一度被持肯定说的学术观点所支持,但后续均被二审改判。

本案一审法院认为,原告"完全可以采取必要且足够的技术来应对"广告屏蔽,并且认为由于被告屏蔽行为不具有特定针对性,其亦并未违反前述《互联网终端软件服务行业自律公约》第 19 条第 1 款。同时,法院认为视频广告拦截技术长期广泛存在,能够满足消费者权益,同时迫使广告提供者改善用户体验,从而提高用户福利。不能因为技术对某种商业模式产生了负面影响,就认定损害他人权益而判断相关技术不中立。法院最后强调,给新创企业更宽松的成长机制,会使社会财富整体增加而社会成本降低。在世界星辉案中,一审法院认为,被告提供了是否以及如何屏蔽广告的多种选项,法律对经营模式的保护要谨慎。如果经营者经营依托的产品或者服务确实有利于消费者,保护该利益同时也不至于损害公共利益,则该行为不应受到法律禁止。具有选择性屏蔽功能的浏览器不针对特定视频经营者,只损害竞争对手的部分利益、影响部分网络用户的选择,达不到特定的、影响其生存的程度,不存在对市场的干扰、构不成对视频网站利益的根本损害。

与本案二审判决相似,北京知识产权法院世界星辉案二审中同样认为应当考察"商业道德"和"社会福利总量",认为二者"相互验证"。就"商业道德",法院认为其最直接依据是相关法律、法规或规范性文件。判决特别提到,"本院多次询问被上诉人,如果其他经营者基于用户需求而将其免费浏览器中的导航页这一营利模式屏蔽,其是否认为该行为具有合理性,被上诉人均不对此发表意见。可见,其同样不愿意这种行为发生在自己身上"。经营者可以基于用户需求对自己的产品和服务进行改善,但不能以此为由直接插手他人正常经营。就"社会福利总量",《反不正当竞争法》所考虑的社会公共利益(或社会总福利)既包括消费者利益,亦包括经营者利益。而其中的经营者,则不仅包括本案双方当事人,亦包括其他同业或相关经营者。在具体分析并参考上诉人提交的经济分析报告后认为,二审法院认为被诉行为对社会总福利具有明显损害。

Ⅳ 本判决的参考意义及将来的课题

尽管本案的裁判依据是 2017 年修正之前的《反不正当竞争法》一般条款,但其不论对广告屏蔽行为的性质认定,还是在更广阔的视域内对《反不正当竞争法》一般条款的妥当适用,都仍具参考意义:一方面,其明确了反不正当竞争认定中的混合判定标准,将学术界所主张的规范论和后果论进路均纳入分析范畴;另一方面,其对商业道德和竞争后果两个认定要件,都进行了体系和细致的阐释。

从学界在本案前后的讨论来看,广告屏蔽行为的竞争法定性仍存争议。随着《反不正当竞争法》的修正,实践中倾向于依据新增设的互联网条款来处理广告屏蔽类纠纷,但就该条款的解释适用远未积累足够共识。协调《反不正当竞争法》第 2 条和第 12 条的适用,充分借鉴一般条款的价值共识与适用经验推进互联网条款的具体解释,仍待推进。另外,尽管司法实践比较一致地认定广告屏蔽行为构成不正当竞争,但在损害赔偿数额的认定上差异很大。在有的案件中,法院甚至因为原告举证不能而没有支持其损害赔偿请求[如"青岛软媒网络科技有限公司、湖南快乐阳光互动娱乐传媒有限公司商业贿赂不正当竞争纠纷案",山东省高级人民法院(2017)鲁民终 1877 号民事判决书]。因此,从行为性质定性和损害赔偿确定两个角度,此类案件都值得继续关注。

□ 参考文献

冯晓青、陈东辉:《浏览器屏蔽视频网站广告行为性质研究——关于深圳市某计算机系统有限公司诉北京某科技有限责任公司不正当竞争纠纷案的思考》,载《河北法学》2018 年第 5 期。

兰磊:《比例原则视角下的〈反不正当竞争法〉一般条款解释——以视频网站上广告拦截和快进是否构成不正当竞争为例》,载《东方法学》2015 年第 3 期。

兰楠:《广告过滤行为的正当性评价》,载《华东政法大学学报》2019 年第 2 期。

梁志文:《论〈反不正当竞争法〉下广告屏蔽软件的合法性判断》,载《电子知识产权》2018 年第 1 期。

龙俊:《视频广告屏蔽类案件中不正当竞争行为认定的再思考》,载《法律科学(西北政法大学学报)》2021 年第 4 期。

王迁:《论规制视频广告屏蔽行为的正当性——与"接触控制措施"的版权法保护相类比》,载《华东政法大学学报》2020 年第 3 期。

杨明:《互联网广告屏蔽行为的效应分析及规制路径选择》,载《清华法学》2021 年第 4 期。

张广良:《具有广告过滤功能浏览器开发者的竞争法责任解析》,载《知识产权》2014 年第 1 期。

084 恶意差评与平台数据真实性的法律保护

浙江淘宝网络有限公司与曾某网络服务合同纠纷案 ｜ 杭州互联网法院(2018)浙0192民初9764号民事判决书

陆 青 浙江大学光华法学院

■ 事实概要

被告曾某与案外人温某为淘宝会员。根据相关刑事判决书,曾某与温某利用淘宝账号购买电脑主机,收货后故意以差评相威胁,敲诈勒索被害人童某8888元,价值1098元的电脑主机退款未退货。曾某分到3798元、电脑主机一台,温某分得5090元。故相关法院判决曾某、温某均构成敲诈勒索罪。另查明,曾某、温某在注册淘宝用户过程中所点击同意的《淘宝平台服务协议》中提及"评价内容应当客观真实,您不应以不正当方式帮助他人提升信用或利用评价权利对其他用户实施威胁、敲诈勒索。如您的行为使淘宝或其关联公司、支付宝公司遭受损失(包括自身的直接经济损失、商誉损失及对外支付的赔偿金和解款、律师费、诉讼费等间接经济损失),您应赔偿淘宝或其关联公司、支付宝公司的上述全部损失"。另外,在《淘宝规则》和《淘宝网评价规则》中有针对恶意差评等行为的更为详细的处理措施。

原告淘宝公司认为淘宝网设立的评价系统中的数据已经成为淘宝网最为核心的竞争力。被告的"恶意差评"敲诈勒索行为违反了服务协议,严重干扰淘宝网平台经营秩序,给淘宝网造成了经济和商誉上的负面影响,应当赔偿损失,故请求:(1)判令被告赔偿原告经济损失100000元;(2)判令被告赔偿原告合理支出(律师费)5000元(庭审中变更为8500元);(3)判令被告承担本案诉讼费用。

■ 裁判要旨

平台用户利用评价权利,在收货后故意以差评相威胁,对其他电商平台用户实施了敲诈勒索行为,二人共同分配了违法所得,以上行为违反了相关平台协议约定。行为人实施的"恶意差评"敲诈勒索行为势必扰乱平台正常经营秩序,损害平台长期经营打造的电子商务营商环境,降低平台经营收入,增加平台招商以及商家维护成本,损害平台商业声誉,降低平台社会评价。此外,根据法律规定,数据权利依法受到保护。行为人在"恶意差评"过程中注入虚假评价数据,会损害平台信用评价系统数据的真实性、完整性,降低了系统数据的可信度,对于平台合法行使数据权利亦具有危害性。

根据合同性质及履行情况,损失金额可具体考量以下因素:一是"恶意评价"敲诈勒索次数、对象,次数越多、对象越多,损害越大;二是违法所得金额,金额越高、损害越大;三是平台经营规模,规模越大,损害越大。

■ 评 析

Ⅰ 本判决的思路和意义

本案的焦点在于实施恶意差评敲诈勒索的淘宝用户是否给淘宝公司造成损失;如果是,又该如何认定损失。对此,法院肯定了相关平台服务协议的合法性,进而以该协议中明确约定用户不得以敲诈勒索等方式实施评价行为认定被告存在违约。在损害赔偿问题上,法院在原《合同法》第 113 条(《民法典》第 584 条)的基础上认定淘宝公司存在损失,包括"降低平台经营收入,增加平台招商以及商家维护成本,损害平台商业声誉,降低平台社会评价"等。特别值得一提的是,法院同时认为被告在"恶意评价"过程中注入虚假评价数据损害到了原告平台数据(信用评价系统数据)的真实性和完整性,因此被告的行为"对于原告合法行使数据权利亦具有危害性"。当然,在认定具体的赔偿数额上,法院提出了三点考量因素:一是敲诈勒索行为的次数和对象,二是违法所得,三是平台经营规模。本案的典型意义在于:一是肯定了网络电商平台经营者对平台信用评价系统数据享有合法权益,二是确立了恶意差评下平台数据真实性保护的违约救济路径,三是提供了恶意差评下违约损害赔偿的酌情认定标准。事实上,围绕着企业数据权益的司法保护,存在诸多宏观层面的讨论。但这一主题牵涉诸多面向,并不易得出一般性的结论。本案聚焦于恶意差评下平台数据的真实性保护问题,丰富了企业数据权益研究的考察视域,有重要的理论和实践价值。

Ⅱ 恶意差评下平台数据真实性保护的规范及学理

《电子商务法》第 39 条规定:"电子商务平台经营者应当建立健全信用评价制度,公示信用评价规则,为消费者提供对平台内销售的商品或者提供的服务进行评价的途径。电子商务平台经营者不得删除消费者对其平台内销售的商品或者提供的服务的评价。"但对于恶意差评行为,该法并未作出直接规定。甚至有观点认为,该条第 2 款的规定使得平台丧失对第三方刷单刷好评和恶意差评及不良信息的自我管理手段[丁道勤:《电子商务法平台责任"管道化"问题及其反思》,载《北京航空航天大学学报(社会科学版)》2018 年第 6 期]。在行政管制层面,国家发展改革委、人民银行、中央网信办等多部委曾联合发布《关于全面加强电子商务领域诚信建设的指导意见》(发改财金〔2016〕2794 号),对恶意差评行为纳入"不诚信行为"范畴予以行政管制。

学理上,有观点认为,消费者网络评价权是一项新兴的消费者权利,有独立保护的必要。但其同时认为,如果过于强调对消费者的评价权保护,可能无法有效震慑恶意差评行为,进而在客观上鼓励、纵容不当的网络评价行为,诱使网络评价权的泛化和滥用(许恋天:《消费者网络评价权的配置法理与立法表达》,载《法制与社会发展》2021 年第 3 期)(当然,在本案中,被告的行为构成敲诈勒索罪,恶意差评的认定上并无疑义)。需注意的是,电商平台用户的恶意差评行为若构成敲诈勒索罪,涉及刑法规制的问题;若对平台内经营者造成不利,后者也可以企业名誉权受损寻求救济[岑华春、刘婷:《淘宝差评的网络名誉侵权责任界定》,载《人民司法(案例)》2016 年第 11 期]。本案涉及的却是电商平台经营者作为主体向恶意差评行为人提起诉讼的纠纷类型。对此,学界鲜有直接的讨论。与之相关的,关于平台用户协议和网络服务协议的规范定位,包括平台能否依据相关协议对平台内用户的不当行为等予以处罚,以及平台协议是否应纳入格式条款的规制范畴,本书其他案例评析中有所梳理,此处不再赘述。当然,也有学者专门针对电商平台利用平台协议删除恶意差评的合法性问题进行了探讨(满艺姗:《论电子商务信用评价的"不可删除"——兼评〈电子商务法〉第三十九条第二款》,载《河南财经政法大学学报》2021 年第 2 期)。其认为,基于电子商务平台经营者与消费者、平台经营者与商家之间签订的服务协议(民事合同)平台确享有合同约定的管理权,但这种管理权属于典型的私权力。平台已不仅仅为了维护自身经济利益,而更多出于维护网络交易环境、电子商务交易秩序等目的考量。但此类管理权界限在哪里,当多方利益存在冲突时应如何进行价值衡量,其并未给出进一步分析。

关于企业数据权益,学者讨论众多,但更多聚焦在数据权属的认定问题,此处不作一般层面的梳理。涉及电商平台上(信用)评价类数据的归属,鲜见学理有深入分析(关于网络平台经营者的数据财产权益的类型化思考,初步可参见孙益武:《论平台经济反垄断执法中的数据因素》,载《法治研究》2021 年第 2 期)。若肯定电商平台经营者对平台内的评价类数据也享有某种财产权益(平台的某些大数据分析就是建立在这些商家平台上的各种用户评价数据的基础之上),那么,无论是恶意差评还是虚假宣传、刷单等行为,不仅本身"制造出"虚假的交易数据,还会在一定程度上影响后续衍生数据产品的真实性问题。但对此的规范路径可能会因为主体之间法律关系的不同而有所差异。比如,数据真实性可能会对特定电商平台的商誉产生影响,涉及企业商誉的保护问题;也可能涉及不同企业之间的竞争利益,甚至出现如经营者通过利益诱惑的方式促使消费者作出有利评价,通过威胁或骚扰的方式迫使消费者改变不利评价,通过刷单方式购买有利评价,由竞争对手、消费者或职业差评师等参与制造的恶意差评等现象[陈兵:《数据时代开启消费者保护多元共治新格局》,载《东北师大学报(哲学社会科学版)》2022 年第 2 期]。对此,显然需要结合不同的行为类型予以考察。

针对本案涉及的电商平台经营者向恶意差评行为人主张权益的案件类型,理论上存在违约和侵权两种可能的救济路径。涉及侵权层面可能存在的理论问题,后文结合司法实践再作说明。在违约层面,"不得恶意差评"显然并不构成网络服务合同下平台用户的主给付义务,似乎应纳入保护相对方人身和财产利益的保护义务范畴。至于违约损害赔偿,涉及原《合同法》第 113 条(《民法典》第 584 条)的解释适用问题。一般认为,违约损害赔偿以履行利益赔偿为原则,又包括积极损害和消极损害(可得利益)两部分[韩世远:《合同法总论》(第 4 版),法律出版社 2018 年版,第 784 ~ 785 页]。对于本案所采取的酌情赔偿的认定方式,在违约之诉中究竟应参考哪些因素,尺度如何把握,理论尚未有充分关注。

Ⅲ 既有司法实践状况

实践中，关于电商平台恶意差评的纠纷颇多，主要涉及恶意差评的行为界定和电商平台内经营者的权益保护等内容。如“徐州市合浩商贸有限公司诉李某某等商业诋毁案”[江苏省徐州市中级人民法院(2020)苏03民初240号民事判决书]中，法院认为自然人通过恶意评价行为获得经济利益，损害了市场竞争环境，破坏了竞争秩序和其他经营者的竞争优势，容易误导其他消费者的购物选择的，其他经营者主张其构成商业诋毁行为的，应予以支持；该自然人主张其不属于《反不正当竞争法》规定的经营者、与其他经营者不存在竞争关系的，不予支持。

关于电商平台经营者向恶意差评行为人主张违约损害赔偿的，除本案外，还有浙江淘宝网络有限公司与谭某、邓某、杨某和黎某、曾某、曾某和黎某网络服务合同纠纷案等多个案例，依次为杭州互联网法院(2018)浙0192民初9762、9763、9765、9768、9767号民事判决书。这组群案虽然涉及不同的被告或同一被告所参与的不同行为，但淘宝公司的诉讼主张基本一致，法院也作出几乎同等的判决。前文提到，司法实践中，也存在电商平台经营者主张侵权的纠纷类型。在“浙江淘宝网络有限公司与杜某、邱某等网络侵权责任纠纷案”[江苏省海门市人民法院(2018)苏0684民初5030号民事判决书]中，法院认为，淘宝公司并不是以企业名誉权受到损害主张侵权责任，因此案件焦点问题在于“恶意差评”行为是否侵犯了淘宝的数据权益。淘宝网评价系统是通过计算机产生的具有使用价值的衍生数据。作为“一种特殊类型的物”应该得到法律的保护。“淘宝网平台上的销量、评价等数据经过长期交易积累而形成，信用评价体系系淘宝网核心竞争利益……三被告以敲诈为目的对商家进行恶意差评，客观造成淘宝平台上相关数据的不真实，直接影响并破坏了其构建的信用评价体系，亦即损害了淘宝公司合法的民事权益。”法院根据原告诉求，依据原《侵权责任法》第6条、第15条判令三被告赔偿原告1元钱，以及实际支出的2万元律师费。另外，法院认为淘宝平台无法证明恶意差评行为损害了其市场声誉，而且已经删除相关记录，故驳回了后者要求赔礼道歉的诉求。

Ⅳ 本判决的参考意义及将来的课题

企业数据权的保护涉及问题错综复杂，要保护的具体法益也并不完全相同，因此探讨企业数据权益的保护问题必须落实到具体场景下来寻求具体的司法应对方案。本判决将(电商)平台信用评价系统数据的真实性和完整性作为平台企业数据权益的一部分予以肯定，对规范平台经济有积极的引导作用。另外，本案在认定相关平台服务协议的效力以及恶意差评下损害赔偿的范围时的审判思路也有一定的参考价值。

无论是采违约进路的本案，还是采侵权进路的浙江淘宝网络有限公司与杜某、邱某等网络侵权责任纠纷案，在某种程度上均承认恶意差评行为会给平台的信用评价系统数据的真实性、完整性构成损害。但何谓信用评价系统数据，其与用户对平台内商家的评价数据何种关系，企业数据的真实性、完整性又为何需要保护，这些问题均没有得到充分的澄清。

另外,本案中就违约损害赔偿的认定,法院认为需要考察敲诈勒索行为的次数、对象,违法所得,平台经营规模,这种理解是否合理?究竟是要考察对平台整体造成的损害大小,还是考察对企业数据真实性、完整性的损害大小?例如,敲诈勒索的违法所得越多,企业数据的真实性、完整性损害就越大?平台规模越大,对企业数据的真实性、完整性损害就越大?好像不能得出这样的结论。另外,平台经营者选择违约或侵权的不同救济方案来主张数据权益保护时,法院是否应该采取类似或相同的标准来认定(或酌定)损害,这也值得作更深入的思考。

□ 参考文献

许恋天:《消费者网络评价权的配置法理与立法表达》,载《法制与社会发展》2021 年第 3 期。

岑华春、刘婷:《淘宝差评的网络名誉侵权责任界定》,载《人民司法(案例)》2016 年第 11 期。

孙益武:《论平台经济反垄断执法中的数据因素》,载《法治研究》2021 年第 2 期。

陈兵:《数据时代开启消费者保护多元共治新格局》,载《东北师大学报(哲学社会科学版)》2022 年第 2 期。

韩世远:《合同法总论》(第 4 版),法律出版社 2018 年版。

085 网络刷量构成不正当竞争的认定

深圳市腾讯计算机系统有限公司、腾讯科技(深圳)有限公司与数推(重庆)网络科技有限公司、谭旺不正当竞争纠纷案|重庆市第五中级人民法院(2019)渝05民初3618号民事判决书

李阁霞 烟台大学知识产权研究中心

■ 事实概要

原告深圳市腾讯计算机系统有限公司(以下简称腾讯计算机公司)、腾讯科技(深圳)有限公司(以下简称腾讯科技公司)共同运营腾讯旗下"天天快报""腾讯视频""微信""腾讯微视"等相关商品或服务。被告数推公司为自然人独资的有限责任公司,谭旺系数推公司执行董事兼总经理,是该公司的唯一股东。被告通过其搭建、运营的多个网站,接受客户委托刷量订单,并将订单转让或转托从事刷量服务的其他网络平台营运商,针对原告或者其他运营商的产品或服务,虚假提高受托信息的点击量、浏览量、阅读量,从而获利。原告主张,两被告的有偿刷单、刷量的行为,扰乱了市场竞争秩序,侵害了消费者的合法权益,损害了原告的合法权益,构成对原告的不正当竞争。两被告利用了技术手段,使原告及其他互联网主体提供的网络视频、文章的阅读量、点击量和用户的粉丝数量被人为地提升,误导了消费者,侵害了消费者的利益,同时,被告的行为误导原告对产品和特定用户的判断和决策,损害了原告的正常经营和合法权益,破坏了互联网竞争关系,构成《网络交易管理办法》第19条规定的不正当竞争行为,以及构成《反不正当竞争法》第2条、第8条第2款、第12条规定的不正当竞争行为。被告认为其与原告之间不存在竞争关系,其"刷量"行为系正常的互联网市场营销行为,不构成不正当竞争。

■ 裁判要旨

被告构成不正当竞争。

法院认为,在没有获得互联网经营者允许情况下,为故意躲避互联网经营者监管,必然会采取互联网领域现有的插入、搭载、链接或者劫持等技术手段来暗中实施刷量行为,这是不言自明的。另外,客户委托被告,被告委托或者转让他人实施刷量行为,是一个分阶段连续实施的过程。在被告接受客户委托前,被告已经在网络技术手段方面做足准备,其为客户有偿提供虚假刷量服务就已经开始实施。因此,被告有偿提供虚假刷量服务行为特征,符合《反不正当竞争法》第12条第2款第4项关于"其他妨碍、破坏其他经营者合

法提供的网络产品或者服务正常运行的行为”的规定，应受《反不正当竞争法》调整。另外，法院认为，被告对原告产品或服务或者与其相竞争的产品或服务提供有偿刷量服务，提供虚高或虚假数据，不正当地利用他人已经取得的市场地位和商誉，为自己谋取商业机会和利益，扰乱正常公平的市场竞争秩序，破坏良性的市场竞争关系，既不符合互联网提倡的竞争和创新之精神，也不符合互联网领域业已形成的商业道德规范，更不符合《反不正当竞争法》第 2 条所确立的诚实信用原则，其不正当性显而易见。

■ 评　析

Ⅰ 本判决的思路和意义

本案入选“2020 年中国法院 50 件典型知识产权案例”，理由是该案对《反不正当竞争法》第 12 条规定的“其他不正当竞争”行为作了重要补充，为审理涉及互联网黑灰产业的类似案件提供了裁判指引。本判决总结了《反不正当竞争法》第 12 条第 2 款第 4 项的适用条件：首先，被告在行为上系“利用技术手段”；其次，在结果上“妨碍、破坏”原告“合法提供的网络产品或者服务正常运行”。但是，判决书也认定，其一，在本案中，刷量行为的直接实施者并非被告，且原、被告双方均未能举证证明刷量行为是通过何种“技术手段”来实现的；其二，对于被告行为是否“妨碍、破坏”原告“合法提供的网络产品或者服务”的性质也难以认定。为解决这一问题，判决书用“不言自明”的推论方式，推断被告在互联网上提供虚假刷量服务“必然”会采用技术手段，并在未作说理论证的基础上，直接得出被告有偿提供虚假刷量服务行为特征，符合“其他妨碍、破坏其他经营者合法提供的网络产品或者服务正常运行的行为”的规定，应受《反不正当竞争法》调整的结论，在裁判思路的逻辑严密性上，颇有商榷余地。另外，本案原告主张被告同时违反了《反不正当竞争法》第 2 条、第 8 条第 2 款及第 12 条的规定，法院判决认为被告违反了上述第 2 条、第 12 条的规定，但对第 8 条第 2 款的规定未作评论或说理，而这一条款恰恰是绝大多数该类案件法院裁判的依据。

本判决的意义主要体现在对《反不正当竞争法》第 12 条第 2 款，即所谓“互联网专条”的“兜底条款”的适用上，体现了法院在裁判该类案件时希望突破传统的裁判思路，将互联网专条的作用进一步扩大的努力。但这一判决在给类似案件的审理提供另一种思路的同时，也会促使法官在裁判案件时思考，是否只要发生在互联网上、与技术相关的案件就能够适用“互联网专条”？

Ⅱ 相关规范及学理

2017 年修改的《反不正当竞争法》加入了被称为“互联网专条”的第 12 条，根据立法机关的说明，互联网领域的不正当竞争行为，一部分属于传统不正当竞争行为在互联网领域的延伸，对此应适用本法其他相关规定进行规制；另一部分属于互联网领域特有的、利用技术手段进行的不正当竞争行为，对此可通过概括加列举的形式作出规制，并增加兜底条款，以适应实践发展的需要[全国人民代表大会法律委员会《关于〈中华人民共和国反不正当竞争法（修订草案)〉修改情况的汇报》,2017 年 8 月 28 日]。所以,有学者指出,“互联网专条”的特点和意图在于,首先,宣示本法适用于互联网领域的不正当竞争行为;其次,申明互联网领域的不正当竞争行为不限于本条规定;最后,本条适用于经营者在网络环境下利用技术手段实施的不正当竞争行为。对于那些虽然发生在互联网领域,但并非互联网特有的不正当竞争行为,仍需纳入相应条款进行调整,不适宜纳入“互联网专条”的兜底条款。而对于兜底条款的适用,该学者认为,市场竞争本身就是有损害性的市场行为,妨害和破坏行为往往是常态,兜底条款仅仅是概括性表述,构成要件并不完整,容易导致不正当竞争行为认定的范围过宽。就本案而言,即便被告确实采用了某种技术手段进行了虚假刷量行为,但是否“妨碍、破坏其他经营者合法提供的网络产品或者服务正常运行”,判决书未予明确。就网络刷单行为而言,一般而言,刷单者并不追求妨碍、破坏网络平台提供的网络产品或服务的正常运行,恰恰相反,只有产品或服务的正常运行才会使其刷单行为产生价值,所以,如何界定经营者是否构成“妨碍、破坏行为”,“正常运行”如何理解,并非“不言自明”,需要做进一步的说理和论证。

2017 年《反不正当竞争法》修改时,对规制虚假宣传或误导性宣传的第 8 条也作了较大修改。与修改前的《反不正当竞争法》第 9 条相比,第一,新法不再限定宣传方式是“利用广告或者其他方法”,意味着任何宣传方式都可以触及本条规定;第二,在宣传内容上,增加了对“销售状况”“用户评价”的虚假宣传,同时新增了第 2 款“组织虚假交易”的方式,主要就是基于互联网业态下的“刷单”炒信现象;第三,删除第 2 款关于广告经营者发布虚假广告的情形,以免造成与《广告法》的交叉规定;第四,区分虚假宣传与引人误解的宣传,因为虚假宣传虽然是为了引人误解,但引人误解的宣传却并非都是虚假的,也有可能是“对商品作片面的宣传或者对比”或者“将科学上未定论的观点、现象等当作定论的事实用于商品宣传”。

虚假宣传作为不正当竞争行为,早在《保护工业产权巴黎公约》中即有规定。该公约第 10 条之二第 3 款规定特别应予以禁止的行为包括“在经营商业中使用会使公众对商品的性质、制造方法、特点、用途或数量易于产生误解的表示或说法。”世界知识产权组织《关于不正当竞争保护的示范规定》第 4 条,也明确规定“凡在工商业活动中对企业或者其活动,尤其是该企业所提供的产品或服务,采取误导或有可能误导公众的行为或做法”,构成不正当竞争。应当注意的是,虽然新修订的《反不正当竞争法》第 8 条区别了“虚假宣传”和“引人误解的宣传”,但仅有虚假宣传并不足以构成不正当竞争,还需要“欺骗、误导消费者”,正如 2007 年发布的最高人民法院《关于审理不正当竞争民事案件应用法律若干问题的解释》(已失效)第 8 条第 2 款所规定的:“以明显的夸张方式宣传商品,不足以造成相关公众误解的,不属于引人误解的虚假宣传行为。”本案两被告通过技术手段,帮助其他经营者进行“刷量”,损害了其他经营者的利益,当然也对网络平台的正常经营秩序造成损害,显然符合《反不正当竞争法》第 8 条第 2 款的规定,构成虚假宣传的不正当竞争行为。但遗憾的是,虽然原告主张被告构成了虚假宣传,本案判决书中对该条规定并无回应和评价。

Ⅲ 既往司法实践状况

随着互联网业态的发展,因网络"刷单"或"刷流量"行为引发的不正当竞争案件频发,既有诉诸法院的,也有行政机关查处的。如被媒体称为"电商诉刷单平台第一案"浙江淘宝网络有限公司、浙江天猫网络有限公司诉杭州简世网络科技有限公司不正当竞争纠纷案[浙江省杭州市西湖区人民法院(2016)浙0106民初11140号民事判决书],法院认为,被告行为"显然违反诚实信用原则和公认的商业道德,损害两原告的合法权益,扰乱社会经济秩序",依照《反不正当竞争法》第2条,判决被告构成不正当竞争。在北京爱奇艺科技有限公司诉杭州飞益信息科技有限公司等不正当竞争纠纷案中,一审法院认为,飞益公司等被告在市场竞争中,分工合作,通过技术手段干扰、破坏爱奇艺网站的访问数据,违反公认的商业道德,损害爱奇艺公司以及消费者的合法权益,违反《反不正当竞争法》第2条的规定,构成不正当竞争。二审虽然也判决被告行为构成不正当竞争,但认为虚构视频点击量是相关经营者进行虚假宣传的一项内容,故该行为属于《反不正当竞争法》(修改前)第8条所规制的"虚假宣传"的不正当竞争行为。在"腾讯诉深圳微时空信息技术有限公司等刷机流量案"[深圳市中级人民法院(2019)粤03民初594号民事判决书]中,法院认为,真实、清洁、可靠的涉案数据,是原告运营微信软件获得用户流量和用户粘性的重要基础,是微信平台的核心价值所在。原告作为微信软件运营商,对真实、清洁、可靠的微信软件涉案数据所产生的衍生性商业价值,享有正当合法权益。该案被告不是原告平台的用户,其为平台用户提供的刷机流量服务,干扰了平台生态秩序,损害了原告的竞争利益。被告行为构成《反不正当竞争法》第8条"帮助他人虚假宣传"不正当竞争行为,构成第12条第2款规制的"妨碍、破坏网络产品或者服务正常运行"的不正当竞争行为。在"深圳市腾讯计算机系统有限公司与杨双豪、浙江淘宝网络有限公司不正当竞争纠纷案"[杭州市余杭区人民法院(2020)浙0110民初6257号民事判决书]中,法院认为被告构成虚假宣传的不正当竞争行为。对于原告同时主张被告违反《反不正当竞争法》第12条第2款第4项的规定,法院认为,就涉案行为侵犯的原告法益而言,系同一法益;就两个规范而言,应属于请求权规范竞合,只能择其一进行评价,被告实施的技术手段本身是服务于帮助虚假宣传的目的,从主客观相统一的角度,既已通过目的定性,则没有必要对其手段再单独评价。2018年浙江工商局查处的金华吉森网络科技有限公司组织虚假交易案,涉案金额3.2亿元,罚款200万元,据称为2017年修订《反不正当竞争法》实施后全国查处组织刷单炒信涉案金额最高的案件,执法依据亦为《反不正当竞争法》第8条第2款。

Ⅳ 本判决留给将来的课题

本案系网络"刷单"或"刷量"典型案件,判决结果也与类似案件一致,但所依据的法律规定与多数案件不同,其目的似在探索"互联网专条"的适用条件和适用范围。本判决促使司法实践及理论研究做进一步思考:第一,互联网专条与《反不正当竞争法》其他法条的关系以及互联网专条的兜底条款的适用条件;第二,对于原告同时主张多个法条救济的诉求,法院应如何处理,是只宜择其一进行评价,还是可以或者应该重复评价。

□ 参考文献

李明德:《知识产权法》,法律出版社 2014 年版。
吴汉东:《知识产权法》,法律出版社 2021 年版。
孔祥俊:《反不正当竞争法新原理:分论》,法律出版社 2019 年版。

086 强制目标跳转类网络不正当竞争行为的认定

杭州迪火科技有限公司与北京三快科技有限公司不正当竞争纠纷案 | 北京知识产权法院(2018)京73民初960号民事判决书

朱 冬 徐林睿 厦门大学知识产权研究院

■ 事实概要

原告是二维火"智能收银一体机"系统的开发者和运营者。原告通过该系统为消费者和商家提供点餐、收款等餐饮辅助服务。被告为"美团小白盒"智能支付软件等产品和服务的提供商。被告的"美团小白盒"插件安装于二维火"智能收银一体机"系统后,在正常运行原告的收款程序"二维火收银 App"时,该插件即监控原告"二维火收银 App"运行,并以移动悬浮按钮的形式悬浮于原告"二维火收银 App"的操作界面之上。当用户使用"二维火收银 App"进行结账操作时,"美团小白盒"插件会读取用户 ID 及其数据信息,用户点击美团悬浮窗或者原告收银系统的特定按钮时,系统就会在"美团小白盒"插件的作用下跳转到"美团支付"操作页面,原告的收款程序随之中断,而之后的收款程序转由"美团支付"进行控制。

原告认为,被告利用技术手段在原告的二维火"智能收银一体机"系统中非法安装和运行"美团小白盒"的行为,妨碍、破坏了原告合法提供的网络产品"二维火收银系统"及服务的正常运行,构成不正当竞争行为。

被告则主张,"美团小白盒"插件的运行系用户自主选择的结果,支付界面的跳转并非被告强制完成的,被告行为不构成不正当竞争。

■ 裁判要旨

原告和被告同属于餐饮业务服务提供商,存在竞争关系。虽然被告抗辩其软件的运行系用户自主选择的结果,但是插入或者进行目标跳转的行为并未获得网络产品或者服务经营者的同意,其行为仍然具有不法性。具体来讲,被告的"美团小白盒"插件运行导致支付页面自动跳转至美团支付的操作页面,原告的收款程序随之中断,明显起到了妨碍原告收款系统正常运行的效果,具有诱导用户使用"美团收款"的明显意图。被告的上述行为已构成强制目标跳转,属于利用技术手段,通过影响用户选择或者其他方式,实施妨碍、破坏其他经营者合法提供的网络产品或者服务正常运行的行为,违反了《反不正当竞争法》第12

条第 2 款第 1 项的规定。

■ 评　析

Ⅰ 本判决的思路与意义

本判决主要涉及《反不正当竞争法》第 12 条互联网不正当竞争专条中强制目标跳转条款的理解与适用。根据该条规定，经营者不得利用技术手段，通过影响用户选择或者其他方式，未经其他经营者同意，在其合法提供的网络产品或者服务中，插入链接、强制进行目标跳转，妨碍、破坏其他经营者合法提供的网络产品或者服务正常运行。本判决的核心观点在于，强制跳转类网络不正当竞争行为的认定，应着重从经营者的视角出发，关注跳转行为是否经过经营者同意，是否造成了妨碍经营者合法提供的网络产品或者服务正常运行的实际效果。判决明确指出，即便被告插件的运行系用户自主选择的结果，亦不能因此否认该行为的违法性。

本判决的重要意义在于，改变了以往实践中单纯以用户是否具有自由选择权来认定是否构成强制目标跳转的做法，明确了强制目标跳转类网络不正当竞争行为认定的重点，即关注该类行为是否经过经营者的同意、是否对他人合法提供的网络产品或者服务的正常运行造成妨碍破坏，插件的安装和运行是否为用户自主选择的结果，而是否经过用户同意，并不构成影响强制跳转类不正当竞争行为认定的决定因素。

Ⅱ 强制目标跳转类不正当竞争行为认定的规范与学理

随着互联网技术的不断发展与普及，互联网经济飞速发展，网络上的竞争愈发激烈。而网络上竞争大部分是围绕“流量”所展开的。所谓流量，一般是指网站的访问量，是用来描述访问网站的用户数量以及用户所浏览的页面数量的指标。在网络环境下，流量代表着交易机会，所以成为互联网经营者争夺的对象。实践中，存在大量以流量争夺为目的的不正当竞争行为，即通过不正当手段使得本应属于他人的网络流量被迫流入特定对象，这些行为被业界称为“流量劫持”［钱海玲、张军强：《流量劫持不正当竞争行为的司法规制》，载《法律适用（司法案例）》2018 年第 22 期；刘佳欣：《反不正当竞争法视角下的流量劫持——以流量劫持典型案例为分析样本》，载《法律适用》2019 年第 18 期］。流量劫持的表现形式多种多样，其中，最为典型的就是插入链接强制目标跳转的行为。在 2010 年的“北京百度网讯科技有限公司诉青岛奥商网络技术有限公司等不正当竞争纠纷案”［山东省高级人民法院（2010）鲁民三终字第 5－2 号民事判决书］中，法院认定，在搜索引擎的关键词搜索结果出现前插入广告页面，用户点击该页面即可跳转至新的广告宣传新窗口的行为构成不正当竞争。后来，该案被作为第 45 号指导案例由最高人民法院发布，成为司法实践中处理流量劫持类案件的重要参考。2017 年《反不正当竞争法》修正，新增互联网不正当竞争行为专条，明确将未经经营者同意、通过插入链接强制进行目标跳转的这类流量劫持行为纳入不正当竞争的范畴。

近年来，学界对该条文适用中存在的问题进行了讨论：一方面，从条文表述来看，该条文尽管以规制流量劫持为主要目标,但是在立法技术上则对受法律规制的流量劫持行为所采取的技术手段进行了严格限定,导致该条文无法涵盖其他流量劫持行为。例如,被告没有实施插入链接的行为,而是通过误导用户选择进行的流量劫持无法被涵盖在内。对于无法为该条涵盖的流量劫持行为,只能通过适用《反不正当竞争法》第 12 条第 2 款第 4 项或者《反不正当竞争法》第 2 条来处理。另一方面,对于那些以尊重用户意愿的方式实施的目标跳转行为,有学者认为其本质上具有正当性,但是由于该条文强调关注经营者是否同意这一要件,导致上述行为可能被纳入不正当竞争的范畴。值得注意的是,该观点与本判决所持的观点是完全对立的。这说明,关于强制目标跳转类网络不正当竞争行为的认定,尤其是当目标跳转系由用户触发、用户具有一定选择自由时,是否构成强制跳转,进而应当被认定为不正当竞争行为,在学界仍然存在不同声音。

Ⅲ 既往司法实践状况

我国司法实践中,涉及强制目标跳转类网络不正当竞争的案例数量并不多。通过对相关案例的梳理可以发现,在本案之前,法院对于强制目标跳转的认定通常会考察用户在不同网络产品或者服务之间进行切换时是否具有自主选择权这一因素。例如,在"北京爱奇艺公司诉北京搜狗公司等不正当竞争纠纷案"[上海知识产权法院(2018)沪 73 民终 420 号民事判决书]中,法院指出,即使有部分消费者被误导点击搜狗输入法提供的"搜索候选"而进入搜狗搜索引擎,此时也已明确知晓该搜索结果与爱奇艺网站并无关联,可以自主选择返回爱奇艺网站,因此不能认定为构成强制目标跳转。也就是说,强制目标跳转的认定需要从用户的视角出发,只有在用户在完全无法进行自主选择情况下进行的跳转,方构成《反不正当竞争法》第 12 条第 2 款第 1 项规定的不正当竞争行为。

在与本判决案情几乎相同的"杭州迪火科技有限公司与北京三快科技有限公司不正当竞争纠纷案"[浙江省杭州市中级人民法院(2018)浙 01 民初 3166 号民事判决书]中,法院亦强调用户的自主选择权,认为"美团小白盒"插件在安装时已经取得了用户的授权,该插件中断"二维火收银 App"收银程序并未影响用户的选择,反而是给用户提供了更多的选择,因此并不构成强制目标跳转。结论与本判决完全相反。

然而,近年来司法上对于用户是否享有自主选择权的态度发生了一定的转变,越来越多的法院开始接受本判决确定的裁判逻辑,主要关注跳转是否经过经营者同意、是否对经营者合法经营的网络产品或者服务造成妨碍和破坏等因素。例如,在"北京百度网讯科技有限公司诉上海政凯信息科技有限公司行为保全案"[北京市海淀区人民法院(2020)京 0108 民初 24338 号民事裁定书]中,法院明确指出,被告篡改百度搜索页面,增加"实时热点"版块链接,用户点击链接后即脱离百度进入被告网站,在未投入相应对价的情况下,获取了百度公司的流量资源,妨碍了百度网的正常运行,构成不正当竞争。与此类似,在"杭州追风信息技术有限公司与北京京东叁佰陆拾度电子商务有限公司不正当竞争纠纷案"[浙江省高级人民法院(2020)浙民终 330 号民事判决书]中,法院亦明确指出,追风公司行为导致本想进入京东平台购物的用户,点击京东公司的广告或者商品链接后并没有被引导至京东公司,而是跳转至“淘帮手”手机应用软件，进而跳转到其他电商平台，免费享受了京东公司广告带来的将得流量，谋取了不当商业机会和竞争优势，因此构成不正当竞争。

Ⅳ 本判决留给将来的课题

如前文所述，已有的司法实践中，认定强制目标跳转类网络不正当竞争行为首先关注用户是否享有自主选择权。按照这样的思路，如果目标跳转时用户仍然享有自主选择权，即不能认定被告的行为构成强制目标跳转。然而，以用户具有自由选择权为由认定该种行为具有正当性，无法有效地制止流量劫持这种不正当竞争行为。本判决改变了上述认识。法院明确指出，尽管目标跳转是用户的选择，但是被告插入链接和进行目标跳转的行为没有取得经营者的同意，的确对用户的选择造成了影响，这种流量劫持行为造成对经营者合法经营的网络产品或者服务的妨碍和破坏，因此应当构成不正当竞争。由此，本判决确定了以下裁判规则，即未经用户同意进行的目标跳转属于强制目标跳转；但是对于仅插入链接、在用户的行为下引发目标跳转的，不能直接认定为不构成强制目标跳转的不正当竞争行为。即使是在用户的自主选择下进行了目标跳转，被告插入链接的行为亦扰乱了用户的选择。更为重要的是，从效果上看，该行为造成对经营者合法经营的网络产品或者服务的妨碍和破坏，因此仍然属于《反不正当竞争法》第 12 条第 2 款第 1 项规制的范围。2022 年最高人民法院《关于适用〈中华人民共和国反不正当竞争法〉若干问题的解释》第 21 条即采纳了本判决所确立的基本思路，明确规定：未经其他经营者和用户同意而直接发生的目标跳转，应当直接认定为强制进标跳转；对于仅插入链接，但是目标跳转系由用户触发的，并不必然排除其构成不正当竞争的可能性。该司法进一步规定，对于用户触发跳转类不正当竞争行为的认定，需要综合考虑插入链接的具体方式、是否具有合理理由以及对用户利益和其他经营者利益的影响等因素，认定该行为是否违反《反不正当竞争法》第 12 条第 2 款第 1 项的规定。该司法解释为用户触发类跳转是否构成不正当竞争行为的认定提供了指引。司法实践中如何利用综合考量法进行认定，是未来值得关注的问题。

本判决亦显示出，《反不正当竞争法》第 12 条互联网不正当竞争行为专条，尤其是第 2 款第 1 项关于强制目标跳转的规定存在抽象化程度不足的问题。随着网络商业模式的发展，网络上的不正当竞争行为亦不断更新换代。然而，由于上述条文的适用范围有限，无法有效地涵盖网络上出现的新型不正当竞争行为。这固然是立法技术缺陷带来的问题，在司法实践中，则需要法院在司法实践中运用各种法律解释方法，对上述条文的适用进行积极探索。同时，亦需要防止《反不正当竞争法》第 2 条的滥用，尽量减少向一般条款逃逸。

除了本判决关注的强制目标跳转类网络不正当竞争行为认定问题以外，案件中被告利用插件读取用户交易数据从而将用户引导到“美团收款”上去的行为亦值得关注。该行为无疑属于对于被告用户数据的抓取。本判决明确禁止那些通过抓取用户数据强制进行目标跳转的行为。然而遗憾的是，本判决并未对被告利用插件截取原告用户数据行为的正当性进行评述，更没有涉及数据权属问题。随着技术的进步，数据作为经营中的重要资源，其重要性已经得到了充分的肯定。数据权属以及数据抓取行为的正当性等问题，已经引起了学术界和实务界的高度关注。当然,关于这些问题的讨论刚刚起步,在未来值得持续的关注和研究。

□ 参考文献

王瑞贺主编:《中华人民共和国反不正当竞争法释义》,法律出版社 2018 年版。

钱海玲、张军强:《流量劫持不正当竞争行为的司法规制》,载《法律适用(司法案例)》2018 年第 22 期。

刘佳欣:《反不正当竞争法视角下的流量劫持——以流量劫持典型案例为分析样本》,载《法律适用》2019 年第 18 期。

蒋舸:《〈反不正当竞争法〉网络条款的反思与解释:以类型化原理为中心》,载《中外法学》2019 年第 1 期。

刘维:《论网络不正当竞争一般条款的价值取向》,载《交大法学》2021 年第 3 期。

087 平台企业诉平台内经营者不正当竞争行为的认定

深圳市腾讯计算机系统有限公司、腾讯科技(深圳)有限公司与杭州科贝网络科技有限公司等不正当竞争纠纷案 | 浙江省杭州市中级人民法院(2019)浙01民终9556号民事判决书

王 坤 浙江省社会科学院法学所 陈相瑜 北京通商(杭州)律师事务所

■ 事实概要

深圳市腾讯计算机系统有限公司、腾讯科技(深圳)有限公司(以下简称腾讯公司)系提供微信平台服务的平台企业。腾讯公司指控两被告通过注册、运营微信公众号和小程序,从事网络贷款信息中介等业务;指控被告伪造了贷款资质证明,在其运营的微信公众号内对其产品进行虚假商业宣传,并仿造了微信“投诉”界面和模板。腾讯公司认为,两被告的上述行为损害了微信中其他合法经营者的竞争利益,损害了其他微信用户的消费者权益,降低了其他经营者和微信用户对微信产品的信赖度,破坏了微信公众号、小程序正常的注册和运营秩序,损害微信生态系统的健康和市场竞争力,违反了《反不正当竞争法》第2条、第6条第4项和第8条规定。

被告抗辩认为:首先,本案原、被告之间是服务与被服务、管理与被管理的关系,两者经营模式不同,彼此之间无竞争关系,由此发生的纠纷应属于合同纠纷,而非不正当竞争侵权范畴。其次,被诉行为不构成不正当竞争行为。原告不能既作为规则制定者,又作为参与者身份来主张《反不正当竞争法》的保护。最后,两原告不具有《反不正当竞争法》上的可诉利益,也未蒙受《反不正当竞争法》意义上的损害,换言之,两原告并未遭受任何损失。

杭州铁路运输法院一审判决被告停止不正当竞争行为、消除影响并赔偿原告经济损失人民币65万元。被告不服一审判决提出上诉。

■ 裁判要旨

二审杭州市中级人民法院驳回上诉,维持原判。

1. 关于合同责任与侵权责任竞合问题。判决认为,在平台管理者与平台内经营者存在合同关系的情形下,平台管理者选择以不正当竞争方式向其平台内经营者主张侵权责任,应予支持。在责任竞合情形下,原告的诉讼选择符合法律规定。该案中,原告指控被告实施不正当竞争行为的特点及内容,在合同主体、权益基础、责任承担等方面,更适宜以《反不正

当竞争法》进行规制。

2. 关于原告的竞争权益基础。判决认为，网络平台经济模式区别于传统经济模式的线性过程，更注重节点的交互活动和网络商业环境的整体价值。微信生态系统是在互联网环境下，市场主体创新经营模式，打造由网络平台提供经营场所和众多服务支撑的动态结构系统。微信生态系统包括平台提供方、平台内经营者和普通用户。它们之间相互影响，组成了共同进化的经济共同体。微信生态系统的经营模式所产生的商业利益和竞争优势，应受《反不正当竞争法》的保护。这种经营模式尽管未被明确规定为知识产权司法保护的对象，但其带来的商业利益应受法律保护。该案中，被告以不正当竞争方式损害了原告基于微信生态系统经营模式所获得的商业利益和竞争优势，属于《反不正当竞争法》的调整范围。

3. 关于原告和被告之间的竞争关系。判决认为，竞争关系并非不正当竞争行为的构成要件。判断一项行为是否构成不正当竞争，并不以其损害特定竞争者的利益、彼此具有竞争关系为必要，而应根据该行为是否违反竞争原则或其他具体的法律标准进行认定。竞争行为的广泛性决定了不正当竞争行为损害对象的多样性。该案中，被告通过不正当方式借助原告的经营资源，在获取自身竞争优势的同时，损害了平台企业、消费者和其他合法经营者的利益，破坏了微信平台正常竞争机制和运行秩序，损害了原告竞争优势。被告的不正当竞争行为包括实施伪造贷款资质证明、利用微信公众号进行虚假商业宣传、仿冒微信官方“投诉”界面等。同时，被告之间主体相互关联、不同公司运营的微信公众号相互链接等情形，因而认定被告的侵权行为相互协作、主观意识共同、损害结果同一，构成共同侵权。

■ 评　析

基于维护平台内经济秩序的需要，平台企业都会制定平台规则，并将接受平台规则当作经营者入驻平台的条件。由此，平台规则成为平台企业与平台用户合同关系的组成部分。在这种情况下，在发生不规范经营行为时，追究平台内经营者的违约责任最为便捷。几年前淘宝打假第一案，就是选择从违约角度进行，此后淘宝也有从侵犯商誉权角度进行系列打假。对于本案而言，也可以违约或者侵犯商誉权为由追究被告责任，这应该也是最保险的做法，有助于维护个体权益。但对促进平台治理、优化平台生态系统而言，意义就不是很大。

这里就涉及与平台经济相关的几个重要概念，平台本身是一个交易的场所，在这个场所中，双方发生信息、商品服务以及资金的交换。虚拟平台是建立在现代信息网络技术基础上的平台。平台企业，是指设置、管理、运用这些虚拟平台的企业。平台企业依据现代网络技术的支撑，实现大范围内信息的精确匹配，为平台上的用户提供各种中介服务。显然，平台企业不同于传统的线性企业，平台上聚集了多边客户以及为多边客户提供支持和服务的各类行为主体，从而构成了一个相互依存的商业生态系统，也是一个巨大的双边或多边市场。双边市场同样会存在市场失灵问题，损害商业生态系统的健康。市场失灵的原因包括信息不对称、外部效应、垄断、技术风险等。平台企业是整个平台商业生态系统的核心、中枢，对其一手创建的生态系统负有直接的责任，必须承担管理者的角色，维护商业生态系统的健康。这不仅关系到平台企业自身的竞争利益，而且关系到平台上不特定多数人的利益,可以说是一种准公共利益。

本案中,被告行为的要害不仅仅在于损害腾讯公司的私益,更重要的是,破坏了平台内的经济秩序,危及微信商业生态系统的健康,损害了公共利益。这是原告通过竞争法路径启动诉讼的主要考量。当然,选择竞争法路径需要讲清楚以下三个问题:一是微信生态商业模式及其生态竞争优势,这是认定被告行为是否具有危害性的前提和基础,也构成本案审理的客观基础;二是腾讯公司作为微信生态系统的建构者和管理者,可以通过启动反不正当竞争诉讼维护微信生态系统健康,促进平台治理,解决的是本案审理的主要意义或必要性问题;三是腾讯公司作为经营者,与平台内经营者存在广义上的竞争关系,因而能够通过《反不正当竞争法》维护自身的权益,解决的是本案通过竞争法路径审理的可能性问题。

Ⅰ 微信生态商业模式及其生态竞争优势

腾讯公司在本案中的竞争权益基础,应当放在微信生态系统中进行考察。微信(WeChat)创立之初以一个"即时通信服务软件"展现于世人面前,并从QQ和通信录发展原始的熟人社交关系链。随着版本的更迭,通过"附近的人""漂流瓶""摇一摇"等场景不断扩充陌生人关系链,聚集了庞大的用户群体,逐渐发展成为国内移动端通信领先的社交应用软件。其后,微信推出"朋友圈",促进广大微信用户在微信平台中的信息交流,稳固微信用户的忠实度。基于前期积累的微信用户量和用户使用习惯,微信开始实施开放平台战略,向"微信生态系统"迈进,即微信以"公众账号(包括订阅号和服务号)""小程序""微信分享服务""授权登录服务"等打造微信开放平台,本着开放共赢的初衷,向微信生态接入内容丰富的产品/服务经营者,打通微信用户与平台内经营者交互通道,实现从用户积累到流量变现的商业化路径。至此,腾讯公司营造出一个由平台提供经营活动场所和众多经营者支撑服务的动态结构系统,即"微信生态系统"。(见图1)

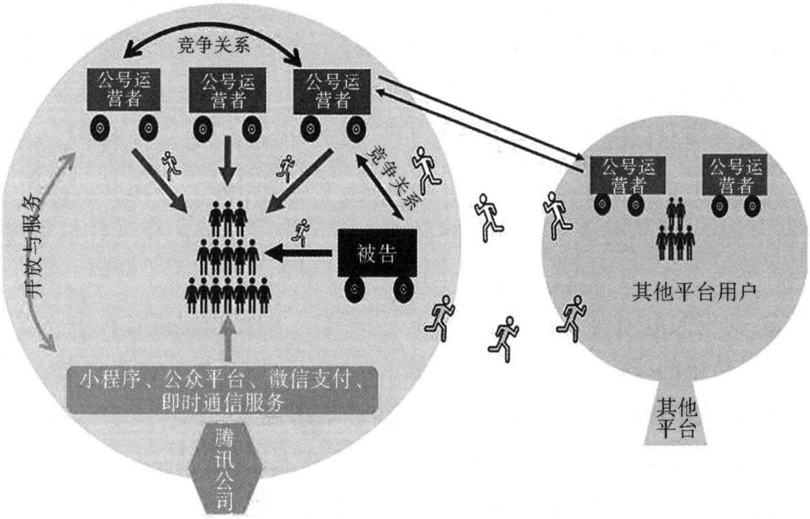

图1 微信生态系统

在这个生态系统中,如何为微信用户提供多样化优质服务,以及如何提高平台内经营者在微信平台上开发、获取微信用户和传播的效率,成为腾讯公司发展微信生态的核心议题。腾讯公司主要采用了两种路径:一是实现微信生态中多主体互动、价值共创,如微信不断更新朋友圈功能以促进用户之间的互动,让社交关系链扎根于微信平台;二是实现微信用户与经营者之间的高效交互,以提高用户体验并增进交易机会。

综上,微信用户和平台内经营者的数量与质量以及两者之间的交互活跃度、公平的市场竞争环境等均是微信平台生态优势的重要指标,任何对微信用户权益、平台内经营者权益和公平的市场竞争秩序的损害,都在损害微信商业生态系统的健康。被控不正当竞争行为整体上破坏了微信生态网络节点间的交互活动,影响了微信生态的总体价值创造,而非仅仅构成针对腾讯公司的违约行为。

Ⅱ 腾讯公司的管理者身份以及平台自治规则的“软法”性质

平台企业在身份上具有一身二任的特点:一方面,作为平台的构建者和平台服务的提供者,有权利通过制定平台规则来确定平台功能定位,规范用户行为,并通过采取管理措施维护平台秩序,成为平台的管理者;另一方面,平台本身亦是平台企业推出的产品,能够为平台企业在与其他平台竞争中带来一定竞争优势的商业资源,进而推出平台企业的其他产品和服务。从上述角度来说,平台企业也是一个经营者。平台企业身份的特殊性,决定其行为性质上分为管理行为和经营行为,其中管理行为包括制定平台规则,并根据平台规则采取管理措施。

平台规则具有特殊性,具有软法性质。平台企业与平台内经营者是管理者与被管理者之间的关系,平台内经营者加入微信平台需要接受并同意《微信公众平台服务协议》及运营规范等平台规则,但腾讯公司作为平台企业显然有权根据微信生态健康发展的需要而随时修订并公示平台规则。可见,平台规则实际上是平台上的“法律”,是一种软法,用户和平台内经营者加入微信平台就必须接受平台规则的约束。

正是基于以上两点考量,腾讯公司可通过管理者身份,基于平台企业治理的视角,提起不正当竞争诉讼,借助司法程序促进微信生态系统的治理,充分体现了本案审理的意义和必要性。

Ⅲ 腾讯公司作为经营者和平台内经营者之间的竞争关系

一般认为,不正当竞争纠纷的原、被告主体之间应存在竞争关系,且都应当是经营者。对于腾讯公司的经营者身份,上文已作阐述。在司法实践中,对竞争关系认定标准呈逐渐放宽的趋势,尤其面对互联网新型案件时,在所涉及的行业边界模糊的情况下,更有放宽乃至放弃竞争关系考量之趋势。如区分狭义的竞争关系和广义的竞争关系,前者是指提供的商品或服务具有同质性及相互替代性的经营者之间的同业竞争关系,后者是指非同业经营者的经营行为之间损害与被损害的关系。

经营者在市场竞争中获取市场利益的行为就是竞争行为,该行为是否构成不正当竞争？需按照《反不正当竞争法》的正当性标准进行衡量。以竞争行为为核心，考量其反不正当竞争法上的正当性，才是解决问题的正确路径。它可以打破此前司法实践中以竞争关系为审理前提的桎梏，也可以充分释放《反不正当竞争法》调整的灵活性与包容性。只要损害他人的竞争利益，即可视为存在竞争关系。因此，法院认为，被告抗辩理由之一"与原告不存在竞争关系而不构成不正当竞争行为"从逻辑上不能成立。

从损害角度上看，不同的竞争形态导致不同的损害形态，包括即时造成的实际损失和将来必然发生的损害。互联网竞争包括对具体用户交易机会的竞争和对用户流量变现可能性的争夺。在一个以互联网平台为基础所构建的商业生态系统当中，其中某一成员的不正当经营行为，对该生态的建立者和维护者来说，造成的损害并非如传统般直接点对点的竞争损害，而更多的是基于网络的传导性以及生态成员间的相互作用，最终通过传导过程中的转化，在作为生态构建者和维护者的微信产品本体上集中展现出来。

正是在生态系统的运营过程中，微信平台获取了生态竞争优势，庞大的微信用户基础和提供多样化高质量商品和服务的经营者基础，构成微信平台发展至今的重要商业资源，为微信带来了可持续的流量变现和发展空间，包括获取广告收益以及通过支付入口对接第三方服务（滴滴出行、美团外卖等）。本案中，涉案被控行为给腾讯公司造成的损害正是基于对上述微信平台生态意义上的竞争优势的破坏。比如，被控仿造微信"投诉"界面行为，会让消费者误认为是微信团队提供的投诉服务。消费者在投诉后却迟迟得不到微信团队的投诉回复，这直接损害了平台用户投诉的消费者合法权益，降低其对微信平台及服务的信赖度和评价。同时，该行为阻断了微信平台与用户沟通的桥梁，致使微信团队对此类违法违规公众账号处理的迟延，使得诸多涉案被控行为对消费者和其他经营者的损害持续进行，也使得腾讯公司凭借投诉服务不断优化微信产品、完善微信平台建设的路径被阻断，进而影响腾讯公司的经营利益和竞争优势，因此，腾讯公司可通过《反不正当竞争法》路径维护自身权益。

Ⅳ 本案意义

本案中，腾讯公司一身二任，兼具经营者和管理者双重身份。基于管理者身份、通过反不正当竞争法保护路径促进平台治理，维护平台商业生态系统健康；基于经营者身份，选择以《反不正当竞争法》来维护自身权益。法院在审理过程中，充分体认平台商业生态系统的特殊性，拓宽竞争关系的范畴，明晰原告的竞争权益，最大限度地实现了《反不正当竞争法》对公益（市场秩序）、私益（经营者）双重保护的价值目标。这就是本案的典型意义之所在。

□ 参考文献

王坤：《平台企业法通论》，知识产权出版社 2020 年版。

孔祥俊：《反不正当竞争法新原理：总论》，法律出版社 2019 年版。

088 滥用市场支配地位案件中的相关市场界定

奇虎诉腾讯滥用市场支配地位案 | 最高人民法院(2013)最高法民三终字第4号民事判决书

燕星宇 厦门大学法学院

■ 事实概要

原告奇虎为网络安全软件销售公司,运营“360 安全卫士”软件。被告腾讯为互联网集团公司,运营包括即时通信软件 QQ 在内的等多种产品服务。2010 年,腾讯推出了与 QQ 软件程序配套的网络安全软件(“QQ 软件管家”“QQ 医生”),同时发现市场上存在由奇虎提供的安全软件“QQ 保镖”,该软件特别针对 QQ 设计,且存在以保护隐私为由引导用户关闭 QQ 软件插件的情况。腾讯认为奇虎此举破坏了 QQ 的增值服务销售和广告业务收入,因此修改了 QQ 软件编码并于 2010 年 11 月 3 日发布《致广大 QQ 用户的一封信》,明确禁止现有用户在个人电脑上使用奇虎公司的 360 软件,否则停止 QQ 软件服务;拒绝向安装有 360 软件的用户提供相关软件服务,强制用户删除 360 软件;采用技术手段阻止 360 浏览器的用户访问 QQ 空间。这在事实上造成了消费者用户不得不在腾讯的即时通信服务和奇虎的安全软件服务之间进行二选一。该局面持续仅一天,在工信部出面调停后告终。

奇虎随后向广东省高级人民法院(以下简称广东高院)提起了诉讼,认为腾讯要求用户二选一的行为违反了 2007 年《反垄断法》第 17 条(2022 年修正后为第 22 条)关于禁止滥用市场支配地位的规定。双方争议集中在两点:(1)相关市场的界定;(2)腾讯在该市场内是否具有支配地位。广东高院于 2011 年作出了一审判决,认为腾讯在相关市场内不具有支配地位,驳回了原告的全部诉求。奇虎上诉至最高人民法院(以下简称最高院)。

■ 裁判要旨

终审判决于 2014 年作出,最高院驳回上诉,维持原判,对广东高院的大部分说理进行了肯定。

一审裁判要旨如下:第一,据国务院反垄断委员会《关于相关市场界定的指南》,相关产品市场界定的关键在于从供给和需求两方面确定产品间可替代程度的高低。第二,在本案情形中,需要考虑多数互联网产品服务所具有的一个显著特点,即面向消费者零收费。第三,本案应当采用 SSNIP(small but significant non-transitory increase in price,数量不大但有意义且并非短暂的价格上涨)市场界定法。第四,评估 QQ 作为综合性即时通信服务与其他多种具有即时通信功能服务（包括单一即时通信服务、微博和社交网站、传统电话和传真、电子邮箱、非即时通信服务的互联网应用平台）的可替代性。第五，相关地域市场应界定为全球市场。第六，基于三方面因素（市场份额，腾讯对产品价格质量和其他交易条件的控制能力，腾讯限制市场竞争的能力）的考量，认定腾讯在相关市场内不具有支配地位。

最高院的终审判决推翻了一审判决关于 SSNIP 界定法和相关地域市场的说理，但总体结论一致。判决要旨如下：第一，相关市场的界定并非滥用市场支配地位认定的必要步骤。考虑到个案情况的纷繁复杂性，且滥用支配地位案件的要义在于认定行为违法性，可以基于“排除或者方案竞争的直接证据”来对被告的市场地位进行评估。第二，本案不适用 SSNIP 界定法。考虑到涉案平台的双边性和相关服务的免费性，应采用 SSNDQ（small but significant non-transitory decrease in quality，数量不大但有意义且并非短暂的质量下降）界定法进行定性分析。第三，在评估 QQ 与其他多种具有即时通信功能的软件的可替代性后，认为 QQ 与“文字、音频一级视频等非综合性即时通信服务”“移动端即时通信服务”属于同一产品市场；与“社交网络和微博”“手机短信、电子邮箱”不属于同一产品市场。第四，本案相关地域市场应界定为中国大陆地区市场。第五，采纳广东高院提出的关于市场支配地位的考量因素，认定腾讯在相关市场内不具有支配地位。

■ 评　析

Ⅰ 本判决的思路和意义

《反垄断法》是支撑我国社会主义市场经济制度的重要规范，其作为一部技术性极强的继受法，对法律适用者提出了较高的要求。本案是我国最高院审理的第一个反垄断案件，最高院在“先确认支配地位，再评估滥用行为违法行为”的分析范式下，着重对“互联网双边平台市场界定”这一国际性难题进行了说理分析，具有里程碑式效应。最高院尝试将 SSNDQ 测试运用于双边平台市场界定，并提出了“相关市场界定并非滥用支配地位规制的必要步骤”的观点，为我国后来在数字经济领域的反垄断执法与司法实践奠定了基础。

Ⅱ 滥用市场支配地位的规制及学理

“禁止滥用市场支配地位”在 2007 年公布的《反垄断法》第三章（第 17 ~ 19 条，在 2022 年修正后的《反垄断法》为第 22 ~ 24 条，下文以 2022 年新法为准）中予以规定。其参考了《欧盟运行条约》第 102 条及其判例法所构建起来的分析范式，由两环节构成：先确认支配地位，再评估滥用行为是否排除、限制竞争。第 22 条对滥用支配地位行为类型进行了列举，并界定“本法所称市场支配地位，是指经营者在相关市场内具有能够控制商品价格、数量或者其他交易条件，或者能够阻碍、影响其他经营者进入相关市场能力的市场地位”。第 23 条指明了认定市场支配地位应当依据的因素：市场份额、上下游市场控制能力、财力和技术、交易相对人依赖程度、市场准入门槛、其他相关因素。第 24 条阐述了对市场支配地位进行推定的标准。

认定支配地位,内在的要求(在相当程度上)是划清市场范围,否则市场支配力量无从谈起。但问题是,数字经济时代消费互联网领域的企业普遍采用"撮合双边交易"的经营模式([美]埃尔文·E.罗斯:《共享经济:市场设计及其应用》,傅帅雄译,机械工业出版社2015年版,第27页)。这些平台企业存在的合理性在于,其所要撮合的交易双方因交易成本(如搜寻成本、协商成本)太高而无法直接交易,需要借助媒介进行间接交易。它们经营模式的特点是,基于存在于交易双方之间的间接网络效应的走向不同和强度高低,按用户群组的不同进行差异化定价,以便最大限度地吸引双方用户,进而提升撮合交易的效率。因此,这些平台企业通常以远低于成本价——甚至直接免费——向消费者用户提供特定服务,再通过投放广告和提供增值服务来进行盈利。本案中,奇虎指控腾讯QQ具有支配地位的产品市场(即时通信),即是一个介于消费者用户和广告商(或增值服务提供商)之间的双边平台市场。要界定这种双边平台市场,必须根据个案情形进行更精细化的考察,这时常导致反垄断监管机构在分析方法上捉襟见肘,原告在举证责任方面不堪重负。

广东高院采用界定传统商品市场的方法来界定双边撮合市场,造成了判决说理上的瑕疵。一审判决存在以下三个问题:第一,SSNIP界定法难以适用于零收费的服务,因为该测试的前提是"数量不大的价格上涨"。对于零收费的平台服务而言,从无到有的价格上涨将直接影响平台对间接网络效应的掌控进而重塑平台既有的经营模式,因此难以称为"数量不大"的价格上涨。原告已经在一审过程中对SSNIP测试的适用性提出了质疑、建议改用SSNDQ,但高院回避了这一问题,也没有进一步解释SSNIP测试应当如何展开。第二,对即时通讯服务市场双边性的考量没有一以贯之。在评估QQ与其他非即时通讯服务的互联网应用平台是否具有可替代性时,广东高院指出,"互联网行业发展至今,选择何种免费产品或服务吸引用户只是搭建平台的手段不同,但竞争的实质就是互联网企业相互之间在各自的应用平台上开展增值服务和广告业务的竞争"。换言之,广东高院基于QQ的双边性,不仅考察了需求侧的可替代性,还注意到了供给侧的可替代性。此逻辑无可厚非,但遗憾的是高院没有将QQ服务的零收费特点与平台的双边性结合起来,出现了仅依据零收费就认定存在可替代性的错误推理。这一错误在认定支配地位环节再次出现:广东高院认为零收费意味着用户可以轻易切换服务商且市场选择众多,但忽略了双边平台中既包括消费者用户也包括平台另一边的广告商和增值服务提供商用户,造成了市场力量评估维度的欠缺。第三,对于地域市场范围的考量过于简化。这些问题在终审判决中得以纠正。

相较于一审判决,最高院的终审判决否定了SSNIP界定法的适用性并缩小了相关产品市场和地域市场的范围,但仍然认为腾讯QQ不具有支配地位。终审判决有以下几点值得注意:第一,最高院认为"并非在每一个滥用市场支配地位的案件中均必须明确而清楚地界定相关市场",因为相关市场界定"其本身并非目的",况且复杂的个案情形可能让相关证据难以获得。最高院进一步指出,"即使不明确界定相关市场,也可以通过排除或者妨碍竞争的直接证据对被诉经营者的市场地位及被诉垄断行为可能的市场影响进行评估"。至于这种"直接证据"如何在实践中认定,尚有待澄清。第二,最高院认为SSNIP界定法并不适用于产品差异性明显且非价格竞争激烈的市场,因此改用了SSNDQ测试。在此基础上,最高院考察了即时通信服务市场的双边性,发现“用户具有极高的价格敏感度,改变免费策略转而收取哪怕是较小数额的费用都可能导致用户的大量流失”。这就纠正了一审判决所犯的错误,但最高院的 SSNDQ 测试仅限于定性分析,总体仍显粗糙,给后来的反垄断执法司法实践留下了拓展空间。第三,最高院对相关商品市场的范围进行了更精细的考察。例如,考虑到飞速发展的移动互联网和智能终端设备消费,最高院将一审判决中并未涉及的移动端即时通信服务纳入了可替代性考察范围,增加了对相关市场内的竞争分析的前瞻性和动态性。再如,针对不同种类的互联网应用平台间的供给侧可替代性,最高院并未完全否定广东高院的说理,但表现出了更多的谨慎,认为“其关键问题在于,网络平台之间为争夺用户注意力和广告主的相互竞争是否完全跨越了由产品或者服务特点所决定的界限,并给经营者施加了足够强大的竞争约束。这一问题的答案最终取决于实证检验”。这一谨慎态度也给往后的反垄断执法司法留出了发展空间。

Ⅲ 既往司法实践状况

在 2008 年我国《反垄断法》生效之后至本案一审判决之前,适用滥用市场支配地位规则的执法与司法案件寥寥无几,涉及互联网双边平台市场界定的案件更是前所未有。

但本案可以横向与欧盟竞争法进行比较。最高院在终审判决中指出,在相关市场界定难以实现时,可以通过“排除或者妨碍竞争的直接证据”来对被诉企业的市场地位进行评估,进而绕过市场界定的难题。这一思路在欧盟竞争法中有所回应:欧盟法院早在 1978 年的 United Brands 案中就指出,个案情形中有可能存在必然地构成滥用以至于可以用来反推被诉企业具有支配地位的特定行为,执法者在认定市场支配地位环节必须对此可能性加以考虑(Case 27/76 United Brands v. Commission, EU:C:1978:22, para. 68)。然而,如何防范这一思路的滥用并避免造成司法武断,仍然是一个值得思考的问题。

Ⅳ 本判决的参考意义及将来的课题

本案中,最高院就 SSNIP 和 SSNDQ 界定法之于双边平台市场的适用性进行了甄别,尽管仅限于定性分析,但仍不失开创性,为往后的反垄断监管提供了指引。例如,2020 年上海市场监管局作出的食派士二选一滥用市场支配地位案,就在餐饮外卖平台的双边性基础上综合运用了 SSNIP 和 SSNDQ 测试对实证收集的市场数据进行定量分析,得出了较为严谨的相关市场界定结论。

最高院“并非在每一个滥用市场支配地位的案件中均必须明确而清楚地界定相关市场”的立场,具有一定的争议性:一方面,在特定情形下精准地界定相关市场确实有很高的难度,如果毫无变通,很有可能导致执法假阴性错误的出现;另一方面,若取消了相关市场界定这一前提条件限制,则有可能导致滥用支配地位规制门槛的降低,进而提升执法假阳性错误和司法资源浪费的风险。我国市场监管总局于 2021 年公布的《关于平台经济领域的反垄断指南(征求意见稿)》中曾规定“在特定个案中,如果直接事实证据充足,只有依赖市场支配地位才能实施的行为持续了相当长时间且损害效果明显,准确界定相关市场条件不足或非常困难,可以不界定相关市场,直接认定平台经济领域经营者实施了垄断行为”。然而,最终出台的《关于平台经济领域的反垄断指南》删除了这一规定,可见背后存在较大争议,有待未来在司法实践中逐步解决。

□ 参考文献

王晓晔:《竞争法研究》,中国法制出版社 1999 年版。

[美]埃尔文 · E. 罗斯:《共享经济:市场设计及其应用》,傅帅雄译,机械工业出版社 2015 年版。

[意]马西莫 · 莫塔:《竞争政策——理论与实践》,沈国华译,上海财经大学出版社 2006 年版。

刘旭:《奇虎诉腾讯滥用市场支配地位案中的市场支配地位认定——参考德国和欧盟经验简析广东省高级法院一审判决》,载《电子知识产权》2013 年第 4 期。

089 网络游戏领域滥用市场支配地位的认定规则

华多公司诉网易公司滥用市场支配地位案 ｜ 广东省高级人民法院(2018)粤民终552号民事判决书

詹馥静 上海交通大学凯原法学院

■ 事实概要

上诉人广州华多网络科技有限公司(以下简称华多公司)是YY著作权人,虎牙平台(huya.com)、YY平台(YY语音软件、YY.com)的经营者。被上诉人广州网易计算机系统有限公司(以下简称网易公司)是《梦幻西游2》游戏软件著作财产权在全球的独占被许可人。华多公司通过旗下直播平台对《梦幻西游2》游戏内容进行直播等操作,后网易公司向华多公司提起著作权侵权和不正当竞争纠纷诉讼。

《梦幻西游2》游戏安装过程中的《用户使用许可协议》约定,未经网易公司书面同意,用户不得公开展示和播放游戏的全部或部分内容;此外,网易公司将涉案网络游戏和其自行研发的网易CC软件捆绑下载安装。华多公司认为网易公司在相关市场"《梦幻西游2》网络游戏服务市场"具有支配地位,其限制游戏用户只能在网易CC直播平台直播该游戏,将网易CC直播软件与该游戏软件捆绑,构成市场支配地位滥用。华多公司提起诉讼,请求判决网易公司停止滥用市场支配地位的垄断民事侵权行为,并赔偿经济损失1000万元。

广州知识产权法院一审认定《梦幻西游2》运行呈现画面形成的类电作品的相应著作权为网易公司所享有,即网易公司有权禁止他人未经授权转播《梦幻西游2》,故本案无须认定相关市场,对本案的相关市场不作评价。华多公司提交的证据也未能证明网易公司在华多公司主张的相关市场中滥用市场支配地位。一审驳回华多公司的诉讼请求。

■ 裁判要旨

本案涉及滥用知识产权排除、限制竞争的垄断分析以及网络游戏领域滥用市场支配地位的认定思路。二审判决指出,即使网易公司系《梦幻西游2》游戏画面的著作权人,享有知识产权,也仍然需要根据案件事实情况对网易公司如何行使著作权的行为进行反垄断分析。根据《反垄断法》相关规定,对网易公司是否构成滥用市场支配地位的分析思路如下:第一,相关市场界定。二审法院主要采需求替代分析,辅以供给替代分析和假定垄断者测试,将涉案相关市场界定为中国大陆网络游戏服务市场。二审判决同时指出,网络游戏作为精神消费产品，内容和服务才是影响玩家选择的首要因素。尽管单个游戏可能对玩家构成较强的锁定效应，但锁定效应有限，难以构成一个特定的相关市场。第二，市场支配地位认定。网易公司在相关市场的市场份额未达到1/2，且相关商品市场竞争充分，持续处于优胜劣汰和不断自我更新中，其他经营者进入该市场难度不大。因此不足以认定网易公司在相关市场中具有市场支配地位。第三，滥用行为认定。搭售和交易时附加不合理交易条件行为违反反垄断法的前提是经营者具有市场支配地位。由于网易公司在相关市场范围内不具有市场支配地位，也未排除、限制其他经营者在相关市场上的竞争，不足以对网络游戏服务市场和游戏直播市场的竞争秩序造成影响，其行为不构成滥用市场支配地位。

■ 评　析

Ⅰ 本案焦点

1. 网络游戏领域的相关市场界定

本案的第一个争点，是如何界定涉案网络游戏的相关市场。《反垄断法》第15条规定，相关市场是指经营者在一定时期内就特定商品或服务进行竞争的商品范围和地域范围。一、二审法院对涉知识产权案件相关市场界定的不同分析思路是本案的一个关键节点。

一审法院认为，华多公司并未举证证明在其所主张的相关市场中存在较为紧密替代关系的一组或一类商品，因此无法认定中国大陆《梦幻西游2》网络游戏服务市场这一售后市场是本案的相关市场。此外，《梦幻西游2》运行呈现画面形成的类电作品的相应著作权为网易公司所享有。网易公司有权禁止他人未经授权转播《梦幻西游2》网络游戏，故本案无须认定相关市场，一审法院对本案相关市场不作评价。

二审法院虽维持了一审判决，但对于一审法院不予认定相关市场就进行反垄断分析的错误进行了纠正。首先，二审法院指出，虽然并非在每一个滥用市场支配地位的案件中都能够清楚地界定相关市场，但除非现有证据可以直接反映竞争者的市场地位等情况而无须界定，或者基于行业的特殊性等原因而无法界定，否则不应当忽略对相关市场的分析和界定。其次，二审法院根据2007年《反垄断法》第55条（2022年修正后为第68条）规定，对滥用知识产权排除、限制竞争问题进行了澄清。法院认为，即使网易公司系《梦幻西游2》游戏画面的著作权人，享有知识产权，也仍然需要根据案件事实情况对网易公司如何行使著作权的行为进行反垄断分析。一审法院只审查了网易公司是否在行使知识产权，而没有审查网易公司是否滥用知识产权排除、限制竞争，对相关市场不做分析判断不当。基于此，二审法院就本案的相关市场界定进行了重点分析。

从需求替代分析角度，二审法院重点分析了涉案网络游戏的商品特性和用途、价格、获得渠道和需求替代可能性等对消费者需求替代的影响。此外，二审判决还从网络游戏是否具有很强锁定效应分析涉案游戏的需求替代性，指出《梦幻西游2》基于其游戏高品质带来的网络外部性可能对用户造成一定锁定效应，但其作为虚拟精神娱乐消费产品的属性决定了这种锁定效应是有限的。由于《梦幻西游2》的锁定效应并未达到较高程度，不足以使相关消费者对其形成独立需求而排除其他网络游戏的替代,故无法认定《梦幻西游2》网络游戏服务市场构成一个独立的相关市场。在供给替代的辅助分析上,二审法院主要从网络游戏产品的形式、内容和所涉技术等方面入手,指出游戏内容的创新竞争才是经营者之间竞争的重点,由于并不存在明显的技术壁垒、资金壁垒或者政策壁垒,其他经营者并无供给替代的难度。对于华多公司提出的假定垄断者测试,法院指出,假定垄断者测试是界定相关市场的一种补充分析思路,由于华多公司以网易公司在涨价后的一段时间内的百度搜索量推算《梦幻西游2》的销售量依据不足,故以此为基础进行的假定垄断者测试分析结果也不予支持。最后,结合地域因素对涉案网络游戏的竞争力变化的相关因素,本案相关地域市场界定为中国大陆市场。综合以上分析,二审法院将本案网络游戏所涉相关市场界定为中国大陆网络游戏服务市场。

2. 网络游戏经营者的市场支配地位认定

由于本案涉及知识产权和垄断行为的交叉,二审判决首先阐明了知识产权的垄断属性与经营者的市场支配地位之间的关系。法院指出,知识产权的垄断属性仅体现在其授权范围内,经营者拥有知识产权可以作为评估其市场支配地位的一个因素,但不能仅根据经营者拥有知识产权就推定其具有市场支配地位。

对于网易公司是否在相关市场具有市场支配地位,二审法院根据2007年《反垄断法》第17条、第18条(2022年修正后为第22条、第23条)所列举的因素,包括市场份额与相关市场竞争状况、网易公司控制市场能力及其财力和技术条件、游戏领域其他经营者对其交易依赖度和进入市场的难易程度等,按照定性和定量相结合的方法,最终认定本案现有证据不足以证明网易公司的市场地位已经达到具备控制交易条件或者能够阻碍、影响其他经营者进入相关市场能力的程度。换言之,本案不足以认定网易公司在相关市场中具有市场支配地位。

由于2007年《反垄断法》第19条(2022年修正后为第24条)列举了根据市场份额推定市场支配地位的具体规则,二审判决对网易公司的市场份额也进行了评估和分析。在确定网易公司在中国游戏市场的市场份额是否达到1/2时,法院以网易公司年度营收规模未达到该年度中国游戏市场实际销售收入的1/2,认定网易公司不具有市场支配地位。此外,二审判决还指出,网络游戏领域相关商品市场竞争充分,持续处于优胜劣汰和不断自我更新中,其他经营者进入该市场难度不大,因此不足以认定网易公司在相关市场中具有市场支配地位。

3. 网络游戏领域限制第三方平台转播和软件捆绑下载安装的违法性认定

根据《反垄断法》相关规定,分析经营者是否滥用市场支配地位,除认定经营者在相关市场具有市场支配地位外,还需分析经营者是否从事了滥用市场支配地位的行为以及滥用行为是否产生了排除、限制竞争的结果。

本案中,对于限制第三方平台转播问题,一审判决指出,网易公司作为《梦幻西游2》相应的著作权人,有权禁止他人未经授权在华多公司平台转播《梦幻西游2》网络游戏,故对华多公司主张该项行为构成“在交易时附加其他不合理的交易条件”,一审法院不予支持。而在捆绑销售问题上,一审法院则认为:第一,本案相关证据显示用户下载安装捆绑网易CC

软件的《梦幻西游2》网络游戏过程中并不需要支付费用，用户可以自行选择是否使用网易CC软件、支付费用，不符合“搭售”的条件。第二，《梦幻西游2》与网易CC软件捆绑安装可以满足部分用户观看直播的需求，网易CC软件也不会影响《梦幻西游2》的正常运行。

总结而言，在对涉案行为的法律认定上，一审法院只论证了网易公司行为的正当性和合理性，如将限制第三方平台转播认定为著作权人行使其知识产权的正当行为，以及论证《梦幻西游2》与网易CC软件捆绑安装存在商业合理性和正当理由，却未对该行为是否涉嫌滥用市场支配地位附加不合理交易条件和搭售作出认定。二审法院弥补了一审在违法性认定上的不足，并对涉案行为是否造成排除、限制竞争后果进行了论证说理。

二审法院指出，首先，搭售和交易时附加不合理条件行为违反《反垄断法》的前提是经营者具有市场支配地位，而网易公司在相关市场范围内并不具有市场支配地位。其次，网易公司将《梦幻西游2》与网易CC软件打包安装，虽未提供与软件安装方式同等或者更便利的卸载方式，但并未违背交易管理、消费习惯等，或者无视商品功能，将不同商品强制捆绑销售，从而使其在搭售品市场的支配地位延伸到被搭售品市场。最后，涉案行为并未产生排除、限制其他竞争者在搭售品或者被搭售品市场上竞争的效果，不足以对网络游戏服务市场和游戏直播市场的竞争秩序造成影响。综上，二审判决认定网易公司的行为不构成滥用市场支配地位，不足以成为反垄断法的规制对象。

Ⅱ 本案意义

1. 现实意义与司法实务价值

本案是全国首例网络游戏领域垄断纠纷案，也是全国首例涉及著作权正当行使与反垄断法规制边界的司法案件。广东省高级人民法院的二审判决对网络游戏领域的相关市场范围、竞争状况以及竞争行为的违法性认定均进行了细致分析，裁判过程和判决结果对于规范网络游戏市场、治理网络游戏市场乱象和引导游戏直播行业有序竞争都具有重要意义。

从案件判决对后续类案审判的影响力上看，本案的价值在于首次厘清了知识产权的法定垄断与反垄断法规制的市场垄断之间的关系以及知识产权法和反垄断法的适用边界问题。二审判决指出，法律赋予权利人行使知识产权相关权利是有范围和界限的，滥用知识产权会打破合理的利益平衡，滥用知识产权排除限制竞争的，同样受到反垄断法的规制。因此尽管网易公司系《梦幻西游2》游戏画面的著作权人，依法享有知识产权，也依旧需要根据案件事实情况对其行使著作权的行为进行反垄断分析。

2. 规范性指导意义与理论参考价值

就判决本身的论证思路和规范学理而言，本案在网络游戏领域的相关市场界定和市场支配地位认定的分析上均不乏亮点。

第一，本案虽涉及滥用知识产权排除、限制竞争问题，但二审判决明确了对相关市场的界定是对竞争行为进行分析的起点，是反垄断分析的重要步骤。在相关市场界定的具体分析思路上，二审法院遵循了以往垄断案件的一般分析思路，即主要采用需求替代分析，辅之以供给替代分析和假定垄断者测试，从相关商品市场和相关地域市场两个维度圈定涉案网络游戏的相关市场范围。其中有关网络游戏经营者的创新竞争核心、《梦幻西游2》的锁定效应等方面的分析既对本案诉讼走向产生重要的个案价值,又在一定程度上更新和超越了以往学说与实务的见解,具有重要的指导意义。

第二,网络游戏领域涉及著作权专有权的垄断属性、网络锁定效应导致的用户粘性以及玩家成瘾性需求带来的高市场份额等影响因素,在市场支配地位认定上存在诸多不确定性和较大认定难度。二审法院在本案市场支配地位的认定上既遵循了反垄断法的规范学理,又结合了涉案网络游戏领域的具体竞争状况,论证逻辑严密,说理分析全面,对网络游戏领域垄断案件的审理和分析起到了示范和参考作用。

Ⅲ 本案遗留的问题

尽管相关市场界定是反垄断分析的起点和重要步骤,但本案判决将大幅纸墨着力于网络游戏相关市场范围的界定和游戏厂商市场支配地位的认定思路上,对于限制第三方平台转播的核心争议,即著作权领域的强制开放授权、必需设施原则等却未有触及。

拒绝许可或强制开放授权是版权法保护与竞争法交叉领域最为重要,也是争议最大的问题。原国家工商行政管理总局《关于禁止滥用知识产权排除、限制竞争行为的规定》(已失效)第7条指出,具有市场支配地位的经营者没有正当理由,不得在其知识产权构成生产经营活动必需设施的情况下,拒绝许可其他经营者以合理条件使用该知识产权,排除、限制竞争。在此基础上,国务院反垄断委员会《关于知识产权领域的反垄断指南》第16条细化了拒绝许可知识产权的具体分析因素。作为反垄断实践中强制开放授权的重要理论,“必需设施原则”在欧盟的判例,尤其是版权领域的垄断案件中已经有所应用(如Magill案)。当然本案相关当事人并未对游戏领域的强制开放授权有所提及,判决中也无此方面相关论述,二审法院是否在此方面有所考虑亦难从判决书中推知。但作为网络游戏领域垄断纠纷第一案,二审法院对涉案行为的违法性认定及其延伸的理论争议、分析原则未能展开分析,确实不无遗憾。

无论如何,本案重申了规制滥用知识产权排除限制竞争行为的两点分析原则:第一,采用与其他财产性权利相同的规制标准,遵循《反垄断法》相关规定;第二,不因经营者拥有著作权而推定其在相关市场具有市场支配地位。从著作权行使行为的反垄断法规制思路上看,该案对于游戏直播行业的市场竞争和网络游戏领域的著作权开放与垄断之争依旧具有重大价值。

□ 参考文献

王先林:《竞争法学》,中国人民大学出版社2018年版。

张伟君、张韬略主编:《知识产权与竞争法研究》,知识产权出版社2014年版。

[英]史蒂文·D.安德曼编:《知识产权与竞争战略》,梁思思、何侃译,电子工业出版社2012年版。

熊琦:《中国著作权立法中的制度创新》,载《中国社会科学》2018年第7期。

王先林:《反垄断法与创新发展——兼论反垄断与保护知识产权的协调发展》,载《法学》2016年第12期。

090 平台封禁行为的垄断违法性判定

深圳微源码软件开发有限公司诉腾讯科技(深圳)有限公司、深圳市腾讯计算机系统有限公司垄断纠纷案 | 深圳市中级人民法院(2017)粤03民初250号民事判决书

方小敏 南京大学法学院

■ 事实概要

深圳微源码软件开发有限公司(以下简称微源码公司)自2015年10月6日起在微信公众平台上注册运营了多个微信公众号,其中“一键转发平台”等26个微信公众号于2016年9月被腾讯科技(深圳)有限公司(以下简称腾讯科技公司)、深圳市腾讯计算机系统有限公司(以下简称腾讯计算机公司)以违反《微信公众平台服务协议》(以下简称《服务协议》)和《微信公众平台运营规范》(以下简称《运营规范》)为由封号禁止使用。为此微源码公司以腾讯科技公司、腾讯计算机公司两被告(以下合称腾讯公司)滥用其在中国即时通讯软件及服务市场的支配地位为由向深圳市中级人民法院提起反垄断民事诉讼。腾讯公司辩称,微源码公司对本案相关市场界定错误,未能证明腾讯公司在相关市场上具有市场支配地位以及实施了滥用市场支配地位行为,且腾讯公司依据《服务协议》和《运营规范》对后者违规公众号实施封禁,具有正当理由。

深圳市中级人民法院于2017年1月22日立案后查明:原告微源码公司作为用户申请微信公众号时,与作为微信公众平台运营方的腾讯公司订立有使用微信公众平台服务的协议,包括《服务协议》和《运营规范》。微源码公司运营的其他公众号可以正常使用。被封禁的26个公众号发布了大量推荐、介绍使用“一键转发平台”等微信系统外挂软件的信息,属于《服务协议》和《运营规范》明确禁止的行为。另查明,原告微源码公司并非使用微信聊天功能的普通个人用户,而是在微信公众平台注册运营微信公众号的企业用户,被封禁公众号主要用于对原告软件及其服务的推广宣传。除微信公众号外,原告还通过如自办网站、微博、视频平台、搜索引擎服务平台等其他互联网平台对相关软件和服务进行宣传和推广。

■ 裁判要旨

2018年8月23日,深圳市中级人民法院一审判决驳回原告微源码公司全部诉讼请求。一审判决后,原告未上诉。

第一,相关商品市场界定应当结合涉案争议行为指向的具体商品或服务进行需求替代

分析。本案相关商品市场应为互联网平台在线推广宣传服务市场。第二,反垄断诉讼中,原告对被诉垄断行为人在相关市场中具有支配地位并实施滥用支配地位行为承担证明责任。微源码公司未能准确界定本案相关市场,未能证明腾讯公司在中国在线推广宣传服务市场具有支配地位并滥用该支配地位,应该承担举证不能的不利后果。第三,涉案微信公众号推送内容违反原被告签订的《服务协议》和《运营规范》,腾讯公司实施封号,不仅具有合同依据,还是其作为微信平台运营方维护平台运行秩序的职责所在,具有充分的正当理由。

■ 评　析

Ⅰ 本判决的思路和意义

微源码公司针对腾讯公司封禁账号行为提起反垄断诉讼,提出停止垄断民事侵权行为等九项诉讼请求。本判决相应地以解决垄断纠纷为要义,认定事实、分析争点、作出判决,都是围绕"腾讯公司封禁原告账号是否构成滥用市场支配地位行为"这一核心问题,主要从界定相关市场、评估行为企业腾讯公司的市场力量、分析判定企业是否利用其市场力量不合理实施了损害竞争的行为三方面展开分析判断。在前期奇虎 360 诉腾讯 QQ 案[最高人民法院(2013)民三庭终字第 4 号民事判决书]初步形成的互联网产业垄断纠纷司法裁判范式基础上,本判决对平台反垄断案件中相关市场界定、原告举证责任承担、行为正当性抗辩等问题发展出更为具体明确的论证思路,形成了对平台封禁行为的垄断违法性进行分析和判定得较为清晰的司法裁判框架,影响后续同类司法案件的分析方法和审判路径[如徐书青诉腾讯滥用市场支配地位案,最高人民法院(2017)最高法民申 4955 号民事裁定书]。

Ⅱ 平台封禁行为垄断违法性判定的规范及学理

平台商业模式使经济组织形态、市场结构、竞争方式发生重大改变,也给适用传统反垄断法规范数字市场竞争带来挑战。其中,平台封禁行为因其表现形式多样、竞争影响复杂,成为各国数字市场治理和反垄断法研究中广受关注的问题,近年来针对封禁行为的反垄断诉讼也时有发生,如"360 诉 QQ 不兼容案""徐书青诉腾讯案""抖音诉腾讯案""FTC 诉 Facebook 拒绝开放数据接口案""HiQ 诉 LinkedIn 禁止数据抓取案"等。平台封禁,是对竞争现象的描述性用语,不是定型化的垄断行为,不能指称具有特定法律意义的行为及其效果。平台封禁行为是否具有垄断违法性,需要依据反垄断法,适用合理原则进行个案分析[王晓晔:《数字经济反垄断监管的几点思考》,载《法律科学(西北政法大学学报)》2021 年第 4 期]。世界范围内虽然已有欧盟等尝试通过立法对数字市场进行超越反垄断法之外的专门监管,但并没有动摇反垄断法对平台封禁等数字市场行为的适用和调整[2020 年 12 月《欧盟数字市场法(草案)》第 1 条第 6 项]。

国内学者将平台封禁行为概括为"二选一"、不予直链、自我优待、关闭应用程序编程接口(API)四种表现形式(张江莉、张镭:《互联网"平台封禁"的反垄断法规制》,载《竞争政策研究》2020 年第 5 期)。上述四类表现形式并不能直接对应《反垄断法》规定的典型滥用行为。其中,反垄断执法机关在"阿里案""美团案""食派士案"等行政执法案件中明确了"二选一"行为属于《反垄断法》禁止的限定交易行为。但对于其他三类行为的反垄断法定性,学术讨论具有争议,有些学者主张构成《反垄断法》禁止的拒绝交易行为,也有其他学者认为应当属于差别待遇行为(侯利阳、贺斯迈:《平台封禁行为的法律定性与解决路径》,载《财经法学》2022年第3期)。尽管如此,当前中外反垄断执法机构在分析其余三类表现形式时主要判断其是否构成《反垄断法》禁止的拒绝交易行为。为此,我国判定平台封禁行为垄断违法性主要以2007年《反垄断法》第17条(2022年修正后为第22条),2019年国家市场监督管理总局颁布的《禁止滥用市场支配地位行为暂行规定》(已失效)和2021年国务院反垄断委员会发布的《关于平台经济领域的反垄断指南》(以下简称《平台反垄断指南》)为规范依据,遵循市场支配地位滥用控制法理论和分析框架,特别是拒绝交易构成市场支配地位滥用行为的原理和标准。

法律一般不干预企业合法获得的支配地位,只禁止滥用支配地位的特定行为如拒绝交易、限定交易、差别待遇等,不具有市场控制力的企业作出这些行为则属于营业自由范围,不受法律规制。滥用控制制度要求具有市场控制力的企业承担特定的交易行为义务,构成了对私法上行为自由的限制,其正当性在于,当市场不再能保障经济力量的竞争中立性时,法律要承担起保障竞争的任务。所以,滥用控制法的核心是确定严格的垄断行为认定标准和干预条件(Immenga/Mestmäcker/Fuchs, 6. Aufl. 2020,GWB § 18)。企业包括平台企业是否作出了法律禁止的市场支配地位滥用行为,需要依法定标准进行逐案评估。

判定平台封禁行为是否构成违法拒绝交易的底层逻辑是"无交易义务"原则以及"反垄断交易义务"例外[Erik Hovenkamp, *The Antitrust Duty to Deal in the Age of Big Tech*, 131 Yale Law Journal 1483 (2022)]。交易义务在网络领域又称互联互通义务,平台经济领域的互联互通集中指向数据互操作性。不同平台、产品和服务之间的互联互通,尤其要求平台经营者开放应用程序编程接口(API),让第三方平台或应用程序能够接入自己的平台和系统,甚至共享数据,对削弱平台经济的网络效应,突破市场进入的"临界规模",促进数字市场竞争、创新和增长意义重大(焦海涛:《平台互联互通义务及其实现》,载《探索与争鸣》2022年第3期)。然而从技术上讲,互联互通可以分为不同的层级标准;从法律上讲,也不存在标准统一、普遍适用的互联互通义务。原则上,互联互通属于平台企业经营自主权范围,通过当事人之间的协议或者行业标准来实现。即使是具有市场支配地位的平台企业,也没有和竞争对手互联互通的一般性义务,否则会损害大型平台企业和竞争对手的创新投资动力(2021年6月美国哥伦比亚特区地方法院FTC诉Facebook案裁定)。互联互通义务只能是遵守严格条件下的极少数例外[Phillip Areeda, *Essential Facilities: An Epithet in Need of Limiting Principles*, 58 ANTITRUST L. J. 841(1990)],通常发生在被告曾自愿与对方交易但之后即使有利可图也拒绝继续交易,且该拒绝行为除了引起竞争障碍没有任何合理解释的情形下;或者是拒绝对方以合理对价使用构成基础设施的平台、数据或网络,威胁上下游市场有效竞争的情形(参考《德国反限制竞争法》第19条,中国国务院反垄断委员会《关于平台经济领域的反垄断指南》第14条)。概言之,具有支配地位的平台企业无正当理由拒绝互联互通义务,且产生了排除、限制竞争的效果或者以排除限制竞争为目的，构成违反反垄断法的拒绝行为。

Ⅲ 本案焦点

争点一，被告是否具有市场支配地位？本案首先聚焦于相关商品市场的界定。平台经济突出的多边市场性和交叉网络外部性对相关市场界定提出了重大挑战，尤其本案所涉微信是提供即时通信、微信公众平台、微信支付等跨平台服务的综合性互联网平台，不同子平台服务错综复杂，市场边界模糊。判决沿用传统的“需求替代性分析”方法，开创性地提出应当锚定涉案争议行为指向的具体商品和服务，针对该商品和服务进行紧密需求替代分析的明确思路，提高了平台经济领域相关市场界定的针对性和精确性。

本判决围绕涉案争议行为的竞争损害，认定26个微信公众号封禁行为直接指向微信公众号服务而不是原告主张的微信即时通信服务或其他，又对微信公众号服务满足的主要需求进行紧密替代性分析，界定互联网平台在线推广宣传服务市场为相关商品市场。判决认为，原告在未能准确界定相关市场的情况下，分析腾讯公司是否具有市场支配地位缺乏客观准确的前提，应当承担未能证明腾讯公司支配地位的不利后果。值得注意的是，如果争议行为发生的市场与行为效果产生的市场不同，则既要界定行为效果产生的市场，以便分析行为的竞争损害，也要界定行为本身发生的市场，从而考察行为人的市场力量来源。本案封禁行为的效果指向微信公众号服务，但行为的本质是关闭公众号和微信平台的共享接口来达到封禁公众号服务的效果。判决书提到原、被告双方的争议行为是在使用微信平台时发生的，但没有对争议行为发生的相关市场进行分析，也没有说明争议行为发生和行为效果产生是否在同一相关市场上。

争点二，腾讯公司封禁行为是否构成滥用支配地位行为？判决判定不存在原告诉称的“拒绝交易”和“差别待遇”等滥用市场支配地位行为。以拒绝交易行为为例，判决从腾讯公司不具有市场支配地位、依据当事人双方协议实施拒绝交易行为具有正当理由、被告封禁行为没有排除和限制竞争的动机或效果三方面进行分析，判定案涉封禁行为不构成拒绝交易。如此重复了争点一和争点三的分析内容，却没有聚焦于违法拒绝行为的行为要件分析，包括行为本身的构成要件，核心是腾讯公司是否负有“交易义务”或称“互联互通义务”，以及行为的竞争损害效果要件。

争点三，被告封禁行为是否具有正当理由？即使拒绝互联互通义务产生了竞争损害效果，构成违反反垄断法的拒绝行为，行为人仍可以以行为具有正当理由为由进行抗辩，寻求免于承担法律责任。本案被告腾讯公司提供证据证明，原告微源码公司涉案公众号推荐、介绍使用外挂软件的行为，违反了原、被告之间订立的《服务协议》及《运营规范》。法院采信被告证据，判定腾讯公司封禁行为既有合同依据，又是维护微信公共秩序的职责所在。在本案之后不久作出的“徐书青诉腾讯滥用市场支配地位案”判决中，最高人民法院明确指出，平台经营者有权设定合理的平台管理和惩戒规则，以实现良好的平台管理。至于什么是“合理的”平台规则，尚待进一步澄清。本案原告未对所涉平台规则本身的合理性和合法性质疑，由此错过了在本案审判中对相关问题进一步分析和澄清的机会。

Ⅳ 本判决的参考意义及将来的课题

虽然原告放弃上诉,本案止于一审判决,但是本判决在同类司法案件审判中起到了承上启下的作用,形成了较为具体清晰的对平台封禁行为进行反垄断分析和司法裁判的逻辑框架。尤其是开创性地提出了围绕涉案争议行为指向的具体商品和服务界定相关市场的思路,明确了平台运营方依据当事人约定适用的平台规则实施封禁行为的正当性;在案件审理中贯彻反垄断民事诉讼"谁主张,谁举证"的原则,充分运用举证责任原理有效定分止争,彰显了反垄断司法诉讼不同于行政执法的技术特点,对数字经济领域的反垄断司法具有重要参考价值。

本判决也将激发起对平台封禁行为垄断违法性研究相关课题的进一步关注和讨论,包括在平台经济突出的跨市场竞争生态环境下,如何界定相关市场以全面客观地评价行为人的市场力量来源和市场力量影响;平台满足哪些前提条件时负有互联互通义务;当事人约定适用的平台规则本身的合理性、合法性问题,也需要结合《反垄断法》第 22 条第 2 款规定加强研究。

□ 参考文献

王晓晔:《数字经济反垄断监管的几点思考》,载《法律科学(西北政法大学学报)》2021 年第 4 期。

张江莉、张镭:《互联网"平台封禁"的反垄断法规制》,载《竞争政策研究》2020 年第 5 期。

侯利阳、贺斯迈:《平台封禁行为的法律定性与解决路径》,载《财经法学》2022 年第 3 期。

焦海涛:《平台互联互通义务及其实现》,载《探索与争鸣》2022 年第 3 期。

Immenga/Mestmäcker/Fuchs, 6. Aufl. 2020, GWB §18.

Phillip Areeda, Essential Facilities: An Epithet in Need of Limiting Principles, 58 ANTITRUST L. J. 841 (1990).

Erik Hovenkamp, The Antitrust Duty to Deal in the Age of Big Tech, 131 Yale Law Journal 1483(2022).

091 平台拒绝交易行为的反垄断法分析规则

徐书青与深圳市腾讯计算机系统有限公司等滥用市场支配地位纠纷案 | 最高人民法院(2017)最高法民申4955号民事裁定书

袁　波 上海财经大学法学院

■ 事实概要

2015年12月10日,徐书青按照深圳市腾讯计算机系统有限公司和腾讯科技(深圳)有限公司(以下合称为腾讯公司)的微信表情包投稿的相关要求上传了24个表情,但由于其上传的24个表情所涉内容违反了腾讯公司关于微信表情的投稿要求,即微信表情不得包含与表情内容不相关的其他信息及任何形式的推广信息,腾讯公司对此未予通过审核并将结果告知了对方。徐书青认为腾讯公司拒绝其投稿的要求构成拒绝交易和限定交易,是滥用市场支配地位的行为,遂向深圳市中级人民法院提起诉讼,诉讼请求主要包括以下三项:(1)确认腾讯公司不向徐书青开放表情商店的行为是滥用市场支配地位的行为,判令腾讯公司允许徐书青进驻表情商店;(2)确认腾讯公司以限制作品传播目的为由不予通过表情包审核的行为是滥用市场支配地位的行为,判令腾讯公司审核通过徐书青投稿表情包;(3)本案诉讼费由腾讯公司承担。

■ 裁判要旨

深圳市中级人民法院于2016年9月作出一审民事判决,驳回了徐书青的诉讼请求。徐书青不服,向广东省高级人民法院上诉。2017年6月,广东省高级人民法院作出二审民事判决,驳回上诉,维持原审。徐书青不服,申请再审。2018年9月,最高人民法院作出民事裁定,驳回徐书青的再审申请。

概括而言,本案的争议焦点主要有二:一是关于本案相关市场的界定是否正确;二是关于腾讯公司未构成滥用市场支配地位的认定是否正确。

对此,最高人民法院作出的再审裁定认为:

二审判决关于本案相关市场的界定正确。结合需求替代和供给替代两个角度可知,本案相关服务市场范围显然不限于微信表情推广服务市场,而是涵盖了更大范围的互联网表情推广服务市场。

二审判决关于腾讯公司未构成滥用市场支配地位的认定正确。首先,本案相关服务市场是互联网表情推广服务市场。腾讯公司所经营的微信表情开放平台仅是互联网表情推广服务市场的一部分。虽然腾讯公司掌握微信表情开放平台的相关信息,但其并不当然掌握微信表情以外的其他互联网表情推广服务的信息。在本案相关证据无法确定腾讯公司的市场份额达到1/2的情况下,不能推定其具有市场支配地位。其次,基于以下几个方面的理由,腾讯公司未构成滥用市场支配地位:其一,徐书青投稿的"问问"表情包所体现的形象系用于推广其法律服务的标识,且部分表情包含广告语,不符合其与腾讯公司达成的交易要求。其二,被拒绝交易的对象仅是徐书青的涉及商业推广目的的"问问"表情包这一特定微信表情投稿,完全不会对微信表情投稿人推广其作品的竞争造成实质性不利影响。其三,徐书青投稿的"问问"表情包所体现的形象早已被用于推广其法律服务,且部分"问问"表情包包含广告语,不符合腾讯公司约定的投稿要求,腾讯公司不予审核通过,具有正当理由。

■ 评　析

Ⅰ 本案焦点

综合本案的一审、二审判决和再审裁定,可将其争点归纳为如下几个方面:一是本案的相关市场应当如何界定;二是腾讯公司在相关市场内是否具有支配地位;三是被诉垄断行为是否构成反垄断法意义上的拒绝交易。

1. 本案的相关市场应当如何界定

本案中,徐书青主张"相关市场"界定为"微信表情开放平台"、本案"相关市场的商品范围"界定为24个表情包、本案"相关市场的地域范围"界定为与徐书青相关的中国市场。对此,腾讯公司辩称应从徐书青推广"问律师"互联网线上及线下法律咨询服务的需求出发,徐书青关于本案相关商品市场的界定前后矛盾,无法成立。

一审法院指出,腾讯公司的经营范围为互联网信息服务、计算机技术服务及信息服务。故本案相关市场的商品范围应界定为互联网平台信息服务,包括社交平台、搜索引擎平台、手机应用软件商店平台等互联网平台信息服务;同时考虑到互联网的无国界性,本案相关市场的地域范围应界定为全球市场,且徐书青起诉状也以"世界"一词来界定本案相关市场的地域范围。

二审、再审法院推翻了一审法院关于本案相关市场界定的裁判观点,认为根据互联网表情包服务的特性、用途及价格等因素,本案具有较为紧密替代关系的一组或一类商品就是互联网表情包服务,涉案相关商品市场应界定为互联网表情包服务。本案相关地域市场应界定为中国市场。

相关市场的界定是处理互联网行业反垄断案件的起点。互联网平台具有高度的集成性,不同互联网企业都在巩固既有核心免费业务竞争力的基础上,不断拓展互联网业务品种,并与既有的核心免费业务品种相聚合,形成互联网业务群或者平台。就相关市场的界定而言,如何定义互联网行业的"产品"?互联网产品的聚合,究竟属于一个新的"独立产品"还是"平台"?如果属于"平台",那么,"平台"产品的相关市场范围如何界定?

对此，在界定相关市场时，须把握受被诉垄断行为直接影响的服务及其特点，在此基础上展开需求替代和供给替代分析。具体到本案，除了即时通信这一核心免费业务外，微信还提供电商、游戏、理财、推广等多种收费业务品种，形成了微信平台。徐书青对微信平台的需求是通过该平台推广其“问问”表情包，也就是说，微信向其提供的是表情包推广服务而非即时通信服务，由此应当以此需求作为出发点进行需求替代分析。回顾该案判决，一审法院虽然指出徐书青投稿涉案微信表情包具有推广目的，但未围绕该需求进行替代分析，而仅以腾讯公司的经营范围为出发点界定相关市场，造成相关市场界定过宽。与之类似，徐书青主张涉案微信表情专为微信开放平台设计，无法应用于其他平台，因此本案相关市场应为微信表情开放平台，但问题的关键并不在于具体商品或者服务是否专门为某种市场设计或者只能用于特定市场，而在于该种商品或者服务的提供者是否能够轻易地转向提供其他相关的商品或者服务。最终，二审法院和再审法院纠正了一审法院对该问题的裁判观点。

2. 腾讯公司在相关市场内是否具有支配地位

针对该问题，徐书青和腾讯公司各执一词，一审法院和二审、再审法院虽然在此问题上的结论一致，认为腾讯公司在相关市场内不具有支配地位，但其裁判依据和说理不尽相同，具体分析如下：

一审法院在认定市场支配地位时，援引了2007年《反垄断法》第17条（2022年修正后为第22条）关于市场支配地位的定义以及第19条（2022年修正后为第24条）关于推定市场支配地位的规定，未参酌《反垄断法》第18条（2022年修正后为第23条）所列举的因素对此进行具体分析。一审法院指出，应从需求替代性来判定本案市场支配地位，而无须再根据市场占有份额来判定本案市场支配地位。目前能满足徐书青该需求的具有较强替代关系的商品推广渠道，已经包括手机应用商品平台、应用宝App、搜索引擎服务平台、互联网社交平台以及徐书青自办网站等。据此，徐书青需求替代性选择范围已超出微信社交软件互联网领域。综上，徐书青需求在相关市场上具有可替代性，腾讯公司不具有反垄断法意义上的市场支配地位。

与一审法院的裁判思路不同，二审、终审法院认为市场支配地位是多因素综合评估的结果，不应只考虑诸如市场份额等单一因素。徐书青应当承担举证责任，需结合《反垄断法》第18条（2022年修正后为第23条）所列举的考量因素，证明被告在本案相关市场中的市场份额和竞争状况，控制市场的能力、财力和技术条件，其他经营者对其在交易上的依赖程度和进入相关市场的难易程度等情况。本案中，徐书青没有完成上述举证责任和证明责任，故应承担举证不能的法律后果，由此可认定腾讯公司不具有市场支配地位。

3. 被诉垄断行为是否构成反垄断法意义上的拒绝交易

徐书青诉称腾讯公司拒绝“问问”表情包入驻微信表情开放平台属于反垄断法意义上的拒绝交易。对此，腾讯公司辩称其基于企业自主经营权设定投稿表情审核标准，并在与投稿人的相关合同中予以明确约定，依约拒绝审核通过徐书青投稿的旨在推广“问律师”互联网线上及线下法律咨询服务的“问问”表情包，不属于拒绝交易。虽然一审法院、二审法院、再审法院对此问题的裁判观点一致，即认为被诉垄断行为不构成反垄断法意义上的拒绝交易，但裁判理由有所不同。

一审、二审法院主要从两个方面来认定被诉垄断行为是否构成反垄断法意义上的拒绝交易。一方面，两者认为要判断某市场经营者是否滥用市场支配地位，关键是要判断其行为是否排除或者限制了竞争，但就被诉垄断行为而言，不管是腾讯公司对“问问”表情包进行审稿的行为本身，还是其经审核后拒绝“问问”表情包进驻的行为，均没有排除或者限制竞争的目的，亦未造成排除或者限制竞争的后果。另一方面，腾讯公司制定微信表情投稿与审稿标准系行使其企业自主权，该准入条件在徐书青投稿之前，已经向公众公开并已实施多时，腾讯公司依据该准入标准审核徐书青的投稿不符合其标准，属行使其企业经营自主权行为，具有正当理由。

再审法院进一步厘清了拒绝交易行为的反垄断法分析框架，并依此展开分析，即指出除首先需要分析被诉垄断行为人是否在相关市场上具有支配地位外，还可以综合分析如下因素：一是垄断行为人是否在适当的市场交易条件下能够进行交易却仍然拒绝交易；二是拒绝交易是否实质性地限制或者排除了相关市场的竞争并损害了消费者利益；三是拒绝交易缺乏合理理由。据此可见，除了一审、二审法院所考量的因素外，再审法院还考量了垄断行为人是否具有交易的可能以及被诉垄断行为是否损害了消费者利益，更加注重从垄断行为的实际损益来判断其违法性。

Ⅱ 本案意义

本案是继最高人民法院指导案例 78 号即“奇虎诉腾讯滥用市场支配地位案”[最高人民法院(2013)民三终字第 4 号民事判决书]后又一典型案例。该案在互联网行业相关市场的界定、市场支配地位的判定上，可以说是指导案例 78 号的延续，体现了我国最高司法机关的一贯态度。该案历经一审、二审和再审，不同审级的法院对相关问题的看法不一致，最高人民法院在再审裁定中对此作了回应，厘清了滥用市场支配地位拒绝交易行为的裁判思路，这对反垄断法在互联网领域的解释和适用具有很大的指导意义。

1. 厘清互联网领域相关市场的界定思路

在互联网领域的司法裁判中，关于相关市场是否应确定为互联网应用平台，最高人民法院在指导案例 78 号中早有论述，指出虽然互联网竞争一定程度地呈现平台竞争的特征，但这并不意味着网络平台间为争夺用户注意力和广告主的相互竞争完全跨越了由产品或者服务特点所决定的界限，并给经营者施加了足够强大的竞争约束，尤其是对于免费端的广大用户而言，其很难将不同平台提供的功能和用途完全不同的产品或者服务视为可以有效地相互替代，因此不应将相关市场确定为互联网应用平台。回到本案，一审法院曾将相关商品市场范围界定为互联网平台信息服务，但被二审法院和再审法院推翻，这表明最高人民法院一直维持了相同的立场，即不应将相关市场确定为互联网应用平台。

除此之外，考虑到互联网平台普遍具有集成性的特点，最高人民法院在再审裁定中廓清了界定相关市场的分析思路，即首先要明确具体案件中的被诉垄断行为，其次要分析受被诉垄断行为直接影响的服务及其特点，最后在锚定原告需求的基础上进行需求替代和供给替代分析。

2. 阐明拒绝交易行为的规制原则和分析框架

首先，市场主体享有经营自主权，拒绝交易是市场主体行使经营自主权的重要表现。实践中，并非所有拒绝交易行为都纳入反垄断法的调整范围，只有可能对市场竞争造成危害的拒绝交易行为才为反垄断法所禁止。本案中，两造曾对本案案由是滥用市场支配地位纠纷还是合同纠纷产生争议，腾讯公司认为本案系合同纠纷。对此，一审法院认为，根据徐书青请求权的基础，徐书青诉称腾讯公司被诉行为系滥用市场支配地位纠纷，故本案案由应为滥用市场支配地位纠纷。此后，二审、再审法院未对此予以回应，但最高人民法院于再审裁定中指出："对于此类明显不会对相关市场竞争造成实质影响的合同纠纷，应该优选在合同法框架下解决，而不是直接诉诸反垄断法。"由此观之，最高人民法院认为因经营者拒绝交易而引起的纠纷一般由合同法调整，只有此类纠纷对相关市场竞争造成实质影响时，才应诉诸反垄断法。

其次，最高人民法院提出了拒绝交易行为的反垄断法分析框架，即对该行为的违法性分析，需历经市场支配地位认定、拒绝行为证立、竞争损害证成和正当理由分析四个步骤。这是最高人民法院首次就此类行为的分析框架进行阐述，在一定程度上对当前引发热议的互联网平台封禁行为的反垄断问题作了回应。尽管表现形式多样，但从本质上来说，所谓封禁，就是指互联网平台利用技术手段禁止其他经营者的链接或内容在本平台分享或展示的行为。长期以来，国内外理论界和实务界对反垄断法是否应当规制拒绝交易行为存在较大的分歧，上述分歧在平台经济领域被放大。本裁定的作出，不仅表明最高司法机关认可平台经济领域的拒绝交易行为应当受到反垄断法规制，而且明确了具体裁判思路。

Ⅲ 本案遗留的问题

本案中，徐书青诉称，腾讯公司在即时性社交平台领域具有垄断性的地位，其制定的审核标准是基于该垄断地位而执行的格式标准，限制了徐书青的合法权益，这与处于市场经济中面临严酷竞争性的一般报社的审核标准完全不同，不应认定为其经营自主权。换言之，徐书青对腾讯公司制定的平台规则尤其是对表情包的审核标准的正当性提出了质疑，针对这一问题，一审、二审和再审法院均认可腾讯公司有权设定合理的平台管理和惩戒规则，但未述及上述权利行使的正当基础和合法边界，而这一问题直接关系到被诉垄断行为的违法性。如果腾讯公司对微信表情包的审查标准本身不合理，则其据此拒绝徐书青表情包进驻其表情包商城的行为也就不具有正当理由，由此该行为的合法性将存疑。进一步而言，即便腾讯公司的行为目的是保证微信投稿表情纯粹用于增加用户在微信聊天中的乐趣，防止微信表情开放投稿平台被用于商业推广的微信表情所充斥，进而影响用户的聊天体验，但拒绝推广性的表情包进驻是否是其实现上述目的的唯一或者说最好的手段，似乎也需再做研判。

□ 参考文献

殷继国:《互联网平台封禁行为的反垄断法规制》,载《现代法学》2021 年第 4 期。

袁波:《走出互联网领域反垄断法分析的七个误区——以“微信封禁飞书”事件为中心》,载《竞争政策研究》2020 年第 1 期。

时建中:《互联网行业相关市场的界定》,载腾讯研究院 2014 年 8 月 19 日,https://www.tisi.org/1786。

092 平台企业滥用市场支配地位限定交易的反垄断分析

上海食派士在线餐饮外送平台滥用市场支配地位限定交易案 |
沪市监反垄处〔2020〕06201901001 号行政处罚决定书

张占江 浙江大学光华法学院

■ 事实概要

当事人上海食派士商贸发展有限公司是一家通过公司网页、手机 App“食派士”(Sherpa’s)等互联网媒介连接用户与线下餐饮企业,提供在线餐饮外送服务的平台企业,其服务对象是习惯于使用英文的目标用户,业务范围涵盖上海市、北京市、苏州市三地。根据举报,上海市市场监督管理局(执法机构)自 2019 年 6 月起对当事人涉嫌滥用市场支配地位垄断案开展反垄断调查。2019 年 8 月 8 日,执法机构依法决定对当事人立案调查。

■ 裁判要旨

2020 年 12 月 25 日,执法机构作出行政处罚决定,认定当事人于 2017 年 1 月至 2019 年 10 月期间,利用在上海市提供英文服务的在线餐饮外送平台服务市场的支配地位,实施了限定交易的行为,锁定了相关市场内大量合作餐厅商户资源,严重削弱了竞争对手的竞争能力,在相关市场产生了排除、限制竞争效果,且没有正当理由,违反了《反垄断法》相关规定,构成滥用市场支配地位限定交易的行为。作为处罚,当事人被处以其 2018 年销售额 3% 的罚款,合计人民币 116 万余元。

具有市场支配地位的在线餐饮外送服务平台无正当理由与所有合作餐厅商户签订含有“排他性送餐权条款”的合作协议,通过各种形式要求未执行“排他性送餐权条款”的合作餐厅商户从竞争对手平台下架,以及制定并实施“独家送餐权计划”,可能构成《反垄断法》第 22 条第 1 款第 4 项规定的滥用市场支配地位限定交易的行为。

■ 评　析

Ⅰ 本处罚决定的思路和意义

本案处罚决定书全文共由六个部分组成,其中第三部分“违法事实及相关证据”是处罚决定书的核心内容。执法机构在分析涉案限定交易行为是否构成反垄断法意义上的滥用市场地位时,遵循传统三步分析思路,首先界定当事人所处的相关市场,其次认定当事人在相关市场上是否具有市场支配地位,最后判断当事人是否滥用在相关市场上的市场支配地位,实施了排除、限制竞争的行为。

第一,相关市场的界定问题。界定相关市场的方法并不唯一,在具体的反垄断执法实践中可能采用多种不同方法。同时,平台经济具有特殊性,界定平台经济领域相关市场,除需要遵循一般原则外,还要考虑平台经济的特点进行具体分析。当平台存在的跨平台网络效应能够给平台经营者施加足够的竞争约束时,可以根据该平台整体界定相关商品市场。本案中,执法机构结合有关行业经营模式、竞争特点,从当事人提供服务的性质、功能、价格等方面进行需求替代分析,辅以供给替代分析,并围绕该市场的需求特性与收费模式开展假定垄断者测试,将本案相关地域市场界定为中国上海市,相关商品市场界定为提供英文服务的在线餐饮外送平台服务市场。

第二,市场支配地位的认定问题。在认定经营者具有市场支配地位时,应当结合以下因素进行综合性分析:该经营者在相关市场的市场份额,以及相关市场的竞争状况;该经营者控制销售市场或者原材料采购市场的能力;该经营者的财力和技术条件;其他经营者对该经营者在交易上的依赖程度;其他经营者进入相关市场的难易程度等。本案中,相关证据证明,当事人在相关市场具有较高市场份额,并且具有明显优于竞争对手的财力及技术条件,而其他经营者对当事人提供的在线餐饮外送平台服务依赖程度较高,并且其他经营者进入相关市场的难度较大。据此,执法机构认定 2017 年 1 月至 2019 年 10 月期间,当事人在中国上海市提供英文服务的在线餐饮外送平台服务市场具有支配地位。

第三,滥用市场支配地位的判定问题。反垄断法并不反对经营者具有市场支配地位,而是反对具有市场支配地位的经营者滥用其市场支配地位,排除、限制竞争,即导致竞争损害。市场经济的基本逻辑要求凡干预均须证成,竞争损害是证成反垄断法干预市场行为正当性的前提(兰磊:《论垄断行为分析模式的配置逻辑》,载《经贸法律评论》2021 年第 2 期)。在认定经营者具有市场支配地位,需要进一步判断是否需要承担反垄断法责任时,核心在于证明当事人实施了损害竞争的滥用行为。本案中,执法机构认为,2017 年 1 月至 2019 年 10 月期间,当事人在缺乏正当理由的情况下实施了限定交易的行为,包括与所有合作餐厅商户签订含有"排他性送餐权条款"的合作协议;通过微信沟通、制作周报等形式要求未执行"排他性送餐权条款"的合作餐厅商户从竞争对手平台下架;制订实施"独家送餐权计划"。这些限定交易行为实质性地排挤了竞争对手;损害了合作餐厅商户和用户的利益。

本处罚决定的意义在于上海市市场监督管理局在界定本案相关市场时除了运用常规替代性分析方法外,还根据市场的需求特性与收费模式,借助经济学工具开展"假定垄断者测试",运用"临界损失分析法"对市场交易数据进行分析,通过定性和定量两方面的充分论述,使得本案结论更加直观和可靠,正因如此,本处罚决定被誉为"教科书般的处罚决定书",对于后案分析具有较高的参考价值。在某种程度上,本案意味着我国反垄断法执法开始迈向科学化和专业化,对今后反垄断法的实施或将产生深远的影响。

Ⅱ 本案遗留的问题

1. 相关市场的界定起点问题

相关市场是反垄断法中一个基本的、核心的概念。竞争只能发生在特定场所，一般而言，审查经营者某种行为是否损害竞争，都需要界定经营者所在的相关市场。其目的在于考察经营者所受的竞争约束，认定经营者在相关市场上的市场势力，从而判断涉案行为是否会损害竞争。本案处罚决定书用超出一半的篇幅界定相关市场，反映了执法机构对这部分内容的重视。但问题在于，执法机构在界定相关市场之前并未说明以“提供英文服务的在线餐饮外送平台服务市场”作为“候选市场”的依据。候选市场是界定相关市场的起点，具体是指由反垄断审查关注的经营者提供的商品（或服务）组成的市场。确定候选市场，是因为执法机构认为在该商品（或服务）范围内，经营者的行为涉嫌损害竞争。为了处罚决定的逻辑严密和表述清晰，更为了保障最终相关市场界定的准确性，执法机构在界定相关市场之前，有必要阐明选择“提供英文服务的在线餐饮外送平台服务市场”作为候选市场的依据。即执法机构需要首先概括说明“当事人以什么样的行为，针对什么商品（或服务），造成了什么样的竞争损害”。在界定相关市场之前简要概括涉案垄断行为的竞争损害理论并不意味着必须在界定相关市场前就对该垄断行为进行分析，而只需要在头脑中简单地决定在系争事项的语境下将可能行使何种或哪些市场势力，通过这种思考可以确定哪些市场需要界定。其更重要的意义在于能够迫使执法机关思考，到底哪个交易关系中发生了竞争损害，从而初步确定垄断行为发生的市场，为界定相关市场选定一个正确的起点，而不至于漫无目的地界定相关市场（兰磊：《反〈反垄断法〉上的“不相关”市场界定》，载《中外法学》2017 年第 6 期）。

2. 替代性分析的重点问题

在界定相关市场时，替代性分析的目的并非找不同，而是考察“候选市场”可能存在哪些竞争约束。本案中，执法机构在进行替代性分析时，过度强调在线餐饮外送服务与堂食服务，在线餐饮外送平台服务与餐饮企业自营在线餐饮外送服务，以及提供英文服务和提供中文服务的在线餐饮外送平台服务之间的区别。问题在于，这些差异并不是替代性分析的重点，执法机构在运用替代性分析界定相关市场时，应该以提供英文服务的在线餐饮外送平台服务市场作为候选市场，考察对于合作餐厅商户而言，哪些服务以及多大地域范围内的这些服务与当事人提供英文服务的在线餐饮外送平台服务存在替代可能性。

3. 潜在竞争的考察问题

潜在竞争与供给替代具有相同之处，两者都具有限制经营者抬高价格的能力，但不同之处在于进入市场所需时间的长短。若经营者必须作出重大投资或必须经过相当时间（一般为 2 年以上）后方能进入正式生产，则只能构成潜在竞争，无法被视为供给替代（胡祖舜：《竞争法之经济分析》，台北，元照出版有限公司 2019 年版，第 41 页）。能否构成潜在竞争，主要取决于相关市场的进入壁垒，如果壁垒不高，潜在竞争者比较容易进入市场，则潜在竞争同样可以给现有竞争者带来竞争压力；如果进入壁垒很高，则潜在竞争者不容易进入，就不会给现有竞争者的行为造成约束（许光耀：《欧共体竞争法通论》，武汉大学出版社 2006 年版，第 52 页）。供给替代经营者对现存经营者所产生的竞争压力，比潜在竞争所造成的压力更直接、更有效、更迅速（许光耀：《欧共体竞争法通论》，武汉大学出版社 2006 年版，第 52 页）。对潜在竞争的考察应当在相关市场界定之后，在界定相关市场时则不必考虑。因此，执法机构在界定相关市场后，应当注重考察潜在竞争对当事人的影响，判断当事人是否有能力抬高服务价格，降低服务质量，即是否具有市场支配地位。问题在于，本案执法机构在分析潜在竞争压力时，认为当事人具有明显优于竞争对手的财力及技术条件，新进入者进入相关市场的难度极大，除了要投入资金和解决配送服务等技术难题之外，还必须同时吸引足够多的餐厅商户入驻与消费用户使用才能开展经营，并且竞争者的进入成本和竞争难度由于网络效应的存在而变得更高。但现实情况表明，美团、饿了么等占据着外卖平台服务市场上较大的市场份额，美团在本案之后甚至被认定在中国境内网络餐饮外卖平台服务市场上具有市场支配地位，并且同样因为实施限定交易行为被罚。相比之下，本案当事人被认定在上海市提供英文服务的在线餐饮外送平台服务市场上具有支配地位。从这个意义上讲，如果当事人确实能够利用相关市场上的支配地位攫取垄断利润，则很难想象如美团、饿了么等这类大型外卖平台企业（在不考虑其他巨头企业可能跨界经营的前提下）能够不为所动，也很难想象这类大型外卖平台在进入当事人所在的“提供英文服务的在线餐饮外送平台服务市场”时，会有难以逾越的技术、资本、人员等障碍。因此，本案执法机构认定当事人在相关市场上具有市场支配地位存在一定的疑点。

4. 竞争损害的考察问题

“反垄断法保护竞争而不保护竞争者，反对垄断行为而不反对垄断地位”是得到各反垄断法域普遍认可的“反垄断法公理”，而竞争损害是检验是否遵循这一公理的标尺。换言之，竞争损害是反垄断法的根本关切。我国反垄断法规定了垄断协议、滥用市场支配地位和违法实施经营者集中三种经济垄断现象，均明确规定以“排除、限制竞争”即竞争损害为核心规制要件。因此，适用反垄断法干预经营者的市场行为，必须证明涉案行为导致或可能导致竞争状况削弱，市场效率降低，最终将损害消费者的整体福利。这意味着，本案执法机构在认定当事人具有市场支配地位后，应当重点考察当事人限定交易的行为如何损害了相关市场上的竞争。一般而言，滥用市场支配地位限定交易的竞争损害发生机制是，具有市场支配地位的经营者要求交易相对人只能与自己或者其指定人交易，从而排除竞争对手与该等交易相对人进行交易的机会，造成市场封锁效应，当这种封锁达到一定程度时将损害市场竞争，限定交易即构成反垄断法规制的垄断行为（兰磊：《反〈反垄断法〉上的“不相关”市场界定》，载《中外法学》2017 年第 6 期）。但是，本案执法机构虽然结论认为在当事人具有市场支配地位且无正当理由的情况下，当事人的限定交易行为排除、限制了相关市场竞争，但却试图通过涉案行为实质性地排挤了竞争对手，损害了合作餐厅商户和用户的利益来证明发生了竞争损害。问题在于，无论是竞争对手的利益受损，还是合作餐厅商户和用户的利益受损，都无法直接证成市场竞争机制受损，即便前两种利益的损害与当事人的涉案行为存在因果关系，相反，执法机构应当证明的是当事人涉案行为如何通过损害市场竞争间接导致上述两种利益受损害([美]克里斯蒂娜·博翰楠、赫伯特·霍温坎普:《创造无羁限:促进创新中的自由与竞争》,兰磊译,法律出版社2016年版,第57～58页)。当事人实施限定交易必然导致排挤竞争对手,但关键在于,这种行为是否导致当事人的市场份额大幅提升,服务价格和服务质量是否发生较大变化。因此,本案执法机构仅仅通过竞争对手遭受排挤以及合作餐厅商户和用户的利益遭受损害,来证明当事人限定交易行为构成滥用市场支配地位,论据并不充分。

□ 参考文献

许光耀:《欧共体竞争法通论》,武汉大学出版社2006年版。

兰磊:《反〈反垄断法〉上的"不相关"市场界定》,载《中外法学》2017年第6期。

胡祖舜:《竞争法之经济分析》,台北,元照出版有限公司2019年版。

兰磊:《论垄断行为分析模式的配置逻辑》,载《经贸法律评论》2021年第2期。

[美]克里斯蒂娜·博翰楠、赫伯特·霍温坎普:《创造无羁限:促进创新中的自由与竞争》,兰磊译,法律出版社2016年版。

093 数字平台“二选一”垄断行为

美团“二选一”滥用市场支配市场地位行政处罚案 | 国市监处罚〔2021〕74 号行政处罚决定书

杨亦晨 四川大学法学院

■ 事实概要

自 2018 年以来，美团为阻碍其他竞争性平台发展，进一步提升、维持、巩固自身市场地位，滥用其在中国境内网络餐饮外卖平台服务市场的支配地位，以制定实施差别费率、拖延商家上线等方式，促使平台内商家与其签订独家合作协议，并通过收取独家合作保证金并利用数据、算法等技术手段，采取多种惩罚性措施，保障“二选一”行为实施，排除、限制了相关市场竞争，妨碍了市场资源要素自由流动，削弱平台创新动力和发展活力，损害平台内商家和消费者的合法权益，构成《反垄断法》第 22 条第 1 款第 4 项禁止“没有正当理由，限定交易相对人只能与其进行交易”的滥用市场支配地位行为。

■ 裁判要旨

根据 2007 年《反垄断法》第 47 条、第 49 条（2022 年修正后为第 57 条、第 59 条）规定，综合考虑美团违法行为的性质、程度和持续时间等因素，2021 年 10 月 8 日，国家市场监管总局依法作出行政处罚决定，责令美团停止违法行为，全额退还独家合作保证金 12.89 亿元，并处以其 2020 年中国境内销售额 1147.48 亿元 3% 的罚款，计 34.42 亿元。同时，向美团发出行政指导书，要求其围绕完善平台佣金收费机制和算法规则、维护平台内中小餐饮商家合法利益、加强外卖骑手合法权益保护等进行全面整改，并连续三年向市场监管总局提交自查合规报告。

第一，根据我国《反垄断法》、国务院反垄断委员会《关于相关市场界定的指南》《关于平台经济领域的反垄断指南》的规定，同时考虑数字平台经济特点，本案相关市场界定为中国境内网络餐饮外卖平台服务市场。第二，依据美团在相关市场的市场份额，较强的市场控制能力，较强的财力和先进的技术条件，其他经营者在交易上高度依赖当事人以及相关市场高度集中且进入难度大等因素，认定当事人在中国境内网络餐饮外卖平台服务市场具有市场支配地位。第三，经查，自 2018 年以来，美团系统、全面地实施“二选一”行为，阻碍平台内经营者与其他竞争性平台合作，限定平台内经营者只能与当事人进行交易，限制了相关市场经营者之间的公平竞争，提高市场进入比例，削弱潜在竞争约束；不合理限制平台内经营者的经营自由,损害了平台内经营者的公平竞争环境,不当减损平台内经营者的正当利益;减少了消费者的选择范围并使其无法获得更优质的价格和服务,降低了消费者长期福利水平;阻碍要素自由流动,妨碍资源优化配置,削弱平台企业创新动力,阻碍平台创新发展。由此,认定美团滥用在中国境内网络餐饮外卖平台服务市场的支配地位。第四,调查过程中,美团提出相关在“二选一”行为具有正当理由。经研究,平台内经营者并非自愿与当事人独家合作,且相关行为排除、限制了竞争并非正当商业行为。因此,当事人实施限定交易行为不具有正当理由。

■ 评　析

Ⅰ 数字平台经济领域相关市场的界定

在美团案中,国家市场监管总局将相关市场界定为“中国境内网络零售平台服务市场”。由于网络零售平台服务市场属于双边市场,其显著特征是具有跨边网络效应,即平台一边的用户价值很大程度上影响并甚至取决于平台另一边用户的数量与规模,使得作为双边用户的消费者与经营者对网络零售平台都产生紧密的关联。就性质而言,此类平台属于所谓市场制造者(market maker),为商家和消费者提供平台中介服务。因此,本案在界定相关市场的过程中,从经营者与消费者的角度分别进行了需求替代和供给替代分析,并考虑到美团作为第三方平台间接网络效应。本案界定相关市场的思路与 2021 年 2 月 7 日发布的国务院反垄断委员会《关于平台经济领域的反垄断指南》中的思路基本一致。

在界定数字平台的相关市场时,除应遵循我国《反垄断法》和国务院反垄断委员会《关于相关市场界定的指南》所确定的基本原则外,还应考虑数字平台经济的商业模式、平台功能、应用场景等因素,可能还需借助经济学分析工具,从而更加准确地界定数字平台的相关市场。在美团案处罚决定书公布之时,上海市市场监督管理局发布的针对食派士互联网餐饮外送平台服务市场实施“二选一”垄断行为的行政处罚决定书中,同样也考虑在线餐饮外送平台市场的双边性,且进一步调整传统的假定垄断者测试(SSNIP),使其适应数字平台的特征,将该案的相关市场在在线餐饮外送平台服务市场的基础上进一步精确,界定为上海市提供英文服务的在线餐饮外送平台服务市场。

Ⅱ 数字平台“二选一”行为的性质与反竞争效果

1. 数字平台“二选一”行为的性质

所谓“二选一”行为,亦可称为独家交易,在实践中往往表现为平台要求商家就其全部商品或部分商品在该平台进行独家交易,并限制商家在其他竞争性平台上的交易行为。独家交易行为是一种较为普遍的商业模式,并不必然破坏相关市场的竞争秩序;反之,这一行为在更多的情形下可能会产生促进市场竞争的效果。如果完全禁止独家交易行为,各家平台都拥有相同的商家入驻,并呈现出相同的经营模式,从而使经营者之间形成“同质化”的竞争。如果再加上数字市场“赢者通吃”的网络效应,最终结果可能是先进入的平台经营者最终占领整个相关市场,并不利于创新的激励以及消费者权益的实现。相反,如果平台可以自由与商家达成独家交易的协议,从而逐步打造平台的特点与专业化水平,将“同质化”的规模竞争转变为特色竞争。对于数字平台而言,似可以通过独家交易行为逐步形成独特的细分领域,同时提升平台的竞争力,与此同时,对消费者而言也由此获得了更多的选择权,提升了消费者的福利。

2. 数字平台“二选一”行为对市场竞争的影响

在美团案中,平台实施“二选一”行为时,并未与商家在平等、意思自治的前提下形成独家交易的相关协议,而是采用强迫的手段逼迫商家达成独家交易。在传统交易的场景中,多采取扣除保证金,提高服务费等方式作为强迫手段。在数字平台经济中,由于平台掌握了商家经营的关键设施(essential facility),面对平台的搜索降权、下架商品、限制经营、屏蔽店铺等限制措施时,商家往往无能为力,只能选择与其签订独家交易的协议。如果通过达成合意的方式签署的独家交易协议,是否也会限制相关市场的竞争呢?在某些情形亦可能达成垄断的效果,即某平台与市场中的多数商家都签署了独家交易协议,导致其他平台无法获得足够的入驻商家进而被迫退出市场的情形,即使其他平台提供效率更高的服务,也无法在市场中生存。

在评估数字平台“二选一”行为时,并不应采取当然违法原则,仅针对所谓“强迫型”独家交易行为进行规制,而是应在个案中评估其排除与限制竞争的效果,并同时考虑相关行为是否具有正当理由抵消该行为的反竞争效果,最终考虑是否需要介入该行为。在美团案中,为了明确美团如何实施“强迫型”独家交易行为,国家市场监管总局首先考察网络餐饮外卖服务市场的竞争状况,竞争状况包含对现时的竞争及对潜在竞争的影响,其次评估对于平台内经营者即商家正当利益的损害情况与消费者利益的负面影响,最后将平台的创新作为考察的基本点。美团案对“二选一”行为竞争效果的评估基本遵循了国务院反垄断委员会《关于平台经济领域的反垄断指南》第 15 条的基本精神。该条文明确将独家交易和“二选一”行为认定为垄断行为,并列出是否构成限定交易行为的基本分析框架。分析是否构成限定交易,可以重点考虑以下两种情形:一是平台经营者通过屏蔽店铺、搜索降权、流量限制、技术障碍、扣取保证金等惩罚性措施实施的限制,因对市场竞争和消费者利益产生直接损害,一般可以认定构成限定交易行为。二是平台经营者通过补贴、折扣、优惠、流量资源支持等激励性方式实施的限制,可能对平台内经营者、消费者利益和社会整体福利具有一定积极效果,但如果有证据证明对市场竞争产生明显的排除、限制影响,也可能被认定构成限定交易行为。美团案对于“二选一”行为的竞争效果的评估较为全面与翔实,值得借鉴。

Ⅲ 数字平台领域的“公平合理无歧视”原则

在美团案中,国家市场监管总局在出具行政处罚决定书的同时,公布了行政指导书,明确美团需在今后采取恢复市场竞争秩序的事后救济措施。其中,明确支持数字平台企业主体责任包括“按照公平合理无歧视的原则与平台内经营者开展合作,不得从事向平台内经营者收取不公平高价服务费、对平台内经营者施加不合理限制或者附加不合理交易条件、歧视性对待平台内经营者等行为”。值得注意的是，在遵守 FRAND（公平、合理、无歧视）原则的基础上，行政指导书允许平台企业对平台内经营者采取搜索降权、下架商品、暂停服务等惩罚性措施，但应当及时予以公示。

“公平、合理、无歧视”（Fair，Reasonable And Non-Discrimination，FRAND）是标准必要专利（Standard Essential Patents，SEPs）领域的基本原则，主要目的为约束专利权人滥用专利权的行为（如许可费过高、捆绑搭售、差别待遇等），消除标准必要专利许可过程中通常会产生的“锁定效应”。FRAND 原则亦被用在反垄断执法领域。例如，在一些附条件批准的经营者集中案件中，行政执法机关也会向交易方附加包括依据 FRAND 原则持续供应产品等在内的救济措施。由此可见，国家市场监管总局首次将 FRAND 原则引入数字平台领域作为垄断行为的事后救济原则，以此为平台企业主体的责任，并为平台企业合规经营、避免滥用行为提供了规范和指引。

Ⅳ 本案遗留的问题

在美团案中，国家市场监管总局援引 2007 年《反垄断法》第 17 条第 1 款第 4 项（2022 年修正后为第 22 条第 1 款第 4 项）作为认定“二选一”行为的裁判依据。针对数字平台的“二选一”行为，除《反垄断法》，亦受到《反不正当竞争法》以及《电子商务法》的规范。2017 年修订的《反不正当竞争法》所增设的第 12 条是关于经营者利用互联网技术手段进行不正当竞争的规定，该条规定第 2 款第 2 项与第 3 项包含了对独家交易、拒绝交易行为的规制。例如，2021 年山东省青岛市中级人民法院在“饿了么”［拉扎斯网络科技（上海）有限公司］诉“美团”（北京三块在线科技有限公司）案［山东省青岛市中级人民法院（2020）鲁 02 民初 580 号民事判决书］中，基于此第 12 条认定美团的“二选一”行为构成不正当竞争行为。

另外，《电子商务法》也对“二选一”行为有相关的规定，第 35 条规定：“电子商务平台经营者不得利用服务协议、交易规则以及技术等手段，对平台内经营者在平台内的交易、交易价格以及与其他经营者的交易等进行不合理限制或者附加不合理条件，或者向平台内经营者收取不合理费用。”国家市场监管总局于 2021 年 3 月 15 日公布的《网络交易监督管理办法》第 32 条在《电子商务法》基础上进一步细化，列举了一些平台干涉商家自主经营的情形，如不得通过搜索降权、下架商品、限制经营、屏蔽店铺、提高服务收费等方式禁止或者限制平台内经营者自主选择在多个平台开展经营活动，或者利用不正当手段限制其仅在特定平台开展经营活动，也可用于规制“二选一”行为。

然而，由于三部法律的目标与分析框架各异，相应的责任条款也不同。在这三部法律并行适用情况下，原告与行政执法机构似更有动力寻求更容易的执法方式，而放弃更为严格且复杂的《反垄断法》界定相关市场、认定市场支配地位、确定违法行为、考量行为的反竞争效果的分析路径，从而导致通过《反垄断法》寻求救济的激励大大下降。相比于我国《反垄断法》以“没收违法所得”并处“上一年度销售额百分之一以上百分之十以下的罚款”作为责任条款，《反不正当竞争法》与《电子商务法》所规定的罚款数额，则远不及《反垄断法》责任条款严厉。如果数字平台的确实施了限制竞争的行为,但最终却按照《反不正当竞争法》或《电子商务法》的责任条款进行处罚,显然难以起到威慑并遏制该行为的效果。因此,未来如何解决关于数字平台“二选一”行为法律适用上的冲突似是有效遏制“二选一”行为的关键问题。

□ 参考文献

李剑:《被规避的反垄断法》,载《当代法学》2021 年第 3 期。
王晓晔:《论电商平台“二选一”行为的法律规制》,载《现代法学》2020 年第 3 期。
焦海涛:《电商平台“二选一”的法律适用与分析方法》,载《中国应用法学》2020 年第 1 期。

094 低价倾销的违法性分析方法

橙心优选(北京)科技发展有限公司涉嫌实施不正当价格行为案 | 国家市场监督管理总局国市监处〔2021〕6号行政处罚决定书

侯利阳 上海交通大学凯原法学院

■ 事实概要

当事人橙心优选(北京)科技发展有限公司(以下简称橙心优选)是经营社区团购业务的互联网平台。当事人被举报涉嫌采取秒杀、活动券等补贴形式,以低于成本的价格销售商品,具体行为有二:(1)2020年12月16日,当事人销售"万人团陕西红香酥梨300g/份",标示"团购价¥0.88,补贴¥3.62,原价¥4.50"。经查,该款商品进货成本为2.4元/份。(2)2020年12月16日,当事人销售"板栗300g/份",单品秒杀价0.99元。经查,该款商品进货成本为2.5元/份。根据当事人提供的财务数据,2020年10月1日至12月15日,当事人累计补贴××万元(处罚决定书未公开相关信息),致使大量商品实际销售价格低于进货成本。如果计入运营等成本,当事人实际销售收入远低于成本。

■ 裁判要旨

涉案行为构成低价倾销。

基于上述行为,国家市场监督管理总局(以下简称总局)最终认定当事人上述行为构成低价倾销。另外,当事人的违法行为涉及商品多、持续时间长,又经总局召开行政指导会进行提醒告诫后,违法行为仍在继续。因此,依据《价格法》第40条、《价格违法行为行政处罚规定》第4条、第7条之规定,责令改正,并处罚款100万元。

■ 评 析

Ⅰ 本处罚决定的思路和意义

《价格法》第14条第2项规定:"在依法降价处理鲜活商品、季节性商品、积压商品等商品外,为了排挤竞争对手或者独占市场,以低于成本的价格倾销,扰乱正常的生产经营秩序,损害国家利益或者其他经营者的合法权益。"总局经调查发现当事人在销售两种商品之际均存在低于成本销售的行为。其中,香酥梨的销售价格为进货成本的35.7%;板栗的销售价格为进货成本的39.6%。这些行为符合低价倾销的相关规定,因此被认定为违法。

Ⅱ 低价倾销的学理争议与分析进路

关于《价格法》第 14 条第 2 项中的低价倾销如何适用，我国存在法律规定的重叠问题。这主要是指《价格法》第 14 条第 2 项与《反垄断法》第 22 条第 2 项的条文存在立法交叉。《反垄断法》第 22 条第 2 项中禁止具有市场支配地位的经营者实施禁止低价销售的行为，即具有市场支配地位的经营者不得“没有正当理由，以低于成本的价格销售商品”。二者在如下三个方面存在法律构造层面的相似性：

第一，二者的保护目的相似。首先，《反垄断法》第 7 条规定：“具有市场支配地位的经营者，不得滥用市场支配地位，排除、限制竞争”，对应《价格法》第 14 条第 2 项中的“排挤竞争对手或者独占市场”。其次，《反垄断法》第 1 条规定反垄断法的目的是“维护消费者利益和社会公共利益，促进社会主义市场经济健康发展”，对应《价格法》第 14 条第 2 项中的“扰乱正常的生产经营秩序，损害国家利益或者其他经营者的合法权益”。

第二，二者的行为表现相似。《价格法》中的低价倾销的行为表现是“以低于成本的价格倾销”，《反垄断法》中的低价销售行为表现为“以低于成本的价格销售商品”。倾销与销售在措辞方面略有差异，但“倾销”一词自带低于成本进行销售之意，因此二者不存在本质上的差异。

第三，二者的正当理由相似。《价格法》的正当理由为“依法降价处理鲜活商品、季节性商品、积压商品等商品”。《反垄断法》虽然没有直接规定正当理由，但《禁止滥用市场支配地位行为规定》第 15 条指出这些正当理由包括：“降价处理鲜活商品、季节性商品、有效期限即将到期的商品和积压商品的；因清偿债务、转产、歇业降价销售商品的；在合理期限内为推广新商品进行促销的；能够证明行为具有正当性的其他理由”。这些正当理由均为可以低于成本销售的正常市场经营策略，也不存在较大的差异。

虽然二者在立法构造层面具有相似性，但二者存在两个不同之处。

其一，二者在分析框架上面存在重大差异。根据《禁止滥用市场支配地位行为规定》第 15 条之规定，违法的低价销售应当满足四个要件：(1)经营者具有市场支配地位；(2)实施了低于成本销售的行为；(3)对市场竞争具有排除、限制影响；(4)不具有正当理由。从中可以看出，《反垄断法》中的低价销售比《价格法》中的低价倾销多了一个要求，即当事人必须具有市场支配地位。

其二，二者在法律责任层面呈现较大的区别。《价格法》中的法律责任主要为：责令改正，没收违法所得，可以并处违法所得 5 倍以下的罚款。而《反垄断法》中的法律责任为：责令停止违法行为，没收违法所得，并处上一年度销售额 1% 以上 10% 以下的罚款。“责令改正与没收违法所得”为二者的共同法律责任，二者的主要区别在于行政罚款。《价格法》中为“可以并处违法所得五倍以下的罚款”，而《反垄断法》则是“并处上一年度销售额百分之一以上百分之十以下的罚款”。二者比较可以得知，《反垄断法》中的法律责任更重。

鉴于二者立法构造方面的相似性以及在分析框架和法律责任方面的不同性，我国多有学者分析如何解决二者之间的适用冲突。对此，我国学界主要形成了两种观点：一种观点认为由于二者存在立法构成层面的相似性,因此二者应当是特别法与一般法的关系,也即《反垄断法》是《价格法》的特殊法,因此当发生冲突的时候应当优先适用《反垄断法》。另一种观点认为二者既不是一般法与特殊法的关系,也不是新法与旧法的关系(《价格法》颁布于 1997 年,《反垄断法》颁布于 2007 年),而是一种法条指引关系。换言之,《价格法》"只有原则性的禁止性条款,缺乏具体的分析和界定标准",而《反垄断法》提供了可操作的分析工具和思维方法。因此,该观点认为《价格法》第 14 条第 2 项可以作为执法的具体法律依据,但在具体分析中应当依照《反垄断法》第 22 条第 2 项中的方法。虽然这两种观点存在一定的差异,但在实际执法层面却具有一致性,即适用《反垄断法》中的低价销售来执行《价格法》中的低价倾销。

下面对本案中的行为按照《反垄断法》规定之要件进行再次分析。首先,从上述行政处罚决定书来看,总局仅分析了当事人的行为是否满足了第二个要件,其认定违法的主要依据是当事人的销售价格低于进货成本。但根据《禁止滥用市场支配地位行为规定》第 15 条之规定,认定低于成本的价格销售商品,考虑的不是价格是否低于进货成本,而是"价格是否低于平均可变成本"(随着生产的商品数量变化而变动的每单位成本)。此外,该条还规定:"涉及平台经济领域,还可以考虑平台涉及多边市场中各相关市场之间的成本关联情况及其合理性。"因此,仅以销售价格低于进货成本来认定第二个要件之满足实际上并未完全按照《反垄断法》的相关规定进行具体分析。

其次,上述行政处罚决定书并未分析其他三个要件。下面对其他三个要件进行简要分析:对于第一个要件,橙心优选的竞争对手不仅是其他社区团购平台,也包括菜市场、超市等生鲜销售渠道。2020 年所有生鲜电商行业市场规模约为 2638.4 亿元,而我国的生鲜销售总量超过 2 万亿元。二者相比可以得知,即便所有的生鲜电商合在一起也只有百分之十几的市场份额,橙心优选肯定无法拥有市场支配地位。对于第三个要件,因为排除限制竞争效果这个要件的分析需要具体的市场数据作为支撑,所以在此略过。对于第四个要件,低于成本销售若是为了"在合理期限内为吸引新用户"可以被豁免。社区团购的迅猛发展也仅是 2020 年疫情暴发之后的事情;而橙心优选更是在 2020 年 5 月新近成立,距离案发之时也仅成立 7 个月。无论是从培养消费模式,还是从培养企业品牌来说,橙心优选采用补贴的形式吸引用户都无可厚非。

因此,橙心优选的行为可能并不违反《反垄断法》第 17 条第 2 项(2022 年修正后为第 22 条第 2 项)之规定。因此,从学理上来说,该行为也不违反《价格法》第 14 条第 2 项之规定。

Ⅲ 既往国外司法实践状况

我国缺乏《反垄断法》框架中判定的低价倾销案件,因此下文只能借用国外的经典案例及相关的经济文献对之进行具体说明。《反垄断法》中的低价倾销在英文文献一般被称为"predatory pricing",中文文献的对应翻译为"掠夺性定价"。

掠夺性定价在早期的反垄断案件中被视为本身违法的行为。早期的研究认为垄断者拥有比竞争者更多的资金,若允许其低于成本销售,则竞争者会因为资金不足而无法与垄断者抗衡,从而会被排挤出市场。当时对于价格竞争的基本理念是垄断者可以进行价格竞争,但必须以成本为限进行。20 世纪 60 年代开始流行的芝加哥学派对这个观点提出挑战。这些学者认为掠夺性定价即便对于垄断者来说也是不可持续的行为。其主要理由是掠夺性定价在实施中也会对垄断者造成伤害;为了弥补损失,垄断者必须具备事后提价的能力,否则实施掠夺性定价毫无意义,但当垄断者再次提价时,垄断者可以此获得超过竞争水平的利润。而这种利润会吸引其他的竞争者进入该市场,从而会导致垄断者无利可图。因此,多数的掠夺性定价案件并不需要反垄断执法机构的特意调整,市场机制自身即可对之进行处理;如此,违法的掠夺性定价只能发生在垄断者可以保证事后提价并且盈利的场景中。

如何判定价格低于成本同样是非常困难的问题。市场的竞争状况瞬息万变,经营者需要按照竞争条件来调整价格,而不是成本。若将价格竞争的基准线审定为成本,则会过度干预经营自由。此外,企业在经营过程中需要考虑多种成本的因素,如总成本、固定成本、可变成本等。并且,商品的成本也会随着产量的变化而变化。因此,在判定价格低于成本时究竟采用何种成本也众说纷纭。阿瑞达和特纳在 1974 年撰文提出判断成本的理想标准是边际成本,也即经营者生产最后一个商品的成本;但他们也指出边际成本在现实中无法测量,因此建议在实践执法将之替换为平均可变成本。最终,他们主张:当价格高于平均可变成本时,应当推定其合法;当价格低于平均可变成本时,应当推定其非法。这是我国《禁止滥用市场支配地位行为规定》第 15 条采用平均可变成本来衡量价格的理论来源。

以上述理论为基础,美国和欧盟的法院在 20 世纪 90 年代开始重新审视掠夺性定价行为,并演化出两种不同的分析框架。美国的代表性判例为 1993 年的“布鲁克集团案”(Brooke Group)。美国最高院在该案中改变了之前将掠夺性定价视为本身违法的分析模式,为之确立了两个分析要件:涉案价格必须低于平均可变成本;当事人事后能够将价格提供到竞争水平之上并且挽回损失。第二个的要件的证明责任非常严格,后续的实践表明美国自此再未有认定掠夺性定价违法的案件。欧盟的代表性案例为 1991 年的“阿克苏案”(Akzo Chemie)。在该案中,欧盟法院将掠夺性定价案件分为两类,分别施以不同的分析方法:当涉案价格低于平均可变成本时,可推定违法;当涉案价格大于或者等于平均可变成本,但小于平均总成本时,只有在当事人具有排除限制竞争的故意时,才可推定其违法。二者相比,可以得知欧盟没有采纳美国最高院或者经济学专家所主张的“损失挽回”要件,而仅以平均可变成本作为衡量掠夺性定价是否违法的主要因素。

我国《禁止滥用市场支配地位行为规定》第 15 条缺乏关于掠夺性定价必须能够“挽回损失”的要求。因此,我国的分析模式更接近于欧盟,即当具有市场支配地位的经营者的价格低于平均可变成本时应当认定其行为违法。但与欧盟相比,我国的立法没有涉及当涉案价格大于或者等于平均可变成本但小于平均总成本的情形。因此,在这种情形下应当推定当事人的价格合法。

Ⅳ 本判决的参考意义及将来的课题

该案凸显我国对于低价倾销的立法交叉问题,即《价格法》第 14 条第 2 项与《反垄断法》第22条第2项的立法冲突。具体而言,当某行为同时触犯二者时,究竟应当适用何种条款。该案中的执法实际上是将低价倾销认定为本身违法的行为,并且无须认定市场支配地位。这种处理模式较《反垄断法》的要求要低,因此可能会呈现低价倾销案件向《价格法》逃逸之情形。该案的处罚发生在中央在平台经济领域确立“强化反垄断”的大背景之下,可能是出于运动式执法之要求,但绝不可以作为未来常态化执法之依据。

参考文献

[美]理查德·A. 波斯纳:《反托拉斯法》(第2版),孙秋宁译,中国政法大学出版社2003年版。

Adrian Emch & Gregory K. Leonard:《掠夺性定价的经济学及法律分析——美国和欧盟的经验与趋势》,载《法学家》2009年第5期。

李常青、万江:《〈价格法〉与〈反垄断法〉的竞合与选择适用问题研究》,载《中国价格监督检查》2012年第12期。

黄勇、刘燕南:《〈价格法〉与〈反垄断法〉关系的再认识以及执法协调》,载《价格理论与实践》2013年第4期。

Phillip Areeda & Donald F. Turner, *Predatory Pricing and Related Practices Under Section* 2 *of The Sherman Act*, 88 Harvard Law Review 697(1974).

Brooke Group vs. Brown & Williams Tobacco,509 U. S. (1993).

Case C-62/86, AKZO Chemie vs. Commission, 1991, ECR I-3359.

095 数字音乐独家版权模式的反垄断法限制

腾讯控股有限公司收购中国音乐集团股权违法实施经营者集中案行政处罚案 ｜ 国家市场监督管理总局国市监处〔2021〕67号行政处罚决定书

仲　春　陈钜炜 暨南大学知识产权研究院

■ 事实概要

2016年7月，腾讯控股有限公司（以下简称腾讯）与中国音乐集团（CMC）达成协议，将QQ音乐与CMC合并，通过资产置换股权成为新的音乐集团（腾讯音乐）大股东，2017年12月6日，腾讯完成股权变更登记，其间并未进行经营者集中申报。2018年12月，腾讯音乐在美国纽交所上市，腾讯持股比例为50.08%。

2021年1月25日，国家市场监督管理总局（以下简称市场监管总局）对腾讯收购中国音乐集团股权涉嫌违法实施经营者集中进行立案调查。同年7月24日，市场监管总局对腾讯作出责令解除网络音乐独家版权等处罚。该案对规范互联网行业的投资并购活动，维护网络音乐行业竞争秩序具有重要意义和深远影响。

■ 裁判要旨

市场监管总局依据2007年《反垄断法》第48条（2022年修正后为第58条）对腾讯进行处罚。除50万元的顶格处罚外，更受业界关注的处罚措施集中于对相关市场竞争状态的恢复。

1. 责令腾讯及其关联公司采取以下措施恢复相关市场竞争状态

具体措施包括：（1）不得与上游版权方达成或变相达成独家版权协议（版权范围包括所有音乐作品及录音制品的信息网络传播权）或其他排他性协议；已经达成的，须在本决定发布之日起30日内解除，与独立音乐人（指音乐作品或录音制品的原始权利人，并以个人名义与音乐平台进行版权授权，且从未与任何唱片公司或经纪公司签订协议的自然人）或新歌首发的独家合作除外。（2）没有正当理由，不得要求或变相要求上游版权方给予当事人优于其他竞争对手的条件，包括但不限于授权范围、授权金额、授权期限等，或与之相关的任何协议或协议条款。已经达成的，须在本决定发布之日起30日内解除。（3）依据版权实际使用情况、用户付费情况、歌曲单价、应用场景、签约期限等因素向上游版权方报价，不得通过高额预付金等方式变相提高竞争对手成本，排除、限制竞争。

2. 建立企业长效竞争合规机制

市场监管总局在处罚决定中同时要求企业建立长效竞争合规机制。包括结合《反垄断法》全面自查、落实平台企业主体责任；按照公平、合理、无歧视原则与其他经营者开展合作；完善企业内部合规控制制度，保护消费者合法权益；积极维护公平竞争，推动行业创新发展。

■ 评　析

Ⅰ 本案相关市场及合并后竞争效果的认定

经营者集中审查的核心为集中后相关市场集中度的变化及对市场竞争的影响。

本案中，市场监管总局根据《反垄断法》和国务院反垄断委员会《关于相关市场界定的指南》的规定，同时考虑平台经济特点，在经济学分析和问卷调查的基础上，将本案相关市场界定为交易双方存在横向重叠的中国境内网络音乐播放平台市场。

网络音乐播放平台市场是指通过电脑端、手机端或者其他智能终端的程序或网站，以在线播放或下载方式向消费者提供完整版权音乐录音制品播放服务的平台。市场监管总局认为，网络 K 歌、网络直播、短视频平台等虽也提供与网络音乐相关的服务，但其核心功能、应用场景、商业模式、市场进入等与网络音乐播放平台市场不具有紧密替代关系，不属于同一相关商品市场。由于音乐版权的授权受各国著作权法规定限制，具有明显的地域差异，中国的网络音乐播放平台获得授权的音乐版权传播范围一般为中国境内，且主要面向中国境内用户，因此相关地域市场界定为中国境内。

经审查，市场监管总局认为本项集中对中国境内网络音乐播放平台市场具有或者可能具有排除、限制竞争效果：

首先，集中后实体在相关市场具有较高市场份额。2016 年 7 月集中发生时，腾讯和中国音乐集团所占市场份额均列市场前两位，合计市场份额超过 80%。2016 年集中双方在相关市场的销售金额约占相关市场总收入规模的 70%。以音乐版权核心资源占有率计算，腾讯和中国音乐集团的曲库数量分别为 1210 万、821 万，其中独家曲库分别为 314 万、130 万，曲库和独家资源的市场占有率均超过 80%。该市场赫芬达尔—赫希曼指数（HHI 指数）交易后为 6950，为高度集中市场，集中产生的增量为 3350。交易导致相关市场集中度进一步提高，竞争被进一步削弱。

其次，集中减少相关市场主要竞争对手。交易前集中双方居市场前两位，竞争实力相当，彼此竞争较为紧密。双方互为较为紧密竞争者。集中减少相关市场主要竞争对手，进一步削弱市场竞争。

最后，集中可能进一步提高相关市场进入壁垒。体现在：一是可能提高版权资源壁垒。在集中后实体锁定较多独家版权资源的情况下，新进入者须依靠其转授权，进入相关市场较为困难。由集中带来的市场规模也使其有能力通过提前支付不可返还的高额预付金等方式向上游版权方支付版权费用，可能进一步提高市场进入壁垒。二是可能增加用户转换成本。集中为腾讯带来较为丰富的曲库资源、较大的用户规模及充足的使用数据，相比新进入平台更能推荐符合消费者偏好的歌曲，导致用户转换平台意愿降低，从而进一步扩大用户规模，可能阻止其他竞争者达到或维持临界规模。三是集中后市场进入活跃度不高。数据显示，网络音乐播放平台市场的主要进入发生在2016年初至2017年7月，2017年底集中完成后，该市场进入活跃度下降较明显。

Ⅱ 众说纷纭的音乐独家版权

音乐独家版权在本次合并审查中备受关注。独家版权模式在兼顾其效率正当性的同时隐含着竞争法下的垄断风险，理论界对于独家版权的价值取向褒贬不一：(1)部分学者认为音乐独家版权存在其合理性与普遍性，是强化知识产权创造、激励中国版权代理关系发展的沃土。(2)部分学者认为独家版权模式并不适配于中国当前数字音乐市场，推动独家版权模式的解除有助于音乐行业的公平、健康发展。(3)大部分学者认为该模式本身存在其正面效应，只是需要采用竞争法、著作权法等多元化法律调整方式对其进行必要的规制。其中一部分学者主张基于《保护文学和艺术作品伯尔尼公约》精神，将数字音乐平台的交互式流媒体播放纳入著作权法的法定许可限制之中加以规制。另一部分学者则肯定了竞争法规制的正当性，主张独家授权模式的错位应用或涉嫌虚假宣传、达成纵向垄断协议，遵循竞争法规制网络音乐市场独家授权行为具备其必要性与合理性。

作为竞争法与著作权法交叉保护的前沿领域，数字音乐平台的行为规制不同于其他数字平台。基于著作权自身的排他性，音乐版权的集中效应与歌曲受众的忠实效应虽为其附着了高昂的用户迁移成本与消费者对作品的获取成本，平台掌握这一竞争因素恐涉嫌垄断风险。但究其根本，版权争端的著作权法益规范特性也为其在竞争法的违法认定中争取了极大的豁免空间与合法化抗辩。此外，竞争法作为经济法，旨在保护竞争的同时注重社会整体效率的提升。对于中国数字音乐市场下独家授权模式的定性判断合法与否，仍有待未来在具体案例中进一步探索。

Ⅲ 本决定的参考意义及将来的课题

作为《反垄断法》实施以来对违法实施经营者集中要求其采取必要措施恢复市场竞争状态的首案，同样承载了执法机构对于推动数字音乐市场独家授权结构革新的监管决心，对于保障消费者福利与维护竞争秩序方面都具有深远意义。伴随着音乐独家版权的盛起，音乐版权在十年左右经历了百倍的价格增长，却并未在作品上再现往日经典，激增的费用很少分配到最终的创作者。在消费者福利保障层面，独家授权模式的解除将使得版权价值回归理性，使得高昂的授权费不必转嫁至消费者身上，最大限度地保有了消费者剩余。从用户体验出发，独家授权模式的解除在一定程度上减少了平台间的用户转换成本，令用户可不必因版权问题担忧，自主选择契合其使用习惯的音乐平台。在维护竞争秩序方面，有序的竞争来源于竞争机会的平等，版权壁垒的溶解为网络音乐服务竞争者提供了公平触达上游版权资源的机会，有利于将关键竞争因素从运用资本优势抢夺版权资源回归到提升服务质量、优化用户体验的理性轨道上来。通过市场的自我调节功能引入新兴竞争者,打破寡头垄断格局,优化版权资源的有效配置,保证数字音乐市场的公平竞争与有序竞争,实现数字音乐产业的规范健康发展。

□ 参考文献

方燕、刘柱:《数字音乐版权、独家授权和集体管理组织:一个简要的经济分析》,载《竞争政策研究》2018 年第 2 期。

宁立志、王宇:《叫停网络音乐市场版权独家交易的竞争法思考》,载《法学》2018 年第 8 期。

蒋一可:《数字音乐著作权许可模式探究——兼议法定许可的必要性及其制度构建》,载《东方法学》2019 年第 1 期。

龙俊:《数字音乐版权独家授权的竞争风险及其规制方法》,载《华中科技大学学报(社会科学版)》2020 年第 2 期。

王伟:《数字内容平台版权集中的法律规制研究》,载《政治与法律》2020 年第 10 期。

王迁:《著作权法限制音乐专有许可的正当性》,载《法学研究》2019 年第 2 期。

李思羸:《数字音乐独家版权模式解除与反垄断——以对腾讯音乐的反垄断调查为例》,载《中国物价》2022 年第 4 期。

096 平台经济领域经营者集中反垄断审查规则的适用

禁止虎牙公司与斗鱼国际控股公司经营者集中反垄断审查案 | 市场监管总局关于禁止虎牙公司与斗鱼国际控股有限公司合并案反垄断审查决定的公告

吴佩乘 浙江大学光华法学院

■ 事实概要

虎牙公司(以下简称虎牙)和斗鱼国际控股有限公司(以下简称斗鱼)准备进行企业合并。腾讯控股有限公司(以下简称腾讯)单独控制虎牙,腾讯和斗鱼创始人陈少杰团队共同控制斗鱼。涉案集中协议中规定腾讯拟收购斗鱼全部股权,交易完成后腾讯将取得合并后企业的实体控制权。根据国务院《关于经营者集中申报标准的规定》,虎牙和斗鱼的合并符合需要进行经营者集中审查的申报标准。

2020 年 11 月 16 日,腾讯向国家市场监督管理总局(以下简称市场监管总局)递交了涉案经营者集中反垄断申报。市场监管总局认为申报文件、资料不完备要求腾讯补充材料。2021 年 1 月 4 日,市场监管总局收到补充后的申报材料正式对该项经营者集中立案审查。审查过程中,市场监管总局与腾讯就如何减少该项集中对市场竞争的不利影响展开多轮商谈。2021 年 4 月 22 日,腾讯向市场监管总局提交了最终承诺方案。2021 年 6 月 24 日,腾讯申请撤回案件并得到市场监管总局同意。同日,市场监管总局对该项集中的再次申报予以立案调查。

■ 裁判要旨

禁止腾讯作为申报人的虎牙和斗鱼经营者集中。

市场监管总局认为,虎牙和斗鱼在游戏直播、娱乐直播、电商直播和短视频市场存在横向业务重叠,腾讯在游戏直播的上游从事网络游戏运营服务。市场监管总局认为该项集中的相关商品市场包括游戏直播、娱乐直播和电商直播市场、短视频市场以及网络游戏运营服务市场。同时市场监管总局认定该项集中涉及的地域市场是中国境内。

在界定相关市场的基础上,市场监管总局对该项经营者集中可能对市场竞争产生的影响进行分析。市场监管总局认为该项经营者集中将强化腾讯在中国境内游戏直播市场上的支配地位,具有排除、限制竞争效果;该项集中将使得腾讯在上游中国境内网络游戏运营服务市场和下游中国境内游戏直播市场拥有双向封锁能力，可能具有限制竞争效果。尽管腾讯在申报过程中提交了承诺方案用以减少集中可能造成对竞争的负面影响，但市场监管总局认为最终承诺方案仍不能有效减少不利影响。因此，市场监管总局决定禁止虎牙和斗鱼的经营者集中。

■ 评　析

Ⅰ 本决定的思路和意义

经营者集中控制是我国《反垄断法》确立的三大反垄断支柱制度之一。一般而言，企业间有权自主决定合并或分立，国家在绝大多数情形下不会进行干预。但是，对于具有较强市场势力的企业而言，其进行的企业合并可能导致市场垄断，从而损害竞争和消费者福利。因此，《反垄断法》明确了符合国务院规定具体标准的企业在进行经营者集中时应当主动向国务院反垄断执法机构（市场监管总局）进行申报，由市场监管总局对合并对竞争可能产生的影响进行反垄断审查。

反垄断执法机构在对经营者集中审查时一般分为两步：首先是界定经营者集中涉及的相关市场。在虎牙与斗鱼合并的反垄断审查中，市场监管总局也根据两家公司所涉及的业务范围以及收购方虎牙实际控制人腾讯的业务范围界定了本案的相关商品市场和地域市场。其次是分析经营者集中对相关市场竞争可能会产生的不利影响。本案中市场监管总局主要考察了集中可能对中国境内游戏直播市场和网络游戏运营服务市场具有的排除、限制竞争效果。

虎牙和斗鱼合并反垄断审查案在我国反垄断执法进程中具有重要意义。反垄断实践中，反垄断执法机构对绝大多数经营者集中申报均予以批准或附条件批准。《反垄断法》自2008年正式生效以来，我国反垄断执法机构仅对3起经营者集中申报作出禁止决定，其中虎牙和斗鱼合并反垄断审查案是平台经济领域唯一的禁止经营者集中案例。在平台经济背景下中央要求强化反垄断和防止资本无序扩张以来，虎牙和斗鱼案是反垄断执法机构处理的典型案例，体现了我国不断加强和深化反垄断执法和维护市场公平竞争的决心。

Ⅱ 平台经济领域经营者集中审查的竞争政策和反垄断法适用

21世纪以来，以互联网平台为载体的数字经济逐渐成为我国社会经济发展的重要动力。长期以来，我国对包括平台经济在内的新业态秉持“包容审慎”的监管态度，主要依靠市场自身驱动互联网平台发展。这一点也反映在反垄断监管方面，在2020年之前，我国反垄断执法机构没有作出过一起针对互联网平台的反垄断处罚，对平台企业参加的并购审查也以批准为主。随着平台经济逐渐成熟，社会舆论和公众逐渐对大型数字平台产生垄断质疑。有学者指出在面对互联网服务行业时，反垄断审查机关执法经验不足、执法理念不清、理论依据摇摆、法律规定模糊（孙晋：《谦抑理念下互联网服务行业经营者集中救济调适》，载《中国法学》2018年第6期）。在此背景下，2020年底召开的中共中央政治局会议和中央经济工作会议均强调要“强化反垄断和防止资本无序扩张”。习近平总书记在中共中央政治局第三十四次集体学习时指出：“要纠正和规范发展过程中损害群众利益、妨碍公平竞争的行为和做法，防止平台垄断和资本无序扩张，依法查处垄断和不正当竞争行为。”（《习近平在中共中央政治局第三十四次集体学习时强调把握数字经济发展趋势和规律推动我国数字经济健康发展》，载《人民日报》2021 年 10 月 20 日，第 1 版）2020 年 12 月 24 日，市场监管总局对阿里巴巴在电子商务领域“二选一”行为涉嫌滥用市场支配地位展开反垄断调查。国务院反垄断委员会于 2021 年 2 月 7 日发布《关于平台经济领域的反垄断指南》。这些共同构成了我国在新形势下强化平台反垄断的标志性事件。

事实上，“包容审慎”的监管理念并不必然否定强化反垄断执法。包容审慎的前提是要有执法行为，如果没有执法而谈论包容审慎就是放纵违法行为［王先林、方翔：《平台经济领域反垄断的趋势、挑战与应对》，载《山东大学学报（哲学社会科学版）》2021 年第 2 期］。虎牙和斗鱼合并反垄断审查案正是在这种强化反垄断执法的大背景下我国市场监管总局处理的经营者集中典型案例。

具体在反垄断法适用层面，有以下几点问题需要引起注意：

首先，关于反垄断执法机构进行经营者集中审查的主体。反垄断法中的经营者集中和民商法中的企业合并并不完全一致，反垄断执法并不关心企业法律人格的具体变化，而规制的是集中后是否会增加某些企业的市场势力，从而增加其滥用市场支配地位或共谋的可能性（李昌麒主编：《经济法学》，法律出版社 2016 年版，第 209 页）。尤其在平台经济领域，大型互联网平台逐渐呈现寡头倾向且业务众多，仅凭法律人格的变化不能有效识别平台企业的市场势力。例如在本案中，尽管表面上是虎牙和斗鱼两家公司在合并，但由于两家公司合并的结果将导致其共同股东腾讯获得市场支配地位，因此市场监管总局在本案中的分析主要是围绕经营者集中后腾讯是否有可能限制相关市场竞争。

其次，尽管《反垄断法》未明确规定，包括平台企业在内的经营者集中审查的第一步通常是界定相关市场。国务院反垄断委员会《关于界定相关市场的指南》中指出：“任何竞争行为（包括具有或可能具有排除、限制竞争效果的行为）均发生在一定的市场范围内。”在企业并购审查过程中，界定相关市场对合理分析集中对竞争的影响有重要作用。相关市场界定可以“说明市场竞争的范围，说明企业的市场份额和市场集中度，说明市场进入障碍和潜在竞争，并由此提供一个智慧和系统的分析工具，帮助执法机构收集和评估竞争影响的各种证据”（王晓晔：《市场界定在反垄断并购审查中的地位和作用》，载《中外法学》2018 年第 5 期）。

在数字经济环境中，头部互联网公司可能涉及许多业务种类的平台业务。只有在正确界定相关市场的基础上，才能分析出涉案经营者集中对竞争的影响。在本案中，市场监管总局根据虎牙和斗鱼平台间的交叉业务游戏直播、娱乐直播、电商直播和短视频以及腾讯与涉案平台存在业务关联的网络游戏运营服务确定了相关商品市场。上述业务在国内经营均须获得主管部门审批，且语言、服务均主要面向国内用户，因此涉案相关地域市场是中国境内。

最后，平台并购反垄断审查需要考虑数字经济的新特点。根据《反垄断法》第 33 条关于经营者集中审查考量因素的原则规定，国务院反垄断委员会《关于平台经济领域的反垄断指南》第20条根据平台经济特点，列举了“经营者在相关市场的市场份额”“经营者对市场的控制力”“相关市场的集中度”“经营者集中对市场进入的影响”“经营者集中对技术进步的影响”“经营者集中对消费者的影响”等具体考察因素。上述指南第20条还特别指出，平台经营者集中审查时可能要综合考虑平台的双边或多边业务，以及经营者从事的其他业务，并对直接和间接网络外部性进行评估。

在虎牙与斗鱼合并案中，市场监管总局认为这项合并主要会对中国境内游戏直播市场和网络运营服务市场的竞争产生不利影响，并考虑到了平台经济的特点。例如，在测算合并后腾讯在中国游戏直播市场的市场份额时，传统的营业额标准可能无法完全反映平台企业的市场份额（王煜婷：《数字经济背景下我国经营者集中制度的完善》，载《中国政法大学学报》2022年第1期），市场监管总局综合考虑了营业额、活跃用户数、主播资源等各项数据认定合并将进一步强化腾讯的市场支配地位。考虑到平台的网络效应和“赢者通吃”特征（仲春：《我国数字经济领域经营者集中审查制度的检视与完善》，载《法学评论》2021年第4期），市场监管总局认定游戏直播市场进入壁垒高，短期内不大可能出现有效竞争者。除了考察合并企业的横向重叠业务之外，基于互联网平台上下游业务的紧密联系，市场监管总局还分析了集中后腾讯可能在上下游市场实施双向封锁的能力。由于腾讯在上游中国境内网络游戏运营服务市场具有市场支配地位，集中后在下游游戏直播市场也将具有市场支配地位，在此情形下腾讯有可能利用上下游业务的紧密联系不断加强市场势力，从而限制甚至排除上下游市场有效竞争，并最终危害消费者利益。

Ⅲ 既往司法实践状况

与本案有关的一个反垄断法理论争议在于，平台经济领域的反垄断法适用是否必须首先界定相关市场。传统反垄断法理论在分析具体垄断行为，特别是分析经营者集中和滥用市场支配地位案件时都会首先界定相关市场，进而评估相关行为对市场竞争的影响。但近年来，一些域外反垄断实践中逐渐削弱了相关市场界定的重要性。例如，美国司法部和联邦贸易委员会在修订《横向并购指南》（2010年）时指出：“执法部门的分析不需要从市场界定开始……执法部门使用一些评估竞争效果的分析工具并不依赖市场界定。”

尽管我国反垄断执法机构在处理反垄断行政案件时一般都会界定相关市场，但最高人民法院在涉及平台竞争的反垄断民事诉讼中曾经表达过不同立场。在奇虎诉腾讯垄断案（3Q案）［最高人民法院（2013）民三终字第4号民事判决书］中，最高人民法院认为：“界定相关市场是评估经营者的市场力量及被诉垄断行为对竞争的影响的工具，其本身并非目的。即使不明确界定相关市场，也可以通过排除或者妨碍竞争的直接证据对被诉经营者的市场地位及被诉垄断行为可能的市场影响进行评估。”受此影响，市场监管总局在2020年《关于平台经济领域的反垄断指南（征求意见稿）》中曾规定：“在特定个案中，如果直接事实证据充足，只有依赖市场支配地位才能实施的行为持续了相当长时间且损害效果明显，准确界定相关市场条件不足或非常困难，可以不界定相关市场，直接认定平台经济领域经营者实施了垄断行为。”

在指南征求意见过程中，上述规定在企业界、反垄断学术界引起较大争议，主要观点认为不清晰界定相关市场则无法准确判断垄断行为对竞争的影响程度。因此，国务院反垄断委员会最终发布的《关于平台经济领域的反垄断指南》并未保留上述规定，并直接明确：“调查平台经济领域垄断协议、滥用市场支配地位案件和开展经营者集中反垄断审查，通常需要界定相关市场。”结合中央要求加强反垄断执法力度之后市场监管总局处理的阿里巴巴反垄断案和本案（对腾讯的经营者集中审查案）来看，我国反垄断执法机构在处理平台经济领域反垄断案件时仍将相关市场界定作为不可缺少的一个分析步骤。

Ⅳ 本决定留给将来的课题

本案是中央强化反垄断大背景下市场监管总局对平台经济领域经营者集中审查的典型案例。其特殊意义表现在以下方面：一方面，我国反垄断执法机构对平台企业的市场竞争行为已经迈入强监管时代。平台企业特别是部分头部平台的合并、收购等商业行为将面临反垄断合规风险，甚至可能被直接禁止。另一方面，现有案例表明平台领域的反垄断执法将更多考虑到平台竞争的特点，特别是在市场界定和竞争分析方面将会考虑平台网络性、跨界竞争、赢者通吃等显著特征，但不会完全脱离传统反垄断分析框架。

数字经济下的反垄断执法在全球范围内都是全新课题。近年来，作为全球两大反垄断司法辖区，美国和欧盟竞争执法机构在对 GAFA（谷歌、亚马逊、脸书、苹果）等大型平台公司进行反垄断调查时，逐渐有脱离传统芝加哥学派“消费者福利”标准而向结构主义执法靠近的趋势。随着我国平台经济领域反垄断执法的深入以及《反垄断法》的修正，我国反垄断执法和司法机关需要在未来探索适合中国国情的平台竞争损害标准，进一步明确垄断行为损害的对象和范围。

□ 参考文献

孙晋：《谦抑理念下互联网服务行业经营者集中救济调适》，载《中国法学》2018 年第 6 期。

王先林、方翔：《平台经济领域反垄断的趋势、挑战与应对》，载《山东大学学报（哲学社会科学版）》2021 年第 2 期。

李昌麒主编：《经济法学》，法律出版社 2016 年版。

王晓晔：《市场界定在反垄断并购审查中的地位和作用》，载《中外法学》2018 年第 5 期。

王煜婷：《数字经济背景下我国经营者集中制度的完善》，载《中国政法大学学报》2022 年第 1 期。

仲春：《我国数字经济领域经营者集中审查制度的检视与完善》，载《法学评论》2021 年第 4 期。

097 伪报跨境电商零售进口行为的定性分析

丁某、裘某、陈某等走私普通货物、物品案 | 浙江省高级人民法院
(2019)浙刑终 432 号刑事判决书

叶良芳 浙江大学光华法学院

■ 事实概要

2017 年 2 月，具有跨境电子商务零售进口从业经历的被告人丁某、裘某等人共同成立杭州 A 网络技术有限公司(以下简称 A 公司)。开展业务期间，A 公司实际控制人、被告人丁某与裘某在明知跨境电商应符合交易单、物流单、支付单“三单一致”规则，且按照实际交易价格应当作为完税价格申报的情况下，为获取非法利益，决议将在不同渠道已经成交的商品、行邮物品等信息导入 A 公司名下的跨境电子商务交易平台“某有路跨境购”，做低报价格处理后在平台上生成虚假的交易单据，又通过与支付公司合作以循环支付等方式形成虚假的支付单据，经推送以上虚假信息向海关申报，最终通过跨境贸易电子商务零售进口渠道以伪报贸易性质、低报价格等方式完成走私。其间，丁某负责公司技术和财务等工作，为顺利完成海关申报环节，牵头开发某邮宝系统，并联系多家支付公司为上述交易制作虚假支付单并推送给海关。裘某负责公司跨境贸易电子商务零售进口业务的拓展，具体开展寻找合作对象、与客户商议合作模式、拟定向海关低报的价格等工作。与客户公司初步商定一致后，裘某再指使 A 公司直邮部经理、被告人李某跟进并对接客户，具体开展协助客户将商品信息导入 A 公司的海邮宝系统，确定申报价格等工作。2017 年 4 月至 2018 年 5 月，A 公司用上述方式与 B 公司、C 公司等多家公司合谋走私，偷逃税款合计 2074.67 万余元。被告人陈某具有多年快递揽收寄件进境的从业经验，作为 B 公司中国境内业务的负责人，具体与 A 公司接洽走私事宜，系该公司直接负责的主管人员。被告人平某具有多年快递揽件寄件从业经验，作为 C 公司负责人，具体与 A 公司接洽走私事宜，系该公司直接负责的主管人员。

■ 裁判要旨

被告单位和被告人利用跨境贸易电子商务零售进口渠道，以低报价格、伪报贸易性质的方式走私普通货物、物品，逃避海关监管，其行为均构成走私普通货物、物品罪。A 公司、陈某偷逃应缴税额特别巨大，平某、C 公司偷逃应缴税额较大。在共同犯罪中，A 公司、丁某、裘某均系主犯，应从严惩处，C 公司、李某、陈某、平某、王某均系从犯，均可减轻处罚。

陈某归案后认罪悔罪,其亲属代为退赔国家税款损失,根据其犯罪情节和归案后的认罪悔罪表现,可对其从轻改判并适用缓刑。

■ 评 析

Ⅰ 本判决的思路和意义

跨境电商零售进口,是指境内消费者通过跨境电商第三方平台向境外电商企业购买商品,并通过"网购保税进口"或"直购进口"运输进境的消费行为。近年来,受国家税收优惠政策等方面的激励,跨境电商这一数字经济新业态获得了相当迅猛的发展。据商务部数据,我国通过海关跨境电商管理平台的进出口总额从 2015 年的 360.2 亿元增长到 2022 年的 2.1 万亿元(其中,跨境电商零售出口总额为 1.53 万亿元,进口总额为 5278 亿元),比 2021 年增长 7.1%。与此同时,一些不法分子却利用跨境电商业务,通过零售进口渠道实施走私犯罪行为,严重危害了跨境电商的健康发展。

本案中,被告单位和被告人利用跨境电商零售业务的税收优惠政策,以低报价格、伪报贸易性质的方式进口普通货物、物品,少缴应纳税款数额巨大,造成国家税款损失。这一行为是否构成走私普通货物、物品罪,实践中存在争议。本案判决的思路是,走私普通货物、物品罪的本质是"逃避海关监管,偷逃应纳关税",不实的跨境电商零售进口行为,只是利用了电子商务的形式,但本质上与传统的走私行为并无二致,因而仍然构成走私普通货物、物品罪。本案的认定和处理,明确了不实的跨境电商零售进口行为的性质,对类似案件的处理具有指导意义,有利于我国跨境电商行业的健康发展。

Ⅱ 跨境电商走私行为的类型、规范及学理

1. 跨境电商走私行为的类型

从行为类型来看,跨境电商走私行为主要存在以下三种模式:一是刷单型,即通过伪造或非法获取居民身份证件信息的手段,虚构交易订单,低税进口商品。这种行为虽然交易方式是真实的,但交易主体不真实,属于主体身份欺诈。二是低报价格型,即通过更改货物参数和相关信息,将价值较高的商品改装成价值较低的商品,将质量优等的商品改装成次品,将新产品包装成旧产品等方式,低报商品实际交易价格。这种行为虽然交易内容是真实的,但交易价格存在虚假,属于价格瞒骗。三是伪报贸易性质型,即通过虚构进口境外商品的原因和目的,如将商业经营的货物谎报为自用,钻政策的漏洞。这种行为虽然交易内容是真实的,但交易目的是虚假的,属于交易性质欺骗。

与一般贸易等进口方式相比,跨境电商零售进口有其独特的政策优势,即可享受更低的税率。跨境电商走私,就是以非法手段获取这一税收政策红利。上述只是跨境电商走私的基本行为类型,实践中的情况更为复杂,往往以混合模式实施,即行为人同时采用上述两种或三种方式,实施不实的跨境电商行为。

2. 跨境电商走私行为的规范

《刑法》分则第三章破坏社会主义市场经济秩序罪第二节走私罪规定了11个走私罪的具体罪名，并对海上走私、间接走私、走私共犯、抗拒缉私等进行了规定。其中，《刑法》第153条规定，走私货物、物品偷逃应缴税额较大或者一年内曾因走私被给予二次行政处罚后又走私的，构成走私普通货物、物品罪。假借跨境电商名义零售进口的，如果满足本罪的构成要件，可以成立本罪。

2014年8月12日最高人民法院、最高人民检察院联合颁布的《关于办理走私刑事案件适用法律若干问题的解释》，对办理走私刑事案件适用法律的若干问题进行了详细的解释，内容涉及定罪、量刑等各个方面。其中，第16条规定，走私普通货物、物品，偷逃应缴税额在10万元以上不满50万元的，应当认定为"偷逃应缴税额较大"；偷逃应缴税额在50万元以上不满250万元的，应当认定为"偷逃应缴税额巨大"；偷逃应缴税额在250万元以上的，应当认定为"偷逃应缴税额特别巨大"。第17条规定，"一年内曾因走私被给予二次行政处罚后又走私"中的"一年内"，以因走私第一次受到行政处罚的生效之日与"又走私"行为实施之日的时间间隔计算确定；"被给予二次行政处罚"的走私行为，包括走私普通货物、物品以及其他货物、物品；"又走私"行为仅指走私普通货物、物品。第18条规定："'应缴税额'，包括进出口货物、物品应当缴纳的进出口关税和进口环节海关代征税的税额。应缴税额以走私行为实施时的税则、税率、汇率和完税价格计算；多次走私的，以每次走私行为实施时的税则、税率、汇率和完税价格逐票计算；走私行为实施时间不能确定的，以案发时的税则、税率、汇率和完税价格计算。'多次走私未经处理'，包括未经行政处理和刑事处理。"这些规定，对于跨境电商走私行为，应同样可以适用。

2016年3月24日财政部、海关总署、国家税务总局联合发布的《关于跨境电子商务零售进口税收政策的通知》（财关税〔2016〕18号，以下简称《跨境电商进口税收通知》）对跨境电商的进口税收政策等有关事项进行了具体规定，涉及跨境电商的纳税主体、适用商品范围、免征税额、征收比例、退税规定等内容。其中第3条规定，跨境电子商务零售进口商品的单次交易限值为人民币2000元（后期增加到5000元），个人年度交易限值为人民币2万元（后期增加到26000元）。在限值以内进口的跨境电子商务零售进口商品，关税税率暂设为0%；进口环节增值税、消费税取消免征税额，暂按法定应纳税额的70%征收。超过单次限值、累加后超过个人年度限值的单次交易，以及完税价格超过2000元限值的单个不可分割商品，均按照一般贸易方式全额征税。2018年11月28日商务部、发展改革委、财政部、海关总署、税务总局、市场监管总局联合发布的《关于完善跨境电子商务零售进口监管有关工作的通知》（商财发〔2018〕486号）对过渡期后跨境电商的监管作了进一步规定。其中第1条规定，跨境电商的商品应当符合以下条件：(1)属于《跨境电子商务零售进口商品清单》内、限于个人自用并满足跨境电商零售进口税收政策规定的条件。(2)通过与海关联网的电子商务交易平台交易，能够实现交易、支付、物流电子信息"三单"比对。(3)未通过与海关联网的电子商务交易平台交易，但进出境快件运营人、邮政企业能够接受相关电商企业、支付企业的委托，承诺承担相应法律责任，向海关传输交易、支付等电子信息。2018年11

月 29 日财政部、海关总署、国家税务总局联合发布的《关于完善跨境电子商务零售进口税收政策的通知》对跨境电商的税收政策进行了调整。其中第 1 条规定,将跨境电子商务零售进口商品的单次交易限值由人民币 2000 元提高至 5000 元,年度交易限值由人民币 20000 元提高至 26000 元。第 2 条规定,完税价格超过 5000 元单次交易限值但低于 26000 元年度交易限值,且订单下仅一件商品时,可以自跨境电商零售渠道进口,按照货物税率全额征收关税和进口环节增值税、消费税,交易额计入年度交易总额,但年度交易总额超过年度交易限值的,应按一般贸易管理。根据这些规定,"跨境电商税"与"一般贸易税"存在税差。如果进口的商品不符合跨境电商的条件,就应以一般贸易的方式申报进口,缴纳相应的一般贸易税,但如果商品实际上是以跨境电商的形式进境,存在伪报贸易方式的行为,少缴了部分税款,涉嫌构成走私普通货物、物品罪。

3. 跨境电商走私行为的学理解读

上述跨境电商零售进口走私的三种模式中,对低报价格型和伪报贸易性质型的行为定性,一般并不存在争议。但对于刷单型的行为定性,实践中却存在不同的意见。一种意见认为,根据《跨境电商进口税收通知》第 2 条的规定,以跨境电商零售进口征税的商品,就当符合"三单一致"的要求,即向海关推送的交易、支付、物流电子三单比对一致。只要其中任意一单是虚假的,商品进口就不能适用跨境电商零售进口的相关政策,而应当按照"货物税"或"行邮税"标准计核应缴税款;否则,就涉嫌构成走私普通货物、物品罪。其中,因跨境电商优惠税率与"货物税"或"行邮税"税率之间差额而少缴的税款,就是走私行为的偷逃税款。另一种意见认为,审查"三单一致",不能简单机械,过于形式化,而应根据具体情形,从实质的角度考查。如果向海关推送的交易电子单、物流电子单是原始生成的,仅支付电子单不是原始生成的,但三单的商品类别、数量、金额等内容真实且能相互印证,则其贸易实质仍然是跨境电商零售进口,并未对国家税收造成实际损失,不应当认定为走私。

根据现行有效的法律法规等规定,应当说,上述第一种意见是正确的。

从客观方面来看,这种行为违反了海关法律法规,逃避了海关监管,造成国家税款流失。根据《跨境电商进口税收通知》的相关规定,进口商品按照货物征收关税和进口环节增值税、消费税。购买跨境电子商务零售进口商品的个人作为纳税义务人,实际交易价格包括货物零售价格,运费和保险费作为完税价格。电子商务企业、电子商务交易平台企业或物流企业可作为税款代收代缴义务人。使用跨境电商零售进口税收政策的商品有其特定的范围,只有在目录范围之内的,才能享受相应的税收减免。而认定是否属于跨境电商的商品,具体标准就是"三单一致"。如果支付电子单不是原始生成而是二次生成的,即购买方最初是通过其他渠道(并非电商平台)向销售方购买商品,但为了满足"三单一致"的要求而在跨境电商平台上"二次支付",这实际上是将一般贸易伪装成跨境电商贸易,从而享受跨境电商的税收优惠政策。这完全具备走私普通货物、物品罪"违反海关法规""逃避海关监管""偷逃应纳税款""造成国家税款流失"等客观构成要素。本案中,A 公司等主要采取了以下三种进口方式:一是将第三方网店销售给个人消费者的商品通过直接联系电商平台的方式以跨境进口;二是将第三方网店销售给商家的商品通过直接联系电商平台的方式以跨境进口;三是利用快递公司将其承揽的快件物品通过电商平台以跨境方式进口。不管哪种方式,由于之前境内外淘宝网店或国内消费者均已经在网络平台上订购了相关货物、物品,并已经完成了货款的支付,A公司仅是在境外入关的货物、物品完成清关手续后,由快递企业直接在海关的监管场所取走货物后运送给淘宝网店或者国内消费者。因此,A公司这些行为并非真正的跨境电商,而只是完成了海外代购的清关工作。这些商品之所以实际享受了跨境电商税收的优惠政策,是因为A公司提供了虚假的支付电子单所致。

从主观方面来看,行为人具有走私普通货物、物品,逃避缴纳应纳税款的故意。二次刷单,无论是交易电子单、物流电子单,抑或支付电子单,都能鲜明地反映出行为人偷逃应纳税款的主观犯意。这是因为行为人在明知存在原始电子单证的情形下,还继续刷单,二次生成单证,这本身就是造假,而如果自己或明知他人将向海关推送单证,以符合"三单一致"的要求,享受跨境电商税收减免优惠,则完全可以推定其主观上具有走私普通货物、物品的故意。本案中,A公司先是采取与物流快递等客户合作的方式,由客户从某邮宝系统导入承揽的跨境货品相关数据,在某有路跨境购上生成对应交易信息并对接快递信息,再由A公司与支付平台合作,通过支付平台形成虚假的支付单向海关推送,最终形成跨境电子商务零售进口商品的订单、支付单、运单"三单一致"的假象,再采用伪报、瞒报方式以跨境电商方式完成境外物品的清关,享受国家对于跨境电商的税收政策优惠及清关便利,最终偷逃税款。这一系列的造假、伪报行为,足以表明行为人主观上具有走私故意。

Ⅲ 未竟的课题

在"互联网+"经济时代背景下,跨境电商这一新型业态得以产生并迅猛发展,但其发展面临成本费用高、货源数量少、大型电商挤压、行业恶性竞争等难题。一些跨境电商因业务量少、利润微薄而勉强维继,不惜通过走私压缩经营成本来提升利润空间和竞争力。因此,如何引导跨境电商依法合规开展业务,以营造公平竞争的市场环境,促进跨境电子商务零售进口业健康发展,使其既能够最大限度地享受制度红利,又不至于触碰法律红线,是当前亟须研究的课题。

□ 参考文献

冯晓鹏:《跨境电商走私犯罪若干问题探析》,载《中国应用法学》2019年第4期。
史东海、龚卓、池金女:《跨境电商走私犯罪特点及防范》,载《中国海关》2020年第6期。
牛克乾、许建华:《走私犯罪主观故意的推定》,载《人民司法》2012年第8期。
金泽刚:《走私犯罪既未遂形态认定研究》,载《政治与法律》2022年第1期。

098 跨境电商销售者责任的认定

杜某与上海市金山区A食品经营部网络购物合同纠纷案 | 北京互联网法院(2019)京0491民初39940号民事判决书

顾　俊 香港亚太事务研究院

■ 事实概要

2019年8月8日,原告杜某在被告上海市金山区A食品经营部(经营者:陈某)运营的淘宝店铺购买了订单号为571795585836077314的,描述为“美国原装进口Puritan's Pride辅酶CO Q10 200mg 240粒#50095”的产品3盒,并为之支付了货款人民币705元。被告以快递的方式送达货品,原告于8月15日在北京某站收到如数货品。

涉案的产品没有中文标签,相关产品亦未取得保健品认证标志。涉案商品的展示页面表明商品产地为美国,商品系列为辅酶Q10胶囊。而据《中华人民共和国药典》记载,辅酶Q10系药品。

原告在本次诉讼之前曾经多次购买食品并在法院提起诉讼请求赔偿。

■ 裁判要旨

根据原告提供的相关淘宝订单信息、交易快照截图、产品实物照片,结合双方陈述等证据进行了论证,首先,能够确认双方之间的网络购物合同关系成立,该合同系双方的真实意思表示且不存有违背法律、行政法规的强制性规定之情形,该合同关系合法有效。其次,根据商品的信息、描述、外包装(没有保健食品认证标志),认定涉案商品不属于保健食品。依据食品安全国家标准来评估该商品,可以进一步认定该商品不符合相关食品要求。

据此,法院首先认定原告购买的商品不能实现合同之目的,法庭支持原告要求解除同被告间的买卖合同的诉讼请求。又依据原告多次购买食品并经由诉讼途径进行索赔之客观事实,法庭认定原告对于同类商品的认知能力远高于一般消费者,且从使用相关商品的实际后果来看亦不会对原告的实质安全产生影响,据此对原告依据《食品安全法》第148条第2款所提出的惩罚性赔偿诉讼请求不予支持。遂判决原告于7日内退还相关商品于被告,而被告应在7日内返还原告的购物款人民币705元。

■ 评　析

本案中有几个核心问题值得深入探讨,分别是:(1)保健食品监管;(2)进口食品的溯源问题;(3)职业打假人身份及对其是否支持适用惩罚性赔偿。

I 保健食品监管

本案之中,保健食品的身份认定依据为是否具有“中国保健食品认证标志”。从商品的源头监管来看,在商品进口入境之时作为风险管理收口的海关总署下的进出口食品安全局仅会依据商品报关之时的分类名目进行监管,假定境外的保健食品经由食品名目进口清关,所有的抽检环节只会基于食品安全标准进行抽检,抽检仅涉及常规的食品添加剂、是否含有大肠杆菌、化学物质残留等,至于是否具有实际的保健功效抑或是否有夸大的宣传,海关并不审查。结合本案所反映的司法视角,作为卖方的商家大可借由境内外的信息监管剪刀差堂而皇之地宣传产品的特殊功效,真若没有特殊功效亦仅会依据食品安全相关法规予以处置,只要守好食品安全的底线,还是有可以取巧的空间。从监管尺度统一性的角度,除却管理产于中国的保健食品所依据的《保健食品注册与备案管理办法》之外,亦需考虑进一步完善进口保健食品的相关法律法规以确保消费者权益得到适度保障。这方面,可以从《食品安全法》的国家对保健食品等特殊食品进行严格的监督、管理规定中进一步地细化、分拆和落实。从目前的线上网络销售保健品的法律规范体系来看,首要的潜在问题是监管的机制、主体和法律来源太过分散和零散,消费者要主张权利、监管要实施具体举措,需要借助散布在《消费者权益保护法》、《食品安全法》、《广告法》、《经济法》乃至《刑法》的悉数条文来筛分、交叉适用,使得实际操作困难重重、效果大打折扣。这样的零散式分布也对法的实效发挥中关键的一环——法律知识普及的实际落地提高了门槛。

从实际市场份额和影响力来看,市场数据所反映的线上电商渠道销售的进口保健食品占比持续上升,以备案制为主的轻监管从多大程度上能够实质性确保消费者和国家的利益,在本案中亦可窥豹一斑:(1)从保健品监管的立法目的来看,目前的线上渠道的规管孱弱局面不利于进一步地促进保健品市场规范化的有序发展,也不利于更有力地保障消费者的生命健康权。基于消费者和电商销售方之间的责任厘清并不总是类似于本案中这样的不会实质性导致消费者利益受损的状况,很多时候让没有专业知识的消费者依据没有规范翻译、认证、诠释的外文标识判断特定的产品适用性和依据相关标注进行服用潜在风险不可谓不大。而进一步来说,从将线上的保健食品销售行为纳入监管管辖的可操作性和现实性来看,无论是采用属人管辖还是属地管辖的视角,作为进口方的销售方,作为销售第三方的平台方和作为消费者的购买方都可以完整地被纳入监管管辖之中。(2)从跨境电商销售境外保健食品的特殊性来看,最特殊的其实是对于境外的出口方、制造方的责任监管和追责,倘若可以深入立法,约定在任何的境外主体或是境内主体拟在境内的电商平台上销售保健食品的,需要提供拟上架的产品名录以及相关产品的境内外备案、认证和产地证明,并对出口方、进口方、销售方、平台方都提出一定的责任分担要求,才能从全链条的角度真正地完善对于进口保健食品的监管,切实维护好国家和普罗大众的公共利益。如此,才能从法律依据上为质量监管的执行提供坚实的地基,拔高销售保健品的售后服务水平,真正做到违法必究。

Ⅱ 进口食品的溯源

从现在的市场消费数据来看，对于在线跨境进口食品的溯源问题也是一个巨大的风险点，长期缺失的一体化跨境电商食品安全追溯体系规范性文件，让由国家监管主体、跨境电商企业、跨境电商第三方平台和消费者等多方在落实溯源责任问题上面临了多重的困难。从国家监管的角度，目前承担最大责任的是进口检验检疫部门，以《网购保税模式跨境电子商务进口食品安全监督管理条例细则》（征求意见稿）中第23条的规定为例，该条仅规定了出入境检验检疫机构对食品经营企业和平台企业的产品信息追溯进行监督检查，但却没有说明这样的责任在没有履行到位的情况下，若出现相关的食品安全事故责任之时各方应当承担何种责任。从跨境电商企业的角度来说，它们应该是溯源信息的提供方、上传方和信息准确性的确保方。依据《食品安全法》第96条的规定，向我国境内出口食品的境外出口商应当向国家出入境检验检疫部门备案。然而，除此之外，目前的法律法规体系中并没有强制性地规定跨境电商企业作为进口方在出口方没有履行备案义务的情况下应当承担何种补充责任。在这样的情况下，如果作为出口方的海外主体未能履行责任，但又想要追究进口方的责任会存在法律依据的缺失，从这个角度来说，该漏洞亟待弥补。从销售产品的跨境电商第三方平台的角度来说，其责任在《食品安全法》项下未有涉及，虽然在《电子商务法》中的确要求平台方对商品信息的真实、完整、准确性负有相关的义务，这样的规定对于消费者维权来说实际上是存在很大的操作性困境的。目前的法律法规对于保障消费者的知情权和求偿权是存在缺失的，在立法的层面上还需要进一步地梳理清楚进口方、出口方、平台方各自在履行进口食品溯源和质量信息提供的义务，明确各方面所需要尽到的责任承担和后果分配。清楚的溯源信息和明晰的责任分配才是保障国家利益和消费者生命健康权的基本保障。从后续的立法层面来看，需要确立统一的强制性法律依据体系，明确好需要提供的追溯信息内容范围，强化监管和执法，这样才能降低维权的门槛、维护法律的尊严。

Ⅲ 职业打假人的身份及是否支持对其适用惩罚性赔偿

本案之中的原告，在多种场景下往往会被界定为“职业打假人”。就职业打假人的司法认定研究在学界有两种声音，一种倾向于限制其知假买假行为，以期达到净化市场环境的积极作用；而另一种则认为职业打假人的买假行为对于打击假冒伪劣商品存在积极作用，司法审判中应当审慎裁判。从实践中看，法院判定相关案例依据的是最高人民法院《关于审理食品药品纠纷案件适用法律若干问题的规定》（2013年12月）第3条和最高人民法院第23号指导性案例，以及最高人民法院《关于引导和规范职业打假人的建议答复意见》（法办函〔2017〕181号）的相关精神阐释。虽然我国没有明确的对于职业打假人所做的有证据支持的打假行为进行不同于一般消费者购买到假冒产品的特殊处理性规定，但确有学界研究证实法院在一定程度上倾向于区别对待所谓的重复性“知假买假”的职业打假人所提出的惩罚性赔偿请求。从本案中的情况来看，法院又更深入了一步，开始探究倘若这样的商品真正被当作为食品正常食用是否会实质性地对原告的健康造成损害后果，这样的分析和尝试确有裨益，但在笔者看来倘若能进一步寻求专家意见予以佐证会有更好的效果。可以合理地预期到，倘若我们的进口食品溯源信息规定进一步地系统化、规范化，保健品的线上规管进一步地精细化和网络化，法庭在具体裁量相关个案之时会有更多的支撑和抓手，势必会实质性地提高法律对于实体经济健康发展、对于人民群众利益的切实维护。

Ⅳ 未竟的课题

本案之中还有诸多未竟之课题，例如，作为个体工商户的被告，在经由淘宝平台提供给原告境外产品的交易过程中，亦不排除其职业代购的可能。这样构建在代购行为之上的跨境电商交易行为，作为平台方的淘宝、作为进口方的个体工商户之间的法律风险和责任分配，以及在高频交易后的税负责任，都需要进一步地进行梳理和论证。作为日常生活中消费者经常接触的跨境电商交易行为，是否要借鉴境内传统电商交易的相关规定，为长周期的消费者提供单向后悔权保障，亦是需要深度思考和实证研究的话题。

□ 参考文献

辜明安、梁田：《〈食品安全法〉惩罚性赔偿制度的适用与完善》，载《西南民族大学学报（人文社会科学版）》2019 年第 12 期。

邓勇：《统一国产和进口保健食品宣传监管尺度的路径分析》，载《食品科学》2021 年第 1 期。

应飞虎：《禁止抑或限制？——知假买假行为规制研究》，载《法学评论》2019 年第 4 期。

肖峰、陈科林：《我国食品安全惩罚性赔偿立法的反思与完善——以经济法义务民事化归责的制度困境为视角》，载《法律科学（西北政法大学学报）》2018 年第 2 期。

葛江虬：《“知假买假”：基于功能主义的评价标准构建与实践应用》，载《法学家》2020 年第 1 期。

熊丙万：《法律的形式与功能——以“知假买假”案为分析范例》，载《中外法学》2017 年第 2 期。

冯晓鹏：《跨境电商通关：运营与合规》，法律出版社 2019 年版。

陈斌、高帅主编：《跨境电子商务法律法规》，浙江工商大学出版社 2022 年版。

郑春贤：《跨境电子商务法律问题研究》，中国商务出版社 2021 年版。

肖雯：《跨境消费者合同法律适用问题研究》，法律出版社 2022 年版。

冀玮、明星星：《食品安全法实务精解与案例指引》，中国法制出版社 2016 年版。

吴旭华、褚霞：《中华人民共和国电子商务法：原理、实务及案例》，法律出版社 2022 年版。

099 保税跨境电商进出口代理合同的效力认定

北京 K 国际贸易有限公司、C 进出口代理合同纠纷案 | 河南省郑州市中级人民法院(2020)豫 01 民终 6732 号民事判决书

董 皓 黄雯嫱 北京浩天(上海)律师事务所

■ 事实概要

北京 K 国际贸易有限公司(一审原告、二审上诉人,以下简称 K 公司)与案外人某韩国公司签订经销合同,由韩国公司向 K 公司供应韩国生产的保健产品,进口到中国后在中国销售。2018 年 1 月,K 公司根据经销合同向韩国公司采购了货值 30 余万美元的产品,并将货物交由郑州航空港区 A 国际供应链管理有限公司(一审共同被告、二审被上诉人,以下简称 A 公司)办理清关手续。K 公司与 A 公司之间未签订正式的书面合同。不过,2018 年 3 月,A 公司的员工程某(一审共同被告、二审被上诉人)在个人签字并加盖 A 公司公章后,曾向 K 公司发出了一份付款通知书。其中载明"代理进口清关费用共计人民币 752569. 36 元",并要求 K 公司在清关操作前先付总费用的 50%,货物放行前支付余下的 50% 费用。2018 年 3 月 10 日,K 公司的法定代表人通过银行向 A 公司转账了上述费用的 50%。此后,A 公司采取借用其他公司名义报关、将货物先运往郑州保税区再销售给第三方等手段,通过中国海关所设立的"保税跨境贸易电子商务"(以下简称保税电商)渠道,违规办理了货物清关手续。2018 年 8 月,K 公司再次向韩国公司采购货值 8 万余美元的保健产品,A 公司再次通过保税跨境电商渠道,违规协助 K 公司完成了这批产品的货物报关手续。

K 公司进口的上述产品的保质期到期时间为 2020 年 2 月。截至 2020 年 4 月,这些产品中的大部分未被销售给最终消费者,其中部分产品存储在郑州的新郑保税区仓库中,部分产品存储在香港特别行政区的保税仓库中。K 公司遂向河南省郑州航空港经济综合实验区人民法院(以下简称一审法院)提起诉讼,要求 A 公司与程某共同承担货物损失、运费损失并退还其向 A 公司支付的代理费。

■ 裁判要旨

一审法院将本案的争议焦点总结为以下几项:被告是否具有被诉主体资格;K 公司与 A 公司之间的进出口代理合同的效力;各方当事人应承担的责任。

关于主体资格,一审法院综合各项证据,认定 A 公司具有主体资格,而另一被告程某则是在执行 A 公司的工作任务,不应作为被告。

关于K公司与A公司之间的合同效力,一审法院认为:K公司与A公司之间的合同应属无效合同。其理由是:虽然双方之间的合意可以通过付款通知书和K公司支付"代理费"的行为予以认定,但K公司并非进口商品的最终消费者,根据海关总署《关于跨境电子商务零售进出口商品有关监管事宜的公告》和财政部、海关总署、财务总局联合发布的《关于完善跨境电子商务零售进口税收政策的通知》等相关监管法规、税收政策的规定,认定本案交易主体不符合"保税电商"模式对交易主体的要求。A公司采用"保税电商"模式,通过跨境电商平台,将货物化零为整再交付给K公司,此过程显然不正当地享受到了较优惠的跨境电商综合税率及许可程序,双方对此均系明知,该合同行为损害了国家利益。根据原《合同法》第52条第2项之规定:"有下列情形之一的,合同无效:(二)恶意串通,损害国家、集体或者第三人利益。"

关于损失的承担问题,一审法院认为:当事人依据无效合同取得的收益应予返还,因此判定A公司返还K公司支付的代理费(人民币376284.68元)。至于货物过期后导致的损失,一审法院综合考虑K公司、A公司在合同中的作用,货物损失状况等因素,认定K公司、A公司应当对案涉货物的损失各承担50%的责任。

关于报关过程中产生的货物运费问题,一审法院认为:K公司与A公司之间的合同无效后,有关运费亦属于K公司遭受的实际损失,仍应按K公司、A公司各承担50%的责任的方式处理。

K公司不服一审判决,向郑州市中级人民法院(以下简称二审法院)提起上诉。在上诉中,K公司未对一审法院作出的合同无效认定提出异议,而是对自然人程某是否属于适格的被告、货物是否应认定为全部损失,以及是否应当由本公司承担50%的货损提出了异议。二审法院认定:一审中错误地将部分已销售给第三方的货物推定为损失。但对于K公司的其他上诉主张,二审法院均予以驳回。

■ 评　析

Ⅰ "保税电商"形式下偷逃关税合同无效原因的分析

"保税电商"(海关监管代码1210)是中国海关为境内个人或电子商务企业提供的一种特殊报关渠道。跨境电商企业通过集中海外采购,统一由海外发至国内保税仓库,当消费者在网上平台下单时,由国内物流公司直接从保税仓库配送至消费者。采用该模式进口货物可以享受较一般贸易方式更为优惠的税率和宽松的贸易管制要求。为了防止进口商假借保税电商名义从事一般贸易,海关对这种报关渠道作出了两个限制:(1)向海关申报的收货人应为个人消费者,如果收货人为中间商、批发商、零售商,则应以一般贸易方式进口,全额缴纳进口税款,并按照规定提交许可证件;(2)收货人不能对通过保税电商进口的产品进行二次销售。

实践中,一些企业为偷逃关税,采用违规手段将一般贸易包装为保税电商形式。例如本案中,K公司从韩国买受货物并准备在中国销售,但其自身并没有作为收货人在报关手续中出现,而是交由 A 公司办理清关手续。A 公司在报关时借用了案外第三方电子商务公司报关,将货物存储于保税区内,并谎称 K 公司是从第三方处购买进口货品的最终消费者。而事实上,在此交易链中,K 公司收到货物后,仍然会将货物分销给真正的最终消费者,这就不再符合保税电商模式对交易主体的要求。

在本案判决生效前,假借跨境电商名义订立的进出口代理合同是否有效尚不明确。本案依据原《合同法》进行审理,原《合同法》第 52 条规定,恶意串通,损害国家、集体或者第三人利益的合同无效。但是,究竟何种行为属于"恶意串通,损害国家、集体或者第三人利益",实践中有不同的理解。

从文义上看,要适用这个条款,一方面需要存在"损害国家、集体或者第三人利益"的后果,另一方面合同当事人之间需要有"恶意串通"的情况。在本案中,K 公司在二审程序中一直陈述自己其实并不清楚海关报关的规则。这就需要法院根据在案证据去判断是否存在"恶意串通"的行为。K 公司将自己进口的货物交给 A 公司,并与 A 公司约定了报关代理的服务费,此后又通过 A 公司的违规行为将本应在进口后直接运输到 K 公司的货物存储在保税仓库,并通过 A 公司所操作的虚假销售行为逃避一般贸易所应缴纳的关税和清关手续,不正当地享受到了较优惠的跨境电商综合税率,显然双方均明知这种行为是违反国家法律的行为。法院综合案件事实,推定了双方恶意串通,进而判决双方的代理合同无效。

值得注意的是,《民法典》第 153 条规定:"违反法律、行政法规的强制性规定的民事法律行为无效。但是,该强制性规定不导致该民事法律行为无效的除外。"第 154 条规定:"行为人与相对人恶意串通,损害他人合法权益的民事法律行为无效。"这两个条文至少在文义上已经对原《合同法》作了修改。因此,我们需要进一步在《民法典》背景下讨论本案中 K 公司与 A 公司之间的代理合同的效力。

首先分析《民法典》第 153 条。根据原《合同法》第 52 条,"恶意串通"和"损害国家、集体或者第三人利益"是递进关系。也就是说,"恶意串通"是前提,损害利益是结果。两个条件都满足后,合同才应当被宣布无效。而根据《民法典》第 153 条,一方面,只要是违反了法律、行政法规的强制性规定的民事行为就无效。也就是说,是否适用《民法典》第 153 条(而非下文将讨论的第 154 条),取决于 K 公司的行为是否违反了"法律、行政法规的强制性规定"。在本案中,K 公司的行为是通过委托合同,委托 A 公司代理办理海关报关,因此 A 公司的行为是作为代理人的行为,其法律结果归于 K 公司。所以,如果 A 公司作为代理人的行为违反了法律、行政法规的强制性规定,这种行为作为被代理人 K 公司的行为,也就导致了 K 公司的民事行为无效。但是,这里所说的"K 公司的民事行为",并不是指 K 公司与 A 公司订立代理合同的行为,而是 K 公司通过 A 公司所作的报关操作过程中发生的民事行为。换句话说,《民法典》第 153 条的规定并不能导致 K 公司与 A 公司之间的合同无效,至多只会导致 K 公司(通过 A 公司)在报关过程中所进行的民事行为(如与第三方公司的虚假交易等)无效。这里之所以说"至多",是因为《民法典》第 153 条规定的民事法律行为无效的情况必须是"违反法律、行政法规的规定"。海关所作出的具体报关政策,属于部门规章范畴,不必然达到"行政法规"的层级(除非有关政策是对行政法规或法律的解释)。本文认为,“双方签订委托代理报关合同”这个行为本身是否违法与“A 公司为履行其合同义务帮助 K 公司报关”的行为是否违反了法律是两个问题。如果 K 公司与 A 公司签订的代理合同中仅要求 A 公司协助 K 公司报关,并且没有说明双方意图使用什么样的手段报关,就不能径直认定签订合同的行为违法,而需要结合其他证据予以认定。

那么,假设本案发生在《民法典》实施后,《民法典》第 154 条所规定的“行为人与相对人恶意串通,损害他人合法权益的民事法律行为无效”是否可以被援引作为认定本案中 K 公司与 A 公司的代理报关合同无效的理由呢? 首先,“他人合法权益”与“行政法的要求”不必然等同。尽管 K 公司的行为肯定损害了政府(作为国家代表)的利益,即少缴纳了关税,但“他人合法权益”是否就一定可以扩大解释为包括国家利益呢? 从文义上没有明确的答案。另一方面,参考《中华人民共和国民法典总则编释义》所述:“对于恶意串通的民事法律行为,无论是民法通则还是合同法、始终将其规定为无效”,以及“保留恶意串通的规定可以在没有具体规则可供适用时发挥规则填补的作用”(黄薇主编:《中华人民共和国民法典总则编释义》,法律出版社 2020 年版,第 409~411 页)。似乎立法者在《民法典》第 154 条中所述的“他人合法利益”又是可以包括国家利益的。这个问题的答案,有待司法实践的进一步澄清。

Ⅱ 本案的参考意义

A 公司采用保税电商模式,通过跨境电商平台,将货物化零为整再交付 K 公司,从而帮助 K 公司不正当地享受较优惠的跨境电商综合税率及许可程序。从法院的判决来看,只要证据能够推定双方的合意中存在恶意串通、损害了国家利益(适用原《合同法》第 52 条的情形),或者存在恶意串通,损害了第三人利益(适用《民法典》第 154 条的情形),就可以认定代理报关合同无效。不过,在《民法典》实施后,如果代理报关合同本身不违反法律、行政法规的强制性规定(适用《民法典》第 153 条的规定),或者案件中没有明确的证据证明代理人与被代理人签订合同的目的是恶意串通、绕过海关监管损害国家利益或者损害其他第三人的利益(适用《民法典》第 154 条的规定),则代理合同本身就不能被径直判定为无效。根据司法谦抑的原则,实践中应当谨慎采用推定的方式假设当事人之间存在恶意串通——只有当各方的实际行为中有充足证据证明合同当事人双方的确对共同违反法律或者共同损害第三人利益存在意思上的通连,才可作出相应的推论。

参考文献

黄薇主编:《中华人民共和国民法典总则编释义》,法律出版社 2020 年版。

张平华:《恶意串通法律规范的合理性》,载《中国法学》2017 年第 4 期。

100 跨境知识产权许可及侵权认定

《小猪佩奇》著作权侵权案 | 浙江省杭州市中级人民法院(2018)浙01民终7396号民事判决书

董 皓 北京浩天(上海)律师事务所

■ 事实概要

A有限公司(一审原告、二审被上诉人,以下简称A公司)和Y有限公司(一审原告、二审被上诉人,以下简称Y公司)是著名系列动画节目《小猪佩奇》(Peppa Pig)的著作权人。两公司作为共同著作权人,在美国版权局和中国国家版权局均就《小猪佩奇》有关的系列美术作品("Peppa pig, George pig, Daddy pig, Mommy pig"完成了著作权登记(包括"小猪佩奇""小猪乔治""猪爸爸""猪妈妈"等动画人物形象)。

2016年9月20日,Y公司与案外人深圳S企业管理咨询有限公司(以下简称S公司)及汕头市J玩具实业有限公司(一审被告、二审上诉人,以下简称J公司)签订《商品化许可协议》。该协议约定Y公司作为许可人,S公司作为"主要被许可人",J公司作为"被许可人"。J公司可以在满足协议约定的条件的前提下,在中国范围内使用Y公司享有知识产权的"产权物"以及相关"授权产品"。并具体约定了"授权产品"的范围、"最低许可保证金"的数额和缴纳期限、"许可费"的计算方式、许可的"期限"。"授权产品"的在线分销限于授权区域内的三家特定在线商店,并且约定如果J公司在这些渠道以外进行分销构成对协议的重大违约,Y公司有权通过书面通知的形式即时终止协议。J公司必须向Y公司递交有关"授权产品"的资料、设计和美工图样本。只有在Y公司在各阶段书面批准后,J公司方可生产、安排生产或销售协议中所定义的"授权产品"。

J公司签订协议后,通过S公司向Y公司提交过部分设计稿件,供Y公司审查批准。此外,J公司还曾根据《商品化许可协议》的约定向S公司支付部分费用,但未能完全按照协议的约定履行支付义务。

2018年5月,Y公司通过公证证据保全的方式,固定了汕头市F电子商务有限公司(一审被告,以下简称F公司)通过其在某宝网站上开设的网店销售了名为"小猪佩奇厨房小天地"的玩具产品的事实证据。该产品及包装上有"小猪佩奇""小猪乔治""猪爸爸""猪妈妈"动画人物形象的图片。产品造型、图片上的动画人物形象与A公司和Y公司享有著作权的作品基本相同。

A公司和Y公司遂将J公司、F公司和浙江某宝网络有限公司(以下简称某宝公司)起诉至杭州互联网法院，主张被告侵犯了原告的著作权，请求法院判定被告承担侵权民事责任。在庭审中，F 公司和 J 公司陈述、认可了该产品来源于 J 公司。

■ 裁判要旨

一审法院首先根据《著作权法》第 2 条第 2 款、《涉外民事关系法律适用法》第 50 条的规定，明确了处理本案争议的准据法应当是中华人民共和国法律。

由于 J 公司未提交足够证据证明《商品化许可协议》的存在，杭州互联网法院在一审过程中，未认定 J 公司生产被控侵权产品的行为属于经著作权人许可的行为，因此认定 J 公司侵犯了 A 公司和 Y 公司享有著作权的美术作品的复制权、发行权，应承担停止侵权、赔偿损失的民事责任。

关于 F 公司的责任，一审法院认为，F 公司未提供证据证明其所销售的产品具有合法来源，侵犯了涉案美术作品的发行权、信息网络传播权，应承担停止侵权、赔偿损失的民事责任。此外，因 J 公司、F 公司作为独立的民事主体分别实施了上述侵权行为，各侵权行为彼此独立，且 Y 公司、A 公司未能证明 J 公司、F 公司属于共同实施，故 J 公司、F 公司并不构成共同侵权，应对各自的行为承担责任，而非连带责任。

关于某宝公司的责任，一审法院认为，某宝公司作为网络服务提供商，在其起诉后已经删除涉案商品信息，尽到了合理注意义务，故某宝公司的行为并无不当。

关于赔偿额的计算问题，一审法院认为：《著作权法》第 48 条（2010 年修正为第 4 条，2020 年修正为第 53 条）规定："有下列侵权行为的，应当根据情况，承担停止侵害、消除影响、赔礼道歉、赔偿损失等民事责任……（一）未经著作权人许可，复制、发行、表演、放映、广播、汇编、通过信息网络向公众传播其作品的，本法另有规定的除外。"本案中，因 A 公司、Y 公司未能提供证据证明其在侵权期间因被侵权所遭受的损失，主张按侵权方实际获利（F 公司某宝店铺销售单价 75 元/个 ×F 公司某宝店铺该商品项下消费评价总数 2959 个）主张赔偿数额，但该计算方式所涉销售额与 A 公司、Y 公司可能存在的实际损失之间并不具有可比性和必然性，不能当然认为 F 公司某宝店铺的涉案被控侵权产品销售量即等同于 A 公司、Y 公司流失的原版玩具销售量，且 A 公司、Y 公司未进一步提交证据证明平均利润的数据来源。根据《著作权法》的规定，由于 A 公司、Y 公司的实际损失难以确定，但其已就 J 公司和 F 公司的违法所得提交初步证据，而 J 公司和 F 公司未提交反驳证据。因此，一审法院结合本案已认定的证据并综合考虑涉案美术作品的性质、独创性程度、知名度、玩具行业正常利润率、该美术作品对商品利润的贡献率、J 公司和 F 公司主观过错程度、侵权情节等相关因素及权利人为制止侵权而支出的合理费用，并参考被控侵权产品市场价格、销售数量予以酌情确定。

综合以上，一审法院作出判决：（1）F 公司于判决生效之日起立即停止销售侵犯 A 公司、Y 公司"Peppa Pig, George Pig, Daddy Pig, Mommy Pig"美术作品著作权的"小猪佩奇厨房小天地"玩具；（2）J 玩具公司于判决生效之日起立即停止生产、销售侵犯 A 公司和 Y 公司"Peppa Pig,George Pig, Daddy Pig, Mommy Pig"美术作品著作权的"小猪佩奇厨房小天地”玩具；(3)F公司于判决生效之日起10日内赔偿A公司、Y公司经济损失(含制止侵权的合理开支)人民币30000元；(4)J公司于判决生效之日起10日内赔偿A公司、Y公司经济损失(含制止侵权的合理开支)人民币120000元；(5)驳回A公司、Y公司的其他诉讼请求。如果未按判决指定的期间履行给付金钱义务，应当依照《民事诉讼法》第253条(2017年修正为第253条，2023年修正为第246条)之规定，加倍支付迟延履行期间的债务利息。案件受理费人民币3650元，保全费2520元，由A公司、Y公司共同负担案件受理费人民币1140元，由J公司负担案件受理费人民币2008元、保全费2016元，F公司负担案件受理费502元、保全费504元。［杭州互联网法院(2018)浙0192民初5227号民事判决书］

二审法院根据J公司提供的补充证据，确认了《商品化许可协议》的存在及其有效性。但是，在仔细分析《商品化许可协议》的条款后，二审法院认定J公司违反了许可条款：(1)J公司在未获得Y公司的书面批准的情况下，生产、销售了被控侵权产品；(2)J公司将其产品分销给F公司由其在某宝网站上销售的行为，超越了《商品化许可协议》中所允许的在线销售的范围。因此，J公司生产、销售被控侵权产品的行为并不属于授权许可的行为，该行为并未获得涉案作品著作权人的许可。根据2010年《著作权法》第48条(2020年修正为第53条)规定，应当承担民事责任。此外，就赔偿数额而言，二审法院认为：一审法院适用法定赔偿方式酌情确定赔偿金额，符合法律规定。综上所述，二审法院判定驳回了J公司的上诉，维持一审法院的判决。［浙江省杭州市中级人民法院(2018)浙01民终7396号民事判决书］

■ 评　析

本案是一起典型的被许可人因未履行许可协议中规定的许可条件而丧失合法使用知识产权的权利，进而被认定侵权的案件。J公司曾与著作权人接洽并达成了许可协议，但未能履行许可协议中约定的义务且未满足许可条件，从而导致其生产、销售含有著作权人作品的产品的行为构成侵权。

尽管在原理上，由国外权利人发出的跨境知识产权许可和境内权利人发出的知识产权许可性质类似，但在实践中，跨境知识产权许可涉及的当事人、许可条件、支付条件、权利种类都较境内知识产权许可复杂。无论是拥有知识产权的许可人还是使用知识产权的被许可人都需要投入更多的资源和注意，才能有效地维护自己的利益。以下以《小猪佩奇》案为例，对跨境知识产权许可中的关键问题进行梳理。

Ⅰ 权利来源

实务中，知识产权许可的首要因素是权利来源，这又包括三个方面的内容：权利人、权利种类和权利范围。1.权利来源的第一个方面是权利人。在跨境业务中，知识产权的权利人往往比较复杂，既可能是原始权利人，也可能是受让的权利人，还可能是权利人所授权的许可人。在本案中，许可协议中载明的权利人包括两个法律主体：一是A公司，二是Y公司。同时，这两家公司还授权了S公司以“主要被许可人”名义，作为事实上协助权利人监督被许可人(J公司)履行许可合同的主体。

被许可人在签订许可合同前,必须对权利主体是否存续,以及是否真正拥有许可合同中所载明的知识产权进行调查核实。调查的方式包括查验权利主体的法人资格和公司注册信息,也包括检索官方的知识产权登记记录,还包括根据公开的信息检索权利人是否为法律规定的权利人。最后一点对于著作权尤其重要,这是因为:根据《保护文学和艺术作品伯尔尼公约》确定的原则,著作权在世界上大多数国家都自作品完成时就自动形成,官方的登记和注册并非获得著作权的先决条件[Article 5(2), *The Berne Convention for the Protection of Literary and Artistic Works* (as amended on September 28, 1979)]。以动画片及相关作品为例,被许可人应当查看公开发行的动画片,确认这些影片上的署名(通常为制作公司)是否就是即将签署许可合同的权利人,如果名称不一致,就应当要求权利人作出说明。在本案中,A 公司和 Y 公司都曾使用不同的公司名称,这就需要被许可人在尽职调查阶段进行细致的工作,确保其是与正确的权利人签订许可协议。

在尽职调查之外,被许可人还需要在许可合同中写明权利保证条款。这种条款通常以"许可人声明、确认和保证……"开头,明确许可人作为法律实体合法存在、保证自己享有许可合同中授予被许可人的知识产权权利,并且有权将这些权利授予被许可方。即使在尽职调查中已确认权利人身份,这种条款仍能避免许可人由于故意或疏忽,在曾向其他被许可人作出独占许可或者排他许可后,仍向许可合同中的被许可人发出许可。在保证条款之外,许可合同中还应包括"受追索赔偿条款"(Indemnity)[David W. Tollen, *The Tech Contracts Handbook: Software Licenses, Cloud Computing Agreements, and Other IT Contracts for Lawyers and Businesspeople*, American Bar Association, 2015, p. 94 – 103]。这类条款的内容,通常是当有第三方向被许可人主张合同中所载明的知识产权权利时,被许可人可以要求合同中的许可人承担赔偿责任,包括为了应对第三方的权利主张或法律行动而付出的成本。

2. 权利来源的第二个方面是授权的权利内容或种类。知识产权作为无形财产权利,可以被权利人以不同方式进行许可。有的权利内容是法律规定的,例如著作权法中明确规定的复制权、发行权、信息网络传播权、改编权等。也有的权利内容是法律中没有明确规定的权利种类,如有的版权许可合同中会包括"将版权作品进行商品化的权利"。无论是后者还是前者,在审阅许可合同时,都必须仔细分析许可合同中的定义条款,查看有关概念的定义是否与法律的规定一致。这是因为,许可合同作为双方当事人意思一致的体现,其中的"定义"条款通常具有优先于法律条文中的定义的解释力。同时,许多合同中所定义的概念,在法律条文中并没有相对应的词汇。例如,在本案所涉《商品化许可协议》中,双方定义了"产权物""材料""授权产品"等多个并非法定的概念。这些概念的内涵和外延可能与许可地(中国)的法律中的某些概念重叠、交叉。根据合同意思自治的原则,法院在判断当事人是否违反许可协议的时候,应该首先根据协议中的定义来分析当事人的合意。只有在无法通过协议中的定义条款的文义来探知当事人在签署合同时的合意时,才应当使用法律条文中对相同词汇的定义。

3. 权利来源的第三个方面是权利的范围。无论许可合同中如何定义权利范围,基于知识产权的法定性,一种权利在特定国家是否能成为专属于权利人的权利,需要依据该国的国内法。例如,在中国,《著作权法》规定了十余种著作权的具体权利(或称为权能)。如果许可协议中所授予的“权利”,根据合同中定义,并不包含在著作权法所法定的著作权权能范围内,那么这部分“授权”的有效性就可能受到质疑,也可能因此产生争议。因此,站在许可人的角度,就应当聘请专业律师对其许可协议“模板”中的定义进行梳理,判断其授权的范围是否属于被授权地的法律所保护的范围。此外,许可人还应当采取积极的行动,在其准备授权的目标市场所在国家进行知识产权的注册或登记工作——尽管著作权在创作完成后自动获得,许多国家在实践中仍然将著作权登记作为版权权利的表面证据——在没有反证的情况下径直根据著作权登记的内容认定著作权的归属和内容。本案中,A 公司和 Y 公司就先后在美国和中国进行了版权登记,对诉讼中主张权利起到了很大的助益作用。

Ⅱ 许可的范围和条件

许可的范围往往包括以下几个要素:(1)许可的权利范围——被许可人可以用何种方式使用作品;(2)许可的地域范围——被许可人可以在哪些国家或地区内使用作品;(3)许可的时间范围——被许可人可以在什么时间段内使用作品;(4)再许可的范围——被许可人是否可以将其所获得的权利再许可或者转许可给第三方。

实践中,除了上述学理上的划分外,知识产权人往往在许可合同中增加更加详细的范围。例如在本案中,权利人就明确规定了被许可人所生产出的、带有“小猪佩奇”元素的产品只能在“线下商场”和特定的电子商务交易平台销售。J 公司之所以被判定侵犯了著作权,第一个重要的原因就在于其允许 F 公司将有关产品在某宝网站上销售,而忽略了其与权利人签署的《商品化许可协议》中,仅允许被许可人在三个平台上销售被授权产品,其中并不包括某宝网,且协议还明确要求被许可人不得将“授权产品”分销给小贩、街头摊贩、网上拍卖和转售网站。

与许可范围紧密相关的是许可的条件。在跨境知识产权许可合同中,许可人往往设置了详细的许可条件。例如在本案中,许可人要求被许可人在批量生产和销售带有“小猪佩奇”系列人物形象的玩具产品前,必须先将所有各个阶段的“授权产品”和“材料”相关拟用的活动、资料、设计和美工图样本通过 S 公司提交给 Y 公司,并且 Y 公司有权“独自决定”是否批准这些图样。此外,关于哪些“美工图样本”需要提交 Y 公司批准,《商品化许可协议》中更进一步说明“包括但不限于,初步概念、黑白素描、广告文案、剧本、最终美工图、包装、原型、前期样本和最终生产样本”。这类详细的规定,在跨境知识产权许可中并不罕见。本案中,J 公司被法院认定侵犯了著作权,第二个重要原因就在于 J 公司没有完整地提供有关样本,也没有证据证明 Y 公司对 J 公司的设计作出了书面批准。

Ⅲ 许可的对价

跨境知识产权许可中,还应当关注的是许可的对价。一般而言,许可对价包括许可费和被许可人支付的其他形式的费用。例如在本案中,《商品化许可协议》约定了被许可人应当按照被许可人销售“授权产品”给其顾客的“批发销售净值”的 12% 向许可人缴纳“许可费”。此外,《商品化许可协议》中还要求被许可人先行支付“最低许可费保证金”10 万美元,该保证金不可返还,但可以抵扣被许可人应当支付给许可人的许可费。

一般而言,许可的对价数额或许可费的比例是当事人各方的商业决定。但由于在英美法系中,“对价”(consideration)原则上是合同成立的前提之一[Restatement (Second) of Contracts § 71 (1981)]。因此,许多来源于英美法系国家的知识产权权利人都会在许可合同中详细规定许可的对价,以保证合同的有效性。在本案一审过程中,J 公司没有提供足够证据证明《商品化许可协议》的存在,而是力图使用中间人 S 公司发给 J 公司的函件来证明其已获得 Y 公司授权使用与“小猪佩奇”有关的知识产权,实际上忽略了“许可合同”与“授权”之间的细微差异,也造成了一审法院直接作出双方不存在许可合同关系的认定。

Ⅳ 本案的参考意义

《小猪佩奇》案不仅是一个普通的著作权侵权案件,而且是一个与跨境知识产权许可实践密切关联的案件。

近年来,随着国家知识产权保护力度的增强和全社会知识产权意识的提高,未经与权利人联系获取权利人的许可,就直接大规模进行商业性的版权侵权行为的案件逐步减少。更多的情况是被控侵权人曾经作出一定努力获取许可,甚至如本案情形,已经与知识产权权利人达成了许可协议。但是,由于很多国内企业对知识产权法律、合同效力和国际知识产权实践的认识不足以及很多被许可人不愿为许可协议的起草和谈判支付足够的法律服务成本,致使很多跨境许可协议往往由境外知识产权人主导,其中包括大量十分不利于被许可人的条款而要求被许可人承担繁重的义务、满足众多的许可条件。被许可人可能在协议签署后,才发现自己面对十分高昂的守约成本,要么继续履行协议但承担商业上的损失,要么径直违约生产被许可的产品,面临民事责任的两难。随着我国知识产权司法保护力度的进一步增大,惩罚性赔偿、诉前禁令等制度的进一步实践,被许可人的法律风险不断加大。《小猪佩奇》案给中国企业的启示,不仅在于要尊重知识产权,更在于要积极投入和参与到许可协议的制定和谈判中。对许可协议的谈判和制定进行投入,是被许可使用知识产权的企业稳定发展的重要保障。

□ 参考文献

The Berne Convention for the Protection of Literary and Artistic Works (as amended on September 28, 1979).

Restatement (Second) of Contracts (1981).

David W. Tollen, *The Tech Contracts Handbook: Software Licenses, Cloud Computing Agreements, and Other IT Contracts for Lawyers and Businesspeople*, American Bar Association, 2015.

以判例为主线构建数字法律体系

（代后记）

本书是浙江大学数字法治研究院为构建“数字法学”而邀请理论与实务专家共同撰写的一部判例研究著作。2021 年 3 月，为进一步深化浙江省高级人民法院、浙江省人民检察院与浙江大学在数字法治领域的合作，实现数字法院、数字检察的迭代升级，经三方决定共同成立数字法治研究院。浙江大学数字法治研究院一直努力成为数字法学的理论策源地、数字法治的应用先行区、数字法治的人才孵化器、数字法治的规则引领者，为数字法治建设持续提供高质量的决策建议和理论支撑，为更高水平的数字法治建设提供强有力的人才支撑，为构建网络空间人类命运共同体贡献“浙江智慧”与“中国方案”。如何建设数字法治新体系、构建数字法学新学科，是前无古人的时代命题，需要各界积极探索，本书就是在此领域作出的学术尝试。

对于新兴学科而言，判例具有搭建理论基础、构建法律体系的重要价值。在未来相当长的一段时间内，数字法治需要以“（有中国特色的）判例法”作为基础。这涉及一个重大问题：在数字时代，中国法律进入了无人区，面对全新的法律问题，我国应该选择积极立法还是能动司法？换言之，数字法治的主导者是立法者还是司法者？

一、数字法治中“立法让位于司法”的正当性

（一）数字经济领域已经形成了司法先行的模式

近年来，数字领域的风险日渐增多，出台新法以积极应对数字化风险是很多立法者的本能选择。欧盟立法推崇积极主义，美国立法则相对克制，中国立法受欧盟一定的影响，不断出台《个人信息保护法》《数据安全法》等法律以控制数字化风险。但是，立法者会不自觉地把“安全第一”而非“高效发展”作为价值追求，积极立法最终导向的是强监管主义，法网繁密会阻碍数字技术的快速发展。在数字经济早期，我国立法更需要奉行消极主义，为新技术和新产业留下发展空间，但这不意味着法律的不作为，而是要求法律从“通过系统立法全面控制风险”转向“通过灵活判例解决实践问题”。在能动司法的理念下，法官可以站在“整体法秩序”的立场上审判新型案件，而无须拘泥于具体条文。法官可以通过创新性判例克服工业时代法律的缺陷，或者在法律空白区适用中央文件解决数据争端，而对于可能存在的判例冲突问题，最高人民法院应当建立同案异判审查制度。

第一，构建数字法律体系只能让司法先行。纠纷总是先于法律而产生，纠纷不会等待

立法。在数字领域,“产业先于法律而行,纠纷先于立法而生”已经成为常态。对于该领域存在的大量立法空白,法官必须先于法律进行回应。但是,长期以来,我国法官习惯于严格按照法律和司法解释“依法审判”,按照三段论进行审判,以此减少工作压力和司法责任。但“严格依法审判”的做法难以适用于数字领域,如果法官按照三段论思路解决数字经济问题,就会出现悖论:要么在大前提上现有法律存在缺失,未能明确规定相关情况;要么现有法律在适用于数字领域时显得生硬,只能削足适履地强行嫁接传统法律。

当前,数字领域立法难以满足司法“有法可依”的要求。例如,对公共数据的使用边界,我国法律并未规定,而在2019年“浙江某金融服务公司与苏州某网络科技公司商业诋毁及不正当竞争纠纷案”中,法院确立了公共数据商业化利用的合法性边界。[1]又如,对于算法歧视,我国法律长期缺位,在2020年的“赵某某与浙江某网络公司网络服务合同纠纷案”中,法院对电子商务平台算法歧视进行了司法审查并确立了标准。[2]类似案件不胜枚举。在民事和行政法律空白地带,法官不能以“法无规定”为由拒绝审判,而需要先于立法作出司法回应。立法者可以慢慢起草法律,但法官必须在审理时限内定分止争。数字经济属于新生事物,其中的规律、概念、原理等都在构建中,需要司法者先行先试。

第二,在构建数字法律体系过程中,司法有能力先行。数字领域出现的新问题太多,立法速度跟不上产业发展。在数字领域仓促立法会造成制度混乱的现象,如果实行立法先行,立法机关会疲于奔命,立法科学性也将大打折扣。相反,司法者在一定程度上,比立法者更了解产业规律。法官是离产业最近的法律人,最可能作出符合产业发展的判断。

一方面,就亲历性而言,立法听证远不如司法庭审。在案件审理过程中,原被告双方会提交大量的商业材料,法官可以当面了解产业发展情况,充分听取双方律师及专家辅助人的意见,由此作出的判决更吻合产业发展。尤其是,我国有互联网法院却并没有互联网立法的独立机构,互联网法院法官的亲历性优势明显,法官比立法者对互联网产业的理解更加全面。另一方面,在数字经济领域,法官具有一定的知识与经验优势。而且,我国杭州、北京、广州互联网法院均成立不久,其法官年轻化比例较高,加之我国基层法院近年来也招聘了一大批优秀年轻法官,在实践中,审理互联网案件的多数是年轻法官。90后是伴随着互联网成长的一代,相较于人大以及人大常委会中的部分年长的代表和委员,他们对新技术的应用及其风险有亲身经历,对互联网、人工智能未来的思考更符合产业发展潮流。

第三,数字领域司法先行并非法官造法。数字经济领域司法先行主要是因为新技术与新产业发展过快导致立法滞后,而不涉及国家体制与权力分工问题。在西方国家,学者评判司法能动主义的主要原因是司法权侵犯立法权。但是,这一担忧并不适用于我国数字经济领域的司法能动。

---

〔1〕 该案中,苏州某网络科技公司抓取了全国企业信用公示系统的公共数据,其中包括重庆某小微小额贷款公司清算的企业信息,进而通过平台发布和向特定用户推送的方式使该信息被广泛关注。参见杭州铁路运输法院(2019)浙8601民初1594号民事裁定书。

〔2〕 该案中,赵某某在某电商平台上搜索“国美冰箱”,检索结果的综合排名前十位中没有国美牌冰箱,进而认为该电商平台构成算法歧视。参见杭州互联网法院(2020)浙0192民初2295号民事判决书。

我国数字经济领域的司法能动并非脱离了成文法,而只是从“整体法秩序”的角度扩张理解了成文法。在我国特有的社会主义法治体系中,经济、技术领域的“法律”不能只限定为全国人大及其常委会制定的成文法,而应用“整体法秩序”的观念理解产业法律,一些中央文件(尤其是促进产业发展的规定)在事实上具有类似法律的效力,也是司法机关裁判的依据或参考。例如,2023 年 7 月中共中央、国务院出台的《关于促进民营经济发展壮大的意见》对于处理互联网民营企业的法律问题,就有重大参考作用。同样,中央经常通过政策、意见等方式指导数字经济的发展。例如,2020 年 4 月,中共中央、国务院出台了《关于构建更加完善的要素市场化配置体制机制的意见》(以下简称《意见》);2022 年 12 月,中共中央、国务院又出台了《关于构建数据基础制度更好发挥数据要素作用的意见》(以下简称《数据二十条》);一年一度的中央经济工作会议也常会对数字经济作出安排,如 2023 年 12 月召开的中央经济工作会议上所提出的“要大力推进新型工业化,发展数字经济,加快推动人工智能发展”。类似中央文件在程序上经过了严格的合法性审查,对法律理念、司法裁判应起到指导作用。更重要的是,类似中央文件并非由法律人主导起草,其价值取向上更重视发展而非监管。由此,法官依据《意见》《数据二十条》等确立的理念进行裁判,并没有脱离人民主权原则的限制,更非司法造法。

(二)成文法国家不否认判例法制度

大陆法系国家实行成文法制度,但也可以允许判例法的存在,立法积极不影响司法先行。成文法与判例法曾经泾渭分明,但是,今天两者逐渐融合成为趋势。在英美法系国家已经有越来越多的成文法,而在大陆法系国家,判例的重要性也越来越高。我国最高人民法院、最高人民检察院发布的指导性案例,事实上具有判例法的效力。

第一,在一些特殊领域,成文法国家也可以实行判例法制度。例如,法国是典型的成文法国家,但其行政法遵循判例法制度。法国学者指出,“本质而言,法国行政法正是以最高行政法院的判例为基础构建起来的。行政法的所有根本性概念都由最高行政法院的判例所确定(如行政合同、公共服务、公产、公务员的概念等);与这些概念相关的法律制度,至少它们的根本原则,也同样是由最高行政法院的判例所规定(如行政合同的一般理论、行政损害赔偿的基本原则等)。如果我们将民事诉讼法视为‘教授法’,行政诉讼法就是‘法官法’。”[1] 法国行政法以判例法为主,是因为行政法具有散乱性,很难形成像民法典、刑法典一样的行政法典。

第二,与行政法相似,数字领域的法律也极为散乱,很难把数字法律归属到某一部门法。数字法律需要用到合同、侵权、知识产权等传统领域的理论,又需要解决数据、信息、算法等特殊问题,目前相当杂乱而无统一的法律体系。对于缺乏系统理论的数字法治,判例法有先天优势。美国学者盖多·卡拉布雷西(Guido Calabresi)认为,在不对体制作根本性变革的前提下,通过司法发展判例乃是克服制定法罹患过时病、僵化病的关键所在,刚性的

---

〔1〕[法]雅克·博迪:《法国行政法判例对法规范的影响:创造、解释抑或破坏?》,载中华人民共和国最高人民法院行政审判庭编:《行政执法与行政审判》(总第 67 集),中国法制出版社 2018 年版,第 227-233 页。

功能需求决定了判例法的生命之树常青。[1] 在数字法律的基本理论、基础概念尚未定型之前，通过零打碎敲式的判例逐步构建出数字法治的法律体系，“先判例法后成文法”是务实而又稳妥的办法。如果实践证明司法判决符合数字经济发展需要，在立法时可以将其总结成法律原理并体系化。显然，与仓促出台成文法相比，判例法的试错成本较小，可以为成文法探索理论基础。

（三）以判例为主线构建数字法治

数字领域需要懒惰的立法者和勤奋的司法者。立法消极不等于法律无为，风险与纠纷永远都在，问题是谁来做主角？在数字经济早期，立法积极主义应当让位于司法能动主义，即主要通过司法解决现实问题，而非通过系统性立法全面管制数字经济。数字经济是全新的生产模式，应景式立法会抑制产业发展，立法留白就是发展空间。我国应当抑制住立法冲动，少一些监管性立法，多一些务实性判例。工业时代法律无法解决数字经济纠纷，这需要法官用“整体法秩序”的法律观解决新问题，通过判例寻求数字产业革命与工业时代法律的和解。我国已经进入了“工业与数字时代重叠”的发展模式，传统法律体系稳定而成熟，可以有效调整工业社会的生产关系，但数字经济所需要的法律体系仍在探索的路上，短期内不可能建立完整的数字法律体系。与其仓促立法，不如能动司法。在数字经济发展早期，我国可以通过判例解决现实问题，建立以判例为主的数字法律体系，在数字经济进入平稳期后再进行统一立法，防止掉进“立法强盛、产业孱弱”的陷阱。在数字经济早期，产业模式千变万化，与其坐而论道进行匆忙立法，不如着眼产业解决具体问题，鼓励法官通过创新性判例逐步为数字经济构建规则体系。

二、数字领域构建判例（法）体系的路径

（一）对于法律缺陷，以判例化解传统法律的缺陷

第一，法官应当采用“整体法秩序观”以判例矫正传统法律的缺陷。传统法律总会存在一些不合时宜的滞后性规定，用昨天的法律调整今天的行为，会出现情景偏差。如卡多佐所言：“法典和制定法的存在并不使法官显得多余，法官的工作也并非草率和机械。法律会有需要填补的空白，也会有需要澄清的疑问和含混，还会有需要淡化——如果不是回避的话——的难点和错误。”[2] 数字领域存在大量的法律过时缺陷。

以“网约车第一案”为例。2015 年 1 月，济南专车司机陈某使用“滴滴打车”软件从事网约车业务，被济南客运管理中心罚款 2 万元。该案系传统法律与数字经济冲突的典型，按照传统出租车牌照化管理模式，彼时的网约车都系违法经营。济南市市中区人民法院认为，陈某未经许可擅自从事出租车客运经营，违反现行法律规定。但是，网约车作为共享经济产物有助于提高闲置资源的利用效率，基于竞争理念和公共政策考虑，不能一概将新技术或新商业模式排斥于市场之外。考虑网约车这种共享经济新业态的特殊背景，法院认为

---

〔1〕 马光泽：《论判例法的司法推理方法及其逻辑》，载《黑龙江社会科学》2022 年第 5 期。
〔2〕 ［美］本杰明·卡多佐：《司法过程的性质》，苏力译，商务印书馆 1998 年版，第 4 页。

该行政处罚明显不当,判决撤销该行政处罚决定。[1] 在本案中,法官虽然认为网约车司机违反了行为时法律,但用"整体法秩序"的观念,采用更高的法律理念撤销了行政处罚。数字经济颠覆了传统生产方式,如果完全按照传统出租车管理规定,网约车一律违法,法官机械适用传统法律必然扼杀新经济模式,如博登海默所言,"对于所受理的案件尽管存在规则或先例,但是法院在行使其所被授予的权力时考虑到该规则或先例在此争讼事实背景下总的来说或多或少是不完美的而拒绝适用它的情形。"[2]

同样,数字经济也带来了劳动关系的变革。网约车司机、外卖快递员、主播等形式灵活的工作,工作时间自由,与工业时代"企业雇佣员工"的模式根本不同。平台经济的很多劳动方式不符合《劳动法》要求的"企业与员工之间的从属性"标准,这导致平台与从业者之间无法形成劳动关系而只属于劳务关系。在我国,大量平台经济的劳动者都被排斥在《劳动法》的保护范围外。这时,就需要法官采用"整体法秩序"的观念,克服工业时代劳动法的缺陷,保护新经济模式中的劳动者。例如,在英国,2016 年 10 月,劳动法庭就 Uber 司机与公司之间的劳动纠纷作出裁判,该案的争议焦点是 Uber 司机是不是英国法中的"员工"。法庭判决认为,当一名 Uber 司机打开 Uber 软件,并且有接受驾驶任务的能力与意愿,该司机就在一份雇佣合同下为 Uber 公司工作,Uber 公司就是实际的承运人。因此,Uber 公司的驾驶员与公司是雇佣关系,有权享受全国最低工资和带薪休假等员工待遇。[3]本案中,法官对数字经济没有机械适用工业时代的法律。同样,在劳动时长上,平台经济的从业者,也很难严格享受法律所要求的"八小时工作制",在解决类似纠纷中,也需要法官本着"劳动者利益最大化"的原则克服工业时代法律的机械性。

第二,通过判例矫正工业时代法律的缺陷,远比不断修法对法秩序的副作用更小。如学者所言,"这种纠正是确保基本公平与正义所必要的。只要这一权力得以审慎地节制地行使,只要对法规的重大司法修改得以避免,就不会导致对规范体系或规范体系实质性部分的破坏。"[4]在"网约车第一案"形成了判例之后,很多地方法院就采纳了类似观念,不再机械适用传统法律。例如,在"郑州顺风车司机赵某军被罚款 1 万元案"中,郑州市交通运输局认为,国务院办公厅《关于深化改革推进出租汽车行业健康发展的指导意见》中的"顺风车"搭乘人员只能是分摊出行成本的燃料费和道路通行费,除此之外不能收取任何费用;22 公里行程的燃油总费用经计算为 9.7 元,而司机赵某军收取了 25.7 元,即收取了分摊成本之外的营利性费用,系变相从事营运活动,属于未经许可从事客运经营,应受行政处罚。2021 年 5 月,郑州市中原区人民法院认为,私人小客车合乘有利于缓解交通拥堵和减少空气污染,城市人民政府应鼓励并规范其发展……(该行政处罚)未全面综合考虑其行为的社会危害程度。最终法院判决撤销该行政处罚决定。[5]

---

〔1〕 山东省济南市市中区人民法院(2015)市行初字第 29 号行政判决书。
〔2〕 [美]博登海默:《法理学——法哲学及其方法》,邓正来、姬敬武译,华夏出版社 1987 年版,第 480 页。
〔3〕 黄文旭编译:《英国判决:优步司机为优步公司员工》,载《人民法院报》2016 年 11 月 25 日,第 8 版。
〔4〕 [美]博登海默:《法理学——法哲学及其方法》,邓正来、姬敬武译,华夏出版社 1987 年版,第 520 页。
〔5〕 河南省郑州市中原区人民法院(2021)豫 0102 行初 50 号行政判决书。

同样,在生成式人工智能能否享有著作权问题上,工业时代法律认为只有人才可以享有著作权,而从未考虑过人工智能生成作品问题。在我国首例"AI 文生图侵权案"中,北京互联网法院法官首次认可了大模型使用者对于 AI 绘画生成图片享有权益。类似判例确立了双轨制,既没有否定工业时代法律的合理性,又为数字产业的发展扫清了制度障碍。相应判例既维护了旧法的尊严,又推动了新法的生成。

(二)对于法律空白,司法应先行以确立规则

第一,在数字领域中法官可以通过判例创设权利。法律解释原旨主义反对司法能动主义,但在数字法治中,法律解释原旨主义因立法空白而失去了正当性。工业时代的立法者无法想象数字化生产方式,数字法治中存在大量立法空白。按照卡多佐法官的观点,法官要"提供制定法所省略的东西""理直气壮地、毫不踌躇地去填补制定法的空白""填补那或多或少地见之于每一个实在法的空白。"[1]历史上很多法律原则或概念,都来自法官的创设性判决。例如,在 1965 年"格里斯沃尔德诉康涅狄格州案"中,美国联邦最高法院判定康涅狄格州的"反避孕法"(即禁止夫妻使用避孕工具,违者罚款或处监禁)违宪,因为执行该法需要窥视夫妻的卧室而侵犯其隐私权。通过该判决,法院创设出了"隐私权"这一当时宪法并未明文规定的新权利,大大推动了社会的文明进步。

同样,在数字领域中,大量新型事物需要法官根据整体法秩序的理念创设新型权利。例如,工业时代的立法者没有预见到数字藏品的权利问题,而在国内首个 NFT(非同质化权益凭证)"胖虎打疫苗"侵权案中,[2]法官就肯定了数字藏品的权利值得法律保护。

第二,对于数字经济的基础问题,司法需要先于立法给出答案。在我国,数据产业早已先于法律而展开。2015 年 4 月 14 日,贵阳大数据交易所就挂牌成立,在全国甚至全球范围内率先探索数据流通交易模式。2021 年 11 月 25 日,上海数据交易所揭牌成立并进行了部分首单交易。数字经济的核心是数据权利,但对于数据权利我国法律迟迟无法给出明确答案。我国的《网络安全法》《数据安全法》等都是维护秩序,而非确立私权。2021 年起施行的《民法典》也没有规定数据的权利问题,《民法典》第 127 条规定:"法律对数据、网络虚拟财产的保护有规定的,依照其规定。"《民法典》采用了回避原则,把问题交给其他法律,但其他法律也没有明确规定。数据交易必然产生大量的纠纷,法官必须回答数据的权利属性问题,"在填补法律的'空隙'或漏洞这一点上,审判与立法没有区别,不同的只是形式。"[3]在数据立法之前,面对数据权利属性这一全球性难题,我国法院必须采取能动司法模式。

一方面,我国法官不断通过个案来探索数据权属问题。以 2017 年的"生意参谋案"为例。在该案中,A 软件公司收集用户的原始数据后,通过算法生成了"生意参谋"数据服务产品,帮助商家掌握商品的市场行情变化。而 B 科技公司提供远程登录服务,帮助他人低价获取"生意参谋"中的数据内容,即对他人的数据产品搭便车。法院认为,网络数据产品

---

〔1〕[美]本杰明·卡多佐:《司法过程的性质》,苏力译,商务印书馆 1998 年版,第 42 页。

〔2〕杭州互联网法院(2022)浙 0192 民初 1008 号民事判决书。

〔3〕[美]伯纳德·施瓦茨:《美国最高法院史》,毕洪海、柯翀、石明磊译,中国政法大学出版社 2005 年版,第 33 页。

不同于网络原始数据,数据内容经过网络运营者大量的智力劳动成果投入,通过深度开发与系统整合,最终呈现给消费者的是与网络用户信息、网络原始数据无直接对应关系的独立的衍生数据,可以为运营者所实际控制和使用,并带来经济利益。因此,网络运营者对于其开发的数据产品享有独立的财产性权益。[1] 工业时代的法律没有数据权利的概念,对于数据权益之争尚无法可依,法官只能在成文法之外按照中央文件和政策,结合法理进行裁判。2017 年的这一判决,法官通过劳动创造、经济价值等理念,开创性地保护"数据财产性权益",对企业数据权益进行了确权,认可了数据的权利属性,也为日后数据立法提供了实践基础。

另一方面,我国法院正在制度化地解决数据权属问题。在大量判例之后,我国已有法院试图系统性地界定数据权属问题。2022 年 5 月 18 日,浙江省温州市瓯海区人民法院数据资源法庭正式揭牌。截至 2023 年 4 月底,该数据资源法庭共受理数据资源类案件 271 件,审结 194 件。[2] 该法庭解决的是数据要素市场化、价值化后带来的实践纠纷,其中的大部分案件是产业超越法律引发的问题,并没有现成的法条依据,而需要法官能动司法。同样,2023 年 9 月,深圳市中级人民法院发布了《涉互联网不正当竞争纠纷热点二十问》,认为数据权益不是法定权利,要根据诉争数据的内容、属性以及数据拥有者对数据利益形成的贡献度等,对数据利益归属和权利边界进行界定。

(三)对于判例冲突,最高人民法院应当建立审查制度

能动司法能够解决法律供给不足的问题,但也会引发"同案异判"的问题,这便需要最高人民法院建立冲突判例审查制度。

第一,数字领域能动司法的主要问题是因无统一法律规定,各地法院"同案异判"现象严重。传统领域"同案不同判"多数在定性上没有重大差异,而数字法治中经常会出现"同案异判",且在定性上出现完全相反的结论。

以数据爬取为例。针对采用同样技术手段的数据爬取行为,有的法院将其认定为犯罪行为,有的法院则认为其属于不正当竞争。例如,在"上海晟品公司等非法获取计算机信息系统数据案"中,张某等利用技术手段破解了北京字节跳动公司的防抓取措施,使用软件绕过服务器的身份校验和访问频率限制,并抓取该公司服务器中存储的视频数据。北京市海淀区人民法院判决认为,被告人成立非法获取计算机信息系统数据罪。[3] 相反,在"腾讯诉斯氏数据抓取案"中,斯氏(杭州)公司使用技术手段绕过微信客户端,操控 75 个微信账号使用"拟人程序"爬虫工具,将网络请求操作分发不同云服务器,获取"用户登录"权限后以云服务器群登录抓取,同时使用自动化脚本,通过多个代理 IP 操作,绕过封号、封 IP 防护措施,突破微信公众平台的数据防护措施爬取微信公众号数据。杭州铁路运输法院判决该行

---

〔1〕 杭州铁路运输法院(2017)浙 8601 民初 4034 号民事判决书。

〔2〕 沈吟、戚祥浩:《这个地方法庭,想把数据资源的事管起来》,载潮新闻客户端 2023 年 5 月 18 日,https://baijiahao.baidu.com/s?id=1766193800008678041&wfr=spider&for=pc。

〔3〕 北京市海淀区人民法院(2017)京 0108 刑初 2384 号刑事判决书。

为属于不正当竞争。[1]这两个案件中侵权人爬取数据的过程高度相似，但判决结果迥异。同样，在"张某等提供侵入非法控制计算机信息系统程序、工具案"中，对于突破微信防护措施、增加微信功能的行为，广州市海珠区人民法院认为，行为人构成"提供侵入、非法控制计算机信息系统程序、工具罪"；[2]而在"腾讯诉浙江搜道网络公司等不正当竞争案"中，杭州铁路运输法院认为，利用群控软件突破微信防护措施并改变微信功能的行为，属于不正当竞争，只需承担民事责任。[3]此外，对于虚拟财产，有的法院将其定性为数据，有的法院将其定性为财产。总之，数字法治中"同案异判"的现象比比皆是。

第二，在数字领域，最高人民法院应当建立同案异判审查制度。对于工业时代的很多法律问题，公众凭着直觉正义也能够得出和法官大体差不多的结论。但是，数字领域的很多问题离普通公众日常生活遥远，对于侵入计算机、算法黑箱等争议，很难通过常识进行判断，对同一新问题，不同法官、群体认识不一很常见。囿于技术性壁垒，数字领域的多数"同案异判"案件很难引起媒体或公众关注，这需要最高人民法院建立冲突判例审查机制，确保数字领域规则的统一性。对于部分冲突判例，我国司法解释规定了最高人民法院的提审制度。2023 年最高人民法院《关于加强和规范案件提级管辖和再审提审工作的指导意见》第 16 条规定："（四）所涉法律适用问题在不同高级人民法院之间裁判生效的同类案件存在重大分歧的"，最高人民法院应当提审。这一提审制度仅限于各高级人民法院对"法律适用问题"的重大分歧，属于有条件的提审制度。在数字领域，很多判例确立了新规则，暂时起到了替代性立法的作用，因此，最高人民法院应当扩大数字领域冲突判例的提审范围。理想的状态是，数字领域中的冲突案例均应当由最高人民法院提审，进而确定新判例。在短期内该目标无法实现时，至少要做到，对因法律空白导致的冲突判例以及三个互联网法院之间的冲突判例，最高人民法院应当提审，确立新的判例，进而统一数字经济规则。

三、鸣谢

《数字法学判例百选》的编写既有浙江大学光华法学院教师倾注的心血，更有来自中国社会科学院法学研究所、清华大学法学院、北京大学法学院、中国人民大学法学院、中国政法大学、西南政法大学、华东政法大学、西北政法大学、中南财经政法大学法学院、复旦大学法学院、南京大学法学院、上海交通大学凯原法学院、同济大学法学院、厦门大学法学院、四川大学法学院、北京师范大学法学院、华中科技大学法学院、国家法律援助研究院、对外经济贸易大学法学院、北京航空航天大学法学院、中央民族大学法学院、华南师范大学法学院、西南交通大学法学院、海南大学法学院、暨南大学法学院、烟台大学知识产权研究中心、上海财经大学法学院、上海政法学院、浙江工商大学法学院、浙江财经大学法学院、浙江工业大学法学院、浙江理工大学法政学院、中国计量大学法学院、广东外语外贸大学法学院、香港亚太事务研究院等单位专家、学者和老师的倾力支持。同时，本书的出版得益于法律

---

〔1〕 杭州铁路运输法院（2021）浙 8601 民初 309 号民事判决书。

〔2〕 广东省广州市海珠区人民法院（2016）粤 0105 刑初 1040 号刑事判决书。

〔3〕 杭州铁路运输法院（2019）浙 8601 民初 1987 号民事判决书。

出版社对学术前沿的热情关注以及对新兴学科的积极推动,吴昉、郑怡萍等编辑对选题、书名、案件细节处理等都提出了极为专业的建议。此外,本书的出版还要感谢参与编辑校对的王凯旋老师,郑斯元、梁嘉浩、陈强超、陆效民、包雯蕊、顾昂、张晗、陈嘉璐、冯然然、刘一岑、钱乔轲、郭雪、图尔荪阿依·艾斯克尔、刘泉来、舒昕雁、贺子豪、李思雨、欧阳高歌、王博欣、邓千雨、姜霁豪、胡馨尹等同学,以及各位负责联络沟通、书稿修订、编辑校对、出版发行的工作人员,在此谨代表编委会一并对大家的辛勤劳动表示衷心感谢和诚挚敬意!编排若有疏漏之处,还望各位读者批评指正。

本书的读者群体是数字法学的研究学者,也包含法官、检察官和律师等法律实务专家,如果本书能够为学术研究和法律实务工作提供一些参考或借鉴,那么无疑是对我们莫大的激励。本书只是学术讨论,所有评述只是作者个人的学术观点,而非对该案的最终定论。在很多国家,一些判例在数年、数十年内被反复讨论,不断有学者提出不同观点,这恰恰是法治进步的表现。在多数判例评析中,作者对当事人姓名等进行了匿名化处理,如有雷同纯属巧合。

浙江大学数字法治研究院副院长　高艳东

2024 年 4 月 20 日